스프링 부트로 개발하는 MSA 컴포넌트

SPRING BOOT FOR MSA

초판 발행 · 2022년 11월 18일
초판 2쇄 발행 · 2024년 1월 31일

지은이 · 김병부
발행인 · 이종원
발행처 · (주)도서출판 길벗
출판사 등록일 · 1990년 12월 24일
주소 · 서울시 마포구 월드컵로 10길 56(서교동)
대표 전화 · 02)332-0931 | **팩스** · 02)323-0586
홈페이지 · www.gilbut.co.kr | **이메일** · gilbut@gilbut.co.kr

기획 및 책임편집 · 안윤경(yk78@gilbut.co.kr) | **디자인** · 박상희 | **제작** · 이준호, 손일순, 이진혁, 김우식
마케팅 · 임태호, 전선하, 차명환, 박민영, 지운집, 박성용 | **영업관리** · 김명자 | **독자지원** · 윤정아

교정교열 · 김윤지 | **전산편집** · 박진희 | **출력 및 인쇄** · 금강인쇄 | **제본** · 금강제본

ISBN 979-11-407-0212-1 93000   (길벗 도서번호 080264)
정가 44,000원

독자의 1초까지 아껴주는 정성 길벗출판사

(주)도서출판 길벗 | IT교육서, IT단행본, 경제경영서, 어학&실용서, 인문교양서, 자녀교육서
www.gilbut.co.kr
길벗스쿨 | 국어학습, 수학학습, 어린이교양, 주니어 어학학습, 학습단행본
www.gilbutschool.co.kr

페이스북 · www.facebook.com/gbitbook
예제 소스 · https://github.com/gilbutITbook/080264

SPRING BOOT
FOR MSA

스프링 부트로
개발하는
MSA 컴포넌트

김병부 지음

기술을 온전히 잘 이해하기도 어렵지만 그 내용을 글이나 자료로 잘 담아내는 것도 상당히 어려운 일입니다. 이 책은 이 두 가지를 충분히 잘하는 저자가 자신의 경험을 담은 책입니다. 스프링에 대한 이야기부터 데이터베이스의 트랜잭션 처리, 레디스, 이벤트 처리 등 기본적으로 스프링과 스프링 부트를 쓰기 위해 알아야 할 부분을 심도 있게 담아 초보자는 물론이고 중급자까지 아우릅니다. 저 역시 기술을 잘 이해하는 사람의 설명이 얼마나 도움이 되는지 다시금 느끼고 배우게 되었습니다.

강대명_레몬트리 CTO

저자가 2014년도에 썼던 『자바를 다루는 기술』이란 책을 재미있게 읽었고, NHN Dooray 개발실에서 함께 일할 때도 그는 기술에 대한 이해가 남달라 기술 관련 도움을 많이 주기도 했습니다. 아마도 그래서 이 글을 쓰고 있지 않을까 합니다. 이 책을 읽고 보니 역시 '김병부'란 생각이 들었습니다. 스프링을 익힌 주니어 개발자가 대용량 서비스를 만들기 위한 스프링 관련 도서를 추천해 달라고 한다면 고민 없이 이 책을 추천하겠습니다. 이 책에는 자바와 스프링을 이용하여 마이크로 서비스를 만드는 내용이 알차게 들어 있습니다. 성능을 향상시키기 위해 메모리 DB인 레디스도 자주 사용하는데, 이에 대한 내용도 잘 쓰고 있습니다. 저도 그럴 테지만 여러분이 실무자라면 사무실 책상에 놓고 필요할 때마다 꺼내 보면 도움이 될 것입니다.

김성박_(주)펴나니 개발본부장

MSA는 더 이상 최신 트렌드가 아닌 서비스 개발에 필수 아키텍처 요소로 자리 잡았습니다. 기본적으로 복잡도를 요구하는 아키텍처라서 개발 팀원들의 역량이 높아야 한다는 전제 조건이 필요한데, 실무에서 만난 엔지니어들을 보면 AWS, 도커, 스프링 클라우드, 카프카 등 MSA를 위한 도구의 기본 사용법은 알고 있지만, 핵심 애플리케이션(스프링 부트)에 대한 이해와 응용력은 부족한 분들이 적지 않습니다. 이 책을 통해 MSA에 대한 현실적 고민을 해결하고, 스프링 부트에 대한 단단한 기본기와 실무적 활용 역량을 함께 갖출 수 있을 것입니다. 무엇보다 책 속에서나마 실무 경험이 풍부한 시니어 백엔드 엔지니어와의 만남이 즐겁고 유익한 시간이 되길 바랍니다.

김태기(BeyondJ2EE)_줌인터넷 CTO

인터넷에 떠도는 프로그래머 관련 밈(Meme) 중에 '왜 이게 동작하지 않지?' 혹은 '왜 이게 동작하지?'라는 이미지를 한 번쯤 보았으리라고 생각합니다. 개인적으로 이 이미지의 핵심은 '왜'라고 생각하는데, 이 책을 읽고 나면 이 '왜'라는 질문의 궁금증을 해결할 수 있습니다. 그만큼 웹 개발에 필요한 기초 지식부터 스프링 부트의 핵심 개념까지 충실히 다루고 있습니다. 또한 기존의 프로그래밍 관련 도서가 각 장마다 연관성이 없어 읽다 지치는 경우가 많은데, 이 책은 여행 예약 사이트 개발 과정을 책 전체에 걸쳐 다루면서 설계부터 제작까지 자세히 안내합니다. 이를 잘 응용하면 여러분의 웹 서비스 설계와 개발에 활용할 수 있을 것입니다. 특히 눈길을 끌었던 부분은 스프링 부트의 설정법부터 각종 애너테이션, 로거(Logger), JPA와 NoSQL, 스케줄러 활용까지 실무에 필요한 거의 모든 부분을 세세히 다루고 있다는 점이었습니다. 책을 읽는 내내 필자의 개발 경력을 보여 주는 노하우를 살펴볼 수 있었고, 여러분 역시 이를 잘 습득한다면 고급 개발자로 성장하는 데 큰 도움이 될 것입니다. 웹 개발 실무에서 막힘 없는 개발을 하길 원한다면 이 책을 꼭 읽어 보길 바랍니다.

김세연_스마일게이트 엔터테인먼트 기술전략담당 이사

마이크로서비스를 소개하는 책은 많지만 실무에 적용하기 위해 필요한 기술적인 내용까지 다루는 경우는 많지 않은 것 같습니다. 또한 스프링 부트를 다루는 책도 많이 있지만 주로 기본적인 활용법 위주라 기술 원리부터 실무 활용까지 전체를 아우르는 경우는 매우 드뭅니다. 이 책은 스프링 부트를 이용하여 마이크로서비스 아키텍처를 구현하는 데 필요한 기본적인 기술 원리와 개념부터 실제 적용에 필요한 세부적인 설정은 물론, MSA(마이크로서비스 아키텍처) 컴포넌트의 통합, 캐싱이나 분산 락 구현 같은 레디스의 다양한 활용법, 스케줄링과 이벤트 핸들링까지 실무에 필요한 거의 모든 내용을 다루고 있습니다. 특히 이 책에는 MSA 컴포넌트를 개발하며 쌓아 온 저자의 오랜 실무 경험과 노하우가 고스란히 담겨 있어 마이크로서비스를 실무에 도입하려는 분에게 많은 도움이 될 것입니다.

신동민_NHN Dooray CTO

선배들이 만들어 준 템플릿을 복사, 붙여넣기만 하면서 코드 한 줄 한 줄이 어떤 의미인지 알지 못한 채 개발해 온 분들이라면 이 책을 꼭 읽어 보라고 이야기하고 싶습니다. 단순한 구현 방법에 대한 설명만이 아닌 저자의 20년 가까운 경험이 책 구석구석에 녹아 있습니다. 테스트 코드를 작성하지 않고 스프링 부트 기반으로 개발하는 분도 꼭 읽어 보아야 합니다.

이상민_「자바의 신」 저자

지난 수년간 스프링 프레임워크는 자바로 웹 애플리케이션을 개발할 때 필요한 대표적인 프레임워크로 자리 잡았습니다. 아니 사실상 표준 프레임워크라 해도 과언이 아닙니다. 스프링 프레임워크는 트렌드에 뒤처지지 않게 새로운 기능을 꾸준히 추가해 왔습니다. 그래서 어느덧 스프링 5까지 출시되었고 (이 글을 쓰는 시점을 기준으로) 곧 6 버전이 출시될 예정입니다. 스프링 프레임워크를 수년간 사용해 온 개발자로서 스프링 프레임워크가 계속해서 대표 웹 프레임워크로 자리매김할 것이라고 믿어 의심치 않습니다.

스프링 프레임워크는 스프링 부트라는 프로젝트를 시작하면서 제2의 중흥기를 맞이했습니다. 스프링 부트는 요즘 개발자들이 가장 많이 사용하는 프레임워크로, 프레임워크를 가장 일반적인 방식으로 미리 설정하여 제공합니다. 관례와 법칙만 맞추면 미리 설정된 프레임워크를 빠르게 사용할 수 있습니다. 우리는 그저 비즈니스 로직에 집중하기만 하면 됩니다. 그러나 개발자는 빠르게 사용할 수 있었을 뿐 스프링 프레임워크에 대한 이해는 점점 낮아졌습니다. 당연하겠지만, 스프링 부트를 사용하여 웹 애플리케이션을 만들 때는 스프링 프레임워크에 대한 이해가 필요합니다. 스프링 프레임워크에 대한 이해가 없다면 단순한 사용 방법은 익힐 수 있겠지만 버그가 발생했을 때 효과적으로 디버깅할 수 없습니다.

예전부터 사용한 스프링 프레임워크와 스프링 부트에 대한 경험을 토대로 이 책을 집필했습니다. 특히 REST-API 서버를 개발하는 데 초점을 맞추었습니다. MSA 환경에서 REST-API 서버를 구축하는 것은 필수이기 때문입니다. MSA 환경에서 다른 컴포넌트들과 유기적으로 동작하는 서버를 만들기 위해 지금까지 쌓아 온 노하우를 최대한 담으려고 노력했습니다.

이 책을 쓰면서 특정 스프링 버전에 얽매이지 않도록 스프링 부트의 세세한 기능보다는 시스템을 원활히 운영하고 개발을 효과적으로 하는 데 필요한 내용에 집중했습니다. 스프링 부트 개발을 처음 시작하거나 개념을 다잡고 싶은 개발자에게 조금이라도 도움이 되었으면 좋겠습니다.

이 책이 나오기까지 노력해 주신 길벗 편집자님에게 감사드립니다. 마지막으로 책을 쓰는 동안 남편이자 아빠를 이해해 준 아내와 딸 김혜인, 사랑한다. =)

김영부

예제 파일 내려받기

책에서 사용하는 예제 코드는 길벗출판사 웹 사이트에서 도서 이름으로 검색하여 내려받거나 다음 깃허브에서도 내려받을 수 있다.

- **길벗출판사 웹 사이트:** http://www.gilbut.co.kr
- **길벗출판사 깃허브:** https://github.com/gilbutITbook/080264

예제 파일 구조

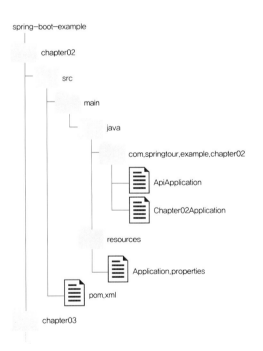

예제 파일은 메이븐의 멀티 모듈로 구성되어 있다. spring-boot-example 프로젝트가 상위 모듈이며, 장마다 구분해서 하위 모듈을 구성했다. 예를 들어 2장의 예제를 확인하려면 spring-boot-example 〉 chapter02 모듈을 참고한다. 메이븐 멀티 모듈 구성이므로 spring-boot-example 〉 pom.xml에는 예제에 필요한 의존성이 설정되어 있다. 하위 모듈의 pom.xml은 상위 모듈인 spring-boot-example의 pom.xml을 상속받으므로 공통된 의존성 설정은 생략했다. 본문에서는 단독 모듈로 프로젝트를 구성하는 방법을 가정해서 설명하고 있으므로 이 부분이 다를 수 있다.

왼쪽 그림과 같이 모든 하위 모듈의 소스 구조는 같으며, 자바 클래스를 포함하는 java 폴더와 설정 파일 같은 리소스 파일들을 포함하는 resources 폴더로 되어 있다. 예제 프로젝트의 구조는 부록에서 더 자세히 설명한다.

현재 많은 기업에서는 스프링을 사용한 MSA 구조에서 서비스를 운영하고 있습니다. 이에 따라 많은 기업의 백엔드 개발자 채용 공고에는 스프링/MSA와 연관된 역량이 있는 사람을 원하고 있습니다. 그러나 취업 준비생이나 신입 개발자는 이에 대한 지식을 익히기 위해 다양한 공부를 하지만, 스프링을 사용한 MSA를 직접 체험하기가 매우 어렵습니다. 스프링에 대한 강의나 도서는 과거에 비해 늘고 있지만, MSA는 대부분 이론 중심이고 이 두 가지를 한 번에 다룬 책은 별로 없는 것 같습니다. 이 책은 '스프링 투어'라는 가상의 프로젝트를 만들어 볼 수 있게 구성되어 있습니다. 처음에는 간단한 구조로 만들어 보고, 이를 MSA 구조로 점진적으로 발전시키기 때문에 따라 하면서 이해하기 좋은 책인 것 같습니다. 또한 스프링에 대한 개념도 이해하기 쉽게 설명되어 있어 개념도 다시 한 번 다질 수 있고, 레디스나 스케줄링 같은 개념도 알 수 있습니다. 직접 프로젝트를 따라 해 보면서 공부해 보면 반드시 도움이 될 책이라고 생각합니다.

곤_스타트업 개발자

이 책을 한마디로 요약해 보자면 '스프링 어디까지 써 봤니?'가 아닐까 합니다. 스프링 투어라는 가상의 프로젝트를 수행하면서 스프링 프레임워크로 할 수 있는 모든 기능을 다루고 있다고 해도 과언이 아닙니다. 스프링 부트는 스프링을 베이스로 하는 프레임워크이므로 이 책의 내용 역시 스프링의 다양한 기능과 스프링 부트를 통한 설정 방법을 설명합니다. 또한 일반적 개발 절차에 따라 스프링을 활용한 다양한 기능 구현 예시와 테스트 방법을 소개하고, 특히 MSA 컴포넌트를 위한 REST-API를 자세히 다룹니다. 이 책을 읽고 나면 예제 코드에 치우치지 않는 기본 원리와 실무 적용 방법을 이해하고, 실무에서 문제를 해결하는 노하우까지 함께 익힐 수 있습니다. 혼자 보기가 아까워 팀원들과 함께 스터디하면서 읽으면 좋을 것 같습니다.

김미수_자바 웹 개발자

백엔드 취업 공고에 자주 등장하는 '마이크로서비스 아키텍처(MSA)'라는 단어를 제대로 공부해 보고 싶어 책의 베타 리더를 신청했습니다. MSA와 모놀리식 아키텍처의 차이가 구체적으로 설명된 덕분에 MSA 방식으로 설계하는 것이 어떤 것인지 명확하게 알 수 있었습니다. 또한 스프링의 기초적인 수준 이상의 개념도 다수 포함되어 있어 기본 이상의 내용을 원하는 사람들에게도 도움이 될 것 같습니다.

박종수_백엔드 분야 취업준비생

책을 읽고 보니 저자의 모든 경험을 녹여 내려는 의도가 충분히 느껴졌습니다. 스프링 투어라는 작은 기업이 트래픽이 많아지면서 프로젝트를 개선해 나가는 모습이 인상적이었습니다. 첫 장부터 공감이 가는 부분이 많았고, 꽤 긴 내용이지만 쉬운 설명으로 이해를 도왔습니다. 특히 좋았던 것은 스프링 애너테이션에 대한 설명이었습니다. 스프링에는 다양한 애너테이션이 있는데, 실무에서 어떤 애너테이션을 사용해야 하는지 친절히 알려 주는 책은 별로 없었습니다. 이 책에서는 어떤 경우에 어떤 애너테이션을 써야 할지 설명하면서 근본적인 원리를 이해하도록 돕습니다. 또한 MSA 환경을 구성할 때 레디스를 사용하는 법에 대해서도 많은 지면을 할애합니다.

박찬웅_IT 개발자

분량을 보면 알 수 있듯이 스프링 기초부터 시작해서 스케줄링, 캐시 같은 응용까지 폭넓은 주제를 다루는 책입니다. 차근차근 스프링을 학습하기 좋은 구성으로 되어 있고, 지식의 나열보다는 실무에 도움이 될 수 있도록 실습 위주로 내용을 전달하고 있습니다. 특히 코드마다 자세한 설명이 되어 있어 코드를 이해하는 데도 큰 어려움이 없었습니다. 스프링과 스프링 부트에 관심이 있거나 백엔드 개발자분에게 꼭 추천하고 싶습니다.

윤지태_플랫폼 개발자

이 책은 MSA에서 핵심적으로 사용하는 서비스들을 스프링 부트 환경에서 알려 주는 책입니다. 스프링에 대한 기본적인 설명과 웹 MVC, 캐시 등의 서비스들을 예제로 만들어 보고, 코드 한 줄 한 줄 세부적으로 설명해 줍니다. 가장 인상 깊은 점은 개발하는 과정에서 오류를 만났을 때 그 오류가 왜 났는지 그리고 어떻게 해결하는지에 대한 내용이 상세히 적혀 있다는 점이었습니다. 비슷한 주제의 다른 도서에 비해 관련 로직을 이해하기가 더 수월했습니다.

황시연_엘로스 백엔드 개발자

1^장 마이크로서비스 아키텍처

이 장에서 다룰 핵심 내용

- 모놀리식 아키텍처와 마이크로서비스 아키텍처의 차이
- 가상의 소프트웨어인 스프링 투어 프로젝트 소개
- 마이크로서비스의 장/단점
- 클라우드 환경에 어울리는 마이크로서비스를 위한 12 요소 아키텍처

수년간 웹 애플리케이션 분야에서 많은 관심을 불러일으킨 키워드는 단연 마이크로서비스 아키텍처(Micro Service Architecture, MSA)다. MSA는 아마존, 넷플릭스 같은 해외 유수의 기업들이 사용하고 있는 아키텍처로, 이들은 각자의 비즈니스 분야에서 독보적인 성공을 거둔 기업이다. 그러나 이들 서비스가 처음부터 성공한 것은 아니다. 반복되는 서비스 실험과 평가, 그 과정에서 서비스 사용량이 급진적으로 폭발했으며 안정적인 서비스를 위해 여러 기술과 운영 방법을 적용해 왔다. 결국 서비스는 마이크로서비스 아키텍처로 발전했고, 지금은 큰 규모의 시스템을 안정적으로 서비스하고 있다. 개발에서 운영, 나아가 개발 문화까지 마이크로서비스와 관련된 수많은 문서와 기사가 공개되었고, 수많은 개발자가 영감을 받았다. 물론 마이크로서비스는 버즈워드[1]일지도 모른다. 하지만 한 가지 확실한 것은 그들이 폭발적으로 증가하는 대규모 서비스를 마이크로서비스 아키텍처로 해결했다는 점이다. 그리고 지금도 서비스는 끊임없이 발전하고 있다.

서비스 규모는 점점 커져 가고 새롭게 추가되는 기능들은 기존 기능과 서로 얽혀서 점점 복잡해진다. 겉으로 보기에만 간단해 보일 뿐이다. 복잡한 기능과 더불어 개발자는 폭발적으로 증가하는 요청까지 처리해야 한다. 시간이 지날수록 코드들은 점점 더 얽히고, 기능들은 서로 강하게 결합할 수밖에 없다. 결국 시스템을 유지 보수하는 시간이 새로운 기능을 개발하는 시간보다 더 걸리게 된다. 이를 해결하기 위해 애플리케이션 코드를 리팩터링하거나 시스템 구조를 변경해서 시스템 복잡도(complexity)를 낮추어야 한다.

모든 시스템은 하나 이상의 컴포넌트로 구성되어 있다. 즉, API 컴포넌트나 저장소 컴포넌트처럼 각자 역할이 분리되어 있다. 시스템 구조를 변경하기 위해 시스템과 서비스를 잘 이해하고 있는 사람이 시스템 구조를 설계해야 한다. 이들은 시스템을 이루는 컴포넌트와 컴포넌트 사이의 관계를 정리하고 명확하게 역할을 나누어야 한다. 이렇게 시스템 컴포넌트를 나누고 합치는 디자인을 하는 사람을 아키텍트(architect)라고 하며, 컴포넌트와 컴포넌트의 관계를 정리한 것을 소프트웨어 아키텍처(architecture)라고 한다. 그리고 서비스 기능(feature)을 하나의 API 컴포넌트에서 처리하는 구조를 모놀리식 시스템(monolithic system) 아키텍처라고 하고, 기능을 분리하여 두 개 이상의 API 컴포넌트에서 처리하는 구조를 분산 처리 시스템(distributed processing system) 아키텍처라고 한다.

마이크로서비스 아키텍처는 분산 시스템 아키텍처 중 하나다. 특히 마이크로서비스 아키텍처는 앞서 다량의 요청을 처리하고 애플리케이션 복잡도를 낮추어 주는 여러 장점이 있다. 마치 여러분이 처한 어려운 상황을 모두 처리해 줄 것 같은 만능으로 보이기도 한다. 하지만 마이크로서비스

---

1 buzzword, 유행어를 의미한다.

아키텍처는 실제로 구현하기도 어렵고, 여러 시스템이 유기적으로 얽혀 있어 운영이 쉽지 않은 복잡한 아키텍처다. 그러므로 개발 단계나 운영 단계에서 아키텍처에 대한 이해가 매우 중요하다. 이 장은 여러분이 마이크로서비스를 성공적으로 설계하고 개발할 수 있는 내용을 담고 있다.

SPRING BOOT FOR MSA

1.1 모놀리식 아키텍처 소개

크게 보면 마이크로서비스 아키텍처는 마이크로서비스(microservice)라는 작은 단위의 컴포넌트로 구성되어 있다. 서비스 전체 기능을 독립된 작은 단위로 나누어 분리하고, 각각의 컴포넌트는 독립된 시스템 형태로 개발하고 운영한다.[2] 독립된 마이크로서비스들은 전체 서비스와 분리해서 개발할 수 있으므로 서비스 변화에 비교적 자유롭다. 그러므로 민첩한 대응이 가능하다. 독립성과 민첩성을 확보한 마이크로서비스 아키텍처는 대규모 서비스에서 여러 장점이 발현된다.[3]

기능을 나눈다는 개념의 반대는 기능을 한곳으로 모으는 것이다. 그래서 보통 마이크로서비스 아키텍처와 비교해서 설명하는 것이 모놀리식 아키텍처(monolithic architecture)다.[4] 모놀리식 아키텍처는 하나의 시스템이 서비스 전체 기능을 처리하도록 설계한 것으로, 마이크로서비스 아키텍처가 작은 단위로 기능을 분리하여 처리하는 것과 반대되는 개념이다. 모놀리식 아키텍처는 과거부터 지금까지 흔히 볼 수 있는 아키텍처다.

인프라 관점에서 두 아키텍처를 비교하면, 마이크로서비스 아키텍처는 컴포넌트마다 서버 용량이 다양하고 여러 언어로 구성된 다양한 애플리케이션이 있다. 반면 모놀리식 아키텍처는 하나의 애플리케이션만 있다. 그러므로 아키텍처에 따라 소프트웨어 설계 방법, 서버와 네트워크 설계 방법, 시스템 확장 방법, 소스 배포 방법, 팀 구성 방법 등이 완전히 다르다. 먼저 모놀리식 아키텍처부터 알아보자.

---

2   서비스를 작은 단위로 나누는 기준은 뒤에서 다시 설명한다.
3   마이크로서비스의 장단점은 따로 자세히 설명한다.
4   모놀리식 아키텍처와 마이크로서비스 아키텍처가 완전히 상반되는 개념은 아니다. 시스템 디자인 방식이 달라서 서비스 운영 및 개발 방식이 다를 뿐이다. 비교해서 설명하기 좋을 수 있지만 마이크로서비스는 좋고 모놀리식은 나쁘다는 흑백 논리는 바람직하지 않다. 그저 서비스에 따라 적합한 아키텍처를 사용하면 된다.

1.1.1 모놀리식 아키텍처 장점

그림 1-1은 모놀리식 아키텍처로 설계된 웹 서비스를 표현한 것이다. 보통 모놀리식 아키텍처로 애플리케이션을 설계할 때는 그림 1-1과 같이 하나의 WAS(Web Application Server)에서 모든 기능을 처리하도록 구성한다. 그리고 데이터를 저장하기 위해 하나의 데이터 저장소를 사용한다. 일반적으로 RDB 같은 데이터 저장소를 사용한다. 그러므로 전반적으로 구조가 매우 간단하다.

❤ 그림 1-1 모놀리식 아키텍처

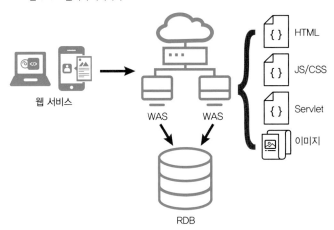

간단한 구조 덕분에 시스템 운영과 개발이 편리한 장점이 있다. 그림 1-1과 같이 웹 애플리케이션 서버와 RDB가 각각 하나라고 생각해 보자.[5] 개발자는 하나의 데이터 저장소에 하나의 애플리케이션을 개발하면 되므로 데이터를 처리하는 일에 집중하면 된다. 애플리케이션도 하나이므로 코드베이스(code base)도 하나면 충분하다. 개발자는 클래스 단위로 기능을 개발하면 되고, 데이터는 객체들 사이에서만 전달된다. 결국 서비스의 기능들은 클래스들의 유기적인 조합으로 이루어진다. 반면 마이크로서비스 아키텍처는 마이크로서비스 단위로 기능을 개발해야 하므로 데이터는 마이크로서비스 사이에 전송된다. 다시 말하면 마이크로서비스에서 데이터는 네트워크를 통해 전송된다. 그러므로 모놀리식 아키텍처는 네트워크로 인한 지연이나 데이터 유실은 걱정할 필요가 없다. 시스템 장애나 기능에 버그가 있다면 개발자는 하나의 애플리케이션에서 원인을 파악하면 된다. 여러 클래스에서 발생하는 로그를 하나의 파일에 기록할 수 있기 때문에 쉽게 원인을 파악할 수 있다.

---

5   그림 1-1에서는 고가용성(HA)을 위해 하나의 WAS를 두 대의 서버에서 실행했다.

또한 데이터 저장소가 하나이므로 RDB의 트랜잭션(transaction) 기능을 쉽게 사용할 수 있다. 트랜잭션의 커밋(commit), 롤백(rollback)을 사용하면, 데이터를 여러 테이블에 영속할 때(persistence) 일관성을 유지할 수 있다. 이외에도 테스트 환경을 쉽게 구성할 수 있으며, 유닛 테스트(unit test)나 통합 테스트(integration test)를 작성하기 편하다. 정리하면 모놀리식 아키텍처로 설계된 시스템은 간단하게 개발할 수 있고, 쉽게 운영할 수 있는 장점이 있다. 게다가 간단한 구조이므로 장애에도 견고하다. 그래서 과거부터 지금까지도 많이 사용하는 아키텍처다.

1.1.2 모놀리식 아키텍처 단점

이번에는 모놀리식 아키텍처의 단점을 설명한다. 모놀리식 아키텍처는 간단하다. 하나의 애플리케이션 서버에서 여러 기능을 제공하므로 서비스 기능이 많아지면 더욱 복잡해질 수 있다. 흔히 이야기하는 스파게티 코드가 되기 쉽다.

그림 1-1의 애플리케이션 서버는 HTML, 자바스크립트, 이미지 파일 같은 정적(static) 파일뿐만 아니라 서비스 기능까지 웹 서비스에 필요한 모든 기능을 제공한다. 그러므로 동적 HTML을 제공하기 위해 JSP 혹은 Freemarker나 Thymeleaf 같은 템플릿 엔진을 사용해야 하고 템플릿 엔진을 도입하더라도 코드베이스에는 자바스크립트 파일과 CSS 파일을 포함해야 한다. 결국 코드베이스는 클라이언트 코드와 서버 코드를 포함해야 한다. 어떤 경우에는 성질이 다른 두 코드가 하나의 파일에 존재하기도 한다. 서버 기능과 클라이언트 기능이 뒤섞인 채 개발할 수밖에 없다. 그러므로 상황에 따라 클라이언트 코드에 버그를 수정할 때도 서버를 다시 실행해야 하는 불편함이 발생한다. 스스로에게 질문해 보자. 클라이언트 기능이 수정되었는데 왜 서버를 재시작해야 할까? 이렇게 서로 얽힌 시스템은 서버 버그를 수정할 때, 클라이언트 코드까지 수정해야 하는 경우도 있다. 서비스 규모가 커지고 제공하는 기능도 많아지면 개발자가 늘고 GIT 브랜치도 많아질 텐데, 이를 관리할 때 서로 충돌하는 코드를 수정하느라 고생할 수 있다.

비즈니스 영역이 확장되어 안드로이드와 iOS 사용자에게도 앱 서비스를 제공하려고 한다고 가정해 보자. 애플리케이션 서버는 클라이언트의 플랫폼과 개발 언어에 관계없는 중립적인 형태의 API를 제공해야 한다. 이런 경우 HTTP 프로토콜을 사용하는 REST-API 기능이 필요해진다. 템플릿 엔진으로는 REST-API를 개발하거나 운영하기가 쉽지 않다. 추가적으로 REST-API를 제공하기 위해 JSON 직렬화/역직렬화 같은 부가적인 코드를 코드베이스에 추가해야 한다. 결과적으로 코드베이스에 더 많은 코드가 추가된다. 그런데 JSON 직렬화/역직렬화 같은 부가 기능이 애플리케이션 서버의 핵심 기능은 아니다. 우리가 해결할 비즈니스 영역의 핵심 기능이 아니므로 중요도가 낮다. 이는 도메인 주도 설계(Domain Driven Design, DDD)에서 의미하는 도메인 영역이 아니다. 이런 비기능적 요구 사항 때문에 소스 코드는 증가하고 복잡도는 증가한다. 부차적으로 빌드하는 시간도 늘고, 복잡하게 얽힌 코드를 수정하는 일도 점차 힘들어진다. 당연히 개발 속도나 생산성도 점차 낮아진다.

▼ 그림 1-2 수평적 확장: 스케일아웃

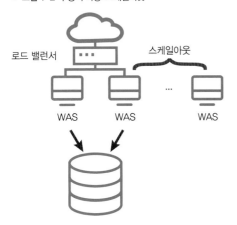

여러분의 서비스가 비즈니스 영역에서 성공했다고 가정해 보자. 점차 늘어나는 사용자의 요청들을 감당하기 위해 시스템을 확장해야 한다. 또한 시스템의 안정성을 위해서도 고가용성(High Availability, HA)을 확보해야 한다. 그림 1-2와 같이 L4, L7 등 하드웨어나 HAproxy 등 소프트웨어 로드 밸런서(load balancer)를 사용한다. 로드 밸런서는 모든 클라이언트 요청을 1차로 받는다. 그리고 로드 밸런서에 연결된 WAS에 클라이언트 요청을 재분배한다. 이렇게 사용자 요청을 나누는 것을 분산 부하라고 한다. 로드 밸런서에 연결된 WAS 인스턴스 숫자를 늘려서 전체 처리량을 늘리는 것을 스케일아웃(scale-out)(수평적 확장)이라고 하는데, 이것으로 시스템 안정성을 높이고 처리량을 증가시킬 수 있다.

하지만 로드 밸런서도 성능 한계가 있으며, 그 성능 한계를 넘어서는 상황에서 어떻게 처리할지 고민해야 한다. 모놀리식 아키텍처로 설계된 애플리케이션을 스케일아웃하는 것은 비효율적일 수 있다. 예를 들어 애플리케이션 서버가 상품 조회 기능과 상품 검색 기능을 모두 처리한다고 하자. 그리고 사용자 호출 비율은 상품 조회가 10배 정도 많다고 하자. 사용자가 늘어나고 API 요청이 늘어날 때, 두 기능의 처리 능력을 똑같이 선형적으로 늘리는 것이 맞을지, 아니면 비율이 높은 조회 기능을 더 늘리는 것이 맞을지 고민해 보아야 한다. 사용하지 않는 기능까지 확장하면 리소스 낭비가 발생할 수 있다. 요청이 많지 않은 기능을 똑같은 배율로 늘리는 것보다 필요한 기능만 더 늘리는 것이 효율적이다. 이런 서비스 확장 측면에서 보면 모놀리식 아키텍처는 효율적이지 않다.

모놀리식 아키텍처는 장점과 단점이 매우 분명한 아키텍처다. 소규모 개발 팀이 비교적 간단하고 작은 기능을 제공하는 서비스를 개발한다면 모놀리식 아키텍처가 효율적이다. 단순하지만 견고한 구성이고, 하나의 애플리케이션이 모든 기능을 처리하므로 모든 개발자는 하나의 제품을 만들면 된다. 비교적 빠른 시간 안에 개발할 수 있고, 운영과 유지 보수가 편하다.

반면 서비스 규모가 커지면, 확장에 한계가 있으며 비효율적이다. 또한 기능이 많아질수록 개발 속도나 생산성이 낮아지므로 서비스 고도화에 한계가 생긴다. 그래서 넷플릭스나 아마존 같은 대규모 서비스를 유지하는 회사들은 모놀리식 아키텍처가 아닌 다른 아키텍처를 채택했다. 처리량이 높은 엔터프라이즈 시스템들은 기본적으로 분산 시스템 아키텍처를 사용한다. 그중 하나가 마이크로서비스 아키텍처다. 그러므로 여러분 서비스가 발전할 때나 기능이 더 복잡해질 때는 모놀리식 아키텍처가 아닌 다른 아키텍처를 고민해야 한다. 다음 상황이 여러분이 처한 상황과 얼마나 일치하는지 확인해 보자.

- 클라이언트 요청이 점점 많아지는데 로드 밸런서로 확장해도 한계가 있을 때
- 데이터베이스 성능을 높여도 더 이상 성능 개선의 여지가 없을 때
- 기능 확장 요구가 많지만 현재 시스템 구조로 불가능할 때
- 소스 코드가 너무 복잡해서 리팩터링이 필요할 때
- 기능 중 하나라도 변경되면 전체 QA를 해야 할 때
- 기능을 수정하면 다른 기능에 연쇄적으로 버그가 발생할 때
- 개발자는 늘었는데, 개발 속도는 이전 같지 않을 때

여러분이 이 중 세 개 이상의 상황에 처해 있다면 마이크로서비스 아키텍처로 전환을 고려해 볼 때라고 생각한다. 다음 마이크로서비스 아키텍처를 살펴보고 고민해 보자.

1.2 마이크로서비스 아키텍처 소개

SPRING BOOT FOR MSA

그림 1-3은 마이크로서비스 아키텍처를 표현한 것이다. 모놀리식 아키텍처를 설명한 그림 1-1의 애플리케이션 서버는 자바스크립트, HTML, Servlet 등 기술 위주로 설명되어 있다. 하지만 그림 1-3은 기능 위주로 애플리케이션이 설명되어 있다. 마이크로서비스 아키텍처는 기능 위주로 나

뉜 여러 애플리케이션이 있고, 각각 독립된 데이터 저장소를 사용한다. 기능으로 분리된 애플리케이션들은 미리 정의된 인터페이스를 통해 서로 유기적으로 동작한다. 그리고 웹이나 APP 클라이언트에 일관된 형태의 API로 제공된다. 이렇게 기능별로 쪼개진 작은 서비스 혹은 시스템을 마이크로서비스(microservice)라고 한다. 그림 1-3을 보면 예약 마이크로서비스, 항공 마이크로서비스, 호텔 마이크로서비스로 기능이 분리되어 있다.

❤ 그림 1-3 마이크로서비스 아키텍처

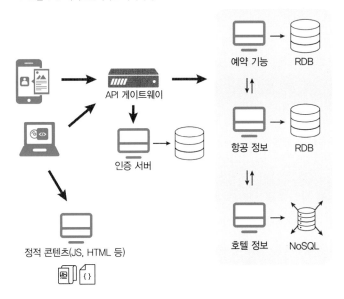

마이크로서비스 아키텍처의 특징을 대표하는 몇 가지 키워드가 있다. 대규모 시스템, 분산 처리 시스템, 컴포넌트들의 집합 그리고 시스템 확장 등이다. 이런 특징들은 서비스 지향 아키텍처(Service Oriented Architecture, SOA)와 공통점이 많다. 서비스 지향 아키텍처는 대규모 시스템을 설계할 때, 서비스 기능 단위로 시스템을 묶어 시스템 기능을 구현한 것을 의미한다. 그래서 서비스 지향 아키텍처와 마이크로서비스 아키텍처는 공통점이 많다. 두 아키텍처 모두 서비스 기능 단위로 시스템을 만들고, 각 시스템은 서로 표준화된 인터페이스를 통해 서비스를 통합한다. 이처럼 핵심 개념은 서로 같다. 몇몇 사람은 마이크로서비스 아키텍처가 서비스 지향 아키텍처의 설계를 따르면서 발전시킨 최신 아키텍처라고 말한다. 두 아키텍처 모두 엔터프라이즈 시스템이라는 대규모 시스템을 구축하기 위한 것이다. 그러므로 기능이 복잡하고 처리량이 많은 시스템에 적합하며, 기능이 복잡한 시스템을 편리하게 개발하고 운영하기 위해 소프트웨어 기능을 서비스 단위로 분류하고, 컴포넌트들은 네트워크를 통해 데이터를 통합한다.

마이크로서비스 아키텍처의 마이크로서비스들은 각각 다른 마이크로서비스에서 독립적으로 구성되어야 한다. 스파게티 코드처럼 마이크로서비스들이 서로 의존하면 복잡도는 더욱 증가한다. 개발 속도와 운영도 문제이지만, 마이크로서비스 하나에 장애가 발생하면 연쇄적으로 장애가 발생하는 단일 장애 지점이 더 큰 문제다. 결국 각 마이크로서비스는 독립적으로 동작해야 하고 다른 마이크로서비스에 의존성을 최소화해야 한다. 이를 느슨한 결합(loosely coupled)이라고 한다. 그러므로 마이크로서비스마다 각각 독립된 데이터 저장소가 필요하다.[6] 데이터 저장소를 공유한다면, 데이터 저장소가 단일 장애 지점이 될 수 있다. 다른 마이크로서비스가 공유 데이터 저장소의 리소스를 전부 차지할 수 있다. 이때 데이터 저장소를 공유하는 다른 마이크로서비스들은 데이터 저장소에서 데이터를 읽을 수 없다. 장애가 전달되는 것은 반드시 피해야 하는 일이다.

결국 앞서 이야기한 마이크로서비스 아키텍처에서 마이크로서비스들은 느슨하게 결합되어 각각 독립성을 갖도록 설계되어야 한다. 다시 말하면 서비스 전체 기능을 개발할 때는 칼로 자르듯 마이크로서비스들을 분리할 수 없다. 여러 마이크로서비스 기능이 조합되어 하나의 서비스 기능을 제공할 수 있다. 그림 1-3을 확인해 보자. 호텔 정보를 조회하는 기능은 호텔 마이크로서비스가 담당할 수 있다. 하지만 호텔과 항공, 상품을 일괄 결제하는 기능은 여러 마이크로서비스 기능이 조합되어야 한다. 이때 데이터는 서로 분리되어 있으므로 각 마이크로서비스는 네트워크를 통해 서로 기능을 통합해야 한다. 기능이 각각 분리되어야 하는 동시에 서로 결합되어야 한다. 그래서 마이크로서비스는 설계도 어렵고, 개발할 때 더 많은 신경을 써야 한다. 마이크로서비스마다 데이터 저장소가 분리되어 있어 자연스럽게 데이터도 분리된다. 그러므로 데이터 저장소가 단일 장애 지점인 모놀리식 아키텍처의 단점을 극복할 수 있다.

마이크로서비스들은 기능과 성격에 맞게 잘 분리(fine-grained)되어야 한다. 그 기능은 너무 작게도 혹은 너무 크게도 설계되어서는 안 된다. 기능을 너무 세밀하게 분리하면 수많은 마이크로서비스를 관리해야 한다. 데이터를 너무 잘게 쪼개면 간단한 기능이라도 여러 마이크로서비스의 데이터 통합이 필요하다. 반대로 기능을 너무 크게 설계하면 하나의 마이크로서비스에 많은 기능이 집중된다. 커다란 기능을 가진 마이크로서비스는 모놀리식 아키텍처 시스템과 다를 바 없다. 그래서 시간이 지나면 모놀리식 서비스 시스템의 단점이 고스란히 드러난다. 특정 마이크로서비스에 기능을 집중해서 설계한다면 서비스 전체의 기능이 하나의 마이크로서비스에 의존하게 된다.

---

6 클라우드 서비스나 오브젝트 스토리지 같은 저장소를 의미하지 않는다. 한정적인 자원을 갖는 RDBMS 같은 저장소를 의미한다.

현실적으로 한 번에 서비스 기능을 잘 분리하여 마이크로서비스 아키텍처를 설계하는 것은 매우 어려운 일이다. 초기 설계 단계부터 완벽하게 설계할 수 없음을 기억하자. 운영 도중에 마이크로 서비스를 다시 쪼개기도 하고, 너무 작은 마이크로서비스들을 합치기도 한다. 이런 과정을 거친 마이크로서비스는 시스템 독립성을 갖게 된다.

각 마이크로서비스 컴포넌트들은 기능을 연동할 때, API를 통해 서로 데이터를 주고받는다. 다시 말하면 API가 사용하는 네트워크 프로토콜이 성능 저하의 원인이 될 수 있다. 그러므로 통신에 사용되는 네트워크 프로토콜은 가벼워야 한다. 네트워크를 통해 마이크로서비스 사이에 데이터를 전달하려면 객체는 바이트 형태로 변경되어야 한다. 이 과정을 직렬화(serialize)라고 한다. 반대로 바이트 데이터를 객체로 변환하는 과정을 역직렬화(deserialize)라고 한다. 직렬화된 바이트 데이터 크기가 원래의 객체 크기보다 훨씬 크다면 네트워크에서 성능 저하가 발생한다. 또한 직렬화/역 직렬화 과정에서 CPU와 메모리 같은 시스템 리소스를 많이 사용하면 시스템의 전반적인 성능 저하가 발생한다. 그러므로 시스템의 전반적인 성능 최적화를 하기 위해 가벼운 프로토콜(lightweight protocol)을 사용해야 한다.

보통은 JSON 형식의 메시지를 주고받으며, HTTP 기반의 REST-API를 가장 많이 사용한다. 이 외에도 gRPC(Google Remote Procedure Call)나 Thrift, Avro, Protobuffer 등을 사용한다. 그리고 비동기 처리를 위해 AMQP 프로토콜을 사용하는 메시징 큐 시스템 기반으로 데이터를 주고받을 수 있다. 대표적으로 RabbitMQ가 있으며, 최근에는 메시징 스트리밍 시스템인 Kafka가 있다. 메시징 큐 시스템 기반의 데이터 교환은 REST-API 기반의 통신보다 높은 신뢰성을 제공하는 장점이 있지만, 마이크로서비스 사이에 메시징 큐 시스템에 의존성이 생기는 단점이 있다. 그래서 메시지 큐가 단일 장애 지점이 되기도 한다.

마이크로서비스 아키텍처의 특징을 정리해 보자.

- 잘 분리된(fine grained) 마이크로서비스로 인한 탈중앙화
- 대규모 시스템을 위한 아키텍처
- 가벼운 네트워크 프로토콜
- 느슨한 결합
- 서비스 지향 아키텍처

이런 특징 때문에 마이크로서비스의 장점과 단점이 드러난다. 계속해서 읽어 보자.

1.2.1 마이크로서비스 아키텍처 장점

마이크로서비스의 첫 번째 장점은 독립성이다. 하나의 마이크로서비스는 하나의 비즈니스 기능을 담당하므로 다른 마이크로서비스와 간섭이 최소화된다. 특히 하나의 마이크로서비스는 독립된 데이터 저장소를 갖고 있으므로 데이터 간섭에도 자유롭다. 앞으로 나열할 마이크로서비스의 장점들도 이 독립성에서 온다.

두 번째 장점은 대용량 데이터를 저장하고 처리하는 데 비교적 자유롭다. 대부분 웹 서비스는 데이터를 저장하기 위해 RDB나 NoSQL 같은 데이터 저장소를 사용한다. 서비스 규모가 커지면 수많은 데이터를 저장해야 하는데, RDB는 스케일아웃이 쉽지 않다. 그래서 데이터 샤딩을 통해 데이터를 분산해서 저장하기도 한다.[7]

하지만 데이터가 분산 저장되면 RDB를 운영하기 쉽지 않다. 또한 애플리케이션을 개발할 때도 진입 장벽이 높다. RDB는 선형 확장이 쉽지 않다. MySQL은 데이터 복제 기능을 이용하면 복제 서버(replica)를 구성할 수 있다. 그리고 이들을 데이터베이스 클러스터로 관리할 수 있다. 복제 서버가 늘어나면 성능이 일정하게 늘어날 것처럼 보이지만, 데이터 복제에 필요한 네트워크 비용 및 시스템 리소스 사용량 증가 때문에 복제 서버를 무한정 늘릴 수는 없다. 그리고 복제 서버는 읽기 성능만 증가할 뿐 생성(insert), 수정(update), 삭제(delete) 성능이 형적으로 증가하지 않는다.

RDB보다 확장성이나 성능에서 뛰어나다고 하는 NoSQL도 여러 단점이 있다. 실제로 NoSQL 제품들도 무한의 선형적 성능 향상을 기대하기는 어렵다. 각각의 제품마다 데이터를 확장하는 방법은 다르지만, 데이터를 알고리즘에 의해 여러 노드에 분산해서 저장한다. 데이터 저장소를 추가로 확장해야 한다면 여러 노드에 저장된 데이터들을 다시 배치해야 한다. 이를 리밸런싱(rebalancing)이라고 하며, 작업 시간 동안 각 노드의 CPU나 디스크 IO 부하가 높아진다. 그래서 시스템 전반에 부하로 인한 장애가 발생하거나 성능이 떨어질 수 있다.

마이크로서비스는 독립된 데이터 저장소를 갖고 있기 때문에 대용량 데이터를 마이크로서비스마다 나누어 저장할 수 있다. 기본적으로 마이크로서비스 숫자만큼 데이터가 분산 저장된다. 또한 앞서 이야기한 샤딩이나 서비스에 적합한 캐시를 마이크로서비스 단위로 각각 적용할 수 있다.

세 번째 장점은 시스템 장애에 견고하다. 마이크로서비스는 서로 느슨하게 결합되어 있고, 각각 독립되어 있기 때문에 서로 간에 미치는 영향이 적다. 모놀리식 방식의 애플리케이션 서버는 고가용성 방식과 스케일아웃을 이용해서 시스템 장애를 대비한다. 애플리케이션 서버 중 하나에 문제

---

7 샤딩은 1.4절에서 더 다룬다.

가 발생하면, 해당 장비는 격리되고 나머지 서버들이 서비스를 제공한다. 하지만 다수의 장비에 문제가 발생하거나 버그가 발생하면 서비스 전체로 영향이 확산된다. 결국 사용자는 서비스를 정상적으로 이용할 수 없다.

마이크로서비스들이 느슨하게 결합된 경우 하나의 마이크로서비스에 장애나 버그가 발생하더라도 다른 마이크로서비스는 이상 없이 서비스된다. 예를 들어 그림 1-3의 항공 정보 마이크로서비스에 장애가 발생하면 사용자는 항공 정보 서비스만 사용할 수 없다. 호텔 정보 서비스 등 다른 서비스는 정상적으로 사용할 수 있다. 또한 항공 정보 서비스에 치명적인 버그가 발생했다면 해당 마이크로서비스만 격리하면 된다. 물론 개발자는 이런 상황에 대비해서 개발해야 한다. 서비스 전체 기능을 사용할 수 없는 상황과 특정 서비스를 사용할 수 없는 상황, 둘 중 어떤 상황이 비즈니스에 더욱 치명적일지 생각해 보자.

마이크로서비스와 클라우드 서비스에서 제공하는 몇몇 기능이 결합되면 애플리케이션은 탄력 회복성(resilience)을 갖게 된다. 탄력 회복성이란 애플리케이션 서버에 장애가 발생하면 새로운 컴퓨팅 자원을 추가해서 빠른 시간 안에 서비스를 다시 제공하는 것을 의미한다. 예를 들어 AWS 클라우드의 기능을 사용하면 다음 시나리오가 가능하다. 컴퓨팅 자원 제품인 EC2를 그룹으로 묶고 여러 조건을 설정한다. CPU 사용량이 70% 이상 사용하는 상황 혹은 디스크 사용량 80% 이상 같은 여러 가지 조건을 설정할 수 있다. 이 조건이 충족되면 그룹에 마지막으로 배포한 JAR 파일을 배포한 인스턴스를 새로 추가할 수 있다. 물론 이 그룹에는 로드 밸런서가 있어 새로 추가한 인스턴스를 서비스에 추가할 수 있고, 인스턴스가 추가되어 서비스의 가용률이 증가한다. 이외에도 다른 시스템이 죽거나 더 이상 서비스를 수행할 수 없으면 자동으로 인스턴스가 추가된다. 클라우드 서비스 기능에 따라 더욱 다양한 시나리오로 시스템을 견고하게 설계할 수 있다.

네 번째 장점은 서비스 배포 주기가 빠르다. 모놀리식 아키텍처는 모든 기능이 하나의 코드베이스에서 개발된다. 그러므로 보통 배포 일정을 정하고, 그 기간 동안 개발된 모든 기능을 한 번에 배포한다. 서비스마다 모두 개발 시간이 같지 않으므로 가장 긴 시간이 필요한 기능에 배포 일정을 맞춘다. 하지만 마이크로서비스 환경에서는 모든 기능이 분리되어 있으므로 필요한 기능만 먼저 배포할 수 있다. 심지어 하루에 수십 번 배포할 수 있다. 즉, 한 달 정도의 배포 주기가 수시간의 배포 주기로 짧아지는 것이다. 서비스 일부분만 배포하는 것 또한 견고한 서비스 운영을 가능하게 한다. 모든 기능을 한 번에 배포하는 것과 부분 기능만 배포하는 것 중 어떤 것이 버그와 장애에 견고할지 생각해 보자. 모놀리식 아키텍처는 버그가 발생한 서비스 전체를 롤백(rollback)하거나 모든 시스템을 배포해야 한다. 하지만 마이크로서비스 아키텍처는 특정 마이크로서비스만 롤백하거나 수정해서 배포하면 된다.

이런 배포는 아키텍처만 변경해서 될 일은 아니다. CI/CD 시스템을 추가적으로 구축해야만 빠른 배포가 가능해진다. CI/CD는 배포를 자동화하는 것이 가장 큰 목적이다. CI는 지속적인 통합 (Continuous Integration)을 의미한다. 즉, 개발자가 개발한 소스 코드들은 지속적으로 코드베이스에 통합되어야 하며, 이때 자동으로 빌드 및 테스트가 진행되어야 한다. 예를 들어 개발자가 기능을 개발하면, 그 코드들은 기존 코드와 병합(merge)된다. 병합될 때 컴파일이나 배포 빌드 과정이 정상적으로 실행되는지 확인해야 한다. 개발된 코드가 기존 코드에 부작용(side effect)이 없는지 확인하기 위해서는 테스트 과정이 필요하다. 이런 배포 빌드 테스트 과정을 지속적이고 자동으로 계속할 수 있도록 구축된 시스템이 CI다. 대표적인 오픈 소스 CI 시스템으로는 젠킨스(Jenkins)가 있다. 기존 소스와 병합하기 위해서는 GIT이나 SVN 같은 버전 관리 시스템도 필요하다.

❤ 그림 1-4 CI/CD 환경에서 배포

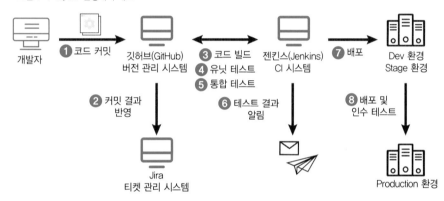

CD는 지속적인 배포(Continuous Deploy)를 의미한다. CI를 통해 자동으로 테스트 및 패키징되었다면 CD를 이용하여 자동으로 해당 시스템에 배포할 수 있다. CD가 없다면 개발자는 패키징된 파일을 각 서버에 분배한 후 직접 서버를 재기동해야 한다. 분배 작업은 시간이 많이 소요될 뿐만 아니라, 다른 작업도 필요했다. 예를 들어 배포 중인 시스템은 로드 밸런서에서 제외해야 했고, 수작업으로 인해 배포 시간도 늘어난다. 이런 부분들을 모두 자동화하면 배포 시간이 단축될 뿐만 아니라 하루에도 수십 번 배포할 수 있다.

다섯 번째 장점은 마이크로서비스 단위로 확장할 수 있어 서비스 전체적으로 확장성이 좋아진다. 거기에 클라우드 시스템과 결합하면 시스템 컴포넌트들을 동적으로 확장할 수 있다. 또한 필요한 마이크로서비스만 확장할 수 있어 효율적으로 시스템 자원을 사용할 수 있다. 간단해 보이지만 이는 마이크로서비스 아키텍처의 최고 장점이라고 할 수 있다.

여섯 번째 장점은 사용자 반응에 민첩하게 대응할 수 있다. 새로운 서비스를 마이크로서비스로 분리하여 설계하고 시스템에 포함하면 사용자 반응에 따라 시스템을 고도화하거나 빠르게 시스템에서 제외할 수 있다. 각각의 마이크로서비스는 독립되어 있으므로 서비스 특성에 맞는 프레임워크를 결정하면 된다. 보통은 빠르게 개발하고자 스프링 부트 같은 프레임워크를 사용한다. 스프링 부트 프레임워크는 빠르게 서비스를 개발할 수 있는 자바 프레임워크다. 스프링 부트를 사용하는 이유는 1.3절에서 다시 소개한다.

1.2.2 마이크로서비스 아키텍처 단점

이제는 마이크로서비스 아키텍처의 단점을 설명한다. 가장 먼저 필자는 마이크로서비스 아키텍처가 만능이 아니라는 것을 말하고 싶다. 다음에 설명할 단점을 잘 읽고 여러분 상황과 서비스 규모를 고려해서 아키텍처를 구성하길 바란다.

첫 번째, 개발하기 어려운 아키텍처다. 가장 큰 원인은 다른 시스템이 네트워크상에 분산되어 있기 때문이다. 즉, 프로세스가 다른 마이크로서비스를 개발할 때는 여러 상황을 고려해야 한다. 크게 고려할 것들은 분리된 데이터, 네트워크를 통한 데이터 통합이다. 먼저 마이크로서비스들은 독립적인 데이터 저장소를 갖고 있으므로 데이터가 분리되어 있다. 그래서 RDB의 최대 장점인 DB 트랜잭션(transaction)을 사용할 수 없다. 물론 분산 트랜잭션을 사용할 수 있지만, 분산 트랜잭션은 시스템 전체의 리소스를 많이 사용하므로 권장하지 않는다. 그러므로 데이터 정합성이 맞지 않거나 중복된 데이터가 발생할 수 있다.

데이터를 통합하기 위해서는 표준화된 인터페이스로 데이터를 처리해야 한다. 여러분이 반드시 기억할 것은 네트워크는 신뢰할 수 없고, 커넥션을 맺는 비용이 비싸다는 점이다. 네트워크는 언제든지 장애가 발생할 수 있고, 패킷은 언제든 누락될 수 있다. 요청한 응답을 받지 못하는 상황이 올 수 있고, 네트워크 지연(latency)이 발생할 수 있다.

지연 시간은 항상 일정하지 않고 상황에 따라 변한다. 그래서 개발자는 커넥션 풀(connection pool)을 이용해서 다른 마이크로서비스의 API를 호출한다. 이 커넥션 풀을 설정할 때는 반드시 커넥션을 맺는 타임아웃(connection timeout)과 상대방 데이터를 기다리는 타임아웃(read timeout)을 고려해야 한다. 네트워크를 사용하는 데이터 통합은 전반적인 시스템 성능 하락을 가져온다. 네트워크 지연 외에도 데이터를 직렬화/역직렬화하는 데 비용이 발생한다.

개발자는 여러 장애 상황을 대비하는 폴백(fallback) 기능을 고려해야 한다. 폴백은 네트워크가 정상적이지 않거나 다른 마이크로서비스가 운영이 불가능한 상태일 때 이를 대비하는 기능을 의미한다. 이 기능을 사용하여 어떤 경우라도 사용자에게 서비스되도록 해야 한다.

이외에도 마이크로서비스를 운영하면서 발생하는 많은 어려움이 있다. 이런 부분들을 고려하고 개발해야 하므로 모놀리식 아키텍처 애플리케이션을 개발하는 것보다 난이도가 있다.

❤ 그림 1-5 여러 마이크로서비스가 통합된 하나의 서비스

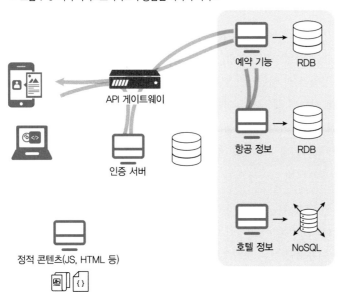

두 번째, 운영하기 매우 어려운 아키텍처. 먼저 그림 1-5를 보자. 그림 1-5는 하나의 기능을 클라이언트에 제공하려면 선으로 연결된 여러 마이크로서비스의 통합된 데이터가 필요하다는 것을 보여 준다. 사용자가 비행기 표를 예약할 때 사용하는 예약 기능을 생각해 보자.

가장 먼저 사용자 요청이 인증된 사용자 요청인지 파악하기 위해 인증 서버(identity provider)가 확인한다. 사용자가 요청한 예약 정보로 항공 정보 마이크로서비스에 예약을 시도한다. 항공 정보 마이크로서비스는 사용자의 예약 정보를 유효성 검사한 후 RDB에 해당 좌석을 예약된 상태로 변경한다. 마지막으로 예약 마이크로서비스에 예약 기록을 남긴다. 예약 프로세스를 간단하게 설명했지만, 실제 현업에서는 이보다 더 복잡한 상황이 발생할지 모른다. 이 복잡한 과정의 모든 요청이 이상 없이 처리되어야 사용자가 예약 완료 메시지를 확인할 수 있다. 즉, 수많은 마이크로서비스가 통합되어야 한다.

요청이 정상적으로 처리되지 않았다면 개발자는 어느 단계에서 에러가 발생했는지 찾아야 한다. 수많은 마이크로서비스 사이에서 어떤 요청이 에러였는지 찾아내기는 쉽지 않다. 특히 마이크로서비스 아키텍처 시스템이 낯선 개발자는 어디서 어떻게 찾아야 하는지 몰라서 허둥대기 쉽다. 물론 숙련된 개발자도 에러가 발생한 지점을 찾는 것은 쉽지 않다.[8]

데이터가 분산되어 있기 때문에 분산 트랜잭션을 사용하지 않는다면 데이터 일관성을 유지하기 어렵다. 그림 1-5의 예를 들어 보자. 항공 정보 마이크로서비스는 사용자가 예약한 좌석을 정상적으로 예약된 상태로 변경했다. 하지만 예약 기능 마이크로서비스는 예약 기록을 남기는 과정에서 에러가 발생해서 정상적으로 데이터를 생성하지 못했다. 예약된 항공 좌석은 일관성이 유지된 데이터일까? 물론 아니다. 좌석은 예약되었지만 예약 기록이 없어 다시 예약할 수 있는 좌석이 된다. 이때는 예약 기록 데이터와 항공 좌석 데이터가 일관성을 갖지 못한다고 말한다. 이 경우 개발자가 매번 찾아서 원상 복구해야 한다면 시스템 운영만으로도 버거워 새로운 기능을 개발하기란 어려울 것이다. 원상 복구하려면 스케줄링 프로세스나 상태 머신(state machine)과 흡사한 사가 패턴(saga pattern)을 이용해서 예약 데이터를 지우거나 예약에 최종 실패했음을 사용자에게 알려 주어야 한다. 이는 앞서 이야기한 개발 난이도가 높은 단점에도 해당한다.

세 번째, 설계하기 어려운 아키텍처다. 잘 설계된 마이크로서비스 아키텍처 시스템은 복잡한 비즈니스 로직을 개발해서 보다 쉽게 유지 보수할 수 있고, 동시에 많은 사용자 요청을 처리할 수 있는 장점이 있다. 하지만 수많은 이유로 잘못된 방향으로 설계한다면 오히려 유지 보수하는 데 더 많은 시간이 소모된다. 또한 마이크로서비스의 관계가 명확하게 구분되지 못하면 각 마이크로서비스가 관리하는 데이터들이 중복될 수 있다. 이런 경우 데이터의 파편화 현상 때문에 서비스 전체적으로 일관성 있는 데이터를 유지하기 어렵다. 마이크로서비스의 관계가 명확하지 않다면 이들 사이에 과도한 네트워크 통신이 발생한다. 그래서 전체적인 시스템 성능이 저하될 수 있다. 하나의 마이크로서비스 영역이 너무 크면 또 하나의 모놀리식 아키텍처가 될 수밖에 없다. 그러므로 서비스 운영 도중 다시 작은 마이크로서비스로 분리하는 과정이 필요하다. 마이크로서비스를 분리하는 과정은 매우 자연스러운 작업이지만, 분리하는 시점을 놓치거나 시간과 인력 등 여러 이유 때문에 분리하지 못하면 점차 모놀리식 아키텍처가 될 수 있다. 그리고 전체 시스템은 그 거대한 마이크로서비스에 의존하게 된다.[9] 어떻게, 어느 정도 크기로 서비스를 나누어야 하는지 그 기준을 만드는 과정이 가장 힘들다.

---

8   로그 시스템을 구축해서 사용자 에러를 추적할 수도 있다. 하지만 쉽지 않은 것이 사실이다.

9   마이크로서비스를 잘 분리해서 설계하는 방법은 1.3절에서 다시 설명한다.

네 번째, 마이크로서비스 아키텍처로 설계된 서비스 운영에는 여러 가지 자동화된 시스템이 필요하다. 마이크로서비스 아키텍처를 도입하는 이유는 빠른 서비스 개발과 운영, 대규모 서비스를 처리하기 위해서다. 작게 분리된 마이크로서비스는 적은 인원으로 빠르게 개발할 수 있다. 또한 많은 인스턴스에 빠르게 배포하기 위해 앞서 설명한 CI/CD 시스템이 필요하다. 대규모 서비스이므로 수십 혹은 수백 개의 인스턴스가 하나의 서비스처럼 동작한다. 수많은 인스턴스를 사람의 손으로 일일이 모니터링하기 불가능하므로 모니터링 시스템도 필요하다. 이 모니터링 시스템은 각 시스템의 리소스 지표를 모니터링하는 것뿐만 아니라 문제가 발생하면 빠른 시간 안에 개발자에게 알림을 보내야 한다. CPU, 메모리, 디스크 사용량, 네트워크 등의 정보와 애플리케이션 성능 정보를 같이 볼 수 있어야 효과적인 모니터링이 가능하다. 수많은 장비에서 발생하는 로그도 개발자가 장비에 접속해서 찾아보는 일도 불필요한 작업이다. 그래서 로그를 통합해서 검색해 주는 시스템이 필요하다. 이외 자동화된 여러 시스템을 효과적으로 요구한 곳에 사용하는 것도 필요하다. 이런 자동화된 시스템들을 운영하고 유지 보수하는 것도 쉬운 일은 아니다.

마지막으로 마이크로서비스를 운영하고 개발하는 개발자의 기술력이 좋아야 한다. 하나의 마이크로서비스 개발 속도는 개발자 숫자와 비례해서 선형적으로 증가하지 않는다. 오히려 사람이 많을수록 사람 사이에서 발생하는 커뮤니케이션 시간과 노력은 기하급수적으로 증가한다. 그래서 하나의 마이크로서비스를 개발하는 팀은 적은 인원을 유지하도록 한다. 이 인원이 적은 팀은 시스템 운영부터 개발까지 수많은 일을 처리해야 한다. 필자는 마이크로서비스가 개발과 운영이 어려운 서비스라고 이미 말했다. 각 팀원의 기술 성숙도가 낮은 팀은 마이크로서비스를 하기에 부적합하며, 오히려 개발 속도와 서비스 안전성 면에서 역효과가 발생할 수 있다.

1.3 마이크로서비스 아키텍처 설계

SPRING BOOT FOR MSA

앞서 마이크로서비스 아키텍처를 소개하면서 강조한 점은 잘 분리된 마이크로서비스다. 잘 분리된 마이크로서비스는 각 개념이 서로 겹치지 않고 독립적으로 서비스되는 것을 의미한다. 독립성이 확보되어야 앞서 설명한 여러 장점이 발현된다. 결국 마이크로서비스 아키텍처 설계의 가장 기본은 마이크로서비스로 잘 분리하는 것이다. 그러면 '잘 분리하는 것'은 어떻게 정의해야 할까? 정확하게 정의하기 어려운 내용이다. 그래서 많은 사람이 잘 분리된 마이크로서비스를 설계하는 과정에서 다음 혼란들을 겪는다.

- 전체 서비스 관점에서 보았을 때, 어느 정도 크기로 마이크로서비스를 분리해야 할까?
- 너무 작게 분리하는 것은 아닐까? 혹은 너무 크게 분리하는 것은 아닐까?
- 분리된 마이크로서비스 사이의 표준 인터페이스 통신은 어떻게 할까?
- 새로운 서비스가 추가되면 어떤 마이크로서비스가 처리하면 좋을까?

마이크로서비스 아키텍처를 설계할 때 정해진 법칙이나 왕도는 없다. 비즈니스 영역이나 서비스 성격에 따라 각각 다르게 설계되어야 한다. 비즈니스 상황이나 회사 사정에 따라 설계가 변할 수도 있다. 또한 마이크로서비스 아키텍처 설계가 끝났다고 해서 그 후로 설계가 변경되지 않는다고 생각하지 말자. 서비스 요건이 추가되거나 비즈니스 상황이 바뀌면 설계도 언제든지 변경될 수 있다. 마이크로서비스를 분리하고 나면 통신 프로토콜을 설계해야 하고, 데이터 저장소도 설계해야 하므로 많은 고민이 필요하다.

원칙과 체계가 있으면 명확한 기준이 생기므로 마이크로서비스를 다시 나누거나 합치는 일이 좀 더 수월할 것이다. 다음에 소개할 원칙과 이론을 잘 살펴보자.

1.3.1 서비스 세분화 원칙

먼저, 서비스 세분화 원칙(service granularity principle)이다. 서비스 세분화 원칙은 서비스 지향 아키텍처의 여러 핵심 원칙 중 하나다. 마이크로서비스 아키텍처가 서비스 지향 아키텍처에서 개념적으로 많은 영향을 받았으므로 서비스 세분화 원칙 또한 서비스를 마이크로서비스로 나눌 때 많은 도움이 된다. 서비스 세분화 원칙은 네 개의 요소로 구성되어 있으며, 이 네 가지 요소를 기반으로 서비스를 나누도록 제안한다. 이렇게 분리된 서비스들은 모듈화되어 서로 느슨하게 결합된 상태를 유지한다. 느슨하게 결합된 서비스들은 독립성을 갖게 되고 다른 서비스를 신경 쓰지 않아도 되므로 각각 서비스 복잡도는 낮아진다. 네 개의 요소는 각각 비즈니스 기능, 성능, 메시지 크기, 트랜잭션이다. 다음에 나오는 각 요소는 마이크로서비스 설계에 대입해서 설명한다.

비즈니스 기능

비즈니스 기능으로 서비스를 나눈다. 이상적으로 각각의 서비스는 비즈니스 동작과 일대일로 연결되어 있다. 하나의 서비스가 여러 비즈니스 동작을 제공하면 서비스 복잡도가 높아지고, 복잡도가 높아진 코드는 유지 보수가 어려워진다. 이는 마이크로서비스의 크기와 관계있는 요소다. 마이크로서비스를 나눌 때 비즈니스 기능으로 나누는 것을 고려해 보자.

성능

마이크로서비스들은 분리되어 있으므로 네트워크와 프로토콜을 써서 서로의 데이터나 기능을 사용한다. 이때 특정 마이크로서비스의 성능이 떨어진다면 해당 서비스를 나누는 것을 고려할 만하다. 단 성능이 떨어지는 것이 애플리케이션의 비효율적인 개발이 원인인지 서비스 크기가 너무 커서 오버헤드가 발생하는 것인지 판단해야 한다. 서비스 크기가 너무 크면 기능을 처리하는 데 시스템 리소스를 많이 사용하거나 기능이 너무 커서 다른 마이크로서비스에 필요한 데이터 종류가 많음을 의미한다. 이 경우 전체 서비스는 기능이 큰 마이크로서비스에 의존성이 높아진다. 그래서 서비스 전체의 안정성과 성능에 문제가 발생한다. 성능이 떨어지는 마이크로서비스가 너무 많은 기능을 처리하고 있지는 않은지 파악해서 나누는 것도 고려해 보자.

메시지 크기

성능과 어느 정도 연관 있는 항목이다. API를 설계하는 데 메시지 크기가 크다면 마이크로서비스를 나누는 것을 고려하자. 메시지 크기가 너무나 크면 메시지를 직렬화/역직렬화하는 데 성능 문제를 일으킨다. 단 비즈니스 기능이나 일관성을 유지하는 트랜잭션에 문제가 없다면 이는 무시해도 좋다.

트랜잭션

데이터 정합성을 유지하는 트랜잭션으로 서비스를 나누는 것도 좋다. 보통 이는 데이터를 기준으로 서비스를 분리하는 방법이라고 할 수 있다. 트랜잭션으로 보장되는 서비스라면 에러가 발생했을 때 데이터 유실이나 정확한 데이터를 유지하는 데 도움이 된다. 보통 트랜잭션을 유지할 수 있는 데이터들은 하나의 비즈니스 로직을 처리하는 데 하나의 세트로 동작하기 때문에 최소한의 마이크로서비스를 설계하는 데 도움이 된다.

1.3.2 도메인 주도 설계(DDD)의 바운디드 컨텍스트

전체 서비스를 마이크로서비스 단위로 구분하는 일은 어렵다. 얼마나 작게 나누어야 하는지 모호하기 때문이다. 도메인 주도 설계의 핵심 개념 중 하나인 바운디드 컨텍스트(bounded context)를 이해한다면 여러분이 마이크로서비스로 나누는 기준을 잡는 데 도움이 된다. 도메인 주도 설계는 에릭 에반스가 제안한 개발 방법론으로, 도메인에 집중해서 개발할 수 있는 여러 방법을 설명한다.[10]

도메인(domain)은 비즈니스 전체나 조직이 행하는 일을 의미한다. 도메인은 서브 도메인들로 구분할 수 있는데, 개발자는 어떤 서브 도메인을 포함하고 도메인을 어떻게 소프트웨어로 구현할지 집중해야 한다. 구현할 때 개발자는 도메인 모델을 모델링한다. 이때 도메인 모델이 존재하는 다른 도메인 모델과 확연히 구분되는 명시적인 경계를 바운디드 컨텍스트라고 한다. 바운디드 컨텍스트는 다른 도메인 모델과 구분되므로 매우 독립적인 영역이다. 그러므로 구분된 바운디드 컨텍스트로 마이크로서비스를 설계하면 다른 마이크로서비스와 중복될 확률이 매우 줄어든다.

1.3.3 단일 책임 원칙

객체 지향 설계 원칙을 설명한 로버트 마틴(Robert C. Martin)의 단일 책임 원칙(single responsibility principle) 또한 마이크로서비스를 설계하는 데 도움이 된다. 단일 책임 원칙은 모든 클래스는 하나의 책임을 가지며, 그 클래스의 기능은 이 책임을 기반으로 개발되어야 함을 의미한다. 그렇다면 어떻게 책임을 구분할 수 있을까?

우리가 무언가를 변경한다고 하자. 이때 함께 변경되는 것들은 서로 연관성이 있음을 의미한다. 연관성이 있으면 하나로 모으면 된다. 그리고 서로 다른 이유로 변경되는 것들은 분리하자. 이렇게 설계된 클래스는 응집도(coherence)가 높고 결합도(coupling)는 낮다. 즉, 클래스의 책임 영역이 확실해진다. 마이크로서비스도 마찬가지다. 하나의 책임을 갖는 마이크로서비스도 바운디드 컨텍스트처럼 독립 영역을 갖게 된다. 그래서 다른 마이크로서비스들과 간섭이 줄어들고 변경도 자유롭다.

1.3.4 가벼운 통신 프로토콜

모놀리식 아키텍처 시스템은 모든 서비스가 하나의 애플리케이션에서 처리된다. 애플리케이션 내부에서는 클래스가 다른 클래스의 메서드를 호출하면서 결과를 만들어 낸다. 다시 말하면 아무리 복잡한 서비스라도 클래스 사이에 의존성(dependency)이 발생하므로 성능 면에서는 뛰어나다.

---

10 도메인 주도 설계는 그 내용이 방대하여 여기에서는 간략하게 소개만 한다.

마이크로서비스 아키텍처 시스템을 아무리 이상적으로 잘 설계해도 마이크로서비스들이 서로 데이터를 참조하거나 수정·변경하는 상황이 발생한다. 이때 마이크로서비스들은 데이터를 통합하기 위해 네트워크를 사용하여 기능을 제공하는데 이 때문에 여러 문제가 발생한다. 응답 지연(latency)뿐만 아니라 시스템 리소스를 사용하고 데이터를 직렬화/역직렬화해야 하므로 시스템에 부하를 준다. 그래서 객체의 메서드를 호출하는 방식보다 시스템 부하가 크다. 이 부하를 최소한으로 줄이는 설계가 필요하다. 마이크로서비스 사이에 네트워크 통신은 가벼워야 하며, 프로토콜은 특정 기술이나 언어에 의존성이 없어야 한다.

마이크로서비스 사이에 어떤 통신 프로토콜을 사용할지는 신중하게 결정해야 한다. 한 번 결정한 통신 프로토콜은 시스템을 운영하면서 바꾸기가 쉽지 않기 때문이다. 그래서 마이크로서비스 사이에는 복잡한 프로토콜 대신 HTTP 기반의 REST-API를 많이 사용한다.

1.3.5 외부 공개 인터페이스

앞서 설명했듯이 마이크로서비스들은 네트워크를 이용하여 서로 통신한다. 이때 마이크로서비스가 외부에 공개하는 인터페이스를 설계할 때는 매우 신중해야 한다. 한 번 공개된 인터페이스의 메시지 포맷이 있다고 생각해 보자. 다른 마이크로서비스들은 이 메시지 포맷을 이용하여 통신하고 데이터를 통합한다. 다른 시스템이 사용하지 않는다면 쉽게 리팩터링이나 메시지 포맷을 변경할 수 있다. 하지만 시스템 운영 중에는 즉각적인 수정이나 변경이 힘들다. 그래서 버전(version) 변경 같은 방법을 이용해서 점진적으로 인터페이스를 변경한다.

1.3.6 마이크로서비스마다 독립된 데이터 저장소

앞서 설명했듯이 도메인 지향 설계 방법이나 서비스 세분화 원칙 또는 단일 책임 원칙을 응용하면 전체 서비스를 작은 마이크로서비스 단위로 분리할 수 있다. 서비스 복잡성을 낮추기 위해 마이크로서비스로 분리했는데, 서비스의 데이터를 저장하는 데이터 저장소를 같이 사용하면 어떻게 될까? 데이터 저장소를 같이 사용한다면 각각의 마이크로서비스 독립성에 위배된다. 서비스를 운영할수록 이는 심각한 문제가 된다.

설계 초기에는 같은 데이터 저장소를 사용하는 마이크로서비스의 바운디드 컨텍스트가 유지될지도 모른다. 하지만 시간이 흐르면 데이터가 서로 섞이고 그 경계는 점차 무뎌진다. 결국 같은 저장소를 사용하는 마이크로서비스들은 하나의 모놀리식 서비스처럼 강하게 결합될 것이다. 예를 들어 RDB를 사용하는 마이크로서비스들이 하나의 MySQL 데이터베이스를 사용한다고 하자. 어떤 마이크로서비스가 서로 경계를 넘나드는 조인 쿼리(join query)를 사용하거나 외래 키(foreign key)를 설정했다면, 그 순간부터 두 테이블의 데이터 독립성은 무효화된다.

이번에는 성능 이슈를 확인해 보자. 다른 마이크로서비스가 과도하게 테이블에 조회나 삭제 쿼리를 실행한다면 데이터베이스의 시스템 부하는 높아질 것이다. 이 데이터베이스를 같이 사용하는 다른 마이크로서비스의 인스턴스들은 아무 이유도 모른 채 처리량이나 처리 속도에 일시적으로 영향을 받는다. 이런 상황이 자주 발생하거나 심각한 상황이 발생하면 장애가 여러 마이크로서비스에 전파되는 끔찍한 악몽을 경험할 것이다.

현실에서는 여러 가지 이유로 데이터 저장소를 분리할 수 없는 상황이 발생하기도 한다. 운영할 사람이 적거나 데이터 크기가 너무 적은 상황에서 무작정 데이터 저장소를 늘리면 비용 문제가 발생할 수 있다. 이런 상황이 발생하면 적어도 논리적으로 데이터 저장소를 분리하길 바란다. 하나의 RDB 인스턴스에 데이터베이스를 분리해서 논리적으로라도 각 데이터의 독립성을 보장해 주자. 아니면 하나의 서버에 여러 개의 RDB 인스턴스를 실행해도 좋다. 그래서 실수라도 데이터 저장소를 통한 데이터 통합을 막도록 하자. 하지만 이 방법은 임시방편일 뿐이다. 현실에서는 여전히 다양한 이유로 서버에 장애가 발생할 수 있다. 그럼에도 이 임시방편은 서비스를 확장할 때 데이터베이스 서버를 쉽게 증설할 수 있다. 여러 RDB 인스턴스로 분리되어 데이터도 분리되어 있기 때문이다. 그러므로 여러분의 상황에 따른 유연한 설계가 필요하다.

이외에도 독립된 데이터 저장소는 어떤 장점이 있을까? 잘 설계된 마이크로서비스는 하나의 서비스만 처리한다. 그리고 각각의 마이크로서비스는 처리하는 서비스 성격에 적합한 기술을 사용한다. 어떤 마이크로서비스는 데이터 정합성이 중요하고, 어떤 마이크로서비스는 처리 속도와 처리량이 중요할 수 있다. 그러므로 데이터 정합성이 중요한 서비스는 이에 적합한 RDBMS 데이터를 사용하고, 트랜잭션의 격리 수준(isolation)도 적절히 조절하면 된다. 데이터를 조회 · 노출하는 서비스로는 인메모리 데이터 그리드(in-memory data grid)를 고려할 수 있다.

1.3.7 정리

마이크로서비스를 설계할 때 반드시 목적을 기억하자. 마이크로서비스는 서비스 전체 기능을 빠르게 개발하고 확장하기 위함이다. 마치 멀티 스레드로 일을 잘게 나누어서 처리하고 하나의 결과물로 병합하는 것과 비슷하다. 마이크로서비스 아키텍처를 통해 우리가 지금 얻는 장점과 단점을 정리하자. 장점이 크다면 마이크로서비스 아키텍처를 선택하자. 또한 개발자는 각 마이크로서비스 의존성은 줄이고 독립성은 보장해야 한다. 달리 말하면 각 개발자는 각자의 버그나 문제점을 해결할 수 있어야 한다. 그렇지 못하면 마치 멀티 스레드 중 하나가 락(lock)에 걸리거나 스레드에 안전(thread-safe)하지 않는 공유 자원에 접근했을 때처럼 프로그램에 문제가 생길 수 있다.

그리고 자동화할 수 있는 모든 부분은 미리 준비하자. 클라우드 서비스에서 제공하는 SAAS를 사용하는 것도 좋다. 각 마이크로서비스를 담당하는 개발자는 자신의 도메인 영역에 집중해서 문제를 해결해야 한다. 배포 시스템이 없어 배포하는 데 매번 개발자가 개입해야 한다면 여러분 서비스는 과연 성공할 수 있을까?

SPRING BOOT FOR MSA

1.4 스프링 투어의 아키텍처 변화

이 책에서는 여러분이 서비스를 개발하면서 부딪힐 수 있는 여러 상황을 예제로 설명한다. 예제는 '스프링 투어'라는 가상의 스타트업 회사가 여행 예약 서비스를 만드는 과정을 소개한다. 상황마다 개발 팀이 어떻게 문제를 해결했는지, 문제를 해결하는 과정에서 왜 그런 결정을 했는지 이야기한다. 이런 상황 설명은 여러분의 문제 해결 능력에 도움을 주고 왜 그런 방식으로 개발해야 하는지 알게 할 것이다.

1.4.1 스프링 투어의 시작

에피소드 ☰ 스프링 투어 개발자들은 초기 아키텍처를 어떻게 구성해야 할지 고민하고 있다. 일단 마이크로서비스 아키텍처를 선호하는 개발자들과 모놀리식 아키텍처를 선호하는 개발자들로 의견이 나뉘었다. 그들은 어떤 아키텍처로 시스템을 설계할지 매일 토론했다. 그리고 두 아키텍처의 장점을 정리하기 시작했다. 마이크로서비스 아키텍처는 서비스 확장성 및 최신 기술을 사용할 수 있는 장점이 있었다. 모놀리식 아키텍처는 간단한 구조 덕분에 빠르게 서비스를 런칭할 수 있고 서비스를 운영할 때 버그를 쉽게 고칠 수 있으며 시스템 장애에 견고한 장점이 있었다. 그러다 문득 지금 그들의 생각이 잘못되었다는 것을 알았다. 무엇을 잘못 생각하고 있었을까? 결국 스프링 투어의 개발자들은 초기 아키텍처로 모놀리식을 선택했고, 우선 빠르게 개발하기로 결정했다.

설계 과정에서 팀원들의 의견 수렴은 항상 필요하다. 그래서 스프링 투어의 개발자들은 서로 의견이 대치되었을 때, 토론을 통해 각 의견의 장단점을 정리해서 합리적으로 결과를 도출하려고 했다. 수많은 개발자가 설계 과정에서 간과하는 부분은 기술에만 집중해서 서비스 본질을 잊는 것이다. 스프링 투어 개발자들이 실수한 것은 그들이 무엇을 어떻게 만들어야 하는지 모르는 것이다. 만들어야 하는 무엇을 정의할 수 없으면 아키텍처도 설계할 수 없다. 도메인 주도 설계 방법론(DDD)에서도 개발자는 기획자 혹은 프로덕트 오너(product owner)와 수많은 대화를 나누면서 공통된 용어를 만들도록 한다. 도메인 주도 설계에서는 이를 유비쿼터스 언어(ubiquitous language)라고 한다. 이런 과정을 거치면 개발자는 어떻게 무엇을 만들어야 하는지 설계할 수 있는 최소의 요구 사항들을 만들어 낼 수 있다. 비즈니스 모델이 매우 명확한 시스템은 요구 사항만 수집하면 된다. 이 경우 매우 쉽게 설계할 수 있다. 하지만 새로운 서비스는 기능과 목적, 즉 비즈니스 모델이 명확하지 않을 때도 있다. 이런 상황에는 먼저 핵심 기능을 도출하고, 이를 빨리 구현하여 시장 반응을 알아보는 방법을 선택하기도 한다. 스프링 투어의 핵심 기능은 호텔과 항공 정보, 여행지 정보를 제공하고 사용자가 쉽고 편리하게 원스톱으로 예약하는 것이다. 그래서 우선 가장 빠르게 개발할 수 있는 모놀리식 아키텍처로 서비스를 개발하고 비즈니스 모델을 더욱 정교화하기로 했다. 그들이 도출한 아키텍처는 다음과 같았다.

▼ 그림 1-6 모놀리식 아키텍처로 구성한 프로토타입 서비스

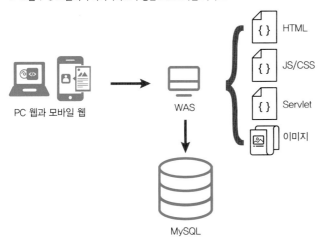

스프링 투어는 백엔드 애플리케이션 언어로 자바를 선택하기로 했다. 그리고 애플리케이션 프레임워크는 스프링 부트를 사용하기로 하고 개발 환경을 구축하기 시작했다. 모놀리식 아키텍처 형태의 애플리케이션을 설계했기 때문에 그림 1-6과 같이 모든 기능을 하나의 웹 애플리케이션에서 제공하기로 했다. 스프링 투어의 핵심 기능은 원스톱 예약 기능이었다. 그래서 트랜잭션 기능을

이용할 수 있는 InnoDB 엔진을 사용하는 MySQL을 데이터 저장소로 결정했다. 또한 클라이언트도 우선은 모바일 웹과 PC 웹을 서비스 대상으로 한정했다. 그래서 HTML, JS, CSS 같은 파일도 일단은 WAS에서 처리하도록 했다.

1.4.2 서비스 안정성 확보

> 에피소드 ≣ 스프링 투어 서비스를 런칭하고 사용자 숫자도 꽤나 가파르게 증가하기 시작했다. 사용량이 늘어나면서 더 이상 하나의 WAS로 서비스하기 어려운 상황이 되었다. 그러다 가끔 WAS에 장애가 발생하기도 했다. 또한 배포할 때는 서비스를 중단해야 하는 상황도 발생했다. 그래서 스프링 투어 개발자들은 서비스 안정성을 고민하기 시작했다. 그들이 선택한 방법은 고가용성(high availability)이었고, 이에 따라서 아키텍처도 변경하기 시작했다.

고가용성은 지속적으로 서비스를 제공할 수 있는 성질을 의미한다. 그림 1-6과 같이 한 대의 애플리케이션으로 서비스하는 것은 고가용성 모델이 아니다. 애플리케이션을 배포하면 다운타임 동안 서비스를 제공할 수 없다. 또한 데이터베이스 장애가 발생하기라도 하면 장애 시간 동안 서비스를 제공할 수 없다. 이와 같이 시스템을 구성하는 컴포넌트 중 하나에 장애가 발생하면 전체 서비스에 문제가 생기는 것을 단일 장애 지점(Single Point Of Failure, SPOF)이라고 한다. 아키텍처를 설계할 때 가장 기본은 단일 장애 지점을 줄이고 하나의 컴포넌트에 의존하지 않는 것이다. 그림 1-6에서 단일 장애 지점은 데이터베이스와 웹 애플리케이션 서버(WAS)다. 사실상 모든 컴포넌트가 문제다. 그래서 이중화 혹은 다중화를 통해 고가용성을 확보하는 것이 중요하다.

고가용성을 확보하는 방법은 여러 가지가 있지만, 일반적으로 로드 밸런서를 사용한다. 로드 밸런서가 가상 서버 역할을 하고 사용자 요청을 모두 받는다. 그리고 로드 밸런서에 연결된 애플리케이션 서버에 알고리즘에 따라 사용자 요청을 분산한다. 요청량 변화에 따라 로드 밸런서에 연결된 애플리케이션 서버를 늘리는 것을 스케일아웃(scale-out)이라고 한다. 이론상으로는 애플리케이션 서버를 늘리면 로드 밸런서의 처리 한계까지 성능이 증가한다. 하지만 요청이 계속해서 증가하면 데이터 저장소가 단일 장애 지점이 된다. 스프링 투어가 사용하기로 결정한 데이터 저장소는 MySQL이며, MySQL은 애플리케이션 서버처럼 계속해서 스케일아웃할 수 없다.

데이터베이스도 고가용성을 확보할 수 있는 방법이 있다. MySQL 시스템에서 가장 많이 사용하는 방법은 MMM(Multi-Master Replication Manager for MySQL)이다. 여러 MySQL 인스턴스를 두고 데이터를 복제하는 방식이다. 이때 원본 데이터베이스를 마스터(master)라고 하고 복제 데이터베이스들을 슬레이브(slave)라고 한다. MMM 클러스터에는 한 개의 마스터와 여러 개의 슬레이브가 있다. 애플리케이션은 마스터 데이터베이스에 데이터를 변경 · 생성 · 삭제하고 변경된 데이터들은 클러스터 내 여러 슬레이브로 전달되어, 결국에는 MMM 클러스터의 데이터베이스는 모두 같은 데이터를 저장하게 된다. 여기에서 마스터에서 슬레이브로 데이터를 전파하는 것을 리플리케이션(replication)이라고 한다. 슬레이브 데이터베이스에 장애가 발생하면 서비스는 마스터 데이터베이스에서 쿼리를 실행하면 된다. 반대로 마스터 데이터베이스에 장애가 발생하면 클러스터는 다른 슬레이브 중 하나를 마스터 데이터베이스 역할로 변경시킨다. 이때 역할이 바뀌는 것을 롤 체인지(role change)라고 한다. MMM은 이 방식으로 데이터베이스의 고가용성을 유지할 수 있다. MySQL 외의 다른 데이터베이스들도 비슷한 방식으로 고가용성을 제공한다.

❤ 그림 1-7 고가용성을 고려한 이중화 아키텍처

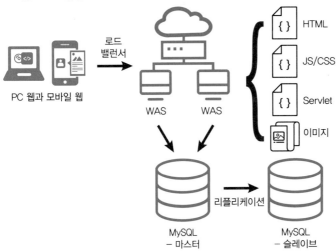

그림 1-7은 앞서 설명한 로드 밸런서를 이용한 스케일아웃과 데이터베이스 이중화를 그림으로 표현한 것이다.[11] 여러분이 안정적으로 서비스를 제공하기 위해서는 적어도 이와 같은 아키텍처로 고가용성을 확보하는 것이 중요하다.

---

11 보통 로드 밸런서도 이중화해야 하며, 상황에 따라 IDC도 이중화해야 한다. 이를 재해 복구(disaster recovery)라고 한다.

1.4.3 확장의 시작

> **에피소드 ≡** 스프링 투어 개발 팀은 효율적으로 시스템 확장을 하기 위해 모니터링 시스템을 도입했다. 모니터링 시스템을 이용하여 사용자 요청량에 따른 시스템 성능들을 수치화할 필요성을 느꼈기 때문이다. 서버와 네트워크 리소스를 모니터링하는 자빅스(Zabbix)와 애플리케이션 성능을 모니터링하는 스카우터(Scouter)를 도입하여 어느 시스템이 문제가 있는지 확인할 수 있었다. 특히 객관적인 자료를 바탕으로 시스템 확장 시기를 예측할 수 있었다. 스프링 투어 개발 팀은 그들의 애플리케이션 서버가 너무 많은 일, 다시 말하면 너무 많은 기능을 제공하고 있음을 깨달았다. 게다가 애플리케이션 서버만 스케일아웃하는 것은 비효율적이라는 결론에 이르렀다. 그래서 기능에 따라 시스템을 확장하기로 결정했다.

시스템 확장 시기를 결정하기 위해서는 반드시 모니터링 시스템이 필요하다. 객관적인 자료로 시스템을 확장할 근거를 확인할 수 있고, 시스템에 문제가 생기면 알람도 받을 수 있기 때문이다. 필자는 스프링 투어의 에피소드를 소개하면서 두 가지 모니터링 솔루션을 예로 들었다. 서버나 네트워크의 리소스를 확인하려면 자빅스, 문인(munin), 나기오스(Nagios) 같은 모니터링 솔루션을 사용한다. 하지만 애플리케이션의 스레드 상태나 애플리케이션 성능을 측정하기는 어렵다. 그래서 스카우터 같은 APM(Application Performance Monitoring) 시스템을 모니터링 시스템과 함께 사용하길 제안한다. 이런 오픈 소스를 직접 운영해도 되지만, 여러분 상황에 따라 뉴렐릭 같은 SAAS를 사용하거나 AWS나 NHN Cloud 같은 클라우드 서비스에서 제공하는 모니터링 서비스를 사용해도 좋다.

그림 1-7을 다시 확인해 보자. 애플리케이션 서버가 여러 가지 일을 처리한다. 서비스 기능은 기본이고, HTML이나 JS/CSS 같은 정적 파일(static file)과 HTTPS 인증서 처리까지 수많은 일을 담당하고 있다. 하지만 정적 파일이나 인증서 처리 같은 일들은 애플리케이션 서버보다 다른 컴포넌트가 처리하는 것이 때로는 더 효율적일 수 있다. 그림 1-8이 그림 1-7과 비교해서 어떤 부분이 바뀌었는지 확인해 보자.

❤ 그림 1-8 서비스 성격에 따른 시스템 확장

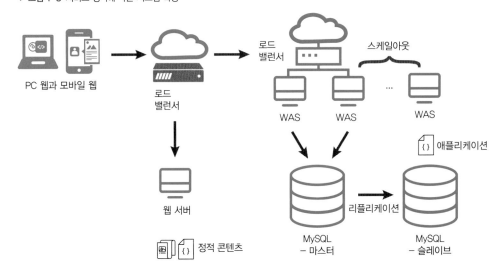

그림 1-7과 그림 1-8을 비교하면 몇 가지 컴포넌트가 추가되었는데, 웹 서버들과 웹 서버들에 요청을 분배하는 로드 밸런서다. 일반적으로 정적 파일이나 HTTPS 인증서 처리는 애플리케이션 서버보다 웹 서버가 더 안정적이고 빠르게 처리한다. 대표적인 웹 서버는 NginX, Apache 등이 있다. 그래서 그림 1-8과 같이 HTML, 자바스크립트, CSS 같은 정적 파일들은 웹 서버에서 처리하도록 역할을 분리한다.

이렇게 웹 서버와 애플리케이션 서버의 역할이 분리되면 웹 애플리케이션도 변경이 필요하다. 자바스크립트와 HTML을 이용하여 화면에 데이터를 노출하고 렌더링하는 프런트 애플리케이션과 데이터를 저장하고 처리하는 백엔드 애플리케이션으로 구조를 나눌 수 있다. 프런트 애플리케이션은 XHR(XMLHttpRequest) 메서드를 사용하여 백엔드 서버의 API를 호출하는 방식으로 변경된다. 그러므로 백엔드 애플리케이션도 기존 템플릿 엔진 방식이 아닌 REST-API 방식으로 리팩터링되어야 한다. 아키텍처를 변경함에 따라 애플리케이션 변화도 많아지지만, 이에 따른 다른 장점도 따라온다. 우선 프런트 애플리케이션과 백엔드 애플리케이션의 코드를 완전히 분리할 수 있다. 그리고 프런트 애플리케이션과 백엔드 애플리케이션을 독자적으로 운영 개발할 수 있다. 버그가 발견되어도 각자 수정하고 배포하면 되는 환경이다. 또한 당연한 이야기이지만, 코드 가독성이 좋아지는 것은 덤이다. 드디어 서로 각자 배포할 수 있는 환경이 만들어졌다.

이런 아키텍처에서 REST-API를 클라이언트 사이드로 노출하려면 웹 서버의 리버스 프록시(reverse proxy) 기능을 사용해야 한다. 또한 HTTPS 처리는 웹 서버가 담당하도록 변경하는 것이 좋다. 기능이 덜어진 백엔드 애플리케이션은 인증, 인가 기능 등을 더욱 강화해야 한다. 이외에도 정적 파일을 빠르고 안정적으로 처리하기 위해 CDN(Content Delivery Network)을 이용하는 방법도 있다.[12] 이미지나 동영상 파일 등은 CDN에서 처리하는 것도 고려해 보자.

1.4.4 데이터 저장소의 확장

> 에피소드 ≡ 스프링 투어 서비스를 사용하는 사용자는 나날이 늘어났으며, DAU(Daily Active User, 일별 활동 사용자 수), AU(Active User, 활성 사용자 수) 같은 비즈니스 지표도 점점 개선되었다. 그리고 몇 번에 걸친 아키텍처 변경으로 서비스 안정성도 대폭 개선되었다. 하지만 아직까지 데이터베이스 확장에 골머리를 앓고 있다. 웹 애플리케이션은 수평적으로 확장되었지만(스케일아웃), 데이터베이스는 수평적으로 확장할 수 없었다. 그래서 모든 요청이 데이터베이스에 집중되었으며, 이제는 데이터베이스가 단일 장애 지점이 되었다. CPU와 메모리를 늘리는 방식으로 하드웨어 성능을 높여 스케일업(scale-up, 수직 확장)으로 데이터베이스 성능을 개선했다. 하지만 하드웨어 성능을 무제한으로 확장할 수는 없다. 그리고 이제 더 이상 스케일업으로 서비스 성능이나 안정성을 보장할 수 없는 상황이 되었다.

MySQL 같은 관계형 데이터베이스(Relational DataBase, RDB)는 스케일아웃이 매우 어려운 데이터 저장소다. 보통 관계형 데이터베이스는 트랜잭션 기능을 제공한다. 일반적인 트랜잭션은 하나의 데이터베이스 인스턴스 내부에서 사용할 수 있다. 그래서 데이터베이스 인스턴스가 수평적으로 확장되어 데이터가 여러 인스턴스에 저장되면 트랜잭션 기능을 사용하기 어렵다. 물론 분산 트랜잭션은 네트워크상에서 여러 데이터베이스의 트랜잭션을 관리할 수 있다. 하지만 리소스를 많이 사용하며 성능이 떨어지는 단점이 있다. 그래서 데이터베이스를 확장하는 가장 쉬운 방법은 하드웨어 성능을 끌어올려 처리량을 높이는 스케일업(scale-up)이다. 더 빠른 디스크와 CPU, 더 많은 메모리를 제공하면 데이터베이스 처리량은 높아진다. 하지만 수직 확장은 한계가 명확하며, 성능 또한 선형적으로 증가하지 않는다.

이를 극복하기 위해서는 테이블 파티셔닝, 쿼리 튜닝, 테이블 비정규화 등 수많은 성능 튜닝 방법을 써야 한다. 이 방법들은 하나의 데이터베이스 인스턴스 내에서 성능을 높이려는 것이다. 하지만 필자는 목적은 같지만 방식이 다른 샤딩(sharding) 기법을 설명한다. 샤딩은 데이터들을 샤드라는 단위로 여러 데이터베이스 인스턴스에 나누어서 관리한다. 데이터는 샤드의 숫자만큼 분류하여 저장된다. 이때 데이터를 분류하는 기준이 핵심 알고리즘이다. 샤딩 분류 기준에 따라 데이터

---

12 CDN의 캐시(cache) 무효화(purge)는 오래 걸린다. 그러므로 캐시 버스터 기법이나 애플리케이션 로직에서 이를 회피하는 방법을 반드시 고려해야 한다.

를 균등하게 분배한다. 기존에는 하나의 데이터베이스에 100개의 데이터를 저장했다면, 다섯 개의 샤드로 구성된 데이터베이스에는 하나의 데이터베이스에 20개의 데이터만 저장한다. 그래서 스케일업에 한계가 있는 데이터베이스를 스케일아웃할 수 있다.

조금 더 샤딩을 알아보자. 그림 1-9를 보면 좀 더 이해하기 쉽다. 그림 1-9의 데이터 저장소는 세 개의 샤드로 구성되어 있고, 애플리케이션 서버는 데이터를 세 개의 샤드에 나누어서 저장하고 있다. 각 샤드는 하나 혹은 그 이상의 데이터베이스 인스턴스들로 구성된다. 각 샤드는 고가용성을 유지해야 하므로 마스터 데이터베이스와 하나 이상의 슬레이브 데이터베이스로 구성해야 한다. 그리고 마스터의 데이터는 슬레이브로 데이터들이 복제된다. 데이터 복제와 장애가 발생하면 슬레이브 데이터베이스가 마스터로 롤 체인지되어야 하므로 모든 샤드에 포함된 데이터베이스는 모두 똑같은 테이블과 제약(constraints)을 설정해야 한다.

예를 들어 Members 테이블이 있다. 사용자 정보를 저장하는 테이블이다. 샤딩 분류 설정에 따라 'Benjamin'의 데이터는 샤드 #1에 저장되고, 'Olivia'의 데이터는 샤드 #3에 저장된다. 애플리케이션 서버는 분배 설정에 따라 어떤 데이터가 어떤 샤드에 DML 쿼리를 실행할지 알고 있다. 샤딩에서 가장 중요한 분류 설정에 따라 데이터가 적절히 분배되어야 균등하게 샤드를 운영할 수 있다. 분류 설정 알고리즘에 허점이 있다면 특정 샤드에 데이터가 집중된다. 데이터가 집중된 데이터베이스는 그만큼 부하를 많이 받는다.

❤ 그림 1-9 로케이터 서비스를 이용한 데이터베이스 샤딩

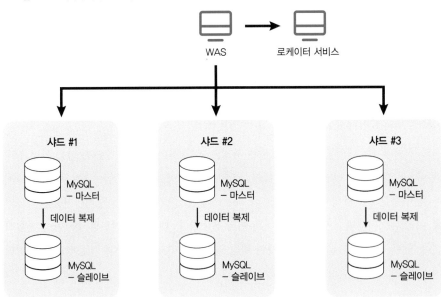

샤드에 데이터를 분배하는 방법은 여러 가지다. 데이터의 해시 값을 이용하여 샤딩하는 방법도 있다. 모든 애플리케이션 서버는 같은 해시 알고리즘을 공유하고, 이를 이용하면 애플리케이션 서버는 스스로 데이터 위치를 파악할 수 있다. 이 경우 샤드 데이터베이스와 애플리케이션 서버 외에는 다른 컴포넌트가 필요 없다. 하지만 알고리즘이 애플리케이션마다 분산되어 있어 알고리즘 방식을 변경하거나 버그가 있다면 데이터 일관성이 깨질 수 있다. 또한 샤드를 추가하는 경우 애플리케이션의 해시 알고리즘을 교체해야 하는데, 교체 과정에서 데이터 위치를 잃어버릴 수 있다. 이와 비슷하게 사용자별로 데이터를 분배하는 방법 등이 있지만, 이 책에서는 로케이션 서비스를 이용한 샤딩 방법을 설명한다.

로케이션 서비스(location service) 방식은 데이터 위치를 중앙에서 관리한다. 로케이션 서비스는 데이터 위치를 알고 있는 일종의 애플리케이션이다. 이것은 샤딩 분배 알고리즘을 바탕으로 데이터 위치를 응답할 수도 있고, 로케이션 서비스 전용 데이터 저장소에 데이터 위치를 저장해서 응답할 수도 있다. 애플리케이션 서버가 'Benjamin' 사용자 정보를 질의하기 위해 어떤 과정을 거치는지 알아보자.

1. 애플리케이션 서버는 'Benjamin' 정보를 셀렉(select)하기 위해 로케이션 서비스에 질의한다.

2. 로케이션 서비스가 'Benjamin' 정보는 샤드 #1에 있다고 응답한다.

3. 애플리케이션 서버가 샤드 #1의 데이터베이스 인스턴스에 질의한다.

데이터 위치 정보를 로케이션 서비스가 알고 있으므로 매우 쉽게 샤드 정보를 획득할 수 있다. 그래서 모든 애플리케이션은 CRUD 쿼리를 실행하기 위해 로케이션 서비스에 먼저 질의해야 한다. 그러면 서비스의 모든 요청 트래픽이 로케이션 서비스에 집중되는 경우도 발생한다. 다시 말하면 로케이션 서비스의 응답이 느려지면 서비스 전체 성능도 느려진다. 혹은 로케이션 서비스에 장애가 발생하면 서비스를 할 수 없는 상황도 발생한다. 로케이션 서비스와 애플리케이션은 네트워크를 사용해서 데이터의 샤딩 위치를 알아내는데, 샤딩 전 데이터베이스 구성보다 통신 횟수가 2배 증가한다. 그러므로 로케이션 서비스는 경량화된 네트워크 프로토콜을 사용해야 하며 응답이 매우 빨라야 한다. 알고리즘을 이용하는 방식에 비해 복잡할 수밖에 없다.

이런 문제점이 있기 때문에 샤딩하기 전에 반드시 단점을 염두에 두어야 한다. 하지만 로케이션 서비스를 사용하면 데이터를 재분배하는 리밸런싱 작업에 유리하다. 사용자별로 샤딩한다고 생각해 보자. 'Benjamin'의 사용자 정보는 샤드 #1에 저장되고, 'Olivia'의 사용자 정보는 샤드 #3에 저장된다고 하자. 논리적으로는 균등하게 데이터가 분배된다. 하지만 사용자마다 생성하는 데이터양도 다르고 서비스를 사용하는 시간도 다르다. 그러다 보면 특정 샤드에 더 많은 부하가 쏠리는 현상이 발생한다. 이 경우 사용자를 재분류하는 리밸런싱 작업을 해야 한다. 로케이션 서비스를 사용한다면 리밸런싱 작업을 쉽게 할 수 있다. 리밸런싱 대상 데이터를 먼저 옮기고, 마이그레이션이 끝난 후 로케이션 서비스에 저장된 샤드 위치를 바꾸어 주면 된다. 마지막으로 샤딩을 사용하면서 고려해야 하는 몇 가지 주의 사항을 적었다.

- 분산 트랜잭션을 사용하지 않으면 하나의 샤드에서만 트랜잭션을 사용할 수 있다. 보통 분산 트랜잭션은 네트워크 및 시스템 리소스 사용 비용이 높아 잘 사용하지 않는다.
- 여러 샤드에 걸친 Join 쿼리는 사용할 수 없다. 물론 특정 데이터베이스는 데이터베이스 링크 기능을 제공하지만 지양해야 한다.
- 테이블의 주 키(primary key)는 개발자가 Global UUID 값으로 설정해야 한다. 데이터베이스에서 제공하는 auto increment 설정으로 주 키를 지정하면, 각 샤드에 있는 수많은 데이터의 주 키가 중복된다. 리밸런싱을 한다면 마이그레이션 문제가 발생한다.
- DDL(Data Definition Language)을 사용하여 테이블이나 설정을 변경할 때는 반드시 모든 샤드에 설정해야 한다.

1.4.5 마이크로서비스 아키텍처의 시작

> 에피소드 ≡ 스프링 투어 개발 팀은 MySQL에 샤딩을 적용하기로 했으며, 결국 성공적으로 변경했다. 그래서 데이터 저장소도 스케일아웃할 수 있게 되었다. 원스톱 예약 서비스 반응도 폭발적으로 증가하여 사용자가 계속 유입되기 시작했다. 그리고 기획 팀은 서비스의 시장 점유율을 높이기 위해 항공, 호텔뿐만 아니라 다른 상품까지 기획하기 시작했다. 빠른 시간 안에 여행 후기와 상품에 대한 별점 기능을 추가하기로 했으며, 점차 회원 마일리지 서비스까지 계획하고 있다. 이와 별개로 사용자 사용량이 늘면서 고객 응대를 위한 CS 시스템까지 요구되고 있었다. 마침 스프링 투어의 CTO는 개발자들을 추가로 채용했으며, 그들 역시 높은 개발 능력을 갖고 있었다. 하지만 스프링 투어의 개발 속도는 나아지지 않았으며, 오히려 그들의 생산성은 예전보다 느려졌다. CTO는 이 상황을 극복하기 위해 개발자들과 오랜 토론 끝에 다시 한 번 아키텍처를 변경하기로 했다.

스프링 투어의 에피소드처럼 사용자와 서비스 사용량이 폭발적으로 늘어난다면 이보다 좋은 일은 없다. 하지만 늘어난 사용량만큼 데이터는 증가하고 애플리케이션 서버도 스케일아웃해야 한다. 그러면 결국 관리해야 하는 인스턴스 숫자도 더 많아진다. 이외에도 개발자는 새로운 기능을 추가하는 것도 해야 한다. 그래서 우리는 높은 개발 생산성을 유지하는 것이 중요하다. 가능한 생산성을 낮추는 여러 가지 요소도 제거해야 한다. 생산성을 높이기 위해 여러 방면으로 고민해야 하지만 이 장에서는 아키텍처 측면에서만 설명한다.

이제까지 스프링 투어는 여러 가지 방법을 사용하여 시스템 아키텍처를 변경했지만, 정작 애플리케이션 복잡도는 낮추지 못했다. 모놀리식 구조의 애플리케이션에 기능을 새로 추가하면, 소스 코드의 복잡성은 필연적으로 높아진다. 물론 클래스 설계를 잘하면 클래스 사이에 의존성을 낮추어 복잡성이 더 이상 증가하지 않을 수는 있다. 하지만 더 많은 기능이 추가되면서 클래스 숫자도 늘어날 것이며, 결국 복잡성은 높아진다. 실제로 촉박한 일정 같은 외부 요인에 의해 애플리케이션 설계를 할 수 없는 상황에 처해진다. 이렇게 복잡해진 소스 코드는 스파게티 코드가 될 것이며, 여러분은 결국 유지 보수에 어려움을 느낄 것이다. 자연히 스프링 투어 서비스 전체의 개발 속도는 점점 줄어들 것이다.

왜 우리는 코드 복잡성을 줄여야 할까? 코드 복잡성이 증가하면 개발자 의도와 상관없는 부작용이 발생할 수 있다. 먼저 모놀리식 구조의 애플리케이션은 하나의 코드베이스에 모든 소스를 포함하고 있다. 여러 기능이 동시에 개발될 수 있으므로 많은 개발자가 동시에 다른 기능을 개발한다. 하지만 코드베이스는 하나이므로 같은 클래스를 수정할 수 있다. 이와 같은 상황을 위해 깃 같은 형상 관리 툴을 사용한다. 하지만 개발이 끝나고 소스를 병합(merge)하는 과정에서 실수로 특정 코드가 누락될 수 있다. 복잡하게 얽힌 코드베이스에 작은 기능 하나만 추가해도 복잡성 때문에 이미 개발되어 있는 다른 기능에 영향을 미칠 수 있다. 이 같은 버그가 계속 발생하면 서비스 신뢰도를 낮추는 심각한 상황이 발생한다. 그리고 개발자가 의도하지 않은 버그는 스스로를 위축시켜 생산성을 더욱 낮춘다.

코드 복잡성은 배포 주기에도 영향을 준다. 새로운 기능을 추가하더라도 다른 기능에 영향을 줄 수 있으므로 단계별 QA(Quality Assurance)는 모든 기능을 테스트해야 한다. 이는 배포 주기와도 연관된다. 전체 기능을 테스트해야 하므로 이미 개발이 끝난 기능이라도 QA 테스트 완료일까지 기다려 다른 기능들과 함께 배포한다. 예를 들어 별점 기능 개발이 이미 완료되었지만, 배포 일정은 앞으로 3주가 남았으므로 별점 기능은 3주 후에나 사용자에게 오픈된다. 개발 완료되면 그 기능만 테스트하여 빨리 배포하는 것과 전자의 상황을 비교하면 어떤 것이 더 좋을까? 각자 판단에 맡기겠다.[13]

스프링 투어는 기존보다 더 빠르게 개발하고 배포하여 서비스를 발빠르게 출시하고 싶었다. 그래서 애플리케이션을 기능별로 분리할 필요성을 느끼게 되었다. 늘어나는 사용자 요청들 또한 안정적으로 처리하기 위해 시스템 확장이 편리한 구조를 원했다. 데이터 저장소를 샤딩해서 운영하는 것이 예상보다 운영 난이도가 높았다. 데이터 저장소 외에도 데이터 로케이션 서비스를 운영할 수

---

13 스프링 투어는 이미 대규모 서비스이므로 모놀리식 아키텍처의 단점이 드러나는 상황이다. 맹목적으로 모놀리식 아키텍처가 나쁘다는 편견을 갖지 않길 바란다.

있는 애플리케이션을 개발하고 이를 운영해야 했기 때문이다. 또한 샤딩된 데이터를 처리하는 애플리케이션을 개발하고 운영하는 것도 난이도가 상당히 높았다. 그래서 더 많은 개발자가 필요했다. 이런 여러 이유 때문에 스프링 투어는 현재 그들의 시스템 아키텍처를 마이크로서비스 아키텍처로 점차 변경하기로 결정했다. 충분히 큰 규모의 서비스와 현재 서비스의 신뢰도를 유지하기 위해 지금까지 한 것과 달리 점진적인 아키텍처 변경을 결정했다.

우선 스프링 투어 개발자들은 서비스 전체 기능을 분류하기 시작했다. 큰 기능이든 작은 기능이든 가리지 않고 목록에 적었다. 그다음 서비스를 사용하는 대상을 분류했다. 스프링 투어를 사용하는 사용자든 투어 상품을 등록하는 사업자든 CS를 처리하는 내부 직원이든 간에 가리지 않았다. 그래서 실제 사용 대상이 사용하는 기능들에 대해 유즈 케이스 다이어그램을 그리기 시작했다. 결국 그들은 도메인을 분류할 수 있었으며, 각 도메인들이 서로 겹치지 않는 영역을 만들 수 있었다. 이 영역을 기준으로 독립성을 가질 수 있는지, 하나의 서비스를 책임질 수 있는지, 데이터가 서로 겹치지 않는지 논리적으로 구분할 수 있게 되었다. 그들이 설계한 아키텍처를 그림 1-10에서 확인해 보자.

❤ 그림 1-10 마이크로서비스 아키텍처로 변경된 스프링 투어

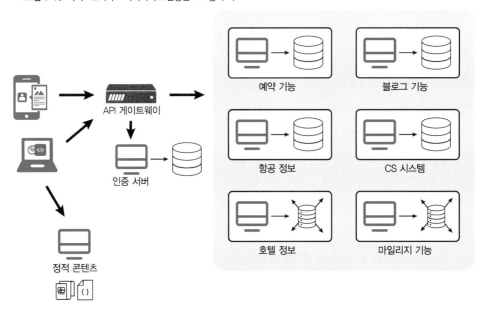

지금까지 예제로 설명한 스프링 투어의 아키텍처 변경 방법이 항상 정답은 아니다. 예를 들어 데이터 저장소를 샤딩하는 방법을 설명했지만, 상황에 따라 HazelCast, EhCache, Redis 같은 메모리 저장소를 이용하는 방법도 있다. 데이터의 크기나 양 또는 읽기/쓰기 비율 같은 특성에 따라

아키텍처를 유연하게 적용해야 한다. 즉, 스프링 투어에서 사용한 샤딩 방법은 하나의 예시일 뿐 여러분 상황에 100% 부합하지는 않는다. 이들이 왜 아키텍처를 변경했으며 어떻게 해결 방법을 찾았는지 그 과정을 참고하길 바란다. 그래서 여러분 상황에 맞게 유동적으로 시스템을 확장하거나 아키텍처를 변경하길 바란다. 아키텍처를 변경하는 것은 쉬운 일이 아니다. 시스템을 처음부터 완전히 다시 개발해야 할 수도 있다. 그만큼 변경 사항이 많을 수 있는 일이다. 또한 한 번 변경한 아키텍처는 다시 되돌리기 쉽지 않다. 그러므로 여러분 동료와 충분히 이야기하여 의견을 수렴하길 바란다.

계속해서 이 책은 마이크로서비스에 적합한 스프링 부트 프레임워크 사용법을 소개한다. 스프링 투어가 왜 스프링 부트를 선택했는지, 그들이 마이크로서비스 아키텍처 서비스를 만들면서 스프링 부트로 어떻게 문제점들을 해결했는지 이해하면 좋겠다.

1.5 12 요소 애플리케이션

SPRING BOOT FOR MSA

앞서 우리는 마이크로서비스 아키텍처를 설계하는 데 필요한 몇 가지 개념을 살펴보았다. 마이크로서비스 아키텍처를 구성하는 마이크로서비스들은 한 개 이상의 애플리케이션 서버로 구성되어 있다. 각 마이크로서비스도 사용자의 요청량에 따라 컴퓨팅 자원을 스케일아웃하거나 스케일인할 수 있다. 마이크로서비스의 서비스 부하는 사용자 요청만 있는 것은 아니다. 네트워크상의 다른 마이크로서비스들이 서로 API를 호출하여 데이터를 주고받을 수 있다. 그리고 서비스 품질을 높이기 위해 개발자가 직접 운영하는 문화에서는[14] 전통적인 IDC 기반의 인프라를 직접 운영하기 힘들다. 이런 이유로 수많은 개발자는 프로그램으로 인프라를 설정 및 변경할 수 있고, 손쉬운 스케일아웃을 제공해 주는 클라우드 컴퓨팅 환경을 선호한다. 이것이 수많은 기업이 전통적인 인프라에서 클라우드 인프라로 이전하는 이유다. 이 절에서는 클라우드 컴퓨팅 환경에 적합한 애플리케이션 개발 방법을 이야기한다.

클라우드 컴퓨팅 환경에 적합한 유연한 애플리케이션을 개발하는 방법론이 바로 12 요소 애플리케이션(12Factors App)[15]이다. 이는 클라우드 컴퓨팅 서비스로 유명한 허로쿠(Heroku)에서 제안한

---

14 "You build it, you run it!" – 버너 보겔스(Werner Vogels) 아마존 CTO

15 https://12factors.net/ko/

애플리케이션 설계 방법이다. 클라우드 환경에 적합한 애플리케이션을 개발할 때, 고려해야 할 12가지 항목을 선정하고 각 항목마다 요구 사항들을 제안한다. 이 개발 방법은 언어나 프레임워크에 종속적이지 않은 보편적인 개념이고, 스프링 개발자에게는 이미 익숙한 내용도 몇몇 있다. 이 절에서는 12 요소 애플리케이션을 알아보고, 이 책에서는 12 요소 애플리케이션에 기반을 둔 스프링 부트 애플리케이션을 개발하는 방법을 계속해서 설명한다.

1.5.1 코드베이스: 버전 관리되는 하나의 코드베이스와 다양한 배포

스프링 부트 프레임워크를 이용하여 웹 애플리케이션을 작성하기 위해서는 먼저 프로젝트를 생성해야 한다. 그리고 개발자는 비즈니스 로직을 담은 소스 코드를 프로젝트에 추가한다. 이 프로젝트에 담긴 코드들을 코드베이스(codebase)라고 한다. 이 코드베이스에 소스 코드를 읽기 · 생성 · 수정 · 삭제할 때는 깃(Git)이나 SVN(Subversion)과 버전 컨트롤 시스템을 사용하여 코드를 관리한다. 보통 버전 컨트롤 시스템을 코드 저장소라고 하며, 개발자 코드는 코드 저장소에 저장되어야 한다. 이는 여러 개발자가 동시에 여러 기능을 개발할 때 서로 충돌할 수 있는 코드를 쉽게 병합할 수 있는 기능들을 제공한다.

코드 버전을 관리하는 툴이므로 개발자들이 코드를 생성하고 수정할 때마다 추적 가능하다. 버전 관리 시스템은 언제, 어떤 이유로 기능을 추가하는지 기록할 수 있는 기능도 제공한다. 과거 히스토리 관리를 위해 개발자는 Jira 같은 이슈 관리 소프트웨어처럼 코드를 관리하기도 한다. 예를 들어 A 개발자가 코드를 추가했다면, 태스크(task)를 생성하고 버전 관리 시스템에 태스크 번호와 함께 코드를 커밋한다. 이런 작업은 애플리케이션에 버그가 발생했을 때 원인을 쉽게 파악할 수 있게 해 준다.

▼ 그림 1-11 하나의 코드베이스로 여러 환경에 배포 가능

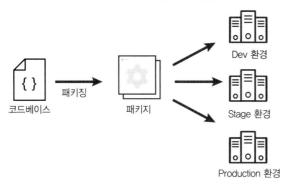

이렇게 개발된 코드베이스는 패키징 과정을 거쳐 패키지 파일이 생성된다. 하나의 패키지 파일은 여러 환경에서 동작해야 한다. 개발자의 PC 또는 개발 서버에서 동작하는 애플리케이션이나 QA를 위한 Stage 환경의 애플리케이션이나 사용자가 사용하는 Production 환경의 애플리케이션 모두 같은 코드베이스에서 동작해야 한다. Dev 환경을 위한 코드베이스와 Production 환경을 위한 코드베이스를 구분하는 순간 소스 코드는 일관성을 잃고 운영 환경에 종속된다. 물론 개발 환경에 따라 JDBC URL이나 다른 마이크로서비스의 연결 주소(end-point)는 다를 수 있다. 상황에 따라 Dev 환경에서는 H2 데이터베이스를 사용하고 Production 환경에서는 MySQL을 사용할 수 있다. 그리고 환경에 따라서 스레드 개수는 다를 수 있다. 이 경우 추상화가 잘된 스프링 프레임워크에서 제공하는 Properties와 Profile 기능을 이용하면 매우 쉽게 개발할 수 있다.

1.5.2 의존성: 명시적으로 선언할 수 있고 분리할 수 있는 의존성

개발할 때는 JRE에서 제공하는 기본 라이브러리 외에 다른 라이브러리가 필요하다. 이때 애플리케이션은 특정 라이브러리에 의존성(dependency)이 있다고 말한다. 그래서 여러 라이브러리가 포함되어 있는 프레임워크를 사용하는 애플리케이션은 다른 라이브러리에 의존성이 생기는 것이 당연하다. 스프링 부트 애플리케이션도 마찬가지다. 12 요소 애플리케이션에서 이 의존성은 반드시 명시적으로(explicitly) 선언되어야 하고 분리(isolate)되어 관리되어야 한다. 즉, 의존성 관리 도구와 의존성 선언 파일로 라이브러리 의존성을 관리해야 한다.

스프링 프레임워크 애플리케이션은 의존성 관리 툴로 메이븐(Maven)이나 그레이들(Gradle)을 사용한다. 그리고 의존성 선언 파일로 메이븐은 pom.xml, 그레이들은 build.gradle을 사용한다. 그래서 개발 환경을 만들 때 의존성 관리 툴만 설치하면 의존성이 있는 라이브러리들을 자동으로 개발 환경으로 내려받는다. 애플리케이션을 패키징할 때도 마찬가지로 메이븐이 내려받은 라이브러리들을 하나의 배포 파일로 묶어 준다. 의존성 관리 도구로 의존성이 관리되지 않는 라이브러리가 있다면 개발자는 다음 상황에 항상 개입해야 한다.

- 개발 환경을 만들 때마다 개발자가 직접 라이브러리를 내려받아야 한다.
- 애플리케이션을 패키징 혹은 배포할 때마다 개발자는 라이브러리 목록을 확인하고 내려받아야 한다.

이런 상황에서 자동으로 스케일아웃할 수 있을지 생각해 보면 의존성 항목이 왜 12 요소 중 하나인지 이해하기 쉽다.

12 요소의 의존성 항목은 자바 개발자에게는 매우 익숙하고 대부분 자바 애플리케이션들이 이 항목을 잘 준수하고 있다(메이븐이나 그레이들 프로젝트로 의존성을 잘 관리하기 때문이다). 이 의존성 관리 툴들은 12 요소의 의존성 항목에 매우 잘 부합한다. pom.xml이나 build.gradle 파일에 의존성을 명시하고 있으며, 메이븐으로 개발하던 프로젝트를 그레이들로 교체할 수 있다.

1.5.3 설정: 환경 변수를 이용한 설정

코드베이스 항목에서 설명한 것처럼 하나의 코드베이스는 여러 환경에서 동작할 수 있다. 또한 애플리케이션은 수평 확장할 수 있다. 이때 배포된 환경마다 혹은 스케일아웃된 애플리케이션마다 달라지는 값을 코드 내부에서 참조할 수 있다. 다음 항목들을 확인해 보자. 그리고 다음 항목들이 코드 내부에 선언하는 것이 효율적인지 외부에서 설정을 입력받는 것이 효율적인지 생각해 보자.

- 애플리케이션마다 고유 이름이 필요하다.
- 애플리케이션을 실행할 때 애플리케이션의 프로파일 이름이 필요하다.
- 스카우터나 핀포인트 같은 APM을 설정할 때는 설정(config) 파일과 에이전트 라이브러리 파일이 필요하다.

이런 상황들은 외부 요인으로 변할 수 있는 값들이므로 애플리케이션 내부의 클래스나 프로퍼티 값을 선언할 수 없다. 그러므로 환경 변수를 이용하여 처리하는 것이 유연한 방법이다. 여기에서는 애플리케이션 프로파일(profile) 이름을 설정하는 방법을 설명해 보겠다. 자바의 표준 옵션 문법을 활용하면 사용자가 지정한 환경 변수 이름과 변수 값을 애플리케이션 내부에서 쓸 수 있다. 다음은 스프링 프레임워크의 프로파일을 애플리케이션 외부에서 설정하는 예제다.

자바 표준 옵션 문법 예제

```
java -Dspring.profiles.active=dev -jar ./spring-tour-1.0.0.jar
```

자바는 표준 옵션 지정 문법으로 -D"환경변수이름"="환경변수값"을 사용한다. 즉, 애플리케이션 내부에서 환경 변수 값을 참조할 때 환경 변수 이름은 spring.profiles.active이며 값은 dev 다. 스프링 프레임워크에서는 애플리케이션의 환경 변수를 사용하기 위한 o.s.c.env.Environment 인터페이스와 구현 클래스들을 제공한다.[16] 이 인터페이스는 두 가지 핵심 모델인 Properties와

---

16 org.springframework.core와 같은 패키지 이름을 줄여서 o.s.c라고 한다.

Profiles 모델을 사용할 수 있는 메서드들을 제공한다. spring.profiles.active는 스프링 프레임워크에서 프로파일을 설정하기 위해 미리 지정한 환경 변수 이름이다. 그러므로 이 값을 설정하면 스프링 프레임워크의 프로파일 기능을 사용할 수 있다.

1.5.4 지원 서비스: 지원 서비스는 연결된 리소스로 처리

지원 서비스(backing service)는 애플리케이션이 네트워크를 이용해서 사용하는 모든 서비스를 의미한다.[17] 예를 들어 JDBC로 연결된 MySQL, MongoDB 같은 데이터 저장소나 결제 시스템 같은 다른 도메인 영역을 담당하는 마이크로서비스들도 지원 서비스라고 한다. 이런 지원 서비스들은 네트워크로 연결되어 언제든지 애플리케이션과 연결하고 분리할 수 있어 리소스라고 한다. 네트워크를 통해 연결하고 분리할 수 있으므로 지원 서비스들은 애플리케이션과 느슨하게 결합되어 있다. 그러므로 클라우드상에서 로드 밸런서와 함께 쉽게 확장할 수 있다.

같은 맥락에서 마이크로서비스 아키텍처도 마이크로서비스들을 연결하기 위해 REST-API 나 RabbitMQ, Kafka 같은 메시지 브로커 시스템(message broker system)을 사용한다. REST-API를 쉽게 사용하기 위해 스프링 프레임워크에서는 스프링 웹 프로젝트의 o.s.web.client.RestTemplate과 o.s.web.reactive.function.client.WebClient 클래스를 제공한다. RabbitMQ 를 사용하기 위해 스프링 AMQP 프로젝트와 o.s.amqp.rabbitmq.core.RabbitTemplate 클래스를 제공하고 있으며, 마찬가지로 스프링 Kafka 프로젝트와 o.s.kafka.core.KafkaTemplate 클래스를 제공한다. 스프링은 매우 일관된 방법으로 지원 서비스를 연결할 수 있는 수많은 방법을 제공한다.

1.5.5 빌드, 릴리스, 실행: 소스 빌드와 실행은 완전히 분리되어야 한다

코드베이스는 빌드, 릴리스, 실행 이 세 단계 과정으로 시스템에 배포된다. 각 단계는 다음과 같이 완전히 분리되어 있어야 한다.

- 빌드 단계는 먼저 의존성이 있는 라이브러리들과 코드베이스를 조합하여 컴파일(compile)한다. 메이븐을 사용한다면 '컴파일' 단계를 의미한다.

---

17 12 요소 한국어 웹 사이트에는 백엔드 서비스라고 되어 있지만, 의미상 지원 서비스로 번역한다.

- 릴리스 단계는 스프링 프로파일 혹은 메이븐 프로파일 설정을 이용하여 resources에 위치한 설정 파일들을 조합한다. 이때 스프링 부트에서 제공하는 플러그인은 컴파일된 코드와 설정 파일을 조합하여 실행 가능한 JAR 파일(executable Jar file)을 생성한다. 이는 메이븐의 '패키지' 단계에 해당한다. 릴리스 단계에서 만들어진 릴리스 파일은 고유의 릴리스 아이디가 있어야 하며 수정할 수 없다.
- 앞서 생성된 실행 가능한 JAR 파일은 java 명령어를 이용해서 애플리케이션을 실행한다. 이를 '실행' 단계라고 한다.

우리는 빌드된 소스 코드를 고칠 수 없고 실행된 애플리케이션은 빌드된 상태에서 동작한다. 이는 자바 개발자에게는 매우 당연한 일이다. 소스 빌드와 실행이 완전히 분리되면 각 릴리스는 중간에 기능 수정이 있을 수 없다. 그러므로 하나의 릴리스 파일로 실행하는 모든 애플리케이션은 같은 기능을 제공한다. 클라우드 서비스에서 제공하는 자동 수평 확장 기능과 릴리스 아이디를 매핑하면 장애에 비교적 안전한 서비스가 될 수 있다. 다시 말하면 릴리스 아이디로 릴리스 파일을 만들고 이를 자동 스케일아웃에 설정한다. 그러면 스케일아웃된 마이크로서비스 컴포넌트들은 항상 같은 기능을 제공한다. 새롭게 추가된 인스턴스도 같은 기능을 제공하므로 서비스 기능의 일관성을 유지할 수 있다.

1.5.6 프로세스: 애플리케이션은 하나 이상의 무상태 프로세스로 실행되어야 한다

애플리케이션을 구성하는 프로세스들은 하나 혹은 그 이상의 프로세스들로 구성된다. 하지만 이들 프로세스들은 무상태(stateless)이며 공유하는 것이 없어야(shared-nothing) 한다. 마이크로서비스의 애플리케이션들은 수평 확장 및 수평 축소 방식으로 확장 및 축소를 할 수 있다. 그러므로 하나의 애플리케이션이 특정 사용자 요청들을 처리하는 것은 바람직하지 않다. 그림 1-12를 보자. 이 그림은 특정 마이크로서비스가 사용자 요청을 처리하는 것을 보여 준다. WAS 앞에 있는 로드 밸런서가 라운드 로빈 방식(round robin mode)으로 사용자 요청들을 분산해서 처리하고 있다. 그래서 사용자 요청들인 요청 #1과 요청 #2는 각기 다른 애플리케이션이 처리한다. 물론 로드 밸런서가 세션 기반(sticky session mode)으로 설정되어 있다면 특정 요청들은 특정 애플리케이션만 전담할 수 있다. 하지만 로드 밸런서의 부하가 더 커지므로 라운드 로빈 방식으로 주로 처리한다.

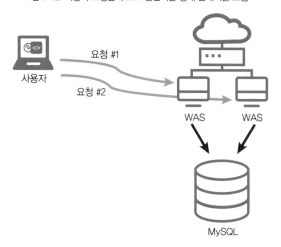

▼ 그림 1-12 사용자 요청들이 로드 밸런서를 통해 분배되는 모습

프로세스들이 사용자 요청들을 처리하면서 상태 값을 애플리케이션에 저장한다고 생각해 보자. 그리고 로드 밸런서가 세션 기반으로 분배한다고 하자. 그리고 요청 #1이 어떤 상태 값을 애플리케이션에 저장하고, 요청 #2가 저장된 상태 값을 읽어서 처리한다고 하자. 요청 #1을 처리하던 애플리케이션이 다운되거나 사용자 요청이 폭주하여 더 이상 처리할 수 있는 스레드가 없다면 혹은 패키지를 배포해야 해서 애플리케이션을 다시 시작해야 한다면 애플리케이션은 요청 #1에서 저장한 상태 값을 얻게 된다. 그러므로 요청 #2는 정상적으로 처리되지 못하기에 프로세스는 무상태이거나 공유하는 것이 없어야 한다. 상태를 저장해야 하는 상황이라면 프로세스에 저장하는 것이 아니라 DBMS 같은 지원 서비스에 저장해야 한다. 그러면 해당 프로세스가 아닌 다른 프로세스가 상태를 조회하고 일을 처리할 수 있기 때문이다. 여러분이 스케일아웃을 고려하고 있다면 이는 매우 중요하다.

1.5.7 포트 바인딩: 포트 바인딩을 통한 서비스 공개

클라우드 환경에서 모든 애플리케이션은 특정 포트가 바인딩되도록 설계한다. 애플리케이션이 웹 서비스를 제공하더라도 80번 포트가 아닌 8080번과 같은 포트로 바인딩되어야 한다. NginX나 Apache 웹 서버들이 80번 포트로 사용자 요청을 직접 처리하고 리버스 프록시 설정을 통해 애플리케이션 서버로 요청을 포워딩하는데, 이는 대개 애플리케이션을 외부 공격에서 보호하기 위해서다. 또한 마이크로서비스 아키텍처에서는 하나의 마이크로서비스가 다른 마이크로서비스의 백엔드 서비스가 될 수 있다. 그래서 마이크로서비스들이 데이터를 통합하고자 서로의 API를 호출해야 하는데, 이때 마이크로서비스들은 포트 바인딩을 통해 자신의 API를 공개한다.

1.5.8 동시성: 프로세스들을 통한 수평 확장

자바 프로그래밍에서는 동시성(concurrency)을 다루는 데 스레드를 이용한다. 웹 애플리케이션도 마찬가지로 제티(Jetty)나 톰캣(Tomcat) 같은 WAS가 내부적으로 스레드를 관리해서 자연스럽게 멀티 스레드 프로그램이 동작한다. 클라우드 환경에서는 스레드 프로그래밍 외에도 프로세스를 이용해서 동시성을 관리한다. 물론 JVM은 멀티 스레드를 안정적으로 지원하므로 이용해도 좋다. 애플리케이션에 스레드가 많아지면 메모리를 많이 사용하고, 컨텍스트 스위칭(context switching) 때문에 더 큰 사양의 VM이 필요하다. 따라서 클라우드 환경에서는 작은 크기의 애플리케이션을 스케일아웃하는 것을 추천한다.

1.5.9 폐기 가능: 프로세스는 빠르게 시작해야 하고 안정적으로 종료해야 한다

클라우드 컴퓨팅 환경에서 애플리케이션들은 복원력(resilience)이 있는 형태로 설계되어야 한다. 즉, 애플리케이션에 문제가 발생해서 서비스할 수 없는 상황이나 과부하인 상태에서는 빠르게 애플리케이션을 스케일아웃해서 원상 복구하는 형태로 설계해야 한다. 앞서 이야기한 무상태 성질이나 포트 바인딩 지원 서비스 같은 요소들도 복원력에 매우 중요한 것들이다. 애플리케이션도 마찬가지로 간단하게 폐기 가능하고 빠르게 배포 가능해야 서비스가 복원력을 가질 수 있다.

빠른 스케일아웃을 위해서는 프로세스의 부팅 속도가 빨라야 한다. 과부하인 상태에서 새로운 애플리케이션을 실행할 때 부팅 속도가 느리면 과부하 상태가 그만큼 오래 유지된다. 반대로 프로세스는 안정적으로 종료 가능하도록 설계되어야 한다. 사용자 요청을 받은 프로세스가 요청을 정상적으로 처리하지 못하고 종료되면 사용자는 서비스를 신뢰하지 못하게 된다. 또한 프로세스가 종료될 때 지원 서비스들과 연결된 자원(resource, connection 등)들을 반환하지 못하면 지원 서비스들의 자원은 그대로 유지된다. 애플리케이션이 종료될 때 JDBC 커넥션 풀(JDBC connection pool)의 Connection 객체를 close()하는 것을 생각해 보자. 이를 우리는 그레이스풀 셧다운(graceful shutdown)이라고 한다.

1.5.10 Dev 환경과 Production 환경 일치

마이크로서비스를 운영하면 개발 완료된 프로그램이나 기능은 수시로 배포된다. 그래서 우리는 Dev 환경과 실제 Production 환경을 가능한 비슷하게 설정하고 유지해야 한다. 두 환경이 다르면 QA 결과가 다를 수 있다. 그러므로 CI/CD 환경에서 빠르게 기능을 릴리스해야 한다면 최대한 비슷하게 설정해야 한다.

1.5.11 로그: 로그는 이벤트 스트림으로 다룬다

실행 중인 애플리케이션의 내부 상태를 보는 여러 방법 중에서 로그는 전통적이면서 가장 많이 사용하는 기능이다. 이 로그를 이용해서 디버깅하거나 정보를 모니터링한다. 물론 자바에서는 스레드 덤프나 스카우터 같은 APM 툴을 이용하면 내부 상태를 알 수 있지만, 이는 로그에 비해 부하가 높다. 로그는 이벤트가 시간 순서대로 정렬되어 있으므로 스트림이라고 표현한다. 그리고 일반적으로 파일로 저장된다. 하지만 12 요소 애플리케이션에서는 파일에 로그를 저장하는 것은 중요하지 않다. 이벤트 스트림으로만 처리되면 된다. 스프링 부트에서는 Slf4J(Simple Logging Façade for Java)를 이용해서 로그를 남긴다. 실제 구현 라이브러리가 로그를 처리한다. 이 로그들은 환경 변수나 설정에 따라 다르게 취급된다. 예를 들어 Local 환경에서는 로그가 터미널에 출력될 수 있으며 Dev 환경에서는 파일로 남겨질 수 있다. 혹은 Production 환경에서는 엘라스틱 서치나 스플렁크 같은 검색 엔진 혹은 로그 분석 시스템에 전달될 수 있다.

마이크로서비스 아키텍처에는 수많은 인스턴스가 있고 그만큼 로그양도 많다. 또한 여러 마이크로서비스를 거쳐서 서비스되는 경우 로그들이 파일로 각 인스턴스에 있으면 찾아보기도 쉽지 않다. 그래서 로그를 로그 분석 시스템에 전달해서 분석하기도 한다. 예를 들어 사용자 A가 예약 서비스 API를 호출했는데, 어떤 마이크로서비스의 API가 내부적으로 사용되었는지 그 결과 값들은 정상인지 아닌지 쉽게 확인할 수 있다. 또는 특정 마이크로서비스의 API 에러율이나 시간 분포 같은 정보도 쉽게 알 수 있다. 로그 분석 시스템은 상용 솔루션도 있지만, ELK 스택(ELK Stack)으로 직접 구축하기도 한다. ELK 스택은 로그의 저장 및 검색을 담당하는 엘라스틱 서치(Elastic Search), 로그를 나르고 저장하는 로그 스테시(Log Stash), 뷰를 처리하는 키바나(Kibana)로 구성된다.

1.5.12 admin 프로세스: 시스템 유지 보수를 위한 일회성 프로세스

서비스를 운영하다 보면 개발자 실수로 데이터가 잘못 저장되거나 누락되는 상황이 항상 발생한다. 이 경우 개발자는 보정 프로그램을 개발하고 이를 이용하여 데이터를 수정한다. RDB를 데이터 저장소로 사용하는 경우 시스템을 운영하면서 서비스 중단(downtime) 없이 데이터를 마이그레이션하기도 한다. 서비스 중단 없이 MySQL의 레코드 수천만 건을 쿼리로 변경한다고 생각해 보자. 분명 해당 레코드에는 락이 걸리므로 API 속도가 느려지면서 정상적인 서비스를 할 수 없는 상황이 발생한다. 이때도 데이터를 마이그레이션하는 프로그램이 필요하다. 이런 유지 보수 프로그램을 admin 혹은 maintenance 프로세스라고 한다. 12 요소 애플리케이션에서는 커맨드 라인에서 바로 실행할 수 있는 일회성 프로그램의 필요성을 강조한다.

스프링 부트는 실행 가능한 JAR 파일(executable jar)로 패키징할 수 있다. 이 JAR 파일은 커맨드 라인에서 실행할 수 있으므로 쉽게 콘솔 애플리케이션을 만들 수 있다. 또한 커맨드 라인의 인자를 받을 수 있는 `o.s.boot.CommandLineRunner` 인터페이스와 `o.s.boot.ApplicationRunner` 인터페이스를 제공한다. 이 기능들을 이용하면 간편하게 유지 보수 프로그램을 개발 및 실행할 수 있다.

12 요소 애플리케이션은 마이크로서비스 애플리케이션의 필수 요건들은 아니다. 하지만 여러 가지 상황에서 서로 일맥 상통하는 내용이 많다. 특히 탈중앙화와 애플리케이션 간의 느슨한 결합으로 시스템 성능 및 고가용성 확보라는 측면에서 보면 그 목적은 서로 같다.

1.6 정리

SPRING BOOT FOR MSA

스프링 투어의 아키텍처 변화를 보듯이, 대용량 서비스를 개발하는 과정에도 자연스럽게 모놀리식 아키텍처에서 마이크로서비스 아키텍처로 변경할 수 있다. 그리고 대규모 서비스로 발전함에 따라 모놀리식 아키텍처로 개발·운영하기 어려운 여러 상황도 설명했다. 결국 많은 대규모 서비스들이 마이크로서비스 아키텍처로 변경을 꾀하고 있다. 하지만 처음부터 마이크로서비스 아키텍처 애플리케이션을 개발하는 것은 힘들 수 있다. 개발하는 것뿐만 아니라 서비스 배포 및 장애를 미리 대응하는 방법이 기존 모놀리식과 완전히 다르기 때문이다. 최종적으로는 자율적인 팀 문화가 있어야 각각의 마이크로서비스가 독립성과 자율성을 가지고 발전할 수 있다.

이 책은 마이크로서비스 아키텍처와 스프링 부트로 마이크로서비스를 개발하는 방법을 다룬다. 그러므로 팀 문화를 바꾸는 방법이나 애자일 같은 개발론, 데브옵스, 클라우스 서비스는 다루지 않는다. 너무나 방대한 내용이라 하나의 책으로 모든 것을 다룰 수 없기 때문이다. 하지만 여러분 애플리케이션이 점차 마이크로서비스 아키텍처로 변경될 때마다 앞서 이야기한 방법론과 클라우드 서비스가 필요하게 될 것이다. 그때마다 필요한 개념을 도입하는 것을 추천한다. 또한 여러분 애플리케이션이 마이크로서비스로 변경되는 것은 그만큼 서비스가 발전했다는 증거이므로 행복한 고민이 될 것이다.

모놀리식 아키텍처에서 마이크로서비스 아키텍처로 전환할 때 몇 가지를 당부하고 싶다. 첫째, 맹목적으로 최신 트렌드를 추구하지 말아야 한다. 반드시 목적이 있어야 한다. 맹목적인 전환은 서비스에 재앙을 가져올 수 있다. 반드시 최신 기술의 목적과 의도에 맞게, 안정적으로 서비스할 수 있는지 판단해야 한다. 둘째, 기술적인 성숙도가 높아져야 한다. 서비스 규모에 따라 하나의 마이크로서비스는 1~8명의 개발자가 운영 및 개발해야 한다. 피자 두 판의 법칙[18]에 따르면 팀에 사람이 늘어날수록 커뮤니케이션 비용은 기하급수적으로 늘어나므로 피자 두 판으로 한 끼를 해결할 수 있는 최대 8명 정도가 한 팀으로 적절하다. 그러므로 하나의 마이크로서비스를 적은 인원이 개발, 운영하려면 기술 성숙도가 높은 팀이 유리하다. 또한 앞서 설명했듯이 마이크로서비스 개발이 기존 방법보다 더 어려운 것도 사실이다. 셋째, 조직의 개발 프로세스가 바뀌어야 한다. 모놀리식 아키텍처와 마이크로서비스 아키텍처를 개발·운영하는 프로세스는 완전히 다르다. 그래서 급진적인 전환보다는 점진적인 전환으로 팀의 개발 프로세스를 정립하길 바란다. 그러면 언젠가 시스템 생산성은 J 커브를 그리면서 여러분 서비스에 날개를 달아 줄 것이다.

---

18 아마존 창업자인 제프 베조스(Jeff Bezos)의 주장이다.

2^장

프레임워크와
스프링 부트

이 장에서 다룰 핵심 내용

- 프레임워크를 선정하는 기준
- 엔터프라이즈 애플리케이션을 위한 스프링 프레임워크의 철학과 해법
- 스프링 프레임워크와 스프링 부트 프레임워크 소개
- 스프링 부트 프레임워크 애플리케이션을 시작하는 방법

애플리케이션을 만들 때 프레임워크(framework) 없이 개발하는 것은 어렵고 고된 일이다. 프레임 워크는 용도에 맞는 일반적인 기능들을 보편적인 방식으로 제공한다. 예를 들어 웹 애플리케이션 은 HTTP 프로토콜을 사용하여 사용자 요청에 따른 적절한 응답을 한다. 그래서 웹 애플리케이션 프레임워크는 HTTP 프로토콜 기반의 요청(request)과 응답(response)을 처리할 수 있도록 특정 객 체나 클래스들을 제공한다. 개발자는 프레임워크에서 제공하는 기능을 사용하면 보다 편리하고 쉽게 애플리케이션을 개발할 수 있으며, 이는 곧 개발자의 생산성 향상으로 이어진다.

프레임워크를 선택하는 방법도 다양하다. 상황에 따라 직접 만들어 사용하거나 이미 만들어진 오 픈 소스 프레임워크 또는 상업 제품 프레임워크를 사용할 수 있다. 하지만 수많은 자바 개발자는 웹 애플리케이션을 개발할 때 스프링 프레임워크를 가장 먼저 고려한다. 스프링 프레임워크는 사 실상(de facto)(사실상 표준) 자바 표준 프레임워크이며, 수많은 개발자가 사용하고 있다. 이런 이 유로 많은 자바 개발자는 프레임워크를 선정할 때 별다른 고민을 하지 않는다. 2장에서는 왜 스프 링 프레임워크를 사용하는지, 그중 왜 스프링 부트 프레임워크를 사용하는지 알아본다. 그리고 이 둘의 차이점이 무엇인지도 알아보자.

2.1 스프링 투어가 스프링 부트를 선택한 이유

앞서 말한 것처럼 프레임워크는 그 목적에 맞는 일반적인 기능들을 제공한다. 그리고 개발자는 프 레임워크가 제공하는 기능을 활용하여 애플리케이션을 개발한다. 일반적인 기능은 프레임워크가 처리하고 개발자는 비즈니스 로직을 개발한다. 개발된 애플리케이션을 실행하면 프레임워크의 코 드가 개발자가 개발한 비즈니스 로직을 실행하는 형태다. 결국 프레임워크를 사용하는 개발자는 프레임워크가 제공하는 기능과 개발 방법을 알아야 한다. 프레임워크마다 제공하는 기능과 방식 이 다르므로 개발자가 개발하는 비즈니스 로직 코드는 프레임워크 방식을 따라야 한다. 이때 개발 자의 코드는 프레임워크에 의존성이 생기는데, 이 의존성 때문에 이미 개발된 애플리케이션의 프 레임워크를 변경하는 일이 매우 어렵다. 특히 운영 중인 애플리케이션의 프레임워크를 바꾸면 프 레임워크 기능이 달라지므로 그 결과도 다를 수 있다. 그러므로 개발 초기 단계에서 프레임워크를 선정하는 일이 매우 중요하다.

스프링 프레임워크로 애플리케이션을 개발할 때 개발자가 개발한 코드가 얼마나 프레임워크에 의존성이 생기는지 알아보자.[1] 개발자는 스프링 프레임워크가 제공하는 여러 가지 유틸리티 클래스를 직접 사용할 수 있다. 또한 스프링 빈 컨테이너에 자신의 코드를 관리하기 위해 스프링 프레임워크에서 제공하는 애너테이션도 사용해야 한다. 이렇게 스프링 빈으로 관리하면 ApplicationContext가 제공하는 트랜잭션 관리, 비동기 프로그래밍, AOP 등 여러 기능을 사용할 수 있다. 이 기능들 또한 스프링 프레임워크가 안내하는 방식에 따라 개발해야 한다. 그러면 개발자가 만들어 낸 코드는 스프링에서 안내하는 구조로 개발되며, 코드 내부에 스프링의 애너테이션이 포함될 수 있다. 혹은 스프링 프레임워크의 관례에 따라 메서드의 매개변수 순서를 조정하거나 생성자를 선언해야 한다. 이렇게 개발된 프로그램은 스프링 프레임워크에 적합한 코드가 되는 대신 다른 프레임워크를 사용하기 어려운 상태가 되는데, 이를 락인(lock-in)이라고 한다.

그래도 스프링 프레임워크에 적합한 코드를 다른 프레임워크로 이전해야 한다면 반드시 모든 기능을 검증해야 한다. 프레임워크가 변경됨에 따라 같은 기능이라도 다르게 동작할 수 있다. 당연하지만 새로운 프레임워크의 기능이 기존과 다르다면 새로 개발하거나 변경해야 한다. 그리고 기존 프레임워크에서 제공하던 기능들은 비즈니스 로직에서 제거해야 한다. 그래서 다른 프레임워크로 이전하는 작업은 매우 어렵고, 오랜 시간이 걸린다. 오히려 처음부터 다시 개발하는 방법이 더 쉽고 빠를 수 있다. 라이브러리나 같은 프레임워크 버전을 올리는 일도 쉽지 않은데, 프레임워크를 변경하는 것은 그보다 더 힘들고 고된 작업이다. 그러므로 매우 신중하게 프레임워크를 선정해야 한다. 스프링 투어는 어떻게 프레임워크를 선정했는지 알아보자.

에피소드 ☰ 스프링 투어 서버 개발 팀은 자바 개발자로 구성되어 있다. 프로토타입 애플리케이션을 만들고자 자바 언어를 지원하는 프레임워크를 고르기로 했다. 그들이 사용할 수 있는 여러 프레임워크를 찾았고, 어떤 것을 사용할지 고민했다. 이미 프레임워크 중요성과 락인 효과는 잘 알고 있었다. 그래서 신중하게 프레임워크를 고민했다. 먼저 프로토타입 애플리케이션의 요구 사항을 정리하기 시작했다. 서비스를 만드는 데 가장 먼저 필요한 것은 HTTP 프로토콜을 사용하는 REST-API 서버였다. 웹 서비스를 제공하는 프레임워크들을 검색한 결과 다음 리스트를 만들 수 있었다.

- 스프링 프레임워크와 내부에 포함된 스프링 웹 MVC 프레임워크
- 스프링 부트 프레임워크
- 스파크(Spark) 웹 서버 프레임워크
- 네티(Netty) 프레임워크

🗘 계속

---

1 앞으로 설명할 스프링 프레임워크의 내용들이다. 여기에서는 여러분 코드가 프레임워크와 의존성이 생기는 것에 집중하자.

찾아낸 프레임워크 모두 특장점이 달라서 쉽게 결정하지 못했다. 치열하게 토론했음에도 결정하지 못했다. 우선 좋은 프레임워크를 선정하는 기준을 만들기로 했다. 그들이 합의한 기준은 다음과 같다.

- 쉽게 확장할 수 있는 생태계(eco-system)가 갖추어진 프레임워크. 서비스가 복잡해질수록 시스템은 쉽게 확장되어야 한다. 이때는 웹 서버 컴포넌트 외에도 다른 컴포넌트가 필요하다.
- 마이크로서비스 아키텍처도 고려 사항이므로 마이크로서비스 아키텍처에 적합한 프레임워크
- 12 요소 애플리케이션을 구현하기에 용이한 프레임워크
- 대중적이고 오픈 소스 기여 활동이 왕성하여 유지 보수가 잘되는 프레임워크
- 참고할 수 있는 문서가 많아 장애 대응에 편리한 프레임워크

이 기준으로 프레임워크를 선정한 결과, 스프링 투어 서버 개발 팀 전원이 스프링 부트 프레임워크를 사용하기로 합의했다.

먼저 2.1절에서는 스프링 프레임워크와 스프링 부트 프레임워크의 차이점을 간단하게 설명한다.[2] 그리고 스프링 프레임워크는 2.2절에서 자세히 설명한다. 스프링 프레임워크는 일반적으로 스프링 핵심 프레임워크를 의미한다. 이를 줄여서 스프링이라고도 한다. 그리고 기능에 따라 부가적인 프레임워크들을 제공한다. 개발자 필요에 따라 스프링 프레임워크에 스프링 모듈들 혹은 다른 스프링 프레임워크들을 조합하여 개발한다. 예를 들어 웹 애플리케이션 서버를 개발해야 한다면, 스프링 프레임워크에 웹 서버 개발에 필요한 기능을 제공하는 스프링 MVC 프레임워크와 스프링 시큐리티 프레임워크를 조합해서 개발할 수 있다.

스프링 프레임워크는 엔터프라이즈 애플리케이션을 개발하려고 개발된 경량 프레임워크다. 엔터프라이즈 애플리케이션은 비즈니스 로직이 매우 복잡한 기능이나 여러 기능을 통합한 애플리케이션을 의미한다. 그래서 시스템 내부는 두 개 이상의 재사용 가능한 시스템 컴포넌트로 구성되어 있다. 컴포넌트끼리 데이터를 교환할 수 있고, 처리하는 데이터양도 많다. 그러므로 개발 난이도가 높고 구현된 코드들도 복잡하다. 단순히 데이터를 입출력하는 기능만 하는 애플리케이션은 엔터프라이즈 애플리케이션이라고 할 수 없다. 스프링은 복잡한 애플리케이션을 만드는 프레임워크이며, 엔터프라이즈 애플리케이션 개발을 위한 프레임워크 중 경량 프레임워크다.

스프링 프레임워크 이전에 자바 개발자들은 엔터프라이즈 애플리케이션을 개발하기 위해 Enterprise JavaBeans(이하 EJB로 표기)를 사용했다. EJB는 애플리케이션을 개발하는 데 힘든 점이 많아 사용하기 어려운 프레임워크였다. 하지만 스프링은 EJB와 달리 특정 기술(인터페이스

---

2 스프링 프레임워크와 스프링 부트 프레임워크는 그 목적이 다르다.

나 추상 클래스)을 구현하는 일 없이 순수 자바 프로그래밍을 하듯 개발하면 된다. 물론 스프링도 프레임워크이므로 관례나 프레임워크에서 제공하는 방식을 사용해야 한다. 하지만 가장 중요한 점은 EJB와 달리 프레임워크의 코드와 개발자의 코드가 복잡하게 얽히는 일이 없다는 것이다. 그래서 스프링을 비침투적(non-invasive) 프레임워크라고 한다.

다만 기능이 간단한 웹 애플리케이션이라면 스프링은 적합하지 않을 수 있다. 예를 들어 데이터 저장소에 데이터를 조작하는 CRUD(Create, Read, Update, Delete) 작업만 한다면 스프링이 아닌 스파크(Spark) 웹 서버 프레임워크를 사용하는 것이 더 좋은 선택일 수 있다. 스프링은 복잡한 애플리케이션을 위한 다양한 기능을 제공하기 때문에 더 느리고 더 많은 메모리를 사용할 수 있다. 하지만 여러분 서비스가 계속해서 성장한다면 기능은 점점 더 복잡해지고 코드양도 많아질 것이다. 엔터프라이즈 애플리케이션으로 성격이 변할 경우 이미 개발된 애플리케이션의 프레임워크를 스프링 프레임워크로 변경하는 것이 쉬울까? 결코 쉬운 일은 아니다. 그래서 수많은 스타트업이 서비스가 성장하면서 기존 프레임워크를 스프링 프레임워크로 변경하거나 아예 재개발하기도 한다.

그렇다면 시스템 개발 초기 단계부터 스프링 프레임워크를 도입하는 것은 어떨까? 이 방법도 말처럼 쉽지만은 않다. 일부 개발자는 스프링을 도입하는 것이 오버 엔지니어링(over-engineering)이라고 말한다. 스프링 프레임워크가 사용하기 쉽다고 하지만 프레임워크를 설정하는 시간과 노력이 많이 필요하고 경험도 많이 필요하기 때문이다. 그럼 스프링 부트 프레임워크는 어떨까?

스프링 부트는 스프링 프레임워크를 쉽게 사용할 수 있도록 여러 편의 기능을 제공하는 프레임워크다. 그러므로 엔터프라이즈 애플리케이션 개발을 위한 스프링 프레임워크의 특징을 그대로 지니고 있다. 게다가 스프링 부트가 제공하는 자동 설정 기능은 개발자가 더 쉽게 애플리케이션을 개발할 수 있게 한다.[3] 그래서 스프링 부트를 이용하면 간단하게 프로토타입 애플리케이션을 만들 수 있다. 그 상태에서 비즈니스 기능을 추가하면 서비스와 운영까지 가능한 애플리케이션이 된다. 만약 초창기 서비스가 엔터프라이즈 애플리케이션이 아니라도 스프링 부트가 제공하는 편리한 기능만으로도 충분하다.

이외에도 스프링 부트 프레임워크는 마이크로서비스를 구성하는 데 매우 적합하다. 스프링 부트는 수많은 설정을 자동으로 구성해 주는 자동 구성(auto configuration)과 스타터 기능, 애플리케이션의 상태를 제공해 주는 액추에이터(actuator)가 있어 매우 쉽고 빠르게 애플리케이션 서버를 만들 수 있다. 게다가 웹 애플리케이션 외에도 배치 애플리케이션이나 비동기 애플리케이션 등 마이크로서비스 아키텍처를 구성하는 수많은 종류의 애플리케이션을 만들 수 있다. 앞서 설명한 12 요소 애플리케이션을 디자인하는 데 필요한 모든 기능을 프레임워크에서 제공한다.

---

3 스프링 부트의 기능은 2.3절에서 자세히 설명한다.

이 책에서는 마이크로서비스 애플리케이션을 개발하는 데 필요한 스프링 부트 프레임워크의 기능들을 집중해서 설명한다. 스프링 투어 개발자들이 선택한 스프링 프레임워크와 스프링 부트 프레임워크는 어떤 기능이 있는지 계속해서 확인해 보자.

2.2 스프링 프레임워크

이 절에서는 스프링 프레임워크의 특징과 개념을 설명한다. 스프링은 개발하기 복잡하고 어려운 EJB를 대체하고자 설계되었다. 그래서 EJB가 스프링의 비교 대상으로 자주 등장한다. 스프링 이름도 힘든 개발을 했던 겨울이 가고 개발하기 좋은 봄(spring)이 왔다는 것을 의미한다.

스프링은 여러 가지 프레임워크를 제공하며 애플리케이션 형태와 기능에 따라 구분할 수 있다. 예를 들어 배치 애플리케이션을 만들 때는 스프링 배치 프레임워크를 사용하면 되고, 웹 애플리케이션을 만들 때는 스프링 프레임워크에 포함된 웹 MVC 프레임워크를 사용하면 된다. 데이터를 처리하는 데 일관된 방법을 제공하는 스프링 데이터 프레임워크도 있다. 이런 프로젝트들을 스프링 프로젝트라고 한다. 메인 프로젝트도 특성에 따라 서브 프로젝트들로 나뉘기도 한다. 스프링 데이터 프로젝트에는 기술이나 데이터 저장소 이름을 딴 서브 프로젝트들이 있다. 예를 들어 Spring Data Jpa, Spring Data Redis, Spring Data Couchbase 등이 있다.

이런 다양한 프로젝트 중 스프링에서 가장 중요한 프로젝트는 단연 스프링 프레임워크 프로젝트다. 이를 스프링 핵심 프레임워크라고도 한다. 모든 스프링 프레임워크의 기본 프레임워크이자 가장 중요한 프레임워크이므로 스프링 프레임워크 프로젝트를 줄여 '스프링'이라고도 한다. 먼저 스프링 웹 사이트의 프로젝트(https://spring.io/projects) 탭에 접속해 보자.

▼ 그림 2-1 스프링의 메인 프로젝트들

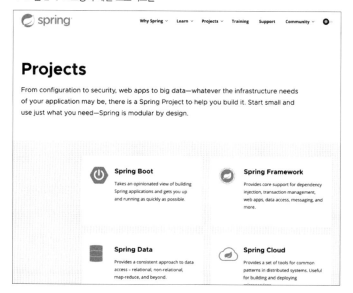

그림 2-1을 보면 여러 가지 메인 프로젝트 중 가장 먼저 볼 수 있는 프로젝트는 스프링 부트 프로 젝트와 스프링 프레임워크다. 스프링 프로젝트와 스프링 부트 프로젝트는 목적이 서로 다르다. 스 프링 프로젝트는 스프링, 스프링 코어, 스프링 프레임워크 등 여러 이름으로 부르는데, 이 책에서 는 **스프링 프로젝트**라고 통칭한다. 또한 스프링 부트 프로젝트도 스프링 프로젝트와 구분하기 위 해 **스프링 부트 프로젝트**라고 명시한다. 스프링 부트 프로젝트 설명은 2.3절에서 계속한다. 스프 링 프로젝트는 가장 먼저 시작된 프로젝트로 다른 모든 스프링 프로젝트의 기반 기술이다. 이 장 에서는 스프링 프레임워크의 특징과 철학을 소개하고, 스프링 애플리케이션의 기본인 스프링 빈 컨테이너와 스프링 빈은 3장에서 설명한다.

스프링 프레임워크는 다음 특징이 있다.

- POJO(Plain Old Java Object) 기반의 경량 컨테이너 제공
- 복잡한 비즈니스 영역의 문제를 쉽게 개발하고 운영하기 위한 철학
- 여러 개의 개별 단위로 구성되어 있는 모듈식 프레임워크(modular framework)
- 높은 확장성 및 범용성, 광범위한 생태계 시스템
- 엔터프라이즈 애플리케이션에 적합한 경량급 오픈 소스 프레임워크

각 특징을 좀 더 자세히 알아보자.

2.2.1 POJO 기반의 경량 컨테이너

모든 스프링 애플리케이션은 POJO 객체와 스프링 컨테이너를 포함한다. 개발자는 POJO 클래스를 개발하고 스프링 컨테이너는 이 POJO 객체들을 관리한다(POJO 객체의 생성과 의존성 주입, 객체 소멸까지 생명주기(life cycle)를 관리한다). 이때 스프링 컨테이너가 관리하는 객체를 스프링 빈(spring bean)이라고 한다. 스프링 컨테이너는 o.s.context.ApplicationContext 인터페이스를 구현한 구현 클래스들을 의미한다.[4] 스프링 컨테이너가 스프링 애플리케이션에서 가장 중요한 기능을 제공한다.[5]

POJO 객체는 특정 기술에 종속되지 않는 순수 자바 객체를 의미한다. EJB 프레임워크를 사용하려면 javax.ejb 패키지에 포함된 인터페이스를 클래스에 구현(implements)하거나 특정 클래스를 상속받아 부모 클래스의 메서드를 오버라이드(override)해야 한다. 구현과 오버라이드 과정을 거치면 EJB 프레임워크의 메서드가 사용자 클래스에 구현되는데, 이를 프레임워크의 코드가 침투(invasive)된다고 표현한다. 이를 통해 프레임워크와 개발자의 코드는 매우 강하게 결합된다. 이와 반대로 스프링 프레임워크를 사용하면 프레임워크 코드는 사용자의 코드에 최대한 적은 영향을 준다. EJB처럼 특정 클래스의 메서드를 구현할 필요가 없다. EJB와 비교하면 비침투적인 프레임워크로, EJB와 달리 개발자가 개발하는 클래스는 프레임워크의 코드와 분리되어 있고 비즈니스 로직을 구현하는 데 집중되어 있어 복잡도가 낮다.

2.2.2 복잡한 비즈니스 영역의 문제를 쉽게 개발하고 운영하기 위한 철학

그림 2-2는 스프링 프레임워크의 세 가지 핵심 요소를 그림으로 표현한 것이다. 이 그림을 '스프링 트라이앵글(the spring triangle)'이라고 한다. 스프링 프레임워크의 핵심 요소는 의존성 주입(dependency injection), 관점 지향 프로그래밍(aspect oriented programming), 서비스 추상화(portable service abstraction)다. 이들은 개발자가 개발하는 POJO 객체를 기반으로 동작하도록 설계되었다. 그리고 개발자가 도메인 영역의 문제에 집중할 수 있도록 환경을 만들어 준다.

---

4   o.s.beans.factory.BeanFactory가 스프링 컨테이너 역할을 한다. ApplicationContext는 BeanFactory를 상속받지만 넓은 의미로 ApplicationContext를 스프링 컨테이너라고 설명한다.
5   스프링 프레임워크에서 필요한 핵심 기능과 스프링 빈 주입 기능을 제공한다. 자세한 내용은 뒤에서 다시 설명한다.

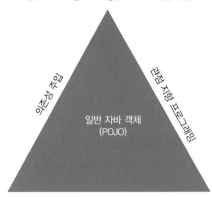

▼ 그림 2-2 스프링 트라이앵글: 세 가지 핵심 기술

의존성 주입

관점 지향 프로그래밍

일반 자바 객체
(POJO)

서비스 추상화

스프링 프레임워크의 핵심 요소 중 가장 중요한 의존성 주입을 확인해 보자. 소프트웨어상에서 해결해야 할 비즈니스 영역의 문제를 도메인(domain)이라고 한다. 예를 들어 스프링 투어는 빠르고 정확하게 여러 상품을 한 번에 예약하는 문제를 비즈니스 영역에서 해결해야 한다. 이를 예약 도메인 영역이라고 한다. 통합 예약을 처리하는 클래스는 호텔 예약을 처리하는 클래스와 비행기 예약을 처리하는 클래스의 메서드를 사용해야 하므로 의존성이 생긴다. 해결해야 하는 도메인 문제가 복잡하게 얽혀 있다면 그만큼 클래스들의 관계가 복잡해진다. 스프링 프레임워크는 복잡한 클래스들의 관계를 해결하는 데 의존성 주입(dependency injection) 기능을 제공한다. 스프링에서 제공하는 의존성 주입은 3장에서 자세히 설명한다.

관점 지향 프로그래밍 역시 도메인 영역의 핵심 기능 코드를 작성할 수 있도록 해 준다. 소프트웨어 공학에서 시스템이 사용자에게 직접 서비스하는 기능을 정리한 것을 기능적 요구 사항(functional requirement)이라고 한다. 이와 반대로 서비스 기능은 아니지만 개발에 필요한 기능들을 정리한 것을 비기능적 요구 사항(non-functional requirement)이라고 한다. 예를 들어 여행 상품을 한 번에 예약하기 위해 데이터를 조회하고 생성하는 작업은 기능적 요구 사항을 위한 코드다. 하지만 로그를 남기거나 RDBMS의 트랜잭션을 시작하고 커밋하는 코드들은 서비스를 위한 코드가 아니다. 사용자는 RDBMS의 트랜잭션이 무엇인지 알 필요가 없다. 사용자가 사용하는 시스템이 RDBMS의 트랜잭션을 사용하든 NoSQL을 사용하든 간에 사용자 관심은 오직 편리하고 정확하게 예약하는 것이다. 사용자 관심 밖에 있는 이런 기능들이 바로 비기능적 요구 사항을 위한 코드다. 하지만 개발자는 이런 비기능적 요구 사항을 위한 코드 없이는 개발할 수 없다. 이런 기능적 요구 사항을 위한 코드와 비기능적 요구 사항을 위한 코드가 섞인다면 코드가 복잡해진다. 스프링 프레임워크는 이를 해결하기 위해 관점 지향 프로그래밍(AOP)을 제공한다. 관점 지향 프로그래밍은 비기능적 요구 사항 기능을 핵심 기능과 분리하는 기능을 제공한다.

마지막으로 서비스 추상화는 트랜잭션 기능을 사용하여 설명한다. 스프링 프레임워크는 데이터를 데이터 저장소에 저장하는 다양한 프레임워크를 붙여 사용할 수 있다. 데이터를 저장하여 객체를 계속 유지할 수 있어 영속성이라고 하며, 이를 영속성 프레임워크라고 한다. 대표적인 영속성 프레임워크들은 스프링에서 제공하는 Spring-Data-JDBC, SQL을 메서드와 매핑해 주는 MyBatis, 객체와 관계형 데이터베이스를 매핑해 주는 JPA 등이 있다.

스프링 프레임워크는 RDB의 트랜잭션 기능을 정리한 o.s.transaction.PlatformTransactionManager 인터페이스를 제공한다. 인터페이스에는 트랜잭션을 사용할 수 있는 메서드들이 정의되어 있다. 각 영속성 프레임워크는 적합한 PlatformTransactionManager 구현체를 선택해서 설정해야 한다. JDBC 드라이버 환경에서 범용적으로 사용할 수 있는 o.s.jdbc.datasource.DataSourceTransactionManager와 JPA EntityManager를 사용할 수 있는 o.s.orm.jpa.JpaTransactionManager 구현체가 대표적이다.

스프링 프레임워크는 각 환경에 적절한 구현 클래스를 제공하며 개발자는 추상화된 PlatformTransactionManager의 메서드만 사용하면 된다. 개발자는 어떤 구현체 혹은 프레임워크를 사용해도 PlatformTransactionManager의 메서드로 일관성 있게 사용할 수 있다. 이외에도 스프링 프레임워크는 수많은 기능을 일정한 수준의 추상화를 한 클래스로 제공한다. 스프링 프레임워크에서 서비스 추상화란 PlatformTransactionManager처럼 일관된 방식으로 접근할 수 있는 추상화된 구조를 의미한다.

2.2.3 모듈식 프레임워크

스프링 프레임워크는 엔터프라이즈 애플리케이션을 개발할 수 있는 여러 기능을 포함하고 있다. 기능들은 성격에 따라 분류하여 모듈이라는 단위로 관리한다. 개발자는 필요한 모듈들을 레고 블록처럼 조합하여 필요한 기능만 사용할 수 있다. 그래서 스프링 프레임워크를 모듈식(modular)이라고 한다. 그림 2-3은 스프링 프레임워크의 모듈들을 기능으로 분류해서 표현한 것이다.

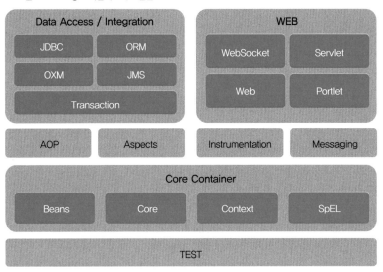

▼ 그림 2-3 스프링 프레임워크의 모듈들

스프링 프레임워크는 약 20여 개의 모듈로 구성되어 있다. 스프링 컨테이너, 스프링 빈 컨테이너 기능은 코어 컨테이너에서 담당하고 있으며 코어 컨테이너는 spring-core, spring-beans, spring-context, spring-context-support, spring-expression 모듈의 조합을 의미한다. 과거에는 스프링 프로젝트를 사용하여 개발자가 모듈들을 설정하기도 했다. 하지만 스프링 부트 프로젝트는 스프링 프레임워크의 모든 모듈을 기본으로 포함한다.

2.2.4 높은 확장성과 범용성, 생태계 시스템

엔터프라이즈 애플리케이션이나 마이크로서비스 아키텍처로 확장되면서 용도에 맞는 여러 기술이 필요해진다. 예를 들어 상품 검색, 목적과 상황에 필요한 여러 가지 데이터 저장소와 배치 프로세스 등 다양한 형태의 애플리케이션이 있다. 스프링 프레임워크는 여러 형태로 확장할 수 있는 범용적인 애플리케이션을 만들 수 있고, 여러 가지 기술과 연동 및 확장할 수 있는 다양한 형태의 프로젝트를 제공한다. 배치 프로세스를 위한 스프링 배치 프레임워크를 제공하며, 스프링 프로젝트만으로도 웹 서비스나 REST-API 애플리케이션을 개발할 수 있다. 여기에 스프링 시큐리티 프레임워크를 웹 애플리케이션에 얹으면 인증 서버나 애플리케이션의 인증, 인가를 매우 쉽게 구현할 수 있다. 다양한 스프링 프로젝트 중 스프링 데이터 프로젝트는 여러 가지 데이터 저장소에 일관된 방법으로 데이터를 처리할 수 있는 방법을 제공한다. 스프링 데이터 프로젝트의 확장성을 확인해 보자. 이 프로젝트는 데이터 저장 기술과 저장소에 따라 수많은 서브 프로젝트를 제공한다. 표 2-1은 스프링 데이터 프로젝트의 서브 프로젝트다.

▼ 표 2-1 스프링 데이터 프로젝트의 서브 프로젝트

프로젝트 이름	설명
Spring Data JDBC	자바 애플리케이션이 데이터베이스에 연결하는 JDBC를 사용하는 프로젝트
Spring Data JPA	JPA를 사용하는 프로젝트
Spring Data LDAP	LDAP 프로토콜을 사용하는 프로젝트
Spring Data MongoDB	MongoDB를 사용하는 프로젝트
Spring Data Redis	메모리 저장소인 Redis를 사용하는 프로젝트
Spring Data GemFire	인메모리 데이터 그리드인 GemFire를 사용하는 프로젝트
Spring Data Couchbase	NoSQL인 Couchbase를 사용하는 프로젝트
Spring Data Elasticsearch	검색 엔진 엘라스틱 서치를 사용하는 프로젝트

스프링 데이터 프로젝트만 살펴보았는데, 수많은 제품에 대한 확장성과 그 생태계를 느낄 수 있지 않은가? 게다가 표 2-1에서 나열한 프로젝트 외에 더 많은 서브 프로젝트가 있다.

2.2.5 엔터프라이즈 애플리케이션에 적합한 오픈 소스 경량급 프레임워크

스프링 프레임워크는 외형적으로는 모듈 방식과 높은 확장성 덕분에 여러 형태의 애플리케이션을 개발할 수 있어 엔터프라이즈 애플리케이션의 요구 사항에 적합하다. 게다가 코드 또한 쉽고 간결하게 유지할 수 있는 스프링 트라이앵글 핵심 기술 세 가지를 제공한다. 스프링 프레임워크를 이용하면 일관성 있는 기술 세트로 엔터프라이즈 애플리케이션을 개발할 수 있다. 물론 마이크로서비스 아키텍처에서 상황에 따라 여러 언어로 개발하는 폴리글랏 프로그래밍(polyglot programming)을 할 수 있는 장점도 있지만 하나의 프레임워크와 일관성 있는 프로젝트들로 마이크로서비스 아키텍처를 구성하는 것도 시스템 유지 보수 및 작은 팀 구성에 유리하다.

2.3 스프링 부트 소개

앞서 스프링 프레임워크의 특징을 설명했다. 모든 스프링 프로젝트는 스프링 프레임워크를 반드시 포함한다. 그러므로 2.2절에서 설명한 특징들은 고스란히 스프링 부트 프레임워크에도 해당된다. 스프링 부트 프로젝트는 그 목적이 스프링 프로젝트와 완전히 다르다. 스프링 부트는 가능한 빠르게 애플리케이션을 개발하고 서비스하는 것을 우선시한다. 그래서 스프링 부트 프로젝트에서는 가장 보편적으로 많이 사용하는 형태로 스프링 애플리케이션을 미리 설정해 놓았다. 그리고 우리는 직접 설정하는 것보다 관례(Convention over Configuration)[6]에 맞게 코드를 작성하면 미리 설정된 형태로 애플리케이션을 개발할 수 있다. 스프링 부트 프레임워크는 빠른 개발을 목적으로 '설정보다 관례' 패러다임을 채택한 프레임워크다. 스프링 부트의 가장 큰 장점은 설정 없이 바로 애플리케이션을 개발할 수 있다는 것이다. 기존 스프링 프레임워크로 개발할 때는 설정하는 데 많은 시간이 걸렸다. 필요한 라이브러리를 찾고 애플리케이션에 적합한 버전을 선택하며 이를 설정하고 테스트하는 데 많은 시간이 필요하다. 하지만 스프링 부트는 시간을 줄이는 데 매우 적합하다. 컨트리뷰터와 커미터가 이미 적절한 라이브러리를 선택하고 이를 일반적인 형태로 설정하고 테스트까지 완료했기 때문이다. 개발자는 그저 사용하면 될 뿐이다.

여러분이 스프링 프레임워크를 사용해서 데이터베이스에 쿼리를 실행할 때 o.s.jdbc.core.JdbcTemplate을 쓴다고 하자.[7] 그러면 다음 과정을 거쳐 애플리케이션을 설정해야 한다.

- DataSource 라이브러리 선정 및 설정
- property 파일에서 Jdbc url 및 password, connection pool 설정값 설정
- 트랜잭션을 위한 DataSourceTransactionManager 구현체 설정
- JdbcTemplate 스프링 빈 설정

자바 애플리케이션이 데이터베이스에 접근할 때 JDBC(Java DataBase Connectivity) API를 이용하면 된다. 자바 애플리케이션은 java.sql.Connection 객체를 이용하여 쿼리를 실행하고 결과를 받는다. 하지만 매번 Connection 객체를 생성하기에는 생성 시간이나 부하가 크다. 그래서 애플리케이션이 시작할 때 Connection 객체들을 미리 만들고 이를 커넥션 풀에 저장한다. javax.

---

6   설정보다 관례라고 보통 칭하며 영어 약어인 CoC로 사용하는 사람도 있다.

7   이 책에서는 JdbcTemplate을 다루지 않는다. 애플리케이션을 설정하는 예제라고 생각하자.

sql.DataSource 인터페이스는 이 Connection 객체를 사용할 수 있는 일반적인 메서드를 제공한다. 즉, DataSource 구현 클래스에 따라 커넥션 풀에서 Connection 객체를 받아 사용할 수 있다. DataSource를 구현한 대표 라이브러리는 Apache Commons DBCP2, Hikari DataSource, Tomcat DataSource 등이 있다. 물론 이외에도 많은 라이브러리가 있다.

개발자는 먼저 각 라이브러리의 장단점을 파악해서 어떤 것을 사용할지 결정해야 한다. 그리고 TransactionManager를 설정하고 JdbcTemplate 객체를 설정해야 한다. 이때 query timeout이나 max rows 같은 값을 설정한다. 마지막으로 설정한 대로 커넥션을 생성하고, 각 기능들이 유기적으로 동작하는지 테스트해야 한다. 개발자 역량에 따라 오래 걸릴 수도 있는데 그만큼 애플리케이션 개발이 늦어진다.

스프링 부트는 이런 것들을 미리 설정해서 제공한다. 개발자는 스프링 부트 관례에 따라 간단한 몇 가지만 설정하면 바로 애플리케이션을 개발할 수 있다. 하지만 단점도 있다. 관례에 벗어난 코드는 동작하지 않으므로 미리 이 관례를 잘 알고 있어야 한다. 물론 관례를 숙지하는 것과 처음부터 애플리케이션을 설정하는 것이 다를 바 없다고 생각하는 사람도 있다. 하지만 스프링 부트는 이미 각 라이브러리의 버전을 맞추었고, 테스트까지 끝냈기 때문에 그만큼 시간을 벌어 준다.

이외에도 스프링 부트는 스프링 프레임워크보다 추가적인 기능들을 제공해 준다. 그림 2-4는 스프링 프레임워크와 스프링 부트 프레임워크의 관계를 표현한 것이다.

❤ 그림 2-4 스프링 부트와 스프링 프레임워크의 관계

그림 2-4를 보면, 스프링 부트는 스프링 프레임워크의 범위를 포함한다. 다시 말하면 스프링 부트는 스프링 프레임워크를 기반으로 개발된 프레임워크다. 그러므로 스프링 프레임워크에서 제공하는 모든 기능을 똑같은 방법으로 사용할 수 있다. 스프링 프레임워크를 감싼 스프링 부트 덕분에 우리는 편리하게 스프링 프레임워크를 사용할 수 있다. 스프링 프레임워크 기능 외에도 스프링 부트에서만 제공하는 기능들도 추가적으로 이용할 수 있다. 그러므로 스프링 부트를 잘 사용하기 위

해서는 스프링 프레임워크의 기능을 잘 이해하는 것이 중요하다. 계속해서 스프링 부트가 추가적으로 제공하는 기능들은 알아보자.[8]

2.3.1 단독 실행 가능한 스프링 애플리케이션

스프링 부트 프로젝트는 빌드 플러그인을 제공하고, 이를 실행하면 단독 실행(stand-alone) 가능한 JAR 파일(executable jar)을 만들 수 있다. 그리고 java 명령어와 -jar 옵션을 사용하면 간단하게 애플리케이션을 실행할 수 있다. 전통적인 배포 방법에 비해 매우 간단하고 빠르게 배포할 수 있는 장점이 있다. 특히 클라우드 서비스를 사용하는 경우 이 기능과 시너지 효과를 일으킬 수 있다. 일반적인 웹 서버는 스케일아웃(수평 확장) 방식으로 고가용성을 확보한다. 이때 호스트에 미리 설치된 WAS(Web Application Server) 없이 JAR 파일만 있으면 실행 가능하다. 그러므로 JDK가 설치된 VM에 JAR만 배포하면 빠르게 스케일아웃할 수 있다. 이는 트래픽에 따른 기민한 서비스 환경을 구성할 수 있는 장점이 된다. 또한 Dev, Stage, Production 환경도 쉽게 구축할 수 있다.

2.3.2 간편한 설정을 위한 '스타터' 의존성 제공

스프링 부트 프로젝트는 기능별로 라이브러리 의존성을 포함한 스타터(starter)를 제공한다. 스타터는 Maven이나 Gradle 같은 의존성 관리 툴에서 사용할 수 있다. 스타터 내부에 라이브러리 의존성 설정을 포함하고 있어 기능을 사용하는 데 필요한 모든 라이브러리를 한 번에 추가할 수 있다. 또한 라이브러리들의 버전은 상호 호환 검증되어 사용자가 쉽게 사용할 수 있다. 스프링 부트 프로젝트에서 기본으로 제공하는 다양한 스타터도 있지만, 개발자가 직접 스타터를 만들 수도 있다. 생성한 스타터는 넥서스 같은 저장소를 이용하여 직접 배포할 수 있다. 특히 마이크로서비스 아키텍처 환경에서는 모든 팀에서 사용하는 공통 모듈을 스타터로 만들면 일관성 있는 애플리케이션 개발이 가능하다. 이는 스프링 부트에서 가장 중요한 기능 중 하나다.

8　https://spring.io/projects/spring-boot

2.3.3 스프링 기능을 자동 설정하는 '자동 구성' 제공

스프링 부트는 자동 구성(auto configuration) 기능을 제공한다. 그래서 특정 조건들이 충족되면 미리 설정된 자바 설정 클래스가 동작하고 애플리케이션을 구성한다. 스프링 부트의 모듈인 spring-boot-autoconfigure는 스프링에서 사용할 수 있는 수많은 기능을 자동 설정으로 제공한다. 여러분이 관례(convention)에 따라 애플리케이션을 설정하는 방법을 분석하고 싶다면 해당 모듈을 분석한다. 자동 구성을 충족하는 특정 조건들은 여러 가지 형태다. 예를 들어 애플리케이션에 특정 스프링 빈이 있거나 클래스 패스에 특정 라이브러리가 포함되거나 환경 설정값이 있으면 실행되는 방식이다. 그리고 이런 특정 조건들은 다양하게 조합할 수 있다.

2.3.4 모니터링 지표, 헬스 체크를 위한 '액추에이터'

스프링 부트를 이용해서 애플리케이션을 개발했다면 기본 모니터링 지표와 헬스 체크(health check) 기능을 기본으로 제공한다. 그래서 모니터링 솔루션을 이용해서 각 서버들의 상태와 지표를 수집하기 매우 쉽다. 스프링 부트에서는 spring-boot-actuator 모듈을 제공하는데, 이를 액추에이터(actuator)라고 한다. 이 또한 자동 구성과 함께 사용되어 사용자는 매우 쉽게 활용할 수 있다.

2.3.5 XML 설정을 위한 일이 필요 없음

스프링 프레임워크를 이용해서 애플리케이션을 만들 때 ApplicationContext의 설정을 XML로 작성할 수 있다. 개발자는 XML 설정 파일과 자바 클래스에서 오는 괴리감에 고통받았다. 또한 스프링 프레임워크가 모듈식 구성이라서 모듈에 따른 XML 파일 설정이 복잡하고 번거로웠다. 하지만 스프링 프레임워크 3.0부터 Java 클래스를 이용하여 설정 가능한 자바 설정(Java configuration) 기능을 제공한다. 스프링 부트도 자바 설정을 기본으로 사용하며, 자동 구성을 이용하여 이미 많은 기능이 미리 설정되어 있다. 앞서 설명한 스프링 부트의 spring-boot-autoconfigure 또한 자바 설정으로 되어 있다.

2.3.6 애플리케이션에 내장된 WAS

스프링 부트의 spring-boot-starter-web 스타터를 이용하여 웹 애플리케이션을 개발한 경우 톰캣(Tomcat)이 내장되어 있다. 내장된 WAS 덕분에 앞서 언급한 단독 실행 가능한 애플리케이션 배포가 가능하다. 내장 WAS와 실행 가능한 JAR 때문에 우리는 Dev 환경이나 Stage 환경 또는 Production 환경에서 일관된 실행 환경을 가질 수 있다. 톰캣 대신 다른 WAS, 즉 제티(Jetty)나 언더토우(UnderTow) 같은 것이 필요하다면 쉽게 교체할 수 있다.

스프링 부트의 추가 기능들을 알아보았다. 그중 스프링 부트의 핵심 기능은 자동 구성과 스타터다. 이 두 가지 기능으로 스프링 부트는 스프링 프레임워크를 구성하고 설정하기 어려워하는 개발자에게 생산성과 편리함을 주었다.

이쯤에서 스프링 투어가 합의한 좋은 프레임워크 기준에 스프링 부트 프로젝트가 적합한지 다시 생각해 보자.

* **프레임워크의 확장성과 오픈 소스 생태계**: 스프링 프레임워크는 모듈을 조립해서 사용할 수 있다. POJO 기반의 프레임워크이므로 여러 라이브러리와 쉽게 통합 가능하다. 그러므로 개발자 역량에 따라 여러 형태의 애플리케이션으로 확장할 수 있다. 스프링 프로젝트는 여러 개의 프로젝트를 제공한다. 프로젝트의 성격과 규모에 따라 어떤 프로젝트는 하위에 서브 프로젝트를 가진다. 앞서 설명한 Spring Data 프로젝트를 기억해 보자.

* **대중적이고 오픈 소스 기여 활동이 왕성하여 유지 보수가 잘되는 프레임워크**: 스프링은 피보탈(Pivotal)이라는 회사가 주도해서 유지 보수를 하고 있으며 오픈 소스 기여 활동이 매우 왕성하다. JDK 버전에 맞추어 프레임워크를 버전 업하고 있어 유지 보수가 매우 잘되는 프로젝트다.

* **마이크로서비스 아키텍처로 확장이 용이한 프레임워크**: 스프링 부트는 설정이 매우 간편하기에 바로 개발할 수 있어 빠르게 개발해야 하는 마이크로서비스 아키텍처의 컴포넌트로 매우 적합하다. Spring Cloud 프로젝트는 마이크로서비스에서 필요한 여러 서브 프로젝트를 제공한다. 몇몇 서브 프로젝트는 스프링 부트 스타터로 개발되어 있어 개발자가 매우 쉽게 시스템을 구성할 수 있다.

* **대중적으로 많이 사용되어 참고할 수 있는 내용이 많은 프레임워크**: 자바 개발자에게 사실상 표준 프레임워크이므로 말이 필요 없다.

2.4 스프링 부트 애플리케이션 시작하기

이 책에서는 스프링 부트 애플리케이션을 시작하는 세 가지 방법을 설명한다. 첫 번째는 의존성 관리 툴을 사용하여 개발자가 직접 프로젝트 의존성을 구성하는 방법이다. 이 책에서는 Maven 을 사용하여 구성하는 방법을 설명한다. 두 번째는 스프링 프로젝트에서 제공하는 스프링 이니셜 라이저(Spring Initializer)를 이용하는 방법이다. 스프링 프로젝트를 내려받을 수 있는 스프링 이니 셜라이저 웹 사이트(https://start.spring.io)에 접속한다. 생성할 프로젝트의 기본 정보와 의존성 을 입력하면 스프링 이니셜라이저가 생성한 프로젝트를 내려받을 수 있다. 세 번째는 IntelliJ IDE 유료 버전에서 제공하는 스프링 이니셜라이저를 이용하는 방법이다. 두 번째와 사용법은 같지만 IDE 화면에서 정보를 입력하고 내려받은 프로젝트를 바로 사용할 수 있다는 장점이 있다.

이 장의 스프링 프로젝트는 다음 환경에서 진행되었다.

- **개발 언어**: 자바
- **IDE**: IntelliJ(Community edition)
- **프로젝트 SDK**: JDK 11 이상
- **Group**: com.springtour.example
- **Artifact**: chapter02
- **의존성 관리 툴**: Maven

2.4.1 Maven을 사용하여 프로젝트를 구성하는 방법

먼저 IntelliJ IDE를 실행한다. IntelliJ를 처음 실행한다면 그림 2-5의 **New Project**를 클릭한다. 이미 IntelliJ를 이용해서 프로젝트를 생성했다면 메뉴에서 **File > New > Project**를 선택하자.

▼ 그림 2-5 IntelliJ IDE를 처음 실행하여 프로젝트를 생성하는 화면

프로젝트를 새로 생성하면 그림 2-6과 같은 화면을 볼 수 있다. 그림 2-6의 왼쪽에는 프로젝트를 생성할 수 있는 여러 가지 옵션이 있다. 하지만 우리는 IntelliJ의 기본 기능을 사용하여 프로젝트를 생성한다. New Project 옵션을 선택하고 그림 2-6과 같이 설정하자.

▼ 그림 2-6 IntelliJ IDE에서 신규 프로젝트 정보를 입력하는 화면

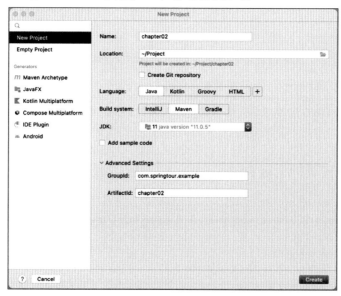

그림 2-6의 'New Project' 옵션의 항목들이 의미하는 내용은 다음과 같다.

- **Name**: 신규 프로젝트 이름을 설정한다. chapter02 이름으로 생성된다.
- **Location**: 새로 생성되는 프로젝트의 저장 위치를 설정한다.
- **Language**: 신규 프로젝트의 개발 언어를 설정하며, 예제에서는 Java를 선택한다.
- **Build system**: 신규 프로젝트의 빌드 툴(의존성 관리 툴)을 설정한다. 예제에서는 Maven으로 설정한다.
- **JDK**: 신규 프로젝트에서 사용할 JDK 버전을 선택한다.
- **GroupId**: 신규 프로젝트의 고유 식별자를 설정한다. 이것으로 다른 프로젝트와 구분할 수 있다. GroupId 값은 일반적으로 패키지 이름으로 사용되며 도메인 형식으로 구분한다.
- **ArtifactId**: 제품 이름을 설정한다. 프로젝트를 패키징하면 이 값을 사용하여 JAR 파일을 생성한다.

Create 버튼을 클릭하면 chapter02 프로젝트가 생성된다. chapter02 프로젝트는 Maven의 설정 파일인 pom.xml을 포함한다. pom.xml을 열어 다음 코드처럼 ⟨parent⟩와 ⟨dependencies⟩ 설정을 추가한다. ⟨parent⟩에는 spring-boot-starter-parent를 설정하고, ⟨dependencies⟩는 spring-boot-starter와 필요한 라이브러리들을 추가한다. spring-boot-starter는 스프링 부트 프로젝트를 실행하는 데 필요한 라이브러리들을 조합한 설정을 제공한다. 그래서 spring-boot-starter만 추가해도 spring-core, spring-aop, spring-tx 같은 프레임워크부터 로그에 필요한 라이브러리까지 스프링 애플리케이션 개발에 필요한 기능을 한 번에 추가할 수 있다. spring-boot-starter-parent는 라이브러리 간에 버전 충돌이 없는 검증된 버전들만 제공한다. 그러므로 pom.xml에서는 spring-boot-starter-parent에 버전을 명시하고, spring-boot-starter에는 버전을 생략하여 spring-boot-starter-parent 버전을 따라가도록 한다. pom.xml에 대한 내용은 2.4.4절에서 자세히 설명한다.

```xml
<?xml version="1.0" encoding="UTF-8"?>
<project xmlns="http://maven.apache.org/POM/4.0.0"
         xmlns:xsi="http://www.w3.org/2001/XMLSchema-instance"
         xsi:schemaLocation="http://maven.apache.org/POM/4.0.0 http://maven.apache.org/
xsd/maven-4.0.0.xsd">
    <modelVersion>4.0.0</modelVersion>

    <groupId>com.springtour.example</groupId>
    <artifactId>chapter02</artifactId>
```

```xml
    <version>1.0-SNAPSHOT</version>

    <properties>
        <maven.compiler.source>11</maven.compiler.source>
        <maven.compiler.target>11</maven.compiler.target>
    </properties>

    <parent>
        <groupId>org.springframework.boot</groupId>
        <artifactId>spring-boot-starter-parent</artifactId>
        <version>2.6.9</version>
    </parent>

    <dependencies>
        <dependency>
            <groupId>org.springframework.boot</groupId>
            <artifactId>spring-boot-starter</artifactId>
        </dependency>
        <dependency>
            <groupId>org.projectlombok</groupId>
            <artifactId>lombok</artifactId>
        </dependency>
        <dependency>
            <groupId>org.springframework.boot</groupId>
            <artifactId>spring-boot-devtools</artifactId>
        </dependency>
        <dependency>
            <groupId>org.springframework.boot</groupId>
            <artifactId>spring-boot-configuration-processor</artifactId>
        </dependency>
    </dependencies>
</project>
```

프로젝트를 구성할 때 포함한 Spring Boot DevTools, Spring Configuration Processor, Lombok 라이브러리들은 생산성 향상에 도움이 된다. Spring Boot DevTools는 애플리케이션 실행 후 클래스 패스에 포함된 파일이 변경되면 자동으로 애플리케이션을 재시작한다. 이런 기능이 없으면 애플리케이션을 손으로 재시작한 후 확인해야 하는 불편함이 있다. 이 기능을 'Automatic Restart'라고 하며 IntelliJ 기준으로 다음과 같이 설정해야 한다.

- IntelliJ의 메뉴에서 IntelliJ IDEA 〉 Preferences를 선택한다(윈도는 file 〉 settings 선택).

- Preferences에서 **Advanced Settings**를 선택한 후 'Allow auto-make to start even if developed application is currently running'에 체크한다. 애플리케이션을 실행한 후 코드를 수정하면 자동으로 재시작하는 설정이다.
- Preferences에서 **compiler**를 검색한 후 'Build project automatically'에 체크한다.
- Run에서 **Edit configurations** 〉 **실행 클래스 설정** 〉 **spring boot** 〉 **On Update Action**에서 네 가지 옵션 중 하나를 선택한다.

Spring Boot DevTools는 이외에도 리소스가 변경되면 브라우저를 자동으로 '새로 고침'하는 LiveReload 기능과 스프링 부트의 웹 서비스에서 사용하는 캐시(cache)를 자동으로 막아 주는 기능들도 제공한다. 이런 기능은 로컬 환경에서 애플리케이션을 실행하고 개발할 때 필요한 환경이므로 Maven의 scope 설정을 반드시 runtime으로 강제해야 한다. 실제 환경에 배포되면 곤란할 수 있다. 그러므로 컴파일 시점에는 클래스 패스에 DevTools를 제외하여 JAR 파일에 들어가지 않도록 해야 한다.

Spring Configuration Processor는 자바 애너테이션 프로세서로 @ConfigurationProperties 애너테이션을 분석하여 메타데이터를 생성한다. 앞으로 스프링 부트 애플리케이션을 설정할 때 사용하는 application.yml이나 application.properties 파일을 IDE에서 편집할 때 편리한 기능이다. 필요한 변수 이름을 자동으로 완성해 주거나 문서화 기능을 제공해 주기 때문이다.

마지막으로 Lombok은 라이브러리에서 제공하는 애너테이션을 사용하면 코드를 자동 완성해 주는 라이브러리다. 매번 반복해서 생성해야 하는 코드 대신 Lombok 애너테이션을 사용하면 생산성과 가독성이 좋아진다. 반복되는 코드 대신 간단한 애너테이션만 사용하면 되므로 코드가 간결해진다. Value Object 패턴으로 디자인한 클래스를 생성한다고 생각해 보자. 먼저 Value Object는 객체 속성에 접근할 수 있는 setter 메서드들이 필요하다. 그리고 최상위 부모 클래스인 Object.java의 equals()와 hashCode() 메서드를 오버라이드해야 한다. Value Object 클래스를 작성할 때마다 반복해야 하는 작업이므로 많은 시간이 소요된다. 이때 Lombok 라이브러리의 @Getter와 @EqualsAndHashCode 애너테이션을 클래스 선언부에 사용하면 자동으로 getter 메서드들과 equals(), hashCode() 메서드를 생성해 준다.

라이브러리 의존성 설정을 마쳤다면 스프링 부트 프로젝트에 필요한 클래스를 생성하자. **src** 〉 **main** 〉 **java** 폴더에 com.springtour.example.chapter02 패키지를 생성한다. 그리고 생성된 패키지에 Chapter02Application.java 클래스를 다음과 같이 생성하자.

```
package com.springtour.example.chapter02;

import org.springframework.boot.SpringApplication;
```

```java
import org.springframework.boot.autoconfigure.SpringBootApplication;

@SpringBootApplication
public class Chapter02Application {

    public static void main(String[] args) {
        SpringApplication.run(Chapter02Application.class, args);
    }

}
```

Chapter02Application.java 클래스는 스프링 애플리케이션을 실행하는 메인 클래스다. 메인 클래스에서 사용된 애너테이션과 클래스는 2.4.5절에서 설명한다.

2.4.2 스프링 이니셜라이저를 사용하여 프로젝트를 구성하는 방법

두 번째는 스프링 이니셜라이저 웹 사이트(https://start.spring.io)에서 프로젝트를 구성하고 내려받는 방법이다. 그림 2-7을 확인해 보자.

▼ 그림 2-7 웹에서 내려받을 수 있는 스프링 이니셜라이저

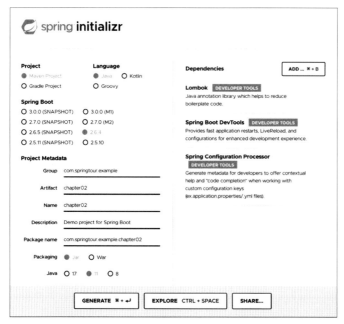

그림 왼쪽 화면은 프로젝트를 설정할 수 있는 입력 폼이며, 그림 오른쪽 화면은 프로젝트에 의존성을 추가할 수 있는 부분이다. 그림 2-7을 참고하여 2.4.1절에서 설정한 것처럼 프로젝트의 메타 데이터를 설정하고, 세 개의 의존성을 추가하자. 마지막으로 GENERATE 버튼을 클릭하면 프로젝트를 압축한 Zip 파일을 내려받을 수 있다. 압축을 풀고 IDE file 〉 open을 선택하여 내려받은 폴더를 연다. 그러면 IDE에서 바로 개발할 수 있는 환경이 만들어진다.

내려받은 프로젝트를 열어 보면 그림 2-8과 같이 몇 가지 파일이 포함된 것을 확인할 수 있다. pom.xml, Chapter02Application.java, application.properties 파일로 각 파일의 역할은 2.4.5절에서 설명한다.

▼ 그림 2-8 스프링 이니셜라이저가 생성한 프로젝트와 주요 파일

2.4.3 IntelliJ의 이니셜라이저를 사용하여 프로젝트를 구성하는 방법

여러분이 IntelliJ 유료 버전을 사용하고 있다면 IDE에서 제공하는 이니셜라이저를 활용할 수 있다. 메뉴의 File 〉 New 〉 Project를 선택하면 그림 2-9와 같은 화면을 확인할 수 있다. 왼쪽 옵션 중 'Spring Initializr'를 클릭하자. 생성할 프로젝트의 Java SDK 버전과 기본 스프링 이니셜라이저 주소를 선택할 수 있다. 필자는 Java 11을 이용해서 프로젝트를 생성했다. 그리고 Next 버튼을 클릭하자.

❤ 그림 2-9 IntelliJ IDE에서 스프링 이니셜라이저를 선택한 화면

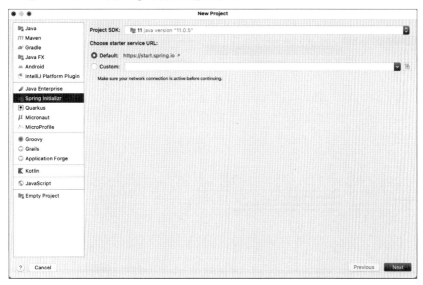

이제 신규 프로젝트를 설정하자. 그림 2-10은 신규 프로젝트를 설정하는 화면이다. 2.4.1절에서 입력한 프로젝트의 기본 정보를 입력하자. 그리고 **Next** 버튼을 클릭한다.

❤ 그림 2-10 신규 프로젝트의 정보를 입력하는 화면

그림 2-11은 생성할 프로젝트에 의존성을 추가하는 화면이다. 2.4.2절에서 선택한 Spring Boot DevTools, Lombok, Spring Configuration Processor를 추가한 후 **Next** 버튼을 클릭한다. 그러면 별도의 내려받기와 오픈 과정 없이 바로 프로젝트가 생성된다.

❤ 그림 2-11 스프링 부트 버전과 의존성 설정 화면

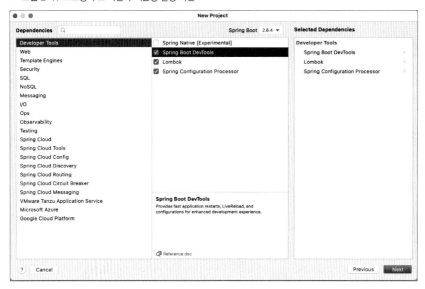

2.4.4 스프링 스타터에 포함된 pom.xml 분석

가장 먼저 살펴볼 파일은 pom.xml이다. 이 POM(Project Object Model) 파일은 Maven의 설정 파일이며, 라이브러리들의 의존성을 설정하고 프로젝트를 빌드하는 기능을 제공한다. 추후 스프링 모듈, 스프링 프레임워크나 라이브러리를 추가할 때 pom.xml의 dependency를 추가하면 된다. 다음 pom.xml 내용 중에서 스프링 부트의 의존성 관계와 빌드 부분을 설명한다.

pom.xml

```
    <groupId>com.springtour</groupId>
    <artifactId>chapter02</artifactId>
    <version>1.0.0-SNAPSHOT</version>
    <name>chapter02</name>

    <parent>
        <groupId>org.springframework.boot</groupId>
        <artifactId>spring-boot-starter-parent</artifactId>
        <version>2.6.9</version>
        <relativePath/> <!-- lookup parent from repository -->
    </parent>
```
❶

```
<dependencies>
    <dependency>
        <groupId>org.springframework.boot</groupId>
        <artifactId>spring-boot-starter</artifactId>          ❷
    </dependency>
    <!-- 생략 -->
</dependencies>

<build>
    <plugins>
        <plugin>
            <groupId>org.springframework.boot</groupId>
            <artifactId>spring-boot-maven-plugin</artifactId>  ❸
        </plugin>
    </plugins>
</build>
```

pom.xml 코드에서 ❶을 보자. Maven은 계층 구조를 가질 수 있으며, 자식 POM 파일은 부모 POM 파일에 설정된 의존 관계를 그대로 상속받을 수 있다. 이때 자식 POM 파일에 부모 관계를 설정하는 데 사용되는 속성은 <parent>~</parent>다. 자식 POM 파일의 dependency 설정에 개발에 필요한 groupId와 artifactId 설정만 하면 부모 POM에 미리 설정된 version이나 exclusion 설정을 상속받는다. 하지만 자식 POM 파일에 설정된 의존 관계가 우선권을 갖는다. 자식 POM에 version이나 exclusion을 다시 설정하면 자식 POM 것이 우선된다. ❶ 영역의 설정으로 여러분이 생성한 프로젝트는 spring-boot-starter-parent의 2.6.9 버전을 상속받는다.

spring-boot-starter-parent는 스프링 애플리케이션 개발에 필요한 모든 라이브러리 의존성 설정 정보를 갖고 있다. 그러므로 개발자는 필요한 라이브러리 버전을 명시하지 않아도 spring-boot-starter-parent 설정 정보를 참조하여 라이브러리를 내려받는다. pom.xml 예제 파일을 보면 spring-boot-starter 버전을 따로 명시하지 않았다. 또한 Maven의 빌드 생명주기를 위해 compiler, failsafe, jar 같은 Maven 플러그인 설정들도 포함하고 있다. 그래서 ❶ 설정으로 간단하게 스프링 부트 애플리케이션 의존성 설정을 할 수 있다. 참고로 spring-boot-starter-parent 또한 spring-boot-dependencies를 상속받고 있으며, 실제로는 spring-boot-dependencies 프로젝트에 Spring boot 2.6.9에 호환되는 라이브러리들과 버전을 설정한 POM 파일을 포함한다.

❷ 영역은 chapter02 애플리케이션에서 사용할 spring-boot-starter 의존성 설정을 포함한다. spring-boot-starter 스타터 내부에는 스프링 프레임워크의 코어 모듈(spring-core)을 포함하고 있으며, 스프링 부트의 고유 기능인 자동 설정(auto configuration), 로깅, yaml, 스프링 부트 프로젝트 의존성 설정을 포함한다. chapter02 프로젝트 parent의 version 속성이 2.6.9이므로 spring-boot-dependencies에 선언된 2.6.9 버전인 spring-boot-starter를 사용하게 된다.

마지막으로 ❸ 영역은 Maven 빌드와 관련된 설정이다. Spring-boot-maven-plugin을 사용하면 실행 가능한 JAR나 WAR 파일을 패키징할 수 있다.

2.4.5 @SpringBootApplication 애너테이션과 메인 클래스

모든 자바 애플리케이션을 실행하려면 가장 먼저 실행되어야 하는 메인 클래스가 필요하다. 이 메인 클래스는 내부에 public static void main(String... args) 메서드가 반드시 필요하다. JVM이 시작하며 메인 클래스의 main() 메서드를 실행하고, main() 메서드에 따라 애플리케이션이 시작된다. 이때 main() 메서드를 진입 지점(entry point)이라고 한다. 스프링 이니셜라이저로 생성된 프로젝트는 Chapter02Application.java가 메인 클래스다. 결론부터 먼저 이야기하면, 이 클래스의 코드가 스프링 부트 애플리케이션을 실행하는 진입 지점이면서 동시에 핵심 코드다. main() 메서드의 핵심 코드는 @SpringBootApplication 애너테이션과 o.s.boot.SpringApplication 클래스다. 자동 생성된 코드는 다음과 같으며 각 코드가 의미하는 점을 확인해 보자.

Chapter02Application.java

```java
@SpringBootApplication
public class Chapter02Application {
    public static void main(String[] args) {
        SpringApplication.run(Chapter02Application.class, args);
    }
}
```

먼저 Chapter02Application.java에 선언된 @SpringBootApplication 애너테이션을 살펴보자. @SpringBootApplication 코드는 다음과 같다. @SpringBootApplication 애너테이션은 내부에 세 개의 주요 애너테이션을 포함하고 있다. 포함된 애너테이션은 @SpringBootApplication 기능으로 동작한다. 각 애너테이션의 기능을 설명한다.

SpringBootApplication 애너테이션의 소스 코드 일부

```
package org.springframework.boot.autoconfigure;

@Target({ElementType.TYPE})
@Retention(RetentionPolicy.RUNTIME)
@Documented
@Inherited
@SpringBootConfiguration ----❶
@EnableAutoConfiguration ----❷
@ComponentScan(
    excludeFilters = {@Filter(
    type = FilterType.CUSTOM,
    classes = {TypeExcludeFilter.class}
    ), @Filter(
        type = FilterType.CUSTOM,
        classes = {AutoConfigurationExcludeFilter.class}
    )}                                                      ❸
)
public @interface SpringBootApplication {
    // 생략
}
```

❶ @SpringBootConfiguration은 스프링 부트 프로젝트에서 제공하는 애너테이션이다. 내부에
는 스프링 프레임워크에서 제공하는 @Configuration을 포함하고 있다. @Configuration 애너
테이션이 정의된 클래스는 자바 설정 클래스(Java config)라고 한다. 자바 설정 클래스는 스
프링 부트 애플리케이션을 설정할 수 있으며 별도의 스프링 빈을 정의할 수 있다. 그러므로
@SpringBootConfiguration이 정의된 Chapter02Application 클래스도 자바 설정 클래스이
며 클래스 내부에는 스프링 빈 설정을 포함할 수 있다.[9]

❷ @EnableAutoConfiguration은 스프링 부트 애플리케이션이며, @Configuration 애너테
이션과 같이 사용하면 스프링 부트 프레임워크의 자동 설정 기능을 활성화하는 기능
을 제공한다. @EnableAutoConfiguration 내부에는 o.s.boot.autoconfigure 패키지의
AutoConfigurationImportSelector를 가져오며(import) 이 클래스가 자동 설정 기능을 활성화
하는 기능을 담당한다.

---

9   자바 설정 클래스와 스프링 빈을 설정하는 방법은 3장에서 다시 다룬다.

AutoConfigurationImportSelector 클래스에는 SpringFactoriesLoader 클래스를 사용하여 META-INF 폴더에 spring.factories에 정의된 데이터를 읽는다. spring.factories에는 스프링 프레임워크를 자동 설정하는 자동 설정 클래스들이 정의되어 있다. 결국 SpringFactoriesLoader로 로딩된 자동 설정 클래스들이 실행되며, 각각의 자동 설정 클래스들은 관례와 조건에 따라 애플리케이션을 설정한다. 정리하면 @EnableAutoConfiguration에 의해 스프링 부트의 자동 설정 클래스들이 실행되어 애플리케이션을 설정한다.

❸ @ComponentScan은 클래스 패스에 포함되어 있는 @Configuration으로 정의된 자바 설정 클래스와 스테레오 타입 애너테이션으로 정의된 클래스를 스캔한다. 스프링 빈 설정을 스캔하며, 찾아낸 것들은 스프링 빈 컨테이너가 스프링 빈으로 로딩하고 관리한다.[10]

정리하면 이렇다. @SpringBootApplication을 Chapter02Application.java에 선언하면 클래스 패스 내 애플리케이션 설정을 위한 자바 설정 클래스와 스프링 빈 클래스들을 스캔하여 스프링 컨테이너에 등록하고 스프링 부트의 자동 설정 기능을 동작한다. 스프링 프레임워크라면 개발자가 이런 과정을 직접 설정해야 하는데, 스프링 부트 프레임워크에서는 @SpringBootApplication 애너테이션 하나면 간단하게 복잡한 설정을 처리할 수 있다.

이어서 Chapter02Application.java의 SpringApplication.run() 코드를 보자. SpringApplication 클래스는 스프링 부트 애플리케이션을 실행하는 부트스트랩(bootstrap)(실행하면 필요한 일련의 과정이 한 번에 실행되는 것을 의미) 클래스다. SpringApplicaion의 run() 메서드를 실행하면 스프링 부트 애플리케이션이 실행된다. run() 메서드가 어떤 일을 하는지 확인해 보자.

org.springframework.boot.SpringApplication.java 코드의 run() 메서드 일부

```
public ConfigurableApplicationContext run(String... args) {
    // 생략
    ConfigurableApplicationContext context = null; ┈❶
    // 생략
    SpringApplicationRunListeners listeners = getRunListeners(args);
    listeners.starting();
    try {
        // 생략
        context = createApplicationContext(); ┈❷
        // 생략
        refreshContext(context);
```

---

10 스테레오 타입 애너테이션은 @Controller, @Service, @Repository, @Component이며 @ComponentScan과 함께 3장에서 자세히 설명한다.

```
        afterRefresh(context, applicationArguments);
        // 생략
    return context;
}
```

❶ 영역을 보자. SpringApplication 클래스는 내부에 ConfigurableApplicationContext context 속성을 포함한다. 그리고 ❷ 영역을 보면 createApplicationContext() 메서드를 호출하여 context 속성에 값을 대입한다. createApplicationContext() 메서드 내부에서는 조건에 따라 다음 ApplicationContext 구현 클래스 중 하나를 생성하여 리턴한다. 스프링 애플리케이션에서 가장 중요한 역할을 ApplicationContext 객체를 생성하는 과정이다. ApplicationContext는 스프링 빈을 로딩하고 이를 관리하는 스프링 빈 컨테이너다. ApplicationContext 구현 클래스는 여러 종류가 있지만, 스프링 부트 프레임워크는 접두어가 AnnotationConfig인 ApplicationContext 클래스 구현체를 사용한다. 다음과 같이 접두어가 AnnotationConfig인 구현체는 자바 설정 클래스를 사용하여 애플리케이션을 설정한다.

- AnnotationConfigApplicationContext

- AnnotationConfigServletWebServerApplicationContext

- AnnotationConfigReactiveWebServerApplicationContext

SpringApplication 클래스는 지연 초기화(lazy initialization) 기능을 제공한다. 이 기능이 활성화되면 애플리케이션이 실행될 때 모든 스프링 빈 객체를 한 번에 생성하지 않는다. 스프링 빈 객체를 사용하는 그때 초기화된다. 지연 초기화의 장점은 애플리케이션 시작 시간이 단축된다는 것이다. 하지만 상황에 따라 지연 초기화 문제가 생길 수 있다. 시스템 요청이 빈번한 시간에 애플리케이션을 배포하거나 시스템을 스케일아웃으로 확장한다면, 시작된 애플리케이션의 첫 번째 요청은 구현된 상황에 따라 느릴 수 있다. 기본 상태의 SpringApplication 클래스에서 지연 초기화 기능은 비활성화되어 있다. 사용하고 싶다면 SpringApplication 클래스의 setLazyInitialization() 메서드를 사용하여 활성화한다.

@SpringBootApplication 애너테이션은 애플리케이션 전체에서 한곳에서만 선언하는 것이 좋다. 물론 개발 단계에서는 @SpringBootApplication이 여러 번 사용되어도 문제되지 않을 수 있지만 배포를 위한 JAR 파일을 만드는 패키지 단계에서는 문제가 발생한다. 두 곳 이상 @SpringBootApplication 애너테이션을 정의하면 패키지 단계에서 에러가 발생하거나 애플리케이션이 정상 동작하지 않는다. 배포 파일을 만드는 패키지 과정에서 진입 지점 설정을 할 수 없기 때문이다.

스프링 부트 애플리케이션의 진입 지점 설정을 확인해 보자. JAR 패키지 파일 내부에는 META-INF/MANIFEST.MF 파일이 있고, 이 파일에는 JAR 파일의 정보가 포함되어 있다. 이 파일은 스프링 부트에서 제공하는 spring-boot-maven-plugin을 사용해서 빌드하여 생성된 것이다. MANIFEST.MF 코드를 확인해 보고 스프링 부트 프레임워크의 실행 방식을 확인해 보자.

MANIFEST.MF

```
Manifest-Version: 1.0
Created-By: Maven Archiver 3.4.0
Build-Jdk-Spec: 11
// 생략
Main-Class: org.springframework.boot.loader.JarLauncher ⋯❶
Start-Class: com.springtour.example.chapter02.Chapter02Application ⋯❷
Spring-Boot-Version: 2.6.4.RELEASE
// 생략
```

여러분이 패키징 명령어를 사용하여 JAR 파일을 생성하고, java 명령어를 사용하여 애플리케이션을 실행한다면 어떤 과정을 거쳐 애플리케이션이 실행되는지 살펴보자.

- JVM은 -jar 옵션 값으로 입력된 JAR 파일을 읽는다.
- JVM은 MANIFEST.MF 파일을 읽고 ❶ 영역의 Main-Class에 정의된 JarLauncher를 실행한다. JarLauncher는 스프링 부트에서 제공하는 클래스다.
- 실행된 JarLauncher는 Start-Class 속성에 정의된 클래스의 main() 메서드를 실행한다. ❷에서 볼 수 있듯이 정의된 클래스는 @SpringBootApplication이 선언된 클래스다.
- main() 메서드 내부에 있는 SpringApplication 클래스의 run() 메서드가 실행되며, 스프링 부트 애플리케이션이 실행된다.

properties 파일은 키-밸류 쌍으로 구성되어 있고, 클래스 내부가 아닌 외부 파일로 애플리케이션을 설정하는 데 주로 사용한다. 이 파일들은 src/main/resources 폴더 안에서 관리하며, java.util.Properties 객체로 로딩해서 사용할 수도 있다.

하지만 스프링 애플리케이션은 Environment 객체에 properties 파일을 파싱한 키-밸류 쌍을 저장하고 이 값을 참조할 수 있다. 목적에 따라 여러 개의 properties 파일을 관리할 수도 있다. 스프링 부트 프로젝트의 몇몇 자동 설정은 application.properties에 미리 정해진 키 값을 읽어 애플리케이션의 기능을 구성한다. 이외에도 애플리케이션 실행 환경별로 다른 밸류 값을 설정해서 사용할 수도 있다.

2.4.6 스프링 애플리케이션 예제

지금까지 설명한 내용으로 스프링 부트 애플리케이션을 간단하게 설정하고 실행해 보자. com. springtour.example.chapter02 패키지에 포함된 예제 코드 ApiApplication 클래스와 application.properties 파일은 다음과 같다. 코드를 확인해 보고 ApiApplication 클래스의 main() 메서드를 실행해 보자.

application.properties

```
server.port = 18000 ····❶
server.tomcat.threads.min-spare = 100 ····❷
server.tomcat.threads.max = 100 ····❸
```

❶ 스프링 부트 애플리케이션의 기본 포트는 8080번이다. 기본 포트를 수정하기 위해 server. port 키 값을 변경한다.

❷ 스프링 부트 애플리케이션의 톰캣 워커 스레드 풀의 최솟값을 설정한다.

❸ 톰캣 워커 스레드 풀의 최댓값을 설정한다.

example02 모듈에서 com.springtour.example.chapter02의 ApiApplication 클래스 코드는 다음과 같다.

ApiApplicaion.java

```
@Slf4j
@SpringBootApplication
public class ApiApplication {

    public static void main(String[] args) {

        ConfigurableApplicationContext ctx = SpringApplication.run(Chapter02Application.class, args); ····❶

        Environment env = ctx.getBean(Environment.class); ····❷
        String portValue = env.getProperty("server.port"); ····❸
        log.info("Customized Port : {}", portValue);

        String[] beanNames = ctx.getBeanDefinitionNames(); ····❹
        Arrays.stream(beanNames).forEach(name -> log.info("Bean Name : {}", name));
    }
}
```

❶ SpringApplication의 run() 메서드를 실행하면 스프링 빈 컨테이너인 ApplicationContext 객체를 리턴한다.

❷ ApplicationContext의 getBean() 메서드는 인자에 맞는 스프링 빈 객체를 리턴한다. application.properties에 저장된 키-밸류 값을 확인하기 위해 Environment 객체를 가져온다.

❸ 키가 server.port의 밸류 값을 portValue 변수에 저장한다. application.properties에 server.port 밸류 값을 기억해 보자.

❹ ApplicationContext 객체가 관리하고 있는 스프링 빈들의 이름을 String[] 배열로 가져온다.

example02 모듈 com.springtour.example.chapter02의 ApiApplication.java 클래스를 실행하자. 다음과 같은 실행 결과 로그를 IDE 화면에서 확인할 수 있다. 각 로그에서 의미하는 내용과 ApiApplication.java 코드를 검증해 보자.

ApiApplication.java 클래스 실행 로그

```
// 생략
[  restartedMain] o.s.b.w.embedded.tomcat.TomcatWebServer  : Tomcat initialized with
port(s): 18000 (http)
[  restartedMain] o.apache.catalina.core.StandardService   : Starting service [Tomcat]
[  restartedMain] org.apache.catalina.core.StandardEngine  : Starting Servlet engine:
[Apache Tomcat/9.0.58]
[  restartedMain] o.a.c.c.C.[Tomcat].[localhost].[/]        : Initializing Spring
embedded WebApplicationContext
[  restartedMain] w.s.c.ServletWebServerApplicationContext : Root WebApplicationContext:
initialization completed in 695 ms
[  restartedMain] o.s.b.d.a.OptionalLiveReloadServer        : LiveReload server is
running on port 35729
[  restartedMain] o.s.b.w.embedded.tomcat.TomcatWebServer  : Tomcat started on port(s):
18000 (http) with context path '' ·····❶
[  restartedMain] c.s.example.chapter02.ApiApplication      : Started ApiApplication in
1.238 seconds (JVM running for 1.807)
[  restartedMain] c.s.example.chapter02.ApiApplication      : Customized Port :
18000 ·····❷
[  restartedMain] c.s.example.chapter02.ApiApplication      : Bean Name : org.···┐
springframework.context.annotation.internalConfigurationAnnotationProcessor         │
[  restartedMain] c.s.example.chapter02.ApiApplication      : Bean Name : org.       ├─❸
springframework.context.annotation.internalAutowiredAnnotationProcessor            ┘
// 생략
```

---

❶ 스프링 부트 프레임워크에 포함된 임베디드 톰캣 서버가 18000번 포트에서 실행된 것을 의미한다.

❷ ApiApplication.java 클래스에서 Environment 객체의 getProperty("server.port") 메서드를 실행한 결과다.

❸ ApiApplication.java 클래스에서 실행한 ApplicationContext 객체가 관리하고 있는 스프링 빈들을 로그 출력한다.

ApiApplication.java 예제를 작성하면서 우리가 직접 new 키워드를 사용하여 TomcatWebServer 객체를 생성하지 않았다. 하지만 로그 결과를 통해 스프링 부트 애플리케이션처럼 TomcatWebServer 객체가 생성되고 시작하는 것을 확인할 수 있다. 이 내용으로 스프링 부트 애플리케이션의 '설정보다 관례(CoC)'와 자동 설정(auto configuration) 기능을 확인할 수 있다.

기본 설정으로 실행된 스프링 부트 프레임워크는 자동으로 임베디드 톰캣을 실행한다. 개발자의 개입 없이도 실행되는 것이 관례다. 임베디드의 톰캣 기본 포트인 8080번을 변경하려고 application.properties에 server.port 밸류 값을 설정하면 설정한 값으로 변경된다. 이것 또한 관례다. 그래서 예제에서 설정한 포트 18000번으로 임베디드 톰캣이 실행된다. 스프링 부트 개발자는 이 관례를 활용하는 방법을 숙지하고 있어야 한다. 임베디드 톰캣의 TomcatWebServer 객체를 생성하려면 수많은 설정이 필요하다. 스프링 부트 프레임워크는 spring-boot-auto-configure 모듈의 EmbeddedWebServerFactoryCustomizerAutoConfiguration 클래스에서 임베디드 톰캣을 설정한다. 해당 클래스를 참조하면 임베디드 톰캣을 어떻게 설정하는지 확인할 수 있다.

그림 2-12를 보자. 스프링 빈 이름들이 로그로 출력되었다. 스프링 애플리케이션은 내부에 주요 기능들을 스프링 빈으로 관리하고 있다. ApiApplication 클래스에서 사용한 Environment 객체도 스프링 애플리케이션이 만든 스프링 빈 객체다. 그러므로 ConfigurableApplicationContext의 getBean() 메서드를 사용하면 스프링 빈 컨테이너에서 스프링 빈 객체를 받을 수 있다. 스프링 빈을 생성하고 사용하는 방법은 3장에서 자세히 다룬다.

❤ 그림 2-12 스프링 애플리케이션에서 관리하는 스프링 빈 객체들

2.5 정리

이 장에서 우리는 프레임워크의 중요성을 확인했다. 또한 스프링 부트와 스프링 프레임워크의 관계를 설명하고 비교했다. 스프링 부트와 스프링 프레임워크는 서로 지향하는 바가 다름을 반드시 기억하고 차이점도 다시 한 번 생각해 보자. 둘의 차이점을 설명하면서 스프링 프로젝트의 가장 중요한 개념인 스프링 트라이앵글도 설명했다. 그중 가장 중요한 것을 선택하라면 의존성 주입이다. 스프링 애플리케이션을 작성하기 위해 가장 먼저 사용할 기술이다. 이는 3장에서 자세히 설명한다. 그리고 application.properties에 키-밸류 값을 설정하여 애플리케이션의 포트를 변경해 보았다. 스프링 부트의 '설정보다 관례'와 자동 설정을 직접 확인했다. 앞으로도 자동 설정을 활용하는 방법과 스프링 부트의 관례를 계속해서 설명한다.

3^장

스프링 애플리케이션 기본

이 장에서 다룰 핵심 내용

- 자바 설정을 이용하여 스프링 빈을 사용하는 방법
- 의존성 주입 개념 정리
- @Bean과 스테레오 타입 애너테이션으로 스프링 빈을 만드는 방법
- 스프링 빈의 스코프와 라이프 사이클을 이해하고 개발하는 방법

2장에서는 스프링 프레임워크와 스프링 부트 프레임워크의 특징을 설명했다. 스프링 부트 프레임워크는 스프링 프레임워크를 기반으로 개발자가 빠르게 프레임워크를 설정하여 개발하는 것을 목표로 만들었다. 스프링 부트 프레임워크는 스프링 프레임워크를 가장 일반적인 방법으로 미리 설정하여 제공하고, 개발자는 정해진 법칙 혹은 관례에 따라 간단히 설정하면 미리 설정된 기능들을 사용할 수 있다. 그러므로 스프링 애플리케이션이나 스프링 부트 애플리케이션을 개발하는 기본 방법은 같다. 3장은 스프링 애플리케이션을 설정하고 비즈니스 로직을 효율적으로 개발하는 스프링 빈을 다룬다. 여러분이 개발한 클래스를 스프링 빈으로 만드는 방법부터 스프링 빈을 사용하는 방법, 스프링 빈을 설정하는 방법까지 다룬다.

다시 말하면 스프링 프레임워크의 세 가지 핵심 기술은 의존성 주입(dependency injection), 관점 지향 프로그래밍, 서비스 추상화다. 세 가지 기술 중 가장 핵심적인 개념은 의존성 주입이다. 의존성 주입은 객체 간 결합 정도를 낮추는 유용한 방법이다. 그래서 복잡한 애플리케이션을 개발할 때 효과가 있다. 스프링 프레임워크는 스프링 빈을 선언하고 스프링 빈 컨테이너를 사용하며 스프링 빈들 사이에 의존성 주입을 할 수 있는 클래스와 애너테이션을 제공한다. 이들을 사용할 줄 알아야 스프링 프레임워크 의존성 주입을 사용할 수 있다.

여기에서는 스프링 빈과 스프링 빈 컨테이너를 사용하는 방법을 먼저 설명한다. 그리고 의존성 주입에 대한 개념과 스프링 빈이 왜 의존성 주입과 연관되어 있는지 설명한다. 계속해서 스프링 빈을 정의하는 두 가지 방법과 @Bean 애너테이션과 스테레오 타입 애너테이션을 설명하고, 스프링 빈의 스코프(scope)와 생명주기(life cycle)를 설명한다. 마지막으로 스프링 투어의 사례를 설명하면서 스프링 빈을 생성하고 사용할 때 쉽게 실수할 수 있는 내용도 설명한다.

3.1 스프링 빈 사용

스프링 빈은 스프링 빈 컨테이너가 관리하는 순수 자바 객체를 의미한다. 스프링 빈 컨테이너는 스프링 빈 정의(spring bean definition) 설정을 읽고 스프링 빈 객체를 생성한다. 그리고 서로 의존성이 있는 스프링 빈 객체들을 주입하는 과정을 거친 후 애플리케이션이 실행 준비 상태가 된다. 작업이 끝난 애플리케이션이 종료하기 전 스프링 빈 컨테이너는 관리하고 있던 스프링 빈들의 종료 작업을 실행한다. 이렇게 스프링 빈을 생성하고 소멸하는 전체 과정을 스프링 빈의 생명주기라고 한다. 이때 스프링 빈 컨테이너는 이 생명주기를 관리하는 역할을 한다.

스프링 애플리케이션을 개발하기 위해 설정해야 하는 것들은 다음과 같다. 물론 이 장에서 자세히 설명할 내용이다.

- 클래스를 스프링 빈으로 만드는 스프링 빈 정의를 설정한다.
- 설정된 스프링 빈 정의를 스프링 빈 컨테이너가 찾을 수 있도록 설정한다.
- 서로 의존성이 있는 스프링 빈들을 조립할 수 있도록 설정한다.

먼저 스프링 애플리케이션을 실행하면 어떤 과정을 거쳐 실행 준비 상태가 되는지 확인해 보자.

❤ 그림 3-1 스프링 애플리케이션의 시작 과정

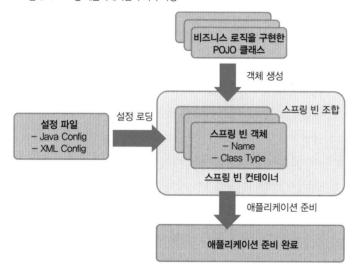

그림 3-1은 스프링 애플리케이션이 시작되면 스프링 빈 컨테이너가 동작하는 과정을 도식화한 것이다. 그림 3-1의 과정을 간단히 정리하면 다음과 같다.

1. 스프링 빈 컨테이너 구현체에 따라 정해진 포맷의 설정 파일을 로딩한다. 설정 파일 포맷은 자바 클래스, XML, 그루비 등 그 종류가 다양하다. 스프링 부트 프레임워크의 기본 스프링 빈 컨테이너 구현체는 ConfigurableApplicationContext이며 설정 포맷은 자바 클래스다.

2. 설정 파일에 정의된 스프링 빈 정의를 로딩하고, 지정된 클래스 패스에 위치한 클래스들을 스캔하고, 스프링 빈 정의가 있으면 로딩한다. 설정 방법의 차이만 있을 뿐 모두 같은 스프링 빈으로 로딩된다.

3. 로딩을 마친 스프링 빈 컨테이너는 정의된 대로 스프링 빈으로 생성하고 컨테이너에서 관리한다.

4. 스프링 빈들 사이에 서로 의존성이 있는 객체들은 스프링 빈 컨테이너가 조립한다.

5. 스프링 빈 컨테이너 구현 클래스에 따라 추가 작업을 한다.

6. 작업이 완료되면 애플리케이션은 실행 준비를 완료한다.

스프링 빈을 관리하는 스프링 빈 컨테이너는 스프링 애플리케이션을 실행하면 가장 먼저 실행된다. 그래서 스프링 빈 컨테이너가 모든 스프링 빈의 생명주기를 관리하고 스프링 빈 객체를 관리할 수 있다. 이때 생성되는 스프링 빈 객체들은 생성한 주체와 정의 방법에 따라 크게 세 가지로 분류할 수 있다.

첫 번째는 스프링 프레임워크의 기능을 스프링 빈으로 정의한 것들이다. 예를 들어 환경 변수를 포함하는 o.s.core.env.Environment나 스프링 빈 컨테이너 역할을 하는 o.s.context.ApplicationContext 등이 있다. 이들 모두 스프링 빈으로 관리된다. 이 스프링 빈들은 개발자의 개입 없이 생성되는 것들이다.

두 번째는 스프링 빈 컨테이너가 로딩하는 설정 파일에 정의된 것들이다. 스프링 부트 애플리케이션은 자바 설정 방식을 기본으로 사용한다. 그래서 자바 클래스를 설정 파일로 사용한다. 이 설정 파일에 스프링 빈 정의를 포함할 수 있으며, @Bean 애너테이션을 사용하여 정의한다.[1] 개발자가 스프링 프레임워크의 기능을 설정하거나 애플리케이션에서 공통으로 사용하는 스프링 빈들을 설정하는 데 주로 활용된다.

마지막으로 스프링 빈 컨테이너가 설정된 패키지 경로를 스캔한 후 스프링 빈으로 정의되어 생성되는 스프링 빈들이다. 이 스프링 빈들은 스테레오 타입 애너테이션들을 사용하여 정의한다. 이를 애너테이션 기반 설정이라고 한다.[2] 개발자가 애플리케이션 로직을 구현하는 데 주로 사용하는 방식이다. 물론 이들도 자바 설정 기반의 @Bean 애너테이션을 사용하여 스프링 빈을 정의할 수 있다. 하지만 수많은 비즈니스 로직을 담은 클래스들을 하나하나 정의하는 데는 적합하지 않다.

이렇게 생성된 스프링 빈들은 서로 의존성을 가질 수 있으며, 모든 스프링 빈 객체를 관리하는 스프링 빈 컨테이너가 설정에 따라 의존성을 주입할 수 있다.[3] 스프링 빈의 특징을 다시 정리하면 다음과 같다.

---

1 3.1.1절에서 자세히 설명한다.

2 3.3절에서 자세히 설명한다.

3 3.4절에서 자세히 설명한다.

- 스프링 빈 컨테이너가 관리하는 순수 자바(POJO) 객체다.

- 스프링 빈 컨테이너가 스프링 빈을 생성, 주입, 종료까지 관리한다. 이때 여러 단계를 거치는데 이를 스프링 빈 생명주기라고 한다.

- 스프링 빈이 다른 스프링 빈을 참조할 수 있다. 스프링 빈 컨테이너가 참조되는 스프링 빈에 적합한 객체를 넣어 준다. 이 과정을 주입이라고 한다.

- 스프링 빈의 이름나 클래스 타입 정보를 사용하여 스프링 빈 컨테이너에서 적절한 스프링 빈 객체를 찾을 수 있다. 찾은 스프링 빈 객체를 다른 스프링 빈 객체의 멤버 변수로 넣어 주거나 정해진 메서드의 인수로 넣어 줄 수 있다. 이 과정을 주입이라고 하며, 이를 의존성 주입이라고 한다.

- 스프링 빈은 이름, 클래스 타입, 객체로 구성된다. 같은 클래스 타입이라도 스프링 빈 이름이 다르다면 다른 스프링 빈이다. 그러므로 클래스 타입은 같지만 이름이 다른 여러 스프링 빈이 컨테이너에 있을 수 있다.

스프링 부트 프레임워크에서 스프링 빈을 정의할 수 있는 방법은 다음과 같다.

- 자바 설정 클래스에서 @Bean 애너테이션을 사용하여 정의하는 방법
- 스테레오 타입 애너테이션을 사용하여 정의하는 방법
- o.s.beans.factory.config.BeanDefinition 인터페이스를 구현하여 정의하는 방법
- XML 설정 방식을 사용하는 방법

특정 클래스를 스프링 빈으로 등록하려면 BeanDefinition을 구현하거나 BeanDefinition을 구현한 추상 클래스들을 상속한다. 하지만 정의해야 할 스프링 빈 대상이 많으면 그만큼 행사 코드도 많아져 비즈니스 로직을 작성할 때 적합하지 않다.

XML을 이용하는 방법은 스프링 프레임워크 3.X 버전까지 주로 많이 사용되었다. 하지만 자바 코드를 XML 파일에서 정의해야 하므로 클래스와 설정이 분리되는 이질감뿐만 아니라, 객체를 생성하는 데 명시적이지 않은 단점도 있다.

이처럼 방법도 다양하지만, 스프링 빈을 정의하는 방법은 스프링 빈 컨테이너 구현체에 따라 결정된다. 그림 3-1과 같이 스프링 빈 컨테이너는 설정 파일을 먼저 로딩하는데, ApplicationContext 구현체[4] 종류에 따라 설정 파일의 포맷이 다르다. 스프링 부트 프레임워크가 기본 사용하는 ApplicationContext 구현체는 세 종류다. 하지만 모두 공통으로 애너테이션을 사용하여 스프링

---

4 ApplicationContext는 스프링 빈 컨테이너다.

빈을 정의하는 방식이다. 그러므로 이 책에서는 스프링 부트 프레임워크를 기준으로 @Bean과 스테레오 타입 애너테이션을 사용하는 방법만 설명한다.

어떤 자바 클래스라도 스프링 빈으로 정의할 수 있다. 예를 들어 java.lang.Integer 같은 JRE에서 제공하는 클래스나 사용자가 만든 클래스 모두 스프링 빈 객체가 될 수 있다. 3장에서 스프링 빈 예제는 PriceUnit 클래스이며 코드는 다음과 같다. PriceUnit은 가격 단위를 추상화한 클래스다. 이 코드를 간단히 살펴보고 스프링 빈을 계속 설명한다.

PriceUnit.java

```java
@Slf4j
@Getter
public class PriceUnit {

    private final Locale locale;

    public PriceUnit(Locale locale) {
        if (Objects.isNull(locale))
            throw new IllegalArgumentException("locale arg is null");

        this.locale = locale;
    }

    public String format(BigDecimal price) { ----❶
        NumberFormat currencyFormat = NumberFormat.getCurrencyInstance(locale); ----❷
        return currencyFormat.format(
                Optional.ofNullable(price).orElse(BigDecimal.ZERO)
        );
    }

    public void validate() { ----❸
        if (Objects.isNull(locale))
            throw new IllegalStateException("locale is null");

        log.info("locale is [{}]", locale);
    }
}
```

❶ format() 메서드는 BigDecimal 타입의 인자를 받아 적합한 화폐 포맷으로 변경한다. PriceUnit 클래스 속성인 locale을 사용하여 적합한 화폐 포맷으로 변경한다.

❷ NumberFormat 클래스는 숫자 문자열을 파싱하거나 숫자를 특정 형태로 포매팅하는 기능을 제공한다. 하지만 이 클래스는 스레드 안전(thread-safe)하지 않아 멀티 스레드 환경에서 정확하게 동작하지 않는다. 그러므로 format 메서드 내부에서 매번 객체를 생성해야 한다.

❸ PriceUnit 클래스 속성인 locale 변수가 null이면 format() 메서드는 동작하지 않는다. 그래서 validate() 메서드는 locale 변수의 null 검사를 하고, null인 경우 예외를 생성하여 던진다. PriceUnit 클래스는 클래스 변수 locale이 null이 될 수 없는 클래스 불변식(class invariant)을 갖고 있다.

3.1.1 @Bean 애너테이션

자바 설정 클래스에서 스프링 빈을 정의할 때 @Bean 애너테이션을 사용한다. 먼저 @Bean 애너테이션 코드를 확인하고 사용 방법을 계속해서 설명한다.

o.s.context.annotation.Bean.java 애너테이션

```
@Target({ElementType.METHOD, ElementType.ANNOTATION_TYPE}) ····❶
@Retention(RetentionPolicy.RUNTIME) ····❷
@Documented
public @interface Bean {
    @AliasFor("name")
    String[] value() default {};
                                          ┐
                                          ├····❸
    @AliasFor("value")                    │
    String[] name() default {}; ····      ┘

    // 생략

    String initMethod() default "";

    String destroyMethod() default "(inferred)";
}
```

❶ @Bean 애너테이션을 정의할 수 있는 타깃은 메서드와 다른 애너테이션이다.

❷ 런타임 시점까지 @Bean 애너테이션이 코드에 존재한다.

❸ @Bean 애너테이션은 value 또는 name 속성을 가질 수 있으며, 서로 참조하므로 둘 중 하나를 설정해도 기능은 똑같이 동작한다. 스프링 빈의 이름을 별도로 설정할 때 사용하는 속성이며, 필수 속성은 아니므로 생략할 수 있다.

@Bean 애너테이션의 타깃 속성은 ElementType.METHOD다. 그러므로 메서드 선언부에 정의해야 한다. 스프링 빈을 정의할 때 필요한 요소는 스프링 빈 이름, 클래스 타입, 객체다.

스프링 빈의 이름을 설정하려면 @Bean 애너테이션의 속성인 value 또는 name에 값을 설정한다. 하지만 이 속성은 필수가 아니다. 속성에 값을 설정하지 않으면 @Bean 애너테이션이 정의된 메서드 이름이 스프링 빈 이름이 된다. 이는 스프링 프레임워크의 관례다. 스프링 빈의 클래스 타입은 @Bean 애너테이션이 정의된 메서드의 리턴 타입이 클래스 타입으로 사용된다. 스프링 빈 객체는 @Bean 애너테이션이 정의된 메서드가 리턴하는 객체가 된다. 예제를 보면 쉽게 이해할 수 있다.

다음 코드는 @Bean 애너테이션을 사용하여 스프링 빈을 정의하고 사용하는 방법을 보여 주는 예제다. SpringBean01Application.java 클래스에는 @SpringBootApplication 애너테이션이 정의되어 있어 @SpringBootApplication 내부의 @Configuration 때문에 자바 설정 클래스로 사용할 수 있다. 메서드 이름이 스프링 빈 이름이 되는 설정 관례도 같이 확인해 보자.

SpringBean01Application.java

```java
@Slf4j
@SpringBootApplication
public class SpringBean01Application {

    public static void main(String[] args) {
        ConfigurableApplicationContext ctxt =
SpringApplication.run(SpringBean01Application.class, args);    ····❹

        PriceUnit defaultPriceUnit = ctxt.getBean("priceUnit", PriceUnit.class);    ····❺
        log.info("Price #1 : {}", defaultPriceUnit.format(BigDecimal.valueOf(10.2)));

        PriceUnit wonPriceUnit = ctxt.getBean("wonPriceUnit", PriceUnit.class);    ····❼
        log.info("Price #2 : {}", wonPriceUnit.format(BigDecimal.valueOf(1000)));

        ctxt.close();
    }
```

```
        @Bean(name="priceUnit")  ····❶
        public PriceUnit dollarPriceUnit() {  ····❷
            return new PriceUnit(Locale.US);  ····❸
        }

        @Bean  ····❻
        public PriceUnit wonPriceUnit() {
            return new PriceUnit(Locale.KOREA);
        }
    }
```

❶ @Bean 애너테이션의 name 속성에 설정된 속성 값 priceUnit은 스프링 빈의 이름으로 설정된다.

❷ dollarPriceUnit() 메서드의 리턴 타입인 PriceUnit 클래스는 스프링 빈의 클래스 타입으로 설정된다.

❸ dollarPriceUnit() 메서드가 리턴하는 new PriceUnit(Locale.US) 객체는 스프링 빈 객체로 설정된다.

❹ SpringApplication의 run() 메서드가 리턴하는 ApplicationContext 객체를 ctxt 변수에 대입한다. ApplicationContext 객체는 스프링 빈 컨테이너이며, SpringBean01Application 클래스를 설정 파일로 로딩한다. ApplicationContext는 자바 설정 클래스를 스캔하며, SpringBean01Application.java도 자바 설정 클래스이므로 로딩된다. 그러므로 ❶~❸ 과정에 설정된 스프링 빈을 로딩할 수 있다.

❺ ApplicationContext에서 제공하는 getBean() 메서드를 사용하여 스프링 빈 객체를 defaultPriceUnit 변수에 저장한다. 스프링 빈 컨테이너는 이름이 'priceUnit'이고 타입이 PriceUnit.class인 스프링 빈 객체를 찾아 리턴한다.

❻ @Bean 애너테이션의 name 속성은 생략되어 정의되었다. 관례에 따라 스프링 빈 이름은 메서드 이름으로 대체된다. 그러므로 스프링 빈 이름은 wonPriceUnit() 메서드 이름인 'wonPriceUnit'이 된다.

❼ 스프링 빈 이름이 'wonPriceUnit'이고, 클래스 타입은 PriceUnit.class인 스프링 빈을 찾아 wonPriceUnit 변수에 주입한다.

SpringBean01Application 예제는 @Bean 애너테이션을 사용하여 스프링 빈을 만드는 방법을 보여 준다. main() 메서드를 실행하면 결과를 확인할 수 있다. main() 메서드를 실행하면 내부 SpringApplication의 run() 메서드가 스프링 빈 컨테이너를 실행한다. 실행된 스프링 빈 컨테이너 구현체는 ConfigurableApplicationContext이며, ctxt 변수에 저장한다. 그리고 @Bean 애너테이션이 선언된 dollarPriceUnit() 메서드를 실행하고 스프링 빈을 생성한다. 이 과정이 끝나면 스프링 애플리케이션은 실행 준비 상태가 된다. SpringBean01Application.java를 실행하면 그림 3-2와 같은 결과를 확인할 수 있다. @Bean 애너테이션에 name 또는 value 속성을 설정하지 않으면 메서드 이름이 스프링 빈 이름이 되는 것도 확인할 수 있다.

▼ 그림 3-2 SpringBean01Application 실행 결과

```
o.s.b.w.embedded.tomcat.TomcatWebServer    : Tomcat started on port(s): 8080 (http) with context path ''
c.s.e.chapter03.SpringBean01Application    : Started SpringBean01Application in 1.219 seconds (JVM running for 6.818)
c.s.e.chapter03.SpringBean01Application    : Price #1 : $10.20
c.s.e.chapter03.SpringBean01Application    : Price #2 : ₩1,000
o.s.s.concurrent.ThreadPoolTaskExecutor    : Shutting down ExecutorService 'threadPoolTaskExecutor'
```

ConfigurableApplicationContext 클래스의 getBean() 메서드는 스프링 빈 컨테이너에서 메서드 인자와 일치하는 스프링 빈 객체를 리턴한다. getBean() 메서드는 오버로딩되어 있어 다양한 인자를 받는 메서드들을 제공한다. 예제에서 사용한 getBean() 메서드의 첫 번째 인자는 스프링 빈의 이름이며, 두 번째 인자는 스프링 빈의 클래스 타입이다. ApplicationContext에 찾을 수 없는 스프링 빈 이름이나 클래스 타입을 사용하여 getBean() 메서드를 호출하면 ApplicationContext는 예외를 발생한다. 스프링 빈이 없음을 의미하는 o.s.beans.factory. NoSuchBeanDefinitionException 예외다. 그리고 결국 스프링 애플리케이션은 예외 때문에 정상적으로 시작하지 못한다. SpringBean01Application.java 예제의 ❺에서 "priceUnit" 인수 대신 "testUnit"처럼 정의되지 않는 스프링 빈 이름을 넣으면 예외를 확인할 수 있다.

SpringBean01Application.java 예제에서 확인할 수 있는 첫 번째 사실은 이름이 다르고 클래스 타입이 같은 여러 스프링 빈을 정의할 수 있다는 점이다. 예제에서 보듯이 클래스 타입이 PriceUnit.class로 같지만 이름이 "priceUnit", "wonPriceUnit"인 스프링 빈들이 있다. 두 번째 사실은 @Bean 애너테이션의 name 속성이 없는 경우 관례에 따라 메서드 이름이 설정된다는 점이다. 그래서 스프링 빈 이름이 메서드 이름인 "wonPriceUnit"으로 설정된다. 이는 스프링 프레임워크의 관례 중 하나이며, 이와 같은 관례에 익숙해지는 것이 좋다.

3.2 자바 설정

스프링 애플리케이션을 구성할 때 프레임워크의 특정 기능을 활성화하거나 애플리케이션 전체에서 공통으로 사용할 기능이 있다면 애플리케이션을 설정(configuration)해야 한다. 애플리케이션을 설정하는 몇 가지 예를 보자. 일정 시간마다 특정 작업을 반복하는 기능이 필요하다면 스프링 프레임워크에서 제공하는 스케줄링 기능을 활성화하고 설정하여 사용할 수 있다. 프레임워크가 미리 설정한 기본 설정값으로 설정된 상태로도 사용할 수 있다. 하지만 애플리케이션 특성에 적합한 상태로 재설정하거나 개발자가 원하는 값으로도 변경할 수 있다. 스케줄링 스레드 풀의 스레드 개수를 조정하거나 스레드 이름의 접두사를 다시 설정할 수도 있다. 애플리케이션에서 공통으로 사용할 기능이 있다면 이것도 스프링 빈으로 설정해야 한다. 3.1절에서 설명한 가격을 표시하는 PriceUnit 객체도 애플리케이션에서 공통으로 사용할 수 있다. 혹은 이메일을 발송하는 기능이 있는 o.s.mail.javamail.JavaMailSender 객체도 애플리케이션에서 공통으로 사용할 수 있다. 이런 PriceUnit, JavaMailSender도 스프링 빈을 설정하여 공통으로 사용할 수 있다. 스프링 프레임워크에서 이런 설정은 별도의 설정 파일에서 관리하며, 여기에서 자바 설정 방법을 설명한다.

스프링 프레임워크에서 가장 중요한 역할을 하는 ApplicationContext 객체는 스프링 빈 컨테이너 역할뿐만 아니라 다른 기능들을 제공한다(3.4절 참고). ApplicationContext가 실행될 때 애플리케이션을 설정하기 위해 가장 먼저 설정 파일을 로딩한다. 설정 파일의 종류는 다양하지만, 자바 클래스를 기반으로 애플리케이션을 설정하는 방법을 일반적으로 자바 설정이라고 한다. 오래된 버전의 스프링 프레임워크는 주로 XML 파일을 사용하여 애플리케이션을 설정했다. 그래서 이것과 구분하기 위해 자바 설정이라는 이름을 사용한다. 자바 설정을 위해 스프링 프레임워크는 몇 가지 애너테이션을 제공한다. @Bean, @ComponentScan, @Configuration, @Import다. 이미 @Bean 애너테이션을 사용한 스프링 빈 정의 방법은 3.1절에서 설명했다. 나머지 애너테이션 중 스프링 부트를 사용하는 개발자가 주로 쓰게 될 것은 @Configuration이다. 나머지 애너테이션들은 스프링 부트에서 어떻게 설정되어 있는지 알아본 후 원리를 이해해도 충분하다.

3.2.1 @Configuration

@Configuration 애너테이션은 자바 설정을 포함하고 있는 자바 설정 클래스를 정의하는 데 사용한다. 사용법은 클래스 선언부에 정의하면 된다. 즉, 다른 일반 클래스와 구분하려고 사용하는 애너테이션이다. 스프링 부트의 기본 스프링 빈 컨테이너는 이 애너테이션으로 설정된 클래스들을 메타 정보로 간주하고 로딩한다. 자바 설정 클래스의 내부에 @Bean으로 선언된 메서드들을 포함할 수 있고, 이를 로딩한 스프링 빈 컨테이너에 의해 스프링 빈으로 생성된다. @Configuration을 사용하는 방법은 다음과 같다.

```
@Configuration ····❶
public class ThreadPoolConfig {
    @Bean
    public ThreadPoolTaskExecutor threadPoolTaskExecutor() {
        // 생략
    }
}
```

❶ @Configuration은 public class로 시작하는 클래스 선언부에 정의하면 된다.

이 예제는 매우 간단하다. @Configuration 애너테이션이 없으면 ApplicationContext가 로딩되지 않는다. 그러므로 @Bean으로 선언된 threadPoolTaskExecutor() 스프링 빈 설정은 스프링 빈이 될 수 없다.

3.1절에서 설명한 SpringBean01Application.java 예제는 클래스 선언부에서 @Configuration 애너테이션을 찾을 수 없다. 아마 SpringBean01Application.java는 자바 설정 클래스가 아닐 수 있다. 그럼에도 내부에 선언된 두 개의 스프링 빈 설정이 실행되어 "priceUnit"과 "wonPriceUnit" 이름을 갖는 스프링 빈이 생성되었다. 이 두 스프링 빈은 스프링 부트의 기본 설정으로 생성된 것이다. 결론을 먼저 이야기하면 @SpringBootApplication 애너테이션이 정의된 SpringBean01Application.java도 자바 설정 클래스다. 다음 코드는 SpringBean01Application.java가 왜 자바 설정 클래스인지, 스프링 부트 프레임워크는 어떻게 설정했는지 보여 준다.

```
@SpringBootApplication ····❶
public class SpringBean01Application {

    public static void main(String[] args) {
        // SpringApplication.run()을 실행하는 코드 생략
    }
}


@SpringBootConfiguration ····❷
// 생략
public @interface SpringBootApplication {
    // 생략
}


@Configuration ····❸
public @interface SpringBootConfiguration {
    // 생략
}
```

❶ SpringBean01Application 클래스에는 @SpringBootApplication 애너테이션이 정의되어 있다.

❷ @SpringBootApplication 애너테이션은 내부에 @SpringBootConfiguration 애너테이션이 정의되어 있다. 그러므로 @SpringBootApplication 애너테이션은 @SpringBootConfiguration 애너테이션을 포함한다.

❸ @SpringBootConfiguration 애너테이션은 내부에 @Configuration을 포함한다.

SpringBean01Application 클래스에 선언된 @SpringBootApplication은 내부에 @SpringBoot Configuration을 포함하고, 이는 다시 @Configuration을 포함한다. 결국 @SpringBootApplication 이 정의된 SpringBean01Application 클래스는 스프링 부트 애플리케이션을 실행할 수 있는 동시에 자바 설정 클래스가 될 수 있다. 그래서 SpringBean01Application 클래스에 @Bean 애너테이션이 선언된 메서드가 스프링 빈으로 생성될 수 있다.

스프링 애플리케이션에는 한 개 이상의 자바 설정 클래스를 만들 수 있다. 즉, 프로그램 구조 설계에 따라 여러 자바 설정 클래스를 구성할 수 있다. 스프링 프레임워크는 여러 자바 설정 클래스를 스캔하는 @ComponentScan과 자바 설정 클래스를 임포트하는 @Import 애너테이션을 제공한다. 각 기능들은 계속해서 자세히 설명한다. 그리고 스프링 부트 프레임워크는 이들 기능 또한 미리 설정해서 제공한다는 것을 기억하자.

3.2.2 @ComponentScan

@ComponentScan은 스프링 프레임워크를 설정하는 애너테이션 중 하나다. @ComponentScan은 설정된 패키지 경로에 포함된 자바 설정 클래스들과 스테레오 타입 애너테이션들이 선언된 클래스들[5]을 스캔한다. 스캔한 클래스에 스프링 빈 설정이 있으면 스프링 빈으로 생성한다. @ComponentScan의 코드는 다음과 같다.

@ComponentScan 애너테이션의 속성 중 일부

```
public @interface ComponentScan {
    @AliasFor("basePackages")
    String[] value() default {};

    @AliasFor("value")
    String[] basePackages() default {};

    Class<?>[] basePackageClasses() default {};     ----❷
    // 생략
    ComponentScan.Filter[] includeFilters() default {};

    ComponentScan.Filter[] excludeFilters() default {};

    // 생략
}
```

❶ value 혹은 basePackages 속성은 서로 참조하고 있으므로 둘 중 하나만 설정해도 된다. @ComponentScan이 스캔할 패키지 경로를 설정하는 속성이다. 스캔할 패키지 경로를 문자열로 입력하며, 배열 값을 입력할 수 있으므로 하나 이상의 패키지 경로들을 설정할 수 있다.

❷ 스캔할 패키지 경로를 클래스 배열로 입력할 수 있는 속성이다. basePackages와 기능은 같지만 속성 값이 클래스라는 점이 다르다.

❸ 포함하거나 제외하는 조건 필터들을 지정할 수 있다. 스캔할 패키지 경로에 포함된 스프링 빈을 제외하거나 포함하는 필터를 설정한다.

@ComponentScan이 스캔할 경로를 설정하는 속성들은 value, basePackages, basePackageClasses다. 하지만 이들 속성을 모두 설정하지 않으면 @ComponentScan이 정의된 클래스가 위치한 패키지

---

5   3.3절에서 설명한다. @Component, @Controller, @Service, @Repository가 정의된 클래스를 의미한다.

가 기본값이 된다. @ComponentScan은 패키지와 하위 패키지들에 포함된 모든 클래스를 스캔한다. 스캔할 패키지 경로를 지정할 때는 문자열로 직접 basePackages에 값을 입력하는 방법과 특정 위치에 있는 클래스를 basePackageClasses에 입력하는 방법으로 나눌 수 있다. basePackageClasses의 장점은 문자열로 입력받는 것보다 안전한 형태(type-safe)로 클래스 경로를 설정할 수 있다. 하지만 패키지 위치를 지정하기 위해 별도의 클래스들을 추가로 생성해야 한다. 즉, 아무 기능을 하지 않고 패키지 경로만 알려 주는 마킹 클래스를 생성해야 한다. 그리고 이 마킹 클래스를 basePackageClasses에 설정한다. 일반 클래스로 basePackageClasses 속성을 지정하면 리팩터링 과정을 거치며 스캔할 패키지 경로가 변경될 수 있다.

@ComponentScan은 스프링 애플리케이션을 설정하는 애너테이션이다. 자바 설정 클래스를 의미하는 @Configuration 애너테이션과 함께 사용해야 정상 동작한다. 다음 예제는 @ComponentScan을 사용하는 방법을 보여 준다.

@ComponentScan 예제 코드

```
@Configuration ····❶
@ComponentScan(
        basePackages = {"com.springtour.example.chapter03.config",
"com.springtour.example.chapter03.domain"}, ····❷
        basePackageClasses = {ThreadPoolConfig.class, ServerConfig.class} ····❸
)
public class ServerConfiguration {
    // 생략
}
```

❶ @ComponentScan은 자바 설정 클래스에 정의되어야 한다. 그래서 항상 @Configuration과 함께 한다.

❷ 패키지 이름 문자열 배열로 basePackages 속성을 설정하는 방법이다. 여러 개의 패키지 경로를 정의하려면 중괄호에 콤마를 사용하여 문자열을 구분한다. 설정된 패키지 경로 값은 'com.springtour.example.chapter03.config'와 'com.springtour.example.chapter03.domain'이며, 이 패키지와 하위에 포함된 클래스들을 스캔한다.

❸ basePackageClasses 속성도 배열로 정의 가능하다. ThreadPoolConfig.class가 위치한 클래스 패스와 ServerConfig.class가 위치한 클래스 패스를 스캔한다.

스프링 부트 프레임워크에서는 @ComponentScan이 어떻게 설정되어 있는지 확인해 보자. 다음 코드는 @SpringBootApplication 애너테이션 코드의 일부다. @SpringBootApplication 내부에는 @ComponentScan 애너테이션이 선언되어 있다.

@SpringBootApplication 애너테이션 일부

```
// 생략
@ComponentScan(excludeFilters={@Filter(type=FilterType.CUSTOM,
classes=TypeExcludeFilter.class),
        @Filter(type=FilterType.CUSTOM, classes=AutoConfigurationExcludeFilter.class)
})
public @interface SpringBootApplication {
    // 생략
}
```

❶ @ComponentScan이 설정되어 있으며, 스캔 경로를 설정하는 value, basePackages, basePackageClasses 속성들은 설정하지 않는다.

이미 @ComponentScan이 @SpringBootApplication 애너테이션 내부에 선언되어 있으므로 스프링 부트 프레임워크를 사용하는 개발자는 직접 설정할 필요가 없다. 또한 스캔 경로를 설정하는 속성들이 없으므로 @SpringBootApplication이 정의된 클래스의 패키지부터 하위 패키지들까지 스캔한다. @SpringBootApplication이 선언된 클래스의 상위 패키지나 혹은 다른 경로의 패키지에 스프링 빈 클래스나 자바 설정 클래스를 생성하면 @ComponentScan의 대상이 될 수 없다. 그러므로 개발자 의도와 다르게 동작한다. 이런 이유로 스프링 애플리케이션의 패키지 구조에서 최상위에 @SpringBootApplication이 정의된 메인 클래스를 생성한다. 그러면 코드베이스의 모든 클래스가 @ComponentScan으로 스캔될 수 있다. 메인 클래스에는 SpringApplication의 run()을 사용하여 애플리케이션을 시작하는 코드가 있다. 최상위 패키지에 위치하는 메인 클래스 위치는 일종의 관례다.

3.2.3 @Import

@Import도 스프링 프레임워크를 설정하는 애너테이션이다. @Import는 명시된 여러 개의 자바 설정 클래스를 하나의 그룹으로 묶는 역할을 한다. 즉, @Import 애너테이션이 정의된 자바 설정 클래스가 다른 자바 설정 클래스들을 임포트(Import)하는 개념이다. 그러므로 비슷한 성질의 설정들을 하나의 그룹으로 묶는 기능을 한다. 사용 방법은 다음 코드와 같다.

```
@Configuration
@Import(value={ThreadPoolConfig.class, MailConfig.class}) ┄┄❶
public class ServerConfig {
    // 생략
}
```

❶ @Import가 제공하는 속성은 value 하나뿐이며, 임포트할 클래스 배열을 입력받는다. 이때 설정된 클래스들은 @Configuration이 선언된 자바 설정 클래스들이다.

예제 코드의 ServerConfig 자바 설정 클래스는 @Import를 사용하여 ThreadPoolConfig.class와 MailConfig.class를 임포트한다. 그러므로 ServerConfig 자바 설정 클래스만 ApplicationContext가 로딩하면 나머지 자바 설정 클래스 두 개도 로딩된다.

@Import 애너테이션은 3.2.3절에서 설명한 @ComponentScan과 비슷한 역할을 한다. 실제로 @Import를 사용한 결과나 @ComponentScan을 사용한 결과는 큰 차이가 없다. 차이점을 찾아보자면, @ComponentScan은 패키지 경로를 스캔하는 반면에 @Import는 대상 자바 설정 클래스들을 명시적으로 지정하기 때문에 더 직관적이다. 하지만 자바 설정 클래스를 추가할 때마다 직접 @Import 정의를 고치는 것보다 @ComponentScan을 사용하는 것이 더욱 편리하다. 게다가 @SpringBootApplication 애너테이션 내부에는 @ComponentScan이 정의되어 있으므로 개발자는 편리하게 관례를 따르면 된다. 그래서 스프링 부트 애플리케이션을 개발할 때는 @Import 애너테이션을 사용할 일이 많지 않다.

3.3 스테레오 타입 스프링 빈 사용
SPRING BOOT FOR MSA

애플리케이션을 개발하면서 기능의 복잡도와 크기에 비례하여 클래스 개수도 늘어난다. 객체 지향 프로그래밍으로 개발하는 애플리케이션은 각각의 기능을 추상화하여 클래스를 분리하기 때문에 더 많아질 수 있다. 게다가 추상화 크기의 수준이 작다면 클래스는 더욱 늘어날 수밖에 없다. 의존성 주입이나 스프링 프레임워크에서 제공하는 기능을 사용하려면 이들도 스프링 빈으로 정의해야 한다. 앞서 설명한 @Bean 애너테이션을 사용해서 스프링 빈을 정의할 수 있지만, 수십 개 혹은 그 이상의 클래스를 하나씩 스프링 빈으로 정의하는 것은 쉽지 않다. 비즈니스 요구 사항은 새로운 기능과 함께 항상 변화한다. 수많은 클래스를 @Bean을 사용하여 스프링 빈으로 정의했다고 하더라도 시스템을 운영하는 다양한 이유로 의존 관계가 변할 수 있으므로 계속해서 스프링 빈 설정을 수정해야 한다. 그래서 자바 설정으로 기능을 구현한 클래스들을 스프링 빈으로 관리하기가 쉽지 않다.

보통 스프링 개발자들은 애플리케이션 설정 영역과 비즈니스 로직 영역으로 용도를 나누어 각각 다른 방식으로 스프링 빈을 정의한다. 애플리케이션을 설정하는 상황에서는 자바 설정을 이용한 @Bean을 사용한다. 비즈니스 로직을 담당하는 클래스를 스프링 빈으로 설정하는 상황에서는 스테레오 타입(stereo type) 애너테이션을 사용하여 스프링 빈을 정의한다. 스테레오 타입 애너테이션은 @Bean 애너테이션보다 사용 방법이 쉽다. @Configuration처럼 클래스 선언부에 정의하는 것만으로 스프링 빈 정의가 끝난다. 스테레오 타입 애너테이션으로 정의된 클래스들은 @ComponentScan으로 스캔되고 스프링 빈으로 생성된다. 앞서 다룬 @Bean을 자바 설정 방식이라고 한다면, 스테레오 타입 애너테이션들을 이용한 스프링 빈 등록은 애너테이션 기반 설정이라고 한다. 스테레오 애너테이션의 종류는 다음과 같다.

- **@Component**: 클래스를 스프링 빈으로 정의하는 데 사용하는 가장 일반적인 애너테이션이다. 다른 스테레오 타입 애너테이션들은 @Component 애너테이션에서 파생되었으며, 클래스의 목적, 디자인 패턴에 따라 적절한 애너테이션을 선택해서 사용하면 된다.
- **@Controller**: 컨트롤러 역할을 하는 클래스를 스프링 빈으로 정의하는 데 사용한다. 컨트롤러는 사용자 요청을 가장 먼저 처리하고, 이를 비즈니스 로직을 포함한 다른 컴포넌트에 전달하는 역할을 한다. 스프링 MVC 프레임워크에서 사용하며, HTTP 프로토콜을 처리하거나 View를 처리하는 역할을 하는 클래스에 정의한다.
- **@Service**: 도메인 주도 설계(domain driven development)의 서비스(service) 역할인 클래스에 정의하여 사용한다. 서비스는 사용자 행위에 해당하는 기능을 추상화하고, 여러 객체에서 일어나는 행위를 하나의 기능으로 모아서 처리하는 클래스를 의미한다. 보통 복잡한 형태의 비즈니스 로직을 구현한다.
- **@Repository**: 도메인 주도 설계의 리포지터리(repository)를 의미하는 애너테이션이다. 객체를 저장·조회하는 행위를 담당하는 클래스를 의미한다.

@Controller, @Service, @Repository 코드를 보면 @Component 애너테이션을 포함하며, 속성도 @Component의 속성과 일치한다. 기능은 서로 같지만 애너테이션을 각각 분리한 이유는 클래스 목

적이나 패턴에 따라 명확하게 정의해서 사용하기 위해서다. 다음 @Component와 @Service 애너테이션 코드를 보고 사용 방법을 확인해 보자.[6]

```
@Target(ElementType.TYPE) ----❶
@Retention(RetentionPolicy.RUNTIME)
public @interface Component {
    String value() default ""; ----❷
}

@Target({ElementType.TYPE})
@Retention(RetentionPolicy.RUNTIME)
@Component ----❸
public @interface Service {
    @AliasFor(annotation=Component.class) ----
    String value() default "";         ----❹
}
```

❶ ElementType.TYPE으로 타깃 설정이 되어 있어 클래스 선언부에만 @Component 애너테이션을 정의할 수 있다.

❷ value 속성은 문자열을 설정할 수 있으며, 설정된 값은 스프링 빈의 이름으로 사용된다.

❸ @Service 애너테이션은 @Component를 포함하고 있다.

❹ @Service도 @Component와 마찬가지로 스프링 빈 이름을 설정하는 value 속성을 제공한다.

스프링 빈을 정의하는 데 필요한 것은 이름, 클래스 타입, 객체라는 것을 다시 기억해 보자. 스테레오 타입 애너테이션들도 @Bean과 마찬가지로 스프링 빈을 정의하는 데 세 가지 정보가 필요하다. 그러므로 어떤 값들이 스프링 빈으로 정의되는지 다음 예제를 보고 계속해서 설명한다. 스테레오 타입을 어떻게 사용하는지도 같이 확인해 보자.

```
public interface Formatter<T> {
    String of(T target); ----❶
}

@Slf4j
@Component ----❷
```

---

6 @Controller, @Repository는 지면상 생략한다.

```java
public class LocalDateTimeFormatter implements Formatter<LocalDateTime> {

    private final DateTimeFormatter formatter =
            DateTimeFormatter.ofPattern("yyyy-MM-dd'T'HH:mm:ss");

    @Override
    public String of(LocalDateTime target) { ----❸
        return Optional.ofNullable(target)
                .map(formatter::format)
                .orElse(null);
    }
}

@Slf4j
@SpringBootApplication
public class SpringBean02Application {

    public static void main(String[] args) {
        ConfigurableApplicationContext ctxt =
SpringApplication.run(SpringBean02Application.class);

        Formatter<LocalDateTime> formatter =
ctxt.getBean("localDateTimeFormatter", Formatter.class); ----❹
        String date = formatter.of(LocalDateTime.of(2020, 12, 24, 23, 59, 59));

        log.info("Date : " + date);
        ctxt.close();
    }
}
```

❶ 제네릭 T를 인자로 받고, 인수를 적절한 형태로 포매팅하는 of 메서드다.

❷ Formatter 인터페이스를 구현한 LocalDateTimeFormatter 클래스를 스프링 빈으로 정의하는 @Component 애너테이션이다. value 속성은 설정하지 않았으므로 명시적인 스프링 빈의 이름 은 설정되지 않았다.

❸ 구현된 of 메서드는 LocalDateTime 인자를 받고, 이를 설정된 패턴으로 변환한다. DateTime Formatter formatter 객체의 format 메서드를 사용하여 포매팅된 문자열을 리턴한다.

❹ 스프링 빈 이름이 localDateTimeFormatter고 클래스 타입이 Formatter.class인 스프링 빈을 받는다. 스프링 빈 이름과 클래스 타입을 인자로 받는 getBean() 메서드는 인자로 받은 클래 스 타입의 객체를 리턴한다. 그러므로 클래스 타입으로 변환(casting)하는 코드가 필요 없다.

Formatter 인터페이스와 이를 구현한 LocalDateTimeFormatter 클래스를 @Component 애너테이션을 사용하여 스프링 빈으로 설정했다.[7] 이때 스프링 빈의 클래스 타입은 구현 클래스인 LocalDateTimeFormatter로 설정된다. @Component 애너테이션의 value 속성에 스프링 빈 이름을 설정하면 설정된 이름으로 스프링 빈이 생성되지만 예제에서는 따로 설정하지 않았다. 별도로 설정하지 않으면 클래스 이름이 스프링 빈 이름으로 자동 설정된다. 단 클래스 이름의 첫 글자는 소문자로 변경된다. 그러므로 예제의 스프링 빈 이름은 localDateTimeFormatter로 자동 설정된다. 스프링 빈 이름 관례는 다른 스테레오 타입 애너테이션이 @Controller, @Service, @Repository에도 모두 적용된다. 이 애너테이션들을 사용하는 클래스는 같은 클래스 타입이며 스프링 빈 이름이 다른 스프링 빈을 정의할 필요가 없다. 그래서 스테레오 타입 애너테이션을 사용하는 경우 별도의 스프링 빈 이름을 설정하지 않는다.

SpringBean02Application에서 스프링 빈 컨테이너를 실행시키면 @SpringBootApplication에 LocalDateTimeFormatter 클래스가 스캔된다. 당연히 패키지 구조상 SpringBean02Application이 최상위에 있으므로 하위에 있는 LocalDateTimeFormatter가 스캔된다.

이번 예제에서 사용된 ApplicationContext의 getBean() 메서드는 스프링 빈 이름과 클래스 타입을 인자로 받는다. 이 메서드를 사용하여 formatter 변수에 스프링 빈 객체를 저장한다. 이때 getBean()의 인수 LocalDateTimeFormatter.class 대신 부모 클래스인 Formatter.class를 인수로 사용해도 된다. SpringBean02Application을 실행하면 터미널에 "Date : 2022-02-24T23:59:59" 문자열을 출력하고, 애플리케이션은 정상 종료된다.

에피소드 ☰ 　스프링 투어 개발자는 본격적으로 스프링 애플리케이션을 개발하기 시작했다. 그리고 Formatter 구현체를 개발했고 스테레오 타입 애너테이션을 사용하여 스프링 빈으로 정의했다. 구현한 기능을 테스트하려고 애플리케이션을 시작하는 순간 o.s.context.annotation.ConflictingBeanDefinitionException이 발생했고 애플리케이션은 동작하지 않았다. 발생한 예외는 스프링 빈 이름이 중복되면 발생하는 예외다. 최근 스프링 투어 개발자인 '나개발'은 패키지 경로는 다르지만 이름이 같은 LocalDateTimeFormatter 클래스들을 생성했다. 그리고 @Component 애너테이션을 사용하여 스프링 빈으로 정의했다. 나개발이 생성한 클래스들은 다음과 같다.

- com.springtour.example.chapter03.domain.format.LocalDateTimeFormatter
- com.springtour.example.chapter03.domain.LocalDateTimeFormatter

◐ 계속

7 　스프링 빈 대상 클래스는 반드시 인터페이스를 구현할 필요가 없다. 클래스를 직접 스프링 빈으로 만들고 주입해도 된다.

나개발이 생성한 LocalDateTimeFormatter 클래스들은 자바 문법상 아무 문제없다. 문제는 @Component 애너테이션의 value 속성을 지정하지 않으면 관례에 따라 두 클래스 모두 'localDateTimeFormatter' 값이 스프링 빈 이름으로 설정된다. 그래서 ConflictingBeanDefinitionException 예외가 발생한 것이다. 이런 상황에는 @Component 애너테이션의 value 속성을 사용하여 스프링 빈 이름을 설정하거나 클래스 이름을 변경해야 한다. 그래서 스프링 빈 이름이 중복되지 않도록 해야 한다. 결국 나개발은 두 클래스의 중복된 기능을 제거하고 하나로 합치는 리팩터링으로 충돌 예외 상황에서 벗어났다.

3.4 의존성 주입

지금까지 스프링 빈을 정의하고 스프링 빈 컨테이너의 getBean() 메서드를 사용하여 스프링 빈을 변수에 저장하는 방법을 설명했다. 스프링 빈을 정의하는 방법에는 자바 설정 방식과 애너테이션 기반 방식이 있다. ApplicationContext에 로딩된 스프링 빈 객체를 다른 스프링 빈에서 어떻게 사용하는지는 자세히 설명하지 않았다. 지금까지 사용한 예제에서는 ApplicationContext의 getBean() 메서드로 스프링 빈 객체를 변수에 넣고 실행하는 간단한 방식이었다.

getBean() 메서드를 사용하여 일반적인 애플리케이션을 개발하는 것은 불가능하다. 첫 번째 스프링 빈 객체를 사용하려면 반드시 getBean() 메서드를 호출해야 한다. 그러므로 사용할 스프링 빈 개수가 많아지면 코딩양이 스프링 빈 개수에 비례해서 증가한다. 또한 스프링 빈을 사용하려면 ApplicationContext 객체가 반드시 필요하다. 스프링 빈 객체를 사용하는 클래스와 스프링 빈 객체 사이에 ApplicationContext 객체가 한 번 더 있는 형태다. 그러므로 더욱 복잡한 관계가 된다.

좋은 소프트웨어의 조건은 많지만, 유지 보수하기 좋고 기능을 확장하기 쉬우며 읽기 쉬운 소프트웨어를 만드는 것이 좋은 소프트웨어의 조건이라는 사실은 누구도 부정하지 않을 것이다. 좋은 소프트웨어를 만들기 위해 객체 사이의 결합도(coupling)를 낮추고, 객체 스스로 응집도(cohesion)를 높여야 한다.

스프링 프레임워크는 의존성 주입 기능을 제공한다. 이 의존성 주입은 앞서 설명한 스프링 트라이앵글에서 한 축을 담당하고 있는 중요한 개념이다. 이 의존성 주입 기능은 낮은 결합도와 높은 응집도를 설계하는 데 큰 도움이 된다. 그러므로 가장 먼저 의존성과 의존성 주입이 무엇인지 설명한다. 또한 자바 설정과 애너테이션 기반 설정에서 ApplicationContext의 getBean() 메서드 없이 어떻게 의존성을 주입하는지도 설명한다.

3.4.1 의존성

UML(Unified Modeling Language) 용어인 의존성(dependency)은 모델 요소 사이의 연관 관계를 의미한다. 일반적으로 클래스 다이어그램[8]에서 어떤 클래스가 다른 클래스를 참조하는 것을 '의존성이 있다'고 한다. 다시 말하면 한 클래스가 다른 클래스의 메서드를 사용한다면 두 클래스 사이에는 의존성이 발생한다. 다음 예제 코드를 보면서 의존성을 계속 설명하겠다. NotificationService는 사용자에게 메시지를 보내는 역할을 하며, SmsSender는 SMS 메시지를 발송하는 역할을 한다. 이 두 클래스를 사용하여 의존성을 설명한다.

NotificationService

```
public class NotificationService (
    public boolean sendNotification(User user, String message) {
        SmsSender smsSender = new SmsSender(); ----❶
        smsSender.setEndPoint(...);
        smsSender.setPort(...);
        smsSender.setTimeout(4000L);
        return smsSender.sendText(user.getPhoneNumber(), message); ----❷
    }
)
```

❶ smsSender 객체를 인스턴스화하여 smsSender 변수에 저장한다.

❷ smsSender 객체의 sendText() 메서드를 호출한다.

NotificationService 클래스는 내부에서 smsSender 객체를 생성하고, sendText() 메서드를 사용한다. NotificationService는 SmsSender의 sendText() 메서드 없이 동작할 수 없으므로 NotificationService 클래스는 SmsSender 클래스에 의존한다고 한다. 게다가 sendNotification() 메서드 내부에서 smsSender 객체를 직접 생성하고 있으므로 두 클래스는 서로 강하게 결합한다.

---

8 UML의 한 종류다.

서로 강하게 결합한 상태에서는 SmsSender 클래스를 변경하면 NotificationService도 같이 수정해야 할 수 있다. SmsSender 클래스 내부에 클래스 변수로 connectionTimeout이 추가되고 이를 설정하는 setConnectionTimeout() 메서드가 추가되었다고 생각해 보자. 그리고 이 설정은 smsSender 객체의 매우 중요한 역할이므로 반드시 설정되어야 한다. 당연히 NotificationService의 sendNotification() 메서드에서 setConnectionTimeout() 메서드를 호출해서 connection timeout 값을 설정해야 한다. 이 상황에서는 NotificationService의 코드까지 수정되었다.

단지 SmsSender의 기능이 추가되었는데 NotificationService까지 수정 범위가 넓어졌다. SmsSender의 메서드를 사용하는 다른 클래스들이 있다면 이들 역시 수정해야 한다. 프로젝트의 코드와 클래스의 개수가 적으면 쉽게 수정할 수 있다. 하지만 반대 경우는 쉽지 않다. 앞서 이야기한 쉽게 기능을 확장하고 유지 보수가 쉬운 소프트웨어가 되기 힘들다.

NotificationService와 SmsSender를 클래스 다이어그램으로 표현한 그림 3-3을 보자.

❤ 그림 3-3 클래스 다이어그램으로 표현한 의존성 1

NotificationService 클래스가 SmsSender 클래스를 사용하기 때문에 화살표로 표기했다. 클래스 다이어그램에서 NotificationService는 상위 레벨 모듈(상위 모듈), SmsSender는 하위 레벨 모듈(하위 모듈)이라고 한다. 이 의존 관계는 객체 지향 프로그래밍에서 매우 흔한 형태라서 이 자체로는 이상하거나 잘못된 것이 아니다.

그림 3-3은 두 클래스 사이에만 의존 관계가 있다. 그래서 의존 관계가 간단하다. 하지만 NotificationService 내부에 SmsSender 외에 다른 클래스와 의존 관계가 있으면 의존성이 복잡해진다. 또는 SmsSender 클래스도 내부에서 다른 클래스와 의존 관계가 있다면 의존성이 복잡해진다. 의존성이 복잡해지면 기능 수정이 쉽지 않으며 버그 발생 가능성이 높아진다. 하지만 기능이 변경되거나 새롭게 추가되는 일은 매우 흔하며 클래스를 수정하는 일도 매우 많다. 예를 들어 사용자들의 요구에 따라 SMS가 아닌 앱 푸시로 메시지를 전송하는 방식으로 변경해야 할 수도 있다. 그러면 개발자는 앞의 코드를 대부분 다시 고쳐야 한다. 변경된 코드를 확인해 보자.

```
public class NotificationService (
    public boolean sendNotification(User user, String message) {
        AppPushSender appPushSender = new AppPushSender();    ----❶
        appPushSender.setEndPoint(...);
        appPushSender.setPort(...);
        appPushSender.setTimeout(4000L);
        return appPushSender.sendText(user.getPhoneNumber(), message);    ----❷
    }
)
```

❶ AppPushSender 객체를 인스턴스화하여 appPushSender 변수에 저장한다.

❷ AppPushSender 객체의 sendText() 메서드를 호출한다.

수정된 NotificationService 코드의 ❶, ❷를 보자. 기존 NotificationService가 SmsSender 클래스에 의존성이 있었다면 지금은 AppPushSender 클래스에 의존성이 생겼다. 물론 코드 라인 숫자만 보자면 비교적 적은 수정으로 기능이 변경되었다. 하지만 실제 애플리케이션에서 이런 경우는 드물다. 첫째, 예제처럼 코드가 간단할 수 없다. 둘째, 사용자들의 요구 사항은 항상 복잡하다. 마지막으로 촉박한 개발 일정과 같은 외부 요소까지 결합되면 소프트웨어는 스파게티 코드가 되기 쉽다. 이런 일이 잦아진다면 기술 부채(technical debt)로 쌓이게 되고, 기능을 수정하거나 추가할 때 기하급수적으로 비용이 증가한다. 이런 서비스는 더 이상 빠르게 성장하기 어렵다.

객체 지향 프로그래밍의 SOLID 법칙은 유지 보수하기 쉽고, 유연하게 확장 가능한 애플리케이션을 디자인하는 다섯 가지 법칙이다. 이 중 의존성 역전의 원칙(dependency inversion principle)은 의존성에 대한 소프트웨어 설계 방법을 설명한다. 객체 지향 프로그래밍에서 클래스 사이의 의존 관계를 완전히 끊기는 어렵다. 즉, 소프트웨어 기능은 클래스들의 조합으로 완성되는 것이므로 의존 관계는 항상 존재한다. 의존성 역전의 원칙은 의존 관계를 맺을 때 쉽게 변하는 것보다 변화가 없는 것에 의존하라고 한다. 이는 하위 모듈이 변경될 때 상위 모듈이 변경되는 것을 막고자 의존 관계를 끊는 것을 의미한다. 이전 예제에서 SmsSender 대신 AppPushSender로 변경할 때 NotificationService 코드의 대부분이 변경된 것을 확인할 수 있다. 이렇게 구현 클래스와 상위 모듈 클래스가 직접 의존 관계를 맺을 때 구현 클래스 내용이 그대로 상위 모듈에 반영되므로 강한 결합이라고 한다. 클래스보다 인터페이스나 추상 클래스와 의존 관계를 맺는 것이 유연한 프로그래밍에 도움이 된다. 이 경우 상위 모듈은 하위 모듈에서 관심이 분리된다. 하위 모듈을 생성하고 초기화하는 과정을 더 이상 상위 모듈에서 코딩할 필요 없다. 이를 약한 결합이라고 한다.

NotificationService가 Sender 인터페이스와 약한 결합을 하도록 리팩터링한 코드는 다음과 같다. 이전 코드와 어떻게 다른지 비교해 보자.

Sender 인터페이스로 리팩터링한 NotificationService

```
public class NotificationService (

    private Sender messageSender; ····❶

    public NotificationService(Sender messageSender) { ····
        this.messageSender = messageSender;                ┆····❷
    }                                                      ┆

    public boolean sendNotification(User user, String message) {
        return messageSender.sendText(user.getPhoneNumber(), message); ····❸
    }
)
```

❶ Sender는 인터페이스이며, sendText() 추상 메서드를 제공한다.

❷ NotificationService 클래스 생성자는 하나이며 Sender 구현 객체를 인자로 받는다. 인수 Sender 객체는 messageSender 변수에 저장된다.

❸ messageSender 객체의 sendText() 메서드를 호출한다.

이 코드를 설명하기 전에 Sender 인터페이스와 구현 클래스들을 설명한다. Sender 인터페이스에는 sendText() 추상 메서드가 선언되어 있으며, 앞 예제에서 사용한 SmsSender와 AppPushSender 클래스를 추상화한 것이다. 예제 코드에서 따로 설명하지 않았지만, SmsSender와 AppPushSender 클래스는 Sender 인터페이스를 구현하도록 리팩터링되었다. 이제 NotificationService 클래스는 더 이상 SmsSender나 AppPushSender 구현 클래스에 의존성이 없다. 지금부터는 Sender 인터페이스만 의존성을 갖고 있다.

NotificationService 클래스는 생성자가 하나뿐이며, Sender 객체를 인자로 받고 있다. 그러므로 NotificationService 객체를 생성하려면 NotificationService 외부에서 Sender 객체를 생성하고 NotificationService 생성자를 통해 주입하는 방법을 이용해야 한다. 이전 코드들과 비교하면 더 이상 NotificationService 클래스 내부에서 setEndpoint(), setPort() 같은 메서드를 호출하지 않아도 된다. 이들 메서드는 NotificationService 클래스 입장에서는 불필요하다. 강한 결합에서 약한 결합으로 변경된 이들 관계를 UML 클래스 다이어그램으로 다시 정리해 보자.

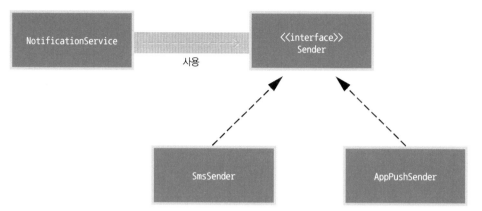

그림 3-4를 보면 상위 레벨 모듈 NotificationService는 Sender 인터페이스에만 의존성이 있다. 게다가 Sender는 인터페이스이므로 약한 결합 관계를 맺고 있다. 그래서 NotificationService는 구현 클래스인 SmsSender나 AppPushSender에 의존하지 않는다. NotificationService는 Sender 로 추상화되어 있고 중간에 Sender 인터페이스가 있기 때문에 그림 3-3과 달리 SmsSender, AppPushSender와 의존성 관계가 끊어진다. 그림 3-3과 그림 3-4를 비교하면 NotificationService 와 SmsSender 사이의 의존성이 변경된 것을 알 수 있다.[9] 의존 방향이 바뀌어서 의존성 역전의 원 칙이라고 한다. 그리고 스프링 의존성 주입은 의존성 역전의 원칙을 구현한 여러 방법 중 하나다.

의존성 역전의 원칙은 하위 모듈인 SmsSender 클래스가 변경되어도 상위 모듈인 Notification Service 클래스의 변경 범위는 줄어든다. 앞의 예제 코드(Sender 인터페이스로 리팩터링한 NotificationService)를 다시 확인해 보자. '수정된 NotificationService' 코드와 비교해 보면 매 우 간단해진 것을 알 수 있다. 더 이상 SmsSender나 AppPushSender 객체를 생성하지 않아도 되 고, setter 메서드를 사용하여 설정하지 않아도 된다. NotificationService 클래스 생성자의 인 자에 SmsSender 객체나 AppPushSender 객체가 넘어와도 상위 레벨 모듈인 NotificationService 의 코드는 더 이상 변경되지 않는다. SmsSender 클래스에 동작에 필요한 여러 기능이 추가되더라 도 NotificationService 클래스는 수정할 필요 없다. SMS나 앱 푸시 말고도 다른 방식의 메시지 를 보내야 한다면 Sender 인터페이스를 구현하는 다른 구현 클래스를 작성하면 된다. 그리고 구현 클래스 객체를 NotificationService 생성자에 주입만 하면 된다. 이 NotificationService 예제는 유지 보수와 서비스 변화에 대응하기 유연한 구조라고 할 수 있다.

---

9 두 클래스 사이의 의존성은 변경되었다. Sender 인터페이스가 아니다.

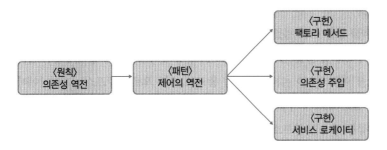

그림 3-5는 원칙과 패턴, 구현의 관계를 보여 준다. 의존성 역전의 원칙을 패턴화한 것이 제어의 역전(Inversion of Control, IoC) 패턴이다. 그리고 패턴을 구현한 구현 방법이 바로 팩토리 메서드, 서비스 로케이터, 의존성 주입이다. 의존성 주입은 외부에서 객체를 생성하여 대상 객체에 넣어 주는 것을 의미한다. 예제 코드처럼 NotificationService 객체를 생성할 때 외부에서 생성된 Sender 객체를 NotificationService에 넣는 구조로 바뀐다. 스프링 프레임워크에서는 스프링 빈 컨테이너, 즉 ApplicationContext가 이 역할을 담당한다. 스프링 빈 객체들을 생성하고 의존성 있는 스프링 빈들끼리 서로 주입하는 과정을 처리한다. 스프링 프레임워크에서 제공하는 애너테이션을 사용하면 쉽게 주입할 수 있다. 하지만 자바 설정에서 사용하는 방식과 애너테이션 기반 설정 방식에서 사용하는 방식은 약간 다르므로 이를 비교하며 확인하길 바란다. 마지막으로 스프링에서 제공하는 의존성 주입을 사용하면 다음 몇 가지 장점이 있다.

- 객체 지향 프로그래밍 기반이므로 공통 객체를 재사용할 수 있다.
- 테스트 케이스를 작성하는 경우 목(mock) 객체를 주입하기 편리하다.
- 강한 결합에서 약한 결합이 되므로 유연하고 변화에 빠른 대응이 가능하다.

3.4.2 애너테이션 기반 설정의 의존성 주입

스프링 빈을 정의하는 방법에 따라 의존성 주입 방법이 조금씩 다르다. 먼저 애너테이션 기반 설정으로 정의된 스프링 빈에 의존성을 주입받는 방법을 설명한다.

의존성 주입 과정에는 의존성을 주입받을 객체와 의존성 대상 객체가 있어야 한다. 예제에서 NotificationService는 의존성을 주입받을 객체고 Sender는 의존성 대상 객체다. 의존성 대상 객체를 주입받을 클래스 내부에는 객체를 저장할 변수에 @Autowired와 @Qualifier 애너테이션을 조합해서 정의하면 된다. 스프링 빈 컨테이너는 정의된 @Autowired와 @Qualifier의 속성 값을 파악해서 적절한 의존성 대상 객체를 찾아 주입한다. 의존성 주입을 하는 스프링 빈 컨테이너는 의존성을 주입받을 객체와 의존성 대상 객체 모두 관리해야 한다. 다시 말하면 의존성 주입 과정에 필요한 두 객체 모두 스프링 빈 객체여야 한다. NotificationService와 Sender 모두 스프링 빈이며, 스프링 빈 컨테이너가 Sender 스프링 빈을 NotificationService에 주입한다. @Autowired, @Qualifier 애너테이션의 코드를 보면서 사용법을 알아보자.

@Autowired와 @Qualifier 애너테이션

```
@Target({ElementType.CONSTRUCTOR, ElementType.METHOD, ElementType.PARAMETER,
ElementType.FIELD, ElementType.ANNOTATION_TYPE}) ┈①
@Retention(RetentionPolicy.RUNTIME)
@Documented
public @interface Autowired {

    /**
     * Declares whether the annotated dependency is required.
     * <p>Defaults to {@code true}.
     */
    boolean required() default true; ┈②

}


@Target({ElementType.FIELD, ElementType.METHOD, ElementType.PARAMETER,
ElementType.TYPE, ElementType.ANNOTATION_TYPE}) ┈③
@Retention(RetentionPolicy.RUNTIME)
@Inherited
@Documented
public @interface Qualifier {

    String value() default ""; ┈④

}
```

① @Autowired를 정의할 수 있는 대상은 생성자, 메서드, 파라미터, 필드, 애너테이션이다.

② required 속성의 기본값은 true다. @Autowired가 선언된 대상에 의존성 주입 여부를 설정한다. 보통 이 값은 따로 정의하지 않고 기본값으로 사용한다. 그래서 @Autowired 애너테이션을 정의하면 정의된 대상에 자동으로 의존성이 주입된다.

③ @Qualifier를 정의할 수 있는 대상은 필드, 메서드, 파라미터, 클래스, 애너테이션이다.

④ @Qualifier에서 제공하는 속성은 value이며, 설정값은 스프링 빈의 이름이 된다.

@Autowired 애너테이션은 의존성이 필요한 클래스 내부에 의존성 주입을 받는 곳을 표시한다. 의존성을 주입받는 클래스 내부에 생성자, 메서드, 파라미터, 필드 등에 선언할 수 있다. @Qualifier는 의존성을 주입할 스프링 빈 이름을 정의하는 역할을 한다. 클래스 타입은 같지만 이름이 각자 다른 여러 스프링 빈 중 정의된 이름의 스프링 빈을 주입받기 위해 @Qualifier를 사용한다. 다음에 설명할 OrderPrinter 클래스 예제에서 어떻게 선언하는지 확인할 수 있다.

@Autowired 애너테이션은 여러 위치에 정의할 수 있으며, 정의된 위치에 따라 세 가지 방식으로 구분한다. 필드에 @Autowired가 정의되어 있으면 필드 주입(field injection), Setter 메서드에 정의되어 있으면 Setter 메서드 주입(setter injection), 생성자에 정의되어 있으면 생성자 주입(constructor injection)으로 구분할 수 있다. 다음 예제 코드는 세 가지 방법으로 의존성을 주입하는 방법을 보여 준다. 다음 예제에서 OrderPrinter 클래스는 Formatter 클래스에 의존성이 있다. 그래서 OrderPrinter 클래스는 Formatter 클래스를 속성으로 포함한다.

OrderPrinter 의존성 주입 예제

```
@Service ····❶
public class OrderPrinter implements Printer<ProductOrder> {

    // Field Injection
    @Autowired ····❷
    @Qualifier("localDateTimeFormatter") ····❸
    private Formatter formatter01;

    private Formatter formatter02;
    // Setter Method Injection
    @Autowired ····❹
    public void setFormatter02(@Qualifier("localDateTimeFormatter") Formatter formatter)
{ ····❺
        this.formatter02 = formatter;
    }

    private Formatter formatter03;
    // Constructor Injection
    @Autowired ····❻
    public OrderPrinter(@Qualifier("localDateTimeFormatter") Formatter formatter) { ····❼
        this.formatter03 = formatter;
    }

    @Override
    public String print(OutputStream os, ProductOrder productOrder) throws IOException {
        String orderAt = formatter.of(productOrder.getOrderAt());
```

```
            os.write(orderAt.getBytes());
    }

}
```

---

❶ 의존성 주입을 위해 OrderPrinter 클래스는 반드시 스프링 빈으로 정의되어야 한다. 그래서 OrderPrinter 클래스에 @Service 애너테이션을 정의한다. OrderPrinter 클래스와 마찬가지로 예제 코드에는 없지만 의존성 주입 대상인 Formatter도 스프링 빈으로 정의되어야 한다.

❷ OrderPrinter 클래스의 속성인 formatter01 변수에 @Autowired 애너테이션을 정의하여 의존성을 주입한다. 이런 방식을 필드 주입이라고 하며 스프링 빈 컨테이너가 formatter01 변수에 직접 Formatter 스프링 빈 객체를 할당한다.

❸ 주입될 스프링 빈 이름을 localDateTimeFormatter로 설정하는 @Qualifier 애너테이션이다. @Autowired와 함께 사용되어 클래스 변수 formatter01에 스프링 빈을 저장한다.

❹ OrderPrinter 클래스의 setFormatter02() 메서드에 @Autowired 애너테이션을 정의한다. 스프링 빈 컨테이너는 메서드에 정의된 인자의 클래스 타입과 변수 이름을 확인하고 대상에 맞는 스프링 빈을 주입한다. Setter 메서드 패턴으로 구현된 메서드를 사용하여 의존성 주입하므로 이를 Setter 메서드 주입이라고 한다.

❺ 스프링 빈 이름이 localDateTimeFormatter인 스프링 빈을 지정한다. 메서드 주입 방식은 인자에 @Qualifier를 사용한다.

❻ OrderPrinter 클래스의 생성자에 @Autowired 애너테이션을 정의한다. 메서드와 마찬가지로 인자의 클래스 타입과 이름을 확인하고, OrderPrinter 객체를 생성할 때 대상에 맞는 스프링 빈을 주입한다. 이를 생성자 주입이라고 한다. 이때 생성자 개수가 한 개 이상이어도 주입 가능하다.

❼ 스프링 빈 이름이 localDateTimeFormatter인 스프링 빈을 지정한다. Setter 메서드 주입과 마찬가지로 인자에 사용한다.

이 예제는 세 가지 의존성 주입 방법을 설명한다. 예제에서는 @Autowired와 @Qualifier 애너테이션을 모두 사용했지만, @Qualifier 애너테이션은 생략할 수 있다. 주입 대상 스프링 빈 중에서 클래스 타입은 같지만 스프링 빈 이름이 다른 스프링 빈들이 있다고 생각해 보자. 이 경우에는 @Autowired 하나만 정의하는 것보다 @Qualifier를 같이 사용하여 스프링 빈 이름까지 명시적으로 지정하는 것이 좋다.

스프링 빈 컨테이너는 @Autowired 애너테이션을 사용하여 주입 대상을 분석한다. 자바는 리플렉션 기능을 제공하므로 @Autowired가 설정된 대상의 정보를 파악할 수 있다. @Autowired로 설정된 대상의 클래스 타입을 분석한다. 필드는 필드의 클래스 타입을 분석할 수 있고, 생성자나 메서드는 인자의 클래스 타입을 분석할 수 있다. 그리고 컨테이너에서 해당 클래스 타입과 일치하는 스프링 빈을 받아 주입할 수 있다. 이를 클래스 타입에 의한 주입(injection by type)이라고 한다.

하지만 클래스 타입 하나에 다른 여러 이름을 가진 스프링 빈들이 있다면, 더 이상 클래스 타입 정보만으로 의존성 주입을 할 수 없다. 그래서 @Qualifier의 value 속성에 정의된 스프링 빈 이름과 클래스 타입을 조합하여 주입한다. 이를 이름에 의한 주입(injection by name)이라고 한다. @Autowired 애너테이션에 의한 의존성 주입은 클래스 타입에 의한 주입을 실행한다. 그래서 같은 클래스 타입의 이름이 다른 여러 클래스 빈이 있다면 @Qualifier를 사용해야 한다. 이때는 이름에 의한 주입이 실행된다. 이 경우 @Qualifier가 없다면 스프링 애플리케이션은 예외가 발생하여 실행 준비 상태가 될 수 없다. 이때 발생하는 예외는 o.s.bean.factory.NoUniqueBeanDefinitionException이다.

앞서 설명한 것처럼 의존성 주입을 하려면 @Autowired 애너테이션을 함께 사용해야 한다. 하지만 생성자 주입 방식을 사용하는 경우 @Autowired 애너테이션을 생략할 수 있는 관례가 있다. 스테레오 타입 애너테이션이 정의된 클래스에 public 생성자가 하나만 있는 경우 스프링 프레임워크는 @Autowired 애너테이션이 없어도 생성자 주입 방식으로 의존성 주입을 실행할 수 있다. 즉, 빈 컨테이너는 하나밖에 없는 생성자를 찾아 생성자 의존성 주입을 실행한다. 스프링 프레임워크 4.3 버전부터 공식 지원되는 관례이며, 스프링 부트 2.0 버전 이상부터 사용 가능하다.

다음 예제는 @Autowired가 생략된 생성자 주입 예제다. 이 예제로 스프링 프레임워크의 관례를 확인할 수 있다. SpringBean03Application.java를 실행하면 OrderPrinter의 주입 여부 결과를 확인할 수 있다.

@Autowired가 생략된 생성자 주입 예제

```java
@Service  ····❷
public class OrderPrinter implements Printer<ProductOrder> {

    private Formatter formatter;

    public OrderPrinter(@Qualifier("localDateTimeFormatter") Formatter formatter) {  ····❶
        this.formatter = formatter;
    }

    @Override
```

```
    public void print(OutputStream os, ProductOrder productOrder) throws IOException {
        String orderAt = formatter.of(productOrder.getOrderAt());
        os.write(orderAt.getBytes());
    }
}
```

❶ OrderPrinter 클래스에는 public 생성자가 하나만 있다. 그래서 스프링 빈 컨테이너에서 생성
   자 주입 방식으로 formatter 객체를 주입한다.

❷ 생성자 주입 관례를 사용하려면 대상이 반드시 스프링 빈이어야 한다. 그러므로 스테레오 애
   너테이션 중 하나인 @Service를 사용한다.

필자는 세 가지 의존성 주입 방식 중에서 생성자 주입 방식을 사용하길 권한다. 필드 주입이나
Setter 메서드 주입 방식에 비해 코드가 간결하기 때문이다. 하나의 클래스가 다른 여러 클래
스에 의존성이 있을 때 코드는 더욱 간결해진다. 필드 주입 방식은 해당 필드에 @Autowired 및
@Qualifier 애너테이션들을 반복적으로 선언해야 한다. 마찬가지로 Setter 메서드 주입 방식도
클래스에 불필요한 여러 Setter 메서드들을 선언해야 한다. Setter 메서드는 개발자 의도와 다르
게 런타임 도중 다른 객체가 호출할 수 있다는 단점이 있다. 즉, 초기 설정된 스프링 빈 객체가 다
른 개발자 실수로 호출된 Setter 메서드로 애플리케이션 런타임 도중 초기 설정과 다르게 변경될
수 있다. 이는 스프링 빈의 생명주기 설정과 관련이 있다(3.7절에서 자세히 설명한다). 기본 설정
으로 생성된 스프링 빈은 싱글턴이므로 하나의 객체가 여러 객체에 공유된다. 그래서 런타임 도중
객체의 상태가 바뀌는 것은 잠재적인 버그가 될 수 있다.

생성자 주입의 가장 큰 장점은 테스트 케이스를 작성할 때 목 객체를 주입하기 편리하다는 것이
다. new 키워드를 사용하여 테스트 대상 클래스를 생성할 때 생성자의 인자들은 테스트 대상 객체
가 의존하는 객체들이다. 이때 목 객체나 테스트 시나리오 상황에 적합한 응답을 하는 더미 객체
를 임시로 만들어 주입할 수 있다. 이에 비해 필드 주입 방식으로 설계된 클래스는 외부에서 목 객
체를 주입하기 쉽지 않다. 보통 클래스의 멤버 변수들은 private 키워드가 선언되어 캡슐화되어
있다. 그래서 클래스 외부에서 접근이 자유롭지 못하다. 이 상황에서 테스트 케이스를 작성할 때
는 자바 리플렉션 기법을 사용하거나 테스트 프레임워크를 사용하여 목킹(mocking) 작업을 해야
한다. 이런 장점 때문에 이 책에서는 생성자 주입 방식으로 예제들을 설명한다.

3.4.3 자바 설정의 의존성 주입

@Bean, @Configuration 애너테이션을 사용한 자바 설정에서도 스프링 빈끼리 의존성 주입이 가능
하다. 물론 앞서 설명한 @Autowired와 @Qualifier를 사용해서 자바 설정에서도 의존성 주입 설정
을 할 수 있다. 하지만 자바 설정에서는 많은 개발자가 스프링 빈 사이의 참조(inter-bean reference)
를 이용하여 의존성 주입 설정을 한다. 다음 예제는 같은 자바 설정 클래스 안에서 정의된 스프링
빈끼리 의존성을 주입하는 방법을 설명한다. SpringBean04Application.java를 실행하면 결과
를 확인할 수 있다.

ServerConfig.java와 DateFormatter.java 예제

```java
@Configuration ····❸
public class ServerConfig {

    @Bean
    public String datePattern() { ····❹
        return "yyyy-MM-dd'T'HH:mm:ss.XXX";
    }

    @Bean
    public DateFormatter defaultDateFormatter() {
        return new DateFormatter(datePattern()); ····❺
    }
}

public class DateFormatter implements Formatter<Date> { ····❶

    private SimpleDateFormat sdf;

    public DateFormatter(String pattern) { ····❷
        this.sdf = new SimpleDateFormat(pattern);
    }

    @Override
    public String of(Date target) {
        return sdf.format(target);
    }
}
```

❶ DateFormatter 클래스는 Formatter 인터페이스를 구현한다. 인터페이스에는 Date 객체를 설정된 패턴으로 변환하여 문자열로 리턴하는 of 메서드가 있다.

❷ DateFormatter 구현 클래스는 내부에 SimpleDateFormat 타입의 멤버 변수가 있으며, DateFormatter 생성자로 날짜 패턴 문자열을 인자로 받고 멤버 변수를 인스턴스화한다.

❸ @Configuration 애너테이션이 선언되어 있으므로 ServerConfig는 자바 설정 클래스다. 그래서 내부에 @Bean 스프링 빈 정의를 포함할 수 있다.

❹ String 타입이고 스프링 빈 이름이 'datePattern'인 스프링 빈을 정의한다. 날짜 패턴을 의미하는 문자열 객체를 리턴한다.

❺ DateFormatter 타입, defaultDateFormatter 이름을 갖는 스프링 빈을 정의하며 String 객체에 의존성이 있다. 이때 의존성 주입을 하기 위해 datePattern() 메서드를 사용하면, 스프링 빈 참조를 통해 스프링 빈 주입이 된다. 이를 스프링 빈 사이의 참조라고 한다.

자바 설정에서는 한 개의 설정 클래스 안에서 정의된 스프링 빈들끼리 의존성을 주입하는 경우, @Bean 애너테이션이 선언된 메서드를 그대로 사용하면 의존성 주입이 된다. 이것이 바로 예제에서 사용한 방식이다. ❹에서 DateFormatter 클래스의 datePattern() 메서드는 스프링 빈 설정이 되어 있다. 그래서 ❺처럼 의존성이 필요한 스프링 빈 메서드 내부에서 datePattern() 메서드를 사용하면, datePattern 이름의 스프링 빈 객체를 빈 컨테이너가 주입한다. 다른 스프링 빈들도 datePattern에 의존성이 있어 여러 번 datePattern() 메서드를 사용해도 같은 스프링 빈 객체가 여러 번 주입된다.

자바 설정을 사용하는 경우 하나의 애플리케이션에 여러 개의 설정 클래스가 있을 수 있다. 앞서 설명한 @ComponentScan이나 @Import를 사용하면 된다. 다른 자바 설정 클래스에 정의된 스프링 빈은 앞서 설명한 메서드 참조 방식을 이용하여 주입할 수 없다. 설정 클래스를 객체로 생성하여 메서드를 호출할 수 없기 때문이다. 다음 예제는 다른 자바 설정 클래스에 정의된 스프링 빈을 참조하는 방법을 설명한다. 다음 예제는 DividePatternConfig.java에 정의된 스프링 빈을 DivideServerConfig.java에서 주입하는 코드다.

DividePatternConfig와 DivideServerConfig 예제

```
@Configuration
public class DividePatternConfig { ····❶
    @Bean
    public String localDatePattern() { ····❸
        return "yyyy-MM-dd'T'HH:mm:ss";
```

```
        }
    }

    @Configuration
    public class DivideServerConfig { ⋯❷
        @Bean
        public DateFormatter localDateFormatter(String localDatePattern) { ⋯❹
            return new DateFormatter(localDatePattern);
        }
    }
```

❶ DividePatternConfig.java는 자바 설정 클래스다.

❷ DivideServerConfig.java도 자바 설정 클래스다. 이 예제의 자바 설정 클래스는 두 개다.

❸ String 타입의 localDatePattern 이름을 갖는 스프링 빈이 DividePatternConfig.java에 정의되어 있다.

❹ DateFormatter 타입의 localDateFormatter 이름을 갖는 스프링 빈은 String 타입의 localDatePattern 스프링 빈을 주입받아 생성자의 인자로 사용한다.

DateFormatter 클래스 타입이고 이름이 localDateFormatter인 스프링 빈은 DivideServer Config.java에 정의되어 있다. 이 스프링 빈은 String 클래스 타입이고 이름이 localDatePattern 인 스프링 빈에 의존한다. new DateFormatter(localDatePattern) 코드처럼 생성자로 의존하는 스프링 빈을 주입받는다.

스프링 빈 컨테이너는 @Bean으로 선언된 localDateFormatter() 메서드의 인자를 분석한다. 인자의 타입은 스프링 빈의 타입으로, 인자 이름은 스프링 빈 이름으로 인식한다. 즉, localDateFormatter() 메서드의 String localDatePattern 인자를 분석하여 클래스 타입이 String이고 스프링 빈 이름이 localDatePattern인 스프링 빈을 빈 컨테이너에서 찾는다. 일치하는 스프링 빈이 있으면 localDateFormatter() 메서드의 인수로 주입한다. 이 또한 스프링 프레임워크의 관례이며 자바 설정에서 사용 가능한 방법이다. 그래서 ❹처럼 어떤 애너테이션 설정이나 추가적인 설정 없이 스프링 빈이 주입된다.

물론 localDateFormatter 메서드의 String localDatePattern 인자를 '@Autowired @Qualifier String localDatePattern'으로 작성해도 된다. 이는 명시적으로 의존성을 주입한다. 이외에도 메서드 인자 대신 앞서 설명한 @Autowired 애너테이션을 필드 주입 방식으로 구조를 변경해도 된다.

의존 관계는 의존성 방향에 따라 상위 모듈과 하위 모듈로 구분할 수 있다. 그리고 상위 모듈은 하위 모듈에 의존한다. 의존성 주입 과정에서 상위 모듈보다 하위 모듈이 먼저 생성되어야 한다. 상위 모듈 객체를 생성할 때 하위 모듈 객체를 주입할 수 있다. 스프링 빈을 생성하고 의존성 주입을 하는 스프링 컨테이너는 이 순서에 맞게 스프링 빈의 생성 순서를 결정한다. 그래서 스프링 컨테이너는 다음 과정으로 스프링 빈의 우선순위를 결정한다.

❤ 그림 3-6 스프링 빈 컨테이너의 의존성 분석 과정

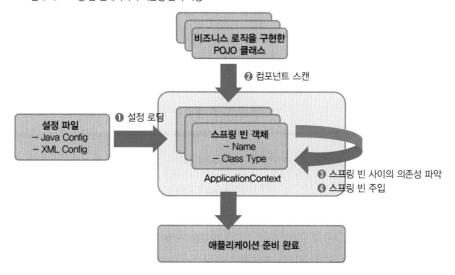

❶ ApplicationContext가 실행될 때 우선 설정 파일을 읽는다. 이때 생성해야 할 스프링 빈은 설정 파일에도 있다.

❷ 설정 파일에 포함된 @ComponentScan으로 설정된 패키지 경로에 있는 스프링 빈 설정을 로딩한다.

❸ 찾아낸 스프링 빈들의 의존성을 검사한다.

❹ 하위 모듈에서 상위 모듈 순으로 스프링 빈을 생성하고 순차적으로 스프링 빈 사이에 의존성 주입을 한다.

> 에피소드☰　오늘도 어김없이 나개발은 스프링 애플리케이션을 개발하느라 여념이 없다. 이제는 스프링 빈 개념을 이해해서 의존성 주입을 사용하여 개발한다. 하지만 애플리케이션을 시작하는 순간 o.s.bean.factory. BeanCurrentlyInCreationException 예외가 발생했다. 역시 스프링 애플리케이션은 정상적으로 실행되지 않았다.

스프링 투어 개발자가 겪은 BeanCurrentlyInCreationException 예외는 스프링 빈을 생성하는 과정에서 순환 참조 때문에 발생하는 대표적인 예외다. 의존성 주입 과정에서 상위 모듈과 하위 모듈 관계를 명확하게 구분할 수 없는 상황일 때 발생한다. 특히 개발 도중 의존성 있는 클래스들이 서로 순환 참조(circular reference)할 때 반드시 발생한다. 다음 코드를 간단히 확인해 보자. 결과와 예외에 포함된 에러 메시지는 CircularApplication 클래스를 실행하면 확인할 수 있다.[10]

서로 순환 참조하고 있는 CircularService와 CircularReference 클래스

```
@Service
public class CircularService {
    private CircularReference circularReference;

    public CircularService(CircularReference circularReference) {
        this.circularReference = circularReference;
    }
}


@Service
public class CircularReference {
    private CircularService circularService;

    public CircularReference(CircularService circularService) {
        this.circularService = circularService;
    }
}
```

이런 예외 상황을 고치려면 순환 참조 고리를 끊어 클래스를 다시 설계하거나 지연 로딩(lazy loading) 설정을 하는 @Lazy 애너테이션을 사용하는 방법이 있다(3.8절에서 @Lazy 애너테이션을 설명한다). 필자는 애너테이션을 사용하는 것보다 순환 참조 고리를 끊도록 클래스를 다시 설계하는 것을 선호한다. 순환 참조하고 있는 두 클래스는 서로 같은 레벨에 있음을 의미한다. 즉, 상위 모듈과 하위 모듈 관계로 정리할 수 없다. 의존성 주입은 상위 모듈과 하위 모듈로 나뉘므로 순환 참조에 적합한 방식은 아니다. 그러므로 애너테이션으로 수정하기보다는 구조를 변경하는 것이 적절한 대응이다.

---

10 다른 예제 실행에 방해되므로 CircularReference, CircularService 클래스의 @Service 애너테이션은 주석 처리했다. 이 예제를 실행하려면 @Service 애너테이션의 주석을 풀고 실행한다.

3.5 ApplicationContext

ApplicationContext는 스프링 프레임워크에서 가장 중요한 역할을 한다. spring-context 모듈에서 제공하는 기능이며, 스프링 부트를 포함한 모든 스프링 프로젝트는 spring-context 모듈을 포함한다. ApplicationContext는 인터페이스고 다양한 구현 클래스가 기본으로 제공된다. 사용 목적과 설정 파일 형식에 맞는 구현 클래스들을 선택해서 사용하면 된다. ApplicationContext는 spring-beans 모듈의 o.s.beans.factory에 포함된 BeanFactory 인터페이스를 상속한다. 스프링 프레임워크의 스프링 빈 컨테이너 기능은 BeanFactory 인터페이스에 정의되어 있다. 그러므로 ApplicationContext도 스프링 빈 컨테이너의 기능을 제공한다. ApplicationContext는 BeanFactory 말고도 여러 가지 인터페이스를 상속한다. 그래서 스프링 빈 컨테이너 기능 외에 다른 기능을 제공한다. 이런 편리한 기능 덕분에 스프링 애플리케이션을 개발할 때 많은 개발자는 ApplicationContext를 기본 스프링 빈 컨테이너로 사용한다. 다음 코드는 ApplicationContext 인터페이스의 일부다. 다음 코드를 보고 어떤 기능을 제공하는지 확인해 보자.

ApplicationContext 일부

```
public interface ApplicationContext extends
    EnvironmentCapable,      ----❶
    ListableBeanFactory,     ----❷
    HierarchicalBeanFactory, ----❸
    MessageSource,           ----❹
    ApplicationEventPublisher, ----❺
    ResourcePatternResolver { ----❻
```

❶ EnvironmentCapable은 환경 변수를 추상화한 Environment 객체를 제공하는 getter 메서드가 포함된 인터페이스다.

❷ 빈 컨테이너인 BeanFactory를 상속받는 ListableBeanFactory다. 스프링 빈 리스트를 리턴하는 여러 메서드가 포함되어 있다.

❸ ListableBeanFactory와 마찬가지로 HierarchicalBeanFactory도 BeanFactory를 상속받는다. BeanFactory들은 부모-자식 간 관계를 맺을 수 있으며, 부모 BeanFactory를 리턴받을 수 있는 메서드를 제공한다.

❹ 국제화(i18n) 메시지를 처리할 수 있는 메서드를 제공하는 인터페이스다.

❺ ApplicationEventPublisher는 스프링 프레임워크에서 사용할 수 있는 이벤트들을 생성할 수 있는 메서드를 제공하는 인터페이스다(12장 참고).

❻ 패턴을 이용해서 Resource를 다룰 수 있는 메서드를 제공하는 인터페이스다.

ApplicationContext 인터페이스가 상속받는 부모 인터페이스들을 보면 여러 기능을 제공하는 것을 알 수 있다. 물론 BeanFactory를 상속받은 ListableBeanFactory와 HierarchicalBeanFactory가 ApplicationContext의 부모 인터페이스이므로, ApplicationContext가 스프링 빈 컨테이너 기능을 제공할 수 있다. 그래서 ApplicationContext를 지칭하는 이름은 스프링 빈 컨테이너, IoC 컨테이너, DI 컨테이너 등 여러 가지다. 스프링 빈 컨테이너 외에 제공하는 기능을 나열하면 다음과 같다. ApplicationContext가 상속받는 인터페이스들과 같이 생각해 보자.

- 국제화(internationalization, i18n)
- 이벤트 기반 프로그래밍
- 환경 변수 관리
- 리소스 관리
- 계층적 구조의 ApplicationContext

국제화는 지역 정보에 맞는 적절한 언어를 제공하는 것을 의미한다. 스프링 프레임워크는 MessageSource 인터페이스를 이용하여 기능을 제공하며, ApplicationContext는 이를 상속한다. MessageSource는 Locale 객체를 기반으로 키(코드)에 해당하는 적절한 메시지 언어를 받아 오는 메서드를 제공한다.

스프링 프레임워크는 애플리케이션 내부에서 이벤트를 게시하고 구독하는 기능을 제공한다. 스프링 프레임워크에서 제공하는 ApplicationEventPublisher 인터페이스는 이벤트를 게시하는 기능을 제공하며, 이때 publishEvent() 메서드를 사용하면 된다. 게시된 이벤트를 구독하려면 별도의 애너테이션이나 인터페이스를 구현한다. 이벤트를 게시하고 구독하는 기능은 12장에서 자세히 설명한다. 개발자가 만든 어떤 객체든 이벤트로 게시 및 구독할 수 있다. ApplicationContext는 ApplicationEventPublisher를 상속받고 있으므로, 이벤트의 게시 및 구독 모두 ApplicationContext가 처리할 수 있다. 이는 RabbitMQ 같은 외부 시스템 컴포넌트의 도움 없이 이벤트 프로그래밍을 할 수 있어 시스템 아키텍처가 간결해지는 장점이 있다. 하지만 반대로 하나의 애플리케이션 내부에서 게시와 구독을 처리하므로 분산 처리할 수 없는 단점도 있다. 이벤트 프로그래밍의 장점은 내부 비즈니스 로직을 느슨하게 분리하는 것이다. 이벤트를 발신하는 모듈과 수신하는 모듈이 명시적으로 구분되고 상황에 따라 처리하는 스레드가 분리될 수 있다. 그래서 기능을 구분하거나 비동기로 기능을 처리할 수 있는 장점이 있다. 물론 이벤트 프로그래밍은 실행 순서를 보장하지 않기 때문에 높은 개발 난이도와 디버깅이 쉽지 않다는 단점도 있다.

ApplicationContext들은 서로 계층 구조를 가질 수 있다. 즉, 부모 자식 관계를 가질 수 있다. 애플리케이션 용도에 따라 스프링 빈들을 분리하고, 분리된 스프링 빈들을 관리하는 별도의 ApplicationContext를 설정한다. 그리고 ApplicationContext를 계층 구조로 설정하면 하위 ApplicationContext에서 관리하지 않는 스프링 빈은 상위 ApplicationContext에서 받아 올 수 있다. 웹 애플리케이션을 만드는 전통적인 형태의 스프링 MVC 프로젝트에서는 두 개 이상의 ApplicationContext를 분리해서 구성했다. 하지만 기본 설정으로 구성된 스프링 부트 애플리케이션은 한 개의 ApplicationContext를 구성해서 사용한다.

스프링 프레임워크는 외부에서 설정된 환경 변수를 추상화한 Environment 객체를 사용할 수 있다. EnvironmentCapable 인터페이스는 getEnvironment() 추상 메서드를 제공하며, ApplicationContext는 이를 구현한 메서드를 제공한다. Environment 객체는 일관된 방법으로 외부 환경 변수를 사용할 수 있으며, 이를 이용하면 12 요소 애플리케이션을 작성하는 데 매우 유리하다.[11] 외부 환경 변수를 사용하면 하나의 코드베이스로 여러 환경에서 동작하는 애플리케이션을 만들 수 있다. 마지막으로 클래스 경로나 파일 시스템의 리소스를 로딩할 수 있는 기능을 제공한다.

앞서 나열한 기능들을 제공하는 인터페이스들을 ApplicationContext가 상속받는다. 그러므로 BeanFactory 구현체를 사용하기보다 ApplicationContext 구현체를 사용하는 것이 유리하다. 그리고 ApplicationContext는 이런 기능 대부분을 스프링 빈으로 제공하고 있으므로 의존성 주입을 사용하면 비즈니스 로직을 구현한 클래스에서 쉽게 사용할 수 있다. 여기에서 나열한 ApplicationContext 기능들은 지면을 따로 할당하여 계속해서 설명한다.

---

11 물론 스프링 프레임워크는 Environment 외에도 여러 애너테이션을 제공하고 이를 이용하면 12 요소 애플리케이션에 적합한 프로그래밍이 가능하다.

▼ 그림 3-7 ApplicationContext의 수많은 서브 클래스

▼ ☰ ApplicationContext (org.springframework.context)
  ▼ ☰ ReactiveWebApplicationContext (org.springframework.boot.web.reactive.context)
    ▼ ☰ ConfigurableReactiveWebApplicationContext (org.springframework.boot.web.reactive.context)
        ☰ AnnotationConfigReactiveWebApplicationContext (org.springframework.boot.web.reactive.context)
        ☰ AssertableReactiveWebApplicationContext (org.springframework.boot.test.context.assertj)
      ▶ ☰ GenericReactiveWebApplicationContext (org.springframework.boot.web.reactive.context)
  ▼ ☰ ConfigurableApplicationContext (org.springframework.context)
    ▼ ☰ ConfigurableWebServerApplicationContext (org.springframework.boot.web.context)
      ▶ ☰ ReactiveWebServerApplicationContext (org.springframework.boot.web.reactive.context)
      ▶ ☰ ServletWebServerApplicationContext (org.springframework.boot.web.servlet.context)
    ▼ ☰ ConfigurableReactiveWebApplicationContext (org.springframework.boot.web.reactive.context)
        ☰ AnnotationConfigReactiveWebApplicationContext (org.springframework.boot.web.reactive.context)
        ☰ AssertableReactiveWebApplicationContext (org.springframework.boot.test.context.assertj)
      ▼ ☰ GenericReactiveWebApplicationContext (org.springframework.boot.web.reactive.context)
        ▶ ☰ ReactiveWebServerApplicationContext (org.springframework.boot.web.reactive.context)
    ▼ ☰ AbstractApplicationContext (org.springframework.context.support)
      ▶ ☰ GenericApplicationContext (org.springframework.context.support)
      ▶ ☰ AbstractRefreshableApplicationContext (org.springframework.context.support)
        ☰ AssertableApplicationContext (org.springframework.boot.test.context.assertj)
    ▼ ☰ ConfigurableWebApplicationContext (org.springframework.web.context)
        ☰ AssertableWebApplicationContext (org.springframework.boot.test.context.assertj)
      ▶ ☰ GenericWebApplicationContext (org.springframework.web.context.support)
        ☰ StaticWebApplicationContext (org.springframework.web.context.support)
      ▶ ☰ AbstractRefreshableWebApplicationContext (org.springframework.web.context.support)
  ▼ ☰ WebServerApplicationContext (org.springframework.boot.web.context)
    ▶ ☰ ConfigurableWebServerApplicationContext (org.springframework.boot.web.context)
  ▼ ☰ WebApplicationContext (org.springframework.web.context)
      ☰ ○ StubWebApplicationContext (org.springframework.test.web.servlet.setup)
    ▶ ☰ ConfigurableWebApplicationContext (org.springframework.web.context)

그림 3-7을 보면 ApplicationContext 인터페이스를 구현한 여러 구현 클래스를 확인할 수 있다. 이 클래스들의 이름에서 몇몇 키워드를 알아 두면 해당 구현 클래스들이 어떤 기능을 하는지 쉽게 알 수 있다. 일반적으로 기능과 스프링 빈 컨테이너를 설정하는 파일 종류에 따라 ApplicationContext 이름을 조합할 수 있다.

▼ 표 3-1 ApplicationContext 키워드와 기능, 이름

키워드	기능	ApplicationContext 구현 클래스
Web	웹과 관련된 기능 제공	Xml**Web**ApplicationContext
Refreshable	설정 파일을 다시 읽을 수 있는 기능 제공	Abstract**Refreshable**WebApplicationContext
XML	XML로 작성된 설정 파일을 읽는 기능 제공	**Xml**WebApplicationContext
AnnotationConfig	자바로 작성된 설정 클래스를 읽는 기능 제공	**AnnotationConfig**WebApplicationContext
Groovy	Groovy로 작성된 설정 파일을 읽는 기능 제공	**Groovy**WebApplicationContext

144

예를 들어 AnnotationConfigWebApplicationContext는 자바 설정으로 된 메타 정보를 읽어 스프링 빈을 관리한다. 그리고 웹과 관련된 추가 기능을 제공한다.

3.6 스프링 빈 스코프

순수 자바 객체는 개발자가 new 키워드를 사용하여 객체를 생성하고, 객체에 유효한 레퍼런스가 없어지면 그 객체는 가비지 컬렉터로 소멸된다. 하지만 스프링 애플리케이션은 조금 다르다. 모든 스프링 빈 객체는 ApplicationContext로 생성되고 소멸된다. 이때 스프링 빈 객체를 생성하는 시간부터 만든 객체가 소멸되기까지 그 기간을 스프링 빈 스코프(scope)[12]라고 한다. 스코프 설정에 따라 스프링 빈이 생성되는 시점과 스프링 빈이 소멸되는 시점이 결정되며, 스코프에 따라 스프링 빈 객체도 다를 수 있다.[13] 스프링 프레임워크는 여섯 가지의 스코프 설정을 제공한다. 각 스코프에 따라 스프링 빈이 생성되는 시점과 종료되는 시점이 다르다.

- singleton: 기본값. 대상 스프링 빈을 스프링 빈 컨테이너에서 오직 단 한 개만 생성하고, 하나의 객체를 여러 곳에 의존성 주입한다. 즉, 하나의 객체가 여러 곳에서 공유된다. ApplicationContext가 생성되는 시점에 객체가 생성되고 종료될 때 같이 소멸된다.

- prototype: 대상 스프링 빈은 스프링 빈 컨테이너에서 여러 객체를 생성한다. 의존성 주입할 때마다 새로운 객체를 생성하여 주입한다. 그러므로 여러 객체가 빈 컨테이너에 존재한다.

- request: 웹 기능 한정 스코프다. 웹 기능이 포함된 ApplicationContext에서만 사용할 수 있다. 스프링 빈 컨테이너는 HTTP 요청을 처리할 때마다 새로운 객체를 생성한다.

- session: 웹 기능 한정 스코프다. HTTP Session과 대응하는 새로운 객체를 만든다.

- application: 웹 기능 한정 스코프다. Servlet 컨텍스트와 대응하는 새로운 객체를 만든다.

- Websocket: 웹 기능 한정 스코프다. Web Socket Session과 대응하는 새로운 객체를 만든다.

---

12 scope를 번역하면 범위이지만, 의미상 오해의 여지가 있어 스코프로 사용한다.

13 여기에서 다르다는 것은 Object 클래스의 equals()로 비교했을 때 다르다는 의미다.

별도의 스코프 설정을 하지 않는다면 모든 스프링 빈의 기본 설정은 'singleton' 스코프다. 그래서 앞서 설명한 예제의 스프링 빈은 모두 singleton 스코프다. singleton 스코프로 설정된 스프링 빈은 스프링 빈 컨테이너가 실행될 때 한 개의 객체를 생성하고 이를 여러 곳에 의존성 주입한다. 그리고 스프링 빈 컨테이너가 종료될 때 singleton 스코프 스프링 빈은 소멸된다. 나머지 스코프 설정으로 생성된 스프링 빈 객체는 가비지 컬렉터가 제거하면 스프링 빈 컨테이너의 상태와 상관없이 소멸된다.

일반적으로 싱글턴(singleton)이 의미하는 것은 GoF(Gang of Four)에서 정의한 여러 패턴 중 하나로, JVM에서 유일한 객체를 만드는 것을 의미한다. 구현 방법으로 LazyHolder나 Double Checked Locking 방식 등이 있다. 언뜻 보기에 스프링의 singleton 스코프도 싱글턴 패턴과 비슷해 보이나 그 의미는 다르다. singleton 스코프로 설정된 스프링 빈은 스프링 빈 컨테이너에서 유일한 객체이지만 JVM에서는 여러 개 있을 수 있다. 스프링 빈은 순수 자바 객체이기 때문이다. 즉, 의존성 주입을 사용하지 않고 new 키워드를 사용하여 객체를 새로 생성할 수 있다.[14] 정확하게 이야기하면 JVM 내부에서는 여러 개의 객체가 있을 수 있다. 하지만 스프링 빈 컨테이너에는 오직 하나만 있다.

singleton 스프링 빈 객체를 의존성 주입하면 여러 스프링 빈은 주입된 스프링 빈을 공통으로 사용한다. 반대로 prototype 스코프로 정의된 스프링 빈 객체는 의존성 주입할 때마다 계속해서 새로운 스프링 빈 객체를 생성한다. 나머지 request, session, application, websocket은 prototype과 마찬가지로 각각 설정에 따라 새로운 빈 객체를 생성한다. 스코프를 정의하는 애너테이션은 @Scope이며 다음과 같이 클래스와 메서드의 선언부에 정의할 수 있다.

@Scope 애너테이션을 정의하는 예제

```
@Bean
@Scope("singleton") ----❶
public DateFormatter dateFormatter() { // 생략 }


@Bean
@Scope("prototype") ----❷
public DateFormatter dateFormatter() { // 생략 }


@Component
@Scope("singleton") ----❸
```

---

14 여러분은 이렇게 개발하지 않으리라 생각한다.

```
public class LocalDateTimeFormatter { // 생략 }

@Component
@Scope("prototype")  ····❹
public class LocalDateTimeFormatter { // 생략 }
```

❶ @Bean으로 정의된 스프링 빈의 스코프를 singleton으로 정의하는 예제

❷ @Bean으로 정의된 스프링 빈의 스코프를 prototype으로 정의하는 예제

❸ 스테레오 타입으로 정의된 스프링의 스코프를 singleton으로 정의하는 예제

❹ 스테레오 타입으로 정의된 스프링의 스코프를 prototype으로 정의하는 예제

singleton과 prototype 스코프는 어떤 ApplicationContext에서든 사용할 수 있다. 하지만 request, session, application, websocket 스코프는 Web 기능을 추가 제공하는 ApplicationContext에서만 동작한다. 예를 들어 스프링 부트에서 쉽게 사용할 수 있으며, Web 기능을 제공하는 AnnotationConfigServletWebServerApplicationContext에서 사용할 수 있다. request, session, application, websocket 스코프에도 @Scope 애너테이션을 사용하여 설정할 수 있다. 하지만 각 스코프와 같이 사용할 수 있는 별도의 애너테이션을 사용하여 정의할 수 있다. 예를 들어 @RequestScope나 @SessionScope 등이 있다. 별도로 제공되는 애너테이션도 @Scope와 마찬가지로 메서드나 클래스의 선언부에 정의하면 된다. 다음 목록은 웹 환경에서 사용 가능한 스코프를 정의하는 애너테이션과 사용 방법이다.

- **request**: @RequestScope, @Scope("request")
- **session**: @SessionScope, @Scope("session")
- **application**: @ApplicationScope, @Scope("application")
- **websocket**: @Scope("websocket")

대부분 스프링 애플리케이션 개발자는 특별한 상황을 제외하고 기본 설정으로 singleton 스코프 설정을 사용한다. 그래서 @Scope 애너테이션을 정의하는 일은 드물다. singleton 스코프로 설정된 스프링 빈에 의존하는 모든 상위 모듈 스프링 빈은 하나의 하위 모듈을 공유한다. 공유된 하위 모듈은 멀티 스레드에서 사용된다. 그러므로 클래스를 작성할 때 항상 멀티 스레드에 안전(thread-safe)하게 만들어야 한다. 다음 예제는 스레드에 안전하지 않은 코드를 singleton 스코프로 스프링 빈을 설정한 후 멀티 스레드에서 실행한다. 그리고 멀티 스레드 환경에서 어떤 문제점이 발생

하는지 확인한다. 이 예제는 DateFormatter와 SpringBean05Application 클래스로 구성되어 있다. 이 중 DateFormatter 클래스가 스레드에 안전하지 않도록 작성되었다.

SpringBean05Application과 DateFormatter 예제

```java
@SpringBootApplication
public class SpringBean05Application {

    public static void main(String[] args) throws InterruptedException {
        ConfigurableApplicationContext applicationContext =
SpringApplication.run(SpringBean05Application.class, args);
        ThreadPoolTaskExecutor taskExecutor =
applicationContext.getBean(ThreadPoolTaskExecutor.class); ----❺

        final String dateString = "2020-12-24T23:59:59.-08:00";
        for (int i = 0; i < 100; i++) { ----
            taskExecutor.submit(() -> {              ----❻
                try {
                    DateFormatter formatter = applicationContext.getBean
("singletonDateFormatter", DateFormatter.class); ----❼
                    log.info("Date : {}, hashCode : {}",
formatter.parse(dateString), formatter.hashCode()); ----❽
                } catch (Exception e) {
                    log.error("error to parse", e);
                }
            });
        }
        TimeUnit.SECONDS.sleep(5);
        applicationContext.close();
    }

    @Bean ----❹
    public DateFormatter singletonDateFormatter() {
        return new DateFormatter("yyyy-MM-dd'T'HH:mm:ss");
    }
}

public class DateFormatter implements Formatter<Date> {

    private SimpleDateFormat sdf; ----❶

    public DateFormatter(String pattern) { ----❷
        if (StringUtils.isEmpty(pattern))
```

148

```
                throw new IllegalArgumentException("Pattern is empty");

        this.sdf = new SimpleDateFormat(pattern);
    }

    @Override
    public String of(Date target) {
        return sdf.format(target);
    }

    public Date parse(String dateString) throws ParseException {  ----❸
        return sdf.parse(dateString);
    }
}
```

❶ DateFormatter 클래스의 속성인 sdf의 클래스 타입은 java.text.SimpleDateFormat이다. SimpleDateFormat 클래스는 멀티 스레드에 안전하지 않으므로 클래스 속성으로 사용하면 안 되는 대표적인 클래스다.

❷ DateFormatter 클래스의 생성자는 패턴 문자열을 인자로 받는다. 이 패턴은 ❶의 Simple DateFormat 객체 패턴으로 사용되며, 생성자 내부에서는 SimpleDateFormat 객체를 만들어 sdf 변수에 저장한다.

❸ sdf 변수의 parse() 메서드를 사용하여 dateString 인수를 파싱하고, 파싱된 결과는 Date 객체로 리턴한다. 이 메서드는 클래스 변수인 SimpleDateFormat sdf의 parse() 메서드를 실행하므로 멀티 스레드 환경에 안전하지 않다.

❹ 자바 설정의 @Bean 애너테이션을 사용하여 이름은 'singletonDateFormatter', 클래스 타입은 DateFormatter인 스프링 빈을 정의한다. 스코프는 기본값인 singleton이다. 그러므로 여러 곳에 의존성 주입되어도 동일한 하나의 스프링 빈이 된다.

❺ ThreadPoolTaskExecutor 스프링 빈을 ApplicationContext에서 받아 온다. 스레드 개수는 열 개이며, Queue 크기는 500으로 설정되었다. 이 스프링 빈의 자세한 설정은 ThreadConfig. java 자바 설정 클래스를 참조한다.

❻ ThreadPoolTaskExecutor의 submit 메서드를 100회 실행한다.

❼ ThreadPoolTaskExecutor에 의해 실행되는 스레드 내부에서 singletonDateFormatter 스프링 빈을 ApplicationContext에서 가져온다. 그러므로 멀티 스레드로 동작한다.

❽ singletonDateFormatter 스프링 빈의 parse() 메서드 실행 결과와 singletonDateFormatter 객체의 해시 코드 값을 터미널에 출력한다. parse() 메서드가 멀티 스레드에 안전하다면 터미널에 출력되는 모든 값은 동일한 날짜를 기대한다.

이 예제에서 두 가지 사실을 확인할 수 있다. 멀티 스레드 환경에서 주입된 스프링 빈이 스코프 설정에 따라 객체가 새로 생성되는지 여부와 잘못 설계된 스프링 빈이 어떤 결과를 초래하는지 보여 준다. 예제의 SpringBean05Application을 실행하면 그림 3-8과 같은 결과를 볼 수 있다. singleton 스코프로 설정된 singletonDateFormatter 스프링 빈을 멀티 스레드로 주입하고 실행한 결과다.

❤ 그림 3-8 SpringBean05Application 실행 결과

```
2020-07-30 23:09:30.784  INFO 26086 --- [lTaskExecutor-7] c.s.e.chapter03.SpringBean05Application  : Date : Thu Dec 24 23:59:59 PST 2020, hashCode : 102768020
2020-07-30 23:09:30.784  INFO 26086 --- [lTaskExecutor-9] c.s.e.chapter03.SpringBean05Application  : Date : Thu Dec 24 23:59:59 PST 2020, hashCode : 102768020
2020-07-30 23:09:30.784  INFO 26086 --- [lTaskExecutor-3] c.s.e.chapter03.SpringBean05Application  : Date : Thu Dec 24 23:00:59 PST 2020, hashCode : 102768020
2020-07-30 23:09:30.784  INFO 26086 --- [lTaskExecutor-7] c.s.e.chapter03.SpringBean05Application  : Date : Thu Dec 24 23:59:59 PST 2020, hashCode : 102768020
2020-07-30 23:09:30.784  INFO 26086 --- [lTaskExecutor-9] c.s.e.chapter03.SpringBean05Application  : Date : Thu Dec 24 23:00:59 PST 2020, hashCode : 102768020
2020-07-30 23:09:30.785  INFO 26086 --- [lTaskExecutor-9] c.s.e.chapter03.SpringBean05Application  : Date : Sun Dec 24 23:59:59 PST 24, hashCode : 102768020
2020-07-30 23:09:30.785 ERROR 26086 --- [lTaskExecutor-6] c.s.e.chapter03.SpringBean05Application  : error to parse

java.lang.NumberFormatException: For input string: ""
    at java.base/java.lang.NumberFormatException.forInputString(NumberFormatException.java:65) ~[na:na]
    at java.base/java.lang.Long.parseLong(Long.java:702) ~[na:na]
    at java.base/java.lang.Long.parseLong(Long.java:817) ~[na:na]
    at java.base/java.text.DigitList.getLong(DigitList.java:195) ~[na:na]
    at java.base/java.text.DecimalFormat.parse(DecimalFormat.java:2121) ~[na:na]
    at java.base/java.text.SimpleDateFormat.subParse(SimpleDateFormat.java:1933) ~[na:na]
    at java.base/java.text.SimpleDateFormat.parse(SimpleDateFormat.java:1541) ~[na:na]
    at java.base/java.text.DateFormat.parse(DateFormat.java:393) ~[na:na]
```

그림 3-8에서 singletonDateFormatter 객체의 해시 코드 값은 항상 일정하다. 멀티 스레드 환경에서 getBean() 메서드를 사용하여 스프링 빈을 가져와 formatter 변수에 주입해도 스프링 빈 객체는 변함없이 하나임을 의미한다. 그래서 singleton 스코프로 설정된 스프링 빈은 ApplicationContext에서는 하나인 것을 다시 한 번 확인할 수 있는 증거다. singletonDateFormatter 스프링 빈의 스코프를 prototype으로 설정한다면 getBean() 메서드를 호출할 때마다 객체가 생성된다. 그래서 그림 3-8 결과 화면에 출력된 해시 코드도 스레드마다 다르게 출력된다.

SpringBean05Application은 DateFormatter 객체를 사용하여 "2020-12-24T23:59:59.-08:00" 문자열을 파싱하는 람다식을 ThreadPoolTaskExecutor 스레드 풀을 이용하여 멀티 스레드로 실행한다. 얼핏 보면 코드상으로는 문제없어 보이기 때문에 우리가 기대하는 바는 터미널에 파싱된 날짜가 똑같이 100번 출력되는 것이다. 하지만 그림 3-8과 같이 예외 상황이 발생하고 터미널 화면에 정상으로 출력된 날짜도 정확하지 않다. 이는 DateFormatter가 의존하는 SimpleDateFormatter가 멀티 스레드에 안전하지 않은 클래스이기 때문이다. 이런 상황에서 우리가 할 수 있는 바는 다음과 같다.

첫 번째는 DateFormatter 클래스의 SimpleDateFormatter sdf를 클래스 변수에서 제거하고, parse() 메서드 내부에서 new 키워드를 사용하도록 리팩터링하는 것이다. parse() 메서드가 호출될 때마다 매번 SimpleDateFormatter 객체를 생성하므로 멀티 스레드에 안전해진다. 두 번째는 SimpleDateFormatter가 아닌 스레드에 안전한 DateTimeFormatter를 클래스 변수로 사용하는 것이다. 마지막으로 DateFormatter 스프링 빈의 스코프를 prototype으로 변경하는 것이다. 그러면 ApplicationContext의 getBean() 메서드를 호출할 때마다 DateFormatter 객체가 새로 생성된다. 스프링 애플리케이션을 작성할 때는 항상 스레드에 안전한지 확인하는 습관을 기르고, 클래스 멤버 변수를 선언할 때는 한 번 더 주의하도록 하자.

다시 SpringBean05Application의 singletonDateFormatter 스프링 빈 설정에 prototype 스코프를 다음 예제처럼 설정하고 실행해 보자.

리팩터링된 SpringBean05Application

```
public class SpringBean05Application {
// 중략
@Bean
@Scope("prototype") ····❶
public DateFormatter singletonDateFormatter() {
    return new DateFormatter("yyyy-MM-dd'T'HH:mm:ss");
}
}
```

❶ prototype 스코프 설정으로 변경한다.

❖ 그림 3-9 리팩터링 이후 달라진 결과

```
[TaskExecutor-10] c.s.e.chapter03.SpringBean05Application  : Date : Thu Dec 24 23:59:59 PST 2020, hashCode : 1054127540
[lTaskExecutor-3] c.s.e.chapter03.SpringBean05Application  : Date : Thu Dec 24 23:59:59 PST 2020, hashCode : 1641122482
[lTaskExecutor-7] c.s.e.chapter03.SpringBean05Application  : Date : Thu Dec 24 23:59:59 PST 2020, hashCode : 2018474482
[lTaskExecutor-9] c.s.e.chapter03.SpringBean05Application  : Date : Thu Dec 24 23:59:59 PST 2020, hashCode : 604884936
[lTaskExecutor-2] c.s.e.chapter03.SpringBean05Application  : Date : Thu Dec 24 23:59:59 PST 2020, hashCode : 637176643
[lTaskExecutor-5] c.s.e.chapter03.SpringBean05Application  : Date : Thu Dec 24 23:59:59 PST 2020, hashCode : 1732722193
[lTaskExecutor-6] c.s.e.chapter03.SpringBean05Application  : Date : Thu Dec 24 23:59:59 PST 2020, hashCode : 603171782
[lTaskExecutor-1] c.s.e.chapter03.SpringBean05Application  : Date : Thu Dec 24 23:59:59 PST 2020, hashCode : 1229107930
[lTaskExecutor-4] c.s.e.chapter03.SpringBean05Application  : Date : Thu Dec 24 23:59:59 PST 2020, hashCode : 1115149151
[ restartedMain] o.s.s.concurrent.ThreadPoolTaskExecutor  : Shutting down ExecutorService 'threadPoolTaskExecutor'
```

그림 3-9를 보면 매 실행마다 다른 해시 코드 값을 가진 스프링 빈 객체가 주입되었음을 알 수 있다. 그리고 멀티 스레드에 안전하지 않은 DateFormatter가 날짜 문자열을 정확하게 파싱해서 화면에 출력하는 것도 확인할 수 있다. 이 결과로 prototype과 singleton 스코프로 설정된 객체의 생성 시점이 다르다는 것을 비교할 수 있다.

3.7 스프링 빈 생명주기 관리

스프링 빈의 생명주기는 스프링 빈이 생성되고 소멸될 때까지 거치는 여러 단계의 과정을 의미한다. 앞서 설명한 스프링 빈 컨테이너가 스프링 빈 설정을 읽고 스프링 빈을 주입하는 과정도 생명주기의 일부다. 스프링 프레임워크는 인터페이스와 애너테이션 같은 여러 방법을 사용하여 스프링 빈 생명주기에 개발자가 관여할 수 있게 한다. 즉, 스프링 빈을 생성·소멸하는 과정에서 개발자가 작성한 코드를 특정 시점이 호출할 수 있는데, 이를 콜백(call-back) 함수라고 한다. 스프링 빈을 생성하는 과정에 호출되는 콜백 함수들이 있고, 소멸하는 과정에서 호출되는 콜백 함수들이 있다. 생성하는 시점이나 소멸하는 시점에 실행할 콜백 함수를 지정하는 방법은 여러 가지다. 각 방법에 따라 지정된 콜백 함수들은 스프링 프레임워크의 내부 규칙으로 실행 순서가 정해져 있다.

개발자는 왜 스프링 빈 생명주기에 관여해야 할까? 스프링 프레임워크에서 제공하는 스레드 풀의 한 종류인 o.s.scheduling.concurrent.ThreadPoolTaskExecutor 클래스를 스프링 빈으로 정의한다고 생각해 보자. 스레드 풀이므로 여러 개의 스레드를 생성하는 비용(시간과 시스템 리소스)이 크다. 그러므로 애플리케이션 런타임 도중에 생성하는 것보다 애플리케이션 실행 전에 미리 생성하는 것이 유리하다. 스프링 빈은 스프링 빈 컨테이너로 생성되므로 스프링 애플리케이션이 시작 가능한 상태 전에 스레드 풀은 초기화되어야 한다. 반대로 애플리케이션이 종료되기 전에 스레드 풀에 일하고 있는 스레드가 있다면 그 일이 끝날 때까지 기다리는 정리 작업이 필요하다. 이때 개발자는 스레드 풀을 초기화하는 코드와 정리하는 코드를 각각 함수로 만들고 이를 스프링 빈 생명주기에 실행하면 된다. 스프링 프레임워크는 인터페이스와 애너테이션을 제공한다. 그래서 개발자는 인터페이스의 추상 메서드를 구현하거나 애너테이션으로 콜백 함수를 지정하면 된다. 다음은 생명주기와 관련된 인터페이스와 애너테이션 설명이다.

- o.s.beans.factory.config.BeanPostProcessor 인터페이스는 postProcessBeforeInitialization(), postProcessAfterInitialization() 추상 메서드를 제공한다.
- o.s.beans.factory.InitializingBean 인터페이스는 afterPropertiesSet() 추상 메서드를 제공하고, o.s.beans.factory.DisposableBean 인터페이스는 destroy() 추상 메서드를 제공한다.

- @PostConstruct, @PreDestroy 애너테이션을 사용자가 만든 함수에 정의한다.
- @Bean 애너테이션의 initMethod, destroyMethod 속성에 사용자가 만든 함수 이름을 정의한다.

이 목록은 BeanPostProcessor를 제외하면 스프링 빈 생성 시점과 종료 시점에 실행되는 것들을 순서대로 나열한 것이다. 방법들을 종합적으로 정리하면, 생성 시점에 실행할 수 있는 여러 콜백 함수가 있고 종료 시점에도 실행할 수 있는 여러 콜백 함수가 있다. 예를 들어 생성 시점에 각 방법으로 여러 콜백 함수를 설정하면 스프링 프레임워크가 적절한 시점에 모두 호출한다.

BeanPostProcessor의 두 콜백 함수는 애플리케이션 초기화 시점에만 실행되는 함수다. 즉, 여러 초기화 콜백 함수 이전에 실행하는 postProcessBeforeInitialization()과 여러 초기화 콜백 함수 이후에 실행하는 postProcessAfterInitialization()이 있다. 그림 3-10을 참고하면 더욱 쉽게 이해할 수 있다. BeanPostProcessor를 제외한 나머지 방법은 각각의 스프링 빈에만 적용된다. 하지만 BeanPostProcessor에서 제공하는 두 개의 추상 메서드는 스프링 애플리케이션 전체 스프링 빈에 모두 일괄적으로 적용된다. BeanPostProcessor를 구현한 구현 클래스를 @Bean이나 @Component 애너테이션을 사용하여 스프링 빈으로 정의하면 된다. @ComponentScan으로 스프링 빈 컨테이너에 로딩되고 전체 스프링 빈에 두 개의 추상 메서드를 실행한다.

사용자가 직접 선언한 콜백 함수를 지정하는 방법은 @PostConstruct, @PreDestroy 애너테이션과 @Bean의 initMethod, destroyMethod 속성이다. 사용자가 직접 선언한 콜백 함수에 @PostConstruct, @PreDestroy 애너테이션을 정의하거나 콜백 함수 이름을 @Bean의 initMethod, destroyMethod 속성에 정의하면 된다. 추상 메서드를 구현하는 방법은 InitializingBean, DisposableBean 인터페이스를 상속하는 것이다. 그리고 추상 메서드들에 필요한 기능을 구현한다. 보통 자바 설정의 @Bean을 사용한 스프링 빈은 initMethod 속성을 사용하고, 스테레오 타입 애너테이션을 사용한 스프링 빈은 @PostConstruct를 사용한다. InitializingBean은 둘 다 사용 가능하다. 그러므로 상황에 맞게 적절한 방식을 이용한다.

그림 3-10을 보면 PostBeanProcessor와 다른 콜백 함수들의 실행 순서를 확인할 수 있다.

❤ 그림 3-10 스프링 빈 생명주기에 관여할 수 있는 callback 메서드와 그 순서

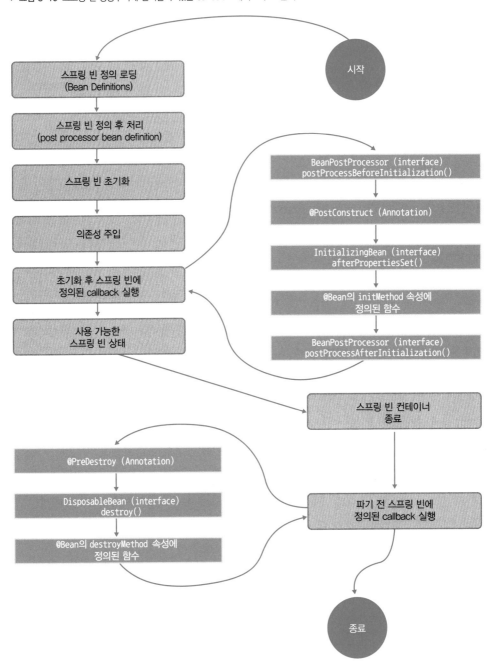

스프링 빈 컨테이너가 개발자가 설정한 콜백 함수들을 실행할 수 있는 이유는 스프링 빈 설정을 먼저 로딩하기 때문이다. 스프링 빈 설정을 로딩하면서 콜백 함수들의 유무를 확인할 수 있고, 스

프링 빈을 생성한 후 초기화 콜백 함수들을 그림 3-10과 같은 순서대로 실행한다. 다음 코드는 각각의 콜백 함수를 사용하는 예제다. 그림 3-10의 순서와 다음 코드의 결과를 서로 비교해 보길 바란다. 예제는 SpringBean06Application 클래스의 main() 메서드를 실행하면 된다.

callback 함수 예제들

```java
@SpringBootApplication
public class SpringBean06Application {

    public static void main(String[] args) {
        ConfigurableApplicationContext ctxt =
SpringApplication.run(SpringBean06Application.class);
        ctxt.close();
    }

    @Bean(initMethod="init", destroyMethod="clear")  ····❶
    public LifeCycleComponent lifecycleComponent() {
        return new LifeCycleComponent();
    }

    @Bean  ····❺
    public BeanPostProcessor beanPostProcessor() {
        return new PrintableBeanPostProcessor();
    }
}


public class LifeCycleComponent implements InitializingBean, DisposableBean {  ····❷

    @Override
    public void afterPropertiesSet() throws Exception {
        log.error("afterPropertiesSet from InitializingBean");
    }

    @Override
    public void destroy() throws Exception {
        log.error("destroy from DisposableBean");
    }

    public void init() {
        log.error("customized init method");
    }

    public void clear() {
```

```
            log.error("customized destroy method");
        }
    }


@Slf4j
public class PrintableBeanPostProcessor implements BeanPostProcessor { ····❸
    @Override
    public Object postProcessBeforeInitialization(Object bean, String beanName) throws
BeansException {
        if ("lifecycleComponent".equals(beanName)) ····❹
            log.error("Called postProcessBeforeInitialization() for : {}", beanName);
        return bean;
    }

    @Override
    public Object postProcessAfterInitialization(Object bean, String beanName) throws
BeansException {
        if ("lifecycleComponent".equals(beanName))
            log.error("Called postProcessAfterInitialization() for : {}", beanName);
        return bean;
    }
}
```

❶ @Bean 애너테이션의 initMethod 속성에 LifeCycleComponent 클래스의 init 메서드 이름
  을 설정한다. 스프링 빈을 생성한 후 실행된다. 그리고 @Bean 애너테이션의 destroy 속성에
  LifeCycleComponent 클래스의 clear 메서드 이름을 설정한다. 애플리케이션이 종료되기 전 실
  행된다.

❷ LifeCycleComponent 클래스는 InitializingBean 인터페이스를 구현하고 있으며,
  afterPropertiesSet 추상 메서드를 구현하고 있다. 이는 스프링 빈 생성 후 실행된다. 또한
  LifeCycleComponent 클래스는 DisposableBean 인터페이스를 구현하고 있으며, destroy 추상
  메서드를 구현하고 있다. 이는 애플리케이션이 종료되기 전 실행된다.

❸ BeanPostProcessor 인터페이스를 구현하고 있으며, PrintablePostBeanProcessor 내부에
  BeanPostProcessor의 두 추상 메서드가 구현되어 있다.

❹ BeanPostProcessor는 모든 스프링 빈에 적용되므로 가독성을 위해 특정 스프링 빈 이름인 경
  우만 로그를 출력하도록 했다. postProcessAfterInitialization 메서드에도 같은 방식으로
  적용되어 있다.

❺ PrintablePostBeanProcessor를 스프링 빈으로 사용하기 위해 @Bean 애너테이션을 정의한다.

참고로 PrintablePostBeanProcessor는 자바 설정 방식의 @Bean 애너테이션을 사용했지만 스테레오 타입 애너테이션을 사용하여 스프링 빈으로 정의해도 상관없다. 또한 PrinterableBeanPostProcessor의 ❹에서 if 구문을 제거하면, 모든 스프링 빈이 초기화될 때마다 postProcessBeforeInitialization 메서드가 실행됨을 알 수 있다. 스프링 프레임워크에서 사용하기 위해 기본으로 정의한 모든 스프링 빈도 예외 없이 실행됨을 기억해 두자. 그림 3-11은 SpringBean06Application의 실행 결과다. 그림 3-10과 같이 확인하면 실행 순서를 검증할 수 있다.

❤ 그림 3-11 SpringBean06Application의 실행 결과

```
ERROR 43723 --- [ restartedMain] c.s.e.c.d.l.PrintableBeanPostProcessor  : Called postProcessBeforeInitialization() for : lifecycleComponent
ERROR 43723 --- [ restartedMain] c.s.e.c.d.lifecycle.LifeCycleComponent   : afterPropertiesSet from InitializingBean
ERROR 43723 --- [ restartedMain] c.s.e.c.d.lifecycle.LifeCycleComponent   : customized init method
ERROR 43723 --- [ restartedMain] c.s.e.c.d.l.PrintableBeanPostProcessor  : Called postProcessAfterInitialization() for : lifecycleComponent
 INFO 43723 --- [ restartedMain] o.s.b.d.a.OptionalLiveReloadServer       : LiveReload server is running on port 35729
 INFO 43723 --- [ restartedMain] o.s.b.w.embedded.tomcat.TomcatWebServer : Tomcat started on port(s): 8080 (http) with context path ''
 INFO 43723 --- [ restartedMain] c.s.e.chapter03.SpringBean06Application  : Started SpringBean06Application in 1.494 seconds (JVM running for 7.06)
ERROR 43723 --- [ restartedMain] c.s.e.c.d.lifecycle.LifeCycleComponent   : destroy from DisposableBean
ERROR 43723 --- [ restartedMain] c.s.e.c.d.lifecycle.LifeCycleComponent   : customized destroy method
 INFO 43723 --- [ restartedMain] o.s.s.concurrent.ThreadPoolTaskExecutor : Shutting down ExecutorService 'threadPoolTaskExecutor'
```

@Bean의 initMethod 속성을 이용하는 방식, @PostConstruct 애너테이션을 선언하는 방식, InitializingBean을 구현하는 방식을 모두 동시에 사용할 필요 없다. 동시에 사용하는 경우는 흔하지 않다. 내가 정의하는 스프링 빈의 방식에 따라 @Bean 애너테이션의 속성을 이용할지 @PostConstruct 애너테이션을 쓸지 결정하거나, 명시적으로 InitializingBean 같은 인터페이스를 상속하여 추상 메서드를 구현할지 결정하면 된다.

3.8 스프링 빈 고급 정의

SPRING BOOT FOR MSA

스프링 빈을 정의할 때 기본 설정, 지연 로딩 설정이 필요한 경우가 있다. 스프링 프레임워크에서는 이를 위해 각각 @Primary, @Lazy 애너테이션을 제공한다. 이 애너테이션을 순서대로 알아보자.

3.8.1 @Primary 애너테이션

클래스 타입이 같은 여러 스프링 빈이 컨테이너에 있다고 생각해 보자. 클래스 타입에 의한 주입 방법으로 의존성 주입을 시도하면 스프링 빈 컨테이너는 어떤 스프링 빈을 주입해야 할지 알 수 없다. 그래서 스프링 프레임워크는 NoUniqueBeanDefinitionException 예외를 발생시키고 애플리케이션은 실행 준비 상태가 될 수 없다. 3.4.2절에서는 @Autowired와 함께 @Qualifier 애너테이션을 함께 사용하여 이 예외를 피하는 방법을 설명했다. 이 절에서는 @Qualifier를 사용하지 않고 @Primary 애너테이션을 사용하는 방법을 설명한다. 결론은 같은 클래스 타입인 여러 스프링 빈 중 @Primary 애너테이션이 선언된 스프링 빈이 의존성 주입된다.

스프링 부트 프레임워크의 특징 중 하나는 자동 설정(auto configuration)이다. 자동 설정과 관련하여 스프링 부트 프로젝트는 spring-boot-autoconfigure 모듈을 제공한다. 이 모듈은 많이 사용되는 일반적인 컴포넌트들을 가장 보편적인 방법으로 미리 설정한 자동 설정 클래스들로 구성되어 있다. 이들은 클래스 패스에 클래스가 있거나 프로퍼티 설정 등 특정 조건이 충족되면 자동 설정이 동작하는 구조로 구현된다(자동 설정에 대한 자세한 내용은 7장에서 다시 설명한다). 예를 들어 메모리 저장소인 레디스를 자동 설정하는 클래스는 RedisAutoConfiguration이다. RedisAutoConfiguration 내부에는 @Bean으로 정의된 스프링 빈들이 존재한다. 때때로 스프링 부트 프레임워크를 사용하면서 자동 설정된 스프링 빈 중 일부분을 변경할 때도 있다. 이때 @Primary 애너테이션을 사용할 수도 있다. 다음 예제를 확인해 보자.

@Primary 애너테이션 예제: SpringBean07Application.java

```
@Slf4j
@SpringBootApplication
public class SpringBean07Application {

    public static void main(String[] args) {
        ConfigurableApplicationContext ctxt =
SpringApplication.run(SpringBean07Application.class);
        PriceUnit priceUnit = ctxt.getBean(PriceUnit.class); ┈┈❹
        log.info("Locale in PriceUnit : {}", priceUnit.getLocale().toString());
        ctxt.close();
    }

    @Bean
    // @Primary ┈┈❶
    public PriceUnit primaryPriceUnit() { ┈┈❷
        return new PriceUnit(Locale.US);
```

```
    }

    @Bean
    public PriceUnit secondaryPriceUnit() { ····❸
        return new PriceUnit(Locale.KOREA);
    }
}
```

❶ 우선 @Primary 애너테이션을 주석 처리한다.

❷ PriceUnit 클래스 타입이며, 이름이 primaryPriceUnit인 스프링 빈을 정의한다.

❸ PriceUnit 클래스 타입이며, 이름이 secondaryPriceUnit인 스프링 빈을 정의한다.

❹ getBean(Class<T> requiredType) 메서드, 즉 클래스 타입으로만 매칭되는 스프링 빈을 가져온다.

SpringBean07Application 예제는 같은 클래스 타입(PriceUnit)을 갖는 두 개의 스프링 빈을 만들고, 타입에 의한 주입을 할 때 발생하는 예외를 보여 준다. 예제 결과는 그림 3-12를 참고한다. 그림 3-12를 보면, 앞서 설명한 NoUniqueBeanDefinitionException 예외가 발생한 것을 알 수 있다.

❤ 그림 3-12 주입 대상인 스프링 빈이 두 개이므로 발생한 예외

```
Exception in thread "restartedMain" java.lang.reflect.InvocationTargetException <4 internal calls>
    at org.springframework.boot.devtools.restart.RestartLauncher.run(RestartLauncher.java:49)
Caused by: org.springframework.beans.factory.NoUniqueBeanDefinitionException: No qualifying bean of type 'com.springtour.example.chapter03.domain.PriceUnit' available:
    at org.springframework.beans.factory.support.DefaultListableBeanFactory.resolveNamedBean(DefaultListableBeanFactory.java:1197)
    at org.springframework.beans.factory.support.DefaultListableBeanFactory.resolveBean(DefaultListableBeanFactory.java:420)
    at org.springframework.beans.factory.support.DefaultListableBeanFactory.getBean(DefaultListableBeanFactory.java:358)
    at org.springframework.beans.factory.support.DefaultListableBeanFactory.getBean(DefaultListableBeanFactory.java:343)
    at org.springframework.context.support.AbstractApplicationContext.getBean(AbstractApplicationContext.java:1127)
    at com.springtour.example.chapter03.SpringBean07Application.main(SpringBean07Application.java:19)
    ... 5 more
```

SpringBean07Application 예제에서 ❶의 주석을 풀어 @Primary 애너테이션을 정의하고 다시 실행해 보자. @Primary 애너테이션이 정의된 'primaryPriceUnit' 이름인 스프링 빈이 ❹의 priceUnit 변수에 주입되어 정상적으로 실행된다. 즉, 클래스 타입이 같은 여러 스프링 빈 중 @Primary 설정된 스프링 빈이 우선 주입된다.

SpringBean07Application 예제는 클래스 타입이 중복되는 경우 발생하는 NoUniqueBean DefinitionException 예외를 설명한다. 반대로 스프링 빈 이름을 중복하여 선언하는 경우 BeanDefinitionOverrideException 예외가 발생한다. 스프링 프레임워크는 스프링 빈 이름이 같으면 덮어쓰는데, 스프링 프레임워크 5.1.0 버전부터(스프링 부트 2.1.0) 강제로 덮어쓰는 것을 제한한다. 이를 해결하기 위해서는 스프링 프레임워크의 속성을 변경하면 된다. src 〉 main 〉 resources 경로에 있는 application.properties 혹은 application.yml에 다음 속성을 설정한다. spring.main.allow-bean-definition-overriding 속성은 스프링 빈의 덮어쓰기 여부를 설정한다.

```
spring.main.allow-bean-definition-overriding = true
```

먼저 이 속성을 false로 설정하고 다음 예제를 실행해 보자. 그리고 어떤 에러가 나오는지 그림 3-13을 자세히 확인하길 바란다.

SpringBean08Application 예제

```
@Slf4j
@SpringBootApplication
public class SpringBean08Application {

    public static void main(String[] args) {
        ConfigurableApplicationContext ctxt =
SpringApplication.run(SpringBean08Application.class);
        Object obj = ctxt.getBean("systemId"); ┈❸
        log.warn("Bean Info. type:{}, value:{}", obj.getClass(), obj);
        ctxt.close();
    }

    @Configuration
    class SystemConfig1 {
        @Bean
        public Long systemId() { ┈❶
            return 1111L;
        }
    }

    @Configuration
    class SystemConfig2 {
        @Bean
        public String systemId() { ┈❷
            return new String("OrderSystem");
        }
    }
}
```

❶ Long 클래스 타입이고, 스프링 빈 이름이 'systemId'인 스프링 빈을 정의한다.

❷ String 클래스 타입이고, 스프링 빈 이름이 'systemId'인 스프링 빈을 정의한다.

❸ 스프링 빈 이름으로 스프링 빈을 리턴받아 Object obj 변수에 저장한다.

이 예제를 실행하면 이름이 같은 두 개의 스프링 빈이 등록된다. 그리고 spring.main.allow-bean-definition-overriding 속성이 false이므로 그림 3-13과 같이 에러가 발생한다.

▼ 그림 3-13 스프링 빈 이름이 중복되어 애플리케이션 시작에 실패한 화면

```
***************************
APPLICATION FAILED TO START
***************************

Description:

The bean 'systemId', defined in com.springtour.example.chapter03.SpringBean08Application$SystemConfig1, could not be registered. A bean

Action:

Consider renaming one of the beans or enabling overriding by setting spring.main.allow-bean-definition-overriding=true


Process finished with exit code 0
```

가능하면 이 속성은 기본값인 false로 유지하길 바란다. 스프링 빈 이름을 중복 사용했으므로 스프링 빈 이름을 변경만 하면 된다. 스프링 부트 프레임워크는 친절하게 어떤 스프링 빈 이름이 중복되었는지 자세히 보여 준다. 특별히 스프링 혹은 스프링 부트에서 제공하는 스프링 빈을 덮어써야 할 이유가 없다면 다른 스프링 빈 이름을 사용하자.

3.8.2 @Lazy 애너테이션

@Lazy 애너테이션은 스프링 빈 생성을 지연한다. 일반적으로 스프링 빈 컨테이너는 스프링 빈 설정을 읽고 스프링 빈 객체를 생성한다.[15] 생성된 스프링 빈 객체를 의존성 주입하지만, @Lazy 애너테이션이 정의된 스프링 빈은 스프링 빈 컨테이너가 설정만 로딩한다. 의존성 주입하는 시점에 스프링 빈 객체를 생성하기에 지연 생성이라고 한다. 다음 예제는 @Lazy 애너테이션을 적용한 스프링 빈이 언제 초기화되는지 보여 주는 예제다.

---

15 스코프 설정은 singleton으로 가정하고 설명한다.

```
@Slf4j
@SpringBootApplication
public class SpringBean09Application {

    public static void main(String[] args) {
        ConfigurableApplicationContext ctxt = SpringApplication.
run(SpringBean08Application.class);
        log.info("------- Done to initialize spring beans"); ----❸
        PriceUnit priceUnit = ctxt.getBean("lazyPriceUnit", PriceUnit.class); ----❹
        log.info("Locale in PriceUnit : {}", priceUnit.getLocale().toString());
        ctxt.close();
    }

    @Bean
    @Lazy ----❶
    public PriceUnit lazyPriceUnit() {
        log.info("initialize lazyPriceUnit"); ----❷
        return new PriceUnit(Locale.US);
    }
}
```

❶ @Lazy 애너테이션을 사용한 스프링 빈 클래스 타입은 PriceUnit이며, 스프링 빈 이름은 'lazyPriceUnit'이다.

❷ lazyPriceUnit 스프링 빈을 생성하는 시점을 확인하는 로그다. 즉, 로그가 출력되는 시점이 스프링 빈을 생성하는 순간이다. 이 로그가 언제 출력되는지 주의해서 확인해 보자.

❸ 스프링 빈 컨테이너가 로딩하는 순간과 의존성 주입하는 순간을 구분하고자 로그를 생성한다.

❹ 스프링 빈을 받아 priceUnit 변수에 주입한다.

SpringBean09Application 예제에서 @Lazy 애너테이션이 없다면 로그가 출력되는 순서는 ❷ 다음에 ❸이다. 하지만 @Lazy 애너테이션 때문에 lazyPriceUnit 스프링 빈은 ❹의 의존성 주입 직전에 생성된다. 이 로그 생성 순서는 그림 3-14에서 확인할 수 있다.

```
o.s.b.d.a.OptionalLiveReloadServer      : LiveReload server is running on port 35729
o.s.b.w.embedded.tomcat.TomcatWebServer : Tomcat started on port(s): 8080 (http) with context path ''
c.s.e.chapter03.SpringBean09Application : Started SpringBean09Application in 1.163 seconds (JVM running for 6.658)
c.s.e.chapter03.SpringBean09Application : ------ Done to initialize spring beans
c.s.e.chapter03.SpringBean09Application : initialize lazyPriceUnit
c.s.e.chapter03.SpringBean09Application : Locale in PriceUnit : en_US
o.s.s.concurrent.ThreadPoolTaskExecutor : Shutting down ExecutorService 'threadPoolTaskExecutor'
```

> 에피소드 ≣ 스프링 투어 나개발은 @Lazy 애너테이션과 prototype 스코프를 혼동하기 시작했다. 두 설정 모두 스프링 빈이 주입되는 시점에 스프링 빈이 생성되는 것처럼 생각했다. 하지만 스코프와 @Lazy 애너테이션을 같이 테스트해 보니 둘 차이를 확실히 구분할 수 있었다.

@Lazy와 singleton 스코프로 정의된 스프링 빈은 의존성 주입 시점에 스프링 빈이 생성된다. 하지만 스프링 빈 컨테이너에서는 싱글턴 객체이므로 다른 스프링 빈에 의존성 주입을 할 때는 기존 객체를 그대로 주입한다. 이와 다르게 prototype 스코프로 정의된 스프링 빈은 의존성 주입을 할 때마다 새로운 객체가 생성된다. 이 차이점을 기억해 두길 바란다.

3.9 스프링 투어가 오해한 스프링 빈

SPRING BOOT FOR MSA

> 에피소드 ≣ 스프링 투어의 백엔드 개발 팀 개발자들은 혼란에 빠지기 시작했다. 스프링 빈이라는 새로운 개념을 알았기 때문이다. 그들은 스프링 빈과 자바 빈, DTO 객체, 값 객체(value object)의 차이에 대해 토론하기 시작했다. 이미 각종 커뮤니티의 해묵은 논쟁이기 때문에 의견이 분분했다. 각 용어가 무슨 뜻인지는 알았지만 정확한 정의는 알지 못했다. 그렇게 서로 스터디한 결과 다음 결론을 얻었다.

1. **스프링 빈**(spring bean): 스프링 빈은 객체와 이름, 클래스 타입 정보가 스프링 컨테이너로 관리되는 객체를 의미한다.

2. **자바 빈**(java bean): 자바 빈은 기본 생성자가 선언되어 있고, getter/setter 패턴으로 클래스 내부 속성에 접근할 수 있어야 하며, java.io.Serializable을 구현하고 있어야 한다.

3. **DTO**(Data Transfer Object): DTO는 소프트웨어 사이에 데이터를 전달하는 객체를 의미한다. 데이터를 전달하는 객체이므로 DTO 내부에는 비즈니스 로직이 없어야 한다. 하지만 이는 메서드가 필요 없음을 의미하는 것이 아니다. 클래스 내부 속성에 접근할 수 있는 getter 메서드들은 필요하다.

4. **값 객체**(Value Object, VO): 값 객체는 특정 데이터를 추상화하여 데이터를 표현하는 객체를 의미한다. 그래서 equals 메서드를 재정의해서 클래스가 표현하는 값을 서로 비교하면 좋다. 대표적인 값 객체는 돈 정보가 들어 있는 Money 클래스가 될 수 있다. 또한 DDD(Domain Driven Development)에서 VO는 불변 속성(immutable)을 가지고 있어야 한다.

스프링 빈과 자바 빈을 오해할 수 있다. 둘은 이름이 서로 비슷하지만, 서로 비교할 수 있는 대상이 아니다. 굳이 둘 관계를 설명하면, 자바 빈은 스프링 빈이 될 수 있지만 반대 경우는 될 수 없다. 자바 빈으로 설계된 클래스를 스프링 빈으로 선언할 수 있지만, 스프링 빈으로 정의된 서비스 클래스는 자바 빈이 될 수 없다. 이와 별개로 많은 개발자가 값 객체 설계에 어려움을 겪는다. getter 및 setter 메서드를 의미 없이 선언함으로써 객체의 불변 속성 조건이 깨지기 때문이다.

많은 개발자가 getter 및 setter 메서드를 무분별하게 생성하여 불변 속성을 깨트리는 일이 많다. 불변 속성은 DTO나 값 객체를 만들 때 필요하다. 우선 멀티 스레드에 안전하므로 멀티 스레드 환경에서 안전하게 사용할 수 있다. 그리고 불변 객체는 하나의 상태만 갖고 있으므로 데이터를 안전하게 사용할 수 있다. 불변 클래스를 설계하는 방법은 다음과 같다.

- 클래스를 반드시 final로 선언한다.
- 클래스의 멤버 변수들을 반드시 final로 선언한다.
- 생성자를 직접 선언하여 기본 생성자(default constructor)가 있지 않도록 한다.
- 멤버 변수에서는 setter 메서드를 만들지 말고 getter 메서드를 만들어서 사용한다.

다음 예제는 불변 클래스로 설계된 값 객체의 코드다.

Money 값 객체

```java
public final class Money implements Serializable {
    private final Long value;
    private final Currency currency;

    public Money(Long value, Currency currency) {
        if (value == null || value < 0)
            throw new IllegalArgumentException("invalid value=" + value);
```

```
        if (currency == null)
            throw new IllegalArgumentException("invalid currency");

        this.value = value;
        this.currency = currency;
    }

    public Long getValue() {
        return value;
    }
    public Currency getCurrency() {
        return currency;
    }

    public boolean equals(Object obj) {
        if (this == obj)
            return true;
        if (obj == null || getClass() != obj.getClass())
            return false;

        Money money = Money.class.cast(obj);
        return Objects.equals(value, money.value) &&
 Objects.equals(currency, money.currency);
    }
}
```

자바에서 명시적으로 생성자를 선언하지 않으면 기본 생성자(default constructor)가 자동으로 생성된다. 그래서 다른 클래스에서 기본 생성자를 마음대로 호출할 수 있다. 개발자가 클래스를 애써 설계했지만, 기본 생성자가 있어 여러 상태(state)가 있는 객체를 만들 수 있다. 이는 더 이상 불변 클래스라고 부를 수 없다. 그러므로 Money 예제처럼 객체를 생성할 때 필요한 인자를 선언해야 한다. 혹은 정적 팩토리 메서드로 설계된 클래스는 반드시 private으로 정의된 생성자를 선언해야 한다. Money 클래스를 사용하는 사람은 이 객체가 불변인지 아닌지 상관없이 생성할 수 있는 모든 방법으로 생성한다. 그러므로 강제할 수 있도록 해야 한다.

불변 클래스를 설계할 때는 반드시 final 키워드를 클래스에 선언해야 한다. final 키워드를 선언하지 않으면 클래스 상속이 발생할 수 있고 Money의 메서드들이 오버라이드될 수 있다. 그러므로 더 이상 불변 클래스가 될 수 없다. Money 클래스를 누군가 쉽게 상속받고 메서드를 오버라이드한다면 불변 속성이 변경될 수 있다.

4장

스프링
웹 MVC 개요

이 장에서 다룰 핵심 내용

- HTTP 프로토콜과 MVC 패턴 이해
- DispatcherServlet을 포함한 스프링 MVC 프레임워크의 내부 구조
- REST-API 애플리케이션을 개발하는 스프링 MVC 설정
- REST-API를 만드는 간단한 예제

스프링 웹 MVC는 스프링 프레임워크 초기 버전부터 지금까지 제공되고 있는 인기 있는 프레임워크다. 오랫동안 많은 개발자가 꾸준히 사용했으며 지속적으로 업그레이드되고 있다. 그래서 자연히 스프링 프레임워크로 웹 애플리케이션을 개발할 때 가장 먼저 고려되는 프레임워크다.

스프링 프레임워크는 웹 애플리케이션 개발에 필요한 기능들을 담은 spring-webmvc 모듈을 제공하는데, 이를 스프링 웹 프레임워크라고 한다. 이 모듈 이름을 따서 스프링 웹 MVC 또는 스프링 MVC 등 여러 이름으로 부른다. spring-webmvc 모듈 외에도 HTTP 프로토콜을 쉽게 사용할 수 있는 다양한 기능을 제공하는 spring-web 모듈도 있으며, 이 모듈들은 스프링 부트 프레임워크에 기본으로 포함되어 있다. 따라서 개발자가 직접 의존성을 추가할 필요 없다.

마이크로서비스 아키텍처는 여러 개의 독립된 컴포넌트 시스템으로 구성되어 있다. 각 컴포넌트 시스템은 독립된 데이터 저장소를 갖고 있어 각자 데이터 저장소에 데이터를 읽고 쓰는 작업을 할 수 있다. 아키텍처가 이상적으로 잘 설계되어 하나의 컴포넌트가 하나의 기능을 처리할 수 있다면 아무 문제없다. 즉, 컴포넌트 하나가 각자의 데이터 저장소에 데이터를 읽고 쓰면서 서비스 기능 하나를 담당할 수 있다. 하지만 현실은 그렇지 않다. 서비스 기능 하나를 제공하기 위해서는 여러 컴포넌트의 기능이 조합되어야 하는 경우가 많다. 그러므로 분리되어 여러 곳에 저장된 컴포넌트의 데이터도 통합해서 서비스해야 한다.

분리된 데이터를 통합하는 데 메시지 큐나 API 형태의 인터페이스를 주로 사용한다. 이 중 API 인터페이스는 gRPC[1]나 AVRO[2] 등 여러 인터페이스를 이용하여 개발할 수 있다. 하지만 가장 많이 사용하는 방식은 HTTP 프로토콜 기반의 REST-API다. REST-API는 JSON 형식의 유연한 데이터 구조로 유연한 HTTP 프로토콜을 사용하므로 쉽게 개발할 수 있는 범용적인 특징이 있다. 그래서 REST-API는 많은 개발자가 가장 우선적으로 고려하는 API 인터페이스다. 또한 플랫폼에도 독립적이므로 웹이나 앱 애플리케이션에도 쉽게 사용할 수 있다.

이 장에서는 스프링 웹 MVC 프레임워크의 내부 동작과 프레임워크에서 제공하는 컴포넌트 스프링 빈들을 설명한다. 스프링 웹 MVC 프레임워크를 사용하면 HTML 형식의 웹 페이지를 서비스하거나 REST-API를 서비스하는 웹 애플리케이션을 만들 수 있다. 여기에서는 어떻게 REST-API 웹 애플리케이션을 만드는지 알아보고, 이와 관련된 기본 지식과 내부 구조를 주로 설명한다. 다양한 형태의 REST-API를 개발하는 방법은 5장에서 자세히 설명한다.

---

1 구글에서 제공하는 원격 프로시저 호출 프레임워크다.

2 아파치 프로젝트에서 제공하는 원격 프로시저 호출 및 직렬화 프레임워크다.

4.1 HTTP 프로토콜

모든 웹 애플리케이션은 HTTP(Hyper Text Transfer Protocol) 프로토콜을 사용하여 서비스를 제공한다.[3] 스프링 웹 MVC 프레임워크를 설명하기 전에 HTTP 프로토콜을 알아보고, 프로토콜의 스펙들을 어떻게 프레임워크에서 사용하는지 단계적으로 설명한다. 4.1절은 HTTP 프로토콜의 기본 내용을 설명하므로 HTTP 프로토콜을 충분히 이해하고 있다면 바로 4.2절로 넘어가도 좋다.

HTTP는 서버와 클라이언트 사이에 데이터를 전송하는 표준 스펙을 정의한다. 데이터 혹은 기능을 요청하는 쪽을 클라이언트라고 하며, 데이터를 제공하거나 기능을 처리하는 쪽을 서버라고 한다. HTTP 프로토콜 스펙은 주고받는 데이터 형식을 정의하며, 이를 메시지라고 한다. 그래서 서버와 클라이언트는 메시지 형태로 요청하고 응답한다. 클라이언트가 서버에 데이터를 받고자 요청하는 것을 요청 메시지(request message)라고 하며, 이에 적합한 데이터를 전송하는 것을 응답 메시지(response message)라고 한다. HTTP는 이렇게 데이터를 요청하고 응답하는 구조로 되어 있어 서버-클라이언트 모델을 위한 프로토콜이다. HTTP를 통해 주고받을 수 있는 데이터는 HTML 문서에서 이미지 같은 미디어 파일과 JSON 문서까지 다양하다. 그림 4-1은 서버와 클라이언트가 HTTP 프로토콜을 사용하여 데이터를 주고받는 내용을 표현한 것이다. 요청 메시지와 응답 메시지를 어떻게 주고받는지 살펴보자.

---

[3] HTTPS는 HTTP 기반으로 암호화 기능이 추가된 프로토콜이다. 이 책에서는 HTTP 프로토콜로 간주하고, HTTP와 HTTPS를 사용하는 애플리케이션을 웹 애플리케이션이라고 한다.

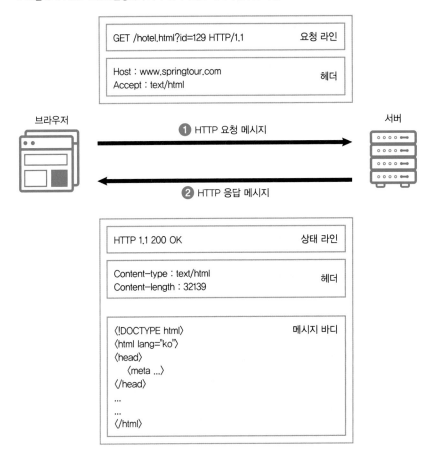

✔ 그림 4-1 HTTP 프로토콜상에서 서버-클라이언트 메시지 송수신 과정

❶ 클라이언트가 서버에 요청하는 메시지다. HTTP 프로토콜의 GET 메서드를 사용하여 /hotel.html 리소스를 요청한다. 그림 4-1의 요청 메시지는 요청 라인(request line)과 HTTP 요청 헤더들로 구성되어 있다. POST나 PUT 메서드를 사용하면 요청 메시지도 메시지 바디를 포함할 수 있다.

❷ 서버가 클라이언트에 응답하는 메시지다. 상태 라인(status line)과 HTTP 응답 헤더들, 메시지 바디로 구성되어 있다. 메시지 바디는 HTML 문서를 포함하며, 브라우저는 이 문서를 읽고 적절한 형태로 화면에 렌더링한다.

그림 4-1과 같이 HTTP 메시지는 요청 메시지와 응답 메시지로 나눌 수 있다. 이 두 메시지는 공통적으로 세 부분으로 구성된다. 요청 메시지는 요청 라인으로 시작하며 HTTP 헤더 부분과 HTTP 바디 부분으로 구성된다. 이와 비슷하게 응답 메시지는 상태 라인으로 시작하며 요청 메시

지와 마찬가지로 HTTP 헤더와 바디 부분으로 구성된다. 그림 4-1의 요청 메시지 예제에는 바디가 없지만, HTTP 메서드 종류에 따라 바디에 데이터를 포함해서 전송할 수 있다. 여러분이 메일을 보낼 때 첨부 파일을 업로드하는 경우가 대표적인 예다.

요청 라인은 HTTP 메서드, 리소스, HTTP 프로토콜의 버전을 포함한다. 그림 4-1의 'GET /hotel.html?id=129 HTTP/1.1'을 예제로 설명한다. 먼저 'GET'은 HTTP 메서드의 한 종류이며, '/hotel.html?id=129'는 리소스를 의미한다. 마지막으로 HTTP/1.1은 HTTP 프로토콜 버전을 의미한다. HTTP 메서드는 리소스 동작을 정의한다. 예제의 GET 메서드는 지정한 리소스의 데이터를 받는 데 사용한다. GET 이외에도 많이 사용되는 HTTP 메서드는 POST, PUT, PATCH, DELETE 등이 있다. REST-API는 HTTP 메서드를 사용하여 API 동작을 정의한다. 뒤에서 REST-API를 설명할 때 각 메서드가 어떤 의미인지 자세히 설명한다.

HTTP 리소스는 HTTP 요청 대상을 의미하며, HTML 같은 문서나 이미지 같은 멀티미디어 파일도 될 수 있다. 각 리소스는 URI(Uniform Resource Identifier)로 구분되며, 그림 4-1에서 '/hotel.html?id=129'가 바로 리소스다. 특히 'id=129'는 쿼리 스트링(query string)이라고 하며, 파라미터에 특정 값을 할당하여 전달할 때 사용된다. 쿼리 스트링은 키-밸류 쌍의 형태로 표현되며 구분자는 이퀄 문자(=)다. 두 개 이상의 키-밸류 쌍으로 표현할 때는 각 쌍을 구별하고자 앤드 문자(&)를 사용한다. 그림 4-1의 'GET /hotel.html?id=129 HTTP/1.1'의 요청 라인을 풀어 보면 다음과 같다.

- /hotel.html 리소스에서 HTTP 파라미터 이름은 'id'이며 값은 129다.
- HTTP 프로토콜 1.1 버전을 사용한다.
- 클라이언트가 서버에서 리소스의 데이터를 받아 오는(GET) 것을 요청한다.

4.1.1 HTTP 상태 코드

응답 메시지의 상태 라인은 HTTP 프로토콜 버전과 상태 코드(HTTP status code)를 포함한다. 상태 코드는 응답 메시지 상태를 의미한다. 즉, 클라이언트는 상태 코드에 따라 응답 메시지 내용을 적절히 처리할 수 있다. 상태 코드는 세 자리 숫자와 사람이 인식할 수 있는 간단한 문자열로 구성되어 있다. 그림 4-1의 상태 라인 'HTTP 1.1 200 OK'를 예제로 설명한다. 'HTTP 1.1'은 HTTP 프로토콜 버전이며, 서버는 일반적으로 요청 메시지 버전에 맞는 버전으로 응답한다. 그리고 '200 OK'는 상태 코드 숫자 '200'과 상태 코드 문자 'OK'로 구성되어 있다. 이는 서버는 클라이언트 요청을 성공적으로 수신하여 정상적으로 응답함을 의미한다.

HTTP 프로토콜에서는 응답 상태를 크게 다섯 가지로 구분한다. 첫 번째 자리 숫자는 대분류를 의미하고, 두 번째 자리 숫자와 세 번째 자리 숫자를 조합한 것을 상세 분류 코드라고 한다. 다음은 다섯 가지 대분류를 설명한다.

- **1XX**: 임시 응답을 의미한다. 클라이언트 요청은 성공적으로 받았으며, 서버의 프로세스는 계속해서 작업한다. 보통 현 상태의 정보를 응답하는 데 사용한다. 응답 메시지는 메시지 바디 없이 상태 라인과 헤더로만 구성되어 있다.

- **2XX**: 성공을 의미한다. 일반적으로 클라이언트 요청도 성공적으로 받았으며, 프로세스도 정상적으로 처리했음을 의미한다. 많이 사용되는 상태 코드는 200 OK, 201 Created, 202 Accepted 등이 있다.

- **3XX**: 클라이언트 요청을 완전히 처리하는 데 추가적인 작업이 필요함을 의미한다. 일반적으로 클라이언트가 요청한 리소스가 다른 위치로 옮겨져 클라이언트가 새로운 리소스를 다시 요청해야 하는 경우다. 대표적인 상태 코드는 302 Found이며, 이때 서버는 새로운 URL 경로를 포함하는 Location 헤더를 함께 응답한다. 클라이언트는 이 헤더를 파싱하여 새로운 URL로 다시 요청한다. 이런 작업을 리다이렉션이라고 하며, 클라이언트가 이 작업을 처리한다.

- **4XX**: 클라이언트가 전송한 요청 메시지에 에러가 있음을 의미한다. 요청 메시지에 문법이 잘못되었거나(400 Bad Request), 인증 혹은 인가되지 않은 리소스에 요청하는 경우(401 Unauthorized, 403 Forbidden) 등이 있다. 클라이언트가 요청하는 리소스가 없는 경우는 404 Not Found를 응답한다.

- **5XX**: 클라이언트가 전송한 요청을 처리하는 도중 서버가 정상적으로 처리하지 못하고 에러를 발생할 때 사용하는 대분류 코드다. 500 Internal Server Error가 대표적이다.

예제로 설명한 상세 분류 코드 외에도 수많은 상태 코드가 있다.

4.1.2 HTTP 특징

HTTP 프로토콜은 1989년부터 1991년에 발명되었다. 30여 년이라는 긴 시간 동안 사용되었으나 기간에 비해 버전은 크게 바뀌지 않았다. HTTP 프로토콜의 버전별로 제공되는 기능은 다음과 같다.

- **HTTP/1.0**: 가장 기본적으로 사용되는 버전이다.
- **HTTP/1.1**: keep-alive와 파이프 라이닝 기능을 제공하고, 청크(chunk) 응답을 제공한다.
- **HTTP/2.0**: 구글이 만든 SPDY 프로토콜을 정식으로 채용했다. 요청과 응답에 멀티 플렉싱 기능을 제공한다.

HTTP 프로토콜의 특징을 알아보자. 다른 프로토콜과 비교하면 HTTP는 두 가지 특징이 있다. 비연결성(connectionless)과 무상태(stateless)다. 비연결성이란 HTTP 프로토콜이 서버와 클라이언트 사이에 커넥션을 유지할 필요 없이 데이터를 송수신할 수 있음을 의미한다. 물론 클라이언트가 요청 메시지를 보내고 서버가 응답 메시지를 보내려면 커넥션이 필요하다. 하지만 여러 메시지 쌍을 주고받기 위해 하나의 커넥션을 계속해서 유지하고 사용할 필요는 없다. FTP와 Telnet이나 TCP 기반의 다른 프로토콜들은 서버와 클라이언트가 하나의 커넥션을 맺고, 그 커넥션을 사용하여 여러 메시지를 송수신한다. 다만 버전에 따라 클라이언트가 메시지를 전송하기 위해 매번 커넥션을 새로 맺어야 할 때도 있는데, 이렇게 비연결성이 보이는 장점과 단점이 매우 명확하다. 먼저 단점을 설명하고 뒤이어 장점도 설명한다.

HTTP 프로토콜은 인터넷에서 데이터를 주고받기 위해 서버와 클라이언트가 통신하는 규약(프로토콜)을 의미한다. 이때 HTTP 프로토콜은 TCP를 통해 데이터를 전송한다. 그러므로 데이터를 송수신하려면 서버와 클라이언트 사이에 커넥션이 필요하다. 이 TCP 커넥션을 서버와 클라이언트 사이에 생성하려면 3-way-handshake 과정을 거쳐야 하며, 이는 시간과 컴퓨터 리소스가 사용되는 비싼 과정이다. 그러므로 클라이언트는 서버에 메시지를 전송하기 위해 커넥션을 새로 맺어야 한다. 물론 이를 극복하려고 keep-alive 스펙을 HTTP/1.1부터 사용할 수 있다. 이는 커넥션을 맺는 비용을 줄이고자 일정 시간 동안 커넥션을 유지하는 기능이다. 하지만 기본적으로 HTTP는 비연결성 특징이 있으므로 클라이언트는 서버와 통신을 계속하려면 매번 새로운 커넥션을 맺어야 한다.

하지만 HTTP 프로토콜은 커넥션을 유지할 필요가 없는 프로토콜이므로 서버는 클라이언트와 커넥션을 항상 유지하지 않아도 되는 장점이 있다. 커넥션이 유지되는 프로토콜이라면 클라이언트의 모든 요청이 한 서버로 전송되는데 이 서버가 모두 처리해야 한다. 서비스에 포함된 모든 서버가 균등한 양의 일을 처리하지 못하고 특정 서버에 부하가 집중될 수 있다. 물론 이를 해결할 수 있는 아키텍처도 있지만, 복잡한 구조가 될 수밖에 없다. 커넥션을 유지하고 있는 서버를 배포하거나 서비스에서 제외하는 경우 추가적인 작업이 필요할 수 있다. 즉, 다른 서버에 커넥션을 다시 맺는 작업이나 적절한 서버로 라우팅하는 서버가 필요할 수 있다.

HTTP 프로토콜의 비연결성은 이를 간단하게 해결한다. 메시지를 전송하기 위해 매번 커넥션을 맺기 때문에 L4나 L7 같은 로드 밸런서가 있다면 모든 서버가 균등하게 요청들을 처리할 수 있으며, 서버들을 쉽게 수평 확장하거나 축소할 수 있다. 일반적인 웹 애플리케이션은 서버에서 HTML을 받고 클라이언트가 렌더링하는 서비스다. 그러므로 데이터의 실시간성은 중요하지 않다. 즉, 약간의 지연이나 렌더링 후 사용자가 글을 읽는 시간이 필요한 서비스다. 그러므로 서비스 특성상 비연결성 특징이 더 효율적으로 작용한다.

또 다른 특징은 무상태다. HTTP 프로토콜은 이전 요청에 의존하지 않는다. 즉, 클라이언트가 서버에 여러 요청을 해도 각 요청은 하나씩 독립적으로 처리된다. 커넥션을 유지하지 않기 때문이다. 그러므로 서버 사이에 데이터를 공유하지 않아도 된다. 하지만 이것의 가장 큰 문제는 이전 상태를 기억해야 하는 인증과 인가 기능이다. 이 기능들은 대부분 웹 서비스에서 반드시 필요하다. HTTP 프로토콜은 이를 해결하기 위해 쿠키나 세션에 대한 스펙을 제공한다.

4.2 스프링 웹 MVC 프레임워크

자바 플랫폼 엔터프라이즈 에디션(Java platform, Enterprise Edition)(이하 Java EE 또는 J2EE)은 자바 언어를 사용하여 엔터프라이즈 애플리케이션을 만들 수 있는 플랫폼인 동시에 표준 스펙의 집합이다. 그래서 J2EE는 Java API를 제공하면서 동시에 애플리케이션을 만들 때 필요한 여러 스펙을 포함하고 있다. 다시 말하면 J2EE는 표준 스펙들을 포함하고 있는 표준이라고 할 수 있다. 여러 스펙을 아우르는 J2EE 내용은 매우 방대한데, 웹 애플리케이션(JSP, Servlet 등)부터 데이터베이스 접근(JDBC)이나 자바 메시징 처리(JMS)까지 다룬다. 그리고 각 영역에서 어떻게 개발해야 하는지, 어떤 기능을 포함해야 하는지도 다룬다. J2EE의 스펙 중 서블릿(servlet)은 HTTP 프로토콜을 사용하여 데이터를 주고받는 서버용 프로그래밍 스펙을 의미한다. 서블릿은 javax. servlet.Servlet 인터페이스 형태로 Java API에서 제공하며, 이를 구현한 클래스도 서블릿 또는 서블릿 애플리케이션이라고 한다. 서블릿 애플리케이션들을 관리하고 실행하는 서버를 서블릿 컨테이너(servlet container) 또는 WAS(Web Application Server)라고 한다. 서블릿 컨테이너는 서블릿 애플리케이션을 보관하고 사용자 요청에 따라 적절한 서블릿 애플리케이션을 찾아 실행한다. J2EE의 서블릿 스펙을 구현한 WAS는 여러 종류가 있으며, 그중 적절한 것을 사용하면 된다. 개발자들이 많이 사용하는 대표적인 WAS 제품은 톰캣(Tomcat)이다. 이외에도 제티(Jetty), 언더토우

(Undertow) 등이 있다. 이 책에서도 스프링 프레임워크로 웹 애플리케이션 서버를 개발할 때 톰캣을 기준으로 개발하는 방법을 설명한다.

서블릿을 설명하는 이유는 J2EE 스펙을 사용하여 웹 애플리케이션을 개발할 때 서블릿 스펙을 따라야 하기 때문이다. 스프링 웹 MVC 프레임워크도 J2EE 표준인 서블릿을 포함하고 있으며 WAS를 이용하여 웹 서비스를 한다. 다음은 서블릿의 주요 마일스톤으로, 버전별 주요 스펙들을 나열했다.

- **서블릿 3.0**: 비동기(asynchronous) 서블릿 기능 지원
- **서블릿 3.1**: 비차단(non-blocking) 방식의 IO 기능 지원
- **서블릿 4.0**: HTTP 2.0 기반의 기능 지원

그림 4-2는 서블릿 애플리케이션이 클라이언트 요청을 어떻게 처리하고 응답하는지 보여 준다. 그림 4-1과 비교하면, 요청을 처리하고 응답하는 서버가 톰캣으로 변경된 것을 알 수 있다. 서블릿 애플리케이션은 설정 파일[4]에 서블릿 정보를 작성하고 톰캣이 실행할 때 이를 읽어 서블릿 애플리케이션을 로딩하는 방식으로 설정한다. 설정 파일에 등록되는 정보는 어떤 서블릿 애플리케이션이 어떤 URL을 처리할지 설정한다. 즉, 톰캣에는 여러 URL에서 하나 이상의 서블릿 애플리케이션을 설정할 수 있다. 브라우저는 HTTP 프로토콜 스펙에 따라 요청하고 이를 서블릿 컨테이너 역할을 하는 WAS의 한 종류인 톰캣이 처리한다. 그리고 톰캣은 HTTP 요청에 적절한 서블릿 애플리케이션을 실행한다.

❤ 그림 4-2 서블릿으로 구현한 프로그램의 HTTP 요청과 응답 처리

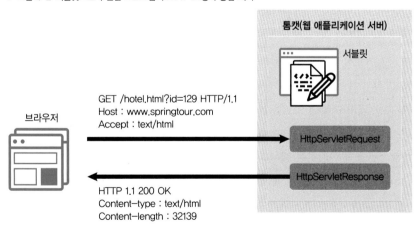

---

4 일반적인 설정 파일은 web.xml이다.

그림 4-2의 서블릿 애플리케이션 내부를 보면 `HttpServletRequest`와 `HttpServletResponse` 객체를 이용하여 클라이언트의 요청과 응답을 처리하는 것을 알 수 있다. 서블릿 스펙에 따라 브라우저가 전송한 HTTP 요청 정보는 `javax.servlet.http.HttpServletRequest` 객체에 포함되며, 서블릿 애플리케이션에서 필요한 HTTP 헤더나 쿼리 문자열 등 여러 정보를 참조할 수 있는 메서드들을 제공한다. 서블릿 애플리케이션은 사용자 요청에 따라 데이터 저장소에서 데이터를 조회하거나 값을 변경하는 작업을 실행한다. 그리고 실행된 결과는 `javax.servlet.http.HttpServletResponse` 객체에 설정되어 사용자에게 응답한다.

그림 4-2와 같이 클라이언트가 서버에 HTML 문서를 요청한다고 생각해 보자. 이때 요청 메시지에 포함된 Accept 헤더 값은 'text/html'이다. Accept 헤더는 클라이언트에서 처리할 수 있는 콘텐츠 타입을 서버에 알려 주는 역할을 한다. 서블릿 애플리케이션은 `HttpServletRequest`의 `getHeader()` 메서드를 사용하여 Accept 헤더 값을 확인할 수 있다. 사용자 요청을 확인한 후 서블릿 애플리케이션은 HTML 문서를 응답하며, Content-type 헤더 값은 'text/html'이다. Content-type 헤더는 바디에 포함된 데이터가 어떤 종류의 콘텐츠인지 알려 준다. 이때 서블릿 애플리케이션은 `HttpServletResponse`의 `setHeader()` 메서드를 사용하여 Content-type 헤더와 값을 설정할 수 있다. 또한 `getOutputStream()` 메서드를 사용하여 응답 메시지 바디에 데이터를 입력할 수 있다. 이 과정을 거치면 톰캣은 HTTP 프로토콜을 사용하여 브라우저에 HTML 데이터를 전송하며, 브라우저는 HTML을 렌더링하여 사용자에게 표현한다.

그림 4-2에서 나타난 서블릿 애플리케이션의 역할은 클라이언트 요청으로 데이터베이스에서 데이터를 조회하거나 생성하는 과정을 거쳐 클라이언트의 Accept 헤더에 따라 적절한 MIME 콘텐츠를 응답하는 것이다. 즉, 클라이언트 요청을 처리하고, 데이터를 처리하고, 마지막으로 HTML 같은 MIME 콘텐츠를 이용하여 클라이언트 화면까지 구성해야 한다.

전통적인 서블릿 애플리케이션은 데이터를 다루는 로직과 HTML 코드까지 하나의 클래스에 서로 얽혀 있다. 그래서 작은 기능을 수정해도 개발자가 의도하지 않은 다른 변경이 일어날 수 있었다. 또한 코드의 라인 수도 많기 때문에 코드를 파악하거나 유지 보수하는 데 어려움이 있다. 이런 현상은 엔터프라이즈 애플리케이션을 개발할 때 더욱 심해진다. 그러므로 웹 애플리케이션 기능이 다양해지거나 다른 시스템과 연결하여 데이터를 서로 주고받는 로직이 포함되면 서블릿 애플리케이션 복잡도는 그에 비례하여 증가한다. 때로는 애플리케이션의 기능과 복잡도가 선형으로 증가하지 않고 지수형(exponential)으로 증가하기도 한다.

스프링 웹 MVC는 효율적으로 웹 애플리케이션을 개발할 수 있는 방법을 제공한다. 웹 애플리케이션 기능을 크게 세 가지로 분류하고 각 역할에 맞게 클래스를 분리하여 동작하는 패턴이 MVC

패턴이다. 그리고 앞서 설명한 스프링 빈을 이용하여 객체 간 의존도를 낮추는 방법도 사용할 수 있다. 계속해서 스프링 웹 MVC 프레임워크가 사용하는 MVC 패턴과 사용자의 모든 요청을 받아 처리하는 Dispatcher 서블릿, 스프링 웹 MVC 프레임워크를 설정하는 방법까지 알아본다.

4.2.1 MVC 패턴

스프링 웹 MVC는 MVC 패턴으로 구현된 프레임워크다. 그래서 프레임워크 이름도 MVC 패턴에서 따왔다. MVC 패턴은 웹 애플리케이션 구조를 역할에 따라 크게 세 가지로 분류하고 각 역할을 수행하도록 패턴으로 만든 것이다. 역할에 따라 모델(Model), 뷰(View), 컨트롤러(Controller)로 분리하며, 각각의 첫 글자를 따서 MVC 패턴이라고 한다. 즉, 전통적인 서블릿 애플리케이션을 역할에 따라 모델 역할을 하는 클래스, 뷰 역할을 하는 클래스, 컨트롤러 역할을 하는 클래스로 분리한다. 그런 다음 각각의 클래스가 서로 협업하여 웹 애플리케이션 기능을 제공한다. 이렇게 역할을 나누는 MVC 패턴은 코드의 복잡도를 줄일 수 있는 장점이 있다. 그래서 변화에 쉽게 대응할 수 있다. 세 클래스의 역할을 좀 더 알아보자.

- **Controller**: 사용자 요청을 받아 어떻게 처리할지 결정하는 역할로, 사용자 요청을 분석하는 역할을 담당한다. 데이터를 처리하는 데 필요한 HTTP 쿼리 스트링이나 헤더, 바디 같은 정보를 HTTP 메시지에서 파싱하여 추출한다. 그리고 적절한 Model이나 요청에 적합한 View에 전달하는 역할을 한다. HTTP 메시지를 파싱해야 하므로 사용자 요청을 가장 먼저 받아 처리한다.
- **Model**: 컨트롤러에서 전달받은 사용자 요청 데이터를 가공하거나 데이터 저장소에서 데이터를 처리하는 작업을 담당한다. 웹 애플리케이션의 비즈니스 로직을 처리하는 역할을 한다.
- **View**: 사용자에게 응답하는 화면을 담당한다. 웹 애플리케이션은 직접 화면을 보여 주는 역할은 하지 않고 사용자가 요청한 Accept 헤더에 적합한 MIME 문서를 전달한다. 그러면 클라이언트는 MIME 문서를 파싱하여 적합한 화면으로 렌더링한다. 그러므로 View 클래스는 사용자에게 응답하는 메시지 포맷을 결정하거나 Model 데이터를 HTML, XML, JSON 메시지로 만든다.

그림 4-3은 그림 4-2의 전통적인 서블릿 애플리케이션을 MVC 패턴으로 변경한 애플리케이션으로 표현한 것이다. MVC 패턴에서 컨트롤러는 모델로 사용자 요청을 전달하거나 모델을 건너뛰고 뷰로 직접 사용자 요청을 전달할 수 있다. 하지만 실제 웹 서버 애플리케이션에서 모델을 거치지 않고 직접 뷰로 전달되는 경우는 드물다. 사용자 요청을 받아 화면만 그리는 애플리케이션이

흔하지 않기 때문이다. 그러므로 그림 4-3과 같이 사용자 요청의 흐름을 'Controller – Model – View'로 표현했다.

❤ 그림 4-3 MVC 패턴이 적용된 서블릿 형태

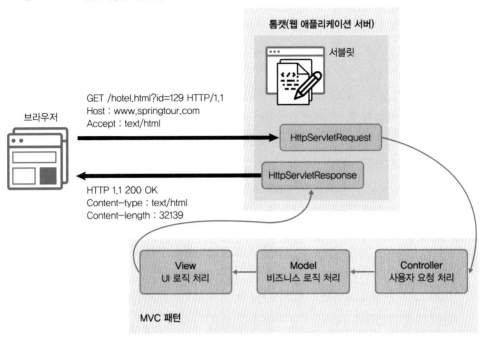

전통적인 서블릿 클래스를 Controller 클래스, Model 클래스, View 클래스로 분리하고 각 객체의 메서드를 호출하여 사용자 요청을 처리하는 구조다. 기능에 따라 클래스를 설계했기 때문에 필요에 따라 각 클래스를 재사용할 수 있으며, 기능이 수정되어도 필요한 부분만 수정하면 되는 장점이 있다.

여전히 서블릿 애플리케이션이 MVC 패턴으로 각각의 기능에 따라 클래스를 분리했지만 클래스간 의존성 문제는 여전하다. new 키워드를 사용해서 객체를 직접 선언하여 클래스 사이에 강한 의존성이 생긴다고 하자. 강한 의존성은 복잡도를 높이는 동시에 유지 보수를 어렵게 한다.

스프링 MVC 프레임워크는 의존성 문제를 해결하는 방법으로 IoC 컨테이너를 제공한다. 내부에 스프링 코어 프로젝트와 스프링 컨테이너를 포함하므로 의존성 문제를 해결할 수 있다. 개발자가 스프링 빈을 정의하기 위해서는 스테레오 타입 애너테이션을 선언하거나 자바 설정 방법을 이용한다. 스테레오 타입 애너테이션에는 @Controller, @Service, @Component, @Repository가 있다. 클래스 역할에 따라 적절한 애너테이션을 사용하면 된다. 스프링 애플리케이션이 실행되면 이들 클래스는 ApplicationContext에 스프링 빈으로 로딩된다. 스프링 빈 사이의 의존 관계에 따라

ApplicationContext가 관리하고 있는 스프링 빈을 주입한다. 스프링 MVC 프레임워크를 이용하여 개발한 애플리케이션은 그림 4-4와 같은 형태로 변경된다.

▼ 그림 4-4 스프링 MVC 프레임워크를 이용한 웹 서버 애플리케이션

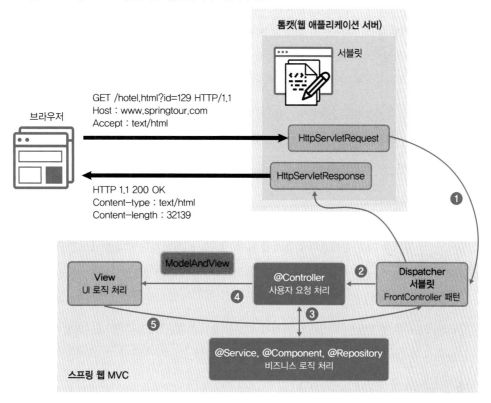

스프링 MVC 프레임워크는 몇 가지 주요 컴포넌트를 제공한다. 이들 컴포넌트는 개발자가 할 일을 대신 처리하기도 하고, 개발자가 개발한 클래스를 관리하는 기능도 한다. 대표적인 컴포넌트는 그림 4-4의 DispatcherServlet이다. 그림 4-4를 보면 DispatcherServlet이 전체 기능을 제어하는 것을 볼 수 있다.[5] 그래서 그림 4-4의 애플리케이션은 개발자가 개발한 부분과 프레임워크에서 제공한 컴포넌트들을 조합하여 서비스한다. 그림에서 보라색 부분은 개발자가 직접 개발해야 하는 부분이며, 나머지 부분은 스프링 MVC 프레임워크에서 제공하는 것이다. 그림 4-3과 가장 크게 달라진 점은 컨트롤러가 DispatcherServlet으로 교체되고 Model 부분이 세분화되어 여러 클래스로 구성된 것이다. 마지막으로 그림 4-4에서 ModelAndView 객체가 View 사이에 새로 생성된 것을 볼 수 있다.

---

5 주요 컴포넌트는 뒤에서 다시 설명한다.

그림 4-4에서 MVC 패턴의 컨트롤러 역할은 DispatcherServlet과 개발자가 @Controller 애너테이션을 사용하여 개발한 컨트롤러 클래스들이 나누어 담당한다. 그리고 MVC 패턴의 모델 역할은 사용자가 개발한 @Service, @Component, @Repository 애너테이션으로 선언된 클래스들과 ModelAndView가 대신한다. 마지막으로 MVC 패턴의 뷰 역할은 스프링 웹 MVC 프레임워크의 뷰가 대신한다. 프레임워크는 사용자가 요청한 포맷에 맞는 여러 뷰 컴포넌트를 제공한다. 개발자는 이를 설정하거나 확장하여 사용할 수 있으며, 클라이언트 요청에 따라 적합한 뷰 컴포넌트가 동작하도록 설정하면 된다. 그림 4-4의 동작 순서는 다음을 참고하자.

❶ 사용자의 모든 요청은 DispatcherServlet이 우선적으로 처리한다.

❷ HTTP 메시지의 요청 라인에 요청된 리소스에 따라 어떤 컨트롤러 스프링 빈이 처리할지 판단하고, 적절한 컨트롤러(@Controller) 스프링 빈으로 사용자 요청을 전달한다.

❸ 컨트롤러 스프링 빈은 서비스 기능을 구현한 서비스(@Service), 컴포넌트(@Component), 리포지토리(@Repository) 스프링 빈들의 메서드들을 호출한다. 여러 객체의 메서드들이 조합되어 실행되고, 그 결과를 다시 컨트롤러 클래스가 받아 객체를 리턴하거나 기능을 종료한다.

❹ 컨트롤러 클래스는 ModelAndView 객체를 이용하여 UI를 처리할 수 있는 View를 찾아 3에서 리턴된 데이터와 함께 전달할 수 있다.

❺ 선택된 View는 전달받은 데이터를 매핑하여 사용자가 요청한 대로 응답 데이터를 생성한다. 그리고 생성된 응답 데이터는 다시 DispatcherServlet에 전달되어 클라이언트에 전달된다.

앞으로 이 책에서 스테레오 애너테이션으로 선언된 스프링 빈 클래스는 다음과 같이 사용한다.

- **@Controller 스프링 빈 클래스**: 컨트롤러 클래스
- **@Service 스프링 빈 클래스**: 서비스 클래스
- **@Repository 스프링 빈 클래스**: 리포지토리 클래스
- **@Component 스프링 빈 클래스**: 컴포넌트 클래스

4.2.2 DispatcherServlet

그림 4-4를 보면 클라이언트 요청을 처리하기 위해 개발자의 코드와 스프링 프레임워크에서 제공하는 컴포넌트가 서로 긴밀하게 연관되어 있다. 이들 컴포넌트는 HandlerMapping,

HandlerAdapter, ModelAndView, ViewResolver, DispatcherServlet이다. 이 중에서 DispatcherServlet이 가장 핵심 역할을 하는 컴포넌트다.[6]

DispatcherServlet은 프런트 컨트롤러 패턴으로 디자인되어 있다. 프런트 컨트롤러 패턴은 프런트 컨트롤러라고 하는 핵심 컨트롤러가 문지기 역할을 하도록 디자인한 것이다. 프런트 컨트롤러는 사용자의 모든 요청을 받고 이 요청을 분석한 후 적절한 컴포넌트로 전달하는 역할을 한다. 또한 웹 애플리케이션의 전체 흐름을 조정하는 역할도 한다. 그래서 클라이언트에서 들어오는 모든 요청과 클라이언트에서 나가는 모든 응답은 DispatcherServlet으로 처리된다. 그림 4-5를 보면 이를 확인할 수 있다. 그림 4-5는 DispatcherServlet의 동작을 설명하기 위해 그림 4-4의 스프링 MVC 애플리케이션 부분만 따로 분리해서 보여 준다. 그리고 어떤 순서로 각 컴포넌트가 동작하는지 자세히 설명한다.

❤ 그림 4-5 스프링 MVC 컴포넌트와 동작 순서

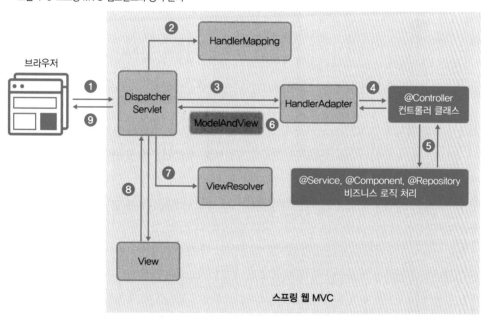

❶ 클라이언트에서 전송된 모든 HTTP 요청 메시지는 가장 먼저 DispatcherServlet이 받아 처리한다.

---

6 스프링 웹 MVC 프레임워크에서는 DispatcherServlet이 핵심 역할을 수행하고, 스프링 코어 프레임워크에서는 ApplicationContext가 핵심 역할을 수행한다.

❷ DispatcherServlet은 요청 메시지의 요청 라인과 헤더들을 파악한 후 어떤 컨트롤러 클래스의 어떤 메서드로 전달할지 HandlerMapping 컴포넌트의 메서드를 사용하여 확인한다.

❸ DispatcherServlet은 사용자 요청을 처리하기에 적합한 컨트롤러 클래스에 HTTP 요청 메시지를 전달하기 위해 전달 역할을 하는 HandlerAdapter에 전달한다.

❹ HandlerAdapter는 해당 컨트롤러 클래스에 클라이언트 요청을 전달한다.

❺ 컨트롤러 클래스는 개발자가 개발한 비즈니스 로직을 실행한다. 이 비즈니스 로직은 개발자가 정의한 스프링 빈과 일반 자바 객체의 조합으로 구성된다. 실행된 결과는 다시 컨트롤러 클래스로 전달되고, 컨트롤러 클래스는 이 데이터를 어떤 뷰로 전달할지 결정한다.

❻ HandlerAdapter는 처리할 뷰와 뷰에 매핑할 데이터를 ModelAndView 객체에 포함하여 DispatcherServlet에 전달한다.

❼ DispatcherServlet은 처리할 뷰 정보를 ViewResolver에 확인한다.

❽ DispatcherServlet은 View에 데이터를 전달하고, View는 데이터를 HTML, XML 등 적합한 포맷으로 변환한다. 그리고 변환한 데이터를 DispatcherServlet으로 전달한다.

❾ DispatcherServlet은 최종적으로 변환된 데이터를 클라이언트에 전달한다.

처리 순서를 읽어 보면 DispatcherServlet은 컴포넌트에 정보를 질의하거나 각자 역할을 담당하는 컴포넌트에 사용자 요청을 전달한다. 사용자 요청을 각 컴포넌트를 사용하여 관리하는 것을 오케스트레이션이라고 한다. DispatcherServlet이 사용자 요청을 적합한 컨트롤러 클래스의 메서드로 라우팅하는 과정에서 가장 중요한 역할을 하는 것은 HandlerMapping이다. 스프링 웹 MVC 애플리케이션은 시작하면서 개발자가 만든 컨트롤러 클래스들의 정보를 로딩한다. 그리고 사용자 요청을 처리하기에 적합한 핸들러 메서드를 응답한다. 이 핸들러 메서드는 개발자가 개발한 컨트롤러 클래스에 정의된 메서드다. 이렇게 스프링 프레임워크의 컴포넌트가 사용자가 개발한 메서드를 인식하고 사용할 수 있는 것은 ApplicationContext가 스프링 빈 객체를 로딩하고 관리할 수 있기 때문이다. 프레임워크에서 제공하는 컴포넌트도 스프링 빈으로 로딩하고, 사용자가 만든 컨트롤러 클래스도 스프링 빈으로 로딩한다. 그러므로 DispatcherServlet이나 HandlerMapping 같은 컴포넌트들은 개발자가 작성한 스프링 빈의 설정 정보를 획득할 수 있고, 그림 4-5와 같이 유기적으로 동작할 수 있다. 이 내용을 생각하면서 다음에서 설명하는 각 컴포넌트의 역할을 다시 확인해 보자. 또한 동작 순서와 기능을 같이 확인해 보면 각 컴포넌트가 역할별로 잘 분리되어 있음을 알 수 있다.

- **HandlerMapping**: o.s.web.servlet.HandlerMapping 인터페이스를 구현한 컴포넌트다. 이 컴포넌트는 사용자의 HTTP 요청 메시지를 추상화한 HttpServletRequest 객체를 받아 사용자 요청을 처리하는 핸들러 객체를 조회하는 getHandler() 메서드를 제공한다. 이 메서드는 그림 4-5의 ❷에서 사용된다. 리턴받은 핸들러 객체는 o.s.web.servlet.HandlerExecutionChain이며, 어떤 컨트롤러 클래스의 어떤 메서드인지 알 수 있다. 스프링 부트 프레임워크의 기본 설정으로 실행하면 o.s.web.servlet.mvc.method.annotation.RequestMappingHandlerMapping 구현체가 실행된다. 애너테이션 기반으로 개발한 스프링 프레임워크에서 사용하는 구현체다. 이 구현체는 @RequestMapping 애너테이션의 속성 정보를 로딩할 수 있다. @RequestMapping 애너테이션은 어떤 사용자 요청을 어떤 컨트롤러 클래스의 메서드가 처리할지 정의하는 매핑 기능을 제공한다. @RequestMapping 애너테이션을 사용하는 방법은 4.4절에서 자세히 설명한다.

- **HandlerAdapter**: o.s.web.servlet.HandlerAdapter 인터페이스를 구현한 컴포넌트다. 이 컴포넌트는 사용자의 요청과 응답을 추상화한 HttpServletRequest, HttpServletResponse 객체를 컨트롤러 클래스의 메서드에 전달하는 오브젝트 어댑터(object adapter) 역할을 한다. ModelAndView 객체를 리턴하는 handle() 메서드를 제공하며, 이 메서드는 그림 4-5의 ❸과 ❻ 절차를 수행하는 데 사용된다. 이 역시 여러 구현체가 있지만, @RequestMapping 애너테이션을 처리하는 RequestMappingHandlerMapping 구현체와 한 쌍으로 RequestMappingHandlerAdapter 구현체를 많이 사용한다.

- **ModelAndView**: 컨트롤러 클래스에서 처리한 결과를 어떤 뷰에서 처리할지 결정하고 뷰에 전달할 데이터를 포함하는 클래스다.

- **ViewResolver**: 문자열 기반의 View 이름을 실제 View 구현체로 변경한다. 다양한 템플릿 뷰 엔진이 있으며, 각각에 적합한 ViewResolver 구현체는 스프링 프레임워크에서 제공한다. 이 구현체를 스프링 빈으로 정의하면 된다. JSP를 사용한다면 InternalResourceViewResolver를, Velocity 템플릿 엔진을 사용한다면 VelocityViewResolver를, Freemarker 템플릿 엔진을 사용한다면 FreemarkerViewResolver 구현체를 이용하여 스프링 빈으로 정의한다.

그림 4-5를 보면 사용자의 요청(❶)과 응답(❾) 모두 DispatcherServlet이 처리한다. 이렇게 가장 앞쪽에서 모든 요청과 응답을 처리하는 패턴을 프런트 컨트롤러 패턴이라고 한다. 즉, Dispatcher 서블릿이 프런트 컨트롤러 패턴으로 구현되었음을 다시 확인할 수 있다. 프런트 컨트롤러 패턴의 장점은 사용자의 모든 요청과 응답에 대해 공통 기능을 일괄적으로 쉽게 추가할 수 있다는 것이다. 예를 들어 사용자 요청 메시지에 포함된 특정 헤더를 파싱하거나 요청 라인의 특정 파라미터 값을 특정 객체로 변환하여 컨트롤러 클래스에서 사용할 수 있다. 이런 방식으로 인증

(authentication), 인가(autorization) 기능을 쉽게 구현할 수 있다. 프런트 컨트롤러 패턴 덕분에 인증, 인가를 위한 스프링 시큐리티 프레임워크도 애플리케이션에 쉽게 적용할 수 있다.

개발자가 만든 클래스와 스프링 프레임워크의 컴포넌트들이 동작하는 관점에서 정리해 보자. 개발자는 컨트롤러 클래스와 비즈니스 로직을 처리하는 서비스 클래스, 데이터 영속 기능을 처리하는 리포지토리 클래스를 작성한다. 이 클래스들은 @Controller, @Service, @Repository, @Component 같은 스테레오 타입 애너테이션을 사용하여 스프링 빈으로 정의한다. 특히 사용자 요청을 처리하는 컨트롤러 클래스에는 사용자 요청을 처리하는 메서드와 사용자 요청을 정의해서 매핑하는 @RequestMapping 애너테이션을 사용한다. 스프링 애플리케이션이 기동하면서 @RequestMapping 애너테이션의 속성 정보를 로딩하고, 이를 RequestMappingHandlerMapping 컴포넌트에서 관리한다. DispatcherServlet은 RequestMappingHandlerMapping 컴포넌트의 getHandler() 메서드를 사용하여 핸들러 정보를 획득한다. 이를 기반으로 RequestMapping HandlerAdapter 컴포넌트를 사용하여 사용자 요청을 컨트롤러 클래스의 메서드로 전달한다. 4.4절에서 @Controller, @RequestMapping 애너테이션을 사용하는 간단한 예제를 살펴볼 때 애너테이션의 사용 방법을 확인하자.

4.2.3 서블릿 스택과 스레드 모델

스프링 웹 MVC 프레임워크는 5.0 버전부터 두 가지 방식으로 설정할 수 있다. 전통적인 서블릿 모델을 사용하여 오랫동안 꾸준히 사용해 온 서블릿 스택(servlet stack)과 리액트 모델을 적용한 리액티브 스택(reactive stack)이다. 이 책에서는 서블릿 모델을 사용하는 서블릿 스택 방식으로 설정한 웹 애플리케이션을 설명하므로 여기에서는 두 스택의 차이점만 간단히 알아본다.

서블릿 스택과 리액티브 스택의 차이점은 동기식 프로그래밍과 비동기식 프로그래밍에 있다. 동기식 프로그래밍으로 애플리케이션을 개발하는 경우에는 서블릿 스택으로 구성하고, 비동기식 프로그래밍으로 애플리케이션을 개발하는 경우에는 리액티브 스택으로 구성한다.[7]

---

7 이외에도 블로킹 IO와 논블로킹 IO의 차이점도 알아야 하지만, 서블릿 스택을 다루는 이 책에서는 동기식과 비동기식의 차이점만 설명한다.

간단하게 두 프로그래밍 방식을 비교해 보자. 기능(함수)의 종료 시점을 정확하게 알 수 있는 방식을 동기식 프로그래밍이라고 한다. 반대로 기능의 종료 시점을 알 수 없는 방식을 비동기식 프로그래밍이라고 한다. 다른 객체의 메서드를 실행하고 그 결과를 받아 나머지 일을 처리할 수 있다면 동기식 프로그래밍이다. 메서드를 실행하고 결과를 받아 처리하는 것은 실행한 메서드의 종료 시점을 알 수 있다는 의미다. 그래서 일반적으로 메서드를 호출하고 호출한 메서드가 종료되면 다른 메서드를 실행하는 구조다. 반대로 비동기식 프로그래밍은 실행한 메서드의 종료 시점을 알 수 없으므로 콜백 형태의 함수를 전달하는 방식으로 프로그래밍한다. 즉, 실행한 메서드가 종료되면 전달된 콜백 함수를 호출하는 과정으로 동작한다. 콜백 함수를 이벤트 루프(event loop) 형태로 프로그래밍할 수 있다. 함수를 이벤트 단위로 이벤트 루프 큐(event loop queue)에 등록하고, 등록된 순서에 따라 이벤트를 처리한다. 스프링 리액티브 스택은 이벤트 루프 모델을 기반으로 비동기식 프로그래밍을 쉽게 할 수 있는 리액트(react) 라이브러리를 포함한다.

흔히 리액티브 스택으로 개발된 애플리케이션은 서블릿 스택으로 개발된 애플리케이션보다 더 높은 처리량을 보여 준다. 종료 시점을 알 수 없는 비동기식 프로그래밍의 특성상 종료 시점을 기다리지 않고 바로 다른 기능을 실행할 수 있기 때문이다. 그래서 기능의 종료 시점에 서로 동기화되지 않으므로 비동기라고 한다. 스프링 리액티브 스택이 사용한 이벤트 루프 모델은 시스템 자원을 효율적으로 사용할 수 있는 장점이 있다. 비동기 프로그래밍은 하나의 기능을 여러 이벤트로 분리해야 한다. 분리된 이벤트들은 각각 다른 스레드에서 실행될 수 있다. 그러므로 하나의 기능이 여러 스레드에서 실행된다.

반대로 동기식 프로그래밍은 각 기능의 종료 시점에 동기화되어 전체 기능을 수행하므로 동기식 프로그래밍이라고 한다. 반대로 스프링 서블릿 스택은 하나의 기능을 하나의 스레드에서만 동작한다. 이런 특징 때문에 ThreadLocal 같은 클래스도 사용할 수 있으며 비교적 간단하게 프로그래밍할 수 있다.

그림 4-6은 서블릿 스택으로 개발된 스프링 애플리케이션이 어떻게 스레드를 사용하여 사용자 요청을 처리하는지 보여 준다.

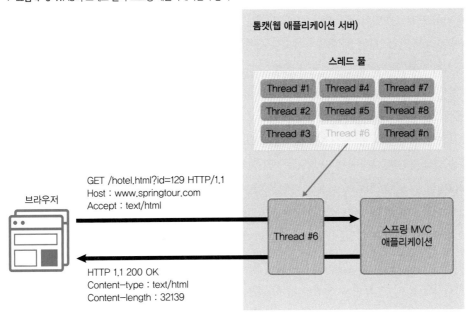

❤ 그림 4-6 WAS의 스레드 풀과 스프링 애플리케이션의 동작

그림 4-6에서 클라이언트(브라우저)는 /hotel.html 리소스를 서버에 요청한다. 서버는 스레드 풀에서 스레드 하나를 받아 사용자 요청을 처리하는 데 할당된다. 할당된 스레드는 기능을 실행하고 클라이언트에 응답 메시지를 전달할 때까지 모든 과정을 실행한다. 그러므로 클라이언트의 요청과 응답을 하나의 스레드가 모두 처리한다. 이런 서블릿 스택 애플리케이션의 특징을 정리하면 다음과 같다.

- WAS는 스레드를 효율적으로 관리하고자 스레드들을 관리하는 스레드 풀을 포함한다.
- 사용자 요청부터 응답까지 하나의 스레드에서 모든 작업이 실행된다.
- 사용자 요청과 스레드 생명주기가 일치하므로 쉽게 개발 및 운영할 수 있다.

첫째, WAS는 스레드 풀을 관리한다. 이 스레드 풀은 WAS가 기동되면서 초기화되고 종료될 때 정리된다. 초기화 과정에서는 여러 개의 스레드가 생성되어 스레드 풀에서 관리하고, 종료 과정에서는 스레드 풀의 모든 스레드를 종료한다. 사용자 요청마다 스레드를 새로 생성하는 방법은 생성 비용이 비싸므로 미리 만들어진 스레드를 재사용하는 스레드 풀로 사용자 요청을 처리한다. 애플리케이션은 WAS의 스레드 개수에 따라 성능이 달라질 수 있다(스레드 풀을 설정하는 방법은 4.2.4절에서 다룬다). 스레드 풀의 스레드 개수는 유한하다. 그러므로 사용자 요청을 처리하는 데 시간이 오래 걸리면 스레드 풀의 스레드도 고갈된다. 스레드가 고갈되면 사용자 요청을 더 이상 처리할 수 없어 애플리케이션이 제때 응답하지 못하거나 프로세스가 죽는 상황도 발생한다.

둘째, 클라이언트에서 HTTP 요청을 받고 HTTP 응답을 하는 일련의 주기가 스레드의 생명주기와 일치한다. WAS는 스레드 풀을 제공하므로 사용자에게 요청이 들어오면 이 스레드 풀에서 하나의 스레드를 할당받아 요청을 처리한다. 사용자에게 응답이 완료되면 할당된 스레드는 다시 스레드 풀로 반납된다. 이런 방식을 Thread Per Request 모델이라고 하며, 이는 서블릿 3.1 버전 이상부터 사용할 수 있다.[8] 이 방식을 그림으로 표현한 것이 그림 4-6이다. 이 모델의 가장 큰 특징은 사용자 요청을 받고, 응답하는 주기와 스레드 생명주기가 일치한다는 점이다.

셋째, 하나의 스레드에서 모든 객체의 메서드들이 실행되므로 멀티 스레드 프로그래밍을 하지 않아도 쉽게 개발할 수 있다. 즉, 개발자는 스레드를 직접 다루지 않아도 된다. 그리고 예외를 처리하는 상황에서도 로그에 남겨진 트레이스 스택(trace stack)을 확인하면 어디에서 에러가 발생했는지 쉽게 찾을 수 있다. 즉, 어떤 클래스의 어떤 메서드를 실행하다 예외가 발생했는지 알 수 있고, 개발과 디버깅이 쉬워 서비스를 비교적 쉽게 운영할 수 있다.

4.2.4 스프링 부트 설정

이번에는 스프링 부트 프레임워크를 이용하여 REST-API 서버를 구성하는 방법을 설명한다. 스프링 부트는 자동 설정 기능을 지원하며, 간단하게 설정하더라도 바로 서비스에 투입(production-ready)할 수 있는 프레임워크다. 스프링 부트 프레임워크는 애플리케이션 내부에서 동작할 수 있는 WAS들을 함께 제공한다. 즉, WAS를 서버에 별도로 설치하지 않고, 코드베이스를 패키징한 후 java 명령어로 애플리케이션을 혼자서(standalone) 실행할 수 있다. 스프링 부트 프레임워크 내부에 임베디드 WAS(embedded WAS)를 포함하고 있기 때문에 외부 WAS 없이도 혼자서 실행할 수 있다. 스프링 프레임워크에서 제공하는 자동 설정된 임베디드 WAS는 톰캣(Tomcat), 제티(Jetty), 언더토우(Undertow)다.

스프링 부트 프레임워크로 웹 애플리케이션을 설정하려면 두 가지만 작업하면 된다. 의존성 추가와 설정 파일 수정이다. 첫 번째로 pom.xml에 spring-boot-starter-web 의존성을 추가한다. 의존성을 추가하는 것만으로도 웹 애플리케이션을 위한 자동 설정들은 실행된다. 두 번째로 application.properties 속성 파일에 개발자가 필요한 설정을 하면 된다. application.properties 파일 경로는 src 〉 main 〉 resources 〉 application.properties다. 스프링 애플리케이션은 이 경로에 있는 application.properties 파일을 읽고 설정값을 사용하여 자동 설정을

---

8   톰캣은 8.5.x 버전 이상부터 이 방식을 제공한다.

진행한다.[9] 설정은 미리 약속된 속성 이름과 설정하고자 하는 설정값을 키-밸류 쌍으로 입력하면
된다.

pom.xml에 spring-boot-starter-web 의존성을 추가하는 방법은 다음과 같다.

pom.xml에 spring-boot-starter-web 의존성 추가

```
<dependencies>
    <dependency>
        <groupId>org.springframework.boot</groupId>
        <artifactId>spring-boot-starter-web</artifactId>
    </dependency>
</dependencies>
```

참고로 예제 코드 chapter04의 pom.xml은 부모 pom.xml을 상속받고 있으므로 부모 의존성
을 그대로 받는다. 부모 pom.xml에는 spring-boot-starter-web이 추가되어 있으므로 spring-
boot-starter-web을 chapter04의 pom.xml에 추가하지 않아도 된다.

이처럼 spring-boot-starter-web 의존성을 추가하면 spring-boot-autoconfigure 프로젝트
의 o.s.boot.autoconfigure.web.servlet 패키지에 위치한 WebMvcAutoConfiguration.java
가 실행된다. 그리고 자동으로 스프링 웹 애플리케이션의 주요 컴포넌트를 설정한다. WebMvcAuto
Configuration 클래스 내부는 EnableWebMvcConfiguration과 WebMvcAutoConfigurationAdapter
클래스를 포함하는 구조다.

EnableWebMvcConfiguration 클래스는 스프링 웹 MVC 프레임워크의
RequestMappingHandler Mapping과 RequestMappingHandlerAdapter 컴포넌트를 생
성하고 이를 설정한다. WebMvcAutoConfigurationAdapter는 WebMvcConfigurer 인터
페이스를 구현하는 구조다. WebMvcConfigurer는 스프링 MVC 애플리케이션을 구성
할 수 있는 여러 추상 메서드가 선언되어 있어 WebMvcAutoConfigurationAdapter 구현
체는 이들 메서드들을 구현하여 자동 설정하는 역할을 한다. 특히 WebMvcConfigurer
는 HttpMessageConverter들을 설정할 수 있는 configureMessageConverters()나
extendMessageConverters() 메서드를 제공한다. HttpMessageConverter 객체는 클라이언
트가 요청하는 요청 객체나 클라이언트에 전달하는 응답 객체를 특정 형태로 변환하는 기
능을 제공한다. 예를 들어 REST-API 서버에서 자바 객체를 JSON 객체로, JSON 객체

---

9 이 책에서는 application.properties만 사용하지만 키 선언 방식이 다를 뿐 application.yml을 사용해도 된다(YAML 파일은 '야믈'이라고
  읽는다).

를 다시 자바 객체로 변환하는 역할을 담당한다. 그래서 API 서버를 작성할 때 설정하는 경우가 종종 있다. `WebMvcAutoConfiguration`의 자동 설정 작업이 끝나면 `Dispatcher ServletAutoConfiguration` 클래스가 실행된다. 이 클래스는 `DispatcherServlet` 객체를 생성하고 설정하는 기능을 실행한다.

다음으로 웹 애플리케이션을 설정하기 위해 application.properties를 src 〉 main 〉 resources 경로에 생성하고 다음 예제처럼 설정한다. application.properties는 키-밸류 형식으로, 키와 밸류를 구분하기 위해 '=' 문자를 사용한다. 그리고 키 이름을 효율적으로 관리하기 위해 계층적 구조를 만들 수 있는데, 이때 계층을 구분하려고 '.' 문자를 사용한다.

application.properties에 서버 포트 설정

```
server.port = 18080
server.tomcat.connection-timeout = 30s
server.tomcat.threads.max = 100
server.tomcat.threads.min-spare = 100
server.tomcat.accesslog.enabled = true
server.tomcat.accesslog.suffix = log
server.tomcat.accesslog.prefix = access_log
server.tomcat.accesslog.rename-on-rotate = true
```

server.port는 웹 서버 애플리케이션의 포트를 설정하는 속성 이름이며, 18080번을 웹 서버 포트로 설정한다. 나머지는 톰캣의 세부 설정들이다. 속성 이름은 스프링 부트 버전마다 다를 수 있다. 하지만 버전이 달라도 의미하는 내용과 속성 이름은 거의 비슷하므로 쉽게 알아낼 수 있다. 세부 설정 의미는 다음과 같다.

- **server.tomcat.connection-timeout**: 서버와 클라이언트가 커넥션을 맺고, 정해진 시간 동안 서버가 응답하지 않으면 해당 커넥션을 자동으로 끊는 설정이다. 예제에서는 30초(30s)로 설정했으며, 초(s)를 의미하는 문자를 제외하면 밀리세컨드 단위로 설정할 수 있다.

- **server.tomcat.threads.max**, **server.tomcat.threads.min-spare**: 톰캣 서버의 스레드 풀 최댓값(max)과 최솟값(min-spare)을 설정한다. 예제에서는 최댓값과 최솟값을 모두 100으로 설정했다. 이 두 값이 다르면 서버에 부하가 높을 때는 최댓값까지 스레드가 생성되지만, 부하가 낮을 때는 최솟값까지 스레드가 줄어든다. 런타임 도중 필요한 스레드를 생성하는 시간과 시스템 리소스 비용이 높기 때문에 두 값을 같게 사용할 때가 많다.

- **server.tomcat.accesslog.enabled**: 톰캣 서버의 액세스 로그 사용 여부를 설정한다. 기본값은 false이므로, 액세스 로그가 필요하다면 반드시 설정해야 한다. 클라이언트 요청과 클라이언트 응답 HTTP 메시지의 헤더와 처리 시간, 스레드 이름 등 톰캣이 처리한 내용을 로

그로 남길 수 있다.

- **server.tomcat.accesslog.suffix, server.tomcat.accesslog.prefix**: 톰캣 액세스 로그의
파일 이름을 수정할 수 있다.
- **server.tomcat.accesslog.rename-on-rotate**: 날짜가 지난 톰캣 액세스 로그에 타임 스탬프
를 추가하여 로그 파일 이름을 변경하는 설정이다.

마지막으로 @SpringBootApplication 애너테이션을 사용하여 다음과 같이 스프링 부트 애플리케
이션을 실행하는 클래스를 생성한다.

WebApplication.java
```java
@SpringBootApplication
public class WebApplication {

    public static void main(String[] args) {
        SpringApplication.run(WebApplication.class, args);
    }
}
```

REST-API를 구현하여 애플리케이션을 실행하는 코드 예제는 다음 4.4절에서 계속해서 설명한다.

4.3 REST-API 설계

SPRING BOOT FOR MSA

에피소드 ≡ 스프링 투어 개발 팀은 서비스를 마이크로서비스 아키텍처로 설계하면서 기능에 따라 몇 개의 시
스템 컴포넌트로 나누어 설계했다. 각 시스템들은 개발 완료하여 서비스를 런칭했다. 하지만 사용자 CS 서비스
를 만들어야 했다. CS 서비스는 사용자의 예약 정보를 확인하고, 상황에 따라 예약 정보를 수정하거나 삭제하
거나 새로 생성해야 했다. 사용자의 예약 정보는 각각의 마이크로서비스에 분리해서 관리되었다. 호텔 예약 정
보는 호텔 마이크로서비스 컴포넌트에, 항공 예약 정보는 항공 마이크로서비스 컴포넌트에, 렌터카 예약 정보는
렌터카 서비스 컴포넌트에 저장되어 있었다. CS 서비스 시스템은 각 마이크로서비스에 저장된 데이터를 조회
및 처리하는 통합 인터페이스로 REST-API를 사용하기로 결정했다.

이때 상담 서비스 개발 팀은 큰 문제점을 발견했다. 각 서비스 컴포넌트는 각기 다른 형태의 REST-API 포맷으로 API 인터페이스를 제공하고 있었다. 호텔 예약을 제공하는 서버에서 응답하는 메시지 포맷과 비행기 예약을 제공하는 서버에서 응답하는 메시지 포맷이 달랐다. 게다가 각기 다른 규칙으로 에러 메시지를 처리했고, 각기 다른 의미의 HTTP 상태 코드를 응답했다. 상담 서비스 개발자들은 각 서버들의 API를 사용할 때마다 각기 다른 요청 클래스와 응답 클래스를 개발해야 했으며, 가장 큰 문제는 일관성이 없어 API를 이해하는 데 시간이 필요했다. 그래서 개발 문서를 읽고 파악하거나 개발 미팅을 해야 했다. 결국 기능을 개발하는 시간보다 REST-API 메시지를 파싱하거나 의미를 파악하는 시간이 더 많이 소요되었다. 스프링 투어 개발 팀은 지금이라도 일관성 있고 체계적인 형태의 REST-API를 설계하기로 결정했다.

서비스를 잘 분리하고 중복 기능 없이 설계한 마이크로서비스라도 두 개 이상의 시스템 기능을 조합해야 할 때가 있다. 스프링 투어처럼 고객 서비스 시스템을 개발하는 경우가 대표적이다. 고객이 예약한 상품을 환불 또는 취소하는 기능을 구현해야 한다면 내부적으로 여러 시스템과 통합해야 한다. 컴포넌트 시스템 간 기능을 통합하는 경우 가장 많이 고려하는 API 인터페이스가 REST-API다. 쉽고 빠르게 개발할 수 있는 장점 덕분이다. 하지만 에피소드에서 이야기한 것처럼 REST-API가 일관성이 없다면 기능 개발보다 다른 일에 더 많은 시간이 필요하다. 일관성 있고 잘 설계된 REST-API가 필요하다.

이 책에서는 REST-API를 잘 설계할 수 있는 내용은 자세히 다루지 않는다. 다만 REST-API의 주요 특징과 우리가 REST-API를 개발할 때 지켜야 할 몇 가지 규칙을 설명한다. 여러분도 다른 오픈 REST-API들을 벤치마킹하여 서비스에 적합한 REST-API 규칙을 만들고 내부 개발자끼리 공유하여 개발하길 바란다.

REST-API는 다음 세 가지 요소로 구성된다.

- **리소스**(resource): 리소스(자원)는 HTTP URI로 표현한다.
- **행위**(verb): 리소스에 대한 행위는 HTTP 메서드로 표현한다. 일반적으로 리소스를 생성하고 값을 조회 · 수정 · 삭제하는 행위 등을 표현할 수 있다.
- **표현**(representation): 리소스에 대한 행위 내용은 HTTP 메시지 내용으로 표현한다. HTTP 메시지의 포맷은 JSON을 사용한다.

세 가지 요소를 사용하여 REST-API를 설계할 때는 다음 기본 규칙을 준수한다.

- 리소스 이름은 가능하면 동사보다 명사를 사용한다.
- 리소스는 계층적 구조를 가질 수 있다. 계층 관계를 가지므로 복수 형태를 사용한다.

- 리소스에 대한 행위는 GET, POST, PUT, DELETE를 기본으로 사용한다. 때에 따라서는 PATCH를 사용한다.

리소스는 웹 애플리케이션에서 다루는 데이터를 의미한다. 호텔들의 정보를 조회하고 등록하는 호텔 마이크로서비스의 REST-API 호텔 데이터 리소스는 '/hotels'로 정의하면 된다. 리소스는 계층적 구조를 가지므로 '/hotel'이 아닌 복수형 '/hotels'로 정의하는 것이 좋다. '/hotels' 리소스는 여러 호텔을 의미한다. 특정 호텔의 리소스를 정의할 때는 '/hotels/{uniqueId}'처럼 'hotels' 하위에 고유(unique)한 아이디 값을 사용하여 정의하는 것이 유리하다. '/hotels/hilton'처럼 이름을 사용하려면 힐튼(hilton)이라는 리소스는 중복되지 않아야 한다. 그저 hilton이라고 한다면 한국에 있는 힐튼을 의미하는지 미국에 있는 힐튼을 의미하는지 알 수 없기 때문이다. 이런 이유에서 보통은 '/hotels/9281726'처럼 숫자로 구성된 아이디 값을 사용한다. 물론 숫자 대신 고유한 문자열을 사용해도 좋다.

리소스들도 계층 구조로 설계할 수 있다. 예를 들어 호텔 컴포넌트는 객실 정보 리소스도 처리할 수 있다. 호텔의 객실은 호텔 정보에 포함될 수 있는 하위 개념이다. 그러므로 호텔과 객실 리소스는 계층 구조로 설계하기에 적합하다. 계층 구조로 리소스를 설계할 때는 좌측에서 우측 방향으로, 큰 개념에서 작은 개념으로 설계하면 된다. 호텔 아이디가 9281726이며, 객실(rooms) 아이디가 west-901인 정보가 있다고 하자. 이때 URI는 '/hotels/9281726/rooms/west-901'이 된다.

객실 아이디 'west-901'은 호텔과 상관없이 모든 객실을 구분할 수 있는 고유 값으로 설계해도 좋다. 예제처럼 객실은 호텔에 종속되는 리소스이므로 호텔 아이디와 객실 아이디를 조합한 값 (9281726 + west-901)을 고유하게 설계해도 된다. 하지만 이와 같은 고유 아이디 설계 방식은 일관적이고 유연한 API를 만들 수 없다.

객실 리소스를 의미하는 /rooms/west-901 URI를 생각해 보자. 객실 아이디 west-901 자체로는 고유한 값이 아니다. 그러므로 객실 리소스를 설계할 때는 객실 아이디와 함께 사용할 다른 고유한 아이디가 필요하다. /hotels/9281726/rooms/west-901 URI와 다른 /rooms/{uniqueRoomKey} URI로 설계해야 한다. 같은 객실 리소스를 의미하지만 일관성이 없으므로 사용하는 입장에서는 혼란이 발생한다.

그래서 호텔 아이디와 객실 아이디 모두 각각 고유한 값으로 설계하는 것을 추천하며, 이를 위해 데이터베이스의 기본 키(primary key)를 즐겨 활용한다.

리소스 이름은 동사보다 명사를 사용하는 것이 좋다. REST-API는 리소스에 대한 행위를 HTTP 메서드를 기준으로 설계한다. 그래서 리소스를 동사로 설계하면 행위가 중복되므로 의미가 모호해질 수 있다. 보통 네 개나 다섯 개의 HTTP 메서드를 이용하여 리소스에 대한 행위를 정의한다.

설계자 의도에 따라 POST, GET, PUT, DELETE 등 네 개의 HTTP 메서드 외에 PATCH 메서드를 추가해서 사용한다. REST-API에서 사용하는 각 메서드 의미는 다음과 같다.

- **GET**: 리소스 정보를 조회하는 데 사용한다. 리소스가 복수형이면 리스트 객체를 응답하고 단수형이면 단수 객체를 응답한다.
- **POST**: 클라이언트가 HTTP 메시지 바디에 전송한 데이터를 정의된 리소스에 생성한다.
- **PUT**: 정의된 리소스 객체를 HTTP 메시지 바디에 전송한 데이터로 전체 수정한다.
- **DELETE**: 정의된 리소스를 삭제한다.
- **PATCH**: 정의된 리소스의 일부 데이터를 수정한다.

REST-API 의미상 사용할 수 있는 리소스 형태와 메서드의 조합은 다음 표와 같다.

▼ 표 4-1 HTTP 메서드와 조합할 수 있는 리소스 형태와 의미

메서드	/hotels	/hotels/{hotelUniqueId}
POST	호텔 리소스에 새로운 호텔 정보를 생성한다.	사용하지 않는다. 클라이언트가 호텔의 유니크 아이디를 정의해서 생성할 수 없다.
GET	복수의 호텔 정보를 리스트 형태로 조회한다.	hotelUniqueId와 일치하는 호텔 정보를 조회한다.
PUT	사용하지 않는다. 특정 호텔을 정의할 수 없다.	hotelUniqueId와 일치하는 호텔의 전체 데이터를 수정한다.
DELETE	사용하지 않는다. 특정 호텔을 정의할 수 없다.	hotelUniqueId와 일치하는 호텔의 데이터를 삭제한다.
PATCH	사용하지 않는다. 특정 호텔을 정의할 수 없다.	hotelUniqueId와 일치하는 호텔의 일부 데이터를 수정한다.

클라이언트에 전달하는 응답 코드는 종류가 매우 많다. 그러므로 REST-API를 설계할 때 필요한 몇몇 응답 코드를 정의하는 것이 좋다. 일반적으로 응답 코드는 다음과 같이 사용한다.

- **200 OK**: 클라이언트 요청을 성공적으로 처리했을 때 사용하는 상태 코드다.
- **201 Created**: 클라이언트 요청으로 리소스에 데이터를 성공적으로 생성했을 때 사용하는 상태 코드다.
- **400 Bad Request**: 클라이언트 요청이 유효하지 않음을 의미하는 상태 코드다.
- **401 Unauthorized**: 인증받지 않은 클라이언트가 요청할 때 응답하는 상태 코드다.
- **402 Forbidden**: 인가받지 않은 클라이언트가 요청할 때 응답하는 상태 코드다.
- **500 Error**: 서버 오류로 정상적으로 클라이언트 요청을 처리할 수 없을 때 사용하는 상태 코드다.

200 OK와 201 Created 상태 코드를 구분해서 사용해도 되고, 200 OK로 통합해서 사용하기도 한다. 리소스에 데이터를 생성했음을 별도로 구분할 필요가 있다면 201 Created를 사용하도록 설계하자. 이때는 POST 메서드로 설계된 REST-API 응답에서 201 Created를 사용한다. 400 Bad Request는 클라이언트가 REST-API 스펙에 맞지 않게 요청할 때는 리턴한다. 특정 REST-API는 반드시 특정 파라미터가 있어야 요청을 처리할 수 있다. 이 경우 특정 파라미터의 유효성 검사를 하는 코드가 구현되어 있어야 한다. 클라이언트가 필수 파라미터를 정의하지 않고 요청하는 경우, 서버는 유효성 검사 후 400 Bad Request를 응답하면 된다. 401 Unauthorized와 402 Forbidden의 차이는 인증과 인가의 차이다. 클라이언트가 암호를 입력하여 로그인하면 인증한 것이다. 401 Unauthorized는 시스템에 로그인하지 않은 클라이언트가 인증이 필요한 REST-API를 요청할 때 사용하면 적합하다. 인가는 인증받은 사용자가 특정 리소스에 권한이 있는지 확인하는 것이다. 즉, 인증을 받은 사용자도 각기 다른 권한을 가질 수 있다. 그러므로 권한이 없는 사용자가 REST-API를 요청했을 때 402 Forbidden을 사용하면 적합하다. 500 Error는 웹 애플리케이션 내부에 발생한 예외에 대해 응답하면 된다. 앞서 언급한 HTTP 상태 코드 외에도 다양한 상태 코드가 있다. 서비스의 특성에 따라 더 세분해서 HTTP 상태 코드를 추가해도 좋고 더 줄여서 설계해도 좋다.

4.3.1 HTTP 메서드별 REST-API 예제

표 4-1을 기반으로 예제 REST-API를 몇 개 설계해 보자. 클라이언트가 요청하고 서버가 응답하는 HTTP 메시지와 헤더, HTTP 응답 코드를 중심으로 확인하길 바란다.

GET 메서드를 이용한 REST-API의 요청과 응답 메시지 예제

```
// 클라이언트에서 서버로 전달되는 요청 메시지
GET /hotels?pageNumber=0&size=10&sort=hotelName,desc HTTP/1.1 ····❶
Host : 127.0.0.1:18080
Accept : application/json ····❷

// 서버가 클라이언트로 전달하는 응답 메시지
HTTP/1.1 200 OK ····❸
Date :Date: Fri, 27 Nov 2020 01:21:19 GMT
Content-length : 1024
Content-type : application/json ····❹
```

```
{
    "totalCount" : 100,
    "contents" : [{
        "hotelId" : "9281726",
        "name" : "The Beverly Hilton",                                    ⑤
        "address" : "9876 Wilshire Blvd, Beverly Hills, CA 90210",
        "phone" : "+13102747777"
    }, ...
    ]
}
```

❶ hotels 리소스를 조회하는 데 GET 메서드를 사용한다. 여러 개의 객체를 조회하므로 페이징 처리를 위한 페이지 넘버(pageNumber)와 한 페이지당 조회할 객체 개수(size)를 파라미터를 이용하여 서버로 전달한다. 데이터를 정렬하려고 sort 파라미터를 사용했으며 콤마(,)를 기준으로 앞에는 정렬할 속성 이름을, 뒤에는 정렬 방향을 설정한다. 즉, hotelName,desc는 호텔 이름을 기준으로 오름차순 정렬하는 것을 의미한다.

❷ REST-API의 메시지 포맷은 JSON 형식을 따른다. 그러므로 클라이언트는 자신이 처리할 수 있는 포맷을 Accept 헤더에 포함하여 전달한다.

❸ REST-API 처리 결과는 상태 라인의 HTTP 상태 코드를 이용해서 보여 준다. 예제는 200 OK를 리턴하므로 사용자 요청을 성공적으로 처리했음을 의미한다.

❹ 서버는 HTTP 메시지가 JSON 형식으로 되어 있음을 의미한다.

❺ 응답 메시지의 바디에 리소스의 데이터를 포함하여 응답한다. 객체 정보에 API 역할에 필요한 totalCount 같은 부가 정보를 포함하여 응답해도 좋다.

REST-API의 버전을 관리하는 방법을 알아보자. 여러 버전의 REST-API를 제공하는 경우 서버는 클라이언트 요청에 따라 적합한 버전으로 응답해야 한다. 첫 번째 방법은 URI를 사용하는 방법이며, 두 번째 방법은 헤더를 사용하는 방법이다. URI를 사용하는 방법은 클라이언트가 URI에 REST-API 버전을 표시하여 요청한다. HTTP 헤더를 이용하는 방법은 클라이언트가 요청 메시지 헤더에 REST-API 버전을 표시하여 요청하고, 서버는 응답 메시지에 REST-API 버전을 포함한다. 다음 예를 확인해 보자.

```
// URI를 이용하는 방법
GET /v1.0/hotels?pageNumber=0&size=10&sort=hotelName,desc HTTP/1.1 ┄┄❶
Host : 127.0.0.1:18080
Accept : application/json


// 헤더를 사용하는 방법
GET /hotels?pageNumber=0&size=10&sort=hotelName,desc HTTP/1.1
Host : 127.0.0.1:18080
X-Api-Version : 1.0 ┄┄❷
Accept : application/json
```

❶ URI의 최상위 리소스 위치에 버전(v1.0)을 표시하는 예제

❷ 사용자 정의 헤더 이름 X-Api-Version에 1.0 헤더 값을 설정하는 예제

서버에 데이터를 생성하는 API는 POST 메서드를 사용한다. POST 메서드를 사용한 REST-API 요청과 응답 메시지 예제를 살펴보자.

```
// 클라이언트에서 서버로 전달되는 요청 메시지
POST /hotels ┄┄❶
Host : 127.0.0.1:18080
Content-type : application/json

{
    "name" : "The Beverly Hilton",                              ┐
    "address" : "9876 Wilshire Blvd, Beverly Hills, CA 90210",  ├┄❷
    "phone" : "+13102747777"                                    ┘
}

// 서버가 클라이언트로 전달하는 응답 메시지
HTTP/1.1 200 OK ┄┄❸
Date :Date: Fri, 27 Nov 2020 01:21:19 GMT
Content-length : 234
Content-type : application/json

{
    "message" : "success"  ┄┄❹
}
```

❶ POST 메서드를 사용하여 /hotels 리소스에 새로운 데이터를 생성한다.

❷ 생성할 데이터는 HTTP 메시지의 바디에 포함하며 JSON 형식을 사용한다. 그러므로 Content-type 헤더 값은 application/json으로 설정해야 한다.

❸ 성공적으로 데이터를 생성하면 200 OK 상태 코드를 사용하여 응답한다.

❹ HTTP 상태 코드보다 상세한 메시지를 전달하고 싶다면 응답 메시지 바디를 활용한다. 서버가 400 Bad Request를 응답한다면 바디의 message 속성을 이용하여 요청의 어떤 부분이 잘못되었는지 클라이언트에 알려 줄 수 있다.

서버에서 데이터를 삭제할 때는 DELETE 메서드를 사용한다. 다음 예제는 DELETE 메서드를 사용한 REST-API의 요청과 응답이다.

DELETE 메서드를 사용한 REST-API의 요청과 응답 메시지

```
// 클라이언트에서 서버로 전달되는 요청 메시지
DELETE /hotels/9281726 ····❶
Host : 127.0.0.1:18080
Accept : application/json

// 서버가 클라이언트로 전달하는 응답 메시지
HTTP/1.1 200 OK
Date :Date: Fri, 27 Nov 2020 01:21:19 GMT
Content-length : 234
Content-type : application/json

{
    "message" : "success"
}
```

---

❶ DELETE 메서드를 사용하여 데이터를 삭제한다. 호텔 리소스 중 유니크 아이디가 9281726인 데이터를 삭제하는 REST-API다. DELETE 메서드도 GET 메서드와 마찬가지로 서버에 추가 데이터를 전송하려고 파라미터를 사용한다.

서버의 데이터를 수정할 때는 PUT 또는 PATCH 메서드를 사용한다. 일반적으로 PUT 메서드를 많이 사용하며, 수정 기능을 세분하려면 PUT과 PATCH 메서드를 같이 사용한다.

```
// 클라이언트에서 서버로 전달되는 요청 메시지
PUT /hotels/9281726 ┄❶
Host : 127.0.0.1:18080

{
    "name" : "The Beverly Hilton",
    "address" : "9876 Wilshire Blvd, Beverly Hills, CA 90210",    ┄❷
    "phone" : "+13102747777"
}

// 클라이언트에서 서버로 전달되는 요청 메시지
PATCH /hotels/9281726 ┄❸
Host : 127.0.0.1:18080

{
    "name" : "The Beverly Hilton"    ┄❹
}

// 서버가 클라이언트로 전달하는 응답 메시지
HTTP/1.1 200 OK
Date :Date: Fri, 27 Nov 2020 01:21:19 GMT
Content-length : 234
Content-type : application/json

{
    "message" : "success"
}
```

❶ PUT 메서드를 사용하여 아이디가 9281726인 호텔 데이터 전체를 수정한다.

❷ 수정할 데이터는 요청 메시지의 바디에 JSON 형식으로 전달한다. 단 아이디는 수정되면 안 되므로 요청 메시지 바디에서 제외한다.

❸ PATCH 메서드를 사용하여 아이디가 9281726인 호텔 데이터의 일부를 수정한다.

❹ 수정할 데이터의 속성과 수정할 값을 JSON 형식으로 전달한다.

PUT과 PATCH 메서드는 리소스 정보를 수정하는 공통점이 있다. PUT 메서드는 리소스의 전체 정보를 업데이트하는 용도로 사용하지만, PATCH 메서드는 특정 정보만 업데이트하는 용도로 사용한다.

4.3.2 REST-API 특성과 설계

REST-API를 설계 및 구현하는 세 가지 특성을 이해하면 여러분은 보다 견고한 웹 애플리케이션 서버를 만들 수 있다. 첫 번째는 무상태성, 두 번째는 일관성, 세 번째는 멱등성이다.

REST-API는 HTTP 프로토콜을 사용하는 API다. 그러므로 HTTP의 무상태성 또한 그대로 이어받는다. 앞서 HTTP 프로토콜에서 설명했지만, 클라이언트는 서버와 커넥션을 맺고 요청을 하고 응답을 받고 커넥션을 끊는 특성이 있다. 이 특성을 이용하여 웹 서비스에 고가용성을 구축한다. 서버와 클라이언트 사이에 사용자 요청을 라운드 로빈 방식[10]으로 설정한 로드 밸런서를 놓고, 로드 밸런서 서버 군에는 웹 애플리케이션 서버를 두 대 이상 배치한다. 그러면 클라이언트 요청들은 균등하게 서버에 분배된다. 무상태성 덕분에 서비스 도중에도 매우 쉽게 서버를 증설하거나 (scale-out) 축소할(scale-in) 수 있다. 물론 애플리케이션 배포도 쉽다.

이때 REST-API는 하나의 API가 하나의 기능을 완전히 실행해야 한다. 여러 API를 호출하여 하나의 기능을 실행하도록 설계하면 안 된다. API 호출 후 기능 상태를 저장해야 한다면 서버가 아닌 공용 데이터 저장소에 저장해야 한다. 공용 데이터 저장소가 아닌 각각의 서버에 상태를 저장하면, 다음 요청 또한 반드시 상태가 저장된 서버에 접속하여 저장된 데이터를 읽고 다음 기능을 실행해야 한다. 이렇게 서버에 상태를 저장하면 데이터가 분산되어 저장되고 사용자마다 특정 서버를 할당해야 하므로 개발하기 복잡한 상황이 발생한다.

REST-API를 설계하는 데 중요한 것은 일관성이다. API를 설계할 때 같은 형태의 응답 메시지나 일관된 규칙으로 만들어진 HTTP 상태 코드를 정의해야 한다. 그리고 일관성은 REST-API뿐만 아니라 API를 개발하거나 클래스나 메서드를 개발할 때도 필요한데, 정해진 규칙과 반복되는 패턴으로 일관성이 결정된다. 예를 들어 GET /hotels라는 API는 호텔 정보를 리턴하고 GET /hotels/1이라는 API는 1번 아이디를 갖는 호텔 정보를 리턴한다고 하자. 이런 규칙과 패턴에 따라 개발된 시스템이라면 GET /airlines나 GET/airlines/312 API가 어떤 정보를 리턴할지 예측할 수 있다. 규칙과 반복되는 패턴이 없다면 개발자는 예측할 수 없다. 일관성이 결여된 REST-API는 개발자가 예측하기도 어렵고 사용하기도 어렵다. 실제로 기능을 개발할 때마다 매번 작성된 API 문서를 보아야 하고, 응답 메시지의 속성이 무엇을 의미하는지 일일이 확인해야 한다.

마지막은 멱등성(idempotent)이다. 멱등성은 REST-API를 개발할 때 주의해야 하는 특성이다.

---

10 로드 밸런서에 포함된 서버들에 요청을 순서대로 분산하는 방식이다.

멱등성은 수학 용어인데 함수를 여러 번 적용한 결과와 한 번 적용한 결과가 같음을 의미한다. 예를 들어 함수 $f(x)$에 멱등성이 있다고 가정하면 다음 공식이 참이 된다.

$$f(f(f(x))) == f(x)$$
$$f(f(x)) == f(x)$$

클라이언트가 서버로 동일한 API를 여러 번 호출한 결과가 한 번만 요청한 결과와 같다면 그 API는 멱등성이 있다고 정의할 수 있다. REST-API의 기능은 데이터를 생성하거나(create) 조회하거나(read) 수정하거나(update) 삭제(delete)한다. 이 기능들을 HTTP 메서드에 대입하면 각각 POST(create), GET(read), PUT(update), DELETE(delete)가 된다. 이 중에서 데이터가 변경되는 HTTP 메서드는 POST, PUT, DELETE다. 데이터를 변경하지 않는 GET 메서드를 안전한 메서드(safe method)라고 한다. 즉, GET 메서드는 아무리 실행해도 리소스 상태가 변경되지 않는다. 그래서 안전한 메서드는 기본으로 멱등 성질이 있다. GET 메서드를 사용하여 데이터를 변경한다면 REST-API의 기본 원칙에 벗어난 잘못된 구현이다.

데이터를 변경하는 HTTP 메서드 중 POST를 제외한 메서드들은 멱등성이 있어야 한다. POST 메서드는 동일한 API를 여러 번 호출하면 호출한 횟수만큼 데이터를 만들면 되므로 멱등성을 갖출 필요가 없다. 정리하면 안전한 메서드인 GET과 데이터를 변경하는 PUT, DELETE는 멱등성이 있어야 한다. 특히 PUT과 DELETE는 데이터를 수정·삭제하는 기능이므로 기능을 설계하고 개발할 때 멱등성을 고려해야 한다.

그림 4-7의 PUT /hotels/912 메서드는 호텔의 isOpened 속성을 변경하는 API다. 호텔의 isOpened 속성은 Boolean 타입이고 호텔의 영업 여부를 의미한다. 이 PUT API가 멱등성을 고려하지 않고 데이터베이스에 현재 저장된 isOpened 속성을 not 연산자로 업데이트하는 쿼리로 구현되어 있다고 하자. 현재 클라이언트 1과 클라이언트 2가 보고 있는 hotelId 912인 호텔 데이터의 영업 상태는 false다. 두 클라이언트 모두 호텔의 영업 상태를 true로 변경하려고 한다. 이때 두 클라이언트가 1~2초 간격으로 영업 상태를 true로 변경하는 PUT API를 호출했다. 거의 동시에 API를 호출했기 때문에 클라이언트 2는 클라이언트 1의 API 결과를 업데이트받지 못했다. 두 클라이언트가 원하는 대로 서버의 데이터가 변경되었는지 그림 4-7을 확인해 보자.

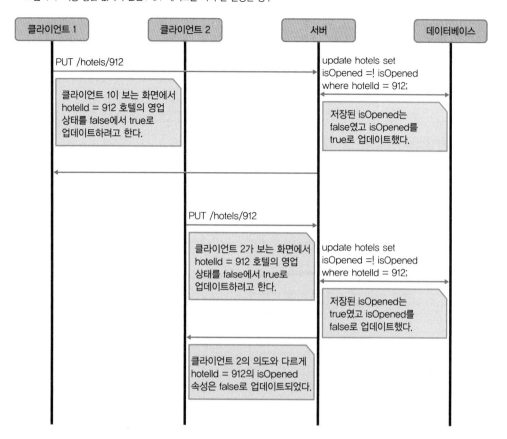

❤ 그림 4-7 멱등 성질 없이 구현된 PUT 메서드를 여러 번 실행한 경우

클라이언트 1은 사용자가 의도한 대로 호텔의 isOpened 속성을 true로 변경할 수 있다. 하지만 클라이언트 2는 사용자가 의도한 대로 리소스 속성을 변경할 수 없다. PUT 메서드의 HTTP 메시지 바디에 사용자가 변경할 isOpened 상태 값을 받도록 REST-API 설계를 바꾼다고 생각해 보자. 그리고 서버가 그 값을 사용하여 update 쿼리를 실행하도록 구현도 바꾸어 보자. 그러면 같은 PUT 메서드를 여러 번 호출하더라도 호텔의 isOpened 값은 일정하게 유지될 것이다.

DELETE 메서드도 멱등성이 필요한 API다. 그림 4-8을 확인해 보자. 그림 4-8의 DELETE API는 먼저 데이터베이스에 요청한 hotelId로 데이터 유무를 확인한 후 삭제하는 방식으로 구현되어 있다. 요청한 hotelId와 매칭되는 데이터가 없다면 NotFoundException을 발생하고 클라이언트에 500 Error가 응답되도록 설계되어 있다. 그림 4-8은 네트워크 상태가 나빠서 중간에 패킷이 누락되는 상황을 예로 든 것이다.

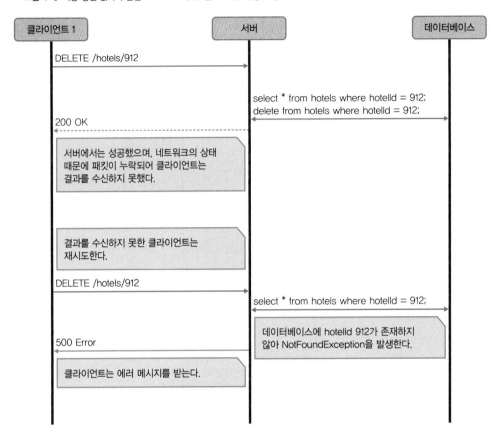

❤ 그림 4-8 멱등 성질 없이 구현된 DELETE 메서드를 여러 번 실행한 경우

그림 4-8은 hotelId가 912인 호텔 리소스 데이터를 삭제하는 과정에서 충분히 발생할 수 있는 상황이다. 네트워크는 100% 신뢰할 수 없는 매체이므로 여러 이유로 응답 메시지가 클라이언트에 전달될 수 없는 상황이 발생할 수 있다. 반대로 클라이언트 요청이 서버에 도착할 수 없는 상황도 있다. 서버는 클라이언트 1의 첫 번째 요청을 정상 처리했지만, 응답받지 못한 클라이언트는 다시 시도하는 상황이다. 그러므로 첫 번째 요청에는 서버가 정상 처리했고, 두 번째 요청에서 hotelId 912는 더 이상 데이터베이스에 없으므로 500 Error를 리턴한다. 이때 DELETE API에 멱등 성질이 있다면 두 번째 요청에 hotelId 912가 데이터베이스에 없어도 성공을 응답했을 것이다.

4.4 간단한 REST-API 예제

이번에는 스테레오 타입 애너테이션인 @Controller, @Service, @Component를 사용하여 간단한 REST-API 예제를 다루어 본다. 이 애너테이션으로 정의된 스프링 빈들은 앞서 생성한 Web Application.java 클래스보다 하위 패키지에 생성되어야 한다. WebApplication.java에서 사용한 @SpringBootApplication이 하위 패키지에 포함된 스프링 빈들을 스캔할 수 있기 때문이다.

이 예제는 스프링 부트 프레임워크에서 REST-API를 테스트해 보는 것으로, 예제에서 사용된 애너테이션과 기능들은 5장에서 다시 설명한다. 예제를 실행해 보고 동작하는 구조만 느껴 보길 바란다. 먼저 스테레오 타입 애너테이션들은 어떤 역할과 목적을 가지는지 살펴보자.

- **@Controller**: 사용자 요청을 받아 내부 로직으로 전달하는 컨트롤러 클래스에 적용한다. 사용자의 요청 메시지를 검증하는 로직도 포함한다.
- **@Service**: DDD에서 사용자의 유즈 케이스나 단위로 구현된 메서드를 포함하는 클래스다. 데이터베이스를 사용하고 있다면 트랜잭션 단위로 분리된 메서드를 포함하는 클래스에 사용한다.
- **@Component**: 애플리케이션 내부에서 공통으로 사용하는 기능들을 정의할 때 사용하면 좋다. 타 서비스의 REST-API를 호출하는 클래스에 사용하거나 암호화 모듈 같은 공통 로직을 포함하는 클래스에 사용한다.
- **@Repository**: 데이터 저장소에 데이터를 생성·조회·수정·삭제하는 메서드에 사용한다.

REST-API 서버를 설정하는 코드들은 4.2.4절에서 설명했다. 그 코드에 덧붙여 다음 클래스들을 추가해 보자. @SpringBootApplication이 선언된 WebApplication.java의 패키지 경로는 c.s.e.chapter04다.[11] 다음 예제의 코드를 확인하면서 각 클래스의 패키지 경로가 어디인지 함께 확인해 보자.

REST-API 예제

```
// ApiController 클래스
package com.springtour.example.chapter04.controller;

@Controller ····①
```

---

11 com.springtour.example을 줄여 c.s.e로 표현한다.

```
public class ApiController {

    private HotelSearchService hotelSearchService;

    public ApiController(HotelSearchService hotelSearchService) {
        this.hotelSearchService = hotelSearchService;
    }

    @ResponseBody ····❹
    @RequestMapping(method=RequestMethod.GET, path="/hotels/{hotelId}") ····❷
    public ResponseEntity<Hotel> getHotelById(@PathVariable("hotelId") Long hotelId) {
····❸, ❺
        Hotel hotel = hotelSearchService.getHotelById(hotelId);
        return ResponseEntity.ok(hotel);
    }
}

// HotelSearchService 클래스
package com.springtour.example.chapter04.domain;

@Service ····❻
public class HotelSearchService {

    public Hotel getHotelById(Long hotelId) {
        return new Hotel(hotelId,
                "The Continental",
                "1 Wall St, New York, NY 10005",    ❼
                250
        );
    }
}
```

❶ ApiController 클래스는 DispatcherServlet이 전달하는 사용자 요청을 받는 클래스이므로
@Controller 애너테이션을 사용하여 스프링 빈으로 생성한다.

❷ "GET /hotels/{hotelId}" 요청은 @RequestMapping 애너테이션을 사용하여 ApiController 클
래스의 getHotelById() 메서드로 전달되도록 한다.

❸ 요청 메시지의 요청 라인에서 /hotels/{hotelId}의 hotelId는 호텔 데이터의 유니크 값이므
로 이를 getHotelById 메서드의 인자로 받으려고 @PathVariable을 사용한다. @PathVariable
의 속성 값 hotelId는 @RequestMapping의 path 속성에 정의된 변수 값을 매핑하는 데 사용한

다. 그러므로 {hotelId} 변수 위치에 설정된 데이터를 @PathVariable 애너테이션이 정의된 Long hotelId에 할당한다.

❹ @ResponseBody 애너테이션은 getHotelById 메서드가 리턴하는 ResponseEntity<Hotel> 객체를 JSON 형식으로 변경하는 역할을 한다.

❺ ResponseEntity 클래스는 HTTP 헤더와 상태 코드, 바디 메시지를 포함하는 HTTP 응답 메시지를 추상화한 것이다.

❻ 사용자의 유즈 케이스를 포함하는 클래스를 스프링 빈으로 등록하려고 @Service 애너테이션을 선언한다.

❼ 예제 코드이므로 별도의 비즈니스 로직은 생략한다. 그래서 Hotel 객체를 직접 생성한 후 리턴한다.

예제를 실행하고 REST-API를 호출한 결과는 그림 4-9와 같다.

▼ 그림 4-9 GET /hotels/912를 실행한 결과

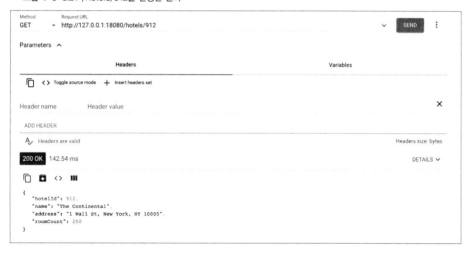

그림 4-9의 JSON 메시지를 확인해 보자. HotelSearchService의 getHotelById() 메서드는 Hotel 객체를 응답한다. 이 Hotel 객체가 JSON 형식으로 변환된 것이다. 그림 4-9를 보면 응답 메시지의 HTTP 상태 코드는 200 OK이다. ApiController 클래스 getHotelById() 메서드의 return 코드를 확인해 보자. ResponseEntity 클래스 ok() 스테틱 메서드를 사용하여 응답한다. ok() 스테틱 메서드는 200 OK 상태 코드 값을 설정하여 ResponseEntity 객체를 생성한다. 200 OK 값 이외의 다른 상태 코드를 응답하려면 다음 코드를 참고하자.

```
return ResponseEntity.accepted();          // 상태 코드 202 Accepted
return ResponseEntity.notFound();          // 상태 코드 404 Not Found
return ResponseEntity.internalServerError(); // 상태 코드 500 Internal Server Error
return ResponseEntity.badRequest();        // 상태 코드 400 Bad Request

// HttpStats 열거형을 사용한 예제
return ResponseEntity.status(HttpStatus.BAD_REQUEST).body(hotel);
```

4.4.1 @ResponseBody와 HttpMessageConverter

> 에피소드 ≡ 스프링 투어의 나개발은 코드를 보고 의문이 들었다. 스프링 MVC 프레임워크는 ModelAndView
> 에 View 이름이 설정되고, 컨트롤러 클래스에서 리턴한 데이터는 뷰로 화면이 렌더링된다고 알고 있었기 때문
> 이다. 아무리 코드베이스를 뒤져도 뷰 설정과 관련 소스를 찾을 수 없었다. 하지만 Controller 클래스는 객체
> 를 리턴하고 그 객체는 JSON 형식으로 사용자에게 응답되고 있었다.

이 장에서 살펴본 예제를 보면 View를 설정하거나 View 이름을 설정한 코드는 없었다. 하지만
컨트롤러 클래스에서 리턴된 객체는 JSON 형식으로 마셜링(marshalling)[12]된 것을 앞서 설명한
예제에서 확인할 수 있었다. 그 이유는 @ResponseBody 애너테이션이 특별한 기능을 하기 때문이
다. @ResponseBody 애너테이션이 선언된 메서드가 리턴하는 객체는 스프링 프레임워크에 설정된
메시지 컨버터(HttpMessageConverter) 중 적합한 메시지 컨버터가 JSON 메시지로 마셜링된다.
HttpMessageConverter는 HTTP 메시지를 객체로 읽고, 객체를 HTTP 메시지로 쓸 수 있는 보편
적인 메서드를 제공한다. 다음은 HttpMessageConverter 인터페이스가 제공하는 메서드들이다.

HttpMessageConverter 인터페이스

```
public interface HttpMessageConverter<T> {

    boolean canRead(Class<?> clazz, @Nullable MediaType mediaType); ····❶
    boolean canWrite(Class<?> clazz, @Nullable MediaType mediaType); ····❷
    List<MediaType> getSupportedMediaTypes();
    T read(Class<? extends T> clazz, HttpInputMessage inputMessage) ····┐
        throws IOException, HttpMessageNotReadableException;          ┘ ❸
```

---

12 객체가 JSON 문자열로 변환하는 것을 마셜링, 그 반대 과정을 언마셜링(unmarshalling)이라고 한다.

```
    void write(T t, @Nullable MediaType contentType, HttpOutputMessage outputMessage) ┈┈┈ ➍
        throws IOException, HttpMessageNotWritableException;

}
```

➊ 클라이언트에서 받은 MediaType의 메시지를 clazz 타입으로 변경할 수 있는지 확인할 수 있다.

➋ 클라이언트에 응답할 clazz 타입의 객체를 MediaType 메시지로 변경할 수 있는지 확인할 수 있다.

➌ 사용자에게서 받은 메시지, 즉 HttpInputMessage 객체를 clazz 객체로 변경한다.

➍ t 객체를 사용자에게 응답하는 메시지, 즉 HttpOutputMessage 객체에 MediaType으로 변경하여 작성한다.

HTTP 프로토콜은 요청 메시지나 응답 메시지의 바디에 내용을 포함할 수 있다. 이때 HTTP 헤더의 Content-type을 사용하여 바디의 포맷을 정의한다. 또한 클라이언트의 요청 메시지에는 클라이언트가 처리할 수 있는 바디의 포맷을 Accept 헤더를 사용하여 서버에 전달할 수 있다. Accept 헤더 값은 Content-type의 헤더 값과 호환된다.

스프링 프레임워크는 o.s.http.MediaType 클래스를 제공하며, 일반적으로 사용되는 Content-type 헤더 값을 정의하여 제공한다. MediaType 클래스는 valueOf() 메서드를 제공하며 Content-type 헤더나 Accept 헤더의 값을 파싱하여 MediaType 객체로 변환한다. 특정 MediaType으로 변환할 수 있도록 HttpMessageConverter의 canRead(), canWrite() 메서드의 두 번째 인자에 정의할 수 있다. 스프링 프레임워크는 헤더 값을 MediaType으로 변환하고 HttpMessageConverter의 canRead(), canWrite() 메서드를 사용하여 적절한 HttpMessageConverter 객체를 찾아낸다.

스프링 MVC 프레임워크는 기본 HttpMessageConverter 객체들을 생성하여 제공한다. 이 중 자바 객체를 JSON 객체로, JSON 객체를 자바 객체로 변환하는 HttpMessageConverter도 포함되어 있다. 예제로 다시 돌아가서 ApiController 컨트롤러 클래스의 getHotelById() 메서드가 리턴하는 Hotel 객체는 JSON 객체로 변환된 것을 기억하자. REST-API는 JSON 형식을 사용하여 사용자에게 응답한다. 그러므로 응답 메시지의 Content-type 헤더 값은 application/json이 된다. application/json MediaType에 대응하는 MappingJackson2HttpMessageConverter가 응답 메시지를 마셜링한다. MappingJackson2HttpMessageConverter는 스프링 MVC 프레임워크에서 제공하는 HttpMessageConverter 구현체 중 하나이며, 자바 객체를 JSON 객체로 변환한다.

반대로 클라이언트에서 POST나 PUT 메서드를 사용하여 요청 메시지 바디에 JSON 메시지를 서버로 전송할 수 있다. 이때 Content-type 헤더 값은 application/json이다.[13] 이 또한 MappingJackson2HttpMessageConverter가 언마셜링한다.

스프링 MVC 프레임워크에서 뷰 없이도 자바 객체를 JSON 객체로 마셜링 또는 언마셜링할 수 있는 이유는 getHotelById() 메서드에 정의된 @ResponseBody 애너테이션 때문이다. @ResponseBody 애너테이션이 선언된 메서드가 리턴하는 자바 객체는 뷰 없이도 HttpMessageConverter를 직접 사용하여 JSON 객체로 변환한다. 참고로 @ResponseBody 애너테이션은 클래스 선언부에도 사용할 수 있는데, 이때는 클래스에 정의된 public 메서드가 모두 @ResponseBody에 영향을 받는다.

---

13 'application/*+json' 값을 사용하는 경우도 있다.

5 장

스프링 MVC를 이용한 REST− API 개발

이 장에서 다룰 핵심 내용

- 사용자가 요청한 REST-API와 이에 적합한 컨트롤러 클래스를 매핑하여 REST-API를 개발하는 방법
- HTTP 응답 메시지와 요청 메시지를 마셜링/언마셜링하는 방법
- 사용자 요청 메시지를 검증하는 방법
- 예외 처리 기능을 설정하고 에러 메시지를 응답하는 방법
- 파일을 클라이언트에 전송하는 방법

REST-API는 HTTP 프로토콜 위에서 동작한다. 그래서 4장에서 먼저 HTTP 프로토콜을 설명했다. REST-API를 개발하려면 HTTP 프로토콜에 대한 이해가 필요하기 때문이다. REST-API 서버 애플리케이션이 HTTP 프로토콜로 메시지를 전송받고 응답하려면 HTTP 프로토콜의 헤더나 메시지 바디, URI의 데이터를 읽거나 쓸 수 있어야 한다. 이를 위해 스프링 MVC 프레임워크는 HTTP 프로토콜을 손쉽게 사용할 수 있는 애너테이션과 클래스들을 제공한다. 그래서 개발자는 HTTP 메시지를 직접 파싱하거나 별도의 설정 없이 프레임워크 기능을 이용하여 손쉽게 REST-API를 개발할 수 있다.

REST-API의 메시지는 JSON 형식을 사용한다. JSON은 특정 플랫폼에 의존하지 않는 범용적인 데이터 교환 포맷이다. JSON 메시지를 주고받기 때문에 클라이언트가 사용하는 프로그래밍 언어와 플랫폼에 상관없이 자유롭게 데이터를 주고받을 수 있다. 이때 자바 객체를 JSON 메시지로 변경하는 과정을 마셜링(marshalling)이라고 하며, 반대로 JSON 메시지를 자바 객체로 변경하는 과정을 언마셜링(unmarshalling)이라고 한다.[1] 스프링 부트 프레임워크는 JSON 메시지를 처리하는 Jackson 라이브러리를 포함하고 있어 별도의 설정 없이 바로 사용할 수 있다. 그리고 마셜링과 언마셜링을 위한 애너테이션과 클래스를 제공하며, 알아 두면 편리한 관례도 함께 제공한다.

이 장에서는 REST-API가 사용하는 대표적인 HTTP 메서드인 GET, DELETE, POST, PUT으로 샘플 설계한 REST-API를 개발하는 방법을 설명한다. 그리고 클라이언트와 서버 사이에 데이터를 주고받는 과정에서 HTTP 프로토콜을 다루는 방법이나 JSON 메시지를 다루는 방법도 설명한다. 마지막으로 바이너리 데이터를 처리하는 방법도 설명한다.

5.1
REST-API: GET, DELETE 메서드 매핑

REST-API에서 GET과 DELETE HTTP 메서드로 구현된 API들은 각각 서버에 데이터를 조회하거나 삭제하는 용도로 사용된다. 두 HTTP 메서드는 클라이언트 요청 메시지 바디에 데이터가 없는 공통점이 있다. 그래서 클라이언트가 서버에 데이터를 전달할 수 있는 방법은 요청 라인의 URI에

---

1 자바 객체를 바이트 스트림으로 변경하는 것을 직렬화(serialization)라고 하며, 반대 과정을 역직렬화(deserialization)라고 한다. 이 역시 데이터 통신을 위한 변경 수단이지만 변환 결과가 다르므로 이 책에서는 구분하여 표기한다.

리소스 데이터를 포함하거나 파라미터를 사용하여 키/값으로 구성된 데이터를 전송하는 방법을 이용한다. 그리고 HTTP 헤더에 데이터를 설정하는 방법이 있다. GET, DELETE 메서드를 사용한 REST-API를 제공하는 서버 애플리케이션은 이 세 가지 방법으로 전송된 데이터를 받아 처리할 수 있어야 한다.

5.1절에서는 GET 메서드를 사용하여 클라이언트 요청을 분석하고 서버가 응답 메시지를 전송하는 방법을 설명한다. GET 메서드를 구현하는 방법과 DELETE 메서드를 구현하는 방법은 거의 같다. 그래서 DELETE 메서드를 구현하는 방법은 따로 자세히 설명하지 않는다. 먼저 실제와 비슷하게 설계한 REST-API 명세서를 설명하고, 그 명세서대로 스프링 부트 애플리케이션을 개발한 예제를 설명한다.

5.1.1 호텔 정보 조회 API 명세서

다음 REST-API 명세서를 확인해 보자. 5장에서는 호텔 데이터를 처리하는 호텔 마이크로서비스를 만든다고 생각하자. 다음 API는 기본적으로 호텔 객실 정보를 조회하고, 선택적으로 객실 예약 정보를 포함하여 응답하는 API다. 조회 기능이므로 GET HTTP 메서드를 사용하고, 호텔을 구분할 수 있는 고유한 아이디인 'hotelId'와 각 호텔에서 객실을 구분할 수 있는 'roomNumber'는 URI에 포함되어 있다.[2]

참고로 REST-API 명세서에서 URI에 포함된 리소스 변수는 중괄호를 사용하여 표현한다. 예를 들어 '{hotelId}'나 '{roomNumber}'는 리소스 변수를 의미한다. 응답 메시지의 객실 예약 정보는 선택적으로 응답된다. REST-API를 요청할 때 파라미터에 예약 시작일(fromDate)과 예약 종료일(toDate)을 같이 포함하면 예약 정보를 포함하여 응답한다. 예약 시작일과 종료일 없이 요청하면 응답 바디에 예약 정보는 포함하지 않는다.

객실 정보를 조회하는 REST-API 설계

```
#### REST-API 요청
GET /hotels/{hotelId}/rooms/{roomNumber}?fromDate={yyyyMMdd}&toDate={yyyyMMdd}
 - hotelId : (필수) Long 타입이며, 호텔의 고유 아이디 값 ····❶
 - roomNumber : (필수) String 타입이며, 호텔 리소스에 포함된 룸 중 고유한 아이디 값 ····❷
 - fromDate, toDate : (선택) String 타입이며, yyyyMMdd 형식의 예약일 ····❸

#### REST-API 응답
```

---

2 roomNumber는 고유하지 않으며 두 값을 조합한 hotelId + roomNumber는 고유하다.

```
{
    "id" : "1201928183",  ····❹
    "roomNumber" : "West-Wing-3928",
    "numberOfBeds" : 2,
    "roomType" : "deluxe",  ····❺
    "originalPrice" : "150.00",  ····❻
    "reservations" : [
      {
          "id" : "129171201928183",
          "reservedDate" : "{yyyy-MM-dd}"
      },{
           "id" : "129171201928183",
           "reservedDate" : "{yyyy-MM-dd}"
      }
    ]
}
```
                                                            ❼

❶ 시스템에서 관리하고 있는 모든 호텔 중 특정 호텔을 구분할 수 있는 고유한 아이디 값이다. 서버 내부에는 Long 데이터 타입으로 관리한다.

❷ roomNumber는 hotelId와 일치하는 호텔 객실 중 특정 객실을 구분할 수 있는 값이다. roomNumber는 String 타입이며 "West-Wing-3928" 같은 값이 될 수 있다. 즉, hotelNumber는 hotelId와 조합하면 시스템이 관리하는 모든 객실 중 특정 방을 구분할 수 있는 고유한 값이 될 수 있다. 일반적으로 roomNumber 대신 hotelId처럼 hotelRoomId 같은 고유 아이디 값을 받도록 설계하면 좋다. 하지만 다양한 예제를 설명하려고 이렇게 설계했다.

❸ 특정 객실의 예약 정보를 조회하는 기간 파라미터들이다. 선택 값이며, 클라이언트가 fromDate와 toDate 모두 데이터를 전달할 때만 예약 정보를 응답할 수 있다. 클라이언트는 'yyyyMMdd' 형태로 날짜를 전달해야 한다.

❹ 응답 메시지 중에서 객실 데이터를 구분할 수 있는 고유 아이디인 hotelRoomId다. roomNumber와 다르며, 서버 내부에서 사용하는 hotelId처럼 Long 데이터 타입으로 관리한다. 하지만 응답 메시지에서는 Long 값을 문자열로 변환한다.

❺ 객실 타입이다. 서버 내부에서는 열거형(Enum) 클래스로 정의되어 사용된다. 응답 메시지에 사용된 값은 enum 키워드 이름이 아닌 열거형 클래스 안에서 별도로 정의된 문자열이다. 마셜링 과정에서 enum 키워드가 아닌 문자열로 변환하여 사용해야 한다. 이 방법은 뒤에서 따로 자세히 설명한다.

❻ 객실의 기본 가격이며 달러 포맷으로 표시한다. 서버에서는 BigDecimal 클래스 타입으로 가격을 처리하고 있으며, 이를 응답할 때는 문자열로 변환한다. 이때 센트를 의미하는 소수점 두 자리까지 표현해야 한다.

❼ fromDate와 toDate 파라미터 유무에 따라 응답 메시지에 포함되는 예약 정보다. 예약일별로 고유의 예약 아이디를 응답해야 하므로 리스트 형태로 응답한다. 각 예약일은 반드시 'yyyy-MM-dd' 형태로 전송되며, 시스템 내부에서는 LocalDate 클래스 타입으로 사용된다.

이 설계대로 클라이언트가 REST-API를 호출한다고 생각해 보자. URI에 포함된 hotelId와 roomNumber 같은 정보는 클라이언트가 반드시 입력할 수밖에 없다. 입력하지 않으면 URI 경로 자체가 완전히 달라진다. 그러므로 항상 필수 값으로 처리해야 한다. 반면 fromDate, toDate 같은 파라미터는 필수 혹은 선택 값으로 선택할 수 있다. 그러므로 필수/선택 여부가 반드시 REST-API 명세서에 정의되어야 한다.

우리가 먼저 살펴볼 예제들은 chapter05 모듈에 포함된 HotelRoomController와 HotelRoomResponse 클래스다. HotelRoomController는 사용자 요청을 처리하는 핸들러 메서드들을 포함하는 컨트롤러 클래스고, HotelRoomResponse는 호텔 객실 응답 정보를 저장하고 사용자에게 전달하는 DTO(Data Transfer Object) 클래스다.

5.1.2 Controller 클래스 구현

HotelController 클래스는 사용자 요청을 처리하므로 스프링 빈 설정을 해야 한다. 스프링 MVC 프레임워크의 DispatcherServlet이 사용자 요청을 가장 먼저 받아 처리하고, 그 요청을 적절한 컨트롤러 클래스에 전달하기 때문이다. 이 과정에서 컨트롤러 클래스는 스프링 빈으로 설정되어 ApplicationContext에서 관리되어야 DispatcherServlet이 사용자 요청을 전달할 수 있다.

전체적인 흐름을 먼저 알아보자. 예제 코드를 보면 HotelRoomController 클래스 내부에는 getHotelRoomByPeriod() 메서드가 구현되어 있다. 클라이언트가 'GET /hotels/{hotelId}/rooms/{roomNumber}' REST-API를 호출하면 이 메서드가 사용자 요청을 처리해야 한다. 그러므로 API를 호출한 사용자 요청과 컨트롤러 클래스의 메서드를 매핑할 수 있는 설정이 필요하다. 이 방법은 다음 예제에서 가장 먼저 설명한다.

다음으로 스프링 MVC 프레임워크는 getHotelRoomByPeriod( ) 메서드가 리턴한 HotelRoom
Response 객체를 JSON 메시지로 마셜링하고 클라이언트에 전달해야 한다. 이 과정을 어떻게 개
발해야 하는지 설명한다.

4장 마지막에서 간단히 보여 준 예제에서는 @Controller, @ResponseBody, @RequestMapping 애너
테이션을 사용했다. 하지만 이번에는 기능은 같지만 조금 더 편리한 다른 애너테이션들을 사용하
여 개발한다. 4장과 비교하여 어떻게 변경되었는지 확인해 보자. 참고로 REST-API 서버를 설정
하는 방법은 4장에서 설명했으므로 예제에서는 따로 설명하지 않는다.

HotelRoomController.java

```java
package com.springtour.example.chapter05.controller;
@RestController ····①
public class HotelRoomController {

    @GetMapping(path="/hotels/{hotelId}/rooms/{roomNumber}") ····②
    public HotelRoomResponse getHotelRoomByPeriod(
            @PathVariable Long hotelId, ····③
            @PathVariable String roomNumber,
@RequestParam(value="fromDate", required=false)
                @DateTimeFormat(pattern="yyyyMMdd") LocalDate fromDate, ····④
@RequestParam(value="toDate", required=false)
                @DateTimeFormat(pattern="yyyyMMdd") LocalDate toDate) {

        Long hotelRoomId = IdGenerator.create();
        BigDecimal originalPrice = new BigDecimal("130.00");

        HotelRoomResponse response = HotelRoomResponse.of(hotelRoomId,
roomNumber, HotelRoomType.DOUBLE, originalPrice);
if (Objects.nonNull(fromDate) && Objects.nonNull(toDate))
fromDate.datesUntil(toDate.plusDays(1))
                    .forEach(date -> response.reservedAt(date));

        return response;
    }
}
```

① @RestController는 @Controller와 @ResponseBody 애너테이션의 기능을 동시에 제공한다.
@RestController 하나만 선언하면 @Controller와 @ResponseBody 기능을 동시에 선언한 것
과 같다. @RestController가 선언된 HotelRoomController 객체는 스프링 빈으로 등록되며,
HotelRoomController가 리턴하는 객체들은 JSON 메시지 형태로 마셜링된다.

❷ @GetMapping 애너테이션은 GET HTTP 메서드를 사용하는 사용자의 요청을 컨트롤러 클래스의 메서드에 매핑하는 기능을 제공한다. @RequestMapping 애너테이션과 같은 기능을 제공하는 편리한 애너테이션이다. path 속성의 URI와 getHotelRoomByPeriod() 메서드와 매핑한다.

❸ 사용자가 요청한 URI 중 '{hotelId}' 위치에 해당하는 데이터를 Long 타입의 hotelId 인자로 전달하는 애너테이션이다.

❹ @RequestParam 애너테이션은 사용자가 요청한 메시지의 파라미터 중 fromDate 이름과 매칭되는 값을 LocalDate fromDate 인자로 전달한다. @RequestParam과 같이 사용된 @DateTimeFormat 애너테이션은 파라미터 값을 'yyyyMMdd' 패턴으로 파싱하여 LocalDate 객체로 변환하는 역할을 한다.

이 예제에서는 @RestController, @GetMapping, @PathVariable, @RequestParam 사용법을 설명한다. @RestController는 4장에서 예제로 설명한 @Controller에 @ResponseBody 기능을 동시에 제공하는 애너테이션이다. REST-API를 구현할 때 매번 두 개의 애너테이션을 정의하기보다 @RestController 하나만 사용하여 간단하게 REST-API 애플리케이션의 컨트롤러 스프링 빈을 정의할 수 있다. 반복 코드를 줄여 주며 REST-API를 위한 컨트롤러라는 특징이 정확하게 드러난다. 또한 @ResponseBody 기능을 포함하고 있으므로 스프링 MVC의 View를 사용하지 않는다. 그 대신 컨트롤러의 핸들러 메서드가 리턴하는 객체는 스프링 MVC 프레임워크 내부에 설정된 HttpMessageConverter 중 적절한 것을 골라 마셜링한다. 마셜링된 JSON 객체는 클라이언트에 전달된다.

예제처럼 @RestController나 @Controller 애너테이션이 정의된 클래스를 컨트롤러 클래스라고 한다. 그리고 사용자 요청을 처리하는 컨트롤러 클래스의 메서드를 핸들러 메서드라고 한다. 핸들러 메서드는 사용자 요청을 매핑하는 @GetMapping 같은 애너테이션이 정의된 특징이 있다. @GetMapping처럼 사용자 요청을 핸들러 메서드에 대응하는 애너테이션을 매핑 애너테이션이라고도 한다. 이제 각각의 애너테이션을 자세히 설명한다.

5.1.3 @GetMapping 애너테이션

@GetMapping 애너테이션은 컨트롤러 클래스의 핸들러 메서드와 사용자 요청을 매핑하는 역할을 한다. 그러므로 사용자 요청을 정의하고 매핑할 핸들러 메서드를 정의할 수 있어야 한다. 4장에서 사용한 @RequestMapping(method=RequestMethod.GET) 애너테이션과 그 속성을 @GetMapping 애너테이션 하나로 대체할 수 있다. @GetMapping 애너테이션이 정의된 메서드는 사용자 요청을 처리

하는 핸들러 메서드가 된다. @RequestMapping 애너테이션과 속성이 같으므로 path 속성에 사용자가 요청하는 REST-API의 URI를 설정하면 된다. 그래서 사용자가 요청하는 REST-API와 핸들러 메서드를 매핑할 수 있다.

스프링 MVC 프레임워크의 RequestMappingHandlerMapping 컴포넌트는 @GetMapping에 정의된 속성을 분석하여 사용자 요청과 핸들러를 매핑하는 정보를 관리한다. DispatcherServlet이 클라이언트 요청을 처리할 때는 RequestMappingHandlerMapping 컴포넌트의 메서드를 사용하여 클라이언트 요청과 매칭되는 핸들러 메서드를 조회할 수 있다. 그러므로 REST-API를 구현할 때 REST-API 요청과 핸들러 메서드를 매핑할 수 없는 에러를 확인하면 @GetMapping의 속성을 가장 먼저 확인하자.

@GetMapping처럼 HTTP 메서드별로 사용자 요청을 매핑하는 애너테이션들은 @PatchMapping, @DeleteMapping, @PostMapping, @PutMapping이다. 애너테이션 이름을 보면 어떤 HTTP 메서드를 매핑할 수 있는지 쉽게 알 수 있다. 이들도 @GetMapping 애너테이션의 사용 방법과 속성이 모두 같다. 그러므로 @GetMapping 애너테이션의 속성만 설명하고 나머지는 따로 설명하지 않는다. 다음은 @GetMapping 애너테이션의 코드다.

@GetMapping 애너테이션의 속성

```
package org.springframework.web.bind.annotation;

@Target(ElementType.METHOD) ····❶
@Retention(RetentionPolicy.RUNTIME)
@Documented
@RequestMapping(method=RequestMethod.GET)
public @interface GetMapping {

    @AliasFor(annotation=RequestMapping.class)
    String name() default "";

    @AliasFor(annotation=RequestMapping.class)
    String[] value() default {};
                                            ❷
    @AliasFor(annotation=RequestMapping.class)
    String[] path() default {};

    @AliasFor(annotation=RequestMapping.class)
    String[] params() default {}; ····❸

    @AliasFor(annotation=RequestMapping.class)
    String[] headers() default {}; ····❹
```

```
@AliasFor(annotation=RequestMapping.class)
String[] consumes() default {}; ····❺

@AliasFor(annotation=RequestMapping.class)
String[] produces() default {}; ····❻

}
```

❶ @RequestMapping과 달리 @GetMapping은 메서드 선언부에만 설정할 수 있다.

❷ value와 path는 서로 상호 호환되는 속성이며, 둘 중 하나만 설정해도 동일하게 동작한다. 속성 타입은 문자열 배열이므로 클라이언트가 요청하는 URI를 한 개 이상 설정할 수 있다. RequestMappingHandlerMapping이 사용자 요청을 핸들러 메서드와 매핑할 때 가장 먼저 value 와 path 속성 값을 사용하여 매핑한다.

❸ 클라이언트 요청 메시지 중 파라미터 이름과 대응하는 속성이다. path 속성 값과 더불어 사용 자 요청을 메서드에 매핑할 수 있다. 파라미터 이름 여러 개를 설정할 수 있다.

❹ 클라이언트 요청 메시지 중 HTTP 헤더 이름과 대응하는 속성이다. 역시 path 속성과 더불어 사용되는 속성이며, 헤더 이름 여러 개를 설정할 수 있다.

❺ 클라이언트의 요청 메시지 중 Content-type 헤더 값과 대응하는 속성이다. path 속성과 더불 어 사용되는 속성이며, Content-type 헤더 값을 여러 개 설정할 수 있다.

❻ 클라이언트의 요청 메시지 중 Accept 헤더 값과 대응하는 속성이다. path 속성과 더불어 사용 되는 속성이며, Accept 헤더 값을 여러 개 설정할 수 있다.

@GetMapping 애너테이션 코드를 보면 모든 속성은 @RequestMapping 애너테이션의 속성들과 일대 일로 대응하는 것을 알 수 있다. 이 속성 중에서도 path 속성 값이 클라이언트 요청을 컨트롤러 클 래스의 핸들러 메서드와 매핑하는 데 가장 먼저 사용된다. 그리고 나머지 속성들은 path 속성과 함께 조합하여 사용된다. 여러 속성을 조합하면 사용자 요청을 정교하게 매핑할 수 있다. 예를 들 어 'GET /hotels' 요청은 getAllHotels() 메서드와 매핑하고, 파라미터와 함께 요청하는 'GET /hotels?pageNumber=1'은 getHotelsByPaging() 메서드와 매핑할 수 있다. 클라이언트가 호 출하는 두 REST-API의 URI 경로는 같지만, pageNumber 같은 특정 파라미터를 포함할 때 이를 처리하는 핸들러 메서드를 구분해야 하는 경우가 있다. 이때는 @GetMapping(path="/hotels")와 @GetMapping(path="/hotels", param="pageNumber")처럼 구분하여 각 핸들러 메서드에 정의하면 된다.

@GetMapping 애너테이션의 path 속성 값에는 ant-style path 패턴 문자열을 사용하여 설정할 수 있다.[3] 패턴을 사용하면 사용자 요청과 핸들러 메서드를 유연하게 매핑할 수 있다. ant-style path 패턴에서 사용할 수 있는 패턴 문자는 '*', '**', '?'가 있다. 각 문자열이 의미하는 패턴과 간단한 샘플은 다음과 같다.

- **?**: 한 개의 문자와 매칭된다. @GetMapping(path="/hotels/?")로 선언된 메서드는 사용자 요청 '/hotels/1'을 매칭할 수 있지만 '/hotels/12'는 매칭할 수 없다. 12는 두 개의 문자다.

- *****: 0개 이상의 문자만 매칭할 수 있다. @GetMapping(path="/hotels/*")으로 선언된 메서드는 사용자 요청 '/hotels/1024'를 매칭할 수 있지만 '/hotels/1024/rooms'는 매칭할 수 없다. 문자열 '/rooms'는 /hotels 하위 디렉터리이므로 디렉터리 구조와 다르기 때문이다.

- ******: 0개 이상의 문자와 디렉터리를 매칭할 수 있다. @GetMapping(path="/hotels/**")으로 선언된 메서드는 사용자 요청 '/hotels/1024', '/hotels/1024/rooms', '/hotels/1024/rooms/west-1004'와 매칭할 수 있다. hotels 하위 디렉터리가 몇 개든 상관없이 모두 매칭할 수 있다.

@GetMapping의 모든 속성은 문자 배열 타입이다. 두 개 이상의 속성 값을 설정할 때는 속성에 따라 속성 값들이 AND나 OR 연산으로 동작한다. path, value, name, consumes, produces에 설정된 속성 값들은 서로 OR 연산으로 동작한다. 그리고 params와 headers에 설정된 속성 값들은 AND 연산으로 동작한다. @GetMapping 속성끼리는 AND 연산으로 서로 매핑 조건을 조합한다. path와 param 속성을 동시에 설정하면 두 속성의 설정이 함께 일치하는 클라이언트 요청이 매칭된다. 다음 예제들을 보면 @GetMapping의 매칭 원리를 쉽게 이해할 수 있다.

- @GetMapping(path="/hotels"): 'GET /hotels' 요청을 매핑하는 설정이다.
- @GetMapping(path={"/hotels", "/inns"}): 'GET /hotels' 요청 또는 'GET /inns' 요청 모두 매핑할 수 있는 설정이다. path 속성 값 '/hotels'와 '/inns'는 OR 연산자로 동작하기 때문이다.
- @GetMapping(path="/hotels", params="isOpen"): 'GET /hotels?isOpen=true' 요청을 매핑하는 설정이다. path와 params 속성은 AND 연산자로 동작하기 때문이다.

---

3 @DeleteMapping, @PostMapping 등 다른 애너테이션에도 똑같이 사용할 수 있다.

- @GetMapping(path="/hotels", params={"isOpen", "hasVacancy"}): 'GET /hotels?isOpen
=true&hasVacancy=true' 요청을 매핑할 수 있는 설정이다. path와 param 속성은 AND 연산으
로 동작하고, param의 속성 값 isOpen과 hasVacancy도 AND 연산으로 동작하기 때문이다.

예제처럼 복잡한 설정으로 사용자 요청을 파라미터나 헤더마다 각각 다른 메서드를 매핑하는 일
은 흔하지 않다. 보통은 필요에 따라 몇 개만 세밀하게 매핑하곤 하는데, 특정 조건에 따라 비즈니
스 로직을 다르게 처리해야 할 때 핸들러 메서드를 구분하는 경우가 대부분이다. 즉, '/hotels'와
'/hotels?isOpen=true' 요청을 처리하는 로직이 서로 다르다면 다음과 같이 @GetMapping을 설정
할 수 있다.

세밀하게 매핑한 HotelController 클래스 예제

```
package com.springtour.example.chapter05.controller;

@RestController
public class HotelController {

    @GetMapping(path="/hotels")
    public void getHotels() {
        System.out.println("getHotels");
    }

    @GetMapping(path="/hotels", params="isOpen")
    public void getHotelsByOpen() {
        System.out.println("getHotelsByOpen");
    }
}
```

5.1.4 @PathVariable 애너테이션

@GetMapping 애너테이션은 클라이언트가 요청한 GET 메서드 REST-API를 매핑하는 데 사용한다.
이때 사용자가 요청한 REST-API의 URI에서 특정 위치에 있는 데이터를 뽑으려면 @PathVariable
애너테이션을 사용한다. @PathVariable을 사용하여 뽑아낸 데이터는 핸들러 메서드의 인자
로 주입할 수 있다. 데이터를 주입할 인자에 @PathVariable 애너테이션을 정의하면 된다. 이때
@GetMapping의 path 속성에는 리소스 변수가 선언되어 있어야 하며, @PathVariable에는 주입할
리소스 변수 이름을 설정해야 한다. 두 값에 매칭된 데이터를 핸들러 메서드의 인자로 주입한다.

@GetMapping의 path에 리소스 변수를 정의하는 방법은 특정 리소스에 이름 대신 중괄호로 감싼 변수 이름을 선언하는 것이다. 앞서 HotelRoomController 예제에서 사용한 @GetMapping만 따로 보면 다음 코드와 같다.

```
@GetMapping(path="/hotels/{hotelId}/rooms/{roomNumber}")
```

path 속성에는 두 개의 {hotelId}, {roomNumber} 리소스 변수가 정의되어 있다. 변수 이름은 각각 'hotelId'와 'roomNumber'다. 이 두 값을 주입받으려면 두 개의 @PathVariable 애너테이션을 핸들러 메서드의 인자에 설정한다. 단 @PathVariable들의 value 속성에는 각각 'hotelId', 'roomNumber' 변수 이름을 설정해야 한다. 다음 @PathVariable의 소스 코드를 보고 사용 방법을 자세히 확인해 보자.

```
package org.springframework.web.bind.annotation;

@Target(ElementType.PARAMETER) ----❶
@Retention(RetentionPolicy.RUNTIME)
@Documented
public @interface PathVariable {

    @AliasFor("name")
    String value() default "";
                                      ----❷
    @AliasFor("value")
    String name() default "";

    boolean required() default true; ----❸

}
```

❶ @PathVariable을 정의할 수 있는 위치는 메서드 파라미터(인자)만 가능하다.

❷ name, value는 상호 호환되는 속성이며 동일한 동작을 한다. 속성 값은 리소스 변수 이름을 설정한다.

❸ 리소스 변수 값의 필수 유무를 설정하는 속성이며, 기본값은 필수다.

@PathVariable은 메서드 파라미터(인자)에만 사용 가능한 애너테이션이다. 그러므로 핸들러 메서드의 인자 앞에 선언할 수 있으며, 사용 방법은 다음 예제 코드로 확인해 보자. @GetMapping의 path에 선언된 리소스 변수만큼 인자에 선언하여 데이터를 주입할 수 있다.

```
@GetMapping(path="/hotels/{hotelId}/rooms/{roomNumber}")  ┄┄❶
public HotelRoomResponse getHotelRoomByPeriod (
            @PathVariable(value="hotelId") Long hotelId,  ┄┄❷
            @PathVariable String roomNumber, ...) {  ┄┄❸
// 생략
}
```

❶ @GetMapping path 속성에 설정된 문자열 {hotelId}는 리소스 변수고 변수 이름은 'hotelId'다.

❷ 요청 메시지의 URI에서 @PathVariable의 value 속성에 설정된 리소스 변수 이름과 매칭되는 데이터를 Long hotelId 인자로 주입한다.

❸ @PathVariable에 name이나 value 속성이 생략된 경우 핸들러 메서드의 인자 이름을 사용하여 추론한다. 즉, 인자 String roomNumber의 roomNumber 이름이 @GetMapping의 리소스 변수 이름으로 사용된다. 그러므로 path 속성의 {roomNumber}와 매칭된다.

클라이언트가 서버에 요청한 REST-API는 'GET /hotels/912/rooms/west-123'이라고 생각해 보자. 스프링 애플리케이션은 HotelRoomController의 getHotelRoomByPeriod() 메서드로 사용자 요청을 전달한다. 그리고 @GetMapping의 path 속성에 설정된 'hotelId' 리소스 변수에 매칭되는 '912' 값을 Long hotelId에 주입한다. 이때 URI는 문자열이므로 '912' 값도 문자열이다. 하지만 인자 Long hotelId에 주입하는 시점에는 문자열 '912'가 Long 타입으로 변환된다. 변환 과정에서 Long 클래스에서 제공하는 valueOf() 메서드를 사용한다. URI의 hotelId와 매칭되는 리소스가 Long 타입으로 변환될 수 없다면 valueOf() 메서드에서 NumberFormatException 예외가 발생하고, 서버는 클라이언트 요청을 정상 처리할 수 없다.

마지막으로 @PathVariable 속성의 required 속성은 기본값인 true를 유지하도록 하자. 일반적으로 required 속성을 false로 설정할 필요가 없다. URI의 리소스 변수 위치에 값이 없을 수 없다. 리소스 변수 위치에 값이 없다면 처음부터 @GetMapping이 정의된 메서드에 매칭될 수 없기 때문이다.

5.1.5 @RequestParam 애너테이션

HTTP 프로토콜의 파라미터를 사용하여 전달되는 데이터를 처리해 보자. HTTP 파라미터는 이름과 값으로 구성되고, &를 사용하여 여러 파라미터를 조합하여 전달할 수 있다. @RequestParam 애너테이션은 설정한 파라미터의 이름과 매칭되는 값을 핸들러 메서드의 인자에 주입하는 기능을 제공한다. @RequestParam 애너테이션의 속성에는 파라미터 이름을 설정하면 된다. @RequestParam 의 코드는 다음과 같다.

@RequestParam 애너테이션

```java
@Target(ElementType.PARAMETER) ----❶
@Retention(RetentionPolicy.RUNTIME)
@Documented
public @interface RequestParam {

    @AliasFor("name")
    String value() default "";
                                    ----❷
    @AliasFor("value")
    String name() default "";

    boolean required() default true; ----❸

    String defaultValue() default ValueConstants.DEFAULT_NONE; ----❹

}
```

❶ @RequestParam을 사용할 수 있는 위치는 메서드 파라미터(인자)만 가능하다.

❷ name, value는 둘 다 상호 호환되는 속성이며, 속성 값은 HTTP 파라미터의 이름을 설정한다.

❸ HTTP 파라미터 값의 필수 유무를 설정하는 속성이며, 기본값은 필수다.

❹ name 또는 value에 설정한 이름과 매칭되는 파라미터 값이 null이거나 비어 있는 경우 defaultValue에 설정된 기본값이 인자에 주입된다.

@PathVariable의 관례와 마찬가지로 @RequestParam의 name 또는 value 속성을 설정하지 않으면, 스프링 MVC 프레임워크는 타깃 인자의 이름을 사용하여 HTTP 파라미터의 이름을 추론한다. 또한 인자의 클래스 타입에 따라 파라미터 값이 변환된다.

```
@GetMapping(path="/hotels/{hotelId}/rooms/{roomNumber}")
    public HotelRoomResponse getHotelRoomByPeriod(
            @PathVariable Long hotelId,
            @PathVariable String roomNumber,
            @RequestParam(value="fromDate", required=false) ┄┄❶
            @DateTimeFormat(pattern="yyyyMMdd") LocalDate fromDate, ┄┄❷
        ...) {
}
```

❶ 클라이언트 요청 메시지의 파라미터 중 fromDate 이름과 매칭되는 파라미터 값을 뽑아 LocalDate fromDate 인자로 전달한다. 이때 파라미터 값은 LocalDate 타입으로 변환된다.

❷ 파라미터 값 문자열을 LocalDate 타입으로 변환할 때 패턴으로 파싱하여 변환하는 애너테이션이다.

@RequestMapping 애너테이션에 required 속성의 기본값은 true다. 그러므로 클라이언트의 요청 메시지에 애너테이션과 매핑할 파라미터가 없다면 예외가 발생한다. REST-API를 설계할 때 파라미터는 URI와 달리 필수가 아닌 경우도 있다. 즉, 생략 가능한 상황이 종종 발생한다. 이런 경우에는 예제처럼 @RequiredMapping 애너테이션을 required=false로 설정하면 된다. 또한 REST-API 명세서에 반드시 파라미터의 필수 유무를 명시하여 클라이언트가 실수하지 않도록 한다.

앞서 다룬 호텔 객실을 조회하는 REST-API 명세서를 다시 떠올려 보면, fromDate나 toDate 같은 파라미터는 필수가 아닌 선택 값이다. 그러므로 @RequestParam 애너테이션은 예제 코드처럼 required 속성을 false로 설정해야 한다. required 속성이 false인 경우 defaultValue 속성과 같이 사용하는 것도 고려해 보자. defaultValue 속성은 파라미터 값이 없을 때 대신 사용될 기본값을 설정할 수 있다. 자바의 Optional 클래스의 orElse() 메서드와 비슷한 역할이다.

@RequestParam과 매칭되는 HTTP 파라미터 값은 @RequestParam이 선언된 클래스 타입으로 변환된다. @PathVariable도 마찬가지로 매칭된 URI 리소스 값은 @PathVariable이 선언된 클래스 타입으로 변환된다. 이때 파라미터 값이 날짜나 숫자 데이터라면 날짜 관련 클래스나 숫자 관련 클래스 인자로 바로 변환할 수 있다. 이때 스프링에서 제공하는 @DateTimeFormat, @NumberFormat 애너테이션을 같이 사용하면 다양한 형태의 데이터를 쉽게 파싱할 수 있다. 자바에서 날짜 관련 클래스들은 LocalDate, LocalDateTime, ZonedDateTime 등이 있다. 파라미터 값은 문자열이지만 특정 패턴을 갖는다면 @DateTimeFormat을 이용하여 날짜 객체로 바로 변환 가능하다.

예제에서 클라이언트가 전달할 파라미터 값은 연(yyyy), 월(MM), 일(dd) 형태의 문자열이다. 그래서 이 값을 파싱할 수 있도록 @DateTimeFormat 애너테이션을 사용한다. @DateTimeFormat의 pattern 속성에 패턴 문자 값만 설정하면 쉽게 파싱할 수 있다. 그러면 별도의 변환 코드 없이 LocalDate fromDate 데이터 타입 인자로 변환된 객체를 핸들러 메서드의 인자로 주입받을 수 있다. @DateTimeFormat 애너테이션의 pattern 속성에 사용할 수 있는 패턴 문자는 java.text. SimpleDateFormat 클래스에서 사용하는 패턴 문자다. 대표적인 패턴 문자들은 다음과 같다. 참고로 패턴 문자들은 대·소문자를 구분한다.

▼ 표 5-1 java.text.SimpleDateFormat에서 제공하는 패턴 문자

문자	설명	예
y	연도를 의미한다.	2020 ('yyyy'), 20 ('yy')
M	달을 의미한다.	01 ('MM'), JAN ('MMM')
d	달의 날짜를 의미한다.	15 ('dd')
D	연의 날짜를 의미한다.	364 ('DDD')
H	0~23 포맷으로 시간을 의미한다.	01 ('HH')
m	분을 의미한다.	59 ('mm')
s	초를 의미한다.	01 ('ss')
S	밀리초를 의미한다.	910 ('SSS')
z	타임존을 의미한다.	PST ('z')
Z	RFC822 타임존을 의미한다.	−0800 ('Z')

사용 방법이 비슷한 @NumberFormat 애너테이션도 pattern 속성을 제공하고 있으며, '#,###.##' 같은 숫자 패턴 문자열을 사용하면 된다. '#,###.##'은 달러를 표시하는 패턴이다. @NumberFormat이나 @DateTimeFormat 애너테이션은 @RequestParam 외에도 @PathVariable 같은 다른 애너테이션과 같이 사용할 수 있다.

이제까지 설명한 REST-API 'GET /hotels/{hotelId}/rooms/{roomNumber}'를 실행해 보자. 그림 5-1은 서버에서 받은 결과 화면이다. fromDate와 toDate 파라미터에 값이 있으므로 예약 정보까지 응답 메시지 페이로드(payload)에 있을 것이다. 또한 응답 메시지는 JSON 형식이므로 Content-type 헤더 값은 'application/json'이다.

❤ 그림 5-1 'GET /hotels/{hotelId}/rooms/{roomNumber}' REST-API 실행 결과

여러분이 HTTP 헤더를 사용하여 클라이언트에서 데이터를 받아야 한다면 @RequestHeader 애너테이션을 사용한다. @RequestHeader 애너테이션은 @RequestParam 애너테이션과 사용 방법이 같다. 그러므로 자세한 사용 방법은 생략한다(다음 예제 코드에서 사용 방법을 확인할 수 있다). 다음 예제 코드는 핸들러 메서드에서 필요한 fromDate, toDate 인자를 파라미터 대신 헤더를 사용하여 받는 방법이다. 클라이언트의 요청 메시지에서 참조하는 헤더 이름은 각각 'x-from-date'와 'x-to-date'다.

@RequestHeader를 사용하는 예제

```
public HotelRoomResponse getHotelRoomByPeriod(
        @PathVariable Long hotelId,
        @PathVariable String roomNumber,
    @RequestHeader(value="x-from-date", required=false)
            @DateTimeFormat(pattern="yyyyMMdd") LocalDate fromDate,
    @RequestHeader(value="x-to-date", required=false)
            @DateTimeFormat(pattern="yyyyMMdd") LocalDate toDate) {
        // 생략
}
```

5.1.6 @DeleteMapping 애너테이션

@DeleteMapping 애너테이션을 사용하는 방법은 앞서 설명한 @GetMapping 애너테이션과 같다. 그러므로 호텔 객실 정보를 삭제하는 REST-API 명세서와 @DeleteMapping 애너테이션을 사용한 다음 예제로 설명을 대신한다.

호텔 객실을 삭제하는 API 명세서

```
#### REST-API 요청
DELETE /hotels/{hotelId}/rooms/{roomNumber}
- hotelId : (필수) Long 타입이며, 호텔의 고유 아이디 값
- roomNumber : (필수) String 타입이며, 호텔 리소스에 포함된 객실 중에서 고유한 아이디 값

#### REST-API 응답
{
    "isSuccess" : true,
    "message" : "success"
}
```

호텔 객실을 삭제하는 API 명세서를 구현하면 다음과 같다.

HotelRoomController 클래스의 deleteHotelRoom 메서드

```
package com.springtour.example.chapter05.controller;

@RestController
public class HotelRoomController {

    @DeleteMapping(path="/hotels/{hotelId}/rooms/{roomNumber}")
    public DeleteResultResponse deleteHotelRoom(
            @PathVariable Long hotelId,
            @PathVariable String roomNumber) {
        System.out.println("Delete Request. hotelId=" + hotelId +
", roomNumber=" + roomNumber);
        return new DeleteResultResponse(Boolean.TRUE, "success");
    }

}
```

필요하다면 API 명세서에 파라미터와 HTTP 헤더를 사용하도록 업데이트하자. 각각의 데이터 값은 @RequestParam과 @RequestHeader 애너테이션을 사용하여 핸들러 메서드의 인자에 주입할 수 있다.

5.2 REST-API 응답 메시지 처리

서버에서 클라이언트로 데이터를 전달하는 별도의 데이터 전송 클래스를 DTO(Data Transfer Object)라고 한다. 필자는 데이터를 포함하는 값 객체(value object)나 데이터 저장소의 데이터를 표현하는 엔터티 객체(entity object)를 DTO 객체로 사용하는 것을 지양한다. 데이터 전달을 위한 객체는 별도의 DTO 클래스를 만들어 사용하는 것을 추천한다. 물론 코드베이스 내부에 클래스가 많아질 수 있다. 하지만 많아진 클래스는 자바 패키지별로 잘 분류하면 된다. 엔터티 객체나 값 객체가 DTO의 기능을 포함하여 공통으로 사용되면 클래스의 내부 코드는 복잡해진다. 엔터티 클래스가 DTO 객체의 역할을 포함한다고 생각해 보자. REST-API의 응답 포맷이 변경되어 속성이 더 추가되거나 삭제되면 엔터티 클래스를 변경해야 한다. 반대도 마찬가지다. 목적과 기능이 다른 두 기능이 하나의 클래스에 공존하면서 개발자가 의도하지 않는 오류나 변경이 발생할 수 있다. 이를 피하기 위해 개발자는 테스트 케이스를 작성하여 의도하지 않는 변경을 막을 수 있지만, 테스트 케이스를 유지하는 비용은 높을 수밖에 없다. 스프링 프레임워크의 DTO 클래스는 마셜링/언마셜링을 위한 여러 애너테이션이 추가로 사용된다. 엔터티 클래스에도 여러 애너테이션이 사용된다. 이 두 애너테이션이 섞이는 순간 여러분 코드는 너무 복잡해져서 유지 보수하는 데 애먹을 것이다. 앞서 설명한 HotelRoomController 클래스의 getHotelRoomByPeriod() 메서드를 확인해 보자. getHotelRoomByPeriod() 메서드가 리턴하는 HotelRoomResponse 객체가 JSON 형식으로 마셜링되어 클라이언트에 전달된다. 그러므로 HotelRoomResponse 클래스가 DTO의 역할을 한다.

컨트롤러 클래스에 @Controller + @ResponseBody 애너테이션을 조합하거나 @RestController 애너테이션을 정의하면 메서드가 리턴하는 객체는 HttpMessageConverter로 마셜링된다. 스프링 MVC 프레임워크 내부에는 여러 개의 HttpMessageConverter 객체를 포함하고 있으며, 변환할 대상 객체의 클래스 타입과 o.s.http.MediaType에 따라 특정 HttpMessageConverter가 선택되어 변환한다. 즉, 우리가 별도의 View를 설정하지 않아도 JSON 객체로 변환된다.[4]

스프링 부트 프레임워크는 이 HttpMessageConverter 객체들을 자동 설정하기 위해 HttpMessageConvertersAutoConfiguration을 제공한다. 그리고 자동 설정으로 구성된 HttpMessageConverter 중에서 MappingJackson2HttpMessageConverter 구현체가 JSON 메시지로 마셜링되거나 언마셜링을 담당한다.

---

4 HttpMessageConverter 인터페이스의 내용은 4장에서 설명했다.

기본 설정으로 구성된 스프링 MVC 프레임워크는 마셜링/언마셜링하는 데 Jackson 라이브러리를 사용한다. Jackson 라이브러리의 com.fasterxml.jackson.databind.ObjectMapper 객체가 MappingJackson2HttpMessageConverter의 속성으로 포함되어 마셜링/언마셜링을 처리한다. ObjectMapper는 멀티 스레드 환경에서 안전하게 사용할 수 있다.[5] 그리고 객체를 JSON 문자열로 마셜링하는 writeValue(), writeValueAsString() 메서드와 JSON 문자열을 객체로 언마셜링하는 readValue() 메서드들을 제공한다. 이 과정에서 ObjectMapper가 객체를 마셜링하는 기본 규칙은 다음과 같다.

- 자바 객체는 JSON 객체로 변환되고, 컬렉션 객체는 JSON 배열로 변환된다.
- 자바 객체의 멤버 변수도 앞의 방식대로 변환된다. 이때 속성이 객체이면 JSON 객체로, 컬렉션 객체이면 JSON 배열로 변환된다.
- 객체의 멤버 변수 이름이 JSON 속성 이름으로 사용된다. Jackson 라이브러리는 JSON 속성 이름을 커스터마이징할 수 있는 애너테이션들을 제공한다.
- 마셜링 대상이 되는 객체 속성은 객체 외부에서 접근할 수 있어야 한다. 즉, private 키워드로 선언된 속성은 getter 메서드 패턴으로 외부에서 속성 값에 접근할 수 있어야 한다.
- 자바 맵 객체의 entry 객체는 JSON 객체로 변환되는데, entry의 키가 JSON 객체 이름이 되고, entry 값이 JSON 객체 값으로 변환된다.

5.2.1 @JsonProperty와 @JsonSerialize 애너테이션: JSON 마셜링 예제

예제 Chapter05 모듈의 HotelRoomController 클래스에서 제공하는 getHotelRoomByPeriod() 메서드는 HotelRoomResponse 객체를 리턴한다. 이 객체는 클라이언트에 전달되며, 이때 @RestController가 JSON 객체로 마셜링한다. 다음 HotelRoomResponse 클래스의 코드를 보고 내부 속성들이 어떻게 마셜링될지 생각해 보자. 먼저 구조를 간략히 설명하면 HotelRoomResponse 객체 내부에는 여러 속성이 멤버 변수로 선언되어 있고, 리스트 타입의 List<Reservation> reservations 멤버 변수도 있다. 리스트의 엘리먼트 타입 Reservation 클래스는 HotelRoomResponse 클래스의 이너 클래스로 선언되어 있다.

5　Java doc에서는 이를 Thread-safe라고 표현한다.

```
package com.springtour.example.chapter05.controller;

@Getter ----❶
public class HotelRoomResponse {

    @JsonProperty("id") ----❷
    @JsonSerialize(using=ToStringSerializer.class) ----❸
    private final Long hotelRoomId;

    private final String roomNumber;

    private final HotelRoomType hotelRoomType; ----❹

    @JsonSerialize(using=ToDollarStringSerializer.class) ----❺
    private final BigDecimal originalPrice;

    private final List<Reservation> reservations;

    private HotelRoomResponse(Long hotelRoomId, String roomNumber,
HotelRoomType hotelRoomType, BigDecimal originalPrice) {
        this.hotelRoomId = hotelRoomId;
        this.roomNumber = roomNumber;
        this.hotelRoomType = hotelRoomType;
        this.originalPrice = originalPrice;
        reservations = new ArrayList<>();
    }

    public static HotelRoomResponse of(Long hotelRoomId, String roomNumber,
HotelRoomType hotelRoomType, BigDecimal originalPrice) {
        return new HotelRoomResponse(hotelRoomId, roomNumber, hotelRoomType,
originalPrice);
    }

    public void reservedAt(LocalDate reservedAt) {
        reservations.add(new Reservation(IdGenerator.create(), reservedAt));
    }

    @Getter
    private static class Reservation { ----❻
```

```
        @JsonProperty("id")
        @JsonSerialize(using=ToStringSerializer.class)
        private final Long reservationId;

        @JsonFormat(shape=JsonFormat.Shape.STRING, pattern="yyyy-MM-dd") ----❼
        private final LocalDate reservedDate;

        public Reservation(Long reservationId, LocalDate reservedDate) {
            this.reservationId = reservationId;
            this.reservedDate = reservedDate;
        }
    }
}
```

❶ @Getter는 Lombok 라이브러리에서 제공하는 애너테이션으로, 클래스의 멤버 변수마다 자동
   으로 getter 패턴으로 구현된 메서드를 생성한다. private Long hotelRoomId의 경우 public
   Long getHotelRoomId() 메서드가 자동 생성되어 외부에서 hotelRoomId 값을 참조할 수 있다.

❷ JSON 객체로 마셜링하는 과정에서 hotelRoomId 속성 이름 대신 다른 속성 이름을 사용하고
   싶다면 @JsonProperty를 사용하면 된다. @JsonProperty 애너테이션의 속성 값 'Id'가 JSON 객
   체의 속성 이름이 된다.

❸ 마셜링 과정에서 hotelRoomId 변수의 Long 값을 String 타입으로 변경하려면 @JsonSerialize
   애너테이션과 ToStringSerializer.class를 사용한다. ToStringSerializer.class는 Jackson
   라이브러리에서 기본으로 제공하는 클래스다.

❹ HotelRoomType은 열거형 클래스로, enum 상수도 JSON 형식으로 마셜링된다.

❺ 마셜링 과정에서 originalPrice 변수의 BigDecimal 값을 특별한 형태의 값으로 변경하려면
   @JsonSerialize 애너테이션과 ToDollarStringSerializer.class를 사용한다. ToDollarString
   Serializer.class는 사용자가 직접 개발한 구현체이며, BigDeciaml 값을 달러 표기 형태로 변
   환한다.

❻ 예약 정보를 추상화한 Reservation 클래스는 이너 클래스다. 마찬가지로 Reservation 객체도
   마셜링되어야 하므로 @Getter 애너테이션을 정의한다.

❼ 마셜링 과정에서 LocalDate 타입의 데이터를 사용자 정의 포맷으로 변경하기 위해
   @JsonFormat 애너테이션을 사용한다.

HotelRoomResponse.java 예제에서 사용된 @JsonSerialize, @JsonProperty, @JsonFormat, ToStringSerializer 클래스는 Jackson 라이브러리에서 제공하는 것이다. 이들 애너테이션과 클래스는 응답 객체를 마셜링할 때 원하는 형태로 변경할 수 있는 기능을 제공한다.

@JsonProperty 애너테이션은 클래스의 멤버 변수 이름을 JSON 객체의 속성 이름으로 지정할 때 사용한다. @JsonProperty 애너테이션이 없다면, 응답 객체를 마셜링하는 ObjectMapper는 멤버 변수 이름을 참조하여 JSON 객체의 속성 이름으로 사용한다. 즉, HotelRoomResponse 객체의 hotelRoomId 멤버 변수를 마셜링하면 JSON 객체의 속성 이름도 hotelRoomId가 된다. 하지만 hotelRoomId 멤버 변수에 @JsonProperty 애너테이션이 설정되어 있으므로 ObjectMapper는 @JsonProperty의 속성 값인 'id'를 참조한다. 결국 JSON 객체의 속성 이름은 'id'가 된다.

```
// @JsonProperty가 없을 때의 마셜링된 JSON 객체
{
    "hotelRoomId" : "16090864723802589",
    // 생략
}

// @JsonProperty가 있을 때의 마셜링된 JSON 객체
{
    "id" : "16090864723802589",
    // 생략
}
```

5.1.1절에서 설명한 호텔 정보 조회 API 명세서의 응답 메시지를 기억해 보자. 응답 메시지 스펙에서는 호텔 객실을 구분하는 고유 아이디의 속성 이름을 'id'로 설계했다. 하지만 애플리케이션 내부에서는 'hotelRoomId'가 정확한 이름이다. 그래서 HotelRoomResponse 클래스의 속성 'Long hotelRoomId'에만 @JsonProperty를 사용하여 변경했다.

시스템에서 사용하는 속성 이름과 JSON 객체에서 표현하는 속성 이름이 다르다. 즉, 호텔 마이크로서비스 시스템 내부에서는 hotelRoomId라는 변수 이름을 사용하여 다른 ID들과 명시적으로 구분하여 사용한다. 하지만 JSON 객체는 hotels 〉 rooms 리소스의 응답에 대한 표현이므로 'id'라고 표현해도 된다. 계층 구조 때문에 의미가 명확하기 때문이다. 이런 상황은 REST-API를 개발하는 도중 언제든지 발생 가능한데, 이처럼 마셜링 과정에서 DTO 속성 이름과 JSON 객체의 속성 이름이 다르다면 클래스의 속성 이름을 변경하지 말자. 그리고 간단히 @JsonProperty 애너테이션을 사용하자.

@JsonSerialize는 객체의 속성 값을 마셜링 과정에서 적절한 형태의 데이터로 변경할 때 사용한다. @JsonSerialize 애너테이션이 설정된 객체의 속성 값을 마셜링 과정에서 매우 자유롭게 변경할 수 있다. @JsonSerialize 애너테이션의 using 속성에는 JsonSerializer 구현체 클래스를 속성 값으로 설정할 수 있다. 설정된 JsonSerializer 구현체는 클래스이므로 개발자가 매우 자유롭게 변환 과정에 개입할 수 있다. 예제 코드에서는 설정된 ToStringSerializer.class가 JsonSerializer 구현체다. 이와 비슷한 기능을 하지만 반대인 언마셜링 과정에서 사용할 수 있는 @JsonDeserialize 애너테이션도 있다. 그러므로 JSON 객체를 DTO 자바 객체로 변환할 때, JSON 속성 값을 적절한 객체의 속성 값으로 변환할 때 사용한다. POST, PUT HTTP 메서드를 사용하는 REST-API에서 사용자 요청을 받는 DTO 클래스에서 사용할 수 있다. 사용 방법은 @JsonSerialize와 같으므로 자세한 설명은 생략한다.

HotelRoomResponse.java 예제에서 사용된 '@JsonSerialize(using=ToStringSerializer.class)' 코드를 보자. ToStringSerializer 클래스는 대상 객체의 toString() 메서드를 사용하여 문자열로 변경하는 기능을 제공한다. 그러므로 @JsonSerialize 애너테이션이 적용된 Long hotelRoomId 속성도 Long 클래스의 toString() 메서드를 사용하여 String 값으로 변경한다.

자바 애플리케이션에서 Long 타입 값을 마셜링할 때는 문자열로 변환하는 것이 좋다. REST-API는 다른 컴포넌트 시스템들과 데이터를 통합하기 위해 사용되기도 하지만, 웹 브라우저와 같은 클라이언트도 사용 가능하다. 그래서 클라이언트는 XHR(XmlHttpRequest) 객체를 사용하여 REST-API를 호출하고 그 결과를 브라우저 화면에 렌더링한다. 자바스크립트의 숫자는 32비트 정수(integer)다. 자바 언어의 Long이 표현할 수 있는 숫자는 64비트다. 그러므로 32비트를 넘는 Long 데이터 숫자가 자바스크립트에 전달되면 오버플로되어 정확한 숫자를 처리할 수 없다. Long 데이터를 정확하게 전달하기 위해서는 REST-API에서 문자열 값으로 변경해서 전달하는 것이 바람직하다.

ToStringSerializer는 Jackson 라이브러리에서 제공하는 기본 클래스다. 이외에도 각 클래스 타입에 맞는 Serializer 구현체들이 포함되어 있다. 다음 클래스들을 참고해 보자.

- **ByteArraySerializer**: byte[] 객체를 마셜링할 때 사용한다.
- **CalendarSerializer**: Calendar 객체를 마셜링할 때 사용한다.
- **DateSerializer**: Date 객체를 마셜링할 때 사용한다.
- **CollectionSerializer**: Collection 객체를 마셜링할 때 사용한다.
- **NumberSerializer**: Number 객체를 마셜링할 때 사용한다.
- **TimeZoneSerializer**: TimeZone 객체를 마셜링할 때 사용한다.

5.2.2 JsonSerializer와 JsonDeserializer 예제

마셜링/언마셜링 과정에서 데이터를 변환할 때, 복잡한 로직이 필요하거나 특별한 형태의 데이터로 변환하는 경우 JsonSerializer, JsonDeserializer 구현체를 사용하여 기능을 확장할 수 있다. Jackson 라이브러리는 com.fastxml.jackson.databind 패키지에 JsonSerializer와 JsonDeserializer 추상 클래스를 제공하여 개발자가 그 기능을 확장할 수 있다. ToString Serializer 클래스도 JsonSerializer의 구현체다. ObjectMapper가 대상 객체를 마셜링하는 과정에서 JsonSerializer의 serialize() 메서드를 사용하여 변환한다. 마찬가지로 언마셜링 과정에서 JsonDeserializer의 deserialize 메서드를 사용하여 변환한다.

JsonSerializer와 JsonDeserializer 추상 클래스에 포함된 추상 메서드들

```
package com.fasterxml.jackson.databind;

public abstract class JsonSerializer<T>
    implements JsonFormatVisitable // since 2.1
{
    // 생략

    public abstract void serialize(T value, JsonGenerator gen, SerializerProvider
serializers)
        throws IOException;

    // 생략
}


package com.fasterxml.jackson.databind;

public abstract class JsonDeserializer<T>
    implements NullValueProvider // since 2.9
{
    // 생략
    public abstract T deserialize(JsonParser p, DeserializationContext ctxt)
        throws IOException, JsonProcessingException;

    // 생략
}
```

HotelRoomResponse 클래스의 BigDecimal originPrice 속성을 변환하는 데 사용한 @JsonSerialize (using=ToDollarStringSerializer.class) 구문을 기억해 보자. 금액을 특정 형태로 변경하는 ToDollarStringSerializer는 JsonSerializer 추상 클래스를 상속하여 만든 클래스다.

ToDollarStringSerializer 클래스

```
public class ToDollarStringSerializer extends JsonSerializer<BigDecimal> { ····①

    @Override
    public void serialize(BigDecimal value, JsonGenerator gen, SerializerProvider
serializers) throws IOException {
        gen.writeString(value.setScale(2).toString()); ····②
    }
}
```

❶ 추상 클래스 JsonSerializer를 상속받고 있으며, 변환할 대상의 클래스 타입을 제네릭 타입으로 설정한다. 예제에서 변환할 대상 클래스 타입은 BigDecimal이다.

❷ JSON 문자열을 만드는 JsonGenerator gen 객체의 writerString() 메서드를 사용하여 BigDecimal 객체를 JSON 문자열로 변경한다. 이때 코드에서는 변경 대상인 BigDecimal value 객체의 setScale(2) 메서드를 사용하여 소수점 아래를 두 자리로 설정하고 toString() 메서드를 사용하여 문자열로 변경한다.

JsonDeserializer 추상 클래스를 사용하는 방법은 예를 들어 설명하지 않는다. 사용 방법이 @JsonSerialize와 JsonSerializer 클래스를 확장하는 것과 같기 때문이다.

5.2.3 @JsonFormat 애너테이션

마지막으로 데이터를 변경할 수 있는 @JsonFormat 애너테이션을 알아보자. 이 애너테이션은 java.util.Date나 java.util.Calendar 객체를 사용자가 원하는 포맷으로 변경하는 역할을 한다. @JsonSerialize와 다른 점은 구현체 클래스를 설정하는 대신 간단한 속성 설정으로 데이터를 변경할 수 있다. HotelRoomResponse 클래스 예제에서 사용한 @JsonFormat 애너테이션은 다음과 같다.

@JsonFormat 애너테이션 예제

```
@JsonFormat(shape=JsonFormat.Shape.STRING, pattern="yyyy-MM-dd")
```

코드를 보면 @JsonFormat 애너테이션의 shape과 pattern 속성을 설정한 것을 알 수 있다. shape 속성은 @JsonFormat 애너테이션에 이너 클래스로 정의된 Shape enum 클래스를 사용하여 정의하면 된다. JsonFormat.Shape.STRING은 마셜링 과정에서 해당 데이터를 String 타입으로 변경한다는 의미다. pattern 속성에는 날짜 패턴 문자열을 입력한다. @DateTimeFormat 애너테이션의 pattern 속성처럼 java.text.SimpleDateFormat의 패턴 문자를 사용한다. 예제에서는 연월일을 조합한 패턴 문자 'yyyy-MM-dd'를 설정했다. 하이픈(-)은 패턴 문자가 아니므로 '2020-12-25'의 형태로 변경된다.

5.2.4 열거형 클래스 변환

enum 클래스를 마셜링/언마셜링하는 방법을 알아보자. 예제에서 사용한 HotelRoomType은 enum 클래스다. 일반적으로 enum 클래스는 마셜링할 때 enum 상수 이름 그대로 변경된다. 마셜링 과정에서 enum 상수를 변경할 때 toString() 메서드를 사용하고, 이 메서드가 enum 상수 이름을 리턴하기 때문이다. 즉, HotelRoomType enum 클래스의 SINGLE 상수가 할당된 HotelRoomType hotelRoomType 변수가 마셜링되면 그 값은 문자열 "SINGLE"이 된다.

이런 방식은 REST-API 응답을 유연하게 설계할 수 없고, REST-API 설계에 따라 코드에도 영향을 주므로 유연한 프로그래밍을 할 수 없다. 그래서 응답 값과 enum 상수 값은 따로 분리하면 좋다. 애플리케이션 내부에서는 SINGLE이라는 enum 상수 값을 사용하지만, REST-API 명세서 상으로는 'single'이나 'singleHotelRoomType' 같은 다양한 값으로 응답할 수 있다. 이 경우 HotelRoomResponse 클래스 내부에서 switch 구문이나 if 구문을 사용하여 응답 값을 변경할 수 있지만, enum 클래스 내부에 @JsonValue 애너테이션을 사용하면 더 편리하다.

다음 HotelRoomType enum 클래스 코드를 보자. SINGlE, DOUBLE, TRIPLE, QUAD 열거형 상수가 선언되어 있다. 각 상수가 마셜링될 때 어떻게 사용자 의도대로 변경할 수 있는지 확인해 보자.

HotelRoomType

```
public enum HotelRoomType {
    SINGLE("single"), ····❸
    DOUBLE("double"),
    TRIPLE("triple"),
```

```
        QUAD("quad");

    private static final Map<String, HotelRoomType> paramMap =
Arrays.stream(HotelRoomType.values())
            .collect(Collectors.toMap(
                    HotelRoomType::getParam,
                    Function.identity()
            ));
    private final String param;  ····❶

    HotelRoomType(String param) {
        this.param = param;                  ····❷
    }

    @JsonCreator ····❹
    public static HotelRoomType fromParam(String param) {
        return Optional.ofNullable(param)
                .map(paramMap::get)
                .orElseThrow(() -> new IllegalArgumentException("param is not valid"));
    }

    @JsonValue ····❺
    public String getParam() {
        return this.param;
    }
}
```

❶ HotelRoomType enum 클래스 내부에 String param 변수를 선언한다. param 변수는 마셜링 후
   사용되는 JSON 객체 값을 저장한다.

❷ HotelRoomType enum 클래스 생성자는 String param 인자를 받도록 설계한다. 모든 enum 상수
   를 선언할 때 JSON 객체 값으로 사용될 값을 인수로 입력한다. SINGLE 상수는 문자열 'single'
   이 param 값으로 할당된다.

❸ HotelRoomType.SINGLE 열거형 상수의 내부 속성인 param 값은 'single' 문자열이다.

❹ 언마셜링 과정에서 값 변환에 사용되는 메서드를 지정하는 애너테이션이다.

❺ 마셜링 과정에서 값 변환에 사용되는 메서드를 지정하는 애너테이션이다.

HotelRoomType enum 클래스에는 fromParam() 스태틱 메서드와 getParam() 메서드가 있다.
fromParam() 스태틱 메서드는 String param 인자를 받아 paramMap의 키와 일치하는 enum 상수를

가져와서 응답한다. 그리고 getParam() 메서드는 enum 상수에 정의된 param 변수 값을 응답한다. fromParam() 메서드에는 마셜링 과정에서 값을 변경하는 메서드를 지정하는 @JsonCreator 애너테이션이 설정되어 있다. 그러므로 마셜링 과정에서 JSON 속성 값이 "single"이면 fromParam() 메서드가 HotelRoomType.SINGLE로 변경한다.

@JsonValue 애너테이션은 마셜링 과정에서 enum을 문자열 변환하는 데 사용하는 toString() 메서드를 대신할 메서드를 설정하는 데 사용된다. 예제에서는 getParam() 메서드에 @JsonValue 애너테이션이 선언되어 있다. 그래서 getParam() 메서드가 리턴하는 문자열이 JSON 속성 값으로 사용된다. 즉, HotelRoomType.SINGLE은 'single'로 변경되고, HotelRoomType.DOUBLE은 'double'로 변경된다.

SPRING BOOT FOR MSA

5.3 REST-API POST, PUT 매핑

GET과 DELETE HTTP 메서드가 서로 구조가 비슷하듯이, POST와 PUT도 서로 구조가 비슷하다. 서버에 데이터를 생성하는 REST-API는 POST 메서드를 사용하고, 서버 데이터를 수정하는 REST-API는 PUT 메서드를 사용한다. 둘 모두 클라이언트에서 요청 데이터를 서버에 전송하고, 서버는 이 데이터를 받아 데이터를 생성하거나 수정한다. 그래서 클라이언트는 JSON 메시지를 요청 메시지 바디에 포함하여 전달한다. GET과 DELETE 메서드 기반의 REST-API와 달리 POST와 PUT 메서드 기반의 REST-API는 메시지 바디의 JSON을 처리하는 방법이 필요하다. 먼저 REST-API 설계 명세서를 확인해 보자. 호텔 객실 데이터를 생성하는 REST-API 기능을 작성한 것이다. 데이터를 생성하므로 당연히 POST 메서드를 사용한다.

호텔 객실 데이터를 생성하는 REST-API 설계 명세서

```
### REST-API 요청
POST /hotels/{hotelId}/rooms

{
    "roomNumber" : "West-Wing-3928",
    "roomType" : "double",
    "originalPrice" : "150.00"  ····❶
}
```

```
### REST-API 응답
- [HEADER] X-CREATED-AT : yyyy-MM-dd'T'HH:mm:ssXXX ····❸

{
    "id" : "1201928183" ····❷
}
```

❶ 객실 가격은 문자열(달러 형식)로 입력받는다.

❷ REST-API는 생성된 객실의 고유 아이디를 포함하여 응답한다.

❸ 정상적으로 객체를 생성하면 생성된 시간을 헤더로 응답한다. 헤더 이름은 X-CREATED-AT
  이고, 응답 시간 포맷은 yyyy-MM-dd'T'HH:mm:ssXXX다.

클라이언트는 객실 정보를 생성하기 위해 세 가지 정보를 포함한 JSON 메시지를 서버에 요청
해야 한다. 객실 번호(roomNumber), 객실 타입(roomType), 기본 가격(originalPrice)이다. 입력
받은 데이터를 사용하여 데이터를 성공적으로 생성하면 서버는 생성된 객실의 고유 아이디 값
을 응답한다. 이때 고유 아이디 값은 "id" 속성 이름을 갖는다. 또한 응답 헤더에는 호텔 객실
을 생성한 시간을 의미하는 'X-CREATED-AT' 사용자 정의 헤더를 포함하여 응답한다. 앞서
'X-CREATED-AT' 사용자 정의 헤더를 추가하여 응답하는 방법은 설명하지 않았는데, 이때는
ResponseEntity 객체를 사용해서 응답 헤더와 바디, HTTP 상태 코드를 설정해서 응답할 수 있
다. ResponseEntity를 사용하는 방법은 다음 절에서 설명한다.

POST HTTP 메서드를 컨트롤러 클래스의 핸들러 메서드와 매핑하기 위해 @PostMapping 애너테이션
을 사용하며, PUT HTTP 메서드는 @PutMapping을 사용한다. 이 두 애너테이션의 사용법과 속성은
앞서 설명한 @GetMapping과 같으므로 별도로 설명하지 않는다. 객실을 생성하는 REST-API를 구
현한 코드는 다음과 같다. 참고로 실제 데이터를 생성하는 과정은 생략되어 있다.

HotelRoomController의 createHotelRoom( ) 메서드

```
package com.springtour.example.chapter05.controller;

@RestController
public class HotelRoomController {

    private static final String HEADER_CREATED_AT = "X-CREATED-AT";
    private final DateTimeFormatter DATE_FORMATTER =
            DateTimeFormatter.ofPattern("yyyy-MM-dd'T'HH:mm:ssXXX");
```

```
    @PostMapping(path="/hotels/{hotelId}/rooms")  ----❶
    public ResponseEntity<HotelRoomIdResponse> createHotelRoom(
            @PathVariable Long hotelId,
            @RequestBody HotelRoomRequest hotelRoomRequest  ----❷
    ) {
        System.out.println(hotelRoomRequest.toString());

        MultiValueMap<String, String> headers = new LinkedMultiValueMap<>();
        headers.add(HEADER_CREATED_AT, DATE_FORMATTER.format(ZonedDateTime.now()));
        HotelRoomIdResponse body = HotelRoomIdResponse.from(1_002_003_004L);

        return new ResponseEntity(body, headers, HttpStatus.OK);  ----❸
    }
}
```

❶ 클라이언트의 'POST /hotels/{hotelId}/rooms' 요청을 createHotelRoom() 메서드로 매핑하는 @PostMapping 애너테이션이다.

❷ @RequestBody는 클라이언트에서 전송한 요청 메시지의 바디를 언마셜링하여 자바 객체로 변환한다. 애너테이션이 정의된 인자의 클래스 타입을 사용하므로 HotelRoomRequest 객체로 언마셜링된다. 변환된 객체는 hotelRoomRequest 인자에 주입된다.

❸ createHotelRoom() 메서드가 응답하는 ResponseEntity 객체는 사용자에게 전달된다. 이때 응답 메시지의 상태 코드는 HttpStatus.OK 인수 값으로 전달되므로 '200 OK'가 된다. 응답 메시지의 헤더는 X-CREATED-AT 헤더를 포함한 headers 변수를 사용하여 구성되며, 응답 바디는 HotelRoomIdResponse body 객체를 사용하여 구성된다.

그림 5-2는 'POST /hotels/{hotelId}/rooms' 메서드를 실행한 결과다. 이때 요청한 JSON 메시지는 다음과 같다. 그림 5-2를 보면 x-created-at 헤더와 헤더 값이 정상적으로 응답된 것을 확인할 수 있다.

클라이언트가 객실을 생성하려고 요청한 JSON 메시지

```
{
    "roomNumber": "West-Wing-3928",
    "roomType": "double",
    "originalPrice": "150.00"
}
```

❤ 그림 5-2 객실을 생성하는 API를 실행한 결과

예제에서 사용한 @RestController와 @PathVariable은 5.1절에서 이미 설명한 내용이다. @Request
Body 애너테이션은 사용자 요청 메시지 바디에 포함된 JSON 메시지를 인자의 클래스 타입 객체
로 언마셜링하여 핸들러 메서드의 인자로 매핑하는 역할을 한다. 클라이언트가 보내는 JSON 메
시지를 클래스로 설계한 것이 HotelRoomRequest다. HotelRoomRequest 클래스도 DTO 클래스이
며, HotelRoomResponse 클래스처럼 Value, Entity 클래스와 분리하여 설계하는 것이 코드 복잡성
을 줄일 수 있다.

HotelRoomRequest 클래스

```
package com.springtour.example.chapter05.controller;

@Getter
@ToString
public class HotelRoomRequest {

    private String roomNumber;
    private HotelRoomType roomType;      ----❶
    private BigDecimal originalPrice;

}
```

❶ HotelRoomType roomType은 JSON 요청 메시지의 roomType 속성과 매칭되는 클래스 속성이므
   로 이름을 'roomType'으로 정의한다.

@RequestBody 애너테이션도 @ResponseBody 애너테이션과 마찬가지로, 스프링 MVC 프레임워크의
HttpMessageConverter 객체 중 적합한 하나를 선택하여 언마셜링한다. 언마셜링할 수 있는 적합
한 객체를 선택할 때는 HttpMessageConverter의 canRead(Class<?> clazz, MediaType mediaType)

메서드를 사용한다. 이때 canRead( ) 메서드의 MediaType 인수는 클라이언트의 요청 메시지에 포함된 Content-type 헤더 값이다. REST-API는 JSON 형식을 사용하므로 클라이언트가 POST, PUT 메서드로 요청할 때는 'Content-type : application/json' 헤더를 반드시 포함해야 한다. 헤더 값이 'application/json'이므로 MediaType.APPLICATION_JSON으로 변경되고, canRead( ) 메서드가 true를 리턴하는 HttpMessageConverter를 언마셜링한다.

스프링 부트 기본 설정으로는 MappingJackson2HttpMessageConverter 구현체가 마셜링과 언마셜링을 모두 담당한다. 클라이언트가 HTTP 요청 메시지 헤더에 'Content-type : application/json'을 설정하지 않으면, 스프링 애플리케이션은 적절한 HttpMessageConverter를 찾을 수 없어 에러가 발생한다. 참고로 클라이언트에서 POST나 PUT HTTP 메서드를 사용하는 REST-API를 호출할 때, Content-type 헤더를 누락하여 발생하는 에러가 흔하다.

언마셜링 과정에서도 마셜링 과정에서 설명한 변환 애너테이션들을 그대로 사용할 수 있다. @JsonProperty와 @JsonDeserialize를 사용하면 마셜링 과정에서 개발자가 원하는 속성 이름이나 값을 변경할 수 있다. 즉, JSON 속성 이름과 DTO 클래스의 속성 이름이 다른 경우에는 @JsonProperty 애너테이션을 사용한다. @JsonProperty의 속성 값에는 JSON 객체의 속성 이름을 지정한다. @JsonDeserialize 애너테이션을 사용하면 JSON 속성 값을 적절한 형태의 DTO 객체의 속성 값으로 변환한다. @JsonSerialize와 마찬가지로 using 속성에 정의된 JsonDeserializer 구현체에 따라 자유롭게 변환할 수 있다.

열거형 클래스 속성은 마셜링 과정에서 사용하는 애너테이션과 언마셜링 과정에서 사용하는 애너테이션이 다르다. 다음에 나오는 HotelRoomIdResponse 예제를 확인해 보자. HotelRoomIdResponse 클래스의 HotelRoomType 속성은 열거형 클래스였으며, 열거형 클래스에 @JsonValue 애너테이션을 사용했다. @JsonValue 애너테이션이 정의된 메서드는 마셜링 과정에서 사용되었다. @JsonValue 애너테이션과 마찬가지로 @JsonCreator 애너테이션을 사용하면 언마셜링 과정에서 값을 변환할 수 있다. (5.2.4절의 내용을 확인해 보자. HotelRoomType 열거형 코드와 설명을 확인할 수 있다.)

HotelRoomIdResponse 클래스

```
@Getter
public class HotelRoomIdResponse {

    @JsonProperty("id")
    @JsonSerialize(using=ToStringSerializer.class)
    private Long hotelRoomId;
```

```
    private HotelRoomIdResponse(Long hotelRoomId) {
        if (Objects.isNull(hotelRoomId))
            throw new IllegalArgumentException("hotelRoomId is null");

        this.hotelRoomId = hotelRoomId;
    }

    public static HotelRoomIdResponse from(Long hotelRoomId) {
        return new HotelRoomIdResponse(hotelRoomId);
    }
}
```

서버 애플리케이션 내부에서 사용하는 hotelRoomId는 JSON 메시지에서는 'id'로 변경되어야 하
므로 @JsonProperty 애너테이션을 사용했다. 그리고 자바스크립트를 사용하는 애플리케이션을
위해 Long 값을 문자열로 바꾸는 @JsonSerialize 애너테이션과 ToStringSerializer 클래스를 설
정했다.

5.4 ResponseEntity 응답과 Pageable, Sort 클래스

REST-API를 개발할 때는 설계에 맞추어 응답 메시지의 상태 코드와 헤더, 바디 메시지를 설정해
야 한다. 이때 ResponseEntity 클래스를 사용하면 응답 메시지의 값들을 쉽게 설정할 수 있다. 일
반적으로 서버의 리소스를 조회하는 API에는 페이지 파라미터를 제공한다. 그리고 페이지 파라
미터와 함께 정렬 파라미터도 제공한다. 스프링 프레임워크에서는 이들 기능을 구현한 Pageable,
Sort 클래스를 제공하며 관례를 사용하여 별도의 개발 없이 컨트롤러 클래스에서 쉽게 사용할 수
있다.

5.4.1 ResponseEntity 클래스

@RestController 애너테이션이 적용된 컨트롤러 클래스의 핸들러 메서드가 DTO 객체를 바로 리턴한다고 생각해 보자.

```
public HotelRoomIdResponse createHotelRoomByParam() {
    // 생략
    return hotelRoomIdResponse;
}
```

이때 스프링 프레임워크는 클라이언트에 다음과 같이 응답 메시지를 전달한다.

- HTTP 상태 코드는 '200 OK'다.

- 기본 HTTP 헤더를 구성하여 응답한다. 예를 들어 응답 시간을 의미하는 Date나 바디 메시지의 타입을 의미하는 Content-type 같은 헤더들이 포함된다.

- createHotelRoomByParam() 메서드가 리턴하는 hotelRoomIdResponse 객체는 JSON 객체로 변환된다.

앞서 설명한 REST-API 설계 명세서를 생각해 보자. 호텔 객실을 생성하는 REST-API의 응답 메시지를 보면 'X-CREATED-AT' 헤더와 함께 바디 메시지를 응답하도록 설계되었다. 설계 명세서에는 표기하지 않았지만, 사용자가 잘못된 포맷의 요청 메시지로 API를 요청하는 경우 '400 Bad Request' 상태 코드를 사용하고, 시스템 내부에 오류가 발생한 경우 '500 Internal Server Error' 상태 코드를 사용하도록 설계할 수 있다. REST-API를 개발할 때는 이렇게 헤더나 응답 코드를 상황에 맞게 변경하는 일이 흔하다.

이때 HTTP 상태 코드와 헤더를 수정하고 HTTP 메시지 바디와 함께 응답하려면, 핸들러 메서드가 o.s.http.ResponseEntity 객체를 리턴하면 된다. ResponseEntity 클래스는 상태 코드, 헤더, 바디 메시지를 포함할 수 있으며, 스프링 MVC 프레임워크는 이를 사용하여 응답 메시지를 만든다. 그러므로 우리는 적절한 값을 설정하면 된다. 다음 예제로 메서드가 어떻게 ResponseEntity 객체를 만들어 응답하는지 확인해 보자.

HotelRoomController의 createHotelRoom( ) 메서드

```java
@PostMapping(path="/hotels/{hotelId}/rooms")
public ResponseEntity<HotelRoomIdResponse> createHotelRoom(
        @PathVariable Long hotelId,
        @RequestBody HotelRoomRequest hotelRoomRequest
) {
    System.out.println(hotelRoomRequest.toString());

    MultiValueMap<String, String> headers = new LinkedMultiValueMap<>();
    headers.add(HEADER_CREATED_AT, DATE_FORMATTER.format(ZonedDateTime.now()));  ⸺❷
    HotelRoomIdResponse body = HotelRoomIdResponse.from(1_002_003_004L);

    return new ResponseEntity(body, headers, HttpStatus.OK);  ⸺❶ , ❸
}
```

❶ ResponseEntity 클래스의 여러 생성자 중 바디, 헤더, 상태 코드를 인자로 받는 생성자를 이용하여 ResponseEntity 객체를 생성하고 리턴한다.

❷ ResponseEntity의 HTTP 헤더는 MultiValueMap 객체를 사용하여 설정한다. 예제에서는 LinkedMultiValueMap 객체를 생성하고 'X-CREATED-AT' 헤더와 값을 추가한다. add( ) 메서드를 사용하여 HTTP 헤더를 더 추가할 수 있다.

❸ ResponseEntity의 상태 코드는 HttpStatus 열거형 클래스를 사용한다. HttpStatus.OK 열거형 상수는 '200 OK'를 의미한다.

HTTP 스펙에 따르면 하나의 헤더에 여러 개의 헤더 값을 설정할 수 있다. 예를 들어 Accept, Accept-Encoding, Accept-Language 같은 HTTP 헤더들은 하나 이상의 헤더 값을 포함한다.

HTTP 헤더 예제

```
accept: image/avif,image/webp,image/apng,image/svg+xml,image/*,*/*;q=0.8
accept-encoding: gzip, deflate, br
accept-language: en-US,en;q=0.9,ko;q=0.8
```

예제에서는 HTTP 헤더 값이 하나 이상이면 콤마로 구분하고 있다. MultiValueMap 인터페이스는 하나의 키에 리스트 형태의 값을 설정할 수 있다. 다음은 MultiValueMap 인터페이스의 선언부다. MultiValueMap이 상속받는 Map 인터페이스의 제네릭 설정을 보면 Map<K, List<V>>처럼 헤더 값을 리스트 형태로 미리 정의한다.

```
public interface MultiValueMap<K, V> extends Map<K, List<V>>
```

HttpStatus enum은 HTTP 상태 코드들을 표현한 열거형이다. 그래서 상태 코드의 숫자를 위한 int value와 상태 코드 문자열을 위한 String reasonPhrase 속성이 정의되어 있다. enum 클래스에는 대부분 HTTP 상태 코드들이 enum 상수로 선언되어 있다. 예제에서는 정상적으로 응답하는 경우 200 OK를 응답해야 하므로 HttpStatus.OK enum 상수를 사용했다.

이렇게 응답 헤더를 표현하는 MultiValueMap 객체와 응답 상태 코드를 표현하는 HttpStatus enum 상수, 응답 메시지 바디인 HotelRoomIdResponse 객체는 ResponseEntity 생성자의 인자로 사용된다. 이외에도 ResponseEntity 클래스는 인자별로 다음과 같은 여러 생성자와 스테틱 팩토리 메서드들을 제공한다.

```
package org.springframework.http;

public class ResponseEntity<T> extends HttpEntity<T> {

    public ResponseEntity(HttpStatus status) {
        this(null, null, status);
    }

    public ResponseEntity(@Nullable T body, HttpStatus status) {
        this(body, null, status);
    }

    public ResponseEntity(MultiValueMap<String, String> headers, HttpStatus status) {
        this(null, headers, status);
    }

    public ResponseEntity(@Nullable T body, @Nullable MultiValueMap<String, String> headers, HttpStatus status) {
        super(body, headers);
        Assert.notNull(status, "HttpStatus must not be null");
        this.status = status;
    }

    public static BodyBuilder ok() {
        return status(HttpStatus.OK);
    }
```

❶

```
public static <T> ResponseEntity<T> ok(T body) {
    return ok().body(body);
}

public static <T> ResponseEntity<T> of(Optional<T> body) {
    Assert.notNull(body, "Body must not be null");
    return body.map(ResponseEntity::ok).orElseGet(() -> notFound().build());
}

public static BodyBuilder created(URI location) {
    return status(HttpStatus.CREATED).location(location);
}

public static BodyBuilder accepted() {
    return status(HttpStatus.ACCEPTED);
}

public static HeadersBuilder<?> noContent() {
    return status(HttpStatus.NO_CONTENT);
}

public static BodyBuilder badRequest() {
    return status(HttpStatus.BAD_REQUEST);
}

public static HeadersBuilder<?> notFound() {
    return status(HttpStatus.NOT_FOUND);
}

public static BodyBuilder unprocessableEntity() {
    return status(HttpStatus.UNPROCESSABLE_ENTITY);
}
```

❶ 헤더, 바디, 상태 코드 인자들을 조합하여 오버로딩되어 있는 생성자들이다. 필요한 인자를 받는 생성자를 골라 사용하면 된다.

❷ 가장 많이 사용하는 HTTP 상태 코드들을 골라 상태 코드 이름으로 만든 스테틱 팩토리 메서드들이다. ok()는 '200 OK' 상태 코드를 의미하며, 상태 코드의 특성에 따라 HTTP 메서드 바디를 설정할 수 있는 BodyBuilder나 HTTP 헤더를 설정할 수 있는 HeadersBuilder 객체를 생성한다. 이들 Builder 클래스들은 메서드 체이닝 형태로 쉽게 설정 가능하며, 마지막으로 build() 메서드를 호출하면 ResponseEntity 객체를 만들 수 있다.

5.4.2 페이지네이션과 정렬 파라미터를 위한 Pageable 클래스

REST-API 중 GET 메서드를 사용하는 API는 조회한 정보를 클라이언트에 응답한다. 'GET /hotels'처럼 여러 개의 객체를 리스트로 응답하는 조회 API는 페이징과 정렬 기능을 제공하는 것이 일반적이다. 즉, 페이지 번호와 한 페이지가 포함하는 객체 개수를 HTTP 파라미터로 전달하면 그 범위에 맞는 데이터를 조회하여 응답하는 기능을 페이징(paging) 혹은 페이지네이션 (pagination)이라고 한다. 이때 클라이언트는 정렬 조건도 HTTP 파라미터로 전달할 수 있으며, 서버는 이 정렬 조건에 맞춘 객체들을 응답한다. 이를 소팅(sorting) 혹은 정렬(sort)이라고 한다.

컨트롤러 클래스에는 @RequestParam 애너테이션을 사용하여 클라이언트에서 받을 정렬 파라미터 이름을 설정할 수 있다. 그리고 파라미터 값은 핸들러 메서드의 인수로 주입된다. 페이징과 정렬 기능은 많이 사용하므로 스프링 프레임워크는 미리 정의된 파라미터 이름과 Pageable 클래스를 제공한다. 이번에는 Pageable 클래스를 사용하여 정렬 인자를 설정하는 방법을 설명한다. 먼저 예제로 사용할 REST-API의 설계는 다음과 같다.

예약 정보를 조회하는 API 설계

```
#### REST-API 요청
GET /hotels/{hotelId}/rooms/{roomNumber}/reservations
 - page : 페이지 번호이며 0부터 시작
 - size : 페이지당 포함할 예약 정보의 개수. 기본값 20
 - sort : 소팅 정보. 정렬 프로퍼티 이름과 방향 키워드를 같이 사용하며 콤마(,)로 구분한다.
     - 방향 키워드로는 순차 정렬을 의미하는 ASC, 역순 정렬을 의미하는 DESC가 있다.
     - e.g. reservationId,asc
     - e.g. reservationDate,desc
```

설계 명세서에 사용된 page, size, sort 파라미터 이름을 기억하자. 스프링 프레임워크에서 미리 정의된 기본 파라미터 이름이다. 그리고 파라미터가 의미하는 내용은 설계 명세서에 정의한 설명을 참조하면 된다. 프레임워크에서 정의한 이름과 내용을 그대로 설계 명세서에 정의했다. 이렇게 정의된 page, size, sort 파라미터는 o.s.data.domain.Pageable 인터페이스 객체로 바로 변환된다. @RequestParam 애너테이션이 없어도 스프링 프레임워크는 객체로 변환하여 핸들러 메서드의 인자로 주입한다. 이것은 스프링 데이터 프레임워크의 확장 기능인 웹 서포트(web support)다.

웹 서포트 기능을 사용하려면 pom.xml에 다음과 같이 의존성을 추가해야 한다. 추가하는 의존성은 spring-boot-starter-data-jpa이며 스프링 데이터 JPA 프레임워크[6]를 스프링 부트 프레임워크에서 쉽게 사용할 수 있는 스타터다. 다시 강조하면 웹 서포트는 스프링 데이터 프레임워크에서 제공하는 기능이다. 여러분이 스프링 데이터 프레임워크에서 제공하는 데이터 저장소를 사용하지 않거나 스프링 데이터 프레임워크가 아닌 다른 프레임워크를 사용한다면 이 기능은 쓸 필요가 없다.[7]

---

pom.xml에 추가된 spring-boot-starter-data-jpa 의존성

```
<dependency>
    <groupId>org.springframework.boot</groupId>
    <artifactId>spring-boot-starter-data-jpa</artifactId>
</dependency>
```

예제 코드에서는 spring-boot-starter-data-jpa 외에도 mysql-connector-java와 hsqldb 라이브러리를 포함하고 있다. 이들은 chapter05 예제를 실행하는 spring-data-jpa와 관련된 라이브러리다. 이 라이브러리들이 없으면 JPA 프레임워크가 동작하지 않는다. 이 내용들은 spring-data-jpa를 다루는 8장에서 다시 설명한다.

spring-boot-starter-data-jpa가 제공하는 spring-data-jpa 내부에 spring-data-commons 라이브러리를 포함하고 있다. spring-data 프레임워크 하위 프로젝트인 spring-data-redis나 spring-data-jdbc 등 모든 하위 프로젝트는 spring-data-commons 라이브러리를 포함한다. 이 spring-data-commons 라이브러리가 페이징이나 소팅 같은 기능을 쉽게 사용할 수 있도록 관련된 기능을 제공하고 있다.

Pageable 객체를 사용하는 방법은 다음 코드에서 확인해 보자. 앞서 설명한 '예약 정보를 조회하는 API' 명세서의 page, size, sort 파라미터를 o.s.data.domain.Pageable 클래스로 처리하는 내용을 포함한다. Pageable 클래스에서 제공하는 메서드도 확인해 보자.

웹 서포트 기능을 사용하여 Pageable 인자를 선언한 예제

```
package com.springtour.example.chapter05.controller;

@RestController
public class ReservationController {
```

---

6   데이터 저장소의 데이터를 객체로 매핑하는 프레임워크다.

7   스프링 데이터 프레임워크는 보편적으로 사용되는 대부분의 데이터 저장소들을 지원하고, 간편한 기능을 제공하므로 많이 사용한다.

```
@GetMapping("/hotels/{hotelId}/rooms/{roomNumber}/reservations")
public List<Long> getReservationsByPaging(@PathVariable Long hotelId,
                                          @PathVariable String roomNumber,
                                          Pageable pageable) {
                                          ❶

    System.out.println("Page param : " + pageable.getPageNumber()); ┄❷
    System.out.println("Size param : " + pageable.getPageSize()); ┄❸
    pageable.getSort().stream().forEach(order -> {
        System.out.println("Sort param : " + order.getProperty() + " : " + order.  ❹
getDirection());
    });

    return Collections.emptyList();
  }
}
```

❶ @RequestParam 애너테이션이 없어도 o.s.data.domain.Pageable 클래스를 핸들러 메서드의 인
자로 선언하면 된다. 스프링 프레임워크는 page, size, sort 파라미터의 값을 매핑한 Pageable
pageable 객체를 주입한다.

❷ Pageable의 getPageNumber() 메서드는 page 파라미터의 값을 리턴한다.

❸ Pageable의 getPageSize() 메서드는 size 파라미터의 값을 리턴한다.

❹ Pageable의 getSort() 메서드는 sort 파라미터 값과 대응하는 o.s.data.domain.Sort 객체를
리턴한다. sort 파라미터는 하나 이상의 값을 포함할 수 있다. 그러므로 Sort 객체는 이너 클
래스인 Sort.Order 객체 스트림을 구현한다. stream() 메서드를 사용하면 클라이언트가 전달
한 파라미터 집합을 처리할 수 있다.

예제를 다음과 같이 실행해 보자. 파라미터 부분을 보면, sort 파라미터 값은 두 번 사용된 것
을 확인할 수 있다. sort 파라미터에 하나 이상의 데이터를 설정하는 방법이다. 그래서 sort
파라미터에 각각 reservationId,desc와 reservationDate,desc 값이 설정되었다. 이 경우
getReservationsByPaging() 메서드 Pageable 인자의 getSort() 메서드를 호출하면 리턴되는 Sort
객체는 두 개의 Sort.Order 객체를 포함한다. Sort.Order 클래스는 정렬할 속성 이름과 정렬 방향
을 포함하고 있다. 그래서 클라이언트는 여러 개의 정렬 조건을 전달할 수 있으며, 서버는 정렬 조
건들을 AND로 처리할지 OR로 처리할지 결정하여 구현한다.

```
GET http://127.0.0.1:18080/hotels/912/rooms/west-wing-2012/reservations?page=1&size=50&
sort=reservationId,desc&sort=reservationDate,desc
```

```
Page param : 1
Size param : 50
Sort param : reservationId : DESC
Sort param : reservationDate : DESC
```

5.4.3 Pageable 자동 설정

스프링 부트 프레임워크는 웹 서포트 기능을 자동 설정해 주는 SpringDataWebAutoConfiguration 클래스를 제공한다. 개발자는 spring-data 관련 의존성만 추가하면 별도의 추가 설정 없이 간단하게 동작한다.

SpringDataWebAutoConfiguration 내부는 어떻게 구현되어 있는지 간단히 살펴보자. 스프링 Data 프레임워크에서 제공하는 웹 서프트 기능을 사용하려면 @EnableSpringDataWebSupport 애너테이션이 자바 설정 클래스에 선언되어 있어야 한다. SpringDataWebAutoConfiguration 코드를 보면 @Configuration과 @EnableSpringDataWebSupport 애너테이션이 같이 선언되어 있다. 그러므로 웹 서포트 설정도 스프링 부트 프레임워크가 처리한다.

앞서 설명한 페이징 파라미터 중 page와 size 파라미터는 o.s.data.web.Pageable HandlerMethodArgumentResolver 클래스가 처리하고, sort 파라미터는 o.s.data.web.Sort HandlerMethodArgumentResolver 클래스가 처리한다. 이 두 클래스는 공통적으로 o.s.web.method.support.HandlerMethodArgumentResolver 인터페이스를 구현한다. 각 구현체는 HandlerMethodArgumentResolver 인터페이스의 resolveArgument( ) 메서드를 구현하는데, 사용자 요청에서 파라미터 값을 획득한 후 Pageable 객체에 설정하여 리턴한다. 각 파라미터를 파싱하는 방법을 변경해야 한다면, 이들 클래스를 상속하거나 구현하여 새로운 구현 클래스를 만들면 된다. 하지만 스프링 부트 프레임워크는 다음과 같이 application.properties 파일을 설정하여 간단하게 커스터마이징할 수 있는 방법을 제공하고 있다. 간단한 예제를 살펴보자.

paging 파라미터의 이름을 변경하는 application.properties 설정

```
spring.data.web.pageable.page-parameter = pageNumber ····❶
spring.data.web.pageable.size-parameter = pageSize ····❷
spring.data.web.sort.sort-parameter = sortOrder ····❸
spring.data.web.pageable.default-page-size = 20 ····❹
spring.data.web.pageable.max-page-size = 2000 ····❺
spring.data.web.pageable.one-indexed-parameters = false ····❻
```

❶ HTTP 파라미터 이름인 page 대신 pageNumber로 변경할 수 있는 설정이다.

❷ HTTP 파라미터 이름인 size 대신 pageSize로 변경할 수 있는 설정이다.

❸ HTTP 파라미터 이름인 sort 대신 sortOrder로 변경할 수 있는 설정이다.

❹ 기본 페이지 크기를 설정한다. 페이지 크기에 대응되는 파라미터가 없다면 20개가 기본으로 설정된다.

❺ 한 번에 조회할 수 있는 페이지 크기 최댓값을 설정할 수 있다.

❻ 페이지 파라미터는 기본 0으로 시작하지만 숫자 1로 시작하고 싶으면 true로 설정하면 된다.

5.5 REST-API 검증과 예외 처리

SPRING BOOT FOR MSA

에피소드 ≡ 나개발은 호텔 컴포넌트에 호텔 리소스를 처리하는 REST-API를 설계했다. 그리고 명세서를 바탕으로 웹 애플리케이션이 호텔을 조회 · 생성 · 삭제 · 수정하는 기능을 구현했다. 서비스 오픈을 위해 QA를 하던 도중 여러 에러를 점검할 수 있었다. 이들 에러는 사용자가 잘못된 형식의 값을 입력하거나 아예 입력하지 않아 NULL 값이 넘어오는 경우가 대부분이었다.

REST-API 설계에 따르면 이 경우에는 '400 Bad Request'를 응답해야 한다. 그리고 어떤 값이 잘못 입력되었는지 클라이언트에 JSON 형식의 메시지를 전달해야 한다. 하지만 NullPointException 예외가 발생하여 개발자 의도와 상관없이 톰캣 서버는 500 Internal Error 상태 코드와 톰캣의 클래스 스택 정보가 포함된 에러 메시지를 클라이언트에 응답하고 있었다.

나개발은 컨트롤러 클래스에서 사용자의 요청 값들을 하드 코딩으로 검증하여 문제가 발생하면 ResponseEntity 클래스를 사용하여 '400 Bad Request'를 응답했다. 또한 try-catch 구문을 사용하여 내부에서 발생하는 예외들을 모두 감싸서 '500 Internal Error'를 응답했다. 하지만 너무 많은 try-catch 구문은 유지 보수하기 쉽지 않았고, 사용자 요청을 검증하는 코드가 포함된 컨트롤러 클래스는 가독성이 떨어졌다.

견고한 REST-API를 만들기 위해서는 클라이언트의 요청 값을 검증해야 한다. REST-API를 사용하는 클라이언트는 서버 컴포넌트 혹은 웹 사용자가 될 수 있다. 특히 웹 사용자가 요청하는 데이터를 신뢰해서는 안 된다. 사용자가 전송하는 데이터는 개발자가 생각하는 것보다 더 다양한 형태로 서버에 전달된다. 심지어 애플리케이션 서버를 공격하거나 데이터를 유출하기 위한 여러 형태로 REST-API를 호출할 수 있다. 그러므로 검증으로 NullPointException이나 예상하지 못한 오류를 사전에 피할 수 있다.

사용자가 요청하는 데이터를 검증하는 방법은 크게 두 가지로 분류할 수 있다. 요청 데이터 자체의 포맷이나 무결성을 검증하는 방법과 데이터 저장소에 데이터를 조회하여 데이터 유무를 검증하는 방법으로 나눌 수 있다. 이렇게 분류한 이유는 전자는 컨트롤러 클래스에서 검증 가능하지만, 후자는 컨트롤러 클래스가 아닌 서비스 클래스나 컴포넌트 클래스에서 검증할 수밖에 없다. 데이터 저장소에 쿼리해야 하기 때문이다. 물론 전자도 서비스 클래스나 컴포넌트 클래스에서 검증할 수도 있지만 가능하면 컨트롤러 클래스에서 검증하길 제안한다. 사용자 요청을 검증하는 행위는 사용자 요청을 받아 서비스 클래스로 전달하는 컨트롤러 역할에 알맞기 때문이다. 이 절에서는 다음과 같이 스프링 프레임워크에서 제공하는 방법을 사용하여 컨트롤러 클래스에서 사용자 요청을 검증하는 방법을 설명한다.

- JSR-303 스펙에서 제공하는 애너테이션을 사용하여 쉽고 빠르게 검증하는 방법
- Validator 구현 클래스와 @initBinder를 사용하여 사용자 요청 데이터를 복합적으로 검증하는 방법

5.5.1 JSR-303을 사용한 데이터 검증

JSR-303은 Java EE와 Java SE에서 자바 빈(Java Bean)을 자동으로 검증할 수 있는 스펙이다. 스펙에서 제공하는 애너테이션을 사용하여 자바 빈이 포함하는 속성들의 값을 검증한다. 즉, 자바 빈이 될 수 있는 객체에만 검증할 수 있다.

자바 빈이 되기 위해서는 내부 속성에 접근할 수 있는 Getter 메서드들을 제공해야 한다. 즉, 검증 대상이 되는 객체의 속성에 접근할 수 있는 public getter 메서드를 사용하여 객체의 속성을 검증할 수 있다. 뒤에서 설명할 예제를 보면 쉽게 이해할 수 있다. JSR-303을 구현한 구현체로는 Hibernate-validator 라이브러리를 사용하면 된다. JSR-303 스펙을 사용하기 위해서는 별도의 스프링 프레임워크 설정은 필요 없으며, 다음과 같이 라이브러리 의존성을 pom.xml에 추가하면 바로 사용할 수 있다.

chapter05/pom.xml

```
<dependencies>
    <dependency>
        <groupId>org.hibernate</groupId>
        <artifactId>hibernate-validator</artifactId>
```

```
            <version>5.4.2.Final</version>
        </dependency>
    </dependencies>
```

JSR-303은 자바 빈을 검증하는 기능을 제공하므로 객체의 속성들이 검증 대상이 된다. 이전에 설명한 호텔 객실 정보를 생성하는 요청을 추상화한 HotelRoomRequest 클래스를 기억해 보자. Lombok의 @Getter 애너테이션이 선언되어 있어 내부 속성에 접근 가능하므로 자바 빈이며, HotelRoomRequest의 내부 속성인 roomNumber, roomType, originalPrice들을 검증할 수 있다.

이처럼 검증 조건을 정의하는 애너테이션들을 검증 대상에 정의하면 된다. 예를 들어 HotelRoomRequest 클래스의 roomNumber 속성이 검증 대상이고, 검증 조건은 NULL이 될 수 없으며 최소 세 글자 이상이어야 한다고 생각해 보자. 이 검증 조건들을 JSR-303에서 정의된 애너테이션들로 roomNumber 속성에 정의하면 자동으로 검증된다.

다음 코드는 호텔 객실 정보를 수정하는 요청을 추상화한 HotelRoomUpdateRequest 클래스의 코드다. HotelRoomUpdateRequest 클래스의 속성을 어떻게 검증하는지 살펴보면서 검증 애너테이션 @NotNull과 @Min의 사용 방법도 확인해 보자.

HotelRoomUpdateRequest 클래스

```
package com.springtour.example.chapter05.controller;

@Getter
@ToString
public class HotelRoomUpdateRequest {

    @NotNull(message="roomType can't be null")  ----❶
    private HotelRoomType roomType;

    @NotNull(message="originalPrice can't be null")
    @Min(value=0, message="originalPrice must be larger than 0")  ----❷
    private BigDecimal originalPrice;

}
```

❶ @NotNull 애너테이션은 해당 속성의 null 체크 검증을 한다. message 속성은 검증에 실패했을 때 사용하는 기본 에러 메시지다.

❷ @Min 애너테이션은 해당 속성의 최솟값을 검증한다. value 속성에 해당 속성의 최솟값을 설정한다. 여기에서 originalPrice의 최솟값은 0이 되어야 한다.

예제에서 사용한 @NotNull이나 @Min 애너테이션은 모두 message 속성을 설정할 수 있다. JSR-303에서 제공하는 다른 검증 애너테이션 모두 공통으로 message 속성을 제공한다. message 속성은 검증에 실패한 경우 에러 메시지로 사용된다. 그러므로 예제의 originalPrice 값이 null이면 @NotNull 애너테이션의 originalPrice can't be null이 에러 메시지로 사용된다.

JSR-303에서 제공하는 다른 검증 애너테이션들은 다음 목록에 정리했다. HotelRoomUpdateRequest의 originalPrice 속성처럼 하나의 속성에 여러 검증 애너테이션을 중복해서 설정할 수 있다.

- **@NotNull**: not null을 검증한다. empty string은 검사하지 못한다.
- **@Pattern**: regular expression과 매칭되는지 검사한다.
- **@Past**: 과거의 날짜인지 검증한다.
- **@Size**: 검증 대상이 배열, 맵, 컬렉션인 객체의 크기를 검증한다.
- **@Min**: 대상 값이 @min 값보다 크거나 같아야 한다.
- **@Max**: 대상 값이 @max 값보다 작거나 같아야 한다.
- **@NotEmpty**: 대상 값의 크기가 0보다 커야 한다.
- **@NotBlank**: 대상 값을 트림(trim)한 후 그 크기가 0보다 커야 한다.
- **@Email**: 대상 값이 이메일 형식인지 아닌지 정규 표현식으로 검증할 수 있다.
- **@Length**: 문자열의 길이가 min과 max 사이인지 검증한다.

5.5.2 @Valid 애너테이션과 예제

@Valid 애너테이션은 검증할 자바 빈 객체를 마킹하는 용도로 사용한다. JSR-303에서 제공하는 애너테이션은 검증 조건을 설정하는 역할이다. 그러므로 @Min과 @NotNull 애너테이션만 선언하면 동작하지 않는다. 대상 객체에 @Valid 애너테이션을 정의해야 스프링 프레임워크가 데이터를 변환하는 과정에서 검증을 실행한다.

@Valid 애너테이션은 자바 빈 객체에 표기하면 되며, 일반적으로 컨트롤러 클래스의 핸들러 메서드 인자에 설정한다. 다음 예제는 호텔 객실 정보를 수정하는 HotelRoomController 클래스의 updateHotelRoomByRoomNumber() 메서드다. 이 메서드의 인자인 HotelRoomUpdateRequest 객체가 검증할 자바 빈이다. 그래서 인자에 @Valid 애너테이션을 선언해야 JSR-303 검증 메커니즘이 작동할 수 있다. 아무리 HotelRoomUpdateRequest 속성에 검증 애너테이션을 선언했더라도 @Valid

애너테이션을 표시하지 않으면 스프링 프레임워크는 자동으로 검증 기능을 수행하지 않는다. 많은 개발자가 무심코 자주하는 실수다. 다음 예제에서 검증 결과를 어떻게 확인하는지 확인해 보자.

updateHotelRoomByRoomNumber 메서드

```
package com.springtour.example.chapter05.controller;

@RestController
public class HotelRoomController {

    @PutMapping(path="/hotels/{hotelId}/rooms/{roomNumber}")
    public ResponseEntity<HotelRoomIdResponse> updateHotelRoomByRoomNumber(
            @PathVariable Long hotelId,
            @PathVariable String roomNumber,
            @Valid @RequestBody HotelRoomUpdateRequest hotelRoomUpdateRequest, ----❶
            BindingResult bindingResult) { ----❷

        if (bindingResult.hasErrors()) { ----❸
            FieldError fieldError = bindingResult.getFieldError(); ----❹
            String errorMessage = new StringBuilder("validation error.")
                    .append(" field : ").append(fieldError.getField())
                    .append(", code : ").append(fieldError.getCode())      ----❺
                    .append(", message : ").append(fieldError.getDefaultMessage())
                    .toString();

            System.out.println(errorMessage);
            return ResponseEntity.badRequest().build(); ----❻
        }

        System.out.println(hotelRoomUpdateRequest.toString());
        HotelRoomIdResponse body = HotelRoomIdResponse.from(1_002_003_004L);
        return ResponseEntity.ok(body);
    }
}
```

❶ @Valid 애너테이션이 표시된 HotelRoomUpdateRequest 인자를 검사한다. 검사 대상은 HotelRoomUpdateRequest 클래스 내부에 JSR-303 애너테이션이 선언된 속성들이다.

❷ BindingResult bindingResult 인수는 HotelRoomUpdateRequest의 검증 결과를 포함한다. 그리고 검증 결과를 조회할 수 있는 메서드들을 제공한다.

❸ 검증 결과가 한 개 이상의 에러를 포함하고 있다면, BindingResult의 hashErrors() 메서드는 true 값을 응답한다.

❹ FieldError 클래스는 검증 대상 클래스의 속성에 대한 검증 실패 정보를 포함하고 있다. BindingResult 객체에서 FieldError 객체를 가져올 수 있는 메서드는 getFieldError()와 getFieldErrors() 등이 있다.

❺ FieldError 객체의 getField() 메서드를 사용하면 검증에 실패한 속성의 이름을 확인할 수 있다. 그리고 getCode()는 어떤 검증을 실패했는지 코드를 리턴한다. 즉, 검증 애너테이션의 message 속성 값을 리턴한다.

❻ ResponseEntity의 badRequest() 메서드는 '400 Bad Request' 상태 코드를 설정한 후 바디를 설정할 수 있는 BodyBuilder 객체를 리턴한다. 그리고 BodyBuilder의 build() 메서드는 ResponseEntity 객체를 만들어서 응답한다.

예제처럼 코딩하면 스프링 프레임워크는 자동으로 HotelRoomUpdateRequest 객체를 검증한다. 그리고 검증 결과는 BindingResult 객체에 저장하고, updateHotelRoomByRoomNumber() 메서드에 선언된 BindingResult bindingResult 인자에 주입한다. 단 BindingResult 객체가 정상적으로 주입되려면 반드시 순서를 지켜서 인자를 선언해야 한다. 스프링 MVC 프레임워크의 관례에 따라 BindingResult 인자는 반드시 검증 대상 객체 바로 다음 자리에 위치해 있어야 한다. 그래서 updateHotelRoomByRoomNumber() 메서드를 보면 HotelRoomUpdateRequest 인자 다음에 BindingResult 인자가 있는 것을 확인할 수 있다. 위치가 다르면 정상적으로 BindingResult 객체가 주입되지 않는다.

BindingResult 객체는 검증 결과 어떤 에러가 발생했는지, 어느 부분에서 발생했는지, 발생한 건수 등 전반적인 결과들을 포함한다. 이런 정보는 BindingResult의 getFieldError() 메서드가 리턴하는 FieldError 객체 정보를 확인하면 자세히 알 수 있다. 예제 코드에서 사용한 FieldError의 getCode(), getField(), getDefaultMessage() 메서드를 사용하면 된다. 그림 5-4는 실행 결과이며, 그림을 보면 쉽게 이해할 수 있다.

▼ 그림 5-4 요청 예제와 결과

```
PUT http://127.0.0.1:18080/hotels/123/rooms/West-Wing-3928
Content-Type: application/json

{
   "originalPrice": "150.00"
}

validation error. field : roomType, code : NotNull, message : roomType can't be null
```

에피소드 ≡ 스프링 투어 나개발은 새로 생성한 HotelRoomRequest 클래스에도 JSR-303 검증 애너테이션을 정의했다. 이 클래스를 호텔 객실을 생성하는 'POST /hotels/{hotelId}/rooms' API에 사용하여 검증 기능이 동작하는 것도 확인했다.

하지만 'POST /hotels/{hotelId}/rooms' API는 호텔 객실 한 개만 생성한다. 클라이언트 개발 팀은 한 번에 여러 개의 객실을 생성하는 API를 요청했다. 나개발은 다음과 같이 HotelRoomRequest 클래스를 사용하여 REST-API를 개발했다. 기존 API에서 사용하던 HotelRoomRequest DTO 클래스를 재활용했으며, @Valid 애너테이션도 잊지 않고 선언했다. 하지만 자동 검증 기능은 정상 동작하지 않았다. 무슨 문제였을까?

호텔 객실을 한 번에 여러 개 생성(sudo)

```
public class RoomController {

    @PostMapping(path="/hotels/{hotelId}/rooms")
    public ResponseEntity createHotelRoom(
            @PathVariable Long hotelId,
            @Valid @RequestBody List<HotelRoomRequest> hotelRoomRequests, ····❶
            BindingResult bindingResult
    ) {
        // create hotel rooms
        return ResponseEntity.ok(null);
    }
}
```

분명히 ❶처럼 List<HotelRoomRequest> 인자에 @Valid 애너테이션이 적용되어 있지만 검증 메커니즘은 동작하지 않았다. 잘 보면 검증 대상이 List 클래스 타입이다. 개발자는 List 객체가 자바 빈이 아니었음을 깨달았다. 다시 자바 빈의 조건을 기억해 낸 개발자는 금방 원인을 알아냈다. 자바 빈은 내부 속성을 접근할 수 있는 getter 메서드가 있어야 하지만 List 클래스는 getter 메서드가 없었다. 그래서 자동 검증 기능이 동작하지 않았던 것이다.

에피소드에 나온 이야기는 JSR-303을 도입하면서 많이 겪는 현상 중 하나다. 이 현상은 버그가 아니다. JSR-303 스펙에 맞게 개발하지 않았으므로 동작할 수 있는 조건이 되지 않았던 것이다. 단지 개발자가 자바 빈이라는 사실을 잊고 개발했기 때문이다. 이런 경우를 해결하는 방법은 많이 있다.

첫 번째는 List 구현체를 상속받는 사용자 정의 클래스를 생성하고 Getter, Setter 메서드를 생성하여 List 대신 사용하는 방법이다. 두 번째는 별도의 검증 클래스를 만들어 직접 하드 코딩하는 방법이다. 아니면 다음에 설명할 o.s.validation.Validator 인터페이스와 @InitBinder 애너테이션을 사용하는 방법도 있다.

5.5.3 Validator 인터페이스를 사용한 검증

앞서 설명한 JSR-303에서 제공하는 애너테이션은 하나의 속성에 여러 애너테이션을 조합해서 검증할 수 있다. 하지만 검증 조건이 점점 복잡해지면 애너테이션의 조합만으로 검증하기가 쉽지 않다. 혹은 여러 속성을 조합하여 검증해야 하는 경우도 있다. 이 경우에는 o.s.validation.Validator 인터페이스를 이용하여 검증하는 방법을 고려해 보자.

Validator 인터페이스

```
package org.springframework.validation;

public interface Validator {

    boolean supports(Class<?> clazz); ····❶

    void validate(Object target, Errors errors); ····❷

}
```

❶ Validator 구현체가 Class clazz 인수를 검증할 수 있는지 확인하는 메서드다. 검증할 수 있다면 true를 응답해야 한다. 컨트롤러 클래스에서 이 메서드를 사용하여 검증 대상 객체와 Validator 구현체를 매칭하는 데 사용한다.

❷ 검증 대상 객체는 Object target 인수로 들어오며 이를 캐스팅하여 검증하는 코드를 작성하면 된다. 검증 에러가 있다면 Errors errors 객체의 메서드를 사용하여 에러를 입력한다.

보통 Validator 구현체는 검증 대상 클래스와 일대일로 개발할 때가 많다. 다음 코드는 객실을 예약하는 요청 메시지를 추상화한 HotelRoomReserveRequest 클래스와 이를 검증하는 HotelRoomReserveValidator 클래스의 코드다. HotelRoomReserveRequest의 checkInDate, checkOutDate 속성을 서로 비교하여 검증하는 내용이 HotelRoomReserveValidator에 핵심이다. checkInDate, checkOutDate 속성 모두 Null이 될 수 없으며, checkOutDate는 checkInDate보다 미래의 날짜여야 한다. 이 경우 두 속성 값을 같이 비교해야 하므로 JSR-303 애너테이션으로는 검증하기 어렵다.

HotelRoomReserveRequest와 HotelRoomReserveValidator 클래스

```java
package com.springtour.example.chapter05.controller;

@Getter
@ToString
public class HotelRoomReserveRequest {

    private LocalDate checkInDate;
                                          ❶
    private LocalDate checkOutDate;

    private String name;
}


package com.springtour.example.chapter05.controller.validator;

public class HotelRoomReserveValidator implements Validator {

    @Override
    public boolean supports(Class<?> clazz) {
        return HotelRoomReserveRequest.class.equals(clazz);  ❷
    }

    @Override
    public void validate(Object target, Errors errors) {
        HotelRoomReserveRequest request = HotelRoomReserveRequest.class.cast(target);  ❸

        if (Objects.isNull(request.getCheckInDate())) {
            errors.rejectValue("checkInDate", "NotNull", "checkInDate is null");
            return;
        }
        if (Objects.isNull(request.getCheckOutDate())) {
            errors.rejectValue("checkOutDate", "NotNull", "checkOutDate is null");
            return;
        }
        if (request.getCheckInDate().compareTo(request.getCheckOutDate()) >= 0) {
            errors.rejectValue("checkOutDate", "Constraint Error", "checkOutDate is
❹    earlier than checkInDate");
            return;
        }
    }
}
```

❶ HotelRoomReserveRequest의 checkInDate와 checkOutDate 속성은 서로 조합하여 날짜를 검증해야 한다. checkOutDate는 checkInDate보다 빠른 날짜일 수 없다.

❷ 검증 대상이 HotelRoomReserveRequest 객체이므로 검증 대상 클래스 타입인 clazz 인자는 HotelRoomReserveRequest 클래스와 같아야 한다.

❸ HotelRoomReserveRequest.class의 cast() 메서드를 사용하여 target 인수를 HotelRoomReserveRequest 객체로 캐스팅한다. 앞서 supports() 메서드로 확인한 객체만 validate() 메서드에 target 인수로 넘어온다.

❹ LocalDate 클래스의 compareTo() 메서드를 사용하여 checkInDate가 checkOutDate보다 크면 Errors 객체에 검증 실패 메시지를 입력한다.

검증 대상 클래스와 validator 구현 클래스를 확인했다. 다음은 이 validator 구현 클래스를 대상 객체에 연결하여 실제로 검증하는 방법을 알아본다. JSR-303 애너테이션처럼 핸들러 메서드의 검증 대상 인자에 @Valid 애너테이션을 정의한다. 예제에서 객실을 예약하는 컨트롤러 클래스는 HotelRoomReserveController이며, 핸들러 메서드는 reserveHotelRoomByRoomNumber()다. 이 메서드의 HotelRoomReserveRequest 인자에 @Valid 애너테이션을 선언한다.

스프링 MVC 프레임워크는 사용자 요청과 자바 빈 객체를 바인딩할 수 있는 o.s.web.bind. WebDataBinder 클래스를 제공한다. WebDataBinder는 addValidators()나 addCustomFormatter() 같은 메서드를 사용하여 기능을 확장할 수 있다. 그러므로 addValidators() 메서드를 사용하여 앞서 개발한 HotelRoomReserveValidator 클래스를 추가한다. reserveHotelRoomByRoomNumber가 실행되면 WebDataBinder가 바인딩한 HotelRoomReserveValidator 객체가 사용자의 요청을 검증한다.

마지막으로 WebDataBinder를 사용하기 위해서는 @InitBinder 애너테이션과 WebDataBinder를 초기화하는 코드를 선언하면 된다. @InitBinder 애너테이션은 WebDataBinder 초기화 함수에 선언한다. WebDataBinder 초기화 함수는 특별히 객체를 리턴하지 않아도 되므로 void 리턴 타입으로 선언한다. 그리고 초기화 함수는 반드시 WebDataBinder 인자를 선언해야 한다. 이 초기화 함수에 @InitBinder 애너테이션을 선언하면 스프링 MVC 프레임워크가 WebDataBinder 객체를 주입한다. 주입된 WebDataBinder 객체에 addValidator() 메서드를 사용하여 Validator를 구현한 HotelRoomReserveValidator 객체를 인수로 넘기면 된다. 다음 예제 코드를 보면 @InitBinder 애너테이션을 사용하는 방법을 알 수 있다.

HotelRoomReserveController 클래스

```
package com.springtour.example.chapter05.controller;

@RestController
public class HotelRoomReserveController {

    @InitBinder    ···❶
    void initBinder(WebDataBinder binder) {    ···❷
        binder.addValidators(new HotelRoomReserveValidator());    ···❸
    }

    @PostMapping(path="/hotels/{hotelId}/rooms/{roomNumber}/reserve")
    public ResponseEntity<HotelRoomIdResponse> reserveHotelRoomByRoomNumber(
            @PathVariable Long hotelId,
            @PathVariable String roomNumber,
            @Valid @RequestBody HotelRoomReserveRequest reserveRequest,    ···❹
            BindingResult bindingResult) {    ···❺

    // 예외 처리 코드 생략

        Long reservationId = reserveService.reserveHotelRoom(
                hotelId, roomNumber,
                reserveRequest.getCheckInDate(),
                reserveRequest.getCheckOutDate());

        HotelRoomIdResponse body = HotelRoomIdResponse.from(reservationId);
        return ResponseEntity.ok(body);
    }

}
```

❶ @InitBinder 애너테이션을 initBinder() 초기화 함수에 선언한다.

❷ 초기화 함수의 리턴 타입은 void이며, 반드시 WebDataBinder 인자를 받도록 정의해야 한다.

❸ 인수로 넘어온 WebDataBinder 객체의 addValidators() 메서드를 사용하여 개발자가 Validator를 확장한 HotelRoomReserveValidator 클래스를 추가한다.

❹ 검증 대상인 HotelRoomReserveRequest 인자 앞에도 @Valid 애너테이션을 정의해야 한다.

❺ HotelRoomReserveValidator가 검증한 결과는 BindingResult 객체에 포함된다.

다음과 같이 checkOutDate를 checkInDate보다 일찍 설정하면 Validator로 검증되고 에러 로그가 찍힌다.

❤ 그림 5-5 checkOutDate를 checkInDate보다 일찍 설정했을 때 실행 결과

```
POST http://127.0.0.1:18080/hotels/123/rooms/West-Wing-3928/reserve
Content-Type: application/json

{
    "name": "Byungboo Kim",
    "checkInDate" : "2021-01-01",
    "checkOutDate" : "2020-12-31"
}

error   : Constraint Error [checkOutDate] checkOutDate is earlier than checkInDate
```

JSR-303이 제공하는 자동 검증 기능이 명백하지 않고, Validator의 @initBinder 기능을 사용하여 컨트롤러 클래스에 추가 설정하는 과정이 싫다면 임의의 검증 클래스를 만들어 직접 호출하는 것도 방법이다. 어떤 방식이든 사용자의 요청 데이터를 반드시 검증하여 애플리케이션을 보호하는 것은 매우 중요한 일이다. 그리고 검증 로직이 복잡하다면 어떤 방식으로든 Controller 클래스와 분리하는 것이 좋다.

5.5.4 @ControllerAdvice와 @ExceptionHandler 예외 처리

자바 언어에서 제공하는 예외는 크게 두 가지 종류로 나눌 수 있다. Checked Exception과 Unchecked Exception이다. Checked Exception은 java.lang.Exception 클래스를 상속받은 클래스다. 이 예외는 개발자가 try-catch 구문으로 감싸서 예외 처리를 하거나 메서드 시그니처에 throws 키워드를 사용하여 메서드 내부에서 발생하는 예외를 메서드를 호출하는 메서드로 다시 던져야 한다. Unchecked Exception은 java.lang.RuntimeException을 상속받는 Exception 클래스들을 의미한다. Checked Exception은 예외 처리를 하지 않으면 컴파일 에러가 발생하는 반면, Unchecked Exception은 예외 처리를 하지 않아도 컴파일 에러가 발생하지 않는다. 그래서 명시적으로 try-catch 구문이나 throws 키워드를 사용하여 예외 처리를 하지 않아도 된다. 하지만 이 예외는 스레드 호출 스택(call stack) 기준으로 상위 객체의 메서드로 올라간다. 결국 발생한 Unchecked Exception도 어디선가 적절한 처리를 해야 한다. REST-API 애플리케이션에서도 Unchecked Exception을 처리해야 API를 호출한 클라이언트에 적절한 에러 메시지를 전달할수 있다. 스프링 프레임워크에서 사용하는 대부분의 Exception 클래스는 RuntimeException을 상속받는 Unchecked Exception이다. 심지어 데이터베이스 관련 o.s.dao.DataAccessException도

RuntimeException을 상속받고 있다. 아무리 데이터베이스와 관련된 예외라고 하더라도 개발자가 직접 예외 처리를 하기보다 프레임워크에서 제공하는 기능을 사용하여 일관된 방식으로 예외 처리를 하도록 되어 있다. 비즈니스 로직을 처리하는 부분과 예외를 처리하는 부분이 분리되고, 개발자는 비즈니스 로직을 개발하는 것에 더욱 집중할 수 있는 장점도 있다. 다음은 스프링 프레임워크에서 어떻게 예외를 처리하는지 그림으로 표현한 것이다.

❤ 그림 5-6 서비스 처리 도중 발생한 예외가 처리되는 흐름

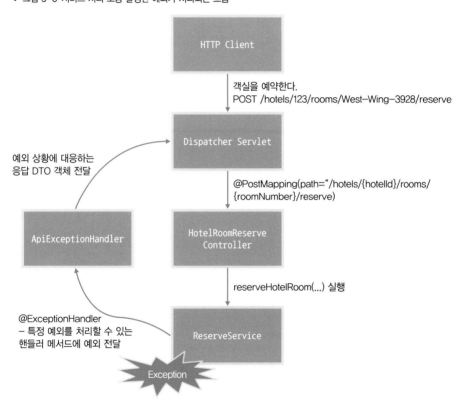

그림 5-6은 앞서 설명한 호텔을 예약하는 REST-API 'POST /hotels/{hotelId}/rooms/{roomNumber}/reserve'의 흐름을 그림으로 표현한 것이다. 클라이언트가 REST-API를 호출하고, @PostMapping 애너테이션이 정의된 핸들러 메서드가 호출된다. 그리고 서비스 클래스인 ReserveService의 reserveHotelRoom() 메서드가 기능을 처리하는 과정에서 예외가 발생했다고 생각해 보자. 발생한 Exception은 예외를 처리할 수 있는 ApiExceptionHandler로 전달되고 개발자가 코딩한 로직을 처리한다. 그림 5-6 ApiExceptionHandler의 예외 처리는 사용자에게 에러 메시지를 전달하는 것이다. 이어서 그림 5-6의 내용을 설명하기 위한 몇 가지 코드를 살펴보자.

```
package com.springtour.example.chapter05.domain.reservation;

@Service
public class ReserveService {

    public Long reserveHotelRoom(Long hotelId, String roomNumber, LocalDate checkInDate,
LocalDate checkOutDate) {

        // 생략
        hotelRoomRepository.findByHotelIdAndRoomNumber(hotelId, roomNumber)  ····❶ , ❷
                .orElseThrow(() -> {
                    log.error("Invalid roomNumber. hotelId:{}, roomNumber:{}", hotelId,
roomNumber);

                    return new BadRequestException("Not existing roomNumber");
                });

        // 생략
    }
}
```

❶ 데이터 저장소에 객실 정보를 생성 · 조회 · 업데이트 · 삭제하는 메서드를 제공하는 hotelRoomRepository 객체다.

❷ hotelId와 roomNumber를 사용하여 객실 정보를 조회하는 메서드다. 객실 정보를 포함하는 Optional 객체를 리턴한다.

❸ 객실을 조회했지만 결과가 null인 경우 로그를 생성하고 BadRequestException 예외를 던진다.

사용자가 REST-API 'POST /hotels/{hotelId}/rooms/{roomNumber}/reserve'를 호출하면 HotelRoomReserveController의 핸들러 메서드가 요청을 처리한다. 그리고 ReserveService의 reserveHotelRoom() 메서드가 예약 로직을 처리한다. 이때 사용자가 유효하지 않은 hotelId와 roomNumber를 사용하여 REST-API를 호출하면 ReserveService의 reserveHotelRoom() 메서드는 데이터 저장소에 객실 정보를 조회할 수 없으므로 BadRequestException 예외를 던진다. 이때 HotelRoomReserveController 컨트롤러 클래스에 @ExceptionHandler 애너테이션이 선언된 예외 처리 메서드가 있다면, 스프링 프레임워크는 생성된 BadRequestException 예외 객체를 예외 처리 메서드로 전달한다. @ExceptionHandler 애너테이션과 예외 처리 메서드를 사용하는 방법은 다음과 같다.

```java
@RestController
public class HotelRoomReserveController {

    @ExceptionHandler(BadRequestException.class)
    public ResponseEntity<ErrorResponse> handleException(BadRequestException ex) {
        // 생략
    }

    @PostMapping(path="/hotels/{hotelId}/rooms/{roomNumber}/reserve")
    public ResponseEntity<HotelRoomIdResponse> reserveHotelRoomByRoomNumber(...) {
        // 생략
    }
}
```

@ExceptionHandler 애너테이션은 예외를 처리할 수 있는 메서드를 지정하는 데 사용한다. @ExceptionHandler의 value 속성에 처리할 수 있는 예외 클래스를 설정하는데, 설정한 예외만 처리할 수 있다. 앞선 예제에서 사용된 @ExceptionHandler 애너테이션은 속성이 BadRequestException.class이므로 handleException() 메서드는 BadRequestException 예외를 처리할 수 있다. 이때 handleException() 메서드에 BadRequestException ex 인자를 선언하면 스프링 프레임워크는 인자에 예외 객체를 주입한다. @ExceptionHandler 애너테이션은 @Controller가 선언된 컨트롤러 클래스나 @ControllerAdvice가 선언된 컨트롤러 어드바이스 클래스에 사용할 수 있다. 컨트롤러 클래스에 선언된 예외 처리 메서드는 컨트롤러 클래스의 핸들러 메서드에 발생한 예외만 처리할 수 있다. 즉, 다른 컨트롤러 클래스의 핸들러 메서드에서 발생한 BadRequestException 예외는 HotelRoomReserveController의 handleException() 메서드가 예외를 처리할 수 없다.

@ControllerAdvice는 스프링 애플리케이션 전체에서 예외 처리 메서드를 선언할 수 있는 특수한 스프링 빈이다. 별도의 클래스를 생성하고 클래스 선언부에 @ControllerAdvice 애너테이션을 선언하면 전역 설정 스프링 빈이 된다. 이 스프링 빈 내부에 @ExceptionHandler를 설정하면 애플리케이션 전체에 예외 처리 메서드가 동작한다. 물론 컨트롤러 클래스마다 예외를 각자 다르게 처리하여 예외 처리를 세분하고 싶다면 @ExceptionHandler 애너테이션을 모든 컨트롤러에 선언하자. 하지만 시스템 유지 보수 과정이나 신규 컨트롤러 클래스를 추가하는 과정에서 누락될 가능성이 있다. 그래서 @ControllerAdvice를 사용하여 애플리케이션을 전역 설정할 때가 많다.

그림 5-6을 보면 ApiExceptionHandler는 @ControllerAdvice가 설정된 클래스이며, @Exception
Handler가 정의된 예외 처리 메서드가 모여 있다. example5 예제에서는 ApiExceptionHandler
클래스에 @RestControllerAdvice 애너테이션을 사용했다. @RestControllerAdvice는
@ControllerAdvice와 @ResponseEntity 기능을 합친 애너테이션이다. 그러므로 @ExceptionHandler
가 정의된 예외 처리 메서드가 리턴하는 객체는 HttpMessageConverter로 마셜링된다. 그리고 변경
된 JSON 메시지가 클라이언트에 전달된다. 즉, 예외 처리를 하면서 동시에 에러 메시지를 클라이
언트에 응답할 수 있다.

@RestControllerAdvice와 @ExceptionHandler 애너테이션을 사용하면 애플리케이션에서 발생한
예외도 처리하면서 동시에 서비스 클래스에서 발생한 검증 예외도 일관된 방법으로 처리할 수 있
다. 앞서 설명한 검증 방법은 사용자 요청을 컨트롤러 클래스에서 처리하여 응답한 것이다. 하지
만 데이터 저장소에서 데이터의 유효성을 검사하는 경우 서비스 클래스에서 직접 응답할 수 없다.
그러므로 서비스 클래스에서 데이터를 조회한 후 유효하지 않다면 BadRequestException 예외를
던지면 된다. 그러면 ApiExceptionHandler에서 예외를 받고 사용자에게 응답한 후 종료된다. 사
용자 요청이 유효하지 않아 발생하는 예외 클래스 BadRequestException의 코드는 다음과 같다.

BadRequestException 클래스

```
package com.springtour.example.chapter05.domain;

public class BadRequestException extends RuntimeException {
                                                     ❶
    private String errorMessage;

    public BadRequestException(String errorMessage) {
        super();
        this.errorMessage = errorMessage;                    ❷
    }

    public String getErrorMessage() {
        return errorMessage;
    }
}
```

❶ RuntimeException을 상속하여 Unchecked Exception으로 설계한다. 그래서 불필요한 예외 처
리 구문을 사용하지 않도록 한다.

❷ 생성자의 errorMessage 인자를 받아 내부 속성 errorMessage에 할당한다.

BadRequestException은 유효성 검사에 실패한 예외를 추상화한 것이다. BadRequestException의 errorMessage는 클라이언트에 전달할 목적으로 사용한다. 최상위 부모 클래스 Throwable.class의 message 속성과 다른 용도다. 즉, 어떤 클래스에서도 BadRequestException 예외를 생성하면 클라이언트에 전달할 메시지를 직접 설정할 수 있다. BadRequestException과 @RestControllerAdvice, @ExceptionHandler 애너테이션을 같이 사용하면 훌륭한 예외 처리 메커니즘이 된다. 서비스 클래스에서 오류 메시지와 함께 예외를 던지면 @RestControllerAdvice, @ExceptionHandler 가 설정된 ApiExceptionHandler에서 클라이언트에 오류 메시지를 전달할 수 있다. 그러므로 BadRequestException 클래스에는 String errorMessage 인자를 받는 생성자가 하나만 있다. BadRequestException 예외가 발생하는 과정에서 개발자가 errorMessage를 반드시 넣도록 개발한 것이다.[8]

ApiExceptionHandler 클래스

```
package com.springtour.example.chapter05.controller;

@RestControllerAdvice ····❶
public class ApiExceptionHandler {

    @ExceptionHandler(BadRequestException.class) ····❷
    public ResponseEntity<ErrorResponse> handleBadRequestException(BadRequestException
ex) {                                                                          ❸

        System.out.println("Error Message : " + ex.getErrorMessage());
        return new ResponseEntity<>(
                new ErrorResponse(ex.getErrorMessage()),     ┐
                HttpStatus.BAD_REQUEST                        ├····❹
        );                                                    ┘
    }

    @ExceptionHandler(Exception.class) ····❺
    public ResponseEntity<ErrorResponse> handleException(Exception ex) {

        return new ResponseEntity<>(
                new ErrorResponse("system error"),
                HttpStatus.INTERNAL_SERVER_ERROR ····❻
        );
    }
}
```

---

8 물론 예외를 생성하는 시점에 null을 입력할 수 있다.

❶ @ExceptionHandler 애너테이션이 정의된 메서드를 포함하는 스프링 빈 애너테이션이다.

❷ BadRequestException 예외가 발생하면 처리할 메서드를 지정하는 @ExceptionHandler 애너테이션과 속성 설정이다.

❸ @ExceptionHandler 애너테이션이 정의된 메서드에 BadRequestException ex 인자를 정의하면 스프링 프레임워크에서 예외 객체를 주입한다.

❹ 클라이언트에 응답 메시지를 전달하는 ResponseEntity 객체를 리턴한다. 사용한 ResponseEntity 생성자는 HTTP 메시지 바디와 상태 코드를 인자로 받는다. 에러 메시지를 추상화한 ErrorResponse 객체를 HTTP 메시지 바디로 사용한다. 그러므로 ErrorResponse 객체를 생성할 때 BadRequestException 예외의 errorMessage 속성을 전달한다.

❺ BadRequestException 이외의 다른 예외들을 처리하는 @ExceptionHandler 설정이다.

❻ ❹와 마찬가지로 ResponseEntity 객체를 리턴하며, 이때 HTTP 상태 코드는 '500 Internal Server Error'를 응답한다.

@ExceptionHandler 애너테이션의 속성이 value 하나이므로 예제처럼 value 속성 이름을 생략해도 좋다. 또한 속성 값은 배열이므로 여러 예외 클래스를 설정하여 하나의 핸들러 메서드로 똑같이 처리할 수 있다. 여러 클래스를 value 속성으로 설정하려면 핸들러 메서드의 인자를 선언할 때 주의해야 한다. 인자의 클래스 타입은 예외 클래스들의 상위 클래스로 선언해야 한다. 그래야 스프링 프레임워크가 예외 객체를 주입하는 과정에서 에러 없이 예외 처리할 수 있다.

예제의 BadRequestException처럼 특정 예외 클래스를 설정한다면 특정 핸들러 메서드가 예외를 처리한다. 하지만 나머지 예외는 처리할 수 없으므로 ApiExceptionHandler 클래스의 handleException() 메서드처럼 다양한 예외 상황에 대비할 수 있는 폴백 기능을 추가하자. handleException() 메서드의 @ExceptionHandler는 Exception.class가 설정되어 있다. 즉, 시스템 내부에서 발생할 수 있는 모든 예외의 상위 클래스를 설정한 것이다. 이렇게 BadRequestException과 Exception을 구분하여 설정하면 BadRequestException을 제외한 모든 예외는 handleException() 메서드가 처리할 수 있다. 그래서 개발자가 미리 대응할 수 없는 여러 상황을 처리할 수 있는 장점이 되어 준다. 또한 최소한 REST-API를 호출한 클라이언트에 잘못된 메시지가 전달되거나 시스템 내부 정보가 노출되는 것을 사전에 막을 수 있다. @ControllerAdvice는 @ExceptionHandler 외에도 앞서 설명한 @InitBinder나 @ModelAttribute 애너테이션 설정을 애플리케이션 전체에 설정하여 사용할 수 있다.

@ExceptionHandler와 @RestControllerAdvice를 이용한 애플리케이션 전체 예외 처리 메커니즘은 견고한 시스템을 만드는 데 반드시 필요하다. 이와 별도로 예외 처리와 핵심 비즈니스 로직을 분리할 수 있어 개발자는 도메인 개발에 집중할 수 있다. 그러므로 효율적으로 애플리케이션을 유지 보수할 수 있고, 코드 가독성이 높아지는 장점이 있다. 하지만 애플리케이션 전체에 대한 예외를 처리하므로 Exception 클래스를 잘 설계해야 한다. 너무 세밀한 예외 클래스들은 사용자가 본래 목적대로 사용하지 못할 수 있으며, 너무 정제되지 않은 예외 클래스들은 원래 목적과 달리 불명확하게 처리될 수 있다. @RestControllerAdvice는 클라이언트에 바디 메시지를 직접 전달하는 기능도 제공하므로 예외 상황에 대한 REST-API 응답 포맷도 잘 정리하여 사용하길 바란다.

5.6 미디어 콘텐츠 내려받기

SPRING BOOT FOR MSA

스프링 MVC 프레임워크로 마이크로서비스 애플리케이션을 개발할 때 항상 JSON 메시지만 처리할 수는 없다. 마이크로서비스의 역할과 상황에 따라 서버는 파일을 읽고 클라이언트에 전달하는 상황이 발생한다. 반대로 클라이언트가 파일을 업로드하면 데이터를 읽고 처리해야 한다. 클라이언트가 다운로드하거나 업로드하는 데이터는 이미지, 문서 등 다양하다.

객실을 예약한 사용자가 있다고 하자. 이 사용자는 웹 또는 앱에서 예약 정보를 확인할 수 있다. 하지만 이와 별개로 PDF 파일 형식의 호텔 예약 송장(invoice)을 웹에서 내려받을 수 있다. 이 경우 API 서버는 생성된 PDF 파일을 HTTP 프로토콜을 사용하여 클라이언트에 전달해야 한다. 다른 예로 스프링 투어가 사용자가 숙박한 호텔의 후기를 작성하는 서비스를 제공한다고 하자. 해당 호텔에 숙박한 사용자는 이미지 파일을 업로드할 수 있다. 반대로 로그인한 사용자에게만 호텔 후기 사진을 보여 준다고 하자. 이 경우에는 Apache나 NginX 같은 웹 서버를 이용하여 이미지를 서비스하기 곤란하다. 클라이언트를 인증·인가해야 하기 때문이다. 즉, 이미지를 서비스하려면 로그인한 사용자인지 호텔을 숙박한 이력이 있는지 확인해야 한다.

일반적으로 인증/인가 기능은 웹 서버가 아닌 애플리케이션 서버에 포함되어 있다.[9] 그러므로 이런 상황에서는 애플리케이션 서버에서 이미지를 처리해야 한다. 마이크로서비스 아키텍처를 설계

---

9   Apache 모듈을 개발해서 웹 서버에서 인증하는 경우도 있지만 일반적이지 않다.

하면서 파일을 다운로드/업로드하는 전용 애플리케이션 서비스를 만들 수도 있으나, 응집력이나 바운더리 컨텍스트를 고려한다면 도메인을 담당하는 마이크로서비스에서 직접 다운로드/업로드 기능을 구현하기도 한다.

이 절에서는 이미지 파일을 내려받는 두 가지 방법을 설명한다. HttpMessageConverter를 사용하여 메시지를 변환하는 방법과 서블릿 객체인 javax.servlet.http.HttpServletResponse를 사용하여 직접 OutputStream을 다루는 방법을 설명한다. 그리고 두 방법의 차이점도 설명한다.

HttpMessageConverter를 사용하여 파일 내려받기 기능을 구현하려면 컨트롤러 클래스의 핸들러 메서드에 다음과 같이 설정해야 한다.

- @ResponseEntity 혹은 그와 같은 기능을 하는 @RestController를 설정한다.
- 메서드 시그니처의 응답 객체는 byte[] 혹은 ResponseEntity<byte[]> 형태여야 한다.

@ResponseEntity 애너테이션이 설정되어야만 HttpMessageConverter의 메시지 변환 기능을 사용할 수 있다. 파일이나 이미지 같은 데이터를 HTTP 프로토콜을 사용하여 전달할 때, 응답 메시지 바디는 8비트 바이너리로 구성된다. 스프링 MVC 프레임워크의 기본 설정으로 구성된 HttpMessageConverter 중 o.s.http.converter.ByteArrayHttpMessageConverter는 바이트 배열을 처리할 수 있다. 그러므로 핸들러 메서드는 byte[] 배열이나 좀 더 상세한 설정을 할 수 있는 ResponseEntity<byte[]> 객체를 응답해야 한다. 이렇게 개발된 다음 예제를 확인해 보자.

핸들러 메서드에서 byte[ ]를 리턴하여 파일을 내려받는 예제

```java
package com.springtour.example.chapter05.controller;

@RestController
public class ReservationController {

    @GetMapping(value="/hotels/{hotelId}/rooms/{roomNumber}/reservations/
{reservationId}")
    public ResponseEntity<byte[]> getInvoice(@PathVariable Long hotelId,
                  ❶                          @PathVariable String roomNumber,
                                             @PathVariable Long reservationId) {

        String filePath = "pdf/hotel_invoice.pdf";  ┈❷
        try (InputStream inputStream=new ClassPathResource(filePath).getInputStream())
{  ┈❸
            byte[] bytes = StreamUtils.copyToByteArray(inputStream);  ┈┐
            return new ResponseEntity<>(bytes, HttpStatus.OK);        ┈┘❹
        } catch (Throwable th) {
```

```
            th.printStackTrace();
            throw new FileDownloadException("file download error");
        }
    }
}
```

❶ 핸들러 메서드 getInvoice()는 ResponseEntity<byte[]>를 응답한다.

❷ example5 프로젝트의 resources 폴더에 위치한 pdf/hotel_invoice.pdf 파일의 경로다.

❸ 파일 경로 변수 filePath에서 InputStream을 가져온다.

❹ inputStream 객체를 byte[] bytes로 변환한 후 '200 OK' 상태 코드와 함께 ResponseEntity
객체를 생성하여 리턴한다.

스프링 프레임워크에서 제공하는 o.s.util.StreamUtils 클래스는 IO 스트림을 다룰 수 있는 유틸
리티 메서드를 제공한다. copyToByteArray() 메서드는 InputStream 객체를 byte[] 배열로 변경
한다. 그리고 핸들러 메서드에 리턴된 byte[] 배열은 ByteArrayHttpMessageConverter로 변경되
고, 변경된 메시지는 'Content-type : application/octet-stream' 헤더와 함께 클라이언트에 전
달된다. octet-stream 헤더 값은 응답 바디가 바이너리 데이터임을 의미한다. 예제에서는 별도의
Content-type 헤더를 설정하지 않았으므로 application/octet-stream 헤더 값이 설정되었다. 앞
의 예제를 실행하면 다음과 같이 PDF 파일을 내려받는 것을 확인할 수 있다.[10]

▼ 그림 5-7 파일 내려받기 화면

이렇게 InputStream을 바이트 배열로 변경하는 경우 간단하고 쉽게 개발할 수 있다. 하지만 파일
크기가 크면 그 크기에 비례하여 바이트 배열의 크기도 증가한다. 특히 수십, 수백 메가바이트의

---

10 curl 명령어나 브라우저 주소창에 url을 입력하면 파일을 내려받는다.

파일을 내려받을 경우 애플리케이션의 메모리 사용량도 비례하여 증가한다. 그만큼 GC 빈도수가 증가하고 성능 하락이 발생한다. 이 경우 Stream API를 직접 다룬다면 보다 효율적으로 메모리를 사용할 수 있다.

이번에는 서블릿에서 제공하는 객체인 javax.servlet.http.HttpServletResponse를 이용하여 내려받기 기능을 구현한 예제를 확인해 보자. 5장에서는 애너테이션을 사용하여 HTTP 프로토콜을 다루는 방법을 설명했다. 파라미터나 헤더, 바디에서 데이터를 참조하거나 설정하는 기능들을 설명했다. 이런 모든 기능은 서블릿 스펙인 HttpServletResponse나 HttpServletRequest 클래스의 메서드를 사용하면 모두 구현할 수 있다. 서블릿 스펙 기반으로 스프링 프레임워크가 개발되었고, 스프링은 개발자가 편리하게 사용할 수 있도록 애너테이션이나 관례가 제공되기 때문이다. HttpServletRequest, HttpServletResponse 객체를 사용하려면 컨트롤러 클래스의 핸들러 메서드 인자로 선언하면 된다. 그러면 스프링 프레임워크는 인자를 확인하고 HttpServletRequest, HttpServletResponse 객체를 주입한다. 기존에 사용한 @RequestParam이나 @PathVariable 애너테이션을 같이 사용해도 정상 동작한다. 다음 예제를 확인해 보자. 이 예제는 앞선 예제에서 사용한 PDF 파일을 HttpServletResponse 객체를 사용하여 클라이언트에 전달하는 방법이다.

서블릿 객체 HttpServletResponse 객체를 사용하여 데이터를 전달하는 방법

```
package com.springtour.example.chapter05.controller;

@RestController
public class ReservationController {

    @GetMapping(value="/hotels/{hotelId}/rooms/{roomNumber}/reservations/
{reservationId}", produces="application/pdf")
    public void downloadInvoice(@PathVariable Long hotelId,
                                @PathVariable String roomNumber,
                                @PathVariable Long reservationId,
                                HttpServletResponse response) {   ┄➊

        String filePath = "pdf/hotel_invoice.pdf";
        try (InputStream is=new ClassPathResource(filePath).getInputStream();
             OutputStream os=response.getOutputStream();) {

            response.setStatus(HttpStatus.OK.value());
            response.setContentType(MediaType.APPLICATION_PDF_VALUE);      ┄➋
            response.setHeader("Content-Disposition", "filename=hotel_invoice.pdf");

            StreamUtils.copy(is, os);   ┄➌
```

```
        } catch (Throwable th) {
            e.printStackTrace();
            throw new FileDownloadException("file download error"); ⋯❹
        }
    }
```

❶ downloadInvoice() 핸들러 메서드에 HttpServletResponse 인자를 선언하면, 스프링 프레임워크는 런타임 과정에 생성된 HttpServletResponse 객체를 주입한다.

❷ HttpServletResponse 객체의 메서드를 사용하여 HTTP 상태 코드와 헤더를 설정할 수 있다. HttpServletResponse는 Content-type 헤더를 설정하는 별도의 setContentType 메서드를 제공한다.

❸ StreamUtils.copy() 메서드를 사용하여 파일을 읽어 오는 InputStream 객체에서 데이터를 읽고, HttpServletResponse의 OutputStream 객체에 데이터를 쓴다.

❹ 파일을 읽고 쓰는 과정에서 발생하는 모든 종류의 예외가 발생하면 새로운 FileDownload Exception 예외를 던진다.

HttpServletResponse는 내부에 OutputStream 객체를 포함하고 있다. 이 OutputStream 객체는 클라이언트에 응답하기 위한 스트림이다. 반대로 HttpServletRequest 내부에는 InputStream 객체를 포함한다. 클라이언트가 전달하는 데이터는 InputStream 객체를 통해 서버로 전달할 수 있다. 예제처럼 서버의 PDF 데이터를 클라이언트에 전달하기 위해 파일을 읽는 InputStream 객체를 생성해야 한다. 그리고 InputStream을 통해 읽은 데이터를 클라이언트에 응답할 수 있는 OutputStream 객체에 쓰면 된다. StreamUtils.copy() 메서드는 InputStream, OutputStream 인자를 받는다. 그리고 InputStream 객체로 읽은 데이터를 OutputStream 객체로 쓰는 과정에서 내부 버퍼만큼 데이터를 읽고 쓰는 과정을 반복한다. 내부 버퍼는 바이트 배열이며 크기가 고정되어 있어 크기가 큰 파일을 서비스해도 JVM 메모리를 효율적으로 사용할 수 있다.

downloadInvoice() 핸들러 메서드의 리턴 타입은 void다. ReservationController 클래스는 @RestController 애너테이션이 설정되어 핸들러 메서드가 리턴하는 값은 HttpMessageConverter로 변환될 수 있다. 그리고 내부 코드에서 클라이언트에 응답하는 코드가 구현되어 있으며 별도 객체를 리턴할 필요가 없다.

REST-API 애플리케이션 서버가 서블릿 객체의 InputStream, OutputStream을 다루면 예외 처리도 다시 한 번 고려해야 한다. 예제처럼 파일을 내려받는 클라이언트는 바이너리 파일이 응답 메시지 바디에 있길 기대한다. 정상적으로 요청을 처리하면 아무 이상 없지만, 예외 상황이 발생하면 앞서 설명한 @RestControllerAdvice가 선언된 ApiExceptionHandler 클래스의 핸들러 메서드가 동작한다. 그래서 JSON 메시지가 전달되며, 클라이언트는 예외 상황을 정상적으로 처리하기 어려워진다. 파일 내려받기는 REST-API가 아니기 때문에 JSON 메시지 파싱을 할 수 없는 상태가 될 수 있다. 예를 들어 파일을 내려받는 과정에서 IOException이 발생했다고 하자. ApiExceptionHandler에는 IOException을 예외 처리하는 @ExceptionHandler 설정이 없다. 그러므로 @ExceptionHandler(Exception.class)가 설정된 handleException() 메서드가 예외 처리한다. 결국 handleException() 메서드가 응답하는 JSON 메시지가 전달된다.

그러므로 파일을 내려받는 API는 JSON 형식의 예외 처리 메시지가 아닌 따로 설계된 응답 메시지 정의가 필요하다. 필자는 파일을 내려받는 중에 발생한 예외를 FileDownloadException 클래스로 정의했으며, 응답 메시지에는 별도의 바디 메시지 없이 500 Internal Server Error 상태 코드만 응답하도록 했다.

다시 파일을 내려받는 ReservationController의 downloadInvoice() 메서드 예제를 보자. 메서드의 로직 전체가 try-catch 구문으로 쌓여 있고, 예외가 발생하는 경우 FileDownloadException을 던지도록 되어 있다. 그리고 FileDownloadException 예외를 처리하려고 새로운 핸들러 메서드를 ApiExceptionHandler 클래스에 만들었다.

ApiExceptionHandler 클래스의 handleFileDownloadException() 메서드 예제

```
@ExceptionHandler(FileDownloadException.class) ----❶
public ResponseEntity handleFileDownloadException(FileDownloadException e) {
    return new ResponseEntity(HttpStatus.INTERNAL_SERVER_ERROR); ----❷
}
```

❶ FileDownloadException 예외를 처리하는 @ExceptionHandler 애너테이션

❷ 설계처럼 응답하기 위해 별도의 바디는 설정하지 않고, HTTP 상태 코드만 응답하도록 ResponseEntity 객체를 생성하여 리턴한다.

예제에서는 별도의 바디 메시지를 응답하지 않았다. PDF 파일을 내려받는 API이므로 별도로 표현할 메시지가 없었다. 이미지를 내려받는 경우에는 별도의 예외 상황을 표현하는 이미지를 @ExceptionHandler를 통해 응답할 수 있다.

6^장

웹 애플리케이션 서버 구축하기

이 장에서 다룰 핵심 내용

- 스프링 웹 MVC 프레임워크에서 제공하는 WebMvcConfigurer를 사용하여 애플리케이션을 설정하는 방법
- DispatcherServlet을 설정하여 기능을 확장하거나 새로 설정하는 방법
- 애플리케이션 실행 환경에 따라 스프링 애플리케이션을 설정하는 방법
- 국제화(i18n) 기능
- 에러 메시지를 사용자의 언어별로 응답하는 애플리케이션을 개발하는 예제
- 실제 운영에 필요한 로그를 설정하고, 패키징하고, 배포하는 과정

스프링 부트 프레임워크는 기본 설정으로 개발된 애플리케이션을 서비스에 바로 투입할 수 있다. 그러므로 비즈니스 로직에 집중하면서도 빠르게 웹 애플리케이션을 개발할 수 있다. 하지만 웹 애플리케이션의 목적에 따라 웹 애플리케이션의 설정을 변경하거나 기본 설정을 확장해야 하는 경우도 있다. 스프링 웹 MVC 프레임워크는 기능을 확장하거나 기본 설정으로 구성된 기능을 교체하는 다양한 방법을 제공한다.

웹 애플리케이션을 설정하는 방법은 크게 세 가지로 분류할 수 있다. 첫 번째는 스프링 웹 프레임워크에서 제공하는 확장 인터페이스를 사용하여 필요한 기능들을 추가하거나 교체하는 방법이다. 이 장에서 설명할 `WebMvcConfigurer` 인터페이스에서 제공하는 콜백 메서드를 개발자가 설정할 부분만 구현하는 것이다. 애플리케이션을 실행하면 개발자가 구현한 메서드가 실행되고 설정된다.

두 번째는 스프링 프레임워크에 기본 설정으로 만들어지는 스프링 빈을 재설정하는 것이다. `@Primary` 애너테이션을 사용하여 스프링 빈을 덮어 정의하는 방법이다.

마지막은 스프링 웹 MVC 프레임워크에서 미리 정의한 스프링 빈 이름과 타입으로 사용자가 생성하는 방법이다. 애플리케이션을 실행하면 스프링 프레임워크는 미리 정의된 이름의 스프링 빈이 있는지 확인하고 있으면 로딩한다. 대표적인 예가 `DispatcherServlet`이다. `DispatcherServlet`은 코드 내부에 확장할 수 있는 스프링 빈 이름을 상수로 정의한다. 웹 애플리케이션을 실행하면 정의된 스프링 빈 이름으로 빈을 획득한다. `DispatcherServlet` 내부에서 `ApplicationContext`의 `getBean()` 메서드를 사용하는 코드들을 볼 수 있다. 이때 이름과 일치하는 스프링 빈이 있다면 해당 스프링 빈을 애플리케이션 내부에 주입하고 동작한다. `DispatcherServlet`의 `LocaleResolver`가 이런 형태로 로딩된다. 이 장에서는 애플리케이션을 명시적으로 설정하는 방법을 설명하고, `WebMvcConfigurer`를 사용하는 방법을 자세히 다룬다.

서버 애플리케이션은 최소 두 개 이상의 환경에서 동작한다. 개발하는 도중에 기능을 확인할 수 있는 Dev 환경과 실제 서비스를 하는 Production 환경이 있다. 이 두 환경은 물리적으로, 개념적으로 완전히 분리되어 있어야 한다. 그래야 개발과 서비스를 안전하게 운영할 수 있다. 실행 환경에 따라 코드베이스를 구분해야 한다면 코드양도 많아지고, 코드베이스끼리 코드가 일치하지 않을 수도 있다. 그러므로 효율적으로 개발하기 위해 하나의 코드베이스에서 개발하고 패키징된 배포 파일을 여러 환경에서 실행할 수 있어야 한다. 이 경우 애플리케이션을 실행할 때 환경 변수를 사용하면 된다.

환경 변수를 설정하면 애플리케이션 외부에서 환경 정보를 주입할 수 있다. 그리고 스프링 애플리케이션은 환경 정보에 따라 각각 설정된 설정 파일을 로딩할 수 있다. 또한 환경 정보에 따라 특정 스프링 빈을 로딩하거나 환경에 적합한 구현 클래스를 스프링 빈으로 로딩할 수 있다. 이런 기능을 스프링 프레임워크에서는 프로파일(profile)이라고 한다. 이외에도 로그를 설정하거나 애플리케이션을 패키징하고 배포하는 운영에 필요한 내용을 설명한다.

스프링 웹 MVC 프레임워크는 HTML 같은 정적 문서부터 뷰 템플릿을 사용한 동적 문서까지 서비스할 수 있으며, REST-API만 서비스할 수도 있다. 이 장에서는 웹 애플리케이션을 서비스할 수 있는 여러 설정을 간단하게 설명한다. 그래서 HTML 기반의 요청을 처리하는 애플리케이션을 웹 애플리케이션이라고 하며, REST-API 요청을 처리하는 애플리케이션을 REST-API 애플리케이션이라고 한다.

6.1 웹 애플리케이션 기본 설정

SPRING BOOT FOR MSA

스프링 부트 프레임워크는 가장 일반적이고 보편화된 방식으로 스프링의 수많은 기능을 자동 설정하는 기능을 제공한다. 그래서 우리는 자동 설정된 스프링 웹 MVC의 기능을 바로 사용할 수 있다. 하지만 스프링 웹 MVC 프레임워크를 사용하여 애플리케이션을 직접 설정하면 설정한 기능만 사용할 수 있으며 설정하지 않는 기능들을 사용할 수 없다. 이렇게 개발자 대신 설정하는 기능을 제공하는 프레임워크가 스프링 부트 프레임워크다.

하지만 애플리케이션이 복잡해지고 연결해야 하는 외부 시스템이 많아지면 스프링 부트 애플리케이션도 개발자가 직접 설정해야 한다. 즉, 일반적인 방식으로 설정된 프레임워크의 기능을 개발자가 직접 재설정해야 한다. 이 절에서는 스프링 부트 프레임워크와 스프링 웹 MVC 프레임워크에서 어떻게 재설정하면 되는지 설명한다.

스프링 웹 MVC 프레임워크를 직접 설정하는 방법을 간단히 살펴보면, 가장 먼저 의존성 설정 파일에 spring-webmvc 의존성을 추가한다. 그리고 @EnableWebMvc 애너테이션을 자바 설정 클래스에 선언한다. 애플리케이션을 실행하면 @EnableWebMvc 애너테이션에 포함된 설정 클래스들이 필요한 기본 설정을 로딩하고 애플리케이션을 실행한다.

반면 스프링 부트 프레임워크는 의존성 설정에 spring-boot-starter-web 의존성만 추가하면 된다. 스프링 웹 MVC처럼 @EnableWebMvc 애너테이션을 명시적으로 선언하지 않아도 된다. 스프링 부트에서 제공하는 자동 설정 기능들은 필요한 의존성 라이브러리만 있으면 동작하는 구조를 갖고 있다. 그래서 spring-boot-starter-web 의존성을 추가하면 웹 애플리케이션을 자동 설정한다.

두 프레임워크를 비교하자면, 스프링 부트 프레임워크가 별도의 코딩 없이 더 간단하게 웹 애플리케이션을 실행할 수 있다. 이어서 각 프레임워크 내부에서 어떤 설정 클래스들이 웹 애플리케이션을 어떻게 설정하는지 간략하게 설명한다.

6.1.1 웹 애플리케이션의 설정 메커니즘

다음 코드는 @EnableWebMvc 애너테이션과 DelegatingWebMvcConfiguration 클래스의 일부분이다. @EnableWebMvc 애너테이션이 어떻게 프레임워크를 설정하는지 알아보자.

@EnableWebMvc 애너테이션과 DelegatingWebMvcConfiguration 클래스

```
@Retention(RetentionPolicy.RUNTIME)
@Target(ElementType.TYPE)
@Documented
@Import(DelegatingWebMvcConfiguration.class) ····❶
public @interface EnableWebMvc {
}


public class DelegatingWebMvcConfiguration extends WebMvcConfigurationSupport {
    private final WebMvcConfigurerComposite configurers =  ❷
new WebMvcConfigurerComposite(); ····❸

    public DelegatingWebMvcConfiguration() {
    }
    // 생략
}
```

❶을 보면 @Import 애너테이션을 사용하여 DelegatingWebMvcConfiguration 클래스를 임포트한다. 그래서 @EnableWebMvc 애너테이션이 선언된 자바 설정 클래스가 로딩될 때 DelegatingWebMvcConfiguration 클래스도 같이 로딩된다. 즉, DelegatingWebMvcConfiguration도 실행된다고 생각하면 된다.

❷와 ❸을 보면 DelegatingWebMvcConfiguration 클래스는 WebMvcConfigurationSupport를 상속하고 있음을 알 수 있다. 또한 클래스 내부 변수로 WebMvcConfigureComposite 타입의 configurers를 포함하고 있다. 이 두 클래스가 스프링 웹 애플리케이션을 설정하는 가장 중요한 역할을 한다.

WebMvcConfigurationSupport 클래스는 스프링 웹 애플리케이션의 기본 기능을 설정하는 역할을 한다. 예를 들어 DispatcherServlet이 사용자 요청을 컨트롤러 클래스의 핸들러 메서드를 매핑하는 RequestMappingHandlerMapping을 설정한다. 또한 적절한 핸들러 메서드를 찾으면 사용자 요청을 전달하는 RequestMappingHandlerAdapter 객체를 생성하고 설정한다. 그리고 @RequestBody나 @ResponseBody 애너테이션이 선언된 객체를 변경하는 HttpMessageConverter 객체들도 설정한다. 이외에도 뷰나 예외를 처리하는 HandlerExceptionResolver를 설정하는 등 DispatcherServlet과 같이 동작하는 여러 컴포넌트를 생성하여 기본값으로 설정한다.

DelegatingWebMvcConfiguration의 내부 속성인 WebMvcConfigureComposite은 List<WebMvcConfigurer>를 감싼 합성 클래스다. 즉, 내부에 WebMvcConfigurer 리스트를 포함한 래핑(wrapping) 클래스다. 그래서 내부의 WebMvcConfigurer를 호출할 수 있는 메서드도 제공한다. 예를 들어 WebMvcConfigureComposite 클래스의 addFormatter() 메서드는 List<WebMvcConfigurer>의 엘리먼트인 WebMvcConfigurer의 addFormatter() 메서드를 반복하여 호출한다. DelegatingWebMvcConfiguration은 프레임워크를 설정할 때 WebMvcConfigureComposite의 메서드를 호출하면서 WebMvcConfigurer의 값들을 참조하여 설정한다. 이 과정에서 스프링 프레임워크는 WebMvcConfigurer 인터페이스를 사용하여 개발자가 프레임워크 설정 과정에 개입할 수 있는 방법을 제공한다.

WebMvcConfigurer 인터페이스를 구현한 구현 클래스를 스프링 빈으로 등록하면 스프링 프레임워크는 이를 WebMvcConfigureComposite에 포함시킨다. 애플리케이션이 실행되면서 프레임워크 설정 과정을 거치고, 사용자 의도대로 설정된 WebMvcConfigurer 구현체의 값을 사용하게 된다. 사용자가 구현한 메서드를 애플리케이션이 다시 호출하는 구조라서 WebMvcConfigurer의 메서드를 콜백(call-back) 메서드라고 한다. 또한 개발자는 모든 메서드를 구현할 필요 없이 필요한 메서드만 구현하면 된다. 뒤에서 WebMvcConfigurer의 콜백 메서드들을 자세히 설명한다.

스프링 부트 프레임워크의 자동 설정 클래스인 WebMvcAutoConfiguration의 코드를 먼저 살펴보자.

```
@Configuration(proxyBeanMethods=false)
@ConditionalOnWebApplication(type=Type.SERVLET) ····①
@ConditionalOnClass({ Servlet.class, DispatcherServlet.class, WebMvcConfigurer.class
}) ····②
@ConditionalOnMissingBean(WebMvcConfigurationSupport.class) ····③
@AutoConfigureOrder(Ordered.HIGHEST_PRECEDENCE + 10)
@AutoConfigureAfter({ DispatcherServletAutoConfiguration.class,
TaskExecutionAutoConfiguration.class, ValidationAutoConfiguration.class })
```

```
public class WebMvcAutoConfiguration {

// 중략
    public static class WebMvcAutoConfigurationAdapter implements WebMvcConfigurer {
    }                                                          ❹
// 중략
public static class EnableWebMvcConfiguration extends DelegatingWebMvcConfiguration
implements ResourceLoaderAware {    ❺
}
// 중략
}
```

스프링 부트 프레임워크는 WebMvcAutoConfiguration 클래스가 프레임워크에 필요한 컴포넌트들을 자동 설정해 준다. 이 자동 설정 클래스는 spring-boot-starter-web 의존성만 설정하면 애플리케이션을 실행할 때 동작한다. 정확하게 이 자동 설정 클래스가 동작하는 조건은 ❶~❸에 나타나 있다.

❶ 스프링 부트 프레임워크는 두 가지 타입의 웹 애플리케이션을 설정할 수 있다. 전통적인 서블릿 타입의 웹 애플리케이션과 사용자 요청을 비동기로 처리할 수 있는 웹 플럭스 타입의 웹 애플리케이션이다. 스프링 부트의 기본 설정은 서블릿 타입의 웹 애플리케이션을 사용한다. ❶은 서블릿 타입의 웹 애플리케이션일 때 WebMvcAutoConfiguration이 실행하도록 설정하는 애너테이션이다.

❷ Servlet.class, DispatcherServlet.class, WebMvcConfigurer.class가 클래스 패스에 있는 경우 WebMvcAutoConfiguration이 실행하도록 설정하는 애너테이션이다. spring-boot-starter-web 의존성이 설정되면 이 조건들은 자동으로 충족된다.

❸ ApplicationContext에 WebMvcConfigurationSupport 클래스 타입인 스프링 빈이 없는 경우 WebMvcAutoConfiguration이 실행하도록 설정하는 애너테이션이다.

WebMvcAutoConfiguration 클래스 내부에는 자동 설정하는 두 개의 중요한 이너 클래스가 선언되어 있다. WebMvcAutoConfigurationAdapter와 EnableWebMvcConfiguration이다. ❹와 ❺를 확인해 보자. WebMvcAutoConfigurationAdapter는 앞서 설명한 WebMvcConfigurer 인터페이스를 구현하는 구현체다. WebMvcConfigurer는 웹 애플리케이션을 설정할 수 있는 콜백 메서드 인터페이스다. 그러므로 WebMvcAutoConfigurationAdapter는 스프링 프레임워크에서 DispatcherServlet을 설정하는 클래스다. EnableWebMvcConfiguration은 @EnableWebMvc가 실행하

는 DelegationWebMvcConfiguration을 상속받는다. 이는 스프링 부트 프레임워크에서 사용자가 직접 @EnableWebMvc 애너테이션을 선언하지 않아도 DelegationWebMvcConfiguration이 실행되는 것을 의미한다.

스프링 웹 MVC 프레임워크를 직접 설정하는 방법과 스프링 부트를 사용하여 자동 설정하는 방법을 비교하면 설정하는 원리와 핵심 클래스는 서로 같은 방식을 사용한다. 단지 스프링 부트에서 좀 더 편리하게 자동 설정을 사용할 수 있으며, WebMvcAutoConfiguration 같은 자동 설정 클래스에서 제공하는 보편적인 설정을 사용할 수 있다.

지금까지 내용을 정리해 보자. 스프링 웹 MVC 프레임워크를 직접 설정하려면 WebMvcConfigurer 구현체를 만들어야 한다. 앞서 설명한 두 가지 방식 모두 DeligationWebMvcConfiguration을 사용하여 설정하기 때문이다. 이를 사용하려면 WebMvcConfigurer 인터페이스를 구현하는 클래스를 먼저 만들고, 콜백 메서드 중 필요한 메서드를 구현한다. 콜백 메서드에 따라 기능을 새로 설정할 수 있으며, 기본 설정에 추가로 확장할 수 있다. 마지막으로 WebMvcConfigurer 구현 클래스에 @Configuration 애너테이션을 선언하여 자바 설정 클래스로 만든다. 그러면 스프링 웹 MVC 애플리케이션이 기동하면서 여러분이 만든 WebMvcConfigurer를 사용하여 설정할 수 있다.

6.1.2 WebMvcConfigurer를 사용한 설정

다음 코드는 WebMvcConfigurer 인터페이스의 default 메서드들이다. 각 콜백 메서드가 어떤 기능을 설정할 수 있는지 살펴보자.[1]

먼저 메서드 이름을 살펴보면 머리말(prefix)과 기능으로 조합되어 있음을 알 수 있다. 모든 메서드의 머리말을 분류하면 add, configure, extend로 시작한다. add, extend로 시작하는 메서드는 기본 설정으로 만들어진 기능에 새로운 기능을 추가하여 확장할 수 있다. configure로 시작하는 메서드는 기본 설정으로 만들어진 기능을 교체하여 새로운 기능을 설정할 수 있다.

같은 기능이라도 configure로 시작하는 메서드와 extends로 시작하는 메서드가 있다. 이를테면 configureMessageConverters()와 extendMessageConverters() 메서드는 List ⟨HttpMessageConverter⟩ converters 객체를 인자로 받는다. configure 머리말로 시작하는 전자는 인자에 HttpMessageConverter 객체를 추가하면 추가된 HttpMessageConverter 객체가 기존 설정을 대신한다. 그래서 기존 설정을 버리고 새로운 설정을 할 수 있다. extend 머리말로 시작하는 후

---

1 이 책은 REST-API 서버를 만드는 데 집중하고 웹 애플리케이션을 설정하는 부분은 간략히 설명한다.

자는 인자에 HttpMessageConverter 객체를 추가하면 기존 설정에 새로운 객체를 추가하여 기능을 확장할 수 있다. 이런 규칙을 이해하고 다음 default 메서드의 기능을 확인해 보자.

```java
package org.springframework.web.servlet.config.annotation;

public interface WebMvcConfigurer {

    default void configurePathMatch(PathMatchConfigurer configurer) {}

    default void configureContentNegotiation(ContentNegotiationConfigurer configurer){}

    default void configureAsyncSupport(AsyncSupportConfigurer configurer) {}

    default void configureDefaultServletHandling(DefaultServletHandlerConfigurer
configurer) {}

    default void addFormatters(FormatterRegistry registry) {}

    default void addInterceptors(InterceptorRegistry registry) {}

    default void addResourceHandlers(ResourceHandlerRegistry registry) {}

    default void addCorsMappings(CorsRegistry registry) {}

    default void addViewControllers(ViewControllerRegistry registry) {}

    default void configureViewResolvers(ViewResolverRegistry registry) {}

    default void addArgumentResolvers(List<HandlerMethodArgumentResolver> resolvers) {}

    default void addReturnValueHandlers(List<HandlerMethodReturnValueHandler> handlers)
{}

    default void configureMessageConverters(List<HttpMessageConverter<?>> converters) {}

    default void extendMessageConverters(List<HttpMessageConverter<?>> converters) {}

    default void configureHandlerExceptionResolvers(List<HandlerExceptionResolver>
resolvers) {}

    default void extendHandlerExceptionResolvers(List<HandlerExceptionResolver>
```

```
    resolvers) {}
    }
```

default 메서드들을 자세히 들여다보자. WebMvcConfigurer 예제는 chapter06의 WebServerConfig 클래스를 확인하면 된다. 자바 설정 클래스이므로 @Configuration 애너테이션이 정의되어 있고, 웹 서버를 설정하기 위해 WebMvcConfigurer 인터페이스를 구현하고 있는 클래스다. 이 절에서 설명하는 WebMvcConfigurer의 모든 디폴트 메서드를 확인하려면 WebServerConfig 클래스에서 구현한다.

configurePathMatch( )

DispatcherServlet은 사용자 요청을 컨트롤러 클래스의 핸들러 메서드로 매핑하기 위해 HandlerMapping 컴포넌트에 의존한다. 사용자 요청의 URI, 파라미터, HTTP 메서드 등 정보를 바탕으로 어떤 핸들러 메서드로 매핑할지 HandlerMapping 컴포넌트가 결정할 수 있다.

WebMvcConfigurer의 configurePathMatch( ) 메서드는 PathMatchConfigurer를 인자로 받는다. 인자 PathMatchConfigurer 객체는 사용자 요청을 매핑하는 세부 설정을 할 수 있는 메서드를 제공한다. 그러므로 configurePathMatch( ) 메서드를 오버라이드(override)하고 PathMatchConfigurer 인자의 메서드를 사용하여 원하는 매핑 설정을 하면 된다. 다음 코드는 매핑 기능을 설정하는 예제다. 예제를 먼저 보고 PathMatchConfigurer의 메서드를 간단히 설명한다.

configurePathMatch 오버라이드 예제

```
@Override
public void configurePathMatch(PathMatchConfigurer configurer) {
    configurer.setUseTrailingSlashMatch(true)
            .addPathPrefix("/v2",       ❶
                    HandlerTypePredicate.forAnnotation(RestController.class,
❷ ⌐     Controller.class))
            .setPathMatcher(new AntPathMatcher())
            .setUrlPathHelper(new UrlPathHelper());
}
```

먼저 ❶을 보자. PathMatchConfigurer 클래스의 setUseTrailingSlashMatch( ) 메서드는 URI 패스가 슬래시(/)로 끝나는 요청을 어떻게 처리할지 설정할 수 있다. 슬래시로 끝나는 URI와 슬래시 없이 끝나는 URI를 동일한 핸들러 메서드로 매핑하려면 setUseTrailingSlashMatch(true)로 설정한다. 이 경우 '/v2/hotels'와 '/v2/hotels/' URI는 @RequestMapping(path="/v2/hotels")로 설

정된 핸들러 메서드가 같이 처리한다. 기본값은 true이며, 두 URI를 구분하여 별도의 핸들러 메서드로 매핑하려면 false로 설정하면 된다.

애플리케이션에서 제공하는 모든 REST-API의 URI에 일괄적으로 머리말을 사용하여 제공하는 것을 생각해 보자. 모든 @RequestMapping() 애너테이션에 머리말을 직접 선언해도 되지만 PathMatchConfigurer의 addPathPrefix() 메서드를 사용하는 것도 고려해 보자. REST-API에 머리말을 사용하는 것은 매우 흔한 일이다. 서버 이름을 넣어 REST-API를 제공하는 경우도 있으며, URI에 REST-API 버전을 머리말로 사용하는 것도 REST-API를 디자인하는 일반적인 방법 중 하나다. 예를 들어 '/v2/hotels'의 'v2'는 버전 정보를 의미한다. addPathPrefix()를 사용하여 REST-API의 버전 정보를 머리말로 설정하면 편리하게 API를 개발할 수 있다.

❷에서 setPathPrefix() 메서드는 두 개의 인자를 받는다. 첫 번째 인자는 머리말을 설정하며, 두 번째 인자는 머리말을 설정할 대상을 설정할 수 있다. 이 코드의 설정을 풀이하면 머리말 값은 '/v2'이며, 이 값은 @RestController, @Controller 애너테이션으로 정의된 컨트롤러 클래스들에 일괄 적용된다. 그래서 해당 컨트롤러 클래스의 핸들러 메서드는 모두 '/v2' 머리말이 자동으로 URI에 설정된다.

이외에 사용자의 URI를 매칭하는 로직을 수정하려면 setPathMatcher()와 setUrlPathHelper() 메서드를 오버라이드하자. 각 메서드는 PathMatcher 객체와 UrlPathHelper 객체를 인자로 받는다. PathMatcher는 컨트롤러 클래스에서 @RequestMapping의 path 설정값과 사용자의 URI를 매칭하는 역할을 한다. UrlPathHelper는 @PathVariable의 값을 처리하는 데 사용된다.

configureContentNegotiation()

스프링 웹 MVC 프레임워크는 데이터를 처리하는 기능과 데이터를 표현하는 기능이 서로 분리되어 있다. 이때 데이터를 표현하는 기능을 뷰(view)라고 하며, 데이터를 처리하는 기능은 o.s.web.servlet.ViewResolver 인터페이스가 담당한다. ViewResolver 구현체에 따라 데이터를 HTML, JSON, XML 등 다양한 형태로 표현할 수 있다. 기능이 서로 분리되어 있어 ViewResolver 구현체를 변경해도 데이터를 처리하는 기능에는 영향이 없다.

ViewResolver 구현체 중 ContentNegotiationViewResolver는 스프링 웹 MVC 프레임워크에서 가장 널리 사용된다. configureContentNegotiation() 메서드는 인자로 ContentNegotiationConfigurer 객체를 받는다. 이 인자가 제공하는 메서드를 사용하면 ContentNegotiationViewResolver의 콘텐츠 협상 기능을 상세히 설정할 수 있다.

ContentNegotiationViewResolver는 다른 ViewResolver 구현체와 달리 데이터를 뷰에 적합한 형태로 직접 변경하지 않는다. 이 구현체 내부에는 여러 ViewResolver 구현체를 포함할 수 있다. 그리고 사용자 요청을 분석하여 적절한 ViewResolver 구현체를 선택해서 데이터를 표현하는 기능을 위임한다.

기본 설정으로 동작하는 ContentNegotiationViewResolver의 동작을 확인해 보자. 적절한 ViewResolver 구현체를 선택하기 위해 ContentNegotiationViewResolver는 클라이언트 HTTP 요청 메시지의 Accept 헤더를 참조한다. Accept 헤더의 값은 콘텐츠 타입(content type)이며, 콘텐츠 타입에 따라 적절한 ViewResolver를 선택하고 데이터를 위임한다. 콘텐츠 타입을 확인하고 적절한 ViewResolver를 찾는 일련의 과정을 콘텐츠 협상(content negotiation)이라고 한다. 여기에서는 REST-API 서버를 구축하는 것을 주로 설명하므로 ContentNegotiationViewResolver는 자세히 설명하지 않는다. 다음 코드는 configureContentNegotiation()을 오버라이드하여 ContentNegotiationViewResolver를 설정하는 예제다. Accept 헤더 대신 URI의 파라미터를 사용하여 사용자 요청을 분석하도록 변경하는 내용이다.

configureContentNegotiation() 오버라이드 예제

```
@Override
public void configureContentNegotiation(ContentNegotiationConfigurer configurer) {
    configurer.parameterName("contentType")
            .ignoreAcceptHeader(true) ----❷
            .defaultContentType(MediaType.APPLICATION_JSON) ----❸
            .mediaType("json", MediaType.APPLICATION_JSON) ----❹
            .mediaType("xml", MediaType.APPLICATION_XML); ----❺
}
```
❶

❶ ContentNegotiationViewResolver에서 콘텐츠 협상 기능을 사용하기 위한 URI 파라미터 이름을 contentType으로 설정한다.

❷ Accept 헤더를 사용한 콘텐츠 협상 기능을 사용하지 않도록 설정한다.

❸ 콘텐츠 협상 과정에서 적합한 값을 찾지 못하면, 기본값 application/json으로 설정한다.

❹ URI 파라미터 contentType의 값이 json이면 application.json으로 간주한다.

❺ URI 파라미터 contentType의 값이 xml이면 application.xml로 간주한다.

이와 같이 설정했을 때 /v1/hotels?contentType=json으로 요청하면 JSON 문서로 응답하고, /v1/hotels?contentType=xml로 요청하면 서버는 XML 문서로 응답한다.

configureAsyncSupport( )

configureAsyncSupport( ) 메서드는 비동기 서블릿 기능을 설정할 때 사용한다. 비동기 서블릿은 서블릿 3.0 버전 이상에서 사용할 수 있으며, 톰캣 7.0부터 서블릿 3.0을 지원한다. 스프링 부트 프레임워크 버전으로 확인하면 2.0 이상부터 임베디드 톰캣 9.0을 포함하고 있으므로 최신 스프링 부트 프레임워크를 사용한다면 비동기 서블릿을 사용할 수 있다.

비동기 서블릿은 스프링 프레임워크에서 제공하는 비동기 프레임워크인 WebFlux와 다르다. 전통적 방식의 동기식 서블릿은 사용자 요청을 받아 처리하고 응답하는 모든 과정이 하나의 스레드에서 처리된다. 하지만 비동기 서블릿은 사용자 요청을 처리하고 응답은 별도의 스레드에서 처리한다. 그러므로 비동기 처리를 위한 별도의 스레드 풀(thread pool)을 사용하는 구조를 갖는다.

스프링 프레임워크에서 비동기 서블릿을 구현하기 위해 먼저 비동기 서블릿을 설정해야 한다. 이때 비동기 처리를 위한 스레드 풀을 같이 설정한다. 그리고 다음과 같이 개발하면 비동기 서블릿을 사용할 수 있다.

비동기 서블릿 예제

```
@GetMapping(path="/hotels/{hotelId}/rooms/{roomNumber}")
public Callable<HotelRoomResponse> getHotelRoomByPeriod(...) {

    // 생략
    Callable<HotelRoomResponse> response = () -> {
        return HotelRoomResponse.of(hotelRoomId, roomNumber, HotelRoomType.DOUBLE, ⬝⬝⬝❶
originalPrice);
    };
    return response;
}
```

예제의 ❶ 부분을 보자. java.util.concurrent.Callable<HotelRoomResponse> 객체를 리턴하기 위해 람다식을 사용했다. 그리고 생성된 Callable<HotelRoomResponse> response 객체는 핸들러 메서드 getHotelRoomByPeriod( )가 리턴한다. 비동기 서블릿 기능이 설정된 스프링 프레임워크는 Callable 타입의 객체를 리턴하면 이를 비동기 서블릿으로 처리한다. 그래서 프레임워크에 설정된 스레드 풀의 스레드를 할당받아 비동기로 클라이언트에 응답한다.

configureAsyncSupport( ) 메서드는 비동기 서블릿을 설정할 수 있는 AsyncSupportConfigurer 객체를 인자로 받는데, AsyncSupportConfigurer에서 제공하는 메서드를 사용하면 된다. 다음 예제는 비동기 서블릿을 설정하는 간단한 코드다.

```
@Override
public void configureAsyncSupport(AsyncSupportConfigurer configurer) {
    ThreadPoolTaskExecutor taskExecutor = new ThreadPoolTaskExecutor();
    taskExecutor.setThreadNamePrefix("Async-Executor");
    taskExecutor.setCorePoolSize(50);                              ──❶
    taskExecutor.setMaxPoolSize(100);
    taskExecutor.setQueueCapacity(300);
    taskExecutor.initialize();  ────❷

    configurer.setTaskExecutor(taskExecutor);  ────❸
    configurer.setDefaultTimeout(10_000L);  ────❹
}
```

❶ 스프링 프레임워크에서 제공하는 스레드 풀을 설정한다. 스레드 풀의 스레드 이름은 "Async-Executor"로 시작한다. 스레드 풀의 스레드 기본 개수는 50개이며 최대 100개까지 늘어날 수 있다. 스레드 풀의 대기열 크기는 300개다.

❷ ThreadPoolTaskExecutor 스레드 풀을 초기화하려면 반드시 initialize( ) 메서드를 호출해야 한다.

❸ 생성한 스레드 풀을 AsyncSupportConfigurer 인자에 setTaskExecutor( ) 메서드를 사용하여 설정한다. taskExecutor는 비동기 처리를 위해 사용된다.

❹ 비동기 처리 타임아웃을 설정하는 데 사용된다.

configureDefaultServletHandling( )

WAS는 사용자 요청을 매핑할 적합한 서블릿 설정이 없다면 기본 서블릿(default servlet)을 사용해서 사용자 요청을 매핑하여 처리할 수 있다. 기본 서블릿은 기본 설정으로는 사용할 수 없으며, 별도로 설정해야 사용할 수 있다.

REST-API 애플리케이션은 사용자가 요청한 REST-API를 매핑할 수 없다면 404 Not Found를 리턴하면 된다. 예를 들어 사용자가 'GET /v3/hotels'를 요청했으나 이와 매핑되는 @GetMapping( ) 설정이 없다면 애플리케이션은 404 Not Found를 응답한다. 하지만 웹 애플리케이션은 기본 서블릿을 설정하여 사용자 요청을 어떻게라도 처리할 수 있다. 사용자가 잘못된 경로의 페이지를 요청하면, 메인 페이지나 검색 페이지를 보여 줄 수 있다. 혹은 잘못된 페이지를 요청했음을 보여 주는 페이지로 이동시킬 수 있다. 일반적으로 기본 서블릿의 경로는 루트 디렉터리

('/')로 설정한다. 또한 기본 서블릿은 resources 폴더에 포함된 HTML 문서 같은 정적 리소스를 처리할 수 있어 반드시 동적 페이지를 처리할 필요는 없다.

기본 서블릿을 설정하는 configureDefaultServletHandling() 메서드는 인자로 DefaultServlet HandlerConfigurer를 받는다. 이 클래스에서 제공하는 enable() 메서드를 사용하면 기본 서블릿이 동작하도록 설정된다. 이 기본 서블릿을 사용하여 REST-API 애플리케이션에서 제공하지 않는 API에 응답을 처리할 수 있다. 하지만 REST-API 스펙에 따라 처리할 수 없는 리소스는 404 Not Found를 응답해야 한다. REST-API 애플리케이션에서는 사용하지 않는다.

```
@Override
public void configureDefaultServletHandling(DefaultServletHandlerConfigurer configurer)
{
    configurer.enable();
}
```

addInterceptors( )

스프링 웹 MVC 프레임워크에서는 사용자 요청을 처리하는 과정에서 추가적인 작업을 할 수 있는 인터셉터 기능을 제공한다. 인터셉터는 사용자의 요청과 응답을 가로채는 방법을 각각 제공한다. 요청과 응답을 가로채면 HTTP 헤더부터 HTTP 응답 메시지까지 모든 리소스를 처리할 수 있다.

o.s.web.servlet.HandlerInterceptor 인터페이스를 구현하면 인터셉터 구현체를 만들 수 있다. 그리고 addInterceptors() 메서드에서 제공하는 InterceptorRegistry 인자를 사용하여 새로 생성한 구현체를 애플리케이션에 추가하면 된다. 이와 관련된 자세한 내용은 6.2절에서 예제와 함께 설명한다.

addResourceHandlers( )

웹 애플리케이션은 REST-API 애플리케이션과 달리 이미지 파일이나 CSS, HTML 같은 정적 파일을 읽어 클라이언트에 전송하는 기능이 필요하다. 이때 정적 파일들은 코드베이스의 /resources 폴더에 저장한다. 서블릿이나 스프링 애플리케이션 클래스에서 resources 폴더에 저장된 정적 파일에 접근하려면 클래스 패스 경로를 사용한다. 클래스 패스 경로를 사용하려면 경로에 'classpath:' 접두어를 붙인다. 예를 들어 src 〉 main 〉 resources 폴더에 있는 main.html 파일의 클래스 패스 경로는 'classpath:/main.html'이다.

웹 애플리케이션의 resources 폴더에 저장된 정적 파일의 디렉터리 구조와 사용자가 요청하는 디렉터리 구조가 다르면 addResourceHandlers() 메서드를 사용하여 변경할 수 있다. 이 메서드는 ResourceHandlerRegistry를 인자로 받으며, 레지스트리 클래스의 addResourceHandler()와 addResourceLocations() 메서드를 사용하여 설정할 수 있다. 사용자의 요청 경로 설정은 addResourceHandler() 메서드의 인자로 입력하면 된다. 그리고 이와 매핑하는 애플리케이션 내부의 리소스 경로 설정은 addResourceLocations()의 인자로 입력한다. 다음 코드를 보면 쉽게 이해할 수 있다. 다음 코드는 클라이언트가 '/css' 경로로 요청하는 모든 정적 파일을 코드베이스의 '/static/css' 경로에서 찾는 예제다.

```
@Override
public void addResourceHandlers(ResourceHandlerRegistry registry) {
    registry.addResourceHandler("/css/**")
            .addResourceLocations("classpath:/static/css/");
    registry.addResourceHandler("/html/**")
            .addResourceLocations("classpath:/static/html/");
}
```

addCorsMappings()

addCorsMappings() 메서드를 사용하면 CORS(Cross Origin Resource Sharing) 설정을 할 수 있다. CORS는 출처가 다른 리소스들을 공유하는 것을 의미한다. 클라이언트(브라우저)가 어떤 출처(origin) 서버에서 HTML과 JS 문서를 받았다고 해 보자. 그리고 브라우저는 JS에 포함된 AJAX 코드를 실행하면서 다른 출처에서 JSON 데이터를 받았다고 하자. 이때 HTML 리소스의 출처와 JSON 리소스의 출처가 다르다고 한다. CORS는 출처가 다른 곳에서 받은 HTML과 JSON 리소스를 사용하며, 리소스가 다른 출처에서 받아 함께 사용하므로 공유(sharing)한다고 한다.

클라이언트는 프로토콜, 호스트, 포트로 구성된 서버 위치로 출처를 구분한다. 즉, https://spring.io와 https://springtour.io는 호스트가 다르므로 다른 출처다. 도메인이 다르기 때문이다. 또한 http://spring.io:80과 http://spring.io:8080은 도메인은 같지만 포트가 다르므로 다른 출처다. http://spring.io와 https://spring.io는 도메인과 포트는 같지만 프로토콜이 다르므로 다른 출처다.

출처가 다른 리소스를 공유하여 브라우저를 실행하는 행위는 보안상 매우 위험한 일이다. 사용자의 개인 정보가 유출될 수 있으며, XSS(Cross Site Scripting) 같은 방식으로 조작된 데이터가 클라이언트에 전달될 수 있다. 조작된 데이터가 클라이언트의 시스템을 장악하여 수많은 데이터가 유출되는 보안 사고가 발생할 수 있다.

그래서 브라우저들은 SOP(Same Origin Policy)를 따르도록 되어 있다. SOP란 웹 브라우저의 보안을 위해 같은 출처의 리소스만 사용하도록 제한하는 방식이다. 다음과 같은 상황을 생각해 보자. 웹 브라우저는 http://www.springtour.io 출처에서 index.html 리소스를 받고 HTML 문서를 파싱한다. 그리고 index.html에 포함된 자바스크립트 코드를 추가로 내려받아 실행한다. 실행되는 자바스크립트 코드는 원 출처와 다른 http://api.springtour.io 출처에서 GET 메서드를 사용하여 /v1/hotels에서 JSON 문서를 내려받는 것이다. 이 경우 SOP를 따르는 웹 브라우저는 출처가 서로 다르므로 보안 위반으로 간주하고 http://api.springtour.io 출처에서 받은 데이터를 사용하지 않고 폐기한다. 그러므로 브라우저는 정상적으로 화면을 렌더링할 수 없다. 그리고 SOP에 대해 다음 예외 사항이 있다.

- `<img>` 태그를 사용하여 다른 출처의 이미지 파일을 요청하는 경우
- `<link>` 태그를 사용하여 다른 출처의 CSS 파일을 요청하는 경우
- `<script>` 태그를 사용하여 다른 출처의 자바 스크립트 파일을 요청하는 경우

CORS 인증 과정을 거치면 방금 설명한 예외 사항처럼 다른 출처의 리소스를 사용할 수 있다. 다른 출처의 리소스를 요청하기 전에 사용 가능 여부를 물어보는 것을 프리플라이트(preflight)라고 한다. 클라이언트는 프리플라이트 응답 메시지에 포함된 헤더와 상태 코드를 읽고 CORS 사용 여부를 판단한다. 이 인증 과정은 개발자가 코드로 만들어서 실행하는 것이 아니다. 브라우저가 출처를 확인하고 원본의 출처와 다르면 직접 실행한다.

그림 6-1은 프리플라이트 과정을 표현한 것이다. 그림 6-1의 ❸과 ❹가 클라이언트와 서버가 프리플라이트를 요청하고 응답하는 과정이다. 어떤 데이터가 요청되고 어떤 데이터가 응답되는지 HTTP 메시지를 확인해 보자.

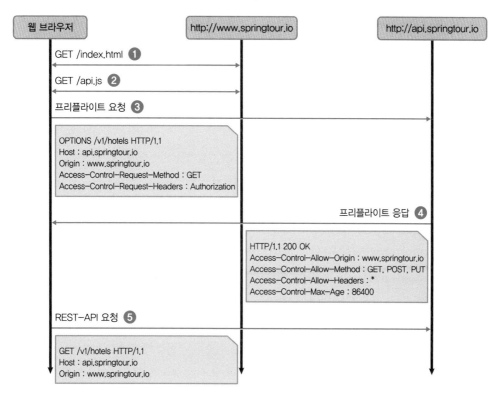

그림 6-1의 ❶에서 웹 브라우저는 GET 메서드를 사용하여 http://www.springtour.io 호스트에서 index.html 리소스를 받아 간다. 이때 출처는 http://www.springtour.io다. index.html 내부에 〈script〉 태그가 선언되어 있고, api.js 자바 스크립트 문서가 포함되어 있다고 생각하자. 그래서 ❷처럼 api.js 리소스도 http://www.springtour.io에서 내려받는다. api.js 내부에는 getHotels()라는 자바스크립트 함수가 정의되어 있고, 그 함수는 http://api.springtour.io 호스트에 GET /v1/hotels REST-API를 호출하고 JSON 문서를 받은 후 화면에 데이터를 렌더링한다. ❷에서 getHotels() 함수를 실행하면, 브라우저는 SOP 정책을 검사하고 출처를 확인한다. ❶에서 기록된 출처 http://www.springtour.io와 getHotels() 함수에서 사용하는 출처 http://api.springtour.io가 다르다. 그러므로 브라우저는 GET /v1/hotels REST-API를 실행하기 전에 다른 출처인 http://api.springtour.io 호스트에 프리플라이트를 요청한다.

❸의 HTTP 요청 메시지를 보자. OPTIONS /v1/hotels 리소스를 요청하며, 프리플라이트에 필요한 헤더들이 포함되어 있다. 당연히 프리플라이트 요청 대상이 api.springtour.io 호스트이므로 Host 헤더가 포함되어 있다. 원본 출처를 의미하는 Origin 헤더 값은 index.html의 출처인

www.springtour.io다. 그리고 /v1/hotels 리소스에 GET 메서드에 대한 접근 권한을 요청하므로 'Access-Control-Request-Method'와 'Access-Control-Request-Headers' 헤더가 포함된다. 즉, 브라우저는 원래 필요한 리소스에 OPTION 메서드로 변경하고 프리플라이트에 필요한 헤더를 포함하여 서버에 인증 요청을 시도한다. 이 과정을 프리플라이트 요청이라고 한다.

REST-API 애플리케이션에 CORS 설정이 되어 있으면, 프리플라이트 요청에 ❹처럼 응답한다. 응답 헤더의 내용은 다음과 같다.

- **Access-Control-Allow-Origin**: CORS를 허용하는 출처를 의미하며, 호스트 이름으로 응답한다. 호스트에 상관없이 모든 출처에 응답하는 경우에는 *으로 응답한다. 그림 6-1에서는 www.springtour.io 출처만 허용한다.
- **Access-Control-Allow-Method**: CORS를 허용하는 출처에서 사용할 수 있는 HTTP 메서드를 응답한다. 그림 6-1에서는 GET, POST, PUT 메서드만 허용한다.
- **Access-Control-Allow-Headers**: CORS를 허용하는 출처에서 사용할 수 있는 HTTP 헤더를 응답한다. 그림 6-1에서는 모든 헤더를 허용한다.
- **Access-Control-Max-Age**: 절차상 다른 출처에 있는 리소스를 사용하려면 매번 CORS 인증을 받아야 한다. 이 헤더는 불필요한 오버헤드를 줄이는 인증의 유효 시간을 의미한다. 헤더 값은 초 단위의 숫자이며, 최초 인증 후 헤더 값 시간 동안은 CORS 인증을 하지 않아도 된다. 그림 6-1에서 응답하는 Access-Control-Max-Age 값은 하루(24 * 60 * 60초)를 의미한다.

그림 6-1과 같이 웹 애플리케이션의 호스트 주소와 REST-API의 호스트 주소가 다른 경우는 많다. 또한 외부에 REST-API를 노출하여 오픈 API처럼 서비스하는 경우도 많다. 이런 경우 CORS 인증 과정을 직접 구현하기보다 WebMvcConfigurer에서 제공하는 addCorsMappings() 메서드를 사용하여 구현하는 것이 간단하고 빠르다. addCorsMappings() 메서드는 CorsRegistry를 인자로 받는다. 그리고 다음 코드처럼 코딩하면 애플리케이션은 그림 6-1의 ❹와 같이 응답한다.

```
@Override
public void addCorsMappings(CorsRegistry registry) {
    registry.addMapping("/**") ┄❶
            .allowedOrigins("www.springtour.io") ┄❷
            .allowedMethods("GET", "POST", "PUT") ┄❸
            .allowedHeaders("*") ┄❹
            .maxAge(24 * 60 * 60); ┄❺
}
```

❶ 모든 리소스에 대해 CORS를 적용한다.

❷ 허용하는 출처는 www.springtour.io다.

❸ 허용하는 메서드는 GET, POST, PUT뿐이다.

❹ 허용하는 헤더는 전부(*)다.

❺ CORS 정책의 유효 시간은 1일(24시간 * 60분 * 60초)이다.

addViewControllers( )

웹 애플리케이션에서 사용자 요청을 어떤 뷰와 매핑할지 설정하는 메서드다. 보통은 컨트롤러 클래스의 메서드가 뷰 이름을 리턴하고, ViewResolver가 화면을 렌더링할 수 있는 HTML 문서를 응답하는 과정을 거친다. 이때 데이터와 뷰를 같이 전달하므로 ModelAndView를 사용하여 응답한다. 하지만 스프링 웹 MVC 프레임워크는 컨트롤러 클래스 없이 설정만으로도 사용자의 요청과 뷰 이름을 매핑할 수 있다.

addViewControllers( ) 메서드는 ViewControllerRegistry를 인자로 받으며, 이 객체의 메서드를 사용하면 사용자 요청과 이를 처리할 수 있는 뷰를 매핑할 수 있다. 다음 코드를 보자. 사용자가 요청한 URI가 /일 때 처리하는 뷰 이름은 main이다.

```
@Override
public void addViewControllers(ViewControllerRegistry registry) {
    registry.addViewController("/").setViewName("main");
}
```

configureHandlerExceptionResolvers와 extendsHandlerExceptionResolvers

스프링 웹 MVC 프레임워크는 사용자 요청을 처리하는 도중 발생한 예외를 처리하는 예외 처리 메커니즘을 제공한다. 앞서 설명한 @ControllerAdvice와 @ExceptionHandler 애너테이션을 함께 사용하면 특정 예외를 REST-API 애플리케이션에서 처리할 수 있다. 이뿐만 아니라 프레임워크 내부에서 발생한 모든 예외를 처리할 수 있는 o.s.web.servlet.HandlerExceptionResolver 인터페이스도 제공한다.

@HandlerException 애너테이션은 컨트롤러 클래스에서 예외를 정의하고 어떻게 처리할지 설정할 수 있다. @HandlerException 애너테이션을 컨트롤러 클래스에 정의하면 해당 컨트롤러 클래스에서 발생하는 예외를 처리할 수 있다. 그러므로 컨트롤러 클래스마다 각각 다

른 방식으로 예외를 처리할 수 있다. 애플리케이션 전체에서 발생하는 예외를 일관된 방법으로 처리하려면 @HandlerException과 @ControllerAdvice 애너테이션을 같이 사용하면 된다. HandlerExceptionResolver는 애플리케이션의 컨트롤러 클래스뿐만 아니라 서블릿에서 발생한 모든 예외를 처리할 수 있다. 즉, 예외 처리할 수 있는 영역이 넓어진다.

스프링 웹 MVC 프레임워크에서 제공하는 HandlerExceptionResolver 구현체로는 Exception HandlerExceptionResolver와 ResponseStatusExceptionResolver, DefaultHandlerException Resolver가 있다. ExceptionHandlerExceptionResolver는 @HandlerException이 처리하지 않는 예외를 처리할 수 있다. ResponseStatusExceptionResolver는 @ResponseStatus 애너테이션으로 처리되지 않는 예외를 처리할 수 있다. 그리고 스프링 웹 MVC의 DispatcherServlet이 기본으로 사용하는 DefaultHandlerExceptionResolver 구현체가 있다. 다음은 HandlerExceptionResolver 인터페이스의 코드다.

HandlerExceptionResolver

```
package org.springframework.web.servlet;

public interface HandlerExceptionResolver {

    @Nullable
    ModelAndView resolveException(
        HttpServletRequest request, HttpServletResponse response, @Nullable Object
    handler, Exception ex);

}
```

❶을 보면 HandlerExceptionResolver 인터페이스에는 하나의 추상 메서드 resolveException()이 있고 네 개의 인자를 받는다. 네 개의 인자 중 HttpServletRequest와 HttpServletResponse는 예외가 발생한 사용자의 요청과 응답 메시지를 포함하는 서블릿 객체다. 이 두 객체를 사용하면 사용자의 요청이나 응답 메시지에 포함된 정보를 참조하거나 수정 · 추가할 수 있다. 그래서 예외가 발생하면 500 Internal Error 상태 코드를 응답하도록 수정할 수 있고, 응답 메시지 바디에 JSON 메시지를 추가하여 사용자에게 응답하도록 개발할 수 있다. Object handler 인자는 사용자 요청을 처리하는 핸들러이며, 발생한 예외는 Exception ex 인자로 넘어온다.

다음 코드는 DefaultHandlerExceptionResolver 소스의 일부다. 다음과 같이 코딩하면 REST-API 애플리케이션 내부에서 예외가 발생했을 때 여러분 의도대로 HTTP 응답 메시지를 재정의할 수 있다.

```
@Override
@Nullable
protected ModelAndView doResolveException(
        HttpServletRequest request, HttpServletResponse response, @Nullable Object
handler, Exception ex) {

    try {
        if (ex instanceof HttpRequestMethodNotSupportedException) {
            return handleHttpRequestMethodNotSupported(    ❶
(HttpRequestMethodNotSupportedException) ex, request, response, handler); ┄┄┄❷
        }
        // 생략
        }
    }
    catch (Exception handlerEx) {
        // 생략
    }
    return null;
}

protected ModelAndView handleHttpRequestMethodNotSupported(HttpRequestMethodNot
SupportedException ex,
        HttpServletRequest request, HttpServletResponse response, @Nullable Object
handler) throws IOException {

    String[] supportedMethods = ex.getSupportedMethods();
    if (supportedMethods != null) {
        response.setHeader("Allow", StringUtils.arrayToDelimitedString(supportedMethods,
", ")); ┄┄❸
    }
    response.sendError(HttpServletResponse.SC_METHOD_NOT_ALLOWED, ex.getMessage()); ┄❹
    return new ModelAndView();
}
```

❶ 발생한 예외가 HttpRequestMethodNotSupportedException 클래스 타입인지 instanceof 키워
드를 사용하여 확인한다.

❷ DefaultHandlerExceptionResolver에 구현된 handleHttpRequestMethodNotSupported() 메서
드에 인자들을 전달하여 예외 처리를 위임한다.

❸ HttpRequestMethodNotSupportedException 예외는 내부 속성에 처리할 수 있는 HTTP 메서드 이름을 저장한다. 이들 값은 getSupportedMethods() 메서드로 참조할 수 있다. HttpServletResponse 객체의 setHeader() 메서드로 사용할 수 있는 HTTP 메서드 이름들을 Allow 헤더에 저장한다. response 객체는 HttpServletResponse이므로 설정된 Allow 헤더는 사용자 응답 메시지로 전송된다.

❹ 사용자 응답 메시지의 상태 코드로 405 Method Not Allowed를 응답한다. 응답 메시지 바디에는 HttpRequestMethodNotSupportedException 예외 객체의 getMessage() 메서드를 사용하여 에러 메시지를 전달한다.

WebMvcConfigurer는 HandlerExceptionResolver를 새롭게 설정할 수 있는 configureHandler ExceptionResolvers() 메서드와 기존에 설정된 HandlerExceptionResolver에 새로운 리졸버를 추가할 수 있는 extendsHandlerExceptionResolvers() 메서드를 제공한다.

configureHandlerExceptionResolvers() 메서드는 List<HandlerExceptionResolver>를 인자로 받는다. 초기 상태의 리졸버 리스트 인자는 엘리먼트가 없다. 하지만 인자에 HandlerException Resolver 객체를 추가하면 스프링 프레임워크는 추가된 HandlerExceptionResolver 객체를 기본으로 사용한다. 리졸버 리스트에 새로운 리졸버를 추가하지 않으면 프레임워크는 기본 리졸버 리스트를 사용한다.

extendsHandlerExceptionResolvers() 메서드 또한 List<HandlerExceptionResolver>를 인자로 받는다. 이 리졸버 리스트는 프레임워크에서 사용하는 기본 리졸버를 포함하고 있다. 그래서 리졸버 리스트 인자에 HandlerExceptionResolver 객체를 추가하면 기본으로 설정된 리졸버를 확장할 수 있다. 다음은 configureHandlerExceptionResolvers()를 구현한 예제다. configure로 시작하는 메서드이므로 RestApiHandlerExceptionResolver만 사용하도록 새로 구성하는 내용이다.

```
@Override
public void configureHandlerExceptionResolvers(List<HandlerExceptionResolver> resolvers)
{
    resolvers.add(new RestApiHandlerExceptionResolver());
}
```

addFormatters( )

스프링 프레임워크는 데이터 바인딩 기능을 확장할 수 있는 여러 가지 방법을 제공한다. 데이터 바인딩이란 어떤 데이터를 변환하여 특정 대상 객체에 할당하는 것을 의미한다. 이미 우리는 앞서 설명한 예제에서 @PathVariable이나 @RequestParam 애너테이션을 통해 데이터 바인딩을 설명했다. 즉, URI에 포함된 특정 리소스나 파라미터의 값을 특정 객체에 할당하는 것을 의미한다.

formatter도 데이터 바인딩 기능을 확장할 수 있는 여러 방법 중 하나다. 데이터를 바인딩할 때 데이터를 변경하는 컨버터 클래스를 만들고 이를 스프링 프레임워크에 추가하면 된다. 스프링 프레임워크는 컨버터 구현체를 확장할 수 있도록 java.beans.PropertyEditor, o.s.core.convert.converter.Converter, o.s.format.Formatter 인터페이스를 제공한다.[2] 다음은 데이터 바인딩 예제다.

```
@GetMapping(path="/hotels/{hotelId}/rooms/{roomNumber}")
public HotelRoomResponse getHotelRoomByPeriod(
        @PathVariable Long hotelId,
        @PathVariable String roomNumber, ...) {
    // 생략
}
```

사용자가 GET /hotels/3642/rooms/ocean-1024를 요청하면 예제의 getHotelRoomByPeriod() 메서드 핸들러가 사용자 요청에 매핑된다. 이때 사용자가 요청한 URI는 문자열이다. 사용자 요청을 매핑하면서 @PathVariable 애너테이션에 의해 문자열 '3642'는 Long 타입으로 변환되어 hotelId에 할당된다. 마찬가지로 문자열 'ocean-1024'도 roomNumber 변수에 할당된다. 이 과정을 데이터 바인딩이라고 하며 스프링 프레임워크의 핵심 기능 중 하나다.

참고로 @PathVariable은 어떤 데이터를 어느 변수에 바인딩할지 표시해 주는 역할을 한다. 이 애너테이션이 데이터 바인딩을 직접 해 주는 것은 아니다. 문자열 '3642'가 Long hotelId로 형 변환하는 과정은 스프링 프레임워크의 Converter 구현체로 실행된다. 스프링 프레임워크는 수많은 Converter 구현체를 제공하고 있어 자바에서 많이 쓰는 날짜 관련 클래스나 Number 관련 클래스들로 쉽게 변환된다.

Converter 인터페이스 코드는 다음과 같다. Converter 인터페이스에는 convert() 추상 메서드가 하나 있으며, 소스 데이터를 받아 변환된 데이터를 리턴하는 기능을 한다.

Converter 인터페이스

```
package org.springframework.core.convert.converter;

@FunctionalInterface
```

---

2   이 책은 REST-API 애플리케이션을 만드는 방법을 다루므로 Converter와 Formatter만 설명한다.

```
public interface Converter<S, T> {

    @Nullable
    T convert(S source);

}
```

Converter 인터페이스로 사용자가 입력한 roomNumber(문자열 'ocean-1024')를 도메인 모델로 변경하는 Converter 구현 클래스를 만들어 보자. 예제에서 사용할 도메인 모델은 HotelRoomNumber 이며, Converter 인터페이스를 구현한 HotelRoomNumberConverter 클래스는 roomNumber를 HotelRoomNumber 객체로 변경해야 한다.

먼저 HotelRoomNumber 도메인 모델을 설계해 보자. roomNumber는 호텔 건물을 구분하는 빌딩 코드와 객실 번호로 구성되어 있다. 즉, ocean은 빌딩 코드이며, 1024는 객실 번호다. 그래서 HotelRoomNumber 클래스의 속성으로 String buildingCode와 Long roomNumber를 정의해야 한다. 이 두 속성 값을 결합하면 호텔에서 객실을 구분할 수 있는 유일한 값이 된다.

HotelRoomNumber 클래스에 toString() 메서드를 오버라이드하고, buildingCode와 roomNumber 변수를 하이픈으로 연결하여 유일한 값을 리턴하자. 그리고 유일한 값(예 ocean-1024)을 파싱하여 HotelRoomNumber 객체를 만드는 parse() 메서드를 개발하자. 다음 HotelRoomNumber 클래스의 코드를 확인해 보자.

```
package com.springtour.example.chapter06.domain;

@Getter
public class HotelRoomNumber {

    private static final String DELIMITER = "-";

    private String buildingCode;
    private Long roomNumber;

    public HotelRoomNumber(String buildingCode, Long roomNumber) {
        this.buildingCode = buildingCode;
        this.roomNumber = roomNumber;
    }

    public static final HotelRoomNumber parse(String roomNumberId) {

        String[] tokens = roomNumberId.split(DELIMITER);
```

```
            if (tokens.length != 2)
                throw new IllegalArgumentException("invalid roomNumberId format");

            return new HotelRoomNumber(tokens[0], Long.parseLong(tokens[1]));
        }

        @Override
        public String toString() {
            return new StringJoiner(DELIMITER)
                    .add(buildingCode)
                    .add(roomNumber.toString())
                    .toString();
        }
    }
```

사용자가 GET /hotels/3642/rooms/ocean-1024를 요청하면 앞서 설명한 컨트롤러 클래스
의 getHotelRoomByPeriod() 핸들러 메서드에 매핑된다. 그래서 URI 중 'ocean-1024' 문자열이
String roomNumber 변수에 할당된다. 'ocean-1024' 문자열을 컨트롤러나 서비스 클래스 내부에
서 파싱하여 HotelRoomNumber를 생성해도 된다. 하지만 데이터 바인딩 시점에 'ocean-1024' 문
자열을 변환하여 HotelRoomNumber 객체를 핸들러 메서드에 할당한다면 좀 더 편하게 개발할 수
있다.

다음은 roomNumber를 HotelRoomNumber로 변환하는 Converter 구현체의 코드다. 변환 대상
인 roomNumber는 문자열이므로 String 타입으로 소스 타입을 정의한다. 반대로 변환된 데이터
는 HotelRoomNumber 객체이므로 HotelRoomNumber 타입으로 타깃 타입을 정의한다. 그러므로
HotelRoomNumberConverter의 제네릭 타입은 Converter⟨String, HotelRoomNumber⟩다.

HotelRoomNumberConverter

```
package com.springtour.example.chapter06.controller.converter;

public class HotelRoomNumberConverter implements Converter<String, HotelRoomNumber> {

    @Override
    public HotelRoomNumber convert(String source) {
        return HotelRoomNumber.parse(source);
    }
}
```

Converter를 확장한 HotelRoomNumberConverter를 스프링 애플리케이션에 추가하자. WebMvcConfigurer는 데이터 바인딩 기능을 확장하려고 addFormatter() 메서드를 제공한다. addFormatter() 메서드는 FormatterRegistry를 인자로 받으며, FormatterRegistry의 addConverter() 메서드를 사용하면 HotelRoomNumberConverter를 추가할 수 있다. 참고로 Formatter 구현체는 addFormatter() 메서드를 사용하여 스프링 애플리케이션에 추가할 수 있다. 다음 코드는 HotelRoomNumberConverter 객체를 추가하는 WebServerConfig 코드의 일부분이다.

```
@Override
public void addFormatters(FormatterRegistry registry) {
    registry.addConverter(new HotelRoomNumberConverter());
}
```

지금처럼 도메인 모델(HotelRoomNumber.java)을 만들고, 문자열을 도메인 모델로 변경하는 컨버터(HotelRoomNumberConverter.java)를 만들었다. 그리고 WebMvcConfigurer의 addFormatter()를 오버라이드하여 애플리케이션이 컨버터를 등록했다. 이 과정까지 마치면 다음과 같이 데이터 바인딩을 사용하면 된다. 기존 코드인 @PathVariable String roomNumber를 @PathVariable HotelRoomNumber roomNumber로 변경할 수 있다. 다음 예제의 ❶을 확인해 보자.

Converter를 확장하여 HotelRoomNumber로 데이터 바인딩

```
@GetMapping(path="/hotels/{hotelId}/rooms/{roomNumber}")
public HotelRoomResponse getHotelRoomByPeriod(
        @PathVariable Long hotelId,
        @PathVariable HotelRoomNumber roomNumber, ...) {  ⋯❶

    // 생략
    return response;
}
```

이 컨버터를 더 활용하면 문자열을 enum 상수로 바인딩할 수 있다. REST-API를 설계할 때 특정 도메인의 타입이나 상태를 파라미터로 받을 때가 많다. 예를 들어 호텔의 타입을 의미하는 hotelType이나 예약 상태를 의미하는 reservationStatus 같은 파라미터를 GET HTTP 메서드에 사용할 수 있다.

다음은 5장에서 사용한 HotelRoomType enum으로 변환하는 HotelRoomTypeConverter의 코드다. HotelRoomNumberConverter 예제와 이번 예제가 다른 점은 @Component 애너테이션을 사용하여 HotelRoomTypeConverter 스프링 빈으로 생성하는 것이다. HotelRoomNumberConverter는 new 키

워드를 사용하여 객체를 만들고, addFormatter() 메서드를 오버라이드하여 명시적으로 애플리케이션에 등록했다. 하지만 Converter 구현체를 스프링 빈으로 등록하면 WebMvcConfigurer의 addFormatter()를 오버라이드하지 않아도 스프링 애플리케이션에 컨버터 구현체가 등록되어 동작한다.

HotelRoomTypeConverter

```
@Component
public class HotelRoomTypeConverter implements Converter<String, HotelRoomType> {

    @Override
    public HotelRoomType convert(String source) {
        return HotelRoomType.fromParam(source);
    }
}
```

마지막으로 Converter와 비슷한 역할을 하는 Formatter를 살펴보자. Formatter 구현체를 애플리케이션에 등록하고 사용하는 방법은 Converter와 같다. Formatter와 Converter의 차이점은 다국어 기능 처리 여부다. 다음 코드는 앞서 설명한 HotelRoomNumberConverter처럼 roomNumber 문자열을 HotelRoomNumber로 변환하는 HotelRoomNumberFormatter다.

HotelRoomNumberFormatter

```
@Component
public class HotelRoomNumberFormatter implements Formatter<HotelRoomNumber> {

    @Override
    public HotelRoomNumber parse(String text, Locale locale) throws ParseException {
        return HotelRoomNumber.parse(text);
    }

    @Override
    public String print(HotelRoomNumber hotelRoomNumber, Locale locale) {
        return hotelRoomNumber.toString();
    }
}
```

Formatter 인터페이스는 o.s.format.Printer와 o.s.format.Parser 인터페이스를 상속받는다. Printer에는 print() 추상 메서드가, Parser에는 parse() 추상 메서드가 선언되어 있다. 그러므로 예제에서 두 메서드를 재정의한다. 즉, String 문자열을 도메인 모델로 변경하는 것은 parse()

이며, 도메인 모델을 문자열로 변경하는 것은 print()다. 각 메서드는 Locale을 인자로 받으며, Locale은 언어 정보를 포함하고 있으므로 변환 과정에서 다국어 처리를 할 수 있다.

addArgumentResolvers( )

WebMvcConfigurer는 ArgumentResolver를 확장할 수 있는 addArgumentResolvers() 메서드를 제공한다. ArgumentResolver도 Converter나 Formatter처럼 특정 데이터를 특정 객체로 변환하는 기능을 제공한다. ArgumentResolver는 컨트롤러 클래스의 핸들러 메서드에 선언된 파라미터에 데이터를 바인딩하는 역할을 한다.

Converter나 Formatter는 @PathVariable이나 @ReuqestParam 같은 애너테이션과 함께 사용된다. 애너테이션 설정으로 URI나 URI 파라미터에 변환할 데이터를 정의하고, 애너테이션이 정의된 변수에 데이터를 변환하여 주입한다. 하지만 ArgumentResolver는 대상 데이터를 지칭하지 않고, 사용자가 요청한 HTTP 메시지에서 필요한 모든 것을 선택하고 가공하여 객체로 변환할 수 있다. 즉, 변환 대상은 사용자 요청 메시지이며, 코드로 자유롭게 데이터를 뽑아 변환할 수 있다. 그래서 @PathVariable, @RequestParam 같은 애너테이션 없이 동작한다. 예를 들어 요청 메시지의 헤더, 쿠키, 파라미터, URI나 요청 메시지 등 모든 정보를 조합하여 변환할 수 있다.

스프링 프레임워크는 컨트롤러 클래스의 메서드 핸들러 인자에 정의된 클래스 타입을 보고 적절한 ArgumentResolver 구현체를 선택하고 데이터 바인딩한다. 즉, 인자 클래스 타입을 변환할 수 있는 ArgumentResolver가 있으면 해당 리졸버가 동작하는 구조다. 프레임워크는 뒤에서 설명할 ArgumentResolver의 supportParameter() 메서드를 사용하여 변환 여부를 판단한다.

ArgumentResolver 구현체를 만들려면 o.s.web.method.support.HandlerMethodArgumentResolver 인터페이스를 구현하면 된다. 인터페이스 이름에서 알 수 있듯이, 핸들러 메서드(HandlerMethod)의 인자(Argument)로 변환(Resolver)하는 기능을 제공한다는 것을 쉽게 유추할 수 있다. HandlerMethodArgumentResolver 인터페이스의 추상 메서드를 보면 어떻게 모든 데이터를 가공하여 변환할 수 있는지 알 수 있다.

HandlerMethodArgumentResolver 인터페이스

```
package org.springframework.web.method.support;

public interface HandlerMethodArgumentResolver {

    boolean supportsParameter(MethodParameter parameter); ·····❶
```

```
    @Nullable
    Object resolveArgument(MethodParameter parameter, @Nullable
ModelAndViewContainer mavContainer,
        NativeWebRequest webRequest, @Nullable WebDataBinderFactory binderFactory)
    throws Exception;

    }
```

❶ 컨트롤러 클래스의 핸들러 메서드에 포함된 인자가 ArgumentResolver 구현체의 변환 대상
인지 확인하는 메서드다. true를 리턴하면 해당 ArgumentResolver 구현체를 적용하여 해
당 인자로 데이터를 바인딩한다. MethodParameter는 컨트롤러 클래스의 인자 정보를 포함하
는 클래스다. 클래스의 메서드를 사용하여 실행되는 메서드나 인자 정보를 확인할 수 있다.
getParameterType() 메서드를 사용하면 인자의 클래스 타입을 확인할 수 있다.

❷ resolveArgument() 메서드는 사용자의 요청 메시지를 특정 객체로 변환한다. 이 메서드의 첫
번째 인자인 MethodParameter는 변환될 대상 인자의 정보를 포함한다. ModelAndViewContainer
인자는 뷰 정보와 모델 정보를 포함한다. NativeWebRequest 인자는 파싱된 사용자의 요청 메
시지 정보를 포함한다. 그러므로 사용자 요청 메시지에 포함된 HTTP 헤더나 파라미터를 쉽
게 참조할 수 있다. 또한 HttpServletRequest, HttpServletResponse 객체를 참조하여 응답 메
시지나 요청 메시지를 참조할 수 있다. WebDataBinderFactory는 타깃 객체를 데이터 바인딩하
는 WebDataBinder 객체를 만들 수 있는 팩토리 클래스다.

예제로 HandlerMethodArgumentResolver 구현체를 만들어 보자. 여러분이 개발하는 REST-API
는 'X-SPRINGTOUR-CHANNEL' 헤더가 반드시 필요하다. 이 헤더는 클라이언트가 어떤 채널
인지 알려 주는 용도로 사용된다. 클라이언트가 웹 브라우저라면 'WEB'을, 모바일 브라우저라
면 'MWEB'을, 모바일 애플리케이션이라면 'IOS', 'AOS'를 헤더 값으로 사용한다. MSA 아키텍
처에서 각 컴포넌트의 트래픽 통계를 내거나 클라이언트 종류에 따라 다른 로직을 처리하는 용
도로 사용할 수 있는 헤더다. 이 채널 정보와 클라이언트 IP 주소를 포함하는 ClientInfo 클래스
를 만들자. 클라이언트의 IP 주소를 HTTP 요청 메시지에서 직접 참조하는 경우 정확한 클라이
언트의 주소를 참조하기 어렵다. REST-API 애플리케이션이 L4 로드 밸런서의 로드 밸런싱 그
룹에 포함되어 있거나 NginX나 Apache 웹 서버가 리버스 프록시 모드로 사용자 요청을 애플리
케이션으로 전달하는 경우 클라이언트의 주소가 변경될 수 있다. 이때 진짜 사용자의 IP 주소는
'X-FORWARDED-FOR' 헤더로 전달된다. 이 두 가지 헤더를 사용하여 ClientInfo 인자로 변환할
수 있는 ClientInfoArgumentResolver 구현체와 ClientInfo 클래스는 다음과 같다.

```
package com.springtour.example.chapter06.controller;

@ToString
@Getter
public class ClientInfo {

    private final String channel;
    private final String clientAddress;

    public ClientInfo(String channel, String clientAddress) {
        this.channel = channel;
        this.clientAddress = clientAddress;
    }
}


package com.springtour.example.chapter06.controller.resolver;

public class ClientInfoArgumentResolver implements HandlerMethodArgumentResolver {

    private static final String HEADER_CHANNEL = "X-SPRINGTOUR-CHANNEL";
    private static final String HEADER_CLIENT_IP = "X-FORWARDED-FOR";

    @Override
    public boolean supportsParameter(MethodParameter parameter) {
        if (ClientInfo.class.equals(parameter.getParameterType()))
            return true;                                                    ❶
        return false;
    }

    @Override
    public Object resolveArgument(MethodParameter parameter, ModelAndViewContainer
mavContainer, NativeWebRequest webRequest, WebDataBinderFactory binderFactory) throws
Exception {

        String channel = webRequest.getHeader(HEADER_CHANNEL);
        String clientAddress = webRequest.getHeader(HEADER_CLIENT_IP);      ❷
        return new ClientInfo(channel, clientAddress);
    }
}
```

❶ 컨트롤러 클래스의 핸들러 메서드에 포함된 인자가 `ClientInfo.class` 타입이라면 `ClientInfoArgumentResolver`가 동작하여 `ClientInfo` 인자에 데이터 바인딩한다. 그러므로 `supportParameter()` 메서드에 `ClientInfo` 클래스 타입을 확인하는 로직을 오버라이드한다.

❷ `webRequest` 객체의 `getHeader()` 메서드를 사용하여 채널 이름과 클라이언트 IP 주소를 뽑아낸다. 그리고 이 데이터를 사용하여 `ClientInfo` 객체를 생성한다.

이렇게 `ClientInfo` 클래스와 `ClientInfoArgumentResolver`를 만들었다면, `WebMvcConfigurer`의 `addArgumentResolvers()`를 사용하여 `ClientInfoArgumentResolver` 구현체를 추가하자. 이 메서드는 `List<HandlerMethodArgumentResolver>` 리스트를 인자로 받으며, 이 인자에 필요한 ArgumentResolver 객체를 추가하면 된다. 그러므로 다음 코드와 같이 추가한다.

```
@Override
public void addArgumentResolvers(List<HandlerMethodArgumentResolver> resolvers) {
    resolvers.add(new ClientInfoArgumentResolver());
}
```

마지막으로 다음과 같이 컨트롤러 클래스에 getHotelRoomByPeriod() 메서드처럼 ClientInfo 인자를 선언하면 ClientInfoArgumentResolver가 resolveArgument() 메서드를 실행하고 리턴된 ClientInfo 객체를 해당 인자에 데이터 바인딩한다.

```
@GetMapping(path="/hotels/{hotelId}/rooms/{roomNumber}")
public HotelRoomResponse getHotelRoomByPeriod(
        ClientInfo clientInfo,
        @PathVariable Long hotelId,
        @PathVariable String roomNumber, ...) {
    // 생략
    return response;
}
```

ArgumentResolver의 대표적인 구현 클래스들은 5장에서 설명한 SortHandlerMethodArgumentResolver와 PageableHandlerMethodArgumentResolver다. 이 두 구현체는 스프링 프레임워크에 기본으로 제공되는 리졸버다. 사용자 HTTP 요청 메시지의 URL 파라미터를 이용하여 각각 Sort와 Pageable 객체로 변환하고 주입한다. 5장에서는 application.properties의 설정값을 이용하여 리졸버의 파라미터 이름을 커스터마이징하는 방법을 설명했다. 이 방법 외에도 WebMvcConfigurer의 addArgumentResolvers() 메서드를 직접 오버라이드하면 여러분이 구현체를 만들어서 리졸버를 확장할 수 있다. 또한 application.properties에 설정하는 대신 명시적으로 리졸버를 커스터마이징할 수 있다.

addReturnValueHandlers( )

addReturnValueHandlers( ) 메서드는 인자로 List<HandlerMethodReturnValueHandler>를 사용하며 웹 애플리케이션의 HandlerMethodReturnValueHandler를 확장할 때 사용한다. o.s.web.method.support.HandlerMethodReturnValueHandler 인터페이스는 컨트롤러 클래스에 정의된 핸들러 메서드가 리턴하는 객체를 변환하는 역할을 한다. 보통 View 기술을 사용하는 웹 애플리케이션에서 사용한다. REST-API 애플리케이션에서는 사용하는 일이 드물다. REST-API 애플리케이션에서는 JSON 타입의 메시지를 응답하고, 이 과정은 HttpMessageConverter로 변환되기 때문이다. 다시 말하면 @RestController로 정의되거나 @ResponseBody 애너테이션이 선언된 핸들러 메서드가 리턴하는 객체는 JSON으로 변환된다. HandlerMethodReturnValueHandler 구현체의 도움 없이 객체를 JSON으로 마셜링할 수 있다. REST-API 애플리케이션에서 핸들러 메서드가 다른 포맷으로 리턴해야 한다면 HttpMessageConverter를 확장하고 프레임워크를 설정한다. HttpMessageConverter를 설정하는 방법은 다음 configureMessageConverter( ), extendMessageConverters( )를 사용하여 설명한다. HandlerMethodReturnValueHandler의 코드는 다음과 같다.

HandlerMethodReturnValueHandler 인터페이스

```
package org.springframework.web.method.support;

public interface HandlerMethodReturnValueHandler {

    boolean supportsReturnType(MethodParameter returnType);

    void handleReturnValue(@Nullable Object returnValue, MethodParameter returnType,
ModelAndViewContainer mavContainer, NativeWebRequest webRequest) throws Exception;

}
```

HandlerMethodReturnValueHandler 인터페이스의 사용법은 앞서 설명한 HandlerMethodArgumentResolver 인터페이스와 거의 같다. 변환 대상에 적합한 ReturnValueHandler를 찾고자 supportReturnType( ) 메서드를 사용한다. 그래서 핸들러 메서드의 리턴 클래스 타입으로 클래스를 비교하여 true를 리턴한다. 그러면 변환 대상에 대해 HandlerMethodReturnValueHandler 구현체가 동작한다. 그리고 어떻게 사용자에게 응답할지 handleReturnValue( ) 메서드에 구현하면 된다.

configureMessageConverter( )와 extendMessageConverters( )

@ResponseBody와 @RequestBody 애너테이션이 적용된 대상을 특정 포맷으로 변경하는 HttpMessageConverter를 설정하는 디폴트 메서드다. HttpMessageConverter 구현체에 따라 JSON 이나 XML 같은 문서로 변경 가능하다. REST-API 애플리케이션을 작성할 때 가장 중요한 역할 을 하므로 6.2절에서 예제로 상세하게 설명한다. 두 메서드 모두 List〈HttpMessageConverter〉 converters 인자를 받지만, 메서드에 따라 설정 동작이 다르다. configureMessageConverter() 메서드는 converters 인자에 HttpMessageConverter 객체를 추가하면 프레임워크는 기본 설 정 대신 converters 인자를 사용하여 HttpMessageConverter를 새로 설정한다. extendMessage Converters()는 프레임워크의 기본 설정에 새로운 HttpMessageConverter 객체를 추가하는 방식 으로 동작한다.

6.1.3 DispatcherServlet 설정

지금까지 WebMvcConfigurer를 사용하여 스프링 웹 애플리케이션을 설정하는 방법을 설명했 다. WebMvcConfigurer는 스프링 웹 MVC 프레임워크에서 제공하는 데이터 바인딩이나 메시 지 컨버터 같은 기능들을 설정할 수 있다. 이와 비슷하게 DispatcherServlet의 ThemeResolver, MultipartResolver, LocaleResolver 등의 기능도 설정할 수 있다. DispatcherServlet의 기능을 설정하는 방법을 설명하기 전에 DispatcherServlet이 어떻게 다른 스프링 빈들에 의존하는지 그 원리를 먼저 설명하고자 한다.

DispatcherServlet은 사용자 요청을 받으면 이를 처리할 수 있는 적절한 핸들러 메서드를 찾아 야 한다. 그래서 DispatcherServlet은 RequestMappingHandlerMapping 구현체 같은 다른 스프 링 빈 객체에 의존한다. 스프링 프레임워크는 의존성 주입을 사용하여 스프링 빈끼리 서로 의존 한다. 같은 맥락으로 DispatcherServlet이 RequestMappingHandlerMapping 스프링 빈에 의존하 려면 DispatcherServlet 또한 스프링 빈으로 생성되어야 한다. 그래야 ApplicationContext가 의 존 대상 스프링 빈을 DispatcherServlet 스프링 빈에 주입할 수 있다. 하지만 DispatcherServlet 관련 코드들을 보면 자바 설정 클래스에 DispatcherServlet이 @Bean으로 정의되거나 DispatcherServlet 코드 안에 @Component 같은 스테레오 타입 애너테이션이 없다. 그럼에도 DispatcherServlet이 스프링 빈으로 생성될 수 있는 것은 o.s.bean.factory.Aware라는 마킹 인터페이스 때문이다.[3] 스프링 프레임워크의 ApplicationContextAwareProcessor는 Aware 인터페이스를 구현한 클래스들을 스프링 빈으로 생성하는 기능을 제공한다. 그래서 Aware 인터페이스를 구현하는 DispatcherServlet 또한 애플리케이션이 실행되면 ApplicationContextAwareProcessor가 스프링 빈으로 생성된다.

DispatcherServlet은 지금까지 설명한 방법과 다른 방식으로 다른 스프링 빈과 의존 관계를 맺는다. ApplicationContext가 스프링 빈을 스캔하여 의존성을 파악하고 의존 대상 스프링 빈을 주입하는 과정이 지금까지 설명한 방법이다. DispatcherServlet은 코드 내부에 ApplicationContext를 직접 주입받는다. 그리고 ApplicationContext에서 제공하는 getBean() 메서드를 사용하여 필요한 스프링 빈을 가져온다. ApplicationContext의 getBean() 메서드는 인자 조건에 적합한 스프링 빈을 리턴한다. 그러므로 지금까지 설명한 방법과 달리 DispatcherServlet은 내부에서 필요한 스프링 빈을 직접 찾아서 의존한다. 적합한 스프링 빈이 없다면 기본 구현체를 사용하여 기능을 설정한다.

DispatcherServlet은 FrameworkServlet 추상 클래스를 상속하고 있으며, FrameworkServlet은 다시 o.s.context.ApplicationContextAware 인터페이스를 구현하고 있다. 먼저 Application ContextAware 인터페이스의 코드를 확인해 보자.

ApplicationContextAware 인터페이스와 추상 메서드

```
package org.springframework.context;

public interface ApplicationContextAware extends Aware {

    void setApplicationContext(ApplicationContext applicationContext) throws
BeansException;

}
```

ApplicationContextAware에는 setApplicationContext() 추상 메서드가 있으며, 인자는 ApplicationContext다. 스프링 프레임워크 애플리케이션은 실행되면 ApplicationContextAware 인터페이스를 찾아 setApplicationContext() 메서드를 실행한다. 이때 메서드 인자에 ApplicationContext 객체를 주입한다. 그러므로 ApplicationContextAware를 구현한 구현 클래스는 스프링 프레임워크의 ApplicationContext 객체를 주입받을 수 있다.

---

3 마킹 인터페이스란 인터페이스 내부에 추상 메서드나 디폴트 메서드가 없으며 구현체에 의미를 부여하려고 사용한다.

DispatcherServlet도 마찬가지다. DispatcherServlet의 부모 클래스인 FrameworkServlet은 내부 속성 WebApplicationContext webApplicationContext가 있다. 그리고 오버라이드된 setApplicationContext() 메서드는 인자로 주입받은 ApplicationContext 객체를 WebApplicationContext로 클래스 캐스팅한 후 webApplicationContext에 저장한다. 그래서 DispatcherServlet은 ApplicationContext의 getBean을 사용하여 다른 스프링 빈 객체를 찾아 사용할 수 있다.

다음 코드는 DispatcherServlet의 일부다. Dispatcher 서블릿이 의존하는 여러 컴포넌트 중 하나인 LocaleResolver를 어떻게 주입받는지 코드를 보면서 살펴보자.

DispatcherServlet

```
public class DispatcherServlet extends FrameworkServlet {

    public static final String MULTIPART_RESOLVER_BEAN_NAME = "multipartResolver";

    public static final String LOCALE_RESOLVER_BEAN_NAME = "localeResolver"; ----❶

    public static final String THEME_RESOLVER_BEAN_NAME = "themeResolver";
private void initLocaleResolver(ApplicationContext context) {
    try {
        this.localeResolver
= context.getBean(LOCALE_RESOLVER_BEAN_NAME, LocaleResolver.class); ----❷
        if (logger.isTraceEnabled()) {
            logger.trace("Detected " + this.localeResolver);
        }
        else if (logger.isDebugEnabled()) {
            logger.debug("Detected " + this.localeResolver.getClass().getSimpleName());
        }
    }
    catch (NoSuchBeanDefinitionException ex) { ----❸
        // We need to use the default.
        this.localeResolver = getDefaultStrategy(context, LocaleResolver.class); ----❹
        if (logger.isTraceEnabled()) {
            logger.trace("No LocaleResolver '" + LOCALE_RESOLVER_BEAN_NAME +
"': using default [" + this.localeResolver.getClass().getSimpleName() + "]");
        }
    }
}
}
```

❶ DispatcherServlet에서 의존 관계를 맺는 스프링 빈 이름은 localeResolver이며, 상수에 정의해서 사용한다.

❷ ApplicationContext의 getBean() 메서드를 사용하여 스프링 빈 이름이 localeResolver고 클래스 타입은 LocaleResolver.class인 스프링 빈을 받아 온다.

❸ ❷에서 조건에 맞는 스프링 빈이 없을 때 getBean() 메서드는 NoSuchBeanDefinitionException 예외를 던지며, 이를 try-catch 문으로 감싸 폴백(fallback) 처리한다.

❹ 적합한 스프링 빈이 없다면 getDefaultStrategy() 메서드가 적합한 LocaleResolver 객체를 생성하여 this.localeResolver 변수에 저장한다. 즉, getDefaultStrategy() 메서드는 기본 LocaleResolver 객체를 만드는 역할을 한다.

앞의 DispatcherServlet 코드와 동작 절차를 확인해 보자. DispatcherServlet은 자신이 사용할 스프링 빈의 이름과 클래스 타입을 미리 정의하고 있다. ❶, ❷를 보면 쉽게 이해할 수 있다. DispatcherServlet이 의존할 스프링 빈의 이름은 localeResolver고 클래스 타입은 LocaleResolver.class다. 그래서 initLocaleResolver 프라이빗 메서드가 LocaleResolver를 설정한다.

즉, 개발자가 이름이 localeResolver인 LocaleResolver 스프링 빈을 생성하면 DispatcherServlet은 애플리케이션이 시작하면서 사용자가 만든 LocaleResolver를 사용한다. 개발자가 직접 LocaleResolver 스프링 빈을 설정하지 않아도 ❸과 ❹ 과정을 거쳐 기본 LocaleResolver가 설정된다. 그러므로 스프링 웹 MVC 애플리케이션은 이상 없이 실행된다. DispatcherServlet은 이런 방식으로 다른 스프링 빈에 의존한다. LocaleResolver 외에 다른 스프링 빈을 별도로 설정하려면, DispatcherServlet의 코드를 확인하여 프레임워크가 미리 정의한 스프링 빈 이름과 클래스 타입으로 설정한다. 다음 코드처럼 자바 설정 클래스에 스프링 빈을 설정하면 자동으로 설정된다. 예제에서는 AcceptHeaderLocaleResolver 구현체를 LocaleResolver로 설정한다.

LocaleResolver를 설정하는 방법

```
@Configuration
public class WebConfig {

    @Bean(value="localeResolver")
    public LocaleResolver localeResolver() {
        return new AcceptHeaderLocaleResolver();
    }
}
```

다음으로 DispatcherServlet에서 제공하는 설정 가능한 기능 중 대표적인 몇 가지를 설명한다.

MultipartResolver

HTTP 프로토콜을 사용하여 클라이언트가 바이너리 파일을 서버로 전송할 때 Content-type 헤더 값은 multipart/form-data다. 메시지 바디에는 바이너리 파일을 인코딩하여 여러 개의 파트로 분리하여 전송할 수 있다. 이 멀티 파트 요청을 처리하는 기능이 o.s.web.multipart. MultipartResolver 인터페이스에 정의되어 있다.

구현 클래스로는 StandardServletMultipartResolver와 CommonMultipartResolver가 있다. DispatcherServlet은 MultipartResolver 스프링 빈을 로딩하려고 스프링 빈 이름은 'multipartResolver', 클래스 타입은 MultipartResolver.class로 미리 지정했다. 스프링 부트 프레임워크는 MultipartAutoConfiguration 자동 설정 클래스를 제공하며, 내부에서는 Standard ServletMultipartResolver 구현체를 기본으로 제공한다.

ThemeResolver

ThemeResolver는 스프링 웹 MVC 프레임워크의 뷰를 사용할 때 동작하는 기능이다. 데이터를 HTML 같은 형태로 변환할 때 테마에 따라 뷰가 화면을 구성할 수 있다. HTML 문서를 기준으로 테마(theme)는 CSS나 이미지 파일 같은 정적 파일의 집합을 의미한다. 이 테마는 쿠키나 세션에 저장할 수 있으며, 뷰는 저장된 테마를 기준으로 사용자에게 다른 화면을 보여 줄 수 있다. 이 테마를 처리하는 기능이 o.s.web.servlet.ThemeResolver 인터페이스에 정의되어 있다.

구현 클래스로는 CookieThemeResolver나 SessionThemeResolver가 있으며 FixedThemeResolver를 사용할 수 있다. DispatcherServlet은 ThemeResolver 스프링 빈을 로딩하려고 스프링 빈 이름은 'themeResolver', 클래스 타입은 ThemeResolver.class로 미리 지정했다.

LocaleResolver

자바 SDK는 언어와 위치 정보를 표현하는 java.util.Locale 클래스를 제공한다. LocaleResolver 애플리케이션에서 국제화(i18n, Internationalization) 기능을 사용하기 위해 사용자 요청에서 Locale 객체를 생성하는 기능을 제공한다. o.s.web.servlet.LocaleResolver 인터페이스는 사용자마다 Locale 정보를 처리할 수 있는 기능을 정의한다.

구현 클래스로는 AcceptHeaderLocaleResolver, CookieLocaleResolver, SessionLocaleResolver 등이 있다. AcceptHeaderLocaleResolver는 사용자 요청 메시지의 Accept-Language 헤더에 값을 사용하여 Locale 객체를 생성한다. CookieLocaleResolver는 쿠키에 Locale을 저장하고 사용하며, SessionLocaleResolver는 세션에 Locale을 저장하고 사용한다. DispatcherServlet은 LocaleResolver 스프링 빈을 로딩하려고 스프링 빈 이름은 'localeResolver', 클래스 타입은 LocaleResolver.class로 미리 지정했다.

6.2 HttpMessageConverter와 REST-API 설정

@ResponseBody나 @RequestBody 애너테이션이 선언된 대상은 HttpMessageConverter가 마셜링/언마셜링을 실행한다. 그래서 REST-API 애플리케이션은 ViewResolver의 도움 없이 JSON 메시지를 객체로, 객체를 JSON 메시지로 변환할 수 있다.

6.2.1 HttpMessageConverter 설정

이 절에서 설명할 예제를 전체적으로 간략하게 살펴본다. REST-API 예제는 5장에서 설명한 호텔 객실 정보를 응답하는 'GET /hotels/{hotelId}/rooms/{roomNumber}' REST-API를 사용하여 설명한다. REST-API를 처리하는 클래스의 코드를 수정하지 않고, 스프링 웹 MVC 프레임워크의 HttpMessageConverter를 설정하여 다양한 포맷으로 응답하도록 한다. 그래서 클라이언트가 전달하는 Accept 헤더 값에 따라 XML 혹은 JSON 메시지를 응답하도록 한다. 객실 정보를 응답하는 DTO 클래스 HotelRoomResponse에는 Jackson 라이브러리에서 제공하는 @JsonProperty, @JsonSerialize 애너테이션을 사용했다. 이 애너테이션들은 DTO 객체를 직렬화 과정에서 속성 이름을 변경하거나 속성 값을 애너테이션에 설정한 포맷에 맞게 변경하는 역할을 한다. 이때 스프링 프레임워크에서 처리하는 직렬화/역직렬화 과정은 @RequestBody, @ResponseBody 설정에 의해 HttpMessageConverter가 담당한다. 그러므로 애플리케이션에 설정된 List<HttpMessageConverter>에 따라 JSON 메시지 또는 XML 메시지로 직렬화될 수 있다.

새롭게 구성할 웹 애플리케이션은 호텔 객실 정보를 응답할 때 XML 혹은 JSON 형식으로 응답한다. 클라이언트 요청 메시지의 Accept 헤더 값에 따라 응답 메시지의 콘텐츠 타입이 달라진다. 예를 들어 클라이언트의 Accept 헤더 값이 'application/json'이면 서버는 JSON 형식으로 마셜링된 메시지를 응답한다. 하지만 'application/xml'이면 XML 형태로 직렬화된 메시지를 응답한다. 변화에 유연한 애플리케이션은 비즈니스 로직에는 변경이 없지만, 사용자 요청에 따라 다양한 형태로 응답할 수 있어야 한다. 그래서 HotelRoomResponse 클래스를 콘텐츠 타입에 따라 따로 분리할 필요도 없고, 클래스에 사용된 Jackson 애너테이션을 수정할 필요도 없어야 한다. 데이터를 직렬화/역직렬화하는 스프링 웹 MVC 애플리케이션의 HttpMessageConverter들을 설정하면 쉽게 해결할 수 있다. 'application/json' 헤더 값에 동작하는 HttpMessageConverter를 설정하고, 'application/xml' 헤더 값에 동작하는 HttpMessageConverter를 설정하면 된다. 이번 예제의 핵심은 WebMvcConfigurer의 HttpMessageConverter 설정으로만 XML과 JSON 메시지를 응답하는 것이다. 다음 WebServerConfig.java 클래스 소스를 확인해 보자.

웹 애플리케이션을 설정하는 WebServerConfig.java 클래스

```java
package com.springtour.example.chapter06.config;

@Configuration
public class WebServerConfig implements WebMvcConfigurer {

    @Override
    public void configureMessageConverters(List<HttpMessageConverter<?>>    ❶
converters) {
        converters.add(new MappingJackson2HttpMessageConverter());    ┐
        converters.add(new MappingJackson2XmlHttpMessageConverter()); ┘ ❷
    }

}
```

❶ WebMvcConfigurer의 configureMessageConverters() 메서드를 오버라이드하여 프레임워크에서 기본 설정하여 제공하는 List<HttpMessageConverter> 대신 개발자가 설정한 새로운 HttpMessageConverter들을 설정할 수 있다.

❷ XML을 처리하는 MappingJackson2XmlHttpMessageConverter와 JSON을 처리하는 MappingJackson2HttpMessageConverter를 new 키워드를 사용하여 생성한다. configure MessageConverters() 메서드의 인자 List<HttpMessageConverter<?>>converters에 생성한 객체들을 add() 메서드를 사용하여 추가한다.

프레임워크에 HttpMessageConverter를 설정할 수 있는 두 가지 디폴트 메서드는 configureMessageConverter(), extendMessageConverters()다. 두 메서드 모두 List<HttpMessageConverter> 타입의 converters 인자를 사용한다. 'configure' 머리말로 시작하는 configureMessageConverter()의 converters 인자에 새로운 HttpMessageConverter를 추가하면 프레임워크는 기본 설정된 HttpMessageConverter 대신 사용자가 추가한 HttpMessageConverter를 사용한다. extendMessageConverters() 메서드의 converters 인자에 새로운 HttpMessageConverter를 추가하면 프레임워크에서 기본 설정한 HttpMessageConverter들에 새로운 HttpMessageConverter를 추가하여 동작한다. 예제에서 오버라이드한 디폴트 메서드는 configureMessageConverter()이며, 프레임워크에서 제공하는 기본 설정 대신 예제의 HttpMessageConverter들로 설정한다.

예제에서 사용한 HttpMessageConverter 구현체는 스프링 웹 MVC 프레임워크에서 제공하는 o.s.http.converter.json에 포함된 MappingJackson2HttpMessageConverter와 o.s.http.converter.xml에 포함된 MappingJackson2XmlHttpMessageConverter다. 참고로 이 두 구현 클래스는 WebMvcConfigurationSupport가 애플리케이션을 기본 설정할 때 사용하는 것들이다. MappingJackson2HttpMessageConverter는 JSON 메시지를 변환하고, MappingJackson2XmlHttpMessageConverter는 XML 메시지를 변환할 수 있다.

HttpMessageConverter는 콘텐츠 타입에 따라 데이터 변환 여부를 설정할 수 있다. 그래서 구현체를 개발할 때 변환할 수 있는 콘텐츠 타입을 설정해야 한다. 콘텐츠 타입은 사용자 요청이나 응답 메시지의 헤더에 사용된다. HTTP 메시지 바디의 콘텐츠 타입을 의미하는 'Content-type'이나 클라이언트가 처리할 수 있는 콘텐츠 타입을 의미하는 'Accept' 헤더의 값으로 사용된다. 자바 언어에서 제공하는 o.s.http.MediaType 클래스는 HTTP 프로토콜을 사용하여 전달할 수 있는 콘텐츠 타입, MIME 타입, 미디어 타입을 추상화한 것이다.

다음 코드는 MappingJackson2XmlHttpMessageConverter와 MappingJackson2HttpMessageConverter 클래스의 생성자 부분만 발췌한 것이다. 공통적으로 부모 생성자 super()에 MediaType 객체들을 인자로 전달한다. MediaType들 인수는 HttpMessageConverter 구현체가 처리할 수 있는 MediaType들을 의미한다. 그러므로 사용자가 요청하는 Accept 헤더에 포함된 콘텐츠 타입 값과 설정한 MediaType이 일치하는 HttpMessageConverter만 동작하여 객체를 직렬화한다.

```
// MappingJackson2XmlHttpMessageConverter의 생성자
public MappingJackson2XmlHttpMessageConverter(ObjectMapper objectMapper) {
    super(objectMapper, new MediaType("application", "xml", StandardCharsets.UTF_8),
        new MediaType("text", "xml", StandardCharsets.UTF_8),
        new MediaType("application", "*+xml", StandardCharsets.UTF_8));
    Assert.isInstanceOf(XmlMapper.class, objectMapper, "XmlMapper required");
}

// MappingJackson2HttpMessageConverter의 생성자
public MappingJackson2HttpMessageConverter(ObjectMapper objectMapper) {
    super(objectMapper, MediaType.APPLICATION_JSON, new MediaType("application",
"*+json"));
}
```

❶ MappingJackson2XmlHttpMessageConverter가 지원하는 미디어 타입은 'application/xml', 'text/xml', 'application/+xml'이다.

❷ MappingJackson2HttpMessageConverter가 지원하는 미디어 타입은 MediaType.APPLICATION_JSON과 'application/+json'이다. APPLICATION_JSON 상수는 'application.json'을 의미한다. 자주 사용하는 콘텐츠 타입은 MediaType 클래스 내부에 미리 정의되어 있다.

두 클래스는 모두 공통적으로 AbstractHttpMessageConverter 클래스를 상속받는다. AbstractHttpMessageConverter는 setSupportMediaTypes() 메서드를 제공하며, List<MediaType>을 인자로 받는다. 이 메서드는 HttpMessageConverter 구현체가 처리할 수 있는 MediaType들을 설정할 수 있다. 예제 코드에서 호출하는 super()의 두 번째 인자에 설정한 MediaType 배열 객체는 setSupportMediaTypes()의 인수로 전달된다. ❶, ❷ 영역에서 생성자에 입력한 MediaType 객체들은 각각 구현체가 컨버팅할 수 있는 미디어 타입이 된다.

두 클래스는 Jackson 라이브러리에서 제공하는 ObjectMapper를 사용하여 메시지를 변환한다. ObjectMapper 또한 Jackson 라이브러리에서 제공하는 클래스이므로 직렬화/역직렬화 과정에서 @JsonProperty, @JsonSerialize 같은 애너테이션의 기능을 지원한다. 그래서 HotelRoomResponse 클래스에 사용된 @JsonProperty, @JsonSerialize 애너테이션도 콘텐츠 타입에 상관없이 동작한다. 두 클래스 모두 Jackson 라이브러리를 사용하는 구현체이기 때문에 가능하다. 콘텐츠 타입에 상관없이 기존 코드를 수정하지 않고 WebMvcConfigurer를 사용하여 애플리케이션의 HttpMessageConverter를 설정하면 우리가 의도한 대로 동작할 수 있다. 즉, 클라이언트의 Accept

헤더 값에 따라 클라이언트가 원하는 포맷의 데이터를 받을 수 있다. 앞의 예제를 실행하면 다음 결과를 확인할 수 있다. Accept 헤더 값에 따라 응답 메시지가 어떻게 변경되는지 비교하자.

▼ 그림 6-2 Accept 헤더에 따라 변경되는 응답 메시지 포맷

6.2.2 ObjectMapper와 스프링 빈을 이용한 애플리케이션 설정

이번에는 ObjectMapper를 설정하여 직렬화/역직렬화 과정에서 DTO 객체의 속성을 제어해 보자. 그림 6-2에서 응답 메시지 중 JSON 결과를 확인해 보자. 응답 메시지의 reservations 속성 값은 JSON 배열 타입이며 값은 비어 있다. 참고로 example6 예제에서 생성된 HotelRoomResponse 객체의 List⟨Reservation⟩ reservations 속성은 항상 비어 있는 리스트다. DTO 객체의 속성이 비어 있다면 해당 속성을 제거하고 직렬화를 진행한다고 생각해 보자. 이때 ObjectMapper 객체의 속성을 변경하면 직렬화 과정에서 비어 있는 속성을 제외한다. 여기에서는 스프링 부트 프레임워크에서 별도의 ObjectMapper 객체를 생성하고 이를 어떻게 MessageConverter에 주입하여 사용하는지 설명한다.

AbstractJackson2HttpMessageConverter 내부에는 objectMapper 속성을 포함하고 있다. ObjectMapper 클래스는 역직렬화할 수 있는 readValue(), 직렬화할 수 있는 writeValue() 메서드들을 제공한다. ObjectMapper 클래스는 직렬화 과정과 역직렬화 과정에서 DTO 객체의 속성에 따라 제외하거나 포함하는 여러 가지 설정 옵션을 제공한다. 예를 들어 속성 값이 null이면 직렬화하는 과정에서 속성을 제외할 수 있다. 설정하려면 ObjectMapper의 setSerializationInclusion() 메서드를 사용한다. setSerializationInclusion() 메서드는 JsonInclude.Include enum 상수를 인자로 받으며, 이 상수에 따라 직렬화 과정을 설정할 수 있다. 상수 값들과 사용법은 다음 코드를 확인하자.

ObjectMapper의 setSerializationInclusion() 메서드 설정

```
ObjectMapper objectMapper = new ObjectMapper();
objectMapper.setSerializationInclusion(JsonInclude.Include.ALWAYS);
objectMapper.setSerializationInclusion(JsonInclude.Include.NON_NULL);        ❶
objectMapper.setSerializationInclusion(JsonInclude.Include.NON_ABSENT);      ❷
objectMapper.setSerializationInclusion(JsonInclude.Include.NON_EMPTY);       ❸
                                                                              ❹

objectMapper.setSerializationInclusion(JsonInclude.Include.NON_DEFAULT);
objectMapper.setSerializationInclusion(JsonInclude.Include.CUSTOM);          ❺
objectMapper.setSerializationInclusion(JsonInclude.Include.USE_DEFAULTS);    ❻
                                                                              ❼
```

❶ **JsonInclude.Include.ALWAYS**: 속성 값에 상관없이 항상 DTO 객체의 속성을 모두 포함하여 직렬화한다.

❷ **JsonInclude.Include.NON_NULL**: DTO 객체의 속성 값이 null이 아닌(not null) 속성들만 포함하여 직렬화한다.

❸ **JsonInclude.Include.NON_ABSENT**: 설정 ❷에 더해 Optional 객체의 값이 null이 아닌 속성들만 포함하여 직렬화한다.

❹ **JsonInclude.Include.NON_EMPTY**: 설정 ❸에 더해 리스트나 배열 또는 컬렉션 객체의 값도 비어 있지 않고, 문자열 길이도 0 이상인 속성들만 포함하여 직렬화한다.

❺ **JsonInclude.Include.NON_DEFAULT**: 설정 ❹에 더해 int나 long 같은 원시 타입(primitive type)의 값이 기본값이 아닌 속성들만 포함하여 직렬화한다. int나 long 타입의 기본값은 0이며, boolean의 기본값은 false다.

⑥ `JsonInclude.Include.CUSTOM`: @JsonInclude 애너테이션의 `filter` 속성으로 거른 속성들만 포함하여 직렬화한다.

⑦ `JsonInclude.Include.USE_DEFAULTS`: 클래스 레벨이나 `ObjectMapper`에서 설정된 기본값과 비교하여 기본값이 아닌 속성들만 포함하여 직렬화한다.

그림 6-2와 같이 `HotelRoomResponse` 객체의 `List<Reservation>` reservations 속성 값이 비어 있다. 직렬화하는 과정에서 reservations 속성을 제거하는 조건을 다시 생각해 보자. 이렇게 설정하려면 `ObjectMapper`를 다음 코드처럼 설정해야 한다. reservations 속성은 리스트 타입이기 때문에 널은 아니지만 엘리먼트의 숫자가 0이라도 직렬화 과정에서 제외해야 한다. 그러므로 다음 코드처럼 `setSerializationInclusion()` 메서드의 인수로 `JsonInclude.Include.NON_EMPTY` enum 상수를 전달해야 한다. 이제 `ObjectMapper` 설정은 완료되었다.

```
ObjectMapper objectMapper = new ObjectMapper();
objectMapper.setSerializationInclusion(JsonInclude.Include.NON_EMPTY);
```

새로운 옵션으로 설정한 `ObjectMapper`를 스프링 부트 애플리케이션에 설정하는 방법은 다음 에피소드를 보고 계속 설명한다.

> **에피소드** 스프링 투어의 나개발은 `WebMvcConfigurer`를 사용하여 `HttpMessageConverter`를 설정하기로 했다. 그리고 `ObjectMapper` 객체를 `NON_EMPTY`로 설정하고 `HttpMessageConverter` 전체에 적용하기로 했다. 개발자는 `MappingJackson2HttpMessageConverter`의 오버로딩된 생성자 중 `ObjectMapper` 객체를 인자로 받는 생성자를 발견했다. 코드를 따라가 본 결과 내부에서는 인자로 받은 `ObjectMapper`를 사용하는 것을 확인했다. 그래서 `WebMvcConfigurer`의 `configureMessage Converters()` 메서드를 오버라이드했고, 새로 설정한 `ObjectMapper` 객체를 생성자의 인수로 사용하여 `MappingJackson2HttpMessage Converter` 객체를 생성하고 설정했다. 그다음 애플리케이션을 실행하고 API를 테스트했지만 응답 메시지는 생각대로 동작하지 않았다. 나개발은 다시 `ObjectMapper`의 설정을 바꾸어 가면서 테스트했지만 응답 메시지는 여전했다.

스프링 부트 프레임워크는 `ObjectMapper`를 자동 설정하는 `JacksonAutoConfiguration`을 제공한다. 자동 설정 클래스는 `ObjectMapper`를 스프링 빈으로 등록하고, 스프링 부트 애플리케이션은 이 스프링 빈 객체를 기본 `ObjectMapper`로 사용한다. 스프링 빈으로 생성되므로 다른 스프링 빈에도 의존성 주입될 수 있다. 필요하다면 여러분이 만든 코드에도 의존성 주입을 할 수 있다. `ObjectMapper` 스프링 빈은 @ResponseBody나 @RequestBody 애너테이션을 통한 마셜링/언마셜링 과정에도 사용된다. 그리고 다른 서버의 REST-API를 호출하는 마셜링/언마셜링 과정에도 사용된다.

에피소드에서 이야기한 대로 스프링 투어의 나개발처럼 `HttpMessageConverter` 객체 각각에 `ObjectMapper` 객체를 설정해도 의도대로 동작하지 않는다. 스프링 부트 프레임워크는 `JacksonAutoConfiguration`에서 설정된 `ObjectMapper`를 사용하기 때문이다. `ObjectMapper`를 설정하려면 자바 설정 클래스에 직접 스프링 빈으로 등록해야 한다. `JacksonAutoConfiguration` 자동 설정 클래스는 `ApplicationContext`에 `ObjectMapper` 타입의 스프링 빈이 없으면 동작하도록 되어 있기 때문이다. 그러므로 여러분이 직접 `ObjectMapper`를 스프링 빈으로 생성하면 `JacksonAutoConfiguration` 자동 설정 클래스는 동작하지 않는다. 나개발의 실수는 스프링 빈이 아닌 new 키워드로 생성한 `ObjectMapper` 객체를 직접 `HttpMessageConverter`의 생성자로 전달한 것이다.

한 가지 중요한 점은 `ObjectMapper`가 멀티 스레드에 안전한(thread-safe) 클래스라는 것이다. 동시에 여러 스레드에서 `ObjectMapper`의 메서드를 사용해도 다른 스레드에 영향을 주지 않는다. 게다가 `ObjectMapper`를 new 키워드를 사용하여 새로 생성하는 비용도 크다. 그래서 스프링 빈의 스코프가 기본값인 singleton이라도 정상 동작한다. `ObjectMapper`를 변경하려면 다음과 같이 자바 설정 클래스에 스프링 빈으로 등록하자. 또 `@Primary` 애너테이션을 사용하여 우선권을 갖도록 설정하자. 그러면 개발자가 정의한 `ObjectMapper` 스프링 빈은 `ApplicationContext`에 포함되고 스프링 프레임워크의 의존성 주입 기능으로 `HttpMessageConverter`에도 적용된다.

ObjectMapper를 새로 정의한 예제

```
@Configuration
public class WebServerConfig implements WebMvcConfigurer {

    @Bean
    @Primary
    public ObjectMapper objectMapper() {
        ObjectMapper objectMapper = new ObjectMapper();                       ❶
        objectMapper.setSerializationInclusion(JsonInclude.Include.NON_EMPTY);
        return objectMapper;
    }
}
```

```
    @Override
    public void configureMessageConverters(List<HttpMessageConverter<?>> converters) {
        converters.add(new MappingJackson2HttpMessageConverter());
        converters.add(new MappingJackson2XmlHttpMessageConverter());
    }
}
```
❷

❶ objectMapper() 메서드에서는 직렬화 과정에서 NON_EMPTY로 설정한 ObjectMapper 객체를 만
든다. 그리고 @Bean과 @Primary 애너테이션을 사용하여 설정한 ObjectMapper는 애플리케이션
에 가장 우선적으로 스프링 빈으로 생성된다.[4]

❷ HttpMessageConverter 생성자에 ObjectMapper를 주입하지 않아도 ❶에서 생성된
ObjectMapper 스프링 빈이 HttpMessageConverter에 사용된다.

스프링 프레임워크에서는 JacksonAutoConfiguration 자동 설정 클래스와 달리 스프링 빈의 존
재 유무를 확인하지 않고 스프링 빈을 생성할 때가 많다. 그래서 개발자가 직접 스프링 빈을 선언
하는 경우 개발자가 만든 스프링 빈으로 덮어쓰는 상황도 발생할 수 있다. 스프링 부트 프레임워
크는 이런 상황을 기본적으로 허용하지 않는다. 이런 상황이 발생하면 스프링 부트 프레임워크는
BeanDefinitionOverrideException 예외를 발생시키고, 애플리케이션은 실행되지 않고 멈춘다.
프레임워크에서 사용하는 스프링 빈을 개발자가 잘못 설정하여 주입하는 경우를 막기 위해서다.
잘못 설정된 스프링 빈은 다른 스프링 빈에 의존되어 애플리케이션 전체에 영향을 줄 수 있으므로
주의가 필요하다. 그래서 전체 애플리케이션에 버그를 만들지 않도록 스프링 빈을 덮어쓰는 경우
를 막고 있다.

여러분이 프레임워크의 스프링 빈을 강제로 덮어써야 하는 경우가 있다면 다음과 같이 설정한다.
다음 설정을 application.properties에 추가한다.

스프링 빈을 오버라이딩할 수 있게 설정

```
spring.main.allow-bean-definition-overriding = true
```

---

4 chapter06 프로젝트에서는 주석 처리되어 있다.

6.3 Interceptor와 ServletFilter 설정

스프링 MVC 프레임워크는 프런트 컨트롤러 패턴으로 구현된 DispatcherServlet이 클라이언트의 모든 요청과 응답을 처리한다. DispatcherServlet은 사용자의 모든 요청과 응답이 거쳐 가는 곳이므로 여기에 공통 기능을 추가할 수만 있다면 웹 애플리케이션에 쉽게 공통 기능을 구현할 수 있다. 이런 목적으로 스프링 웹 MVC 프레임워크는 o.s.web.servlet.HandlerInterceptor 인터페이스를 제공하며, 이를 간단히 줄여 인터셉터라고도 한다. 개발자가 HandlerInterceptor를 구현하고 설정하면 웹 애플리케이션 전체에 공통 기능으로 확장할 수 있다.

이와 마찬가지로 서블릿 스펙에서도 서블릿 전체에 공통 기능을 추가할 수 있는 기능을 제공하는데, 이를 서블릿 필터(Servlet Filter)라고 한다. 이 두 기능은 개발자가 쉽게 공통 기능을 확장할 수 있게 하지만 그림 6-3과 같은 차이점이 있다.

▼ 그림 6-3 서블릿 필터와 인터셉터

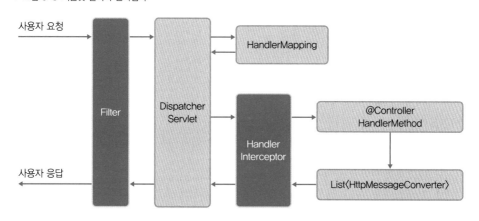

그림 6-3의 Filter는 서블릿 필터를 의미하며, HandlerInterceptor는 인터셉터를 의미한다. 서블릿 필터는 DispatcherServlet 앞에서 사용자의 요청과 응답을 처리할 수 있는 구조다. 이 기능은 서블릿 스펙에서 제공한다. 그래서 서블릿 필터는 WAS에서 사용할 수 있는 기술이며, 기능을 웹 애플리케이션에 추가할 때도 WAS에 설정해야 한다. 이때 서블릿 필터는 여러 개 등록 가능하며, 설정을 하면 특정 URI에만 필터 기능을 적용할 수 있다.

인터셉터는 스프링 웹 MVC 프레임워크에서 제공하는 기능이다. 그러므로 표준 스펙이 아니라 스프링 프레임워크에서만 사용할 수 있다. 그림 6-3을 보면 DispatcherServlet이 HandlerMapping 컴포넌트와 연동한 후 인터셉터가 동작하는 것을 알 수 있다. 구조상 스프링 프레임워크 내부에서 동작하는 기능이다. 인터셉터를 스프링 애플리케이션에 추가하려면 서블릿 필터와 달리 WebMvcConfigurer 인터페이스에서 제공하는 addInterceptor() 메서드를 오버라이드해서 설정한다.

인터셉터와 서블릿 필터의 가장 큰 차이점은 스프링 웹 프레임워크에서 제공하는 기능과 표준 스펙에서 제공하는 기능이라는 것이다. 인터셉터는 서블릿 필터처럼 서블릿 레벨에서 공통 기능을 제공하는 것이 아니고, 스프링 애플리케이션의 컨트롤러 클래스 핸들러 메서드 레벨에서 공통 기능을 제공한다. 그래서 그림 6-3과 같이 두 기능의 처리 시점이 다를 수밖에 없다.

서블릿 필터는 서블릿 스펙에서 제공하는 HttpServletRequest, HttpServletResponse 객체에 포함된 스트림 객체를 직접 다룰 수 있다. 스트림 객체는 요청과 응답 메시지의 바디를 IO 스트림으로 처리할 수 있다. 이를 활용하면 REST-API의 최초 요청 메시지나 최종 응답 메시지의 바디를 로그에 남길 수 있다. 물론 HttpServletRequest, HttpServletResponse의 바디는 IO 스트림이므로 데이터가 휘발성이다. 서블릿 필터에서 바디 내용을 읽으면 애플리케이션에서는 바디 내용이 날아가고 없다. 그래서 별도의 버퍼를 사용하거나 java.io.PipedInputStream, PipedInputStream 객체를 사용해야 한다.

인터셉터는 컨트롤러 클래스의 핸들러 메서드와 같이 처리되므로 핸들러 메서드의 메서드 시그니처나 메서드 파라미터 같은 정보들을 중간에 가로챌 수 있다. 또한 인터셉터는 비즈니스 로직에서 발생한 예외 객체도 받아 처리할 수 있는 특징이 있다. 서블릿 필터와 마찬가지로 특정 URI에만 기능을 적용할 수도 있다.

인터셉터의 실행 과정을 조금 더 자세히 살펴보자. 인터셉터는 WebMvcConfigurer를 사용하여 애플리케이션에 추가된다. 그리고 DispatcherServlet이 사용자 요청을 처리할 핸들러 메서드를 질의하는 과정에서 HandlerExecutionChain에 포함된다. 그림 6-4는 인터셉터가 DispatcherServlet과 어떻게 동작하는지 표현한 것이다.

❤ 그림 6-4 DispatcherServlet의 사용자 요청 처리 과정에서 HandlerExcutionChain 응답

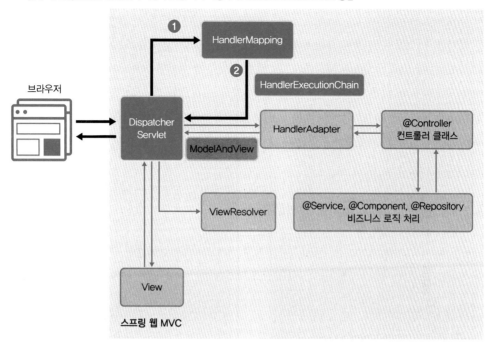

DispatcherServlet은 사용자 요청을 가장 먼저 받는다. 그리고 어떤 컨트롤러 클래스의 핸들러 메서드에 사용자 요청을 전달할지 모르기 때문에 HandlerMapping 컴포넌트에 질의한다. 이것이 그림 6-4의 ❶ 과정이다. HandlerMapping은 사용자 요청을 처리하기에 적합한 핸들러 메서드를 찾고, 사용자 요청에 적합한 HandlerInterceptor까지 찾는다. 그리고 DispatcherServlet의 응답 객체인 HandlerExecutionChain에 응답한다. 이 과정이 ❷다. HandlerMapping 컴포넌트에서 ❶, ❷ 과정을 처리하는 메서드는 getHandler()다. 다음 getHandler() 메서드의 코드를 확인해 보자.

HandlerMapping의 getHandler() 메서드

```
public final HandlerExecutionChain getHandler(HttpServletRequest request) throws
Exception {

// 생략
    HandlerExecutionChain executionChain = getHandlerExecutionChain(handler, request);
    // 생략
    return executionChain;
}
```

getHandler() 메서드는 사용자 요청을 포함하는 HttpServletRequest를 인자로 받는다. 그래서 getHandler() 내부에서는 HttpServletRequest 객체의 메서드를 사용하여 요청 URI나 헤더를 확인할 수 있으며, 사용자 요청에 적합한 핸들러 메서드를 찾을 수 있다. getHandler()의 리턴 타입은 HandlerExecutionChain이다. 이 객체는 내부에 선언된 getHandlerExecutionChain() 메서드를 사용하여 생성한다. 이 메서드는 핸들러 메서드인 Object handler와 사용자 요청인 HttpServletRequest request를 인자로 받고, 사용자 요청에 적합한 인터셉터를 골라 HandlerExecutionChain에 넣어 리턴한다.

6.3.1 HandlerInterceptor 인터페이스

다음은 HandlerInterceptor 인터페이스의 코드다. HandlerInterceptor는 세 개의 디폴트 메서드를 제공하며, 각 메서드가 실행되는 시점은 각기 다르다.

HandlerInterceptor 인터페이스

```
package org.springframework.web.servlet;

public interface HandlerInterceptor {

    default boolean preHandle(HttpServletRequest request,
HttpServletResponse response, Object handler)
            throws Exception {                            ❶

        return true;
    }

    default void postHandle(HttpServletRequest request,
HttpServletResponse response, Object handler, @Nullable ModelAndView modelAndView)
            throws Exception {                            ❷
    }

    default void afterCompletion(HttpServletRequest request,
HttpServletResponse response, Object handler, @Nullable Exception ex)
            throws Exception {                            ❸
    }
}
```

❶ preHandle() 메서드는 DispatcherServlet이 컨트롤러의 핸들러 메서드를 실행하기 전에 먼저 실행된다. 개발자는 HttpServletRequest와 HttpServletResponse를 사용하여 사용자의 요청/응답 메시지의 데이터를 참조하거나 변경할 수 있다. Object 인자는 컨트롤러 클래스의 핸들러 메서드를 참조하는 HandlerMethod 객체다. 그래서 컨트롤러 클래스의 메서드 정보를 참조할 수 있다.

❷ postHandle() 메서드는 컨트롤러의 핸들러 메서드가 비즈니스 로직을 실행 완료한 후 실행된다. 인자에는 preHandle() 메서드처럼 HttpServletRequest, HttpServletResponse, Object, ModelAndView가 선언되어 있다. preHandle() 메서드의 실행 시점은 뷰를 실행하기 직전이다. 뷰 이름과 데이터를 포함하는 ModelAndView 객체가 인자로 선언되어 있다. 그러므로 postHandle() 메서드에서는 ModelAndView에 포함된 데이터를 참조할 수 있다. 나머지 인자는 preHandle()과 같다.

❸ afterCompletion()은 뷰가 실행 완료된 후 최종적으로 DispatcherServlet이 사용자에게 응답하기 전 실행된다. 그래서 postHandle()과 afterCompletion()은 실행 시점이 다르다. postHandle() 메서드와 비교하면 afterCompletion() 메서드는 ModelAndView 인자 대신 Exception 인자를 받는다. 비즈니스 로직 실행 과정에서 예외가 발생하면 예외 객체는 afterCompletion() 메서드의 인자로 주입된다. 그리고 예외 객체를 사용하여 예외 정보를 참조하거나 처리할 수도 있다.

스프링 프레임워크는 HandlerInterceptor 인터페이스를 구현한 여러 구현체를 제공한다. 앞서 설명한 LocaleResolver와 비슷한 역할을 하는 LocaleChangeInterceptor는 요청 HTTP 메시지의 URI에 포함된 파라미터 값을 사용하여 현재 설정된 Locale 객체를 변경하는 역할을 한다. Locale 값을 변경하는 기본 파라미터 이름은 'locale'이다. LocaleChangeInterceptor는 setParamName() 메서드를 제공하며, 기본 파라미터 이름을 변경할 수 있다. 파라미터 값은 언어 태그(language tag)나 지역 코드(region code)와 합친 언어 태그를 사용한다. 보통 java.util.Locale 객체의 toString() 값을 의미하며 영어는 en이나 en_US를, 한국어는 ko나 ko_KR 값을 사용한다. 여기에서 en은 언어 태그이며 US는 지역 코드 값이다. 이 값은 뒤에서 다룰 국제화(i18n) 기능을 설명할 때도 필요하다.

LocaleResolver와 LocaleChangeInterceptor는 Locale을 처리하는 역할을 하지만 그 기능은 다르다. LocaleResolver는 사용자 요청 메시지에서 Locale 정보를 분석하여 Locale 객체로 만들고(resolveLocale() 메서드), Locale 객체를 저장하는 기능(setLocale() 메서드)을 제공한다. Locale 객체는 사용자마다 다른 값이 될 수 있다. 그래서 저장 대상이 쿠키나 세션 등이 될 수 있다. 저장된 Locale 객체를 HTTP 파라미터를 사용하여 쉽게 변경하는 기능을 제공하는 것이 LocaleChangeInterceptor다. 그러므로 두 클래스는 기능을 서로 보완하는 관계이며, LocaleResolver 없이 LocaleChangeInterceptor 혼자 동작하지 않는다.

인터페이스 구현체를 스프링 프레임워크에 추가하기 위해 WebMvcConfigurer 인터페이스의 addInterceptor() 메서드를 사용하자. addInterceptor() 메서드는 InterceptorRegistry 인자를 제공하고, InterceptorRegistry의 addInterceptor()를 사용하여 새로운 인터셉터 구현체를 추가한다. 다음은 WebMvcConfigurer 구현체의 addInterceptors() 메서드를 오버라이딩하여 새로운 인터셉터를 추가하는 코드다.

```
@Override
public void addInterceptors(InterceptorRegistry registry) {
    LocaleChangeInterceptor localeChangeInterceptor = new LocaleChangeInterceptor();
    localeChangeInterceptor.setParamName("locale"); ┈❶
    registry.addInterceptor(localeChangeInterceptor) ┈❷
            .excludePathPatterns("/favicon.ico") ┈❸
            .addPathPatterns("/**"); ┈❹
}
```

❶ setParamName() 메서드에 설정된 파라미터 이름으로 Locale 정보를 변경할 수 있도록 설정한다. 예제에서 설정된 파라미터 이름은 'locale'이다. locale 파라미터 값을 Locale 객체로 변경한다.

❷ InterceptorRegistry 클래스의 addInterceptor() 메서드를 사용하여 인터셉터를 추가한다. addInterceptor()는 InterceptorRegistration 객체를 리턴한다. 이 클래스는 추가할 인터셉터에 적용할 URI와 제외할 URI를 설정할 수 있는 여러 메서드를 제공한다. 이어서 나오는 메서드인 excludePathPatterns()와 addPathPatterns()는 InterceptorRegistration 클래스에서 제공하는 것이다.

❸ excludePathPatterns() 메서드는 인터셉터 기능을 제외할 URI 패턴을 입력받는다. 인터셉터는 '/favicon.ico' 경로를 예외로 등록한다.

❹ 인터셉터가 동작할 경로를 추가한다.

6.3.2 Filter 인터페이스

서블릿 필터 구현체를 만들려면 javax.servlet.Filter 인터페이스를 구현해야 한다. 스프링 프레임워크는 o.s.web.filter.OncePerRequestFilter 추상 클래스를 제공하며, 이 클래스는 서블릿의 Filter 인터페이스를 구현한다. 이 추상 클래스는 스프링 프레임워크에서 사용할 수 있도록 여러 클래스를 상속받고 있으며, DispatcherServlet처럼 Aware 인터페이스를 구현하고 있어 스프링 빈으로 생성될 수 있다. 그래서 OncePerRequestFilter를 상속한 서블릿 필터 구현체는 서블릿 필터이면서 동시에 스프링 빈으로 생성된다. 스프링 프레임워크에서 제공하는 서블릿 필터 구현체들은 OncePerRequestFilter를 상속받으므로 오해하지 않길 바란다. Filter 인터페이스에는 세 개의 메서드가 선언되어 있으며, 그 메서드들은 다음과 같다.

javax.servlet.Filter 인터페이스

```
package javax.servlet;

public interface Filter {

    public default void init(FilterConfig filterConfig) throws ServletException {} ----❶

    public void doFilter(ServletRequest request, ServletResponse response,
FilterChain chain) throws IOException, ServletException; ----❷

    public default void destroy() {} ----❸
}
```

❶ 웹 애플리케이션이 시작하면 서블릿 필터를 초기화한다. 이 과정에서 서블릿 필터의 init() 메서드를 실행한다. 그러므로 서블릿 필터 구현체에서 애플리케이션을 실행하면서 내부 로직을 초기화하는 기능을 구현하면 된다. init() 메서드 인자로 FilterConfig를 받으며, 서블릿 필터를 설정하는 단계에서 설정한 파라미터나 서블릿 필터 이름 등이 포함되어 있다(서블릿 필터를 설정하는 단계에서 다시 설명한다).

❷ 서블릿 필터의 필터링 역할을 한다. 서블릿 필터와 매핑된 사용자 요청마다 실행된다. 그러므로 서블릿 필터의 핵심 기능을 구현해야 한다.

❸ 웹 애플리케이션이 종료하면 서블릿 필터도 같이 종료한다. 이 과정에서 destroy() 메서드를 실행한다. 그러므로 destroy() 메서드에는 서블릿 필터의 기능을 정리하거나 종료하는 코드를 구현한다.

Filter 인터페이스의 doFilter() 메서드는 ServletRequest, ServletResponse, FilterChain을 인자로 받는다. ServletRequest, ServletResponse 인자를 사용하면 사용자의 요청 메시지나 응답 메시지의 데이터를 참조하거나 가공할 수 있다. FilterChain 인자는 서블릿 필터의 묶음을 의미한다. 그래서 FilterChain 클래스에서 제공하는 doFilter() 메서드를 호출하면 다음 로직을 계속해서 실행할 수 있다.

특정 URI에 한 개 이상의 서블릿 필터를 설정할 수 있다. 각 서블릿 필터들은 설정된 실행 순서에 따라 doFilter() 메서드를 실행한다. 이렇게 순서대로 객체들을 설정하고 차례로 자신의 기능을 실행하는 디자인 패턴을 역할 체인 패턴(chain of responsibility)이라고 한다. 그리고 그 객체들은 체인에 포함된다고 표현한다. 서블릿 필터는 역할 체인 패턴으로 구현된 대표적인 기능이다.

체인에 포함된 서블릿 필터는 자신이 체인의 마지막인지 중간인지 알 수 없다. 그러므로 FilterChain 인자의 doFilter() 메서드를 호출하여 다음 필터에 전달해야 한다. 다음 필터가 없다면 DispatcherServlet이 실행되고, 컨트롤러 클래스의 핸들러 메서드가 실행된다. 그런 다음 FilterChain 인자의 doFilter() 메서드 다음 코드가 실행된다. 그러므로 반드시 FilterChain의 doFilter() 메서드를 실행해서 역할을 다음 객체로 전달해야 한다. 그렇지 않으면 기능이 정상 작동하기 어렵다. 다음은 서블릿 필터의 doFilter()와 FilterChain doFilter()가 어떤 순서대로 동작하는지 설명하는 간단한 예제다.

LoggingFilter

```java
package com.springtour.example.chapter06.server;

public class LoggingFilter implements Filter {

    @Override
    public void doFilter(ServletRequest request, ServletResponse response, FilterChain
chain) throws IOException, ServletException {
        System.out.println("선처리 작업");
        chain.doFilter(request, response);
        System.out.println("후처리 작업");
    }
}
```

FilterChain의 doFilter() 메커니즘을 설명하는 예제이므로 매우 간단한 내용으로 구성되어 있다. FilterChain의 doFilter() 메서드 앞뒤로 무엇을 하는지 확인하자. chain.doFilter() 메서드를 중심으로 메서드 이전에는 '선처리 작업' 문자열을 출력하는 코드가, 이후에서는 '후처리 작업'

문자열을 출력하는 코드가 있다. 이런 서블릿 필터 두 개가 필터 체인으로 구성되어 있다고 생각해 보자. 그림 6-5는 FilterChain의 doFilter( ) 메서드와 서블릿 필터 체인이 동작하는 메커니즘을 표현한 것이다.

❤ 그림 6-5 서블릿 필터 체인과 FilterChain의 doFilter( ) 메서드

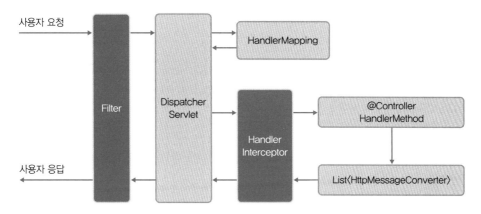

그림 6-5를 보면 사용자 요청과 매칭되는 첫 번째 서블릿 필터는 '선처리 작업'이라는 문자열을 출력한다. 그리고 FilterChain 인자의 doFilter( ) 메서드를 호출한다. 사용자 요청을 전달받은 두 번째 서블릿 필터도 '선처리 작업' 문자열을 출력한다. 두 번째 서블릿 필터가 호출한 FilterChain의 doFilter( )는 다음 서블릿 필터가 없으므로 스프링 애플리케이션의 DispatcherServlet 코드를 실행한다. 비즈니스 로직을 마친 DispatcherServlet은 두 번째 서블릿 필터에 사용자 요청을 전달하며, 두 번째 서블릿 필터는 '후처리 작업' 문자열을 출력하고 종료한다. 마지막으로 첫 번째 서블릿 필터도 '후처리 작업' 문자열을 출력하고 사용자에게 결과를 응답한다. 그러므로 필터 체인 중간에 있는 서블릿 필터가 FilterChain 인자의 doFilter( )를 호출하지 않으면 사용자 요청을 정상적으로 처리할 수 없다.

일반적인 서블릿 컨테이너에 서블릿 필터를 추가하려면 서블릿 컨테이너의 web.xml에 서블릿 필터를 정의한다. 하지만 스프링 부트 프레임워크는 서블릿 필터를 스프링 빈으로 등록할 수 있는 o.s.boot.web.servlet.FilterRegistrationBean 클래스를 제공한다. 자바 설정 클래스에 서블릿 필터를 FilterRegistrationBean 객체로 감싸고 스프링 빈으로 생성하면 된다. 다음 코드는 스프링 프레임워크에서 제공하는 서블릿 필터 구현체 중 하나인 CharacterEncodingFilter와 FilterRegistrationBean을 사용하여 설정하는 방법이다. CharacterEncodingFilter는 사용자의 요청/응답 메시지를 특정 문자셋(character set)으로 인코딩하는 기능을 제공한다. 클라이언트에 따

라 각기 다른 문자셋으로 데이터를 전송할 수 있으므로 UTF-8 문자셋으로 변경하여 데이터를 처리할 때 주로 사용한다.

```
package com.springtour.example.chapter06.config;

@Configuration
public class WebServerConfig implements WebMvcConfigurer {

    @Bean
    public FilterRegistrationBean<CharacterEncodingFilter> defaultCharacterEncodingFilter() {
        CharacterEncodingFilter encodingFilter = new CharacterEncodingFilter();
        encodingFilter.setEncoding("utf-8"); ····❶
        encodingFilter.setForceEncoding(true); ····❷

        FilterRegistrationBean<CharacterEncodingFilter> filterBean = new
FilterRegistrationBean<>();
        filterBean.setFilter(encodingFilter); ····❸
        filterBean.addInitParameter("paramName", "paramValue"); ····❹
        filterBean.addUrlPatterns("*"); ····❺
        filterBean.setOrder(1); ····❻
        return filterBean;
    }
}
```

❶ CharacterEncodingFilter의 기본 문자셋을 UTF-8로 설정한다.

❷ CharacterEncodingFilter 서블릿 필터가 적용되는 요청 메시지와 응답 메시지 모두 설정된 문자셋으로 인코딩한다. 예제에서는 UTF-8로 인코딩된다.

❸ 새로 생성한 FilterRegistrationBean 객체에 setFilter()를 사용하여 CharacterEncoding Filter 서블릿 필터 객체를 설정한다.

❹ 초기 파라미터를 설정할 수 있다. 이때 파라미터 이름과 값을 넣으면 서블릿 필터 인터페이스인 Filter의 init() 메서드 인자인 FilterConfig 객체에서 사용할 수 있다.

❺ 필터를 적용할 URL 패턴을 설정할 수 있으며, 이 예는 모든 URL에 대해 서블릿 필터를 적용하는 설정이다.

❻ 두 개 이상의 서블릿 필터를 설정하여 서블릿 필터 체인으로 동작할 때는 setOrder()를 사용해서 실행 순서를 설정한다.

6.4 Application.properties 설정

스프링 부트 프레임워크는 애플리케이션 코드와 애플리케이션을 설정할 수 있는 데이터를 분리할 수 있다. 자바에서는 이런 데이터를 .properties 확장자를 갖는 파일에 키/값 형태로 저장 및 관리한다. 이때 키/값 형태의 데이터는 한 줄에 하나씩 저장하며, 이를 프로퍼티라고 한다. 이전에 설명한 예제에서 다룬 application.properties가 대표적인 프로퍼티 파일이다. application.properties 파일에 server.port = 18000으로 설정하면 스프링 부트 애플리케이션은 18000번 포트로 REST-API를 서비스한다. 스프링 부트 애플리케이션은 내부 코드에 미리 정의된 'server.port' 키를 application.properties 파일에서 찾고, 할당된 값을 이용하여 애플리케이션을 설정한다. 그래서 application.properties 파일을 애플리케이션 설정 파일이라고 한다. application.properties에는 스프링 부트 프레임워크가 정의한 프로퍼티 외에도 개발자가 필요해서 사용자 정의한 프로퍼티도 추가로 설정할 수 있다. 이 절에서는 사용자가 application.properties에 데이터를 정의하고, 정의한 데이터 값을 애플리케이션에 주입하는 방법을 설명한다.

스프링 부트 프레임워크는 application.properties 외에도 야믈(yaml)이라는 포맷의 파일도 제공하며, 각자 취향에 따라 파일 포맷을 선정한다. 스프링 부트 애플리케이션을 실행하면 자동으로 application.properties 또는 application.yml 파일을 찾아 로딩한다. 두 파일의 확장자와 그에 따른 데이터를 정의하는 문법이 서로 다를 뿐, 애플리케이션을 설정하고 애플리케이션에서 특정 값을 찾아 주입하는 동작 메커니즘은 동일하다. 스프링 프레임워크는 다음 순서에 정해진 경로에서 application.properties나 application.yml 파일을 찾아 로딩한다.

1. classpath 루트 패스

2. classpath에 /config 경로

3. 패키징된 애플리케이션이 위치한 현재 디렉터리

4. 패키징된 애플리케이션이 위치한 현재 디렉터리의 /config 경로

5. /config의 하위 디렉터리

지금까지 우리가 실행한 예제들은 src 〉 main 〉 resources 경로에 위치한 application.properties 파일에 키/값을 정의했다. 이 파일들은 애플리케이션의 classpath 최상위 경로에 위치한다. 그래서 스프링 프레임워크가 로딩 경로 규칙에 따라 application.properties 파일을 로딩했다.

resources 폴더에 위치한 application.properties 파일은 패키징을 하면 JAR 파일에 포함된다. 그래서 JAR 파일만 배포하면 애플리케이션 코드와 설정 파일이 한 번에 배포된다. 즉, 코드와 설정 데이터만 분리되었을 뿐 배포 과정에서 하나의 JAR 파일에만 포함되므로 물리적으로 분리되지는 않았다. 완벽하게 설정과 코드를 분리할 수 없는 상황이다. 그래서 하나의 패키지 파일을 여러 환경에서 실행할 수 없는 것처럼 보인다.

보통 두 가지 방법으로 이 상황을 해결할 수 있다. 첫 번째로, 애플리케이션을 실행할 수 있는 환경마다 별도의 application.properties 파일을 만들고, 설정으로 실행 환경에 적합한 application.properties를 로딩하는 방법이 있다. 이 방법을 스프링 프레임워크에서 제공하는 프로파일(profile)이라고 하며 6.5절에서 자세히 설명한다. 두 번째로, JAR 파일 외부에 위치한 경로에 있는 application.properties 파일을 사용하여 애플리케이션을 실행하는 과정에 파라미터로 경로를 전달하는 방법이 있다. java 명령어의 미리 정의된 spring.config.location 옵션에 프로퍼티 파일의 경로를 입력하면 된다. 이 방식을 이용하면 소스 패키지와 설정 프로퍼티 파일을 분리할 수 있는 장점이 있다. 하나의 패키지 파일과 실행 환경마다 다른 설정 파일을 결합하여 유연한 애플리케이션을 만들 수 있다. 경로를 설정하는 방법에는 JAR 패키지 외부에 있는 application.properties 파일을 입력하는 방법과 JAR 패키지 내부 classpath에 있는 application.properties 파일을 입력하는 방법이 있다. 전자는 classpath: 머리말을 사용하여 정의하고, 후자는 file: 머리말을 사용하여 정의한다. 다음 예제는 application.jar 패키지 파일을 실행할 때, 현재 디렉터리에 위치한 application.properties 프로퍼티 파일을 설정하는 방법을 보여 준다.

```
java -jar ./application.jar --spring.config.location=file:./application.properties
```

스프링 부트에서 외부 설정 파일로 사용할 수 있는 포맷은 프로퍼티(.properties)와 야믈(.yml)이다. 두 파일은 포맷과 세부 사용 방법 차이만 있다. 하지만 설정값을 저장하고, 애플리케이션에서 저장된 설정값을 로딩하고 사용하는 방법에는 차이가 없다. 이 책에서는 properties 파일을 사용하여 애플리케이션을 설정하는 방법을 설명한다.[5] 야믈은 독특한 들여쓰기 방식으로 속성 이름을 정의하지만 간편하다. 하지만 속성 키/값이 많아지면 들여쓰기 때문에 오히려 가독성이 떨어지고, 들여쓰기 칸 수가 틀리면 개발자 의도와 다르게 동작한다. 프로퍼티 파일의 데이터는 키/값 구조로 되어 있고, 키와 값은 '='로 구분한다. 키 이름은 여러 개의 단어로 구성될 수 있다. 이 때 각 단어는 점(.)을 사용하여 그 의미를 구분한다. 단어 순서대로 큰 크기의 의미에서 작은 크기

---

5 필자의 개인적인 경험으로 야믈 파일보다 프로퍼티 파일을 선호한다.

의 의미로 세분하여 정의하는 것을 추천한다. 다음은 예제 chapter06 프로젝트의 application. properties 파일이다.

application.properties

```
server.port = 18080
## Custom configuration
springtour.domain.name = https://springtour.io
springtour.kafka.bootstrap-servers = 10.1.1.100,10.1.1.101,10.1.1.102
springtour.kafka.topic.checkout = springtour-hotel-event-checkout
springtour.kafka.topic.reservation = springtour-hotel-event-reservation
springtour.kafka.ack-level = 1
```

6.4.1 @Value 애너테이션

application.properties 파일에 정의된 데이터를 스프링 빈에 주입하려면 @Value 애너테이션을 사용한다. @Value 애너테이션을 정의하여 데이터를 주입할 수 있는 대상은 클래스 필드, 메서드, 파라미터다. 메서드에 @Value 애너테이션을 정의할 때 해당 메서드는 setter 패턴으로 정의되어 있어야 한다. 그래서 메서드에 인자가 필요하며 @Value 애너테이션은 프로퍼티 키와 매칭된 데이터를 주입한다. @Value 애너테이션은 value 속성을 갖고 있다. value 속성 하나만 있으므로 값만 설정해도 동작한다. value 속성에는 SpEL(Spring Expression Language)(스프링 표기법) 문법으로 정의된 프로퍼티 키 이름을 설정한다. 다음 코드는 application.properties에 정의된 springtour. domain.name 키의 값을 String springtourDomain 변수에 주입하는 예제다. springtourDomain은 클래스 필드이며, 클래스 필드 주입 방식이다.

```
          ❶              ❷              ❸
@Value("${springtour.domain.name:springtour.io}")
private String springtourDomain;
```

❶ SpEL 표현식을 의미하는 기호는 #과 $이며 대괄호로 표현식을 감싼다. ${}는 프로퍼티를 의미하며, #{}는 스프링 빈을 의미한다. 프로퍼티에 키에 할당된 데이터를 주입해야 하므로 ${}를 사용한다.

❷ 프로퍼티의 springtour.domain.name 키를 정의한다.

❸ 프로퍼티에 springtour.domain.name 키가 정의되어 있지 않으면, 기본값인 "springtour.io"를 대신 사용한다. 프로퍼티 키 이름과 기본값은 콜론(:)으로 구분한다.

프로퍼티는 더 다양한 방법으로 활용할 수 있다. 데이터 바인딩 과정에서 문자열이 아닌 다른 클래스 타입으로 형 변환하면서 저장할 수 있다. 예를 들어 프로퍼티에 콤마(,)로 구분된 값을 리스트 형태로 주입받거나 Integer 같은 숫자 데이터 타입으로 바로 주입받을 수 있다. application. properties의 springtour.kafka.bootstrap-servers 키를 확인해 보자. IP 주소들은 콤마(,)로 구분되어 세 개의 값이 설정되어 있고 애플리케이션에서 리스트 형태로 주입받을 수 있다. springtour.kafka.ack-level의 값은 숫자 1로 설정되어 있다. 그래서 String 클래스 타입 대신 Integer 클래스 타입으로 주입받을 수 있다.

다음 코드는 생성자 주입 방식을 이용하여 application.properties 파일에 정의된 프로퍼티 값을 주입받는 방식을 설명한다. 생성자의 파라미터에 사용된 @Value 애너테이션의 속성과 주입받는 대상의 클래스 타입에 주의하면서 코드를 확인해 보자.

```
package com.springtour.example.chapter06.domain;

@Component
public class PropertiesComponent {

    private final List<String> bootStrapServers;
    private final Integer ackLevel;

    public PropertiesComponent(
            @Value("${springtour.kafka.bootstrap-servers}") List<String>
bootStrapServers, ... ----❶
            @Value("${springtour.kafka.ack-level}") Integer ackLevel ----❷
    ) {
        this.bootStrapServers = bootStrapServers;
        // 생략
        this.ackLevel = ackLevel;
    }
}
```

❶ 콤마(,)로 구분된 프로퍼티 값은 리스트 형태로 변경되어 저장될 수 있다. 이때 주입 대상의 클래스 타입을 List로 선언하면 자동 변환된다. 그러므로 별도의 파싱 로직을 구현하지 않아도 된다.

❷ 문자열 데이터를 바인딩하는 과정에서 형 변환을 할 수 있다. 그래서 문자열 '1'은 Integer 값으로 변경되어 주입된다. 자바에서 지원하는 숫자 클래스 타입들은 자동 변환 가능하다.

6.4.2 @ConfigurationProperties와 @ConfigurationPropertiesScan

스프링 부트 프레임워크는 프로퍼티에 선언된 값들을 편리하게 사용하기 위해 @Configuration Properties와 @ConfigurationPropertiesScan을 제공한다. 애플리케이션을 개발하다 보면 프로퍼티에 수많은 데이터를 정의하게 되며, 사용 목적에 따라 이들을 묶어서 사용하는 일이 많다. application.properties 예제를 보면 springtour.kafka라는 네임 스페이스로 여러 데이터를 정의했다. 카프카와 관련된 여러 값을 설정해서 사용한다고 생각해 보자. 카프카와 관련된 정보들을 하나의 자바 빈 객체로 만들어 관리하면 편리하게 사용할 수 있다. 이 네임 스페이스를 기준으로 데이터들을 그룹 지어 자바 빈 객체에 주입하는 기능이 바로 @ConfigurationProperties 애너테이션이다.

@ConfigurationProperties 애너테이션은 자바 빈 클래스에 정의하고 애너테이션의 prefix 속성에는 네임스페이스를 설정하면 된다. 그러면 프레임워크는 네임스페이스와 자바 빈의 속성 이름을 결합하여 프로퍼티의 키 이름을 유추하고 값을 주입한다. 스프링 부트의 자동 설정 기능 중 대부분은 @ConfigurationProperties를 사용하고 있으므로 자동 설정 기능을 분석하고 설정하는 데도움이 된다.

```java
@ToString
@Getter
@Setter
@ConfigurationProperties(prefix="springtour.kafka") ····❶
public class KafkaProperties {

    private List<String> bootstrapServers; ····❷
    private Integer ackLevel; ····❸
    private Topic topic; ····❹

    @ToString
    @Getter
    @Setter
    public static class Topic {
        private String checkout;
        private String reservation;
    }
}
```

❶ @ConfigurationProperties 애너테이션의 prefix 속성은 프로퍼티에 선언된 키의 네임스페이스를 의미한다. 'springtour.kafka'로 시작하는 모든 키는 KafkaProperties 자바 빈에 주입될 수 있다.

❷ 프로퍼티 키 이름에 포함된 하이픈은 자바의 낙타 표기법으로 변경된다. 그래서 프로퍼티 파일의 키 springtour.kafka.bootstrap-servers는 KafkaProperties 클래스의 bootstrapServers 변수와 매칭된다. 물론 변수의 클래스 타입은 List<String>이므로 형 변환되어 주입된다.

❸ springtour.kafka.ack-level 키 값이 주입된다. prefix를 제외하고 하이픈을 낙타 표기법으로 변경하면 프로퍼티 파일의 적합한 속성 이름은 'ackLevel'이다.

❹ 점으로 구분된 프로퍼티 키를 주입하려면 하위 클래스로 구분해야 한다. 프로퍼티 키 중 springtour.kafka.topic.checkout과 springtour.kafka.topic.reservation의 prefix를 제외하면 topic.checkout과 topic.reservation이 된다. 점으로 구분할 수 있는 topic은 별도의 객체로 선언해야 하므로 내부 클래스 Topic을 정의한다. 그리고 각각 Topic의 checkout과 reservation 속성에 프로퍼티 값이 주입된다.

@ConfigurationProperties 애너테이션을 정의했다면 @ConfigurationProperties가 정의된 자바 빈 클래스를 스캔해야 한다. 간단히 @ConfigurationPropertiesScan 애너테이션을 자바 설정 클래스에 정의하자. @ConfigurationPropertiesScan 애너테이션의 basePackages 속성에 스캔할 경로를 입력할 수 있다. 배열 타입으로 선언되어 있으므로 하나 이상의 경로들을 스캔할 수 있다.

@ConfigurationPropertiesScan에 스캔할 패키지 경로를 설정하면 ConfigurationProperties ScanRegistrar 클래스가 자바 빈 클래스를 로딩하고 설정에 따라 프로퍼티 값을 주입한다. 다음 코드를 살펴보자. @ConfigurationProperties 애너테이션이 정의된 KafkaProperties 클래스는 com.springtour.example.chapter06.domain 패키지에 포함되어 있다. 그러므로 예제의 @ConfigurationPropertiesScan 속성에는 com.springtour.example.chapter06을 설정해도 좋다. 이렇게 설정하고 애플리케이션을 실행하면 @ConfigurationProperties 애너테이션이 선언된 KafkaProperties는 스프링 빈으로 생성되고, 다른 스프링 빈에도 주입할 수 있다.

```
@SpringBootApplication
@ConfigurationPropertiesScan("com.springtour.example.chapter06")
public class Chapter06Application {
    public static void main(String[] args) {
        SpringApplication.run(Chapter06Application.class, args);
    }
}
```

개인 선호도에 따라 프로퍼티 파일(application.properties)을 사용할 수 있지만, 야믈 파일(application.yml)을 사용해도 애플리케이션을 설정할 수 있다. 다음은 지금까지 설명한 application.properties를 야믈 파일로 변경한 것이다.

```yaml
springtour:
    domain:
        name: https://springtour.io  # Key=springtour.domain.name
    kafka:
        bootstrap-servers:           # List 형태 선언
            - 10.1.1.100
            - 10.1.1.101
            - 10.1.1.102
    topic:
            checkout: springtour-hotel-event-checkout
            reservation: springtour-hotel-event-reservation
    ack-level: 1
```

YAML(YAML Ain't Markup Language) 문법을 간단히 설명하면 다음과 같다.

- **들여쓰기**: 2칸 혹은 4칸을 사용하며 들여쓴 키 이름은 상위 키와 조합된다. 프로퍼티에서 사용한 'springtour.domain.name'은 야믈 파일에서는 들여쓰기와 계층 구조로 조합되어 표기된다.
- **데이터 정의**: 키와 값은 콜론(:)과 공백 문자의 결합으로 구분한다.
- **주석**: 주석은 #으로 처리한다.
- **리스트 값 정의**: 값에 – 표기를 하면 해당 값은 List의 엘리먼트로 저장된다.

6.5 Profile 설정

웹 애플리케이션을 개발하면 여러 환경에서 애플리케이션을 실행한다. Dev 환경에서는 새로운 기능을 개발하며 Stage 환경에서는 QA를 하고, Production 환경에서는 실제 서비스를 한다. 개발자나 회사에 따라 용어가 다를 수 있어 이 책에서는 개발하는 환경을 Dev 환경, 배포 전 테스트하는 환경을 Stage 환경, 실제 서비스를 운영하는 환경을 Production 환경으로 정의하고 설명한다. 물론 배포 전략과 운영 목적에 따라 더 많은 환경을 구축할 수 있으며, 사정에 따라 Dev 환경과 Production 환경만으로 애플리케이션을 개발 및 운영할 수 있다.

실행 환경에 따라 애플리케이션은 연결할 대상의 IP 주소나 도메인이 다를 수 있다. 혹은 컴포넌트 구성이 환경별로 다를 수 있다. 그래서 코드에서 실행 환경마다 if-else 분기문을 사용하여 개발한다면 코드의 복잡도는 그에 비례하여 증가한다. 결국 기능이 복잡해지면 비즈니스 로직에 집중할 수 없는 상황이 발생한다. 환경에 따라 코드베이스를 분리하여 개발할 수 있지만, 코드베이스 사이의 코드가 다를 수 있다. 그래서 Stage 환경에서 QA를 하더라도 Production 환경에서는 에러가 발생할 수 있다. 각 환경마다 구성된 서버의 아키텍처도 다르며, 상황에 따라서는 애플리케이션 동작도 달라야 한다. 예를 들어 Dev 환경의 데이터베이스 주소는 10.210.1.101이지만, Production 환경의 데이터베이스 주소는 10.210.16.200이다. Dev 환경의 데이터베이스는 standalone으로 한 대이지만, Production 환경의 데이터베이스는 읽기와 쓰기가 분리되어 두 대 이상일 수 있다. 이 경우 데이터베이스 커넥션 풀을 설정하는 방법이 달라야 한다.

유연한 애플리케이션은 코드 수정 없이 이런 환경 변수를 환경에 따라 별도로 설정하고 로딩할 수 있어야 한다. 환경에 따라 애플리케이션 코드에 변경이 있다면, 유지 보수하고 새로운 기능을 추가하기 어려워질 것이다. 이런 애플리케이션은 유연하지 못할뿐더러 레거시 시스템이 되기 좋은 상황이다.

에피소드 스프링 투어 서비스의 호텔 마이크로서비스를 개발하는 나개발은 다음과 같은 요청을 받았다.

"호텔 입실 5일 전, 예약자에게 예약 정보가 포함된 확인 이메일 전송"

나개발은 SMTP 서버를 직접 구축하여 이메일을 전송하는 대신 AWS의 SES(Simple Email Service) 서비스를 사용하기로 결정했다. 안정성과 개발 속도 면에서 AWS를 사용하는 것이 유리했다. 나개발은 Dev 환경에서 개발할 때 본인 이메일 계정으로 이메일을 보내는 기능을 개발 및 테스트했다. 하지만 서비스를 릴리스하기 전 Stage 환경에서 QA를 하는 동안 문제가 발생했다. 수많은 클래스 중 일부 클래스에 Dev 환경과 Production 환경만 구분하는 if-else 코드가 있어 진짜 사용자에게 테스트 이메일이 발송되었던 것이다. 한 번 발송된 이메일은 취소할 수 없었다. CS 팀은 사용자에게 급히 연락하여 사과했고, 이 일로 나개발은 고민에 빠졌다.

이때 나선배가 다가와 스프링의 프로파일(profile) 기능을 알려 주었다. application.properties 설정 파일을 환경마다 분리하여 설정 정보를 다르게 로딩하는 방법과 자바 설정 클래스에서 Dev 환경과 Production 환경을 구분하여 각각 다른 스프링 빈을 로딩하는 방법, 인터페이스와 구현체를 분리하여 스테레오 타입으로 선언된 스프링 빈을 선언하는 방법을 단계별로 알려 주었다.

이 방법을 이용하여 나개발은 이메일을 보내는 EmailService 인터페이스를 선언했다. 그리고 이를 구현하는 DummyEmailService 구현체와 AwsEmailService 구현체를 각각 개발했다. Dev 환경에서는 DummyEmailService 구현체를, Production 환경에서는 AwsEmailService를 로딩하도록 설정했다.

스프링 프레임워크는 프로파일 기능을 제공한다. 프로파일은 스프링 코어 프레임워크에서 제공하는 기능으로 스프링 프레임워크를 사용하는 모든 프레임워크에서 사용할 수 있다. 애플리케이션에 프로파일 값을 설정하면 프로파일 값에 따라 설정된 스프링 빈과 환경 변수 값을 로딩하는데, 이러한 메커니즘을 스프링 프로파일이라고 한다. 이어서 애플리케이션에 프로파일 값을 설정하는 방법, 프로파일에 따라 application.properties 같은 환경 변수 파일을 로딩하는 방법, 프로파일에 따른 스프링 빈을 로딩하는 방법을 설명한다.

6.5.1 Profile 변수 값 설정

스프링 프로파일 값은 spring.profiles.active라는 시스템 환경 변수 값으로 관리할 수 있다. 애플리케이션을 실행할 때 JVM 파라미터를 사용하여 설정하는 방법과 export를 사용하여 설정하는 방법을 설명한다.

먼저 코드베이스를 패키징한 JAR 파일을 application.jar라고 생각하자. 이 JAR 파일을 java 명령어로 실행할 때는 다음 예제처럼 커맨드 라인에 JVM 파라미터를 추가하면 된다. JVM 파라미터를 추가하려면 -D와 함께 파라미터 이름과 값을 추가해야 한다. 파라미터 이름은 'spring.profiles.active'이므로 -Dspring.profiles.active로 설정한다. 파라미터 값에는 프로파일 값을 설정한다. 프로파일 값은 한 개 이상 설정할 수 있으며, 두 개 이상의 값을 설정할 때는 콤마(,)로 구분한다. 프로파일을 여러 타입으로 구분할 때는 두 개 이상의 값을 설정한다. 프로파일을 여러 타입으로 설정하는 예제는 뒤에서 다시 설명한다. 지금은 실행 환경에 따른 프로파일만 생각하자. 특정 프로파일 값을 설정하지 않았다면 스프링 프레임워크는 'default' 이름의 프로파일을 기본으로 사용한다.

```
// dev 프로파일 설정
java -jar ./application.jar -Dspring.profiles.active=dev

// production 프로파일 설정
java -jar ./application.jar -Dspring.profiles.active=production

// production과 email 프로파일 설정
java -jar ./application.jar -Dspring.profiles.active=production,email
```

이와 비슷한 방법으로 시스템 환경 변수를 정의하여 애플리케이션을 실행하는 방법이 있다. 리눅스 계열 OS에서 Java 애플리케이션을 실행할 때는 셸 스크립트를 사용한다. export 키워드를 사용하여 환경 변수를 정의할 수 있는데, 이때 사용하는 환경 변수 이름은 'spring_profiles_active'
다. 다음 코드는 start.sh 셸 스크립트 파일이다.

start.sh
```
// dev 프로파일 설정
export spring_profiles_active = dev

java -jar ./application.jar
```

IntelliJ에서 프로파일을 설정하여 애플리케이션을 실행할 때는 그림 6-6과 같이 Active profiles
칸에 프로파일 값을 입력한다. 그림 6-6은 Run/Debug Configuration 창이며, 메뉴에서 run 〉
Edit Configuration을 선택하면 이를 실행할 수 있다. 여기에서는 'dev'로 설정했다.

❤ 그림 6-6 IntelliJ에서 스프링 프로파일 값 설정

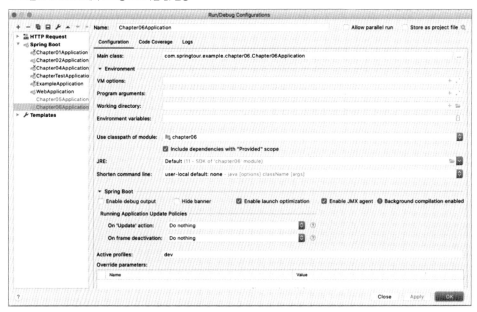

6.5.2 프로파일별 application.properties 설정

앞서 설명한 application.properties는 애플리케이션 코드와 애플리케이션을 설정하는 프로퍼티
들을 분리하는 역할을 한다. 데이터베이스를 사용하여 데이터를 저장하고 관리하는 애플리케이션
이 있다고 생각해 보자. 데이터베이스와 애플리케이션은 쿼리를 실행하고 결과를 받아 오는 DB

커넥션 풀(DB connection pool)이 필요하다. DB 커넥션 풀을 생성하려면 데이터베이스의 IP 주소, 사용자 아이디 패스워드, 커넥션 풀 설정값들이 필요하다. 이런 값들은 애플리케이션을 설정하는 값이므로 application.properties에서 관리하며, 애플리케이션 실행 환경에 따라 설정값들도 다르게 관리되어야 한다.

스프링 부트 프레임워크는 환경별로 각기 다른 application.properties를 구성하여 사용할 수 있는 기능을 제공한다. 즉, Dev 환경에서 필요한 값을 저장하는 프로퍼티 파일과 Production 환경에서 필요한 값을 저장하는 프로퍼티 파일을 따로 만들어서 로딩할 수 있다. 데이터베이스 주소를 저장하는 속성 이름을 'spring.datasource.url'이라고 하자. spring.datasource.url을 두 프로퍼티 파일에 모두 설정한다면 애플리케이션은 각 환경에 적절한 데이터베이스와 연결된다.

스프링 부트 애플리케이션에서 사용하는 기본 프로퍼티 파일 이름은 application.properties다. 스프링 부트 애플리케이션은 profile 이름에 따라 application-[profile이름].properties와 application.properties를 찾아 로딩한다. 즉, Dev 환경에서 실행한 애플리케이션의 `spring.active.profile` 값이 'dev'라면 application-dev.properties 프로퍼티 파일을 로딩한다. 환경 변수 값이 'stage'라면 application-stage.properties 파일을 로딩한다. application-[profile 이름].properties와 application.properties 파일을 동시에 로딩하는 이유는 application-[profile이름].properties의 프로퍼티 값을 application.properties에 덮어쓰기 때문이다. 그러므로 기본 설정값은 application.properties에 정의하고, application-[profile이름].properties에 다시 한 번 설정하는 것이 좋다. 애플리케이션에서 `spring.datasource.url` 프로퍼티 값을 사용할 때 application-dev.properties에 프로퍼티가 없다면 application.properties에 선언된 프로퍼티를 참조한다.

▼ 그림 6-7 실행 환경별로 분리된 application.properties 파일들과 위치

```
▼ 📑 chapter06
   ▶ 📁 doc
   ▼ 📁 src
      ▼ 📁 main
         ▶ 📁 java
         ▼ 📑 resources
            ▶ 📁 pdf
              🔧 application.properties
              🔧 application-dev.properties
              🔧 application-production.properties
              🔧 application-stage.properties
```

그림 6-7과 같이 실행 환경별로 application.properties 파일을 분리하더라도 resources 디렉터리에서 관리하면 된다.

6.5.3 @Profile 애너테이션과 스프링 빈 설정

스프링 프레임워크에서 제공하는 @Profile 애너테이션을 스프링 빈과 함께 사용하면 프로파일 값에 따라 스프링 빈을 생성할 수 있다. 또는 @Profile 애너테이션을 자바 설정 클래스와 함께 사용하면 프로파일 값에 따라 자바 설정 클래스에 포함된 스프링 빈들을 생성할 수 있다. 이를 반대로 생각하면 프로파일 값에 따라 스프링 빈을 생성하지 않을 수 있으며, 어떤 프로파일 값에 따라 하나의 인터페이스를 구현하는 여러 구현체를 스프링 빈으로 생성할 수 있다.

@Profile 애너테이션은 클래스 선언부와 메서드 선언부에 사용할 수 있다. 그리고 속성은 String[] value 하나이며, 하나 이상의 프로파일 이름을 설정할 수 있다. @Profile 애너테이션은 다음과 같이 사용할 수 있다.

```
## CASE 1
@Profile(value={"dev", "stage", "local"}) ····❶
@Configuration
public class TestEnvConfig {

    @Bean
    public String applicationName() {
        return "production-rest-api";
    }
}

## CASE 2
@Bean
@Profile("production") ····❷
public String applicationName() {
    return "dev-rest-api";
}

## CASE 3
@Profile("!production") ····❸
@Component
public class MailSender {
    // 생략
}
```

❶ TestEnvConfig 클래스는 @Configuration 애너테이션이 선언되어 있으므로 자동 설정 클래스다. 클래스에 선언된 @Profile 애너테이션의 속성 값은 dev, stage, local이다. 그러므로 애플리케이션에 설정된 프로파일 값이 셋 중 하나라도 일치하면 동작한다. 즉, spring.profiles.

active에 설정된 값이 dev나 stage 또는 local이면 TestEnvConfig에 포함된 모든 스프링 빈이 생성된다. 예제에서는 String 타입이며, applicationName 이름인 스프링 빈이 생성된다.

❷ @Bean이 선언된 applicationName() 메서드는 String 타입의 applicationName 이름을 갖는 스프링 빈을 생성한다. 하지만 @Profile 애너테이션이 같이 선언되어 있어 Production 환경에서만 스프링 빈을 생성한다.

❸ @Profile 애너테이션의 value 속성에 설정하는 프로파일 값과 '!'를 같이 사용할 수 있다. 이 경우 프로파일 값을 제외한 나머지 모든 프로파일 값을 의미한다. 예제에서는 production 값이 아닌 다른 모든 프로파일 값과 매칭되어 스프링 빈이 생성된다.

@Profile 애너테이션을 정의하지 않는 스프링 빈들은 프로파일과 상관없이 모두 생성된다. 그러므로 환경에 따라 생성할 스프링 빈들만 @Profile 애너테이션을 사용하면 된다.

6.5.4 @Profile 애너테이션과 인터페이스를 사용한 확장

@Profile은 클래스 또는 메서드 선언부에 정의할 수 있는 애너테이션이다. 그래서 @Bean뿐만 아니라 @Component 같은 스테레오 타입 애너테이션을 사용한 클래스도 @Profile을 사용할 수 있다. 스프링 프레임워크의 의존성 주입은 각 구현 클래스들이 직접 의존 관계를 맺는 것보다 구현 클래스가 인터페이스를 의존함으로써 느슨한 의존 관계를 맺는 것이 핵심이다. 스프링 프레임워크는 적절한 구현체를 스프링 빈 형태로 관리하면서 인터페이스 변수에 주입한다. 이때 애플리케이션 외부에서 설정된 프로파일 값에 따라 여러 구현체 중 특정 구현체가 스프링 빈으로 생성되고, 인터페이스에 주입할 수 있다면 더욱 유연한 애플리케이션이 될 수 있다.

@Profile과 스프링 빈을 결합하면 외부 설정(Profile 값 설정)만으로 애플리케이션 기능을 자유롭게 변경·설정할 수 있다. 앞서 에피소드의 나개발이 프로파일을 사용하여 개발한 이메일 서비스를 떠올려 보자. 나개발은 이메일을 발송하는 EmailService 인터페이스와 이를 구현한 DummyEmailService, AwsEmailService 클래스를 개발했다. EmailController 클래스가 EmailService 인터페이스에 의존하고, DummyEmailService와 AwsEmailService 구현 클래스 중 어떤 객체가 EmailService 인터페이스에 주입될지는 외부 설정이 결정한다. 즉, 프로파일 값을 설정하여 실행하면 애플리케이션은 실행 환경과 목적에 맞게 동작한다. 그리고 코드베이스에서는 더 이상 하나의 클래스에서 if-else 구문을 사용하여 환경을 고려할 필요가 없게 된다. 그림 6-8은 각 클래스의 관계를 UML로 표현한 것이다.

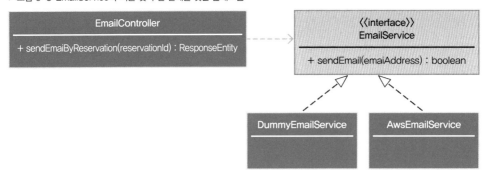

▼ 그림 6-8 EmailService와 의존 및 구현 관계를 맺는 클래스들

Dev 환경에서 DummyEmailService 구현체를 EmailService에 주입하고, Production 환경에서 AwsEmailService 구현체를 EmailService에 주입한다고 하자. DummyEmailService에는 @Profile("dev"), AwsEmailService에는 @Profile("production") 애너테이션을 설정한다. 이렇게 개발된 애플리케이션은 Dev 환경에서 테스트할 때 실제 AWS SES 서비스를 사용하는 AwsEmailService의 기능을 확인할 수 없다. 물론 테스트할 때만 프로파일 설정을 변경해도 된다. 하지만 스프링 프로파일의 기능을 애플리케이션 실행 환경에만 한정하지 않고 애플리케이션 기능 설정까지 확장해 보자.

애플리케이션 실행 환경을 의미하는 프로파일 값을 dev나 production으로 정의하듯이 이메일 기능을 의미하는 프로파일 값을 email로 정의해 보자. 이메일 기능을 활성화할 때는 이메일 프로파일 값을 email로 설정하고, 기능을 비활성화할 때는 이메일 프로파일 값을 생략한다고 하자. spring.profiles.active JVM 파라미터에는 하나 이상의 프로파일 값을 설정할 수 있다. 두 개 이상의 프로파일 값을 구분할 때는 콤마(,)를 사용한다. 다음 예제는 이런 상황을 가정하고 애플리케이션을 실행하는 java 명령어와 JVM 파라미터다.

```
// 애플리케이션 실행 환경은 production이며, email 기능을 활성화하는 프로파일 설정
java -jar ./application.jar -Dspring.profiles.active=production,email

// 애플리케이션 실행 환경은 production이며, email 기능을 비활성화하는 프로파일 설정
java -jar ./application.jar -Dspring.profiles.active=production
```

프로파일 값에 email이 설정되어 있으면 AwsEmailService를 주입하고, email이 설정되어 있지 않으면 DummyEmailService를 주입한다. 이 내용을 기억하고 다음 코드의 @Profile 애너테이션을 확인해 보자.

```
package com.springtour.example.chapter06.controller;

@Controller
public class EmailController {

    private final EmailService emailService;

    public EmailController(EmailService emailService) {
        this.emailService = emailService;                    ----❶
    }
}
```

```
package com.springtour.example.chapter06.domain.email;

@Service
@Profile("email")    ----❹
public class AwsEmailService implements EmailService {
                                        ❷
    @Override
    public boolean sendEmail(EmailAddress emailAddress) {
        System.out.println("Send Email using AWS : " + emailAddress.toString());
        return true;
    }
}
```

```
package com.springtour.example.chapter06.domain.email;

@Service
@Profile("!email")    ----❺
public class DummyEmailService implements EmailService {
                                          ❸
    @Override
    public boolean sendEmail(EmailAddress emailAddress) {
        System.out.println("Dummy Email : " + emailAddress.toString());
        return true;
    }
}
```

❶ EmailController는 EmailService emailService 클래스 변수를 갖고 있으며, 생성자 주입 방식으로 EmailService 구현체를 주입받는다.

❷ AwsEmailService 구현 클래스는 EmailService 인터페이스를 상속받는다. 그러므로 ApplicationContext에서 EmailService 인터페이스 타입으로 스프링 빈을 받아 올 수 있다.

❸ DummyEmailService도 ❷와 마찬가지로 EmailService 인터페이스를 상속받고 있다.

❹ 프로파일 값 'email'이 설정된 애플리케이션에서는 AwsEmailService 구현체를 스프링 빈으로 생성한다.

❺ 프로파일 값 중 'email'이 없는 애플리케이션에서는 DummyEmailService 구현체를 스프링 빈으로 생성한다.

앞의 예제에 다음과 같이 spring.profiles.active 값을 설정해서 실행해 보자.

```
spring.profiles.active = dev,email   // AwsEmailService의 sendEmail() 메서드가 실행됨
spring.profiles.active = dev         // DummyEmailService의 sendEmail() 메서드가 실행됨
```

@Profile 애너테이션의 value 값을 잘못 설정하거나 spring.profiles.active에 프로파일 값을 잘못 설정할 수 있다. 하나의 EmailService에 주입할 수 있는 여러 스프링 빈 대상이 있을 수 있으며, 주입할 스프링 빈 대상이 없는 상태일 수도 있다. 이 상태로 애플리케이션을 실행하면 주입할 수 있는 적합한 스프링 빈 객체가 ApplicationContext에 없으므로 애플리케이션은 실행되지 않고 에러 메시지를 출력한다. 그러므로 애플리케이션을 실행했을 때 정상 동작하지 않으면 로그를 자세히 보고, spring.profiles.active나 @Profile 애너테이션 설정을 다시 확인해야 한다.

스프링 부트 애플리케이션 대부분은 다양한 실행 환경에 애플리케이션을 배포하고자 스프링 프로파일 기능을 사용한다. 여기에 앞서 설명한 이메일처럼 프로파일 기능을 확장할 수 있다. 앞서 설명한 email 같은 애플리케이션의 기능을 프로파일로 확장하여 설정하도록 설계할 때는 기능의 크기를 고려하길 바란다. 너무 적은 기능들과 너무 많은 기능들을 스프링 프로파일로 제어하는 것은 비생산적이며 비효율적이다. 애플리케이션을 설정하는 정보가 JVM 파라미터나 환경 변수에 저장되기 때문이다. 또한 비즈니스 로직과 설정 정보가 JVM 파라미터로 분리되므로 개발자 시선이 분리되며, 그만큼 개발 난이도도 높아진다. 그러므로 프로파일을 사용한 애플리케이션을 설계할 때는 애플리케이션 전체에서 해당 기능의 비중을 판단하여 설계하는 것이 좋다.

6.5.5 Environment 인터페이스

스프링 프레임워크는 실행 중인 애플리케이션의 환경 변수를 관리하려고 o.s.core.env. Environment 인터페이스를 제공한다. Environment에서 관리하는 환경 변수는 크게 두 가지로 나눌 수 있다. 프로파일을 의미하는 실행 환경과 프로퍼티를 의미하는 설정이다. 실행 중인 애플리케이션은 Environment 인터페이스를 사용하여 두 정보에 접근할 수 있다. 그래서 프로파일에서 설정한 spring.profiles.active 환경 변수 값과 application.properties에 정의된 프로퍼티 값을 조회할 수 있다.

Environment 인터페이스는 PropertyResolver 인터페이스를 상속받는 구조로 되어 있다. Environment 인터페이스에는 프로파일 정보를 조회하는 추상 메서드들이 선언되어 있으며, PropertyResolver 인터페이스는 프로퍼티 값을 가져올 수 있는 기능을 제공한다. 다음은 Environment 인터페이스와 PropertyResolver 인터페이스의 일부 코드다.

```
package org.springframework.core.env;

public interface Environment extends PropertyResolver {

    String[] getActiveProfiles(); ----❶

    String[] getDefaultProfiles(); ----❷

    boolean acceptsProfiles(Profiles profiles); ----❸
}
```

```
package org.springframework.core.env;

public interface PropertyResolver {

    boolean containsProperty(String key); ----❹

    String getProperty(String key);

    String getProperty(String key, String defaultValue);

    <T> T getProperty(String key, Class<T> targetType);                    ❺

    <T> T getProperty(String key, Class<T> targetType, T defaultValue);
```

```
    // 생략
  }
```

❶ 현재 활성화된 프로파일 값을 조회하는 메서드다.

❷ spring.profiles.active 값이 설정되어 있지 않을 때 기본 프로파일 값을 조회하는 메서드다.

❸ 인자로 넘기는 프로파일 값이 애플리케이션에 적용되었는지 확인하는 메서드다.

❹ 인자로 넘기는 프로퍼티 키 값이 포함되어 있는지 확인하는 메서드다.

❺ key 인자는 프로퍼티 키 값을 의미하고, defaultValue는 프로퍼티 키와 일치하는 값이 없을 때 응답하는 기본값이며, targetType은 프로퍼티 값을 형 변환하는 데 사용하는 클래스 타입이다. getProperty() 메서드는 프로퍼티 값을 조회하는 데 사용된다.

스프링 프레임워크는 애플리케이션이 실행되면 Environment 객체를 스프링 빈으로 생성한다. 그러므로 다른 스프링 빈과 마찬가지로 스프링 빈끼리 의존성 주입을 할 수 있다. ApplicationContext는 EnvironmentCapable 인터페이스를 상속받고 있으므로 EnvironmentCapable에서 정의된 getEnvironment() 메서드를 제공한다. ApplicationContext를 주입받아 getEnvironment() 메서드로 Environment 객체를 사용해도 된다.

6.6 REST-API와 국제화 메시지 처리

국제화를 뜻하는 i18n은 internationalization의 줄임말이며, 첫 글자 i와 뒷글자 n 사이에 18개의 문자가 있다는 의미다. 국제화는 사용자 언어에 맞게 적절한 서비스를 제공하는 모든 기능을 의미한다. 하지만 웹 애플리케이션에서 사용하는 국제화는 더 구체적이다. 사용자 언어에 맞게 웹 페이지의 내용을 변경하는 것을 의미한다. 예를 들어 웹 페이지의 메뉴나 경고 문구 같은 것을 사용자 언어에 맞게 변경해서 서비스한다. 웹 서버에 전달되는 사용자 언어는 크게 두 가지 행위로 설정할 수 있다. 사용자가 직접 언어를 선택하여 웹 서비스에 요청하는 것과 브라우저가 전송하는 Accept-Language 헤더 값을 서버가 인지하고 국제화 기능을 제공하는 방법이 있다. 즉, 사용자 운영 체제나 브라우저 설정에 따라 사용자가 사용하는 언어 정보가 Accept-Language 헤더 값으로 설정된다. 그리고 서버 요청 메시지에 자동으로 포함된다.

사용자 언어는 수백 가지이므로 현실적으로 모든 언어에 대해 국제화 기능을 제공할 수 없다. 그래서 개발자나 기획자는 웹 애플리케이션에서 지원할 수 있는 언어 세트를 미리 정의하고 기본 언어를 설정해야 한다. 클라이언트가 애플리케이션에서 지원하는 언어 세트 외의 언어로 요청하면 웹 애플리케이션은 기본 언어로 설정하고 웹 서비스를 제공한다.

예를 들어 스프링 투어 웹 서비스에 '장바구니'라는 메뉴 버튼이 있다. 이 버튼은 이미지가 아니라 CSS와 문자열로 만들어진 버튼이다. 이 장바구니 버튼에 국제화 기능을 구현한다고 하자. 스프링 투어에서 지원하는 언어 세트는 한국어, 일본어, 영어이며 기본 언어는 한국어다. 사용자가 영어로 웹 서비스에 요청하면 '장바구니' 메뉴 버튼은 'Cart'로 변경되어 사용자에게 응답한다. 일본어로 요청하면 'カート' 버튼이 사용자에게 응답한다. 웹 애플리케이션에서 지원하지 않는 프랑스어로 요청하면 기본 언어인 한국어로 '장바구니'라고 응답한다.

웹 애플리케이션과 달리 REST-API 애플리케이션은 HTML 대신 JSON 메시지를 사용한다. API를 제공하므로 HTML 문서를 제공하는 웹 애플리케이션과 달리 상대적으로 국제화 기능을 적용할 수 있는 영역이 적다. 하지만 REST-API가 200 OK가 아닌 경우 응답 메시지에 경고 문구를 응답한다고 생각해 보자. 사용자가 잘못된 메시지를 요청하거나 서버 내부에 에러가 발생하면 각 상황에 맞는 경고 문구를 응답할 수 있다. 클라이언트는 국제화가 적용된 에러 문구를 서버에서 받아 그대로 사용자에게 보여 주면 된다.[6]

스프링 애플리케이션에 국제화 기능을 추가하려면 사전에 정의된 언어 세트와 일대일(1:1)로 매칭되는 메시지 프로퍼티 파일들이 필요하다. 각 메시지 프로퍼티 파일은 특정 상황에 맞는 키/값으로 구성된 프로퍼티를 저장한다. 애플리케이션을 개발할 때는 특정 문자열을 하드 코딩하는 대신 필요한 프로퍼티의 키를 사용하여 프로퍼티 값을 로딩하도록 프로그래밍해야 한다. 그러면 사용자 요청에 포함된 언어 정보에 따라 적절한 문구가 사용자에게 응답된다. 스프링 프레임워크는 이런 일련의 과정을 쉽게 프로그래밍할 수 있도록 국제화 기능을 제공한다. 스프링 프레임워크의 국제화 기능을 사용하려면 다음 작업이 필요하다.

- 애플리케이션 설계 당시에 정의된 언어 세트와 일대일로 매칭되는 메시지 프로퍼티 파일들을 스프링 프레임워크 규칙에 따라 생성한다.
- 각 메시지 프로퍼티 파일마다 공통된 키와 매칭되는 언어 단어를 프로퍼티로 생성하고 관리한다.

---

6 클라이언트에서 직접 국제화 기능을 제공할 때도 있다. 여러분 서비스에 맞는 구조를 채택하면 된다.

- 스프링 프레임워크에서 제공하는 MessageSource 클래스를 사용하여 메시지 프로퍼티 파일에 저장된 프로퍼티를 애플리케이션에서 로딩한다. 그리고 런타임 과정에서 사용자 언어에 적합한 메시지가 로딩된다.
- 사용자가 요청한 HTTP 메시지에서 사용자 언어를 추출하는 모듈을 스프링 프레임워크에 설치한다. 앞서 설명한 LocaleResolver 인터페이스를 기억해 보자.

6.6.1 message.properties 파일 설정

이 장에서 설명할 국제화 예제에서 지원하는 언어는 한국어와 영어라고 생각하자. 즉, 애플리케이션에서 지원하는 언어 세트는 한국어와 영어다. 그러므로 다음과 같이 프로젝트의 resources 폴더 하위에 messages 폴더를 생성하고 메시지 프로퍼티 파일을 생성하자. 메시지 프로퍼티 파일의 이름에는 반드시 언어 코드를 포함해야 하며, 지역 코드까지 포함해도 된다. 예제의 프로퍼티 파일 이름은 언어 코드만 포함하고 있으며, 지역 코드까지 포함하면 message_ko_KR.properties처럼 정의할 수 있다.

메시지 프로퍼티 파일 이름 예제

```
// 영어(en) 메시지 프로퍼티를 포함하는 프로퍼티 파일
resources 〉 messages 〉 message_en.properties

// 한국어(ko) 메시지 프로퍼티를 포함하는 프로퍼티 파일
resources 〉 messages 〉 message_ko.properties
```

메시지 프로퍼티 파일을 별도의 폴더에 저장하는 방식은 스프링 프레임워크에 추가 설정이 필요하다. 설정하는 방법은 뒤에서 계속 설명하며, 필자는 application.properties 설정 파일과 구분할 수 있도록 별도의 폴더에서 관리하는 것을 선호한다. 하지만 스프링 프레임워크의 기본 설정에서는 다음 규칙에 따라 메시지 프로퍼티 파일을 로딩하므로 적절한 위치에 메시지 프로퍼티 파일을 생성한다.

- 메시지 프로퍼티 파일은 클래스 패스에 있어야 하며, 스프링 프로젝트 resources 폴더 하위에 생성한다.
- 메시지 프로퍼티 파일은 언어마다 일대일로 생성해야 하며, 파일 이름 규칙에 따라 처리할 수 있는 언어와 일대일로 매핑된다.

- 파일 이름 규칙은 {basename}_{언어코드}_{국가코드}.properties나 {basename}_{언어코드}.properties 형태여야 한다. 스프링 프레임워크 기본 설정으로 basename은 message다. 즉, 별도의 언어와 메시지 프로퍼티 파일을 매핑하는 명시적인 설정이나 코드 없이 메시지 프로퍼티 파일 이름에 처리할 수 있는 언어가 드러나 있다. 언어 코드와 국가 코드는 Locale 클래스의 language와 region 값을 사용한다.

각 메시지 프로퍼티 파일 내부에 다음과 같이 키/값 쌍을 이루는 메시지 프로퍼티를 선언할 수 있다. 키와 값은 '=' 문자로 구분한다. 파라미터는 '{}'로 그 위치를 정의할 수 있으며 배열의 인덱스 숫자와 함께 설정한다. 값에는 파라미터를 포함하여 정의할 수 있으며, 런타임 로딩 시점에 파라미터는 MessageSource의 메서드로 교체할 수 있다. 메시지 프로퍼티를 선언하는 예제는 다음과 같다. 예제를 보면 파라미터가 어떻게 동작할지 쉽게 유추 가능하다. 프로퍼티는 message_en.properties, message_ko.properties 파일 모두에 정의되어야 한다. 그렇지 않으면 사용자에게 적절한 메시지가 서비스될 수 없다.

message_ko.properties와 message_en.properties에 정의된 메시지들

```
// message_ko.properties
main.cart.title = 장바구니
main.cart.tooltip = 장바구니에 {0}개 상품이 담겨 있습니다.


// message_en.properties
main.cart.title = Cart.
main.cart.tooltip = {0} items in the Cart.
```

6.6.2 MessageSource 인터페이스

스프링 프레임워크는 메시지 프로퍼티 파일의 메시지 프로퍼티들을 사용할 수 있는 o.s.context. MessageSource 인터페이스를 제공한다. MessageSource에서 제공하는 메서드는 국제화 기능을 같이 제공하므로 앞서 생성한 message_en.properties와 message_ko.properties에 포함된 프로퍼티를 사용할 수 있다. 애플리케이션에서 특정 문자열을 국제화 기능을 사용하여 서비스하려면 MessageSource의 getMessage() 메서드에 프로퍼티 키를 입력한다. 예제의 main.cart.title=장바구니에서 프로퍼티 키는 main.cart.title이며, 이와 함께 사용자 언어 정보를 같이 인자로 넘겨서 사용하면 된다. 다음은 MessageSource 인터페이스에서 제공하는 메서드다. MessageSource는 getMessage() 메서드만 제공하며, 인자에 따른 세 가지 메서드가 오버로딩되어 있다. getMessage() 메서드는 인자에 적합한 문자열을 메시지 프로퍼티 파일에서 찾아 응답한다.

```
package org.springframework.context;

public interface MessageSource {

  @Nullable
   String getMessage(String code, @Nullable Object[] args, @Nullable String
defaultMessage, Locale locale); ----❶

   String getMessage(String code, @Nullable Object[] args, Locale locale) throws
NoSuchMessageException; ----❷

   String getMessage(MessageSourceResolvable resolvable, Locale locale) throws
NoSuchMessageException; ----❸

}
```

❶ code는 메시지 프로퍼티 파일에서 관리하고 있는 메시지와 매핑할 수 있는 고유 키다. 예를 들
어 앞선 예제의 "main.cart.title"을 입력한다. args 배열은 메시지에 포함된 파라미터 배열 순
서대로 교체할 값을 의미한다. 이때 code 인자와 매핑되는 메시지 프로퍼티가 없으면 인자로
넘긴 defaultMessage를 리턴한다. 마지막 Locale 인자는 사용자 언어를 의미하며, Locale의
언어 코드와 매핑되는 메시지 프로퍼티 파일에서 프로퍼티 값을 리턴한다.

❷ ❶과 비교하면 defaultMessage 인자가 없다. 그래서 code와 매칭되는 메시지 프로퍼티 값이
없으면 NoSuchMessageException 예외를 던진다.

❸ ❷와 비교하면 args 인자가 없다. 그러므로 프로퍼티 값을 교체할 수 없는 메서드다.

MessageSource의 getMessage() 메서드는 다음과 같이 사용한다. 스프링 부트 자동 설정 클래스로
생성되는 MessageSource 스프링 빈의 이름은 'messageSource'다. 그러므로 이름에 의한 주입이
나 타입에 의한 주입 방법을 사용하여 스프링 빈 객체에 주입받을 수 있다.

```
String[] args = {"10"};
Locale locale = Locale.KOREA;
String message = messageSource.getMessage("main.cart.tooltip", args, locale);
// message 변수에 '장바구니에 10개 상품이 담겨 있습니다.' 문자열이 저장된다.
```

6.6.3 스프링 부트 프레임워크의 자동 설정 구성

스프링 프레임워크에서는 MessageSource 구현체로 ResourceBundleMessageSource와 Reloadable
ResourceBundleMessageSource를 제공한다. 두 구현체 모두 리소스(메시지 프로퍼티 파일을 의미)
를 사용하여 메시지 프로퍼티들을 관리한다는 공통점이 있다. 하지만 ReloadableResourceBundle
MessageSource는 주기적으로 리소스를 다시 로딩하는 기능을 제공한다. 프로퍼티 파일을 수정하
면 애플리케이션을 주기적으로 로딩하므로 애플리케이션을 재기동하지 않고도 메시지를 변경할
수 있다.[7]

스프링 부트 프레임워크는 MessageSource를 자동 설정해 주는 MessageSourceAutoConfiguration
을 제공한다. 개발자가 스프링 빈의 타입이 MessageSource고 이름이 'messageSource'인 스프링
빈을 직접 생성하지 않으면, MessageSourceAutoConfiguration이 동작하여 자동 설정된다. 이때
자동 설정되는 MessageSource의 구현체는 ResourceBundleMessageSource다. 다음 코드에서 직접
확인할 수 있다.

MessageSourceAutoConfiguration

```
@Configuration(proxyBeanMethods=false)
@ConditionalOnMissingBean(name=AbstractApplicationContext.MESSAGE_SOURCE_BEAN_NAME,  ❶
search=SearchStrategy.CURRENT)
// 생략
public class MessageSourceAutoConfiguration {

    @Bean
    @ConfigurationProperties(prefix="spring.messages")  ❷
    public MessageSourceProperties messageSourceProperties() {
        return new MessageSourceProperties();
    }

    @Bean
    public MessageSource messageSource(MessageSourceProperties properties) {
        ResourceBundleMessageSource messageSource = new ResourceBundleMessageSource();  ❸
        // 생략
        return messageSource;
```

---

7 프로퍼티 파일을 스프링 프로젝트의 resources 폴더에 생성하고 패키징하면 JAR 파일에 파일이 포함된다. java 명령어의 -jar 옵션을 사
용하여 애플리케이션을 실행하면 런타임 도중 개발자가 프로퍼티 파일을 수정하거나 교체하기도 어렵다. 그러므로 JAR 파일 외부에서 프로
퍼티 파일을 주입해야 리로드 기능이 실질적으로 동작한다.

```
      }

  }
```

❶ 자동 설정 클래스가 동작하는 조건을 설정하는 애너테이션이다. `MESSAGE_SOURCE_BEAN_NAME` 상수 값은 'messageSource'다. 이름이 'messageSource'인 스프링 빈이 없으면 자동 설정 클래스를 실행한다.

❷ `@ConfigurationProperties`의 prefix 속성에 설정된 `spring.message`와 `MessageSource Properties`의 속성 이름을 조합하여 application.properties의 프로퍼티를 찾는다. 찾아낸 프로퍼티 값은 `MessageSourceProperties` 속성에 주입한다. 그러므로 `MessageSource Properties`의 속성들 이름을 확인하면 application.properties에 프로퍼티 이름과 값을 설정할 수 있다.

❸ 자동 설정 클래스가 생성하는 `MessageSource` 구현체는 `ResourceBundleMessageSource`임을 알 수 있다.

이렇게 자동 생성되는 `MessageSource` 구현체는 `MessageSourceProperties`의 설정값을 사용하여 메시지 프로퍼티 파일을 로딩한다. 앞서 설명한 메시지 프로퍼티 파일을 로딩하는 기본 규칙은 이 설정값을 기반으로 동작한다. 다음 속성 이름과 기본값을 보면 쉽게 이해할 수 있다. `MessageSourceAutoConfiguration` 자동 설정 클래스에서 제공하는 `MessageSource`를 설정하려면 다음 속성들을 application.properties에 정의한다. 다음 속성들은 `ResourceBundle MessageSource`가 제공하는 것들이다. 다음 속성들에 정의된 값들은 기본값이며, 설명을 참고하여 변경하길 바란다.

---

application.properties에서 MessageSource를 설정하는 속성들과 기본값

```
spring.messages.basename = messages ····❶
spring.messages.always-use-message-format = false ····❷
spring.messages.cache-duration = ····❸
spring.messages.encoding = UTF-8 ····❹
spring.messages.fallback-to-system-locale = true ····❺
spring.messages.use-code-as-default-message = false ····❻
```

---

❶ `MessageSource` 객체가 로딩하는 메시지 프로퍼티 파일의 기본 이름과 경로다. messages_ ko.properties 프로퍼티 파일의 기본 이름(basename)인 messages를 변경할 수 있고, 별도의 디렉터리에서 관리하고 싶다면 디렉터리 이름을 같이 설정한다.

❷ MessageFormat 방식의 메시지 치환 방식을 적용할지 여부를 설정한다.

❸ 프로퍼티 파일의 메시지들을 캐싱하는 주기를 설정한다. 값을 설정하지 않으면 애플리케이션을 실행하면서 캐싱한 메시지들이 계속해서 사용된다. 그래서 기본값이 null이다.

❹ 프로퍼티 파일의 인코딩 설정을 의미한다. 다국어가 설정되므로 인코딩 값을 별도의 문자 세트로 설정할 때 주의해야 한다.

❺ 입력한 Locale 언어 코드를 지원하지 않을 때 시스템의 Locale을 사용할지 여부를 설정한다. true이면 시스템의 Locale을 사용하고, false이면 message.properties 프로퍼티 파일의 메시지를 사용한다. 기본값이 true이지만 false로 설정하려면 message.properties를 만들어야 한다.

❻ 입력된 키와 매칭되는 메시지가 없으면 NoSuchMessageException 예외를 던질지 혹은 예외 없이 리턴 값으로 입력한 키를 그대로 전달할지 결정한다. 전자는 기본값인 false이고, 후자는 true로 설정한다. 스프링 프레임워크에서는 디버깅하는 것이 아니라면 false로 사용하길 권장한다.

resources 경로 하위에 디렉터리를 생성하고 프로퍼티 파일을 관리하려면 spring.messages.basename에 디렉터리와 함께 기본 이름을 같이 설정하자. 앞서 설명한 것처럼 resources 〉 messages 디렉터리에 'messages'로 시작하는 basename을 설정하려면 spring.messages.basename=messages/messages로 한다. 그리고 두 개 이상의 디렉터리에서 프로퍼티 파일들을 관리하려면 콤마(,)로 구분한다. 예를 들어 messages와 errors 디렉터리에서 프로퍼티 파일을 관리하려면 spring.messages.basename = messages/messages, errors/error-messages로 설정하면 된다. 그러면 두 디렉터리 하위에 생성된 메시지 프로퍼티 파일을 로딩한다. 앞서 6.6.1절에서는 messages 디렉터리에 message_ko.properties와 message_en.properties를 로딩할 때 application.properties에 다음과 같이 설정했다.

```
## MessageSource Configuration
spring.messages.basename = messages/messages
```

spring.messages.cache-duration을 설정할 때는 시간 단위를 의미하는 문자열과 시간 값을 조합하여 응답한다. 숫자만 입력하는 경우 초 단위를 기본으로 사용한다. 시간을 의미하는 문자열은 ns(nanosecond), us(microsecond), ms(millisecond), s(second), m(minute), h(hour), d(day)다.

6.6.4 LocaleResolver와 LocaleChangeInterceptor 설정 예제

지금까지 스프링 부트 프레임워크를 사용하여 국제화 기능을 개발하는 방법을 설명했다. 마지막으로 사용자의 요청 메시지에서 언어 정보를 추출하여 Locale 객체로 변경하는 과정과 사용법을 설명한다. MessageSource의 getMessage() 메서드 Locale 인자를 생각해 보자. 언어와 지역 정보를 포함하는 Locale 객체를 인자로 받아 적절한 프로퍼티 파일의 메시지를 응답한다. 프로퍼티 파일 네이밍 규칙에 따라 언어 코드와 지역 코드가 파일 이름에 있기 때문이다.

사용자 요청 메시지에서 언어 정보를 추출하기 위해 앞서 설명한 LocaleResolver를 설정하자. 이와 더불어 사용자 요청 메시지의 파라미터를 사용하여 Locale 정보를 생성하거나 변경하려면 LocaleChangeInterceptor를 추가로 설정한다. 예제에서는 LocaleResolver 인터페이스의 구현체 중 하나인 AcceptHeaderLocaleResolver를 사용한다. HTTP 요청 메시지의 Accept-Language 헤더 값을 파싱하여 Locale 객체로 변경한다. 파싱된 Locale 객체를 직접 참조하려면 o.s.context.i18n.LocaleContextHolder 클래스의 getLocale() 메서드를 사용하자. LocaleContextHolder 내부 ThreadLocal 변수에 Locale 값을 저장하고 있으므로 서블릿 기반의 스프링 웹 애플리케이션에서는 어디에서든 사용 가능하다. 다음은 LocaleResolver와 Interceptor를 설정하는 코드다. WebMvcConfigurer 인터페이스를 사용하여 LocaleResolver와 Interceptor를 추가하는 방법은 앞에서 이미 설명했으므로 생략한다.

example6 예제의 WebServerConfig

```
@Configuration
public class WebServerConfig implements WebMvcConfigurer {

    @Bean(value="localeResolver")
    public LocaleResolver localeResolver() {
        AcceptHeaderLocaleResolver acceptHeaderLocaleResolver = new
AcceptHeaderLocaleResolver();
        acceptHeaderLocaleResolver.setDefaultLocale(Locale.KOREAN); ····❶
        return acceptHeaderLocaleResolver;
    }

    @Override
    public void addInterceptors(InterceptorRegistry registry) {
        LocaleChangeInterceptor localeChangeInterceptor = new LocaleChangeInterceptor();
        localeChangeInterceptor.setParamName("locale"); ····❷
        registry.addInterceptor(localeChangeInterceptor)
                .excludePathPatterns("/favicon.ico")
```

```
            .addPathPatterns("/**");
    }
}
```

❶ Locale 객체를 생성할 수 없을 때는 setDefaultLocale() 메서드를 사용하여 기본 Locale 객체를 설정한다. 예제에서는 Locale.KOREAN 기본 언어로 설정했다. Accept-Language 헤더가 없거나 알 수 없는 헤더 값이 전달되면 Locale 객체는 KOREAN으로 설정된다.

❷ 클라이언트가 웹 서버에 리소스를 요청할 때 Accept-Language 헤더가 아닌 파라미터로 Locale 값을 변경하고 싶다면 LocaleChangeInterceptor를 사용한다. setParamName() 메서드를 사용하면 사용자가 원하는 파라미터 이름으로 변경할 수 있다. 예제에서는 파라미터 이름을 locale로 설정했다. 그래서 사용자가 GET /hotels?locale=ko로 요청하면 locale 파라미터 값 'ko'를 사용하여 Locale 객체를 생성하고 애플리케이션 내부에서 쓸 수 있다.

스프링 웹 프레임워크는 AcceptHeaderLocaleResolver와 LocaleChangeInterceptor를 사용하여 사용자 요청에서 Locale 정보를 추출할 수 있다. DispatcherServlet은 LocaleResolver가 추출한 Locale 객체를 LocaleContextHolder의 setLocalContext() 메서드를 사용하여 ThreadLocal 변수에 저장한다. 이 과정은 DispatcherServlet의 부모 클래스인 FrameworkServlet의 processRequest()와 initContextHolder() 메서드에서 확인할 수 있다. o.s.context.i18n. LocaleContextHolder 클래스는 Locale 정보를 ThreadLocal 변수에 저장하거나 참조할 수 있는 메서드들을 제공한다. 즉, 스프링 웹 프레임워크가 추출한 Locale을 ThreadLocal 변수에 저장하고, 개발자는 LocaleContextHolder의 메서드를 사용하여 프로그램 어디에서든 ThreadLocal에 저장된 Locale을 참조할 수 있는 구조로 되어 있다.[8]

다음 코드는 에러 메시지에 국제화 기능을 적용한 예제로, chapter06 예제의 ErrorController와 ApiExceptionHandler 클래스의 일부다. ErrorController 클래스는 @RestController 애너테이션이 선언되어 있어 REST-API를 처리하는 컨트롤러 클래스다. ErrorController 클래스에서 발생한 에러는 @ExceptionHandler 애너테이션이 적용된 ApiExceptionHandler가 에러를 처리한다. @RestControllerAdvice 애너테이션 덕분에 ApiExceptionHandler 클래스가 직접 REST-API 응답을 할 수 있다. 그러므로 'GET /error' 리소스에 REST-API 요청을 하면 Locale에 따라 응답 에러 메시지가 변경되는 것을 확인할 수 있다.

---

8 ThreadLocal에 저장된 값은 스레드에 저장되므로 같은 스레드 안에서만 참조할 수 있다. 그래서 비동기 프로그래밍을 하거나 별도의 스레드로 작업을 실행하면 ThreadLocal 값을 참조할 수 없다.

```
package com.springtour.example.chapter06.controller;

@Slf4j
@RestController
public class ErrorController {

    private MessageSource messageSource;

    public ErrorController(MessageSource messageSource) {
        this.messageSource = messageSource;        ❶
    }

    @GetMapping(path="/error")
    public void createError() {

        Locale locale = LocaleContextHolder.getLocale(); ····❷

        String[] args = {"10"};
        String errorMessage = messageSource.getMessage("main.cart.tooltip", args,
locale); ····❸
        BadRequestException badRequestException = new BadRequestException(errorMessage);

        // 중략

        throw badRequestException; ····❹
    }
}

package com.springtour.example.chapter06.controller;

@RestControllerAdvice
public class ApiExceptionHandler {

    @ExceptionHandler(BadRequestException.class) ····❺
    public ResponseEntity<ErrorResponse> handleBadRequestException(BadRequestException
ex) {

        System.out.println("Error Message : " + ex.getErrorMessage());
        return new ResponseEntity<>(
                new ErrorResponse(ex.getErrorMessage()),    ❻
                HttpStatus.BAD_REQUEST
        );
```

```
        }

    }
```

❶ 의존성 주입 대상인 MessageSource 객체는 스프링 부트 프레임워크에서 자동 설정으로 만들어
　졌으며, 메시지 프로퍼티 파일에서 적절한 메시지 프로퍼티 값을 참조할 수 있다.

❷ LocaleContextHolder 클래스의 스테틱 메서드인 getLocale() 메서드는 ThreadLocal에 저장된
　Locale 객체를 응답한다.

❸ 메시지 프로퍼티 파일에서 main.cart.tooltip 키와 매핑되는 메시지를 가져온다. 그리고 메
　시지에 포함된 변수는 args 문자형 배열의 값과 교체된다. 예제에서 args 배열 크기는 1이
　고 첫 번째 값은 "10"이므로 문자열 10이 메시지의 첫 번째 변수 자리에 들어간다. 메시지는
　errorMessage 변수에 저장된다.

❹ 예외 발생 상황을 가정하여 만든 예제 코드이므로 badRequestException 객체를 던진다.

❺ ErrorController 클래스에서 발생된 BadRequestException 예외 객체는 ApiExceptionHandler
　의 handleBadRequestException() 메서드가 처리한다.

❻ BadRequestException 객체는 내부에 ❸에서 만들어진 errorMessage 값을 포함하고 있으며, 이
　를 사용하여 REST-API 응답을 한다.

이 예제 코드에서 BadRequestException 클래스의 코드는 생략되어 있다. 예제에서는
BadRequestException 예외 클래스가 에러 메시지를 포함하고 @ExceptionHandler 핸들러 메서드
로 전달하는 역할을 한다. 직접 메시지를 전달하는 방법 대신 메시지 코드나 에러 코드를 포함하
도록 설계하는 방법도 있다.

6.7 로그 설정

SPRING BOOT FOR MSA

애플리케이션을 실행한 후 애플리케이션 내부의 데이터 정보를 획득할 수 있는 일반적인 방법은
많지 않다. 하지만 에러를 디버깅하려면 런타임 상태의 애플리케이션 내부에서 데이터들이 어떻
게 변경되고 처리되는지 추적하는 기능이 필요하다. 이때 로그를 추가하면 데이터가 어떻게 처리

되고 있는지 쉽게 파악할 수 있다. 물론 힙 덤프와 스레드 덤프를 생성하여 분석할 수도 있다.[9] 하지만 이런 방법은 서비스 중인 애플리케이션에 큰 부하를 주므로 애플리케이션에 장애가 있거나 심각한 에러가 발생한 상태에서만 사용하길 바란다.

지금까지 설명한 예제들은 System.out.println() 메서드를 사용했다. 이는 표준 출력 스트림을 사용하여 처리한 애플리케이션의 데이터 결과를 화면에 출력했다. 스트림은 휘발성이므로 시간이 지나면 다시 확인할 수 없다. 그러므로 애플리케이션을 Production 환경에서 실행할 때는 파일이나 로그 저장소에 저장해야 한다. 이 절에서는 스프링 부트 프레임워크에 로그를 설정하는 방법을 설명한다.

자바 애플리케이션을 개발할 때는 로그 프레임워크를 사용하여 로깅하는 것이 일반적이다. 이 중에서도 많이 사용하는 방식은 Slf4J 라이브러리에 로깅 프레임워크를 붙여 로깅 방식을 구성하는 것이다. Slf4J는 Simple Logging Facade For Java의 약어로, 다양한 로깅 프레임워크를 덧붙여 사용할 수 있는 추상화된 로그 레벨 라이브러리다. 추상화되어 있어 직접 파일이나 저장소에 로그를 저장할 수 없지만, 실제 저장소에 로그를 남기는 로깅 프레임워크와 연결할 수 있는 인터페이스를 제공한다. 그래서 개발자가 Slf4J의 API를 사용하여 로그를 남겨도 실제 저장소에 로그를 남기는 것은 로깅 프레임워크다. 이런 구조의 장점은 손쉽게 코드를 변경하지 않아도 로깅 프레임워크를 변경하여 로깅 방식을 변경할 수 있다는 것이다. Slf4J가 자바의 인터페이스 역할을 한다면, 로깅 프레임워크는 인터페이스를 구현한 구현 클래스 역할을 한다. 대표적인 로깅 프레임워크가 logback이다. 이외에도 log4j, log4j2 등이 있다. 스프링 부트 프레임워크는 앞서 나열한 로그 프레임워크들을 모두 지원하지만, 이 책에서는 Slf4J와 logback을 사용하는 방법을 설명한다.

스프링 부트 프레임워크는 추가적인 의존성 설정 없이 기본으로 Slf4J와 logback을 지원한다. spring-boot-starter는 spring-boot-starter-logging을 포함하고 있으며, 내부에는 로깅에 필요한 라이브러리들이 포함되어 있다. 그러므로 스프링 부트 스타터를 사용하는 스프링 부트 애플리케이션에서는 바로 사용할 수 있다.

---

9 디버깅용으로 덤프를 사용하는 것은 반대다.

6.7.1 Logger 선언과 사용

Slf4J 라이브러리를 사용하여 로그를 남기려면 org.slf4j.Logger 객체를 만들어야 한다. org. slf4j.LoggerFactory의 getLogger() 스테틱 메서드를 사용하면 Logger 객체를 만들 수 있다(다음 코드에서 확인할 수 있다). 하지만 다음 코드처럼 모든 클래스에 Logger log 객체를 직접 코딩하는 것보다 Lombok 라이브러리에서 제공하는 @Slf4J 애너테이션을 사용하면 손쉽게 Logger 객체를 만들 수 있다. @Slf4J 애너테이션을 클래스 선언부에 정의하자. 그러면 자바 애너테이션 프리프로세서(annotation preprocessor)가 컴파일 과정에서 Logger 객체를 만들며, 그 객체 이름은 'log'다. 그러므로 코드 내부에서 묵시적으로 log 변수를 사용하여 로그를 남기면 된다.

Logger 객체를 명시적으로 선언하는 방법과 Lombok 애너테이션을 사용하여 선언하는 방법

```
// Logger Log를 직접 선언하는 방법
public class LogExample {
private static final org.slf4j.Logger log =
org.slf4j.LoggerFactory.getLogger(LogExample.class);
}


// Lombok의 @Slf4J를 선언하는 방법
@Slf4J
public class LogExample {
}
```

Slf4J의 Logger는 로그를 위험도에 따라 다섯 레벨로 구분할 수 있는 메서드를 제공한다. 위험도가 낮은 순으로 trace, debug, info, warn, error 레벨로, 각 레벨의 이름과 같은 메서드를 사용하면 레벨에 맞는 로그가 출력된다. 다음 코드는 Logger에서 제공하는 메서드를 사용한 예제다.

ErrorController의 createError 메서드 예제

```
public void createError() {
// 생략
    log.trace("trace log at, {}", errorDate); ----❶
    log.debug("debug log at, {}", errorDate);
    log.info("info log at, {}", errorDate);
    log.warn("warn log at, {}", errorDate);
    log.error("error log at, {}, {}", errorDate, "errorMessage", badRequestException); ----❷
    // 생략
}
```

❶ 문자열 "trace log at, {}"를 trace 레벨의 로그로 남긴다. 단 {}는 변수 자리를 의미하며, errorDate 객체의 toString() 값과 교체된다. debug(), info(), warn(), error() 메서드도 같은 방식으로 로그를 남길 수 있다.

❷ 문자열 "error log at, {}, {}"를 error 레벨의 로그로 남긴다. 모든 로그 메서드는 하나 이상의 변수 자리를 선언할 수 있으며, 변수 값은 콤마(,)로 구분하여 계속 입력할 수 있다. 예제에서는 두 개의 변수 자리가 선언되어 있으며, 순서대로 errorDate의 toString() 값, "errorMessage" 문자열과 교체된다. error() 메서드의 마지막 인자인 badRequestException은 예외 객체다. 예외 객체를 인자로 넣으면 스택 트레이스(stack trace) 정보가 로그에 남는다. 단 예외 객체와 매핑되는 변수 자리가 없어야 한다. 그래서 예제의 변수 자리 개수는 두 개다.

지금까지 애플리케이션에서 Slf4J를 사용하여 로그를 생성하고 로깅하는 방법을 설명했다. 이제 Slf4J 구현 로그 프레임워크인 Logback을 스프링 부트 프레임워크에서 제공하는 방법으로 설정해 보자. Logback 프레임워크에서 제공하는 설정 포맷과 방법이 있는데, 스프링 부트는 여기에 프로파일 기능을 추가로 사용할 수 있는 방법을 제공한다. 그래서 실행 환경에 따라 Logback 설정을 다르게 가져갈 수 있다. Logback 로깅 프레임워크는 설정 파일 포맷으로 XML과 Groovy를 지원한다. 스프링 부트도 둘 다 지원하지만, 이 책에서는 XML을 사용하여 설정하는 방법을 설명한다.

스프링 부트 프레임워크에서 Logback 로깅 프레임워크를 설정하는 방법은 크게 두 가지다. 첫 번째는 application.properties 파일에 로깅 관련 설정을 사용하여 간단하게 Logback 프레임워크를 설정하는 방법이다. 두 번째는 최상위 루트 클래스 패스에 로깅 설정 파일을 별도로 선언하여 로깅 프레임워크를 상세하게 설정하는 방법이다. 다음 코드는 스프링 부트 프레임워크가 제공하는 설정값들이다. 다음 설정들을 application.properties 파일에 정의하면 간단하게 Logback 로깅 프레임워크를 설정할 수 있다. 로깅 설정은 파일의 경로나 이름을 설정하는 것 외에도 로그 파일을 정리하는 여러 방법을 제공한다.

application.properties에서 제공하는 로깅 설정

```
logging.file.path = /home/user/apps/logs ┄┄┐
                                           ├┄❶
logging.file.name = system.log ┄┄┄┄┄┄┄┄┄┄┘
logging.file.max-history = 7 ┄┄┄┄┐
logging.file.max-size = 10MB     ├┄❷
logging.file.total-size-cap = 0 ┄┘
logging.pattern.console = ┄┄❸
logging.pattern.file = ┄┄❹
logging.pattern.level = ┄┄❺
```

❶ 로그 파일의 경로(logging.file.path)와 파일 이름(logging.file.name)을 설정해야 로그가 파일로 저장된다. 설정하지 않으면 콘솔로 로그가 출력되므로 사실상 로그가 유실된다고 생각하면 된다.

❷ 로그 파일의 최대 크기(logging.file.max-size)와 로그 파일을 며칠 동안 저장할지(logging.file.max-history) 설정할 수 있다. 로그들의 총합의 크기가 설정값(logging.file.total-size-cap)보다 크면 가장 오래된 로그 파일을 삭제하는 설정이다(자세한 내용은 다시 설명한다).

❸ 콘솔에 출력되는 로그 패턴을 설정한다.

❹ 파일에 출력되는 로그 패턴을 설정한다.

❺ 로그 레벨의 포맷을 설정한다. 기본값은 %5p이며 최대 다섯 글자까지 출력한다.

하나의 로그 파일에 계속해서 로그를 쌓으면 로그 파일이 커져 로그 파일을 읽고 검색하는 데 불편한 점이 많다. 그래서 날짜나 파일의 크기 같은 특정 규칙에 따라 로그 파일을 변경하면서 로그를 저장한다. 이를 일반적으로 롤링 정책(rolling policy)이라고 하며, Logback 프레임워크도 RollingPolicy 인터페이스와 구현체들을 제공한다.

스프링 부트 프레임워크의 기본 설정으로는 ch.qos.logback.core.rolling.SizeAndTimeBasedRollingPolicy 클래스를 롤링 정책으로 사용한다. 그래서 application.properties 설정 파일의 속성인 logging.file.max-size와 logging.file.max-history 설정을 하면 SizeAndTimeBasedRollingPolicy에 설정되어 로그 파일을 롤링한다. 앞의 두 속성을 설정하지 않아도 스프링 부트의 기본 설정에 따라 날짜를 기반으로 로그 파일을 롤링한다. 오늘 날짜를 2021년 12월 25일이라고 생각하자. 오늘 생성된 로그는 system.log에 저장되지만, 오늘 자정을 넘기면 system.log 파일은 system.2021-12-25.log 파일로 변경되고 새로운 system.log 파일에 로그가 저장된다. 'logging.file.max-size = 100M'로 설정한다고 생각하자. system.log 파일의 크기가 100M를 초과하면 로그 파일 이름에 인덱스를 붙여서 저장한다. 즉, 100M가 초과된 system.log 로그 파일은 system1.log로 이름이 변경되고 다시 크기가 0인 system.log에 새로운 로그가 저장된다. 'logging.file.max-history = 7'로 설정하면 7일이 지난 로그 파일들은 삭제된다.

6.7.2 logback-spring.xml

Logback 로깅 프레임워크는 클래스 패스에 있는 logback.xml 파일을 로딩하고 설정한다. 하지만 스프링 부트 프레임워크는 logback-spring.xml 파일을 로딩하고 로깅 프레임워크를 설정하는 방법을 제공한다. 그래서 스프링 부트 프레임워크를 사용하여 Logback을 설정할 때는 두 가지 방법 중 하나를 사용하면 된다. 두 설정 파일 모두 클래스 패스 최상위 위치에 생성하면 애플리케이션이 시작하면서 설정 파일을 읽는다. 두 설정 파일은 설정 방법이 거의 유사하다. 하지만 logback-spring.xml은 스프링 부트 프레임워크에서 제공하는 Profile 기능을 추가로 제공한다. 그래서 필자는 logback-spring.xml을 사용하여 Logback을 설정하는 것을 추천한다.

물론 Logback.xml을 사용해도 되지만 Logback 프레임워크 자체는 스프링 부트에서 제공하는 profile 기능을 같이 사용할 수 없다. logback-spring.xml을 사용한다면 스프링 부트와 함께 profile 기능을 사용할 수 있다. 그래서 실행 환경에 따른 로깅 전략을 쉽게 구현할 수 있다. application.properties와 달리 logback-spring.xml 파일 하나에서 설정과 관리를 모두 할 수 있는 특징이 있다. profile에 따른 로깅 전략은 다음 에피소드에서 확인해 보자.

에피소드 ☰　스프링 투어의 호텔 예약 애플리케이션은 Local, Dev, Production 환경에서 동작하도록 설정되었다. 로그를 설정하던 나개발은 Logback 프레임워크를 잘 알고 있었으므로 logback.xml에 자신의 환경에 맞게 로그를 설정하고 커밋했다. 하지만 애플리케이션을 같이 개발하던 나선배의 디렉터리 구조와 나개발의 디렉터리 구조가 달라 로그 파일이 의도하지 않은 곳에 생성되었다. 또한 개발 서버에 배포해도 애플리케이션이 실행되지 않았다. 디렉터리 구조가 다르고 디렉터리에 권한이 없어 로그 파일을 생성할 수 없었다. 이를 본 나선배는 나개발과 함께 전략적으로 로그를 설정하기로 했다.

- Local 환경에서는 콘솔에 로그를 출력한다. 그리고 Dev, Production 환경에서는 파일에 로그를 저장한다.
- Dev 환경에서는 로그 파일을 7일 동안 저장하지만, Production 환경에서는 로그를 30일 동안 저장한다.
- Local, Dev 환경에서는 info 레벨 이상의 로그만 로깅하고, Production 환경에서는 warning 이상의 로그만 로깅한다.

다음은 에피소드에서 정리한 로깅 전략대로 설정한 logback-spring.xml 설정 파일이다. 설정 파일을 보면 크게 logger와 appender, root와 springProfile 설정으로 구분할 수 있다. logger, appender, root는 Logback의 설정이며 스프링 부트의 프로파일 설정을 하려면 springProfile을 이용하면 된다.

logger 설정은 로그의 레벨과 로그가 발생한 클래스, 로그 메시지를 포함하는 컨텍스트(context)다. logger는 appender와 일대다 관계다. appender는 로그 메시지를 어떤 패턴으로 어디에 출력할지 설정할 수 있다. 출력 대상은 콘솔이나 파일, 원격 서버에 있는 로그 저장소가 될 수 있다. 클라우드 환경에서 서버는 자동 스케일아웃(auto scale-out)될 수 있으므로 원격 저장소에 네트워크를 통해 로그를 전달하기도 한다. 파일에 출력 설정을 한 appender와 원격 서버에 출력 설정을 한 appender를 하나의 logger에 설정하면 분산 서버 환경에서 발생한 모든 로그를 쉽게 수집할 수 있다. 마지막으로 root 설정은 최상위 로그 설정이다. logger는 특정 로그 컨텍스트에 대한 설정인 반면, root는 애플리케이션에서 발생하는 전체 로그 컨텍스트에 대한 설정이다.

logback-spring.xml 설정 파일

```xml
<?xml version="1.0" encoding="UTF-8" ?>
<configuration>

    <logger name="org.springframework.beans.factory" level="warn"/> ----❷

    <springProfile name="local"> ----❶
        <appender name="STDOUT" class="ch.qos.logback.core.ConsoleAppender">
            <encoder>
                <pattern>%d{yyyy/MM/dd HH:mm:ss.SSS} %magenta([%thread]) %highlight(%-
5level) %logger{36} - %msg%n</pattern>
            </encoder>
        </appender>



        <root level="info">

            <appender-ref ref="STDOUT"/>
        </root>
    </springProfile>

    <springProfile name="dev">
        <appender name="systemLogAppender" class="ch.qos.logback.core.rolling.
RollingFileAppender"> ----❺
            <rollingPolicy class="ch.qos.logback.core.rolling.TimeBasedRollingPolicy"> ----❻
                <fileNamePattern>${LOG_PATH}/system-%d{yyyy-MM-dd}.%i.
log</fileNamePattern> ----❾
                <timeBasedFileNamingAndTriggeringPolicy class="ch.qos.logback.core.
rolling.SizeAndTimeBasedFNATP">
                    <maxFileSize>100MB</maxFileSize>
                </timeBasedFileNamingAndTriggeringPolicy>
                <maxHistory>30</maxHistory> ----❼
            </rollingPolicy>
            <encoder>
                <pattern>%d{HH:mm:ss.SSS} [%thread] %-5level %logger{36} -
%msg%n</pattern>
            </encoder>
        </appender>
```

❸

❹

❽

```
            <root level="info">
                <appender-ref ref="systemLogAppender"/>
            </root>
        </springProfile>

        // 중략
</configuration>
```

❶ springProfile 엘리먼트 하위에 포함된 엘리먼트 설정들은 스프링 프로파일이 springProfile
  name 속성과 일치하면 활성화된다. 즉, local 프로파일이면 하위의 appender와 root 설정이
  동작한다.

❷ logger 설정이며, o.s.beans.factory 패키지에 포함된 클래스에서 발생하는 모든 로그 메시지
  중 warn 레벨 이상만 로깅하는 설정이다.

❸ appender 이름은 'STDOUT'이며, 구현체는 Logback에서 제공하는 ConsoleAppender다. 이름
  그대로 콘솔에 로그를 출력하는 기능을 제공한다. 이때 하위 encoder는 로그 메시지를 어떤
  형태로 출력할지 패턴 값을 참조하여 인코딩한다.

❹ root 설정으로 애플리케이션에서 발생하는 모든 로그 메시지 중 info 레벨 이상만 로깅하
  는 설정이다. 그리고 하위에 포함된 appender-ref 엘리먼트 설정으로 모든 로그 메시지는
  STDOUT appender로 전달되며, 그 결과가 콘솔에 출력된다.

❺ 로그 파일을 정해진 규칙에 따라 롤링해서 일정량의 로그를 유지하는 RollingFileAppender를
  사용하여 systemLogAppender를 설정한다.

❻ Logback에서 제공하는 TimeBasedRollingPolicy는 시간 설정에 따라 로그 파일을 롤링하는
  정책이다.

❼ TimeBasedRollingPolicy의 maxHistory 설정에 따라 최대 30일 동안 로그를 보관한다.

❽ RollingFileAppender에서 제공하는 날짜별 롤링에 파일 크기까지 더해 로그 파일을 분리하는
  설정이다. 로그 파일의 크기가 100M를 초과하면 파일을 분리한다.

❾ RollingFileAppender에서 저장하는 파일의 경로와 이름 패턴을 설정할 수 있다.

<springProfile> 엘리먼트의 name 속성 값을 설정하여 스프링 부트 프레임워크의 프로파일처럼
Logback을 설정할 수 있다. 예제에는 Local, Dev 환경으로 설정이 분리되어 있다. 하지만 예
제처럼 실행 환경마다 매번 설정해야 한다면 실행 환경이 많아질수록 설정은 더 많아진다. 이때
springProfile name 속성 값에 여러 프로파일 값을 설정해 보자.

OR나 NOT을 사용하면 간단하게 설정할 수 있다. OR를 의미하는 파이프라인(|)이나 NOT을 의미하는 느낌표(!) 키워드를 사용하면 된다. 즉, 'local | dev'라고 설정하면 Local 또는 Dev 환경에서 설정이 동작한다. '!local'로 설정하면 Local을 제외한 모든 환경에서 설정이 동작한다.

예제를 보면 root와 logger 설정이 같이 사용될 때는 logger 설정이 더 우선권을 갖는다. 예제 설정에서 ❷와 ❹는 Local 환경에서 동작하는 logger와 root 설정이다. logger 설정이 우선권이 있으므로 o.s.beans.factory 패키지에서 발생하는 로그 메시지 중 warn 레벨 이상만 로깅된다. o.s.bean.factory 패키지 외에서 발생하는 로그 메시지들은 root 설정을 따르므로 info 레벨 이상만 로깅된다.

로그 파일을 저장할 때는 실행 환경에 따라 저장 경로가 다를 수 있다. Dev 환경에서는 /Users/byungboor/apps/hotel-api/logs 경로에 로그 파일들이 저장되고, Production 환경에서는 /Users/byungboor/hotel-api/logs에 저장될 수 있다. 저장 경로를 제외하고 Dev 환경과 Production 환경의 로그 설정이 같다면 <springProfile>을 사용하여 분리하는 것은 불필요한 행위다. application.properties에 다음과 같이 설정하면 ${LOG_PATH} 변수에 값이 설정된다.

```
logging.file.path=/home1/irteam/logs/fg_ad_api
```

appender의 로그 메시지 패턴에서 사용할 수 있는 키워드는 다음과 같다.

- **%logger{length}**: Logger 이름을 출력한다. length 길이에 맞추어 이름을 줄인다.
- **%-5level**: 로그 레벨을 출력하고 다섯 글자로 고정하여 출력한다.
- **%msg**: 로그 메시지를 출력한다.
- **%d{HH:mm:ss.SSS}**: 로그가 발생한 시점의 시간을 출력하며, 중괄호에 시간 포맷을 설정할 수 있다.
- **%M**: 로그가 발생한 메서드 이름을 출력한다.
- **%thread**: 로그가 발생한 스레드 이름을 출력한다.
- **%C**: 로그가 발생한 클래스 이름을 출력한다.
- **%n**: 줄바꿈한다.

애플리케이션을 운영할 때는 반드시 웹 서버의 access 로그와 애플리케이션 로그를 같이 남기자. 두 로그는 목적이 다르므로 조합하면 디버깅에 필요한 단서를 많이 얻을 수 있다. access 로그는 사용자가 서버에 요청한 모든 기록을 저장한다. 이때 사용자가 요청한 시간, 리소스와 서버가 응답한 HTTP 상태 코드 등을 한 번에 확인할 수 있다. 애플리케이션 로그는 사용자 요청을 처리하는 과정 중 디버깅을 위한 단서를 로깅하는 목적으로 사용한다. 하지만 로깅 프레임워크에서 사용하는 로그는 애플리케이션이 사용자 요청을 처리하면서 디버깅을 위한 단서를 남기는 용도로 쓴다.

특히 스레드 풀 방식의 스프링 부트 애플리케이션에서 로그를 만들 때 스레드 이름은 반드시 포함하는 것이 좋다. 사용자의 요청 메시지를 받고 응답 메시지를 처리하는 일련의 과정을 임베디드 톰캣의 스레드가 담당한다. 그러므로 임베디드 톰캣의 access 로그에 포함된 스레드 이름은 애플리케이션 로그에 포함된 스레드 이름과 같다. 애플리케이션에서 에러가 발생했다면 어떤 REST-API가 호출되었을 때 발생하는 에러인지 연관 지어 디버깅할 수 있다. 그래서 더 많은 정보를 같이 파악할 수 있다. 예를 들어 클라이언트가 GET 메서드를 호출하고 에러가 발생했다면 어떤 파라미터로 요청했는지, 어떤 헤더 값을 포함하여 요청했는지 access log를 보고 파악할 수 있다. 물론 두 로그 사이를 정확하게 매칭할 수는 없지만, 호출 시간과 스레드 이름을 조합하면 쉽게 찾을 수 있다.

6.7.3 중앙 수집 로그

일반적으로 애플리케이션 서버에서 발생되는 로그는 로컬 서버의 파일에 저장된다. 그래서 로그를 확인하려면 로컬 서버에 접속해야 한다. 마이크로서비스 아키텍처의 애플리케이션 서버는 사용자 요청을 빠르게 처리하고자 스케일아웃하는 구조이므로 여러 서버가 필요하다. 다시 말하면 로그 파일들은 분산 저장되어 있다. 또한 도커 같은 컨테이너 환경이나 클라우드 환경에서는 서버를 자동 스케일아웃하거나 스케일인한다. 스케일아웃되어 서버가 늘어났을 때는 어떤 서버에 접속해서 로그를 확인할지 알기가 쉽지 않다. 반대로 스케일인되어 실행 중이던 서버가 사라지면 서버에 저장된 로그들은 유실되어 찾아보기 힘들 수 있다. 이런 환경이 아니더라도 서비스를 운영하는 서버가 여러 대라면 각 서버에 접속하여 로그를 확인하는 것도 쉽지 않다.

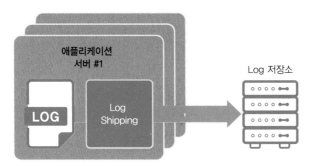

각 서버 애플리케이션에서 생성된 로그를 로그 운반 프로그램이나 카프카 같은 대용량 큐를 사용하여 로그 저장소로 운반할 수 있다. 대표적인 로그 운반 툴로 FileBeat나 Fluentd 같은 프로그램이 있다. 이 프로그램은 애플리케이션에서 생성한 로그 파일을 읽어 로그 저장소로 전달하는 역할을 한다. 물론 비교적 경량 프로그램이므로 로그 파일을 읽고 전송하는 데 부하가 적다. 또한 별도의 프로그램이므로 로그를 통합하는 애플리케이션을 수정할 필요가 없다는 장점도 있다. 그리고 전송 대상은 데이터베이스부터 검색 엔진, 하둡 등 여러 가지 저장소에 저장 가능하다. FileBeat는 LogStash와 통합하여 로그를 다시 한 번 정제할 수 있으며, 엘라스틱 서치 검색 엔진에 저장하고 Kibana라는 오픈 소스 툴을 사용하여 검색하도록 되어 있다. 그래서 각 제품의 앞 글자를 따서 ELK 스택이라고 한다. 로그를 수집할 수 있는 아키텍처는 다양하다. 그리고 오픈 소스 프로젝트도 매우 다양하다. 이런 내용을 자세히 설명하는 별도의 책이 있을 정도다. 필자는 간단히 소개만 했지만 MSA 아키텍처를 디자인하는 과정에서 반드시 고려해야 하는 내용이다.

6.8 애플리케이션 패키징과 실행

SPRING BOOT FOR MSA

개발자가 작성한 코드를 컴파일하여 생성된 클래스 파일들을 J2EE 표준에 맞게 하나의 파일로 묶는 과정을 패키징이라고 하며, 이때 묶인 파일 확장자는 war, jar이다. 그리고 패키징 과정에서 클래스 파일들을 압축하지 않고 하나의 파일로 묶는 것을 아카이빙(archiving)이라고 한다. J2EE 표준에 맞는 디렉터리 구조로 컴파일된 파일을 이동하여 아카이빙한 파일을 패키지 파일이라고 한다. 웹 애플리케이션 코드들을 패키징하는 방법에 따라 WAR, JAR 패키지 파일로 만들 수 있으며, 두 패키지 파일은 애플리케이션을 실행하는 방식이 다르므로 패키징하는 방법도 다르다. 마지막으로 패키지 파일을 실행할 서버로 이동한 후 실행하는 일련의 과정을 배포(deploy)라고 한다.

애플리케이션을 실행하는 방식에 따라 패키징 방식을 결정하면 된다. 웹 애플리케이션을 실행하는 방식은 크게 두 가지로 나눌 수 있다. 첫 번째는 톰캣 같은 웹 애플리케이션 서버가 WAR 패키지 파일을 로딩하여 웹 애플리케이션을 실행하는 방식이다. 두 번째는 java 명령어를 사용하여 JAR 패키지 파일을 직접 실행하는 방식이다. WAR 패키지 파일을 이용하여 배포하는 방식은 MSA 환경에 적합하지 않다. 먼저 서버에 JRE와 톰캣 서버가 미리 설치되어 있어야 한다. 하지만 JAR 패키지 파일을 이용한 배포 방식은 서버에 JRE만 설치되어 있으면 된다. 그래서 매우 간단하게 애플리케이션을 배포하고 실행할 수 있다. 클라우드나 도커 환경에서 서비스한다면 JAR 패키징 방식이 매우 편리하다. 톰캣이 배포 대상 서버에 미리 설치 및 설정할 필요가 없기 때문이다.

하지만 JAR 패키지 파일도 단점이 있다. WAS 없이는 웹 애플리케이션을 실행할 수 없다. 그러므로 웹 애플리케이션을 JAR 패키지 파일로 실행하려면 JAR 파일 내부에는 WAS를 포함하고 있어야 한다. 이때 패키지에 포함된 WAS를 임베디드 WAS라고 한다. 스프링 부트 프레임워크는 기본 설정으로 임베디드 톰캣을 사용한다. 그래서 스프링 부트 프레임워크를 사용하여 개발된 JAR 패키지 파일은 WAS를 포함하고 있으므로 패키지 파일 용량이 WAS보다 크다.

MSA는 복잡하고 사용량이 많은 서비스를 위한 아키텍처. 그래서 MSA 컴포넌트들은 쉽게 확장할 수 있는 구조로 설계되어야 한다. 일반적으로 처리량을 높이기 위해 서버를 추가하는 수평 확장 방식을 취한다. 그러므로 REST-API 애플리케이션도 쉽게 수평 확장되어야 한다. 전통적인 IDC 환경의 서버 구성(on-premise)보다 클라우드 서버 환경이 수평 확장에 용이한데, 콘솔이나 클라우드에서 제공하는 서비스를 이용하면 손쉽게 서버를 추가하고 배포할 수 있기 때문이다.

클라우드 서비스 대부분은 사용량이 임계점에 도달하면 자동으로 서버를 확장할 수 있는 기능을 제공한다. 이때 WAR 방식으로 배포 전략을 결정했다고 생각해 보자. 서비스에 추가할 서버에는 OS, JRE, 톰캣이 필요하다. 물론 클라우드 서비스에서 인스턴스 이미지를 생성하고 저장한 후 이를 사용하여 인스턴스를 쉽게 생성할 수 있는 기능도 제공한다. 하지만 확장해야 할 컴포넌트마다 톰캣 버전이나 설치된 경로가 다르다면 어떤지 생각해 보자. 물론 간단히 생각하면 톰캣 버전마다 이미지를 생성하고 관리하면 된다. JRE 버전도 다르다면 어떻게 될까? 수많은 머신 이미지를 생성하고 관리해야 한다. 이 과정에서 잘못된 서버에 WAR 패키지 파일이 배포되고 정상적으로 서비스하지 못하는 상황이 발생할 수 있다. 이런 복잡한 과정 없이 JAR 파일만 배포하고 실행 스크립트를 실행할 수 있다면 어떨까? 복잡한 과정은 견고한 서비스의 걸림돌이 될 수 있다. 이런 장점 외에도 쉽게 개발 환경을 구축할 수 있다.

6.8.1 메이븐 패키징

스프링 부트 프레임워크는 실행 가능한 JAR(executable Jar)를 만들 수 있는 빌드 플러그인(build plugin)을 제공한다. 프레임워크에서 제공하는 플러그인은 메이븐(Maven)과 그레이들(Gradle) 빌드 툴에서 사용할 수 있으며, 이 책에서는 메이븐을 이용하여 패키징하는 방법을 설명한다.

일반적으로 메이븐으로 패키징할 때는 메이븐에서 제공하는 여러 플러그인을 사용하여 직접 설정해야 한다. 그리고 필요한 메인 클래스를 직접 개발해서 실행 가능한 JAR 패키지 파일을 만들어야 한다. 하지만 스프링 부트 프레임워크는 이런 귀찮은 일을 대신하는 플러그인을 제공하며, 개발자는 매우 간단하게 JAR 패키지 파일을 만들 수 있다. 이 절에서는 메이븐과 스프링 부트 프레임워크에서 제공하는 플러그인을 사용하여 실행 가능한 JAR 패키지 파일을 만드는 방법을 설명한다.

메이븐은 애플리케이션의 생명주기(lifecycle)를 관리할 수 있는 툴이다. 즉, 개발자가 개발한 애플리케이션을 컴파일부터 넥서스 저장소까지 배포할 수 있는 애플리케이션의 생명주기를 관리할 수 있는 빌드 툴이다. 그래서 컴파일된 파일을 클린, 컴파일, 테스트, 패키징, 검증, 인스톨, 디플로이하는 여러 단계로 애플리케이션을 관리할 수 있다. 이 여러 단계 중 필요한 과정만 직접 수행해도 되며, 반드시 디플로이 과정까지 실행할 필요는 없다. JAR 패키지 파일을 만드는 과정은 클린, 컴파일, 패키징 과정까지만 실행하면 된다. 물론 이 과정에서 Junit 같은 테스트 케이스를 실행하는 단계를 포함해도 좋다. 우리는 메이븐을 이용하여 스프링 부트 애플리케이션을 패키징하는 단계까지만 실행할 것이다.

의존성을 설정하는 pom.xml에 다음과 같이 빌드 설정을 추가하자. 그리고 어떤 패키징 타입을 설정할지 정의하자.

pom.xml

```
<?xml version="1.0" encoding="UTF-8"?>
<project xmlns="http://maven.apache.org/POM/4.0.0"
        xmlns:xsi="http://www.w3.org/2001/XMLSchema-instance"
        xsi:schemaLocation="http://maven.apache.org/POM/4.0.0 http://maven.apache.org/
xsd/maven-4.0.0.xsd">
    <parent>
        <artifactId>example</artifactId>
        <groupId>com.springtour</groupId>
        <version>1.0.0</version>
    </parent>
    <modelVersion>4.0.0</modelVersion>
    <artifactId>chapter06</artifactId>
```

```xml
        <packaging>jar</packaging>  ····❶


    <build>
        <plugins>
            <plugin>
                <groupId>org.springframework.boot</groupId>
                <artifactId>spring-boot-maven-plugin</artifactId>    ❷
            </plugin>
        </plugins>
    </build>
</project>
```

❶ 실행 가능한 JAR 파일을 만들기 위해 패키징 타입을 jar로 명시해야 한다.

❷ 스프링 부트 프레임워크에서 제공하는 spring-boot-maven-plugin이다. 이 플러그인은 메이븐의 package 단계에서 실행되며, 클래스 파일들과 개발 도중에 사용한 라이브러리들을 컴파일하고 표준에 맞는 디렉터리 구조로 변경하여 JAR 패키지 파일을 생성한다.

java 명령어의 -jar 옵션으로 JAR 패키지 파일을 실행하면 개발자가 생성한 public static void main() 메서드가 실행되어야 한다. chapter06 예제 프로젝트에 포함된 Chapter06Application. java 클래스에 public static void main() 메서드가 있음을 기억해 보자. 메서드 내부에는 SpringApplication.run() 코드가 있어 스프링 애플리케이션이 실행된다. 이를 애플리케이션 시작점(entry-point)이라고 하며, 이를 JAR 파일 내부 META-INF/MANIFEST.MF 파일에 정의해야 한다. 그래야 java 명령어가 JAR 파일에 포함된 어떤 클래스의 public static void main() 메서드를 실행할지 알 수 있다. 다음은 MANIFEST.MF 파일의 일부다.

chapter06-1.0.0.jar에 포함된 MANIFEST.MF 파일

```
Manifest-Version: 1.0
Build-Jdk-Spec: 11
Main-Class: org.springframework.boot.loader.JarLauncher
Start-Class: com.springtour.example.chapter06.Chapter06Application
```

java 명령어는 MANIFEST.MF 파일을 읽고 Main-Class를 실행한다. JarLauncher 클래스는 스프링 부트 프레임워크에서 제공하는 것이다. 실행된 JarLauncher 클래스는 다시 Start-Class에 정의된 클래스를 실행한다. 그런 다음 개발자가 작성한 스프링 부트 애플리케이션이 실행되는 구조다. 예제 파일에서는 Chapter06Application이 Start-Class에 설정되어 있음을 알 수 있다.

pom.xml을 설정했다면 IDE에서 제공하는 메이븐 패널을 사용하여 패키징 단계를 실행하자. IDE는 IntelliJ를 사용한다. 메이븐 패널에 패키징할 프로젝트를 선택한 후 Lifecycle의 package를 더블클릭하여 실행하면 된다. 그림 6-10을 참고하여 chapter06 프로젝트를 패키징해 보자.

▼ 그림 6-10 메이븐 패널과 chapter06 예제를 패키징하는 package 단계 실행

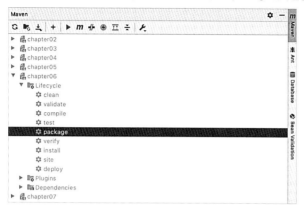

메이븐의 package 단계를 실행하여 성공하면 target 폴더에 JAR 패키지 파일이 생성된다. target 폴더는 코드베이스가 있는 디렉터리 하위에 위치한다. chapter06 코드베이스가 /Users/byungbookim/Projects/chapter06 디렉터리에 있다면 이 디렉터리 하위에 target 디렉터리가 생성되고, JAR 파일이 위치한다. 그림 6-11은 package 단계가 성공적으로 완료되면 확인할 수 있는 화면이다. 그림 6-11 위쪽에 출력된 'Building jar: ' 로그를 확인해 보자. JAR 패키지 파일의 경로를 확인할 수 있다. 생성된 파일 이름은 chapter06-1.0.0.jar이다. 패키지 파일 이름은 pom.xml에 정의된 artifactId와 modelVersion 값의 조합으로 구성된다.

▼ 그림 6-11 패키징에 성공하면 확인할 수 있는 결과 화면

```
[INFO] --- maven-jar-plugin:3.2.0:jar (default-jar) @ chapter06 ---
[INFO] Building jar: /Users/byungbookim-mbp/Projects/books/SpringBoot/example/chapter06/target/chapter06-1.0.0.jar
[INFO]
[INFO] --- spring-boot-maven-plugin:2.3.1.RELEASE:repackage (repackage) @ chapter06 ---
[INFO] Replacing main artifact with repackaged archive
[INFO] -------------------------------------------------------------------------
[INFO] BUILD SUCCESS
[INFO] -------------------------------------------------------------------------
[INFO] Total time:  1.893 s
[INFO] Finished at: 2021-04-20T23:00:05-07:00
[INFO] -------------------------------------------------------------------------
```

chapter06-1.0.0.jar 파일을 다음과 같이 실행하면 웹 애플리케이션이 실행된다.

```
nohup java -Xms1024m -Xmx1024m -XX:+UseG1GC -jar ./chapter06-1.0.0.jar > server.out
2>&1 &
```

JAR 파일을 실행하면서 GC 옵션이나 메모리 옵션을 추가할 수 있다. 앞의 예제에서는 Java 애플리케이션이 시작할 때 힙 메모리를 설정하는 -Xms와 최대 힙 메모리를 설정하는 -Xmx 옵션을 사용했다. 두 옵션의 조합으로 chapter06-1.0.0.jar 애플리케이션은 애플리케이션 시작부터 종료까지 힙 메모리 크기를 1G로 유지한다.[10] 그리고 -XX:+UseG1GC 옵션 설정으로 G1GC를 사용하도록 강제했다. 마지막으로 nohup 명령어와 명령어 마지막의 & 때문에 애플리케이션을 실행한 사용자가 리눅스에서 로그아웃을 하더라도 백그라운드로 애플리케이션이 실행된다.

6.8.2 도커 이미지 생성

이번에는 도커 환경에서 웹 애플리케이션을 실행하는 방법을 설명한다. 도커는 컨테이너 기반의 가상화 플랫폼을 의미한다. 애플리케이션을 서버에서 실행하기 위해서는 서버에 미리 OS가 설치되어야 하고, 서비스에 필요한 패키지나 라이브러리들이 필요하다. 스프링 부트 애플리케이션을 실행하려면 OS가 설치된 서버에 JRE가 반드시 필요하다. 상황에 따라서는 레디스 같은 애플리케이션도 설치 및 실행되어 있어야 한다.[11] 이렇게 애플리케이션을 실행하는 데 필요한 설정과 환경, 배포 파일을 컨테이너에 담아 놓고 컨테이너 자체를 배포하는 방식을 제공하는 것이 도커다. 도커 이미지는 실행할 서버의 모든 상태를 저장하고 있는 것을 의미한다. 이 이미지를 사용하여 도커를 실행하면 컨테이너가 된다.

자세한 도커 내용은 이 책에서 따로 언급하지 않는다. 또한 도커를 효율적으로 사용할 수 있는 오케스트레이션 툴인 도커 스웜(Docker Swarm)이나 쿠버네티스(Kubernetes)도 그 내용이 너무 많아 책에서는 언급할 수 없다. 이 책에서는 스프링 부트 애플리케이션을 도커에서 실행할 수 있도록 이미지를 만들고 실행하는 방법을 설명한다.

도커의 또 다른 장점은 컨테이너 배포다. 즉, 컨테이너에서 애플리케이션이 실행되므로 인프라에 상관없이 일관성 있게 실행할 수 있다. 도커가 설치되어 있는 인프라라면 AWS, Azure, Google Cloud 등 어떤 플랫폼이든 똑같은 방식으로 애플리케이션을 배포할 수 있다. 또한 개발자의 PC에서도 Production 환경과 똑같이 애플리케이션을 실행할 수 있는 장점이 있다. 매우 쉽게 배포할 수 있어 스케일아웃도 쉬운 장점이 있다. JDK나 별도의 라이브러리 설치 없이 컨테이너만 실행하면 된다.

---

10 JVM은 힙 메모리뿐만 아니라 메타 데이터 영역이 있으므로 애플리케이션은 1G 이상의 메모리를 사용할 수 있다.

11 WAS 기반의 war 방식으로 배포한다면 컨테이너에 어떤 작업이 필요할지 생각해 보자.

도커를 사용하여 애플리케이션을 배포하는 방법은 다양하다. 가장 기본적인 배포 방법은 도커 이미지를 생성하고, 이를 사용하여 도커 컨테이너를 실행하는 것이다. 도커 파일(dockerfile)은 도커 명령어의 집합이며, 도커 이미지를 만드는 일종의 설계도 역할을 한다. 다음 과정은 어떻게 도커 파일을 사용하여 도커 컨테이너를 실행하는지 설명한다.

- 도커 이미지를 만드는 도커 명령어들을 dockerfile 파일에 입력한다.
- 빌드 서버에서 코드베이스를 받아 이를 컴파일하고 JAR 파일을 만드는 패키징 과정을 실행한다.
- dockerfile을 사용하여 도커 이미지를 생성한다.
- 생성한 이미지를 도커 이미지 저장소에 복사한다.
- 도커 이미지 저장소에서 실행할 도커 이미지 파일을 선택한 후 호스트 서버에 내려받는다.
- 도커 이미지를 사용하여 컨테이너를 호스트 서버에 실행한다.

코드베이스를 컴파일하고 JAR 파일을 만드는 서버를 빌드 서버라고 하며, 도커 컨테이너를 실행하는 서버를 호스트 서버라고 한다.

도커 파일에는 애플리케이션을 실행할 서버의 모든 정보가 코드로 정의되어 있어야 한다. 예를 들어 스프링 부트 애플리케이션을 실행할 OS부터 사용자 계정과 그룹, 홈 디렉터리가 생성되어야 하고 애플리케이션을 실행하는 코드도 설정해야 한다. 그러므로 서버 설치부터 애플리케이션 실행까지 일련의 과정들이 도커 파일에 설정되어 있어야 한다.[12] 이 장은 도커를 사용하여 배포하는 과정을 설명하는 것이 목적이므로 간단한 dockerfile로 설명한다. 다음 코드는 chapter06 프로젝트의 가장 최상위 폴더에 포함되어 있다.

```
FROM adoptopenjdk/openjdk11:latest ----❶
RUN mkdir -p /logs ----❷
ARG JAR_FILE=target/*.jar ---
COPY ${JAR_FILE} app.jar      ]--❸
ENTRYPOINT ["java", "-Dspring.profiles.active=dev,email","-jar","/app.jar"] ----❹
```

❶ 도커 이미지 중에서 openjdk 11 버전이 설치된 도커 이미지를 사용한다. 이 도커 이미지를 기반으로 우리가 원하는 작업을 더 추가할 수 있다.

❷ 로그를 저장할 수 있는 logs 폴더를 root 디렉터리에 생성한다.

---

12 물론 이런 모든 과정을 미리 설정하여 기본 도커 이미지 파일을 생성하고, 이를 기본 이미지 파일로 사용해도 된다.

❸ JAR_FILE 변수를 선언하고 dockerfile을 실행할 서버의 target 디렉터리에 있는 모든 jar 파일을 선언한다. 그리고 이를 도커 이미지 파일로 복사한다. 복사된 파일 이름은 app.jar이다. 그러므로 dockerfile을 사용하여 이미지를 생성하기 전 JAR 파일을 새롭게 빌드하는 것이 좋다.

❹ 복사된 app.jar를 실행하는 명령어다. java 명령어의 여러 옵션을 설정할 수 있다.

다음은 도커 파일에서 사용할 수 있는 명령어를 정리한 것이다.

- FROM: 생성할 도커 이미지의 기본 이미지를 설정한다. 이 이미지 설정에 계속해서 서버를 설정한다.
- LABEL: 이미지에 메타데이터를 설정한다.
- RUN: 도커 컨테이너 내부에서 실행할 명령어를 정의한다.
- COPY: 도커 파일이 실행되는 호스트 서버의 파일을 도커 컨테이너로 복사한다.
- ARG: 도커 파일의 변수를 설정한다.
- ADD: host의 파일 및 디렉터리를 도커 컨테이너에 추가한다. COPY와 다른 점은 복사 대상이 압축 파일이면 압축 해제되면서 복사된다는 것이다.
- VOLUME: 도커 컨테이너에 연결할 host 디렉터리다.
- EXPOSE: 외부 노출 포트 설정이다.
- CMD: 도커 컨테이너에서 실행할 프로세스를 설정한다. 앞서 설명한 RUN과 비슷하지만 RUN 명령어는 여러 번 실행할 수 있는 반면, CMD는 한 번만 실행한다는 차이점이 있다.
- ENTRYPOINT: 도커 컨테이너에서 실행할 프로세스를 지정한다.

다음 명령어를 dockerfile이 있는 위치에서 실행하면 dockerfile을 사용하여 도커 이미지를 만들 수 있다. --tag에 hotel-api와 latest가 콜론(:)으로 구분되어 있다. hotel-api는 도커 이미지의 이름이고 latest는 도커 이미지에 붙은 태그다. 그래서 같은 도커 이미지 이름이라도 태그에 따라 여러 개 만들 수 있다. 보통 태그는 도커 이미지의 버전 관리를 하는 데 사용한다. 다음 명령어를 실행하면 hotel-api라는 이름의 도커 이미지가 생성된다.

```
docker build --tag hotel-api:latest .
```

다음을 보면 도커 이미지가 생성되었음을 확인할 수 있다.[13]

---

13 도커 명령어는 부록을 참고하자.

```
$ docker build --tag hotel-api:latest .
Sending build context to Docker daemon  20.84MB
Step 1/5 : FROM adoptopenjdk/openjdk11:latest
latest: Pulling from adoptopenjdk/openjdk11
c549ccf8d472: Pull complete
c8cba5bab40e: Pull complete
6b39e3dc093c: Pull complete
Digest: sha256:d5ab021b5ac1205ee3aed8e98aa3cdf5fb6d79720e5b7292cfb1b170a07b3d5c
Status: Downloaded newer image for adoptopenjdk/openjdk11:latest
---> be1942f7cb88
Step 2/5 : RUN mkdir -p /logs
---> Running in 342276fbe433
Removing intermediate container 342276fbe433
---> 51130bea9f03
Step 3/5 : ARG JAR_FILE=target/*.jar
---> Running in e70d9e6a4a50
Removing intermediate container e70d9e6a4a50
---> 2a545e6d7668
Step 4/5 : COPY ${JAR_FILE} app.jar
---> 5b84b55d2821
Step 5/5 : ENTRYPOINT ["java", "-Dspring.profiles.active=dev,email","-jar","/app.jar"]
---> Running in 53f270434015
Removing intermediate container 53f270434015
---> 6a6f46788bb1
Successfully built 6a6f46788bb1
Successfully tagged hotel-api:latest
$ docker images
REPOSITORY          TAG        IMAGE ID        CREATED         SIZE
hotel-api           latest     6a6f46788bb1    6 seconds ago   458MB
```

도커 이미지를 생성했으면 도커 이미지를 실행하자. 도커 이미지를 업로드하고 다운로드하는 방법은 부록을 참고하자.

```
docker run -d --rm -p 18080:18080 hotel-api:latest
```

이 명령어는 도커 이미지를 사용하여 호스트 머신에서 도커 컨테이너를 실행하는 것이다. 도커 컨테이너를 백그라운드로 실행하고(-d) 종료하면, 이미지를 삭제하고(--rm) 도커의 18080번 포트를 호스트 서버의 18080번 포트와 연결한다. 그리고 실행할 도커 이미지 이름과 태그는 'hotel-api:latest'다.

7^장

스프링 AOP와 테스트, 자동 설정 원리

이 장에서 다룰 핵심 내용

- 스프링 AOP를 이용한 관점 지향 프로그래밍 방법
- 스프링 테스트를 사용하여 효과적으로 애플리케이션을 테스트하는 방법
- 코드 레벨 수준에서의 스프링 부트 자동 설정

스프링 프레임워크의 세 가지 핵심 기술은 의존성 주입(DI), 서비스 추상화(portable service abstraction), 관점 지향 프로그래밍(AOP)이다. 이 장에서는 관점 지향 프로그래밍의 개념과 사용 방법을 설명한다. 객체 지향 프로그래밍과 관점 지향 프로그래밍이 어떻게 다른지, 함께 프로그래 밍할 때는 어떻게 해야 하는지 설명한다. 관점 지향 프로그래밍의 핵심은 '관심의 분리'이며, 관심의 분리를 최소화할 수 있는 사용자 정의 애너테이션을 사용하는 방법을 설명한다. 이때 왜 관심의 분리를 최소화하는지도 에피소드로 설명한다. 그리고 모든 내용은 스프링 프레임워크에서 제공하는 스프링 AOP 모듈을 기준으로 설명한다.

이와 더불어 스프링 테스트 모듈을 사용하여 테스트 케이스를 작성하는 방법을 간단하게 소개한다. 테스트 케이스를 자세히 설명하려면 책 한 권 분량이 필요하지만, 여기에서는 어떻게 테스트 케이스를 작성하는지 위주로 설명한다. 이때 스프링 부트 프레임워크에서 제공하는 애너테이션과 테스트 슬라이스 개념도 같이 설명한다.

마지막으로 스프링 부트의 자동 설정 원리도 설명한다. 앞서 스프링 부트의 자동 설정 기능을 간단히 소개했지만, 이 장에서는 스프링 부트 자동 설정 클래스를 어떻게 로딩하는지 코드 레벨에서 자세하게 설명한다.

7.1 스프링 AOP

관점 지향 프로그래밍(AOP)은 객체 지향 프로그래밍과 다른 방식의 프로그래밍 패러다임이다. AOP는 'Aspect Oriented Programming'의 약어로, 프로그램의 구조를 관점(aspect) 기준으로 공통된 모듈로 분리하는 방법이다. 객체 지향 프로그래밍에서 모듈 단위는 클래스다. 관점 지향 프로그래밍에서 모듈 단위는 '관점'이다. 이 관점이라고 하는 모듈도 자바 클래스로 작성하기 때문에 두 프로그램을 작성하는 방식이 별 차이 없어 보일 수도 있지만, 클래스와 관점은 개념과 공통 모듈을 처리하는 방식이 다르므로 두 프로그래밍 방식이 같다고 볼 수 없다. 하지만 두 프로그래밍은 상호 보완적으로 동작한다. 빠르게 이해를 돕기 위해 관점 지향 프로그래밍이 객체 지향 프로그래밍을 보완하는 프로그래밍 방식이라고 생각해도 좋다.

관점은 여러 클래스에 걸쳐 공통으로 실행되는 기능을 모듈로 분리한 것이다. 객체 지향 프로그래밍에서도 클래스를 기능에 따라 여러 클래스로 분리하여 작성할 수 있고, 마찬가지로 공통으로 실행되는 기능을 클래스로 분리할 수 있다. 그리고 클래스는 다른 클래스의 메서드를 호출하는 형태를 갖는다. 이때 객체 지향 프로그래밍에서는 클래스가 다른 클래스에 의존한다고 한다. 의존하는 클래스 숫자가 많아지면 그와 비례하여 프로그램 복잡도가 높아진다.

관점 지향 프로그래밍을 사용하면 의존으로 발생하는 복잡도를 낮출 수 있다. 객체 지향 프로그래밍은 의존하는 클래스의 메서드를 직접 호출해야 하지만, 관점 지향 프로그래밍은 프레임워크의 도움을 받아 코드를 조립할 수 있다. 그래서 클래스의 코드와 관점의 코드를 완전히 분리할 수 있다. 다시 말하면 개발자는 코드를 작성할 때 명시적으로 관점 객체를 생성하지 않으며, 또한 메서드도 직접 호출하지 않는다. 단지 관점이 구현된 클래스에는 대상 클래스의 특정 부분에 기능을 추가하거나 관여할 수 있는 설정이 있을 뿐이다.

이렇게 클래스 밖에서 관점의 기능이 실행되므로 서로 완전히 분리된 형태를 '관심의 분리(separation of concerns)'라고 한다. 분리된 관심은 애플리케이션에서 클래스의 특정 기능이 실행될 때 모듈화된 관점의 기능과 함께 같이 실행된다. 그러나 클래스 없이 관점만 따로 실행될 수 없다. 클래스의 기능에 관점의 기능을 더하는 형태이므로 관점 지향 프로그래밍이 객체 지향 프로그래밍을 보완한다.

관점 지향 프로그래밍을 하기 위해서는 다음 사항들을 고려하고 설계하는 것이 좋다. 다음 내용은 설계를 위한 개략적인 내용이므로 실제 구현하는 방법은 계속해서 설명한다.

- **기능의 분류**: 애플리케이션의 기능을 기능적 요구 사항과 비기능적 요구 사항으로 분류한다. 기능적 요구 사항은 애플리케이션에 필요한 비즈니스 핵심 로직을 의미한다. 비기능적 요구 사항은 비즈니스 로직은 아니지만, 애플리케이션의 기능을 실행하는 데 반드시 필요한 기능을 의미한다. 이 기능들은 함께 동작해야 하지만 코드상에서는 서로 분리하는 것이 좋다. 너무 얽힌 코드는 유지 보수 측면에서 문제가 된다. 비즈니스 로직을 최대한 다른 코드에서 보호할 수 있다면 애플리케이션을 유지 보수할 때 편리하다.

- **공통 기능의 분류**: 공통 기능을 일반화하여 모듈화하는 과정이 필요하다. 일반적으로 비기능적 요구 사항은 애플리케이션 전반에 걸쳐 공통으로 사용되는 기능이 많다. 캐싱이나 로깅 혹은 인증, 인가 같은 기능을 생각해 보자. AOP 프로그래밍을 고려한다면 분류된 공통 기능을 별도의 관점 클래스로 작성해 보자. 단 공통 기능으로 분류된 기능적 요구 사항은 관점 지향 프로그래밍으로 작성하면 안 된다. 비즈니스 로직이 분리되어 처리되면 애플리케이션의 유지 보수성은 낮아진다. 비즈니스 로직은 응집력이 있도록 설계 및 개발되어야 하기 때문이다.

- **공통 기능의 적용**: 어떤 클래스에 어떤 공통 기능들을 적용할지, 어떤 메서드에 어떤 공통 기능을 적용할지 설계해야 한다. 적용 대상을 결정하고 어떤 관점을 적용할지 설정한다. 이때 적용 대상은 클래스의 메서드이며, 메서드의 시작과 끝에 관점 기능을 추가할 수 있다.

그림 7-1을 확인해 보자. 기능적 요구 사항들과 비기능적 요구 사항들을 분리한 것을 확인할 수 있다. 그림에서 기능적 요구 사항은 호텔 조회, 예약, 결제 같은 것이며, 비기능적 요구 사항은 로깅이나 트랜잭션 관리 같은 것이다. 기능적 요구 사항들은 객체 지향 프로그래밍의 클래스로 작성하고, 비기능적 요구 사항들은 관점 지향 프로그래밍의 관점 클래스로 작성하면 된다. 그리고 이들을 서로 엮어 애플리케이션 기능으로 제공될 것이다.

❤ 그림 7-1 핵심 관심사와 횡단 관심사의 조합

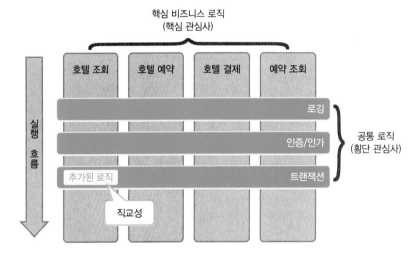

그림 7-1을 보고 '관심의 분리'를 생각해 보자. 그림 7-1에서 기능적 요구 사항들은 호텔을 조회, 예약, 결제 및 예약 조회하는 것이다. 이런 기능들은 호텔 예약 애플리케이션의 핵심 기능이며, 이를 핵심 관심사라고 한다. 이 기능의 관심은 조회, 예약, 결제를 요구 사항에 맞게 실행하는 것이다.

비기능적 요구 사항들의 관심은 핵심 관심사와 그 목적이 다르다. 로깅 기능의 관심사는 각 메서드가 정상적으로 호출되었는지 로그를 남기는 것이다. 인증한 사용자만 기능을 사용할 수 있도록 하는 인증 기능(authentication)과 허가받은 사용자만 사용할 수 있도록 하는 인가(authorization) 기능은 보안이 관심이다. 그리고 데이터베이스에 트랜잭션을 사용하기 위한 트랜잭션(transaction management) 기능은 트랜잭션을 관리하는 것이 관심이다. 이렇게 각각의 관심이 다르므로 코드상에서도 각자 관심을 분리해야 한다는 것이 AOP의 주목적이다.

하지만 각각의 관심이 달라 코드상으로 분리되어 있더라도 실행될 때는 필요한 곳에 필요한 기능이 추가되어야 한다. 비기능적 요구 사항은 공통적으로 실행되는 특성이 있다. 일반적으로 이런 기능은 핵심 기능을 실행하기 전에 먼저 실행되거나 핵심 기능의 시작과 종료 시점에 실행된다. 그림 7-1의 왼쪽에 보이는 실행 흐름을 보자. 가장 먼저 공통 로직들이 순차적으로 실행되고 그 뒤에 핵심 로직이 실행되는 것을 볼 수 있다. 이렇게 공통 로직이 핵심 비즈니스 로직들을 횡단하는 형태를 갖고 있어 횡단 관심사라고 한다.

그림 7-2는 핵심 관심사와 횡단 관심사가 조합된 결과를 그림으로 표현한 것이다. 호텔을 조회하는 기능을 제공하는 클래스는 HotelDisplayService.java이며, 이 클래스에서 제공하는 getHotelsByName() 메서드는 호텔 이름으로 호텔 정보를 조회하는 기능을 제공한다.

이 핵심 비즈니스 로직에 횡단 관심사인 로깅, 인증/인가, 트랜잭션 기능을 관점 지향 프로그래밍으로 개발한다고 생각하자. 각 기능들은 각각 Logging.java, Authentication.java, TransactionManager.java 관점 클래스로 개발한다. 그리고 이들 기능을 적용하면 그림 7-2와 같이 된다. 그림 7-2에서 볼 수 있듯이, 각각의 횡단 관심사 코드 블록들이 getHotelsByName() 메서드 내부에 들어간 것처럼 된다. 그리고 getHotelsByName() 메서드를 실행하면 코드 블록들이 차례로 실행된 후 getHotelsByName() 메서드의 코드가 실행된다. 참고로 횡단 관심사 코드는 그림 7-2와 같이 getHotelsByName() 메서드 내부에 코드 블록들이 침투해서 실행되는 것은 아니다. 코드 블록을 실행하기 위해 프록시 방식을 사용하며, 뒤에서 다시 자세히 설명한다.

❤ 그림 7-2 횡단 관심사와 핵심 관심사가 조합된 그림

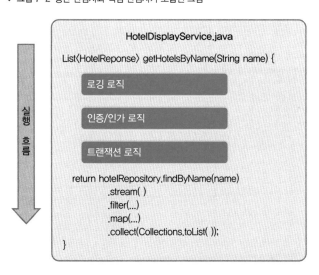

스프링 프레임워크는 관점 지향 프로그래밍을 제공하기 위해 스프링 AOP 모듈을 제공한다. 이를 이용하면 개발자가 관점 클래스를 작성하고 관점 클래스와 핵심 클래스의 코드를 서로 엮을 수 있다. 스프링 프레임워크의 기능 중에서 대표적인 스프링 AOP 예제는 트랜잭션 관리, 캐시 추상화 등이다. 나중에 이 기능들을 다룰 때 다시 설명하겠지만 @Transactional, @Cacheable 같은 애너테이션을 간단히 정의만 하면 된다. 개발자 입장에서는 관심이 완전히 분리되어 어떻게 트랜잭션을 관리하고 캐시를 관리하는지 알 수 없다. 그리고 애플리케이션이 실행될 때는 이 기능들이 적용되어 여러분의 코드와 함께 동작한다.

7.1.1 AOP 용어 정리

이 절에서는 AOP 용어를 정리한다. 그림 7-2에서 사용한 HotelDisplayService.java 클래스로 설명한다. HotelDisplayService 클래스의 getHotelsByName() 메서드에 실행 시간을 추적하는 Logging 관점을 추가한다고 하자. 이때 실행 시간을 추적하는 로깅 로직은 메서드의 시작 시간과 종료 시간을 측정하고, 이 두 시간의 간격을 이용하면 실행 시간을 구할 수 있다. 그래서 getHotelsByName() 메서드가 실행되기 전 시간을 구하고, 메서드가 종료되면 그때의 시간을 구해야 한다. 다음 AOP 용어를 살펴보고 CommonLoggingAspect.java 예제에서 어떤 의미인지 확인해 보자.

- **대상 객체**(target object): 공통 모듈을 적용할 대상을 의미한다. 이때 HotelDisplayService 객체가 대상 객체고, 공통 모듈은 Logging이다.
- **관점**(aspect): AOP 프로그래밍으로 작성한 공통 모듈과 적용될 위치 정보의 조합을 의미한다. 관점은 어드바이스와 포인트 컷을 합친 것이다. CommonLoggingAspect.java 클래스를 관점이라고 하며, 클래스는 로깅 공통 모듈인 어드바이스와 HotelDisplayService의 getHotelsByName() 메서드 위치 정보가 있는 포인트 컷을 포함하고 있다.
- **어드바이스**(advice): 애플리케이션의 공통 로직이 작성된 모듈을 의미한다. 스프링 AOP에서 어드바이스는 메서드 형태다. 어드바이스는 메서드의 실행 시간을 구하는 로깅 로직을 의미한다. 관점과 어드바이스의 차이는 어드바이스가 적용될 위치 정보인 포인트 컷의 유무다.
- **포인트 컷**(point cut): 어드바이스를 적용할 위치를 선정하는 설정을 의미한다. 어드바이스는 포인트 컷으로 적용될 위치가 결정되고, 그 시점에 어드바이스가 실행된다. 포인트 컷은 포인트 컷 표현식을 사용하여 설정할 수 있으며, 특정 애너테이션을 지정하여 설정할 수도 있다. 두 방법 모두 별도로 설명한다. 수많은 클래스와 메서드 중 HotelDisplayService 클래스의 getHotelsByName() 메서드를 선정하는 설정을 포인트 컷이라고 한다.

- **조인 포인트**(join points): 어드바이스가 적용된 위치를 의미한다. 즉, Logging 어드바이스를 적용할 HotelDisplayService 클래스의 getHotelsByName() 메서드가 조인 포인트다. 포인트 컷은 조인 포인트를 선정하는 것을 의미하고, 어드바이스가 적용된 부분을 조인 포인트라고 한다.
- **위빙**(weaving): 조인 포인트에 실행할 코드인 어드바이스를 끼워 넣는 과정을 위빙이라고 한다. 그림 7-1을 보면 횡단 관심사와 종단 관심사가 서로 교차하는 지점에 어드바이스 코드가 추가된다. 그 결과가 그림 7-2다.
- **프록시 객체**(proxy object): 스프링 AOP는 관점 클래스와 대상 클래스의 기능을 조합하기 위해 동적으로 프록시 객체를 만든다. 이 프록시 객체가 관점 클래스와 대상 클래스의 기능을 적절하게 실행한다. 결국 대상 클래스의 메서드를 호출하는 클래스는 프록시 객체의 메서드를 실행한다. 예를 들어 생성된 프록시 객체는 CommonLoggingAspect의 어드바이스 코드를 실행하고, 다시 HotelDisplayService의 getHotelsByName() 메서드를 실행한다.

7.1.2 어드바이스 종류와 설명

앞서 설명한 것처럼 어드바이스는 관점의 일부이자 공통 로직이 작성된 모듈을 의미한다. 프록시 객체는 어드바이스 종류에 따라 어드바이스와 대상 객체의 메서드 코드를 조합한다. 이때 어드바이스 종류에 따라 호출된 대상 메서드의 앞뒤에 어드바이스 로직을 추가할 수 있다. 호출된 대상 메서드를 기준으로 어드바이스 로직의 실행 위치를 결정할 수 있다. 물론 대상 메서드 앞 또는 뒤에서 실행하거나 앞과 뒤를 조합하여 실행할 수도 있다. 메서드의 실행 시간을 추적하는 로깅 로직은 대상 객체의 메서드를 실행하기 전에 어드바이스 일부가 실행되고, 대상 객체의 메서드가 종료될 때 어드바이스의 나머지 로직을 실행해야 한다. 그래야 대상 메서드의 시작 시간과 종료 시간을 측정하여 메서드의 전체 실행 시간을 로그로 남길 수 있다. 스프링 AOP에서 사용할 수 있는 어드바이스 타입은 총 다섯 가지가 있다.

어드바이스를 설명하기 전에 용어와 어드바이스가 적용될 수 있는 실행 위치를 정리하겠다. 객체 지향 프로그래밍에서 메서드를 제공하는 클래스를 서버 클래스라고 하며, 메서드를 호출하는 클래스는 클라이언트 클래스라고 한다. 클라이언트 클래스의 메서드가 서버 클래스의 메서드를 호출하는 구조다. 이때 서버 클래스에 AOP를 적용할 수 있으며, AOP가 적용된 서버 클래스는 AOP의 대상 객체(target object)가 된다. AOP의 어드바이스 로직을 적용할 수 있는 위치는 세 군데이며 다음과 같다.

- 클라이언트 클래스가 서버 클래스의 메서드를 실행하기 전
- 실행된 서버 클래스의 메서드가 성공적으로 기능을 실행하고 메서드를 리턴한 후
- 실행된 서버 클래스의 메서드 내부에 예외가 발생하여 메서드가 예외를 던진 후

이미 말했듯이 어드바이스의 종류는 총 다섯 가지다. 어드바이스 종류에 따라 앞서 나열한 세 위치에 어드바이스 로직을 적용할 수 있다. 스프링 AOP는 각 어드바이스 종류에 따라 @Before, @After, @AfterReturning, @AfterThrowing, @Around 애너테이션을 제공한다. 이 애너테이션은 어드바이스 모듈을 작성할 때 함께 사용하여 정의한다. 다음 예제 코드를 확인해 보자. 예제의 loggingPerformance() 메서드는 어드바이스 모듈이며, 메서드에 @Around 애너테이션이 정의되어 있다(지금은 전반적인 코드 모습만 확인하고 자세한 내용은 계속해서 설명한다).

어드바이스 애너테이션 @Around를 선언한 어드바이스 모듈

```
❶ @Around(value="execution(* com.springtour.example.chapter07.*.*(..))") ❷
   public Object loggingPerformance(ProceedingJoinPoint proceedingJoinPoint) throws
   Throwable {
       StopWatch stopWatch = new StopWatch();
       stopWatch.start();
                                            ❸
       Object result;
       try {
           result = proceedingJoinPoint.proceed(); ❹
       } finally {
           stopWatch.stop();
           LOGGER.info("execution time: {} ms", stopWatch.getLastTaskTimeMillis());
❺      }

       return result;
   }
```

❶ 다섯 가지 어드바이스 종류 중 Around 타입이며, 스프링 AOP에서 제공하는 @Around 애너테이션을 사용한다.

❷ 어드바이스를 적용할 위치를 선정하는 포인트 컷 설정이며 예제에서는 포인트 컷 표현식을 사용했다. 표현식에 매칭되는 대상 객체의 메서드에는 loggingPerformance() 어드바이스가 적용될 것이다.

❸ 대상 객체의 메서드가 실행되기 전 실행될 로직이다.

❹ 대상 객체의 메서드를 실행한다.

❺ 대상 객체의 메서드가 실행된 후 실행될 로직이다.

그림 7-3은 다섯 가지 어드바이스를 설명한 것이다.

▼ 그림 7-3 Before 어드바이스의 실행 시점

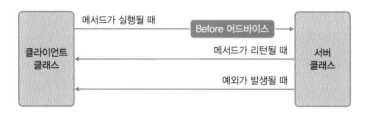

그림 7-3은 Before 어드바이스가 동작하는 시점을 그림으로 표현한 것이다. Before 어드바이스는 서버 클래스의 메서드를 실행하기 전 어드바이스 모듈을 먼저 실행하는 타입이다. 스프링 AOP에서는 Before 어드바이스를 구현하려면 @Before 애너테이션을 사용한다. 이를 어드바이스 모듈인 메서드 선언부에 정의한다.

▼ 그림 7-4 After 어드바이스의 실행 시점

그림 7-4에서 볼 수 있듯이, After 어드바이스는 Before 어드바이스와 반대로 서버 클래스의 메서드를 실행한 후 어드바이스 모듈을 실행한다. 이때 After 어드바이스는 메서드가 성공적으로 리턴될 때와 에러가 발생하여 예외를 발생할 때 모두 실행된다. 그림 7-4는 After 어드바이스가 동작하는 시점을 그림으로 표현한 것이다.

After 어드바이스를 좀 더 세분하면 After Returning 어드바이스와 After Throwing 어드바이스로 구분할 수 있다. 그림 7-5와 그림 7-6을 확인해 보자. After Returning과 After Throwing 어드바이스가 각각 언제 실행되는지 알 수 있다.

▼ 그림 7-5 After Returning 어드바이스의 실행 시점

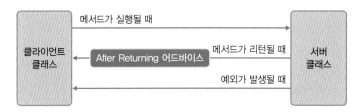

After Returning 어드바이스는 서버 클래스의 메서드가 정상적으로 실행되어 결과를 리턴할 때 실행되는 모듈이다. 이를 구현하려면 @AfterReturning 애너테이션을 사용하여 어드바이스 메서드에 선언하면 된다.

▼ 그림 7-6 After Throwing 어드바이스의 실행 시점

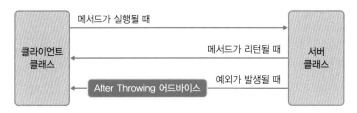

After Throwing 어드바이스는 서버 클래스의 메서드 내부에서 예외가 발생한 경우에만 실행되는 모듈이다. After Returning 어드바이스와 비슷하지만 예외가 발생한 경우에만 실행된다는 차이가 있다. 마찬가지로 이를 구현하려면 @AfterThrowing 애너테이션을 사용하여 어드바이스 메서드에 선언하면 된다.

서버 클래스의 메서드를 실행할 때 실행 전후 모든 시점에 공통 모듈을 포함하려면 Around 어드바이스를 고려해 보자. 그림 7-7은 Around 어드바이스 모듈의 실행 시점을 표현한 것으로, 앞서 설명한 모든 어드바이스의 실행 시점을 합친 기능이다.

▼ 그림 7-7 Around 어드바이스의 실행 시점

7.1.3 스프링 AOP와 프록시 객체

클라이언트 클래스가 AOP 어드바이스 모듈이 적용된 서버 클래스 메서드를 호출한다고 생각해 보자. 스프링 AOP 프레임워크는 대상 객체를 감싸는 프록시 객체를 동적으로 생성한다. 그리고 클라이언트 클래스와 서버 클래스 사이에 프록시 객체가 클라이언트 클래스의 요청을 가로챈다. 어드바이스 모듈과 대상 객체의 메서드를 어드바이스 타입에 따라 적절히 실행한다. 결국 개발자가 클라이언트 클래스와 서버 클래스의 메서드를 직접 코딩하지 않아도 자동으로 어드바이스 로직이 대상 객체에 추가되어 실행된다. 이는 동적 프록시 객체 덕분에 발생하는 현상이다.

스프링 프레임워크는 스프링 AOP 모듈을 사용한다. 이 스프링 AOP 모듈은 ApplicationContext 객체의 메서드가 호출되면 IoC 컨테이너가 이를 감지하여 대상 객체를 감싸는 프록시 객체를 생성한다. 즉, 런타임에 프록시 객체가 생성된다. 프록시 객체를 생성할 때는 대상 객체의 메서드 앞뒤에 어드바이스 로직을 추가한다. 클라이언트 클래스가 프록시 객체의 메서드를 호출하면 어드바이스 로직과 대상 객체의 메서드가 같이 동작한다. 이렇게 어드바이스 로직과 대상 객체의 로직이 함께 실행되는 것을 AOP에서는 엮는다고 표현하며 위빙(weaving)이라고 한다.

스프링 AOP는 IoC 컨테이너가 동적 프록시 객체를 생성하여 어드바이스 로직을 추가하므로 AOP 대상 객체와 어드바이스는 IoC 컨테이너로 관리되어야 정상적으로 동작한다. IoC 컨테이너로 관리되려면 어드바이스를 포함하는 관점 클래스와 대상 클래스는 스프링 빈으로 정의해야 한다. 둘 중 하나라도 스프링 빈으로 정의되지 않으면 개발자가 의도한 대로 AOP 위빙이 될 수 없다. 개발자는 위빙될 것이라고 생각하지만, 실제로는 위빙되지 않아 실행되어야 할 어드바이스 모듈이 실행되지 않는다.

스프링 AOP는 두 가지 방식을 사용하여 위빙을 구현한다. JDK Proxy와 CGLib 라이브러리를 이용한 방식이다. 전자는 JDK에서 제공하는 java.lang.reflect 패키지의 Proxy 클래스를 사용하여 프록시 객체를 생성하고, 후자는 CGLib 라이브러리를 이용하여 프록시 객체를 생성한다. 이 두 가지 방식은 스프링 프레임워크가 모두 사용하는 방법으로, 대상 객체의 인터페이스 구현 여부에 따라 동작 방식이 다르다. AOP 대상 객체가 인터페이스를 구현하고 있으면 JDK Proxy 방식을 사용하고, AOP 대상 객체가 인터페이스를 상속하고 있지 않으면 CGLib 방식을 사용하여 프록시 객체를 생성한다. 그림 7-8은 CGLib 라이브러리를 이용하여 만든 프록시 객체가 어떤 과정으로 위빙되는지 보여 준다.

▼ 그림 7-8 CGLib 라이브러리를 이용한 프록시 객체

AOP 대상 객체가 인터페이스를 구현하지 않는 HotelDisplayService.java 클래스라고 하자. 그림 7-8을 보면 CGLib가 생성한 프록시 객체는 대상 객체의 클래스를 상속받는 구조다. 즉, 프록시 객체는 HotelDisplayService를 상속받는다. 그래서 프록시 객체와 HotelDisplayService 객체 모두 HotelDisplayService 클래스 타입으로 캐스팅 가능하다. 두 객체 모두 HotelDisplayService 변수에 의존성 주입을 할 수 있다.

```
@Autowired
private HotelDisplayService hotelDisplayService;
```

예제 코드처럼 HotelDisplayService hotelDisplayService 변수에 의존성을 주입하려고 @Autowired 애너테이션이 선언되어 있다고 하자. 그리고 hotelDisplayService의 여러 메서드 중 getHotelsByName() 메서드에만 어드바이스가 적용된다고 가정하자. 프록시 객체나 HotelDisplayService 객체가 클래스 타입이 같으므로 hotelDisplayService 변수에 어떤 객체든 주입할 수 있는 상황이다. 결국 개발자는 코드를 변경하지 않아도 AOP 설정에 따라 관점이 적용된 프록시 객체를 실행할 수 있다.

그림 7-9는 JDK 프록시 방식을 사용하여 프록시 객체를 생성할 때 프록시 클래스와 대상 클래스가 어떤 관계를 가지는지 그림으로 표현한 것이다.

▼ 그림 7-9 JDK 프록시 방식을 사용한 프록시 객체

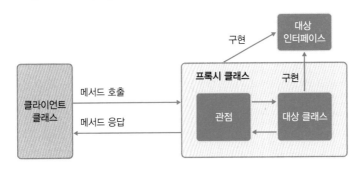

AOP 대상 객체가 HotelDisplayService.java 클래스고 DisplayService.java 인터페이스를 구현한다고 하자. 이때 생성되는 프록시 객체는 대상 클래스가 구현하고 있는 DisplayService.java 인터페이스를 똑같이 구현하는 구조다. 즉, `HotelDisplayService`도 `DisplayService` 인터페이스를 구현하고, 생성된 프록시도 `DisplayService` 인터페이스를 구현하는 형태다. 그래서 두 객체 모두 같은 `DisplayService` 클래스 타입 변수에 주입할 수 있다. 역시 개발자가 코드를 변경하지 않아도 관점이 적용된 프록시 객체가 실행된다.

프록시 객체는 다음과 같이 정리할 수 있다.

- 동적 프록시 객체를 만들어야 하므로 대상 객체는 스프링 빈으로 정의되어야 한다.
- 마찬가지로 관점 객체도 스프링 빈으로 정의되어야 한다.
- 생성된 동적 프록시 객체도 스프링 빈처럼 주입할 수 있다.
- 인터페이스를 구현하는 클래스는 JDK 동적 프록시 방식으로, 클래스만 정의한 경우에는 CGLib 방식으로 프록시 객체를 생성한다. 각 방식에 따라 상속 및 구현 관계를 가지므로 프록시 객체를 스프링 빈에 주입하면 개발자의 코드 변경 없이 어드바이스 코드가 동작한다.

7.1.4 포인트 컷과 표현식

포인트 컷은 어드바이스를 적용할 위치를 선정하는 설정이다. 즉, 어떤 클래스의 어떤 메서드에 어드바이스 로직을 적용할지 표현식으로 설정하는 것이다. 포인트 컷 표현식을 작성하는 방법은 여러 가지가 있지만, 여기에서는 특정 클래스의 메서드를 설정하는 execution 포인트 컷 지정자를 이용하는 방법을 설명한다. 그리고 뒤에서 애너테이션 포인트 컷 지정자를 이용하는 방법을 추가로 설명한다. execution 포인트 컷 표현식의 구조는 그림 7-10과 같다.

▼ 그림 7-10 포인트 컷 표현식

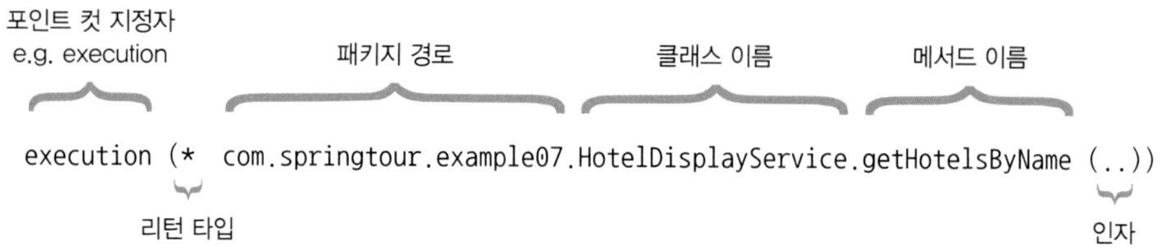

```
포인트 컷 지정자
e.g. execution          패키지 경로           클래스 이름            메서드 이름
  ⏜                 ⏜               ⏜               ⏜

execution (*  com.springtour.example07.HotelDisplayService.getHotelsByName (..))
          ⏝                                                              ⏝
        리턴 타입                                                          인자
```

포인트 컷 지정자 자리에는 execution 외에 within이나 @annotation 등을 설정할 수 있다. 그림 7-10은 execution 포인트 컷 지정자를 사용한 예제다. 그리고 순서대로 대상 객체의 메서드가 리턴하는 클래스 타입, 패키지 경로, 클래스 이름, 메서드 이름, 메서드 인자를 지정할 수 있다.

그림 7-10과 같이 정확한 패키지, 클래스, 메서드 이름을 지정해도 된다. 하지만 표현을 유연하게 만들려면 와일드 카드를 사용해도 된다. 사용할 수 있는 와일드 패턴들은 다음과 같다.

- *: 원시 타입을 비롯한 모든 클래스 타입을 포함한다.
- ..: 0개 이상의 타입을 의미한다.
- &&, ||, !: 순서대로 AND, OR, NOT 조건이다. 조건과 함께 여러 포인트 컷 표현식을 결합할 수 있다.

그림 7-10의 포인트 컷 표현식은 다음과 같이 해석할 수 있다.

- com.springtour.example07 패키지에 포함된
- HotelDisplayService 클래스의
- getHotelsByName() 메서드
- 오버로딩된 모든 getHotelsByName() 메서드(인자는 0개 이상이므로)
- 단 리턴 타입은 *이므로 특정 클래스 타입을 지정하지 않는다.

다음은 더 다양한 포인트 컷 표현식이다. 예제와 설명을 참고해 보자.

- **execution(* com.springtour.example07.HotelDisplayService.*(..))**: c.s.example07 패키지의 HotelDisplayService 클래스에 포함된 모든 메서드
- **execution(* com.springtour.example07.*.*(..))**: c.s.example07 패키지에 포함된 모든 클래스와 메서드
- **execution(public * * (..))**: 코드베이스에 있는 모든 public 메서드
- **execution(* *.get*(..))**: 코드베이스에 있는 모든 메서드 중 get으로 시작하는 메서드들
- **execution(* com.springtour.example07.HotelDisplayService.getHotelsByName(..))**: c.s.example07 패키지의 HotelDisplayService 클래스에 있는 모든 getHotelsByName() 메서드
- **execution(* *(com.springtour.example07.controller.HotelRequest, ..))**: 코드베이스에 있는 모든 메서드 중 c.s.example07.controller 패키지에 exHotelRequest 인자를 받는 모든 메서드

작성한 포인트 컷 표현식을 설정하는 방법은 두 가지다. 첫 번째는 @PointCut 애너테이션과 포인트 컷 표현식을 사용하여 별도의 포인트 컷을 정의하는 방법이다. 두 번째는 어드바이스 애너테이

션의 value 속성을 사용하는 방법이다. @Pointcut 애너테이션을 사용하여 포인트 컷을 정의하는 방법은 다음과 같다.[1]

```
@Pointcut("execution(*
        com.springtour.example.chapter07.service.*.getHotelsByName(..))")  ----➊
public void pointGetHotelsByName() {}

@Before("pointGetHotelsByName()")  ➋
public void advice(JoinPoint joinPoint) {
    // 생략
}
```

➊ @Pointcut 애너테이션의 value 속성에 포인트 컷 표현식을 설정한다. 이때 애너테이션이 정의된 pointGetHotelsByName()을 포인트 컷 시그니처라고 하며, 다른 어드바이스에서도 사용할 수 있다.

➋ 포인트 컷 시그니처를 사용한 @Before 애너테이션이다.

포인트 컷을 별도로 정의하는 방법은 포인트 컷을 재사용할 수 있다는 장점이 있다. 하지만 코드양이 늘어나서 설정이 장황해질 수 있다. 다음 포인트 컷 설정 예제를 확인해 보자. 다섯 가지 어드바이스 애너테이션의 value 속성에 포인트 컷 표현식을 사용했다. 참고로 @AfterReturning, @AfterThrowing 애너테이션은 value와 같은 포인트 컷 속성을 추가로 제공한다. 그래서 두 속성을 같이 사용해도 된다.

```
@Before(value="execution(* *(com.springtour.chapter07.HotelDisplayService.
getHotelsByName(..))")

@After(value="execution(* *(com.springtour.chapter07.HotelDisplayService.
getHotelsByName(..))")

@AfterReturning(value="execution(* *(com.springtour.chapter07.HotelDisplayService.
getHotelsByName(..))")
```

---

1 포인트 컷 설정도 Aspect 클래스에 포함되어야 한다.

```
@AfterThrowing(value="execution(* *(com.springtour.chapter07.HotelDisplayService.
getHotelsByName(..))")

@AfterReturning(pointcut="execution(* *(com.springtour.chapter07.HotelDisplayService.
getHotelsByName(..))")

@AfterThrowing(pointcut="execution(* *(com.springtour.chapter07.HotelDisplayService.
getHotelsByName(..))")

@Around(value="execution(* *(com.springtour.chapter07.HotelDisplayService.
getHotelsByName(..))")
```

7.1.5 JoinPoint와 ProceedingJoinPoint

포인트 컷은 어드바이스 적용 대상을 선정하는 역할을 한다. 즉, 포인트 컷은 대상을 선정하는 설정을 의미하며, 선정된 그 위치를 조인 포인트(join point)라고 한다. 스프링 AOP에서 조인 포인트는 대상 객체의 메서드가 된다. 예를 들어 HotelDisplayService 클래스의 getHotelsByName() 메서드가 조인 포인트다. 스프링 프레임워크는 조인 포인트가 되는 메서드를 추상화한 org.aspectj.lang 패키지의 JoinPoint와 ProceedingJoinPoint 인터페이스를 제공한다. 이들 인터페이스들은 대상 객체, 대상 객체의 메서드 선언부, 메서드의 인자 등을 조회할 수 있는 기능을 제공한다. 즉, JoinPoint 객체를 사용하면 런타임 도중 실행되는 HotelDisplayService의 getHotelsByName() 메서드 정보를 조회할 수 있다. JoinPoint가 제공하는 주요 메서드는 다음과 같다.

- **Object getThis()**: 대상 객체를 감싸고 있는 프록시 객체를 리턴한다.
- **Object getTarget()**: 대상 객체를 리턴한다.
- **Object[] getArgs()**: 런타임 시점에서 대상 객체의 메서드에 인자를 리턴한다.
- **Signature getSignature()**: 대상 객체의 메서드 시그니처를 리턴한다. 리턴 객체 타입은 Signature이며, 메서드 이름을 리턴하는 getName(), 메서드가 포함된 클래스 타입을 리턴하는 getDeclaringType() 등의 기능을 제공한다.

JoinPoint, ProceedingJoinPoint를 사용하는 방법은 스프링 프레임워크 관례를 따르면 된다. JoinPoint나 ProceedingJoinPoint를 어드바이스 메서드에 인자로 선언하면 프레임워크에서 그에 맞는 적절한 객체를 주입한다. 다음 코드의 advice() 메서드처럼 인자를 선언한다.

```
@Before execution(* com.springtour.example.chapter07.service.*.getHotelsByName(..))")
public void advice(JoinPoint joinPoint) {
    // 생략
}
```

ProceedingJoinPoint는 JoinPoint를 상속한다. 그러므로 JoinPoint에서 제공하는 모든 메서드를
ProceedingJoinPoint에서 사용할 수 있다. 둘의 차이점은 ProceedingJoinPoint 대상 객체의 메서
드를 실행할 수 있는 proceed() 메서드를 추가로 제공한다는 것이다. proceed() 메서드가 리턴하
는 Object 객체는 대상 객체의 메서드가 리턴하는 객체다. 대상 객체의 메서드가 인자를 가공하여
전달해야 한다면 Object[] args 인자를 사용한다.

- public Object proceed() throws Throwable;
- public Object proceed(Object[] args) throws Throwable;

예를 들어 어드바이스 모듈에서 ProceedingJoinPoint의 proceed() 메서드를 사용하면
HotelDisplayService의 getHotelsByName() 메서드를 실행할 수 있다. ProceedingJoinPoint는 상
황에 맞게 사용하면 좋다. AOP의 다섯 가지 어드바이스를 생각해 보자. 그중 Around 어드바이
스는 대상 객체의 메서드를 호출하기 전과 실행한 후, 예외가 발생한 후 등 모든 상황에 공통 로직
을 위빙할 수 있다. 코드 레벨에서 보면 어드바이스도 메서드 형태로 구현하고, 조인 포인트도 메
서드 형태다. 그러므로 위빙을 하려면 어드바이스가 대상 객체의 메서드를 호출하도록 코드를 구
현해야 한다. 이때 ProceedingJoinPoint의 proceed() 메서드를 사용하면 된다.

- Before, After, AfterReturning, AfterThrowing 어드바이스는 개발자가 직접 대상 객체
  의 메서드를 호출하지 않아도 된다. 스프링 AOP에서 만든 프록시 객체가 대상 객체의 메서
  드를 호출한다.

- Around 어드바이스는 개발자가 반드시 직접 대상 객체의 메서드를 호출해야 한다.
  Around 어드바이스가 대상 객체의 메서드를 싸고 있는 형태이므로 프레임워크가 관여할
  수 없기 때문이다.

- Before, After, AfterReturning, AfterThrowing 어드바이스는 JoinPoint 객체가 필요할 때
  만 주입받아 사용하면 되지만, Around 어드바이스는 반드시 ProceedingJoinPoint를 주입받
  아야 한다. 그래서 ProceedingJoinPoint의 proceed() 메서드를 명시적으로 호출해야 한다.

- 어드바이스 메서드의 첫 번째 인자에 JoinPoint 또는 ProceedingJoinPoint 인자를 선언한
  다. 스프링 프레임워크는 어드바이스 메서드의 인자 타입을 확인하고 적합한 객체를 주입한
  다. 이는 스프링 프레임워크의 관례다.

7.1.6 관점 클래스 예제

AOP를 사용하기 위해 다음 코드처럼 spring-boot-starter-aop 의존성을 pom.xml에 추가하자.

```
<dependencies>
    <dependency>
        <groupId>org.springframework.boot</groupId>
        <artifactId>spring-boot-starter-aop</artifactId>
    </dependency>
</dependencies>
```

먼저 JoinPoint와 @Before 애너테이션을 사용한 예제를 설명한다. Chapter07Application.java 의 main 메서드를 실행하면 결과를 확인할 수 있다. 다시 정리하면 관점 클래스는 어드바이스와 포인트 컷을 포함하고 있다. 관점 클래스를 정의하기 위해서는 @Aspect 애너테이션을 사용한다. 그리고 스프링 AOP를 사용하므로 스프링 빈으로 정의해야 한다. Before 어드바이스는 코드 레벨에서 대상 객체의 메서드를 호출하지 않아도 된다. 프록시 객체가 어드바이스의 코드를 실행한 후 대상 객체의 메서드를 호출하므로 어드바이스에 ProceedingJoinPoint를 주입받을 필요 없다.

ArgumentLoggingAspect는 Before 어드바이스를 사용하여 대상 메서드의 인자를 로그로 출력하는 예제다. 예제에서 포인트 컷과 JoinPoint 객체를 어떻게 주입받고 사용하는지 확인해 보자. 예제에서 조인 포인트 대상은 HotelRequest.class를 인자로 받는 모든 메서드다. 그러므로 HotelRequest 클래스를 인자로 받는 모든 메서드에 적용될 수 있도록 포인트 컷을 작성해야 한다. 어드바이스는 대상 객체의 메서드가 호출되기 전에 HotelRequest 객체를 참조하여 로그를 만든다. 그러므로 ArgumentLoggingAspect의 어드바이스는 Before 어드바이스 타입을 사용한다. 예제 코드는 다음과 같다.

ArgumentLoggingAspect 예제

```
package com.springtour.example.chapter07.aspect;

@Slf4j
@Aspect       ┄┄❶
@Component    ┄┄❷
@Order(1)
public class ArgumentLoggingAspect {

    @Before("execution(* *(com.springtour.example.chapter07.controller.HotelRequest, ┄┄❸
..))")
    public void printHotelRequestArgument(JoinPoint joinPoint) {
                                          ┄┄┄┄┄┄❹
```

```
        String argumentValue = Arrays.stream(joinPoint.getArgs())     ❺
                .filter(obj -> HotelRequest.class.equals(obj.getClass())) ┄┄❻
                .findFirst()
                .map(HotelRequest.class::cast)
                .map(hotelRequest -> hotelRequest.toString())
                .orElseThrow();

        log.info("argument info : {}", argumentValue);
    }

}
```

❶ 관점 클래스임을 선언하기 위해 @Aspect 애너테이션을 정의한다.

❷ @Component를 사용하여 ArgumentLoggingAspect를 스프링 빈으로 정의한다. 스프링 AOP를 사용하여 프록시 객체를 만들기 때문에 관점 클래스 또한 반드시 스프링 빈이어야 한다.

❸ Before 어드바이스의 경우 @Before 애너테이션을 사용한다. 포인트 컷은 HotelRequest 인자를 받는 모든 메서드가 대상이다. 그래서 포인트 컷 표현식에는 리턴 타입, 패키지 경로, 클래스 이름, 메서드 이름을 지정하는 대신 모든 경로를 의미하는 * 와일드 카드를 정의한다. 단 메서드에 HotelRequest 인자가 있는 메서드만 포인트 컷으로 정의해야 하므로 인자 위치에 HotelRequest 클래스를 사용한다.

❹ 어드바이스가 정의된 메서드 인자에 JoinPoint joinpoint를 정의하면 프레임워크는 JoinPoint 인수를 주입한다.

❺ getArgs() 메서드는 조인 포인트의 인자를 배열로 응답한다.

❻ HotelRequest.class를 사용하여 인자 중 같은 클래스 타입인 객체만 필터링한다.

Chapter07Application 클래스를 실행하면 ArgumentLoggingAspect 예제가 동작하여 다음 결과를 확인할 수 있다.

```
INFO 58647 --- [ restartedMain] c.s.e.c.aspect.ArgumentLoggingAspect     : argument
info : HotelRequest(hotelName=Ragged Point Inn)
```

ArgumentLoggingAspect 예제에서 사용된 포인트 컷 표현식과 매칭되는 클래스는 com.springtour.example.chapter07.service 패키지의 HotelDisplayService다. 그리고 getHotelsByName(HotelRequest request) 메서드가 조인 포인트가 된다. 포인트 컷 표현식을 다음과 같이 작성해도 결과적으로 같은 클래스의 메서드가 조인 포인트가 된다.

- execution(* getHotelsByName(..))

- execution(* com.springtour.example.chapter07.service.*.getHotelsByName(..))

- execution(* com.springtour.example.chapter07.service.*.get*(..))

- execution(* *(com.springtour.example.chapter07.controller.HotelRequest, ..))

앞의 표현식처럼 다양한 포인트 컷 표현식을 작성할 수 있다. 하지만 표현식이 프로그램의 목적에 부합하는지 다시 생각해 보자. ArgumentLoggingAspect는 HotelRequest 인자를 가로채서 사용자가 어떤 요청을 했는지 로그로 남겨야 한다. 즉, HotelRequest 인수 값이 있어야 한다. 그러므로 조인 포인트에는 HotelRequest 인자가 반드시 있어야 한다. HotelRequest 인자가 없다면 관점 기능을 수행하는 인수를 가져올 수 없다. 여러 포인트 컷 표현식 중에서 ArgumentLoggingAspect 예제에서 사용한 HotelRequest 클래스 타입을 인자로 설정한 포인트 컷 표현식이 요구 사항에 가장 적합하다.

다음은 AfterReturning, AfterThrowing 어드바이스 타입을 사용한 예제다. 두 어드바이스는 대상 객체의 메서드가 종료되는 시점에 공통 모듈을 실행한다. 그러므로 대상 메서드가 리턴하는 객체나 메서드에서 발생한 예외를 가로채서 참조할 수 있어야 한다. 스프링 프레임워크는 이와 관련된 몇 가지 관례를 제공한다.

AfterReturning, AfterThrowing 어드바이스 예제

```
@AfterReturning(pointcut="execution(* getHotelsByName(..))", returning =
"retVals")                                                          ❶
public void printReturnObject(JoinPoint joinPoint,
                              ❷
List<HotelResponse> retVals) throws Throwable {
    retVals.stream()        ❸
            .forEach(response -> log.info("return value : {}", response));
}

@AfterThrowing(pointcut="execution(* getHotelsByName(..))", throwing="th")
                                                             ❹
public void printThrowable(JoinPoint joinPoint, Throwable th) throws Throwable {
    log.error("error processing", th);    ❺
}
```

❶ 대상 객체의 메서드가 리턴하는 객체를 어드바이스 메서드 인자로 받는 변수 이름을 설정한다. @AfterReturning 애너테이션의 returning 속성에 설정한 이름과 같은 어드바이스 메서드의 인자로 값을 받을 수 있다. 스프링 프레임워크는 retVals 속성 값과 일치하는

printReturnObject() 메서드의 인자를 찾아 대상 객체의 메서드가 리턴하는 값을 주입한다. 어드바이스 메서드에 retVals 인자가 없으면 값을 주입하지 않는다.

❷ JoinPoint 객체를 주입받으려면 어드바이스 메서드 인자 중 첫 번째에 정의해야 한다. ProceedingJoinPoint도 마찬가지다.

❸ @AfterReturning의 returning 속성에 설정한 이름과 인자의 이름이 같으므로 스프링 프레임 워크는 리턴 객체를 주입한다. 이때 Object 클래스 타입으로 받아 메서드 내부에서 타입 변환 을 할 수도 있지만, 예제의 List<HotelResponse>처럼 클래스 타입을 정의해도 된다.

❹ 대상 객체의 메서드가 던지는 예외 객체를 메서드 인자로 받는 변수 이름을 설정한다. @AfterThrowing 애너테이션의 throwing 속성에 설정한 이름과 같은 어드바이스 메서드의 인 자로 값을 받을 수 있다.

❺ 대상 객체의 메서드가 던지는 예외를 Throwable th 인자로 받을 수 있다.

@AfterReturning이나 @AfterThrowing 어드바이스는 대상 메서드가 종료하면 실행되는 공통 로 직을 개발할 때 사용한다. 그러므로 리턴 객체나 예외 객체를 받아 처리해야 하는 상황이 발 생할 수 있다. 이때 JoinPoint의 순서와 인자의 이름을 유의해서 설정하길 바란다. @Around와 ProceedingJoinPoint는 다음 절에서 계속 설명한다.

7.1.7 애너테이션을 사용한 AOP

에피소드☰ 나개발은 애플리케이션을 운영하다 특정 API의 응답 속도가 다른 API에 비해 느린 것을 발견했 다. 속도가 느린 API 코드를 쿼리가 느린 것인지 필요 없는 루프 구문이 사용된 것은 아닌지 여러 방면으로 분 석했다. 하지만 문제가 될 수 있는 그 어떤 코드도 발견할 수 없었다. 그러다 나개발은 스카우터[2]의 메서드 프로 파일링 탭에서 이상한 데이터를 발견했다. API 코드에서는 확인할 수 없는 다른 클래스의 코드가 실행 시간 대 부분을 차지하고 있었다. 이를 곁에서 보고 있던 나선배는 AOP 관점 클래스가 잘못 개발된 것 같다고 조언했 다. 고생 끝에 나개발은 포인트 컷 표현식으로 작성된 관점 클래스를 찾았고, 성능을 저하시킨 코드를 고칠 수 있었다.

---

2 APM의 한 종류로, 애플리케이션 성능 모니터링 툴이다.

에피소드에서 나개발은 버그 원인을 찾는 데 많은 시간을 투자했다. 핵심 관심사와 종단 관심사가 완전히 분리되어 오히려 유지 보수에 어려움을 겪은 것이다. 물론 팀 내에서 이슈가 잘 공유되었거나 코드베이스의 패키지를 잘 분리했더라면 쉽게 원인을 찾을 수 있었을 것이다. 이는 관점 지향 프로그래밍의 단점이기도 하다.

핵심 관심사와 종단 관심사의 교차 지점을 선정하는 포인트 컷 표현식을 다른 방법을 사용하여 설정할 수 있다면 어떨까? 이번에는 포인트 컷 표현식이 아닌 사용자 정의 애너테이션을 사용하여 포인트 컷을 지정하는 방법을 설명한다. 대상 객체의 메서드에 사용자 정의 애너테이션을 사용하고 이를 포인트 컷으로 설정한다면, 코드를 유지 보수할 때 빠르게 관점 클래스를 찾을 수 있다.

다음 코드는 개발자가 직접 생성한 ElapseLoggable 애너테이션과 Around 어드바이스를 사용하여 메서드 실행 시간을 로그로 남기는 예제다. 이때 대상 객체의 메서드는 HotelDisplayService 클래스의 getHotelsByName()이다. ElapseLoggable 애너테이션을 getHotelsByName() 메서드에 정의하면 포인트 컷 표현식을 사용하여 조인 포인트로 설정할 수 있다.

ElapseLoggable 애너테이션과 HotelDisplayService 클래스 코드 일부

```
package com.springtour.example.chapter07.aspect;

@Target({ElementType.METHOD})
@Retention(RetentionPolicy.RUNTIME)
public @interface ElapseLoggable { ┄┄❶
}

package com.springtour.example.chapter07.service;

@Slf4j
@Service ┄┄❸
public class HotelDisplayService implements DisplayService {

    @ElapseLoggable ┄┄❷
    public List<HotelResponse> getHotelsByName(HotelRequest hotelRequest) {
    // 생략
    }
}
```

❶ ElapseLoggable은 포인트 컷을 지정하는 마킹 애너테이션이므로 별도의 속성 값을 설정하지 않는다.

❷ 메서드 처리 시간을 측정하고 로깅하려고 @ElapseLoggable 애너테이션을 정의한다. ElapseLoggable 애너테이션의 @Target 설정은 ElementType.METHOD이므로 메서드에만 사용할 수 있다.

❸ 스프링 AOP를 사용하여 관점 지향 프로그래밍을 하므로 대상 객체도 스프링 빈으로 정의되어야 한다. 그렇지 않으면 위빙 과정을 진행할 수 없다.

조인 포인트 위치를 설정하려고 @ElapseLoggable 코드와 대상 클래스의 메서드에 애너테이션을 정의한 코드를 확인했다. 이어서 로깅을 하는 공통 모듈을 포함하는 ElapseLoggingAspect 코드를 확인해 보자.

ElapseLoggingAspect 코드 일부

```
package com.springtour.example.chapter07.aspect;

@Slf4j
@Component ----❶
@Aspect ----❷
@Order(2) ----❸
public class ElapseLoggingAspect {

    @Around("@annotation(ElapseLoggable)") ----❹
    public Object printElapseTime(ProceedingJoinPoint proceedingJoinPoint) throws
Throwable { ----❺

        StopWatch stopWatch = new StopWatch();
        stopWatch.start();
        log.info("start time clock");

        Object result;
        try {
            result = proceedingJoinPoint.proceed(); ----❻
        } finally {
            stopWatch.stop();
            String methodName = proceedingJoinPoint.getSignature().getName();
            long elapsedTime = stopWatch.getLastTaskTimeMillis();
            log.info("{}, elapsed time: {} ms", methodName, elapsedTime);
        }

        return result; ----❼
    }
}
```

❶ 스프링 AOP를 사용하므로 관점 클래스도 반드시 스프링 빈으로 설정한다.

❷ 관점 클래스를 정의하는 @Aspect 애너테이션을 정의한다.

❸ @Order 애너테이션을 사용하여 다른 여러 관점 클래스의 위빙 순서를 결정할 수 있다.

❹ 기존의 execution 포인트 컷 표현식 대신 @annotation 포인트 컷 표현식을 사용한다. ElapseLoggable 애너테이션이 적용된 모든 메서드가 포인트 컷 대상이 된다.

❺ Around 어드바이스 타입이므로 대상 객체의 메서드를 실행할 수 있는 ProceedingJoinPoint 객체를 주입받는다.

❻ ProceedingJoinPoint의 proceed() 메서드를 실행하면 대상 클래스의 메서드가 실행된다. 예제에서는 조인 포인트인 HotelDisplayService의 getHotelsByName() 메서드가 실행된다.

❼ proceedingJoinPoint.proceed()의 결과 값인 'Object result'를 반드시 리턴해야 한다.

어드바이스를 작성할 때 조인 포인트에서 발생하는 예외를 어드바이스 내부에서 직접 처리하는 것은 바람직하지 않다. ElapseLoggingAspect 예제에서 try-finally 구문만 사용하여 메서드의 실행 시간을 로그로 남긴다. 즉, 대상 객체의 메서드인 getHotelsByName() 메서드에서 발생하는 예외는 그대로 다시 던지도록 되어 있다. 그래서 어드바이스인 printElapseTime() 메서드의 시그니처에 throws Throwable로 선언되어 있다. 스프링 프레임워크에는 실행 중 RuntimeException이 발생하면 프레임워크 내부에서 이를 이용하여 처리하는 로직들이 있다. 예를 들어 트랜잭션 기능을 제공하는 @Transactional은 RuntimeException이 발생하면 진행 중인 트랜잭션을 롤백하고 사용하던 커넥션 객체를 커넥션 풀에 다시 반환한다. printElapseTime() 어드바이스가 예외를 다시 던지지 않고 직접 처리한다면 트랜잭션 매니저의 예외 처리 부분이 정상적으로 동작하지 않는다. 그리고 커넥션 객체도 정상적으로 커넥션 풀에 반환되지 않으므로 커넥션 객체가 고갈될 수 있다.

관점 지향 프로그래밍에서 대상 객체에 하나 이상의 어드바이스 코드를 위빙하는 경우가 종종 있다. 이때는 어드바이스들의 위빙 순서를 고민하는 것이 좋다. 어드바이스의 위빙 순서에 따라 실행되는 코드 순서가 결정되기 때문이다. 관점 클래스에 @Order 애너테이션을 정의하면 위빙 순서를 결정할 수 있다. @Order 애너테이션은 스프링 빈의 순서를 조정하는 역할을 한다. 스프링 AOP는 ApplicationContext가 프록시 객체를 만들고 조인 포인트에 어드바이스 코드가 위빙된다. 관점 클래스도 스프링 빈으로 정의되어야 하므로 @Order 값에 따라 위빙 순서가 결정된다.[3]

---

3 @Order 애너테이션의 값이 높을수록 우선순위를 갖는다.

Around 어드바이스를 포함하는 ElapseLoggingAspect의 오더 설정은 @Order(2)다. 앞서 설명한 Before 어드바이스를 포함하는 ArgumentLoggigAspect의 오더 설정은 @Order(1)이다. 그리고 AfterReturning 어드바이스를 포함하는 ReturnValueLogginAspect 오더 설정 또한 @Order(1)이다. 각 관점 클래스의 포인트 컷 표현식은 공통으로 HotelDisplayService의 getHotelsByName() 메서드를 바라본다. 위빙 시점에는 getHotelsByName() 메서드를 기준으로 가장 높은 우선순위인 ElapseLoggingAspect의 코드가 위빙되고, 다음 우선순위인 ArgumentLoggingAspect와 ReturnValueLoggingAspect의 코드가 getHotelsByName() 메서드 앞뒤로 위빙된다. 결국 ArgumentLoggingAspect와 ReturnValueLoggingAspect의 코드는 ElapseLoggingAspect의 코드를 덮는 형태다. 그러므로 실행 순서는 다음과 같다.

1. ArgumentLoggingAspect의 Before 어드바이스

2. ElapseLoggingAspect의 Around 어드바이스의 전반부

3. HotelDisplayService의 getHotelsByName() 메서드

4. ElapseLoggingAspect의 Around 어드바이스의 후반부

5. ReturnValueLoggingAspect의 AfterReturning 어드바이스

Chapter07Application.java를 실행하면 다음과 같이 로그가 화면에 출력되는 것을 확인할 수 있다. 위빙되는 순서와 결과를 비교해 보면 @Order 순서에 따라 위빙됨을 확인할 수 있다.

@Order 순으로 위빙된 결과

```
c.s.e.c.aspect.ArgumentLoggingAspect      : argument info   // 생략
c.s.e.c.aspect.ElapseLoggingAspect        : start time clock
c.s.e.c.aspect.ElapseLoggingAspect        : getHotelsByName, elapsed time: 5012 ms
c.s.e.c.aspect.ReturnValueLoggingAspect   : return value :  // 생략
```

7.2 스프링 부트 테스트

신뢰성 있는 애플리케이션을 개발하려면 스펙에 따라 애플리케이션을 자동으로 테스트하는 테스트 케이스를 작성하고 유지 보수하는 것이 중요하다. 일반적인 의미로 테스트 케이스란 대상 기능을 테스트하려고 입력 값, 실행 조건, 기댓값으로 구성한 항목을 의미한다. 즉, 테스트 조건을 만들고 테스트에 값을 입력하면 어떤 결과 값이 나오는지 예측하고 실제 결과 값과 예측 결과 값이 서로 일치하는지 테스트하는 것이다. 자바 언어에서는 클래스의 기능을 테스트하는 테스트 클래스를 의미한다.

자바 언어 환경에서는 단위 테스트 프레임워크인 Junit을 사용하면 테스트 케이스를 작성할 수 있다. Junit에서 제공하는 메서드와 애너테이션을 사용하면 쉽게 테스트 클래스를 만들 수 있다. 작성한 테스트 케이스는 개발자가 하나씩 직접 실행해야 하지만, 프로젝트 빌드 툴인 메이븐이나 그레이들 같은 툴을 사용하여 개발된 테스트 케이스들을 한 번에 모두 실행할 수 있다. 메이븐은 패키지 빌드 과정에서 테스트 단계를 포함할 수 있으며, 그레이들은 테스트 태스크를 포함할 수 있다. 그러므로 JAR 패키지를 만들기 전에 작성한 테스트 케이스들을 자동으로 실행하고, 실행 결과에 따라 패키지 생성 여부를 설정 및 결정할 수 있다. 이런 과정을 테스트 자동화라고 한다.

스프링 부트 프레임워크를 사용하여 클래스 기능을 테스트해야 한다면 spring-boot-starter-test 의존성을 추가한다. 그러면 스프링 프레임워크의 REST-API도 테스트할 수 있으며, 테스트 대상 클래스가 의존하는 다른 스프링 빈을 주입해서 사용할 수 있다. spring-boot-starter-test 의존성을 추가하면 이와 관련된 여러 애너테이션과 클래스들을 함께 사용할 수 있다. 다음은 테스트 케이스의 이해를 도와주는 간단한 Junit 코드와 테스트 클래스다.[4] 이 예제는 HashSet 클래스의 add() 메서드를 테스트하는 시나리오를 갖고 있다. testHashSetContainsNonDuplicatedValue() 메서드처럼 @Test 애너테이션이 정의된 메서드는 테스트 메서드다. 테스트 메서드마다 테스트를 실행할 수 있다. 또한 테스트 메서드를 하나 이상 포함한 클래스를 테스트 클래스라고 한다. 테스트 클래스를 실행하면 테스트 클래스에 포함된 모든 테스트 메서드를 테스트할 수 있다.

```
public class MiscTest {

    @Test
```

---

4 코드에 대한 자세한 분석과 실행 방법은 뒤에서 다시 설명한다.

```java
public void testHashSetContainsNonDuplicatedValue() {

    // Given
    Integer value = Integer.valueOf(1);
    Set<Integer> set = new HashSet<>();

    // When
    set.add(value);
    set.add(value);
    set.add(value);

    // Then
    Assertions.assertEquals(1, set.size());
    Assertions.assertTrue(set.contains(value));
  }
}
```

대상 기능을 테스트하는 방식에 따라 단위 테스트, 통합 테스트, 회귀 테스트 등으로 구분할 수 있다. 메서드 단위로 테스트하는 것을 단위 테스트(unit test)라고 하며, 애플리케이션의 기능이나 API 단위로 테스트하는 것을 통합 테스트(integration test)라고 한다. 유닛 테스트와 통합 테스트를 나누는 기준에 대해서는 논란이 많으나, 여러 클래스로 구성된 기능을 테스트하거나 데이터베이스 및 다른 컴포넌트와 함께 테스트하는 것을 통합 테스트라고 한다. 이런 테스트 케이스들이 쌓이면 회귀 테스트(regression test)를 진행할 수 있다. 회귀 테스트란 시스템을 운영, 유지 보수하면서 발생한 버그들을 테스트 케이스로 만들어서 이전에 발생한 버그들이 다시 발생하지 않도록 테스트하는 것이다. 버그가 발생한 입력 조건 값을 사용하여 정상 동작하는 테스트 케이스를 작성한다. 버그를 수정하면 해당 테스트 케이스는 성공하지만, 반대로 버그가 있다면 해당 테스트 케이스는 항상 실패한다. 그래서 새로운 기능을 추가하거나 코드 리팩터링을 하더라도 기능에 버그가 있는지 쉽게 확인할 수 있다. 또한 과거에 발생한 버그들을 다시 테스트할 수 있으므로 쉽게 검증할 수 있는 장점이 있다. 어떤 테스트 방식을 사용하느냐가 아니라 테스트 케이스를 잘 유지 보수하는 것이 중요하다.

테스트 케이스는 테스트 대상 클래스의 목적에 따라 적절한 시나리오를 포함하고 있어야 한다. 예를 들어 서비스 클래스의 기능을 테스트할 때는 사용자의 유즈 케이스에 적합한 테스트 케이스를 작성해야 한다. 일반적인 유틸리티 클래스에서는 다양한 데이터 입력과 그에 따른 다양한 응답 상황을 테스트해야 한다. 예외가 발생하는 경우까지 포함하는 것이 좋다.

좋은 단위 테스트 케이스를 작성하려면 F.I.R.S.T 원칙에 맞게 작성하는 것이 좋다. F.I.R.S.T는 'Fast, Isolated, Repeatable, Self-validating, Timely'를 줄여 만든 원칙이며, 각 항목이 의미하는 것은 다음과 같다.

- **Fast**: 테스트 케이스는 빠르게(fast) 동작해야 한다. 실행 시간이 오래 걸리는 테스트 케이스는 성공 여부를 빠르게 확인할 수 없어 개발 시간에 영향을 미친다. 특히 테스트 과정을 자동화한 경우에는 모든 테스트 케이스를 실행하여 테스트 결과를 확인하고 버그를 수정하는 과정을 반복해야 한다. 테스트 케이스가 느리다면 이 과정 자체가 느려지고 개발 속도에 영향을 미친다. 패키지 빌드 과정에 테스트 단계를 포함한다면 패키지 빌드 시간은 테스트 케이스 실행 시간과 비례하게 된다.

- **Isolated**: 테스트 케이스는 다른 외부 요인에 영향을 받지 않도록 격리(isolated)해야 한다. 즉, 테스트 케이스 사이에 서로 영향을 주는 테스트 케이스를 작성하면 된다. 다른 테스트 코드에 의존하거나 상호 동작한다면 신뢰할 만한 테스트 결과를 얻을 수 없다. 테스트 케이스들을 실행하는 순서에 따라 결과가 달라질 수 있으며, 테스트 케이스를 수정하면 다른 테스트 케이스의 결과 값에 영향을 줄 수 있기 때문이다. 테스트 케이스를 작성할 때는 전역 변수를 선언하여 여러 테스트 케이스가 하나의 데이터를 수정 · 참조하는 경우에 유의하자. 또한 상태(status) 값을 갖는 데이터를 테스트할 때도 주의하는 것이 좋다.

- **Repeatable**: 테스트 케이스는 반복(repeat)해서 실행하고, 실행할 때마다 같은 테스트 결과를 확인할 수 있어야 한다. 테스트 케이스를 실행할 때마다 매번 다른 결과가 나온다면 테스트 과정 자체를 신뢰할 수 없다.

- **Self-validating**: 테스트 케이스 내부에는 결과 값을 자체 검증(self-validating)할 수 있는 코드가 필요하다. 그렇지 않고 사람이 테스트 결과 값을 확인하고 기대하는 값과 결과 값을 비교해야 한다면, 테스트 과정을 자동화할 수 없다.

- **Timely**: 실제 코드를 개발하기 전 테스트 케이스를 먼저 작성하는 것을 의미한다. 기능 요구 사항에 따라 테스트 케이스들을 먼저 정의하고 기능을 하나씩 개발한다. 개발 단계부터 계속해서 테스트를 하면서 요구 사항에 적합한 코드를 만들 수 있는 장점이 있다. 이는 테스트 주도 개발 방법론(TDD)에 적합하다. 필자는 개발이 끝난 코드를 검증하거나 레거시 코드에 테스트 케이스를 작성하는 것도 좋다고 생각한다.

MSA 환경에서 테스트 케이스는 더욱 유용하게 사용될 수 있다. MSA는 여러 작은 컴포넌트가 서로 연동하여 서비스를 제공하는 특징이 있다. 결국 서비스는 분산된 작은 기능의 조합이다. 작은 기능 중 하나에만 버그가 있더라도 서비스는 동작하지 않는다. 각 기능은 각각의 컴포넌트에서 제공된다. 그러므로 서비스를 테스트하려면 관련된 모든 컴포넌트를 배포하고 QA 과정에서 테스트한다. 이런 테스트 및 배포 과정은 빠르게 실행하고 바로 결과를 얻기가 힘들다. 그러므로 컴포넌트들은 각 기능들에 테스트 케이스를 작성하고 자동화된 테스트 프로세스를 구축하여 신뢰성 있는 애플리케이션을 개발할 수 있다.

CI/CD, 즉 지속적으로 애플리케이션을 배포하기 위해서도 테스트 과정이 반드시 필요하다. CI/CD 과정에서 자동화된 테스트 과정도 필요하지만 높은 테스트 커버리지 또한 필요하다. 테스트 커버리지는 소프트웨어 기능을 얼마나 충분히 테스트하는지 나타낸 것이다. 그리고 실제로 많이 사용하는 기능 혹은 클래스는 다양한 형태의 테스트를 추가 및 확장하는 것이 중요하다. 정말 이제는 테스트 케이스도 애플리케이션을 개발하는 주요 기능이라고 볼 수 있다.

7.2.1 스프링 부트 테스트 설정

스프링 부트 프레임워크는 테스트 환경을 위해 별도의 스타터를 제공한다. spring-boot-starter-test를 다음과 같이 pom.xml에 추가하자. 테스트 스타터는 테스트 단계에서만 사용되는 라이브러리들을 포함하고 있으므로 scope 속성은 test로 설정한다.

spring-boot-starter-test 의존성 추가

```
<dependency>
    <groupId>org.springframework.boot</groupId>
    <artifactId>spring-boot-starter-test</artifactId>
    <scope>test</scope>
</dependency>
```

의존성을 추가하면 다음과 같은 라이브러리들이 포함되며, 라이브러리 중에서 스프링 부트 애플리케이션을 쉽게 테스트할 수 있는 자동 설정과 관련된 프로젝트도 포함된다.

- Junit: 테스트 케이스를 작성하고 실행할 수 있는 기능들을 제공한다. 테스트 케이스를 정의할 수 있는 애너테이션과 실행한 테스트 결과 값을 예상 값과 비교 및 검증할 수 있는 클래스들을 제공한다.
- Hamcrest: 테스트 케이스의 결과 값을 검증하는 클래스와 메서드를 제공한다. Junit에서도 검증 메서드들을 제공하지만, Hamcrest에서 제공하는 메서드는 서술적으로 작성할 수 있어 가독성을 높여 준다.

- **Mockito**: 테스트에서 사용할 수 있는 목(mock) 프레임워크다. 목 객체는 개발자가 입력 값에 따라 출력 값을 프로그래밍한 일종의 가짜 객체다. 테스트 대상 클래스가 의존하는 객체를 목 객체로 바꿀 수 있는 기능과 목 객체를 만들 수 있는 기능을 제공한다.
- **spring-test**: 스프링 프레임워크의 기능을 통합 테스트할 수 있는 기능을 제공한다. 예를 들어 스프링 웹 MVC 같은 기능을 테스트할 수 있다.
- **spring-boot-test**: 스프링 부트 프레임워크의 기능을 통합 테스트할 수 있는 기능을 제공한다.
- **spring-boot-test-autoconfiguration**: 스프링 부트 프레임워크를 테스트하려고 자동 설정 기능을 제공한다.

코드베이스 구조를 확인하기 위해 예제 코드 chapter07을 보자. src 폴더 아래에 main과 test 폴더가 있다. src 〉 main 폴더 하위의 java 폴더에는 애플리케이션 소스 코드들을 포함하고, src 〉 test 폴더 하위의 java 폴더에는 애플리케이션 소스 코드를 테스트하는 테스트 케이스 코드를 포함한다. 애플리케이션 클래스를 테스트하는 테스트 클래스의 기본 경로는 서로 다르지만, 패키지 경로는 두 클래스 모두 같다. com.springtour.example.chapter07.service 패키지에 있는 HotelDisplayService.java 클래스를 테스트하는 HotelDisplayServiceTest.java 클래스도 com.springtour.example.chapter07.service 패키지에 생성한다. 테스트 클래스가 코드베이스상으로는 src 〉 test 디렉터리에 있지만, 패키지 경로는 같으므로 대상 클래스의 protected 메서드에도 접근 및 테스트 가능하다.

7.2.2 Junit 사용 예제

먼저 chapter07 프로젝트의 src 〉 test 〉 java 폴더에 있는 MiscTest.java 클래스를 확인해 보자.[5] HashSet은 테스트 대상 클래스이며, HashSet 객체에 엘리먼트를 추가할 때 중복된 엘리먼트는 객체를 중복 저장하지 않는 기능을 제공한다. 그러므로 같은 값을 계속해서 add() 메서드를 사용하여 추가해도 HashSet 내부에는 하나만 저장한다. MiscTest.java 테스트 클래스는 이 기능을 테스트하는 클래스로, testHashSetContainsNonDuplicatedValue() 테스트 메서드를 포함하고 있다.

---

5   이 책에서는 Junit5를 기준으로 설명한다. Junit5는 Junit4와 하위 호환성이 없으므로 주의하길 바란다.

우선 테스트 케이스를 실행해 보자. IntelliJ에서 테스트 케이스를 실행하는 방법은 그림 7-11과 같다. @Test 애너테이션이 선언된 메서드(testHashSetContainsNonDuplicatedValue)의 메뉴를 열면, 그림 7-11과 같이 메서드를 실행할 수 있는 기능이 있다. 이를 클릭하여 실행하면 테스트 케이스의 결과를 확인할 수 있다.

▼ 그림 7-11 테스트 케이스 실행 방법

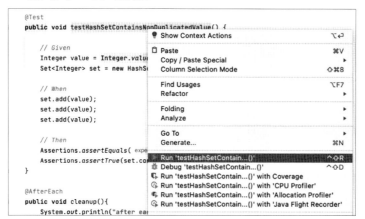

테스트 메서드 내부에는 결과 값을 검증할 수 있는 코드를 포함하고 있으며, 이 결과에 따라 테스트를 성공과 실패로 구분할 수 있다. 결과 화면은 IDE의 종류마다 다르지만 IntelliJ는 그림 7-12와 같다. 테스트에 성공한 테스트는 녹색으로, 실패한 테스트는 노란색으로, 에러가 발생한 테스트는 빨간색으로 표시된다.

▼ 그림 7-12 테스트 케이스 실행 결과

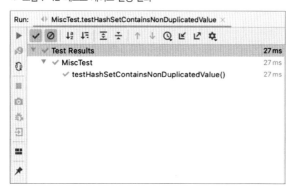

Junit에서 제공하는 @Test 애너테이션은 테스트 메서드를 정의할 때 사용하며, 테스트 메서드를 만들 때 주의할 규칙은 다음과 같다.

- 테스트 메서드의 접근 제어자는 public이어야 한다.

- 테스트 메서드의 리턴 타입은 void다.

- 테스트 메서드의 이름은 'test'로 시작하는 것이 일반적이다.

Junit은 테스트 케이스의 라이프 사이클을 설정할 수 있는 애너테이션들도 제공한다. 즉, 테스트 케이스를 실행하기 전후로 별도의 작업을 실행할 수 있다. @Test 애너테이션과 마찬가지로 라이프 사이클과 관련된 애너테이션도 별도의 메서드에 정의되며, 정의된 메서드들은 라이프 사이클 규칙에 맞게 테스트 메서드 앞뒤로 실행된다.

- **@BeforeAll**: 테스트 클래스 인스턴스를 초기화할 때 가장 먼저 실행된다. 그러므로 테스트 클래스에 포함된 테스트 메서드가 여러 개 있어도 한 번만 실행된다. 객체를 생성하기 전에 미리 실행하므로 @BeforeAll 애너테이션을 정의할 메서드는 static 접근 제어자가 정의해야 한다.

- **@BeforeEach**: 모든 테스트 메서드가 실행되기 전 각각 한 번씩 실행된다. 테스트 클래스에 포함된 테스트 메서드가 여러 개라면 여러 번 실행된다.

- **@AfterEach**: 모든 테스트 메서드가 실행된 후 각각 한 번씩 실행된다. @BeforeEach와 대응되므로 테스트 클래스에 포함된 테스트 메서드가 여러 개라면 여러 번 실행된다.

- **@AfterAll**: 테스트 클래스의 모든 테스트 메서드가 실행을 마치면 마지막으로 한 번만 실행된다. @BeforeAll과 대응되는 애너테이션이다. @BeforeAll처럼 대상 메서드는 static 접근 제어자로 정의되어야 한다.

MiscTest.java 테스트 클래스의 코드를 분석해 보자.

MiscTest.java 클래스

```java
public class MiscTest {

    @BeforeAll
    public static void setup() {
        System.out.println("before all tests in the current test class");
    }

    @BeforeEach
    public void init() {
        System.out.println("before each @Test");
    }
```

```java
@Test  ┄┄❶
public void testHashSetContainsNonDuplicatedValue() {

    // Given
    Integer value = Integer.valueOf(1);  ┄┄┐
    Set<Integer> set = new HashSet<>();  ┄┄┘❷

    // When
    set.add(value);  ┄┄┐
    set.add(value);  ┄┄┼┄❸
    set.add(value);  ┄┄┘

    // Then
    Assertions.assertEquals(1, set.size());  ┄┄┐
    Assertions.assertTrue(set.contains(value));  ┄┘❹
}

@Test
public void testDummy() {
    Assertions.assertTrue(Boolean.TRUE);
}

@AfterEach
public void cleanup() {
    System.out.println("after each @Test");
}

@AfterAll
public static void destroy() {
    System.out.println("after all tests in the current test class");
}
}
```

MiscTest.java 테스트 클래스의 테스트 메서드를 분석해 보자. F.I.R.S.T 원칙을 생각해 보면, 테스트 메서드는 빠르게 동작하고 고립되어 다른 테스트에 영향을 주지 않는다. 또한 여러 번 반복해도 같은 결과를 얻을 수 있도록 개발되어 있다. 마지막으로 내부에 Assertion 클래스의 assert 메서드들을 사용하여 메서드 스스로 검증할 수 있다. 다음을 확인해 보자.

❶ 실행할 수 있는 테스트 메서드를 정의하고자 @Test 애너테이션을 적용한다.

❷ 입력 값 파트다. 테스트 대상 객체인 HashSet 객체를 생성하고 객체에 입력할 Integer 객체를 생성한다.

❸ 실행 조건 파트다. 같은 value 객체를 add( ) 메서드를 사용하여 HashSet 객체에 넣는다.

❹ ❸의 실행 결과 값을 검증하는 파트다. 같은 객체를 세 번 추가했으므로 set 객체의 크기는 1
이다. 그리고 set 객체 내부에 포함된 엘리먼트 객체는 Integer value 객체와 동일한 것을 검
증한다. 검증에 실패하면 해당 테스트 메서드는 실패로 표시된다.

일반적으로 테스트 메서드는 given-when-then 패턴을 사용하여 세 파트로 나누어 개발한다.
given 파트에서는 테스트 케이스를 준비하는 과정을 포함한다. 그래서 HashSet 객체를 초기화
하고, add( ) 메서드의 인자로 사용할 value 객체를 초기화한다. when 파트는 테스트를 실행하
는 과정이다. 그러므로 같은 인자 값 value를 add( ) 메서드에 넣어서 여러 번 호출한다. 마지막
then 파트에서는 테스트를 검증하는 과정을 포함한다. 예제의 테스트 메서드처럼 반드시 세 파트
(Given, When, Then)로 나누어 테스트 케이스를 작성할 필요 없다. 하지만 일관성 있는 테스트
코드가 유지 보수에 유리하므로 많은 개발자가 이 방법을 사용한다.

테스트 클래스를 작성할 때 테스트 케이스마다 준비 과정이 반복된다면 라이프 사이클 애너테이
션을 고려해 볼 만하다. 보통 테스트 대상 범위가 너무 커서 테스트 대상 범위를 줄이기 위해 모
킹(mocking)하는 작업이나 테스트 데이터를 초기화하고 종료하는 작업이 필요할 때 많이 사용한
다. 앞서 설명한 라이프 사이클 애너테이션의 실행 순서를 MiscTest.java 예제와 함께 설명한다.
MiscTest.java 클래스에 testHashSetContainsNonDuplicatedValue( )와 testDummy( ) 테스트 메서
드가 있다. 테스트 순서는 testHashSetContainsNonDuplicatedValue( )와 testDummy( ) 순으로 실
행된다고 가정하자. 이때 라이프 사이클 메서드와 테스트 메서드의 실행 순서는 다음과 같다.

1. @BeforeAll setup( )

2. @BeforeEach init( )

3. @Test testHashSetContainsNonDuplicatedValue( )

4. @AfterEach cleanup( )

5. @BeforeEach init( )

6. @Test testDummy( )

7. @AfterEach cleanup( )

8. @AfterAll destroy( )

Junit은 테스트 결과를 검증하는 클래스와 메서드들을 제공한다. org.junit.jupiter.api의
Assertions 클래스는 스테틱 검증 메서드를 제공한다. 검증 메서드 이름은 assert 머리말로 시작

하는 특징이 있다. 검증 메서드는 인자로 받은 결과 값을 검증할 수 있는 기능을 제공한다. 검증에 실패하는 경우 AssertionFailedError 예외가 발생하며, Junit 프레임워크는 이 정보를 바탕으로 각 테스트 케이스의 성공/실패 여부를 종합한다.

검증 메서드의 인자 이름이 expect이면 예상 값을 의미하며, actual은 테스트 대상의 실제 값을 의미한다. 예를 들어 assertEquals() 메서드는 expect와 actual 인자를 받는다. MiscTest.java 예제에서 set.getSize()의 예상 값은 1이므로 예상 값 1을 expect 인자의 인수로 입력한다. set.getSize()의 리턴 값은 실제 응답 값이므로 actual 인자의 인수로 사용하면 된다. 예상 값과 실제 값을 둘 다 인자로 받는 메서드는 순서가 바뀌어도 테스트를 진행할 수 있다. 하지만 예상 값과 실제 값이 달라 에러가 발생하면 정확한 테스트 결과 메시지를 받을 수 없다. 다음 Assertions 클래스에서 제공하는 검증 메서드들은 비교적 자주 사용하는 것들이다.

- **assertNull(Object actual)**: 실제 값이 Null인지 검증한다.
- **assertNotNull(Object actual)**: 실제 값이 Not null인지 검증한다.
- **assertTrue(boolean condition)**: 조건이 참인지 검증한다.
- **assertFalse(boolean condition)**: 조건이 거짓인지 검증한다.
- **assertEquals(Object expect, Object actual)**: 예상 값과 실제 값이 같은지 비교한다. 두 값을 비교할 때는 equals() 메서드를 사용한다.
- **assertNotEquals(Object expect, Object actual)**: 예상 값과 실제 값이 다른지 비교한다. assertEquals와 마찬가지로 equals() 메서드를 기반으로 비교한다.
- **assertSame(Object expect, Object actual)**: assertEquals처럼 두 인자 값을 비교하되 == 연산자를 사용한다.
- **assertNotSame(Object expect, Object actual)**: assertNotEquals처럼 두 인자가 다른지 비교하되 == 연산자를 사용한다.

참고로 검증 메서드는 인자 타입에 따라 수많은 메서드가 오버로딩되어 있다. 그러므로 int, long, byte 같은 원시 타입이나 배열 같은 데이터도 타입 변환 없이 바로 검증할 수 있다.

테스트 대상 메서드가 예외를 던지는 상황도 검증할 수 있다. 이때 사용하는 검증 메서드는 Assertions 클래스의 assertThrow()다. assertThrow() 메서드도 여러 인자를 받도록 오버로딩되어 있으며, 가장 많이 사용하는 타입은 assertThrow(Class〈T〉 expectedType, Executable executable)이다. 첫 번째 인자는 테스트 대상 메서드가 던질 것으로 예상하는 예외 클래스 타입이며, 두 번째 인자는 Junit 프레임워크의 Executable 인터페이스다. 이 Executable 인터페이스는 함수형 인터페이스로 void execute() throws Throwable 추상 메서드를 가지고 있으며, 람다식으로 테스트 대상 클래스의 메서드를 구현한다. 즉, 람다식으로 작성된 테스트 대상 메서드를 입력하면 assertThrow 메서드가 첫 번째 인자와 비교하여 예외 발생 여부를 검증할 수 있다. 다음 코드는 assertThrow() 검증 메서드를 사용한 예제다. 테스트 대상인 IOUtils.copy() 메서드가 입력 조건인 input, output 인자를 받으면 IOException 예외를 던진다는 것을 검증하고 있다.

assertThrow() 검증 메서드 예제

```
Assertions.assertThrows(
        IOException.class,
        () -> IOUtils.copy(input, output)
);
```

7.2.3 @SpringBootTest를 사용한 스프링 부트 테스트

스프링 빈 클래스와 일반 자바 클래스를 비교해서 이야기해 보자. 둘 모두 Junit의 기능을 사용하여 테스트 케이스를 작성한다. 하지만 테스트 대상 클래스를 생성하는 방법이 다르다. 일반 자바 클래스를 테스트하려면 new 키워드를 사용하여 객체를 생성하고 생성된 객체의 메서드를 테스트한다. MiscTest.java 예제에서도 HashSet 클래스를 new 키워드로 생성했다. 스프링 빈 클래스도 POJO 객체이므로 new 키워드를 사용하여 객체를 생성해서 테스트해도 된다. 그러나 이는 스프링 빈이 다른 스프링 빈에 의존하지 않을 때만 가능하다. 테스트 대상 클래스가 다른 여러 스프링 빈에 의존한다면 이런 방법을 사용할 수 없다. ApplicationContext가 테스트 대상 클래스가 의존하는 적절한 스프링 빈들을 생성하고 스프링 빈을 주입해야 테스트할 수 있다.

또한 스프링 프레임워크의 기능을 사용한다면 스프링 프레임워크의 기능과 함께 테스트해야 한다. 이를 위해 스프링 부트 프레임워크는 @SpringBootTest 애너테이션을 제공한다. 이것은 스프링 부트 애플리케이션을 테스트할 때 필요한 기본 애너테이션이다. @SpringBootTest 애너테이션을 테스트 클래스에 선언하면 @SpringBootApplication 애너테이션이 적용된 클래스를 찾는다. @SpringBootTest에 설정된 속성과 함께 애플리케이션에 선언된 스프링 빈들도 스캔하고 생성한다. 물론 스프링 프레임워크의 기능도 활성화된다. 그래서 테스트할 수 있는 환경이 조성된다.

먼저 간단한 예제를 확인하고 @SpringBootTest 사용법을 자세히 설명한다. 다음은 HotelDisplayService 클래스를 테스트할 수 있는 HotelDisplayServiceTest 클래스다. HotelDisplayService는 @Service 애너테이션이 사용된 스프링 빈이다.

```
package com.springtour.example.chapter07.service;

@SpringBootTest ----❶
class HotelDisplayServiceTest {

    private final HotelDisplayService hotelDisplayService;
    private final ApplicationContext applicationContext;

    @Autowired ----❷
    public HotelDisplayServiceTest(HotelDisplayService hotelDisplayService,
ApplicationContext applicationContext) {
        this.hotelDisplayService = hotelDisplayService;
        this.applicationContext = applicationContext; ----❸
    }

    @Test
    public void testReturnOneHotelWhenRequestIsHotelName() {

        // Given
        HotelRequest hotelRequest = new HotelRequest("Line hotel");
        // When
        List<HotelResponse> hotelResponses = hotelDisplayService.
getHotelsByName(hotelRequest); ----❹
        // Then
        Assertions.assertNotNull(hotelResponses);
        Assertions.assertEquals(1, hotelResponses.size());
    }

    @Test
    public void testApplicationContext() {
        DisplayService displayService = applicationContext.getBean(DisplayService.
class); ----❺

        Assertions.assertNotNull(displayService);
        Assertions.assertTrue(HotelDisplayService.class.isInstance(displayService));
    }

}
```

❶ 스프링 프레임워크의 기능과 함께 대상 클래스를 테스트하는 데 @SpringBootTest 애너테이션을 사용한다. Junit4를 사용한다면 @RunWith(SpringRunner.class) 설정을 같이 사용해야 한다. Junit5에서는 @RunWith 설정을 생략해도 된다.

❷ 테스트 클래스에 테스트 대상 스프링 빈을 생성자 주입 방식으로 사용하려면 반드시 생성자에 @Autowired를 정의해야 한다. 이외에도 필드 주입 방식을 사용하여 필요한 스프링 빈을 주입받을 수 있다.

❸ 스프링 프레임워크에서 제공하는 모든 스프링 빈을 주입받아 사용할 수 있다. Application Context도 주입으로 테스트에 필요한 기능을 사용할 수 있다.

❹ 주입받은 hotelDisplayService 스프링 빈 객체의 메서드를 테스트할 수 있다.

❺ 주입받은 applicationContext의 getBean() 메서드를 사용하여 DisplayServie 타입의 스프링 빈을 받아 올 수 있다. getBean()이 정상적으로 스프링 빈 객체를 리턴하지 못하면 테스트는 실패한다.

@SpringBootTest 애너테이션 코드는 다음과 같다.

SpringBootTest 애너테이션

```
package org.springframework.boot.test.context;

@Target({ElementType.TYPE})
@Retention(RetentionPolicy.RUNTIME)
@Documented
@Inherited
@BootstrapWith(SpringBootTestContextBootstrapper.class)
@ExtendWith({SpringExtension.class})
public @interface SpringBootTest {
    @AliasFor("properties")
    String[] value() default {};

    @AliasFor("value")
    String[] properties() default {};          ❶

    Class<?>[] classes() default {};      ❷

    String[] args() default {};    ❸
```

```
    SpringBootTest.WebEnvironment webEnvironment() default
SpringBootTest.WebEnvironment.MOCK; ┄┄❹

}
```

❶ value나 properties 속성은 프로퍼티 값을 설정하는 데 사용된다. value, properties 속성은 서로 호환되므로 어떤 속성 이름을 사용해도 상관없다. 속성 값에 사용된 프로퍼티는 해당 테스트 케이스가 실행될 때 사용된다. 테스트에 필요한 실행 환경을 설정할 때 사용하면 된다.

❷ 테스트 환경을 구축하는 데 사용되는 ApplicationContext 객체가 로딩할 자바 설정 클래스들을 설정할 수 있다. 자바 설정 클래스에 정의된 스프링 빈들이 추가로 로딩되면 스프링 빈 설정에 따라 코드베이스의 스프링 빈을 다시 재정의할 수 있다. 이 속성을 설정하지 않으면 ApplicationContext는 코드베이스에 있는 모든 스프링 빈 객체를 로딩한다.

❸ 스프링 부트 애플리케이션을 실행하는 SpringApplication 클래스의 run() 메서드에 인자를 설정할 때 사용한다.

❹ 스프링 부트의 웹 테스트 환경을 설정할 수 있다. 기본값은 WebEnvironment.MOCK으로, MOCK으로 설정된 테스트 케이스는 실제 서블릿 컨테이너를 사용하지 않고 테스트를 실행한다.

@SpringBootTest 애너테이션의 WebEnvironment 속성에 설정할 수 있는 값은 다음과 같다.

- **WebEnvironment.MOCK**: 서블릿 컨테이너를 실행하지 않고 서블릿을 목으로 만들어 테스트를 실행한다. 스프링 테스트 모듈에서 제공하는 MockMvc 객체를 사용하여 스프링 MVC 기능을 테스트할 수 있다.

- **WebEnvironment.RANDOM_PORT**: 테스트를 진행할 때 서블릿 컨테이너를 실행한다. 하지만 서블릿 컨테이너의 포트를 랜덤 값으로 설정한다.

- **WebEnvironment.DEFINED_PORT**: RANDOM_PORT와 마찬가지로 서블릿 컨테이너를 실행한다. 이 때 application.properties에 정의된 포트를 사용하여 서블릿 컨테이너를 실행한다.

- **WebEnvironment.NONE**: 서블릿 환경을 구성하지 않고 테스트를 실행한다.

@SpringBootTest 애너테이션의 properties 속성을 사용하여 프로퍼티를 설정하는 방법을 살펴보자. properties 속성에 설정된 값은 해당 테스트 케이스 클래스에서만 유효하다. 그러므로 테스트 환경 설정에 사용하면 된다. 키/밸류 속성만 교체하는 방법과 테스트 케이스에만 사용하는 프로퍼티 파일을 설정하는 방법이 있다.

```
@SpringBootTest(properties={"search.host=127.0.0.1", "search.port=19999"}
@SpringBootTest(properties={"spring.config.location=classpath:application-test.
properties"})
```

첫 번째 줄은 search.host와 search.port 두 개의 키-밸류를 설정한 예제다. application.
properties에 같은 키 이름의 값이 있다면 그 값을 @SpringBootTest 애너테이션에 설정된 값으로
대체한다. 두 번째 줄은 테스트 케이스에서만 사용할 application-test.properties를 새로 생성
하고, 테스트에 필요한 여러 프로퍼티 키-밸류 값들을 설정하면 된다. 여러 설정값을 테스트 케이
스끼리 공용으로 사용할 때 유용하다.

7.2.4 @TestConfiguration을 사용한 테스트 환경 설정

테스트 케이스를 작성할 때는 테스트 대상 클래스의 기능을 테스트할 수 있도록 테스트 범위를
좁히는 것이 중요하다. 대상 클래스의 기능이 다른 클래스에 의존할 때는 의존하는 클래스 설정
에 따라 대상 클래스의 기능을 정확하게 테스트할 수 없는 경우가 발생한다. 테스트 대상 클래스
내부에 데이터베이스에 쿼리하는 기능을 포함하거나 원격 서버의 REST-API를 호출하는 기능을
포함한다고 생각해 보자. 보통 테스트 환경은 Dev 또는 Production 환경과 분리되어 있어 테스
트를 위한 데이터베이스나 서버를 구축해야 한다. 서버를 구축해도 같은 테스트를 여러 번 실행
하면 데이터베이스의 데이터나 서버의 데이터가 훼손되어 매번 같은 결과 값을 확인할 수 없다.
테스트 환경을 구축하지 못한다면 테스트 케이스를 실행할 때마다 ConnectionException 같은 예
외가 발생하여 테스트를 정상적으로 실행할 수 없다. 그러므로 테스트를 할 때 테스트 대상 클래
스의 기능만 독립적으로 테스트할 수 있으면 된다. 즉, 가상의 실행 환경을 만들면 된다. 스프링
프레임워크에서 제공하는 @TestConfiguration 애너테이션을 사용하면 테스트 환경을 쉽게 구축
할 수 있다.

@TestConfiguration은 @Configuration 애너테이션과 비슷한 기능을 제공하며, 자바 설정 클래스
를 정의하는 목적으로 사용한다. @TestConfiguration 애너테이션이 사용된 클래스에는 @Bean으
로 정의한 스프링 빈을 하나 이상 포함할 수 있다. 정의된 스프링 빈은 테스트 환경에서만 유효하
다. @TestConfiguration과 @Configuration의 다른 점은 다음과 같다.

- @TestConfiguration 애너테이션은 테스트 환경에서만 유효한 스프링 빈을 추가로 정의할
  수 있다. 실행 환경에 중복된 스프링 빈이 있다면 @TestConfiguration의 스프링 빈으로 재
  정의(overwrite)된다.

- @Configuration은 @SpringBootConfiguration이 자동으로 스캔한 후 로딩되지만, @TestConfiguration은 그렇지 않다. 그래서 테스트 클래스에서 애너테이션을 사용하여 명시적으로 로딩해야 한다.
- @Configuration이 정의된 자바 설정 클래스는 src 〉 main 디렉터리에 저장하고, @TestConfiguration이 정의된 테스트 자바 설정 클래스는 src 〉 test 디렉터리에 저장한다.

이 기능을 사용하면 기존 애플리케이션에서 이미 정의한 스프링 빈을 테스트에 적합하게 커스터마이징할 수 있다. 테스트 실행 환경에서는 직접 데이터베이스에 연결하지 않고, 애플리케이션 내부의 메모리 데이터베이스에 접근하도록 변경할 수 있다. 혹은 다른 서버의 REST-API를 바로 호출하지 않고, 내부의 목(mock) 서버를 연결하도록 커스터마이징할 수 있다. 커스터마이징된 스프링 빈은 ApplicationContext에 로딩되고, 이를 의존하는 다른 스프링 빈에 주입된다. 즉, ApplicationContext 덕분에 애플리케이션의 코드를 수정하지 않고, 테스트 환경에 적합하게 커스터마이징된 스프링 빈을 쉽게 주입할 수 있다.

@TestConfiguration 예제를 살펴보기 전에 테스트 대상 클래스인 HotelRoomDisplayService. java와 ThreadPoolTaskExecutor.java의 관계를 먼저 설명한다. 두 클래스의 코드는 chapter07 프로젝트에서 확인할 수 있다.

❤ 그림 7-13 HotelRoomDisplayService 클래스와 ThreadPoolTaskExecutor 클래스의 관계

HotelRoomDisplayService 클래스는 테스트 대상이며 @Service 애너테이션으로 정의된 스프링 빈이다. 앞으로 설명할 테스트 클래스들은 HotelRoomDisplayService 클래스의 getHotelRoomById() 메서드를 테스트한다. ThreadPoolTaskExecutor는 ThreadConfig 자바 설정 클래스에 @Bean 애너테이션으로 정의된 스프링 빈이다. getHotelRoomById() 메서드 내부에는 ThreadPoolTaskExecutor의 execute() 메서드를 사용하여 간단한 로그를 비동기로 남긴다. 이때 우리는 @TestConfiguration 애너테이션을 사용하여 ThreadPoolTaskExecutor를 테스트 환경에 적합하게 커스터마이징해 보자.

다음 코드는 @TestConfiguration을 사용한 예제다. 먼저 @Configuration 애너테이션이 적용된 ThreadPoolConfig.java 자바 설정 클래스에는 ThreadPoolTaskExecutor를 스프링 빈으로 설정한다. 이 ThreadPoolConfig.java 클래스는 main 폴더에 위치한다. 정의한 스프링 빈의 클래스 타입은 ThreadPoolTaskExecutor이며, 이름은 threadPoolTaskExecutor다. 이 스프링 빈을 테스트 환경에서는 다른 스프링 빈으로 교체한다. @TestConfiguration 애너테이션이 적용된 클래스는

test 폴더에 있는 TestConfig.java다. 스프링 빈을 재정의하려면 기존에 선언된 스프링 빈의 클래스 타입과 이름을 모두 똑같이 설정한다. 다음 코드는 ThreadPoolConfig와 TestConfig의 일부분이며, 코드를 보고 내용을 확인해 보자.

ThreadPoolConfig.java와 TestConfig.java 자바 설정 클래스

```java
package com.springtour.example.chapter07.config;

@Configuration                                              ❶
public class ThreadPoolConfig {

    @Bean(destroyMethod="shutdown")                         ❷
    public ThreadPoolTaskExecutor threadPoolTaskExecutor() {
        ThreadPoolTaskExecutor taskExecutor = new ThreadPoolTaskExecutor();
        taskExecutor.setMaxPoolSize(10);                    ❸
        taskExecutor.setThreadNamePrefix("AsyncExecutor-");
        taskExecutor.afterPropertiesSet();
        return taskExecutor;
    }
}

package com.springtour.example.chapter07.config;

@TestConfiguration                                          ❹
public class TestConfig {

    @Bean(destroyMethod="shutdown")                         ❺
    public ThreadPoolTaskExecutor threadPoolTaskExecutor() {
        ThreadPoolTaskExecutor taskExecutor = new ThreadPoolTaskExecutor();
        taskExecutor.setMaxPoolSize(1);                     ❻
        taskExecutor.setThreadNamePrefix("TestExecutor-");
        taskExecutor.afterPropertiesSet();
        return taskExecutor;
    }

}
```

❶ @Configuration이 적용된 ThreadPoolConfig 자바 설정 클래스는 애플리케이션이 실행될 때 내부에 정의된 스프링 빈들이 생성된다.

❷ 스프링 빈 이름은 threadPoolTaskExecutor이며, ThreadPoolTaskExecutor 클래스 타입이다.

❸ ThreadPoolTaskExecutor의 최대 스레드 개수는 열 개이며, 스레드 이름은 'AsyncTask Executor-'으로 시작한다.

❹ @TestConfiguration이 적용된 TestConfig 테스트 자바 설정 클래스는 테스트가 실행되면 내부에 정의된 스프링 빈들이 생성된다. ThreadPoolConfig에 정의된 스프링 빈과 이름과 타입이 같으면 재정의한다.

❺ 테스트 케이스 실행 환경에서는 ❷의 스프링 빈을 재정의하려고 타입과 이름이 같은 스프링 빈을 정의한다.

❻ ❷ 영역의 스프링 빈과 달리 최대 스레드 개수는 한 개고 스레드 이름은 'TestTask Executor-'으로 시작한다.

애플리케이션을 실행하고, HotelRoomDisplayService의 getHotelRoomById() 메서드를 실행하면 로그가 생성된다. 이때 로그를 남기는 스레드 이름은 'AsyncExecutor-'으로 시작한다. ThreadPoolConfig 자바 설정 클래스에서 setThreadNamePrefix() 메서드가 스레드 이름을 'AsyncExecutor-'으로 설정했기 때문이다. 하지만 테스트 환경에서 실행하면 로그를 남기는 스레드 이름은 'TestExecutor-'으로 시작해야 한다. TestConfig 자바 설정 클래스에서 다르게 설정했기 때문이다. 이렇게 함으로써 테스트 환경은 실제 애플리케이션 환경과 다르게 설정되었다.

다음은 HotelRoomDisplayService 클래스를 테스트하는 HotelRoomDisplayServiceTest01 테스트 클래스의 코드다. 이 테스트 클래스 내부에는 @TestConfiguration이 사용된 TestConfig.java 클래스를 임포트한다. 그러므로 HotelRoomDisplayService 클래스가 의존하는 ThreadPoolTask Executor 변수에는 재정의된 TestConfig의 스프링 빈이 주입된다. 테스트 클래스에서 어떻게 TestConfig 테스트 자바 설정 클래스를 로딩하는지 확인해 보자.

HotelRoomDisplayServiceTest01 클래스

```
package com.springtour.example.chapter07.service;

@SpringBootTest
// @Import(value={TestConfig.class})
@ContextConfiguration(classes=TestConfig.class) ┈┈┈❶
@TestPropertySource(locations="classpath:application-test.properties") ┈┈❷
public class HotelRoomDisplayServiceTest01 {

    @Autowired
    private HotelRoomDisplayService hotelRoomDisplayService;
```

```
    @Test
    public void testTestConfiguration() {
        HotelRoomResponse hotelRoomResponse = hotelRoomDisplayService.
getHotelRoomById(1L);

        Assertions.assertNotNull(hotelRoomResponse);
        Assertions.assertEquals(1L, hotelRoomResponse.getHotelRoomId());
    }
}
```

---

❶ @ContextConfiguration이나 @Import 애너테이션을 사용하여 명시적으로 테스트 자바 설정 클래스를 로딩한다. 로딩된 클래스는 HotelRoomDisplayServiceTest01 테스트 클래스가 실행되는 동안 유효하다.

❷ 테스트 환경에 맞게 커스터마이징된 프로퍼티 파일을 로딩할 때 @TestPropertySource 애너테이션을 사용한다. locations 속성에 프로퍼티 파일의 경로를 입력한다. 예제에서는 스프링 빈을 재정의할 수 있는 설정값을 포함하고 있다.

HotelRoomDisplayServiceTest01 테스트 클래스를 실행하면 테스트 대상인 HotelRoomDisplayService의 getHotelRoomById() 메서드 내부에서는 HotelRoomEntity 객체의 내용을 로그로 남긴다. 로그를 남기는 스레드의 이름은 'TestExecutor-1'이다. 예제 코드에서 제공하는 HotelRoomDisplayServiceTest00[6] 테스트 클래스를 실행해 보자. 이때 스레드 이름은 'AsyncExecutor-1'이다. HotelRoomDisplayServiceTest01 테스트 클래스는 TestConfig 자바 설정 클래스를 사용하여 스프링 빈을 재설정하기 때문이다. 테스트 환경에서는 TestConfig 자바 설정 클래스의 ThreadPoolTaskExecutor taskExecutor가 기존의 스프링 빈을 재성정한다.

예제처럼 @TestConfiguration을 사용하여 스프링 빈을 재정의하려면 스프링 부트 프레임워크에 추가 설정이 필요하다. 스프링 부트 프레임워크의 기본값은 스프링 빈 재정의를 허용하지 않는다. 다음 설정은 스프링 빈을 재정의하게 하는 설정이다. 이것은 테스트 환경에서만 필요하므로 application-test.properties에 별도로 정의하는 것이 좋다. 재정의 설정을 하지 않으면 BeanDefinitionOverrideException이 발생하여 테스트 코드가 정상적으로 실행되지 않는다.

```
spring.main.allow-bean-definition-overriding = true
```

---

6 지면상 코드는 생략했다. 예제 코드를 직접 확인해 보자.

7.2.5 @MockBean을 사용한 테스트 환경 설정

@TestConfiguration은 설정을 재정의하는 방법으로 테스트 대상의 기능을 집중하여 테스트하는 방식을 사용한다. 이 절에서는 테스트 대상이 의존하는 스프링 빈을 모의 객체로 변경하여 테스트하는 방식을 설명한다. 이를 위해 스프링 프레임워크에서 제공하는 @MockBean 애너테이션과 Mockito 라이브러리를 사용하여 모의 객체의 행동을 정의하는 방법도 알아본다.

spring-boot-starter-test 스타터는 spring-boot-test 모듈을 포함하고 있다. spring-boot-test 모듈은 Mockito 라이브러리와 @MockBean 애너테이션을 같이 제공한다. Mockito는 일종의 모의 객체라고 하는 목(mock) 객체를 쉽게 만들고 목 객체의 행동과 결과를 검증할 수 있는 기능을 제공한다. 그래서 Junit과 함께 많이 사용되는 라이브러리이며, 테스트 환경 설정부터 테스트 검증까지 테스트 전체 과정 모두를 처리할 수 있는 기능을 제공한다. 여기에서는 @MockBean 애너테이션을 사용하여 목 객체를 생성하고 주입하는 방법과 목 객체의 행동을 설정하는 방법을 설명한다. 그리고 Junit Assertions 클래스의 스테틱 메서드를 사용하여 테스트 결과를 검증한다. Mockito 라이브러리도 검증 관련 기능을 제공하고 있지만, 이 책에서 그 내용은 다루지 않는다.

참고로 Mockito 라이브러리에서 제공하는 @Mock 애너테이션도 있다. @Mock과 @MockBean 애너테이션을 비교하면 @Mock 애너테이션은 Junit과 Mockito를 사용하여 일반 자바 객체를 테스트하는데 사용한다. 반면 스프링 프레임워크의 ApplicationContext를 사용하여 주입된 스프링 빈을 목 객체로 만들려면 @MockBean 애너테이션을 사용한다.

다음 예제는 @MockBean 애너테이션을 사용한다. 테스트 클래스에 목 객체를 만들 대상을 내부 변수로 선언하고 @MockBean 애너테이션을 정의하면 된다. 즉, @MockBean 애너테이션이 정의된 HotelRoomRepository 객체가 목 객체로 변경된다. 목 객체 변경은 해당 테스트 클래스에서만 유효하다.

```
@MockBean
private HotelRoomRepository hotelRoomRepository;
```

@MockBean 애너테이션을 정의하고 테스트 케이스를 실행하면 별도의 설정 없이 목 객체가 생성된다. 그리고 생성된 목 객체는 ApplicationContext에 추가된다. 목 객체와 같은 클래스 타입과 이름이 같은 스프링 빈이 있다면 해당 객체는 목 객체로 바뀐다. 그리고 ApplicationContext는 목 객체를 주입받기 원하는 스프링 빈이 있다면 목 객체를 주입한다. 다음 코드를 보자. HotelRoomDisplayService는 스프링 빈이며, 테스트 대상 클래스다. 또한 내부는

HotelRoomRepository 스프링 빈에 의존하고 있다. HotelRoomRepository를 목 객체로 바꿀 수 있다면 우리는 HotelRoomDisplayService의 기능에만 집중하여 테스트할 수 있다.

HotelRoomDisplayService02 테스트 클래스

```
package com.springtour.example.chapter07.service;

import static org.mockito.ArgumentMatchers.any;      ┄┄┐
import static org.mockito.BDDMockito.given;           ┄┄┘──❸

@SpringBootTest
public class HotelRoomDisplayServiceTest02 {

    @Autowired
    private HotelRoomDisplayService hotelRoomDisplayService;

    @MockBean                                          ┄┄┐
    private HotelRoomRepository hotelRoomRepository;    ┄┄┘──❶

    @Test
    public void testMockBean() {

        given(this.hotelRoomRepository.findById(any()))    ┄┄┐
                .willReturn(new HotelRoomEntity(10L, "test", 1, 1, 1));  ┄┄┘──❷

        HotelRoomResponse hotelRoomResponse = hotelRoomDisplayService.
    getHotelRoomById(1L);

        Assertions.assertNotNull(hotelRoomResponse);
        Assertions.assertEquals(10L, hotelRoomResponse.getHotelRoomId());  ┄┄❹
    }
}
```

❶ HotelRoomRepository에 @MockBean 애너테이션을 사용하여 목 객체를 생성한다. 애너테이션을 선언하면 테스트 프레임워크가 만든 HotelRoomRepository 목 객체가 ApplicationContext에 포함된다. 해당 목 객체는 ApplicationContext로 HotelRoomDisplayService에 주입된다.

❷ 목 객체의 행동을 설정할 수 있다. hotelRoomRepository의 findById 메서드가 호출되면 호텔 객실 아이디가 10L인 HotelRoomEntity 객체를 리턴한다. findById() 메서드에 '어떤 인자'를 의미하는 any()를 설정했으므로 인수 값에 상관없이 willReturn() 메서드의 인자로 설정된 HotelRoomEntity 객체를 무조건 리턴한다.

❸ ❷의 given()은 BDDMockito 클래스의 스테틱 메서드이며, any()는 ArgumentMatchers의 스테틱 메서드다. 코드 가독성을 높이고자 스테틱 임포트를 사용하여 테스트 케이스를 작성하기도 한다.

❹ 테스트 케이스에서 설정된 HotelRoomRepository 목 객체는 항상 hotelRoomId가 10L인 HotelRoomEntity를 리턴한다. 그러므로 HotelRoomResponse 객체의 hotelRoomId가 10L인지 검증한다.

HotelRoomDisplayService02 예제에서 HotelRoomRepository의 findById() 메서드 행동을 설정하는 ❷ 영역의 코드를 확인해 보자. 목 객체의 행동을 설정하는 부분이다. 이 부분은 크게 BDDMockito 클래스의 given()과 willReturn(), ArgumentMatchers의 any() 메서드, 이렇게 세 부분으로 나눌 수 있다. 각 메서드에 따라 설정된 코드 의미는 다음과 같다.

- **BDDMockito.given(T methodCall)**: 스텁(stub)을 만드는 메서드이며, given()의 인자에 스텁으로 만들 대상 메서드를 입력하면 된다. 여기에서 스텁은 프로그래밍할 수 있으며 개발자가 원하는 결과를 응답하는 메서드를 의미한다. ❷ 영역에서는 인자로 입력한 hotelRepository.findById() 메서드를 given() 메서드를 사용하여 스텁으로 만들었다. HotelRoomDisplayService 객체 내부에서 hotelRepository.findById() 메서드를 호출하면 프로그래밍된 결과가 응답된다.

- **ArgumentMatchers.any()**: hotelRepository.findById() 메서드는 Long id 인자를 받는다. HotelRoomDisplayService 객체가 hotelRepository.findById() 메서드를 호출할 때 인자에 다양한 값이 전달될 수 있다. 이때 인자 값에 대한 조건을 설정할 수 있고, ArgumentMatchers의 스테틱 메서드를 적절히 사용하면 된다. 예제에서는 어떤 모든 타입의 값을 의미하는 ArgumentMatchers.any() 메서드를 설정했다. 그러므로 어떤 인자 값을 사용하더라도 given()으로 만들어진 스텁이 동작한다.

- **BDDMockito.willReturn(T value)**: 앞서 생성한 조건에 맞는 스텁이 호출되면 willReturn() 메서드의 인자로 입력된 값을 응답한다. 그러므로 예제의 ❷ 영역에 설정된 내용을 해석하면 '어떤 인자 값을 사용하더라도 hotelRepository.findById() 메서드를 호출하면 willReturn() 메서드의 인자인 HotelRoomEntity 객체를 응답한다'는 의미다.

참고로 Mockito 라이브러리에서는 BDDMockito.java와 같이 스텁을 만들 수 있는 Mockito.java 클래스를 제공한다. BDDMockito 클래스는 Mockito 클래스를 상속받기 때문에 두 클래스에서 제공하는 메서드는 거의 같다. BDDMockito의 given()과 같은 기능으로는 Mockito의 when() 메서드가 있다. 하지만 두 클래스의 차이점은 행위 주도 개발(Behavior Driven Development, BDD) 기반의 메서드 이름을 제공하는 것이다. 이 개발론은 테스트 케이스를 작성할 때 기대하는 행동과 결과를 처리하는 과정을 자연어에 가깝게 프로그래밍하여 가독성과 유지 보수성을 높이는 것이 목적이다.

ArgumentMatchers는 스텁의 인자 조건을 설정할 수 있는 기능을 제공한다. any() 메서드를 사용해도 되지만 다른 메서드를 사용하여 정교하게 조건을 설정할 수 있다. 사용할 수 있는 ArgumentMatchers의 메서드 몇 가지를 다음에 소개한다.

- **public static <T> T any(Class<T> type)**: null을 제외한 type 객체와 일치하는 경우를 의미한다.
- **public static <T> T isA(Class<T> type)**: 클래스 type 인자를 구현하는 경우를 의미한다.
- **public static boolean anyBoolean()**: 불리언 타입인 어떤 값이라도 일치하는 경우를 의미한다.
- **public static byte anyByte()**: byte 혹은 Byte 타입인 어떤 값이라도 일치하는 경우를 의미한다.
- **public static byte anyInt()**: int 혹은 Integer 타입인 어떤 값이라도 일치하는 경우를 의미한다. 이외에도 이와 비슷한 anyLong(), anyFloat(), anyDouble(), anyShort(), anyString() 등이 있다.
- **public static <T> List<T> anyList()**: List 타입인 어떤 값이라도 일치하는 경우를 의미한다. 이외에도 anySet(), anyMap()과 같은 자료 구조들과 매칭할 수 있는 메서드가 있다.
- **public static int eq(int value)**: value 값과 일치하는 경우를 의미한다. 이외에도 여러 인자 타입을 입력받을 수 있는 eq() 메서드를 오버로딩하여 제공한다.

마지막으로 ArgumentMatchers의 조건과 given()으로 생성된 스텁의 응답 값을 설정하는 메서드를 확인해 보자. BDDMockito의 willReturn()처럼 조건이 충족되면 응답을 프로그래밍할 수 있는 메서드는 다음과 같다.

- **public static BDDStubber willReturn(Object toBeReturned)**: 조건이 충족되면 미리 정해진 값을 응답하는 방법이다. 고정된 값을 응답하므로 간단하게 구현할 수 있다.
- **public static BDDStubber willReturn(Object toBeReturned, Object... toBeReturnedNext)**: 조건이 충족되면 미리 정해진 값을 응답하고, 계속해서 스텁 메서드를 호출하면 toBeReturnNext 인자들이 순서대로 응답된다.
- **public static BDDStubber willDoNothing()**: 아무것도 응답하지 않는다.

- **public static BDDStubber willThrow(Class<? extends Throwable> toBeThrown)**: 조건이 충족되면 toBeThrown 예외를 응답한다.
- **public static BDDStubber will(Answer<?> answer)**: 인자 Answer 인터페이스를 사용하여 개발자가 원하는 응답을 프로그래밍할 수 있다. willReturn()은 고정된 값을 리턴하지만, will()은 상황에 따라 동적으로 응답하도록 프로그래밍할 수 있다.
- **public static BDDStubber willAnswer(Answer<?> answer)**: will()과 같은 역할을 한다(다음 코드 참조).

willAnswer() 스테틱 메서드는 Answer 인터페이스를 인자로 받는다. Answer 인터페이스는 목 객체의 메서드가 리턴하는 값을 동적으로 프로그래밍할 수 있는 기능을 제공한다. 추상 메서드 answer()에서 응답을 프로그래밍할 수 있으며, answer()의 인자 InvocationOnMock 객체는 목 객체가 응답하는 메서드의 정보를 포함하고 있다. 그래서 이 둘을 사용하여 answer() 메서드를 구현하면 상황에 따라 동적으로 응답하는 목 객체를 만들 수 있다.

Answer 인터페이스

```
public interface Answer<T> {
    T answer(InvocationOnMock invocation) throws Throwable;
}
```

Answer 구현체와 willAnswer() 메서드는 다음과 같이 사용할 수 있다.

Answer 구현체와 willAnswer() 메서드 사용법

```
given(this.hotelRoomRepository.findById(any()))
        .willAnswer(new Answer<HotelRoomEntity>() {     ❶
            @Override
            public HotelRoomEntity answer(InvocationOnMock invocation) throws
Throwable {                                              ❷
                Long id = invocation.getArgument(0);  ····❸
                if (id != null && id > 10)
                    return new HotelRoomEntity(id, "CODE", 10L, 2, 2);
                else                                                      ❹
                    return new HotelRoomEntity(10L, "test", 1, 1, 1);
            }
        });
```

❶ 스텁 메서드가 응답하는 클래스의 타입을 제네릭으로 입력한다. hotelRoomRepository의 findById() 메서드가 응답하는 클래스 타입은 HotelRoomEntity 클래스다.

❷ InvocationOnMock은 목 메서드의 인자, 메서드 이름, 목 객체 정보를 포함하며, 이 정보들을 참조할 수 있는 메서드를 제공한다.

❸ InvocationOnMock의 getArgument() 메서드를 사용하면 런타임 시점에서 목 메서드의 인자 정보를 획득할 수 있다. getArgument()는 0부터 시작하는 인덱스 기반의 인자를 받으므로 getArgument(0)은 findById() 메서드의 첫 번째 인자를 리턴한다.

❹ 상황에 따라 동적으로 응답하는 코드를 작성할 수 있다. id 값이 10을 초과하면 id 값을 그대로 사용해서 HotelRoomEntity 객체를 만들어 리턴한다. 아니면 hotelRoomId 값이 10L로 고정된 HotelRoomEntity 객체를 만들어 리턴한다.

모든 테스트 메서드마다 같은 목 객체를 설정하는 것은 매우 비효율적이다. @BeforeAll이나 @BeforeEach 애너테이션을 사용하여 목 객체를 설정하는 부분을 따로 정의하자. 그러면 보다 간략하고 생산성 있는 테스트 케이스를 작성할 수 있다.

7.2.6 테스트 슬라이스 애너테이션

@SpringBootTest 애너테이션으로 테스트를 실행하면 ApplicationContext를 이용하여 스프링 빈을 스캔하고 의존성 주입을 한다. 애플리케이션의 기능이 많다면 스캔해야 할 대상이 많아지고 그만큼 많은 객체를 생성해야 한다. 그래서 테스트 시간이 오래 걸릴 수밖에 없다. 이는 F.I.R.S.T 원칙의 Fast 항목에 위배된다. 테스트를 진행하여 결과를 확인하는 피드백 시간이 늘어나면 애플리케이션을 디버깅할 수 있는 시간이 줄어든다. 그리고 배포 전략에 따라 테스트를 통과해야 패키징을 한다고 생각해 보자. 이때도 테스트 시간이 오래 걸리면 빠른 배포를 할 수 없다.

스프링 부트 프레임워크는 테스트 시간을 줄이려고 테스트 슬라이스(test slice) 개념을 제공한다. 즉, 기능별로 잘라서 테스트 대상을 좁히는 방법을 의미한다. 테스트 대상이 좁혀지면 ApplicationContext가 스캔해야 하는 스프링 빈의 개수도 줄어들고, 기능도 초기화하지 않아도 된다. 예를 들어 @Controller의 웹 MVC 기능만 테스트한다고 생각하자. 개발자가 의도한 대로 HTTP 파라미터가 변경되는지, REST-API 응답 코드가 적절한지 테스트하려면 웹 MVC 기능만 테스트하면 된다. 그러므로 ApplicationContext가 모든 스프링 빈을 스캔하지 않고 기능에 필요한 스프링 빈만 스캔한다.

테스트 슬라이스 기능과 관련하여 스프링 부트 프레임워크가 제공하는 애너테이션은 다음과 같다. 물론 아직까지 설명하지 않은 내용들을 테스트하기 위한 애너테이션도 있다. 하지만 애너테이션의 역할을 기억한다면 빠른 테스트 케이스를 작성할 수 있을 것이다. @SpringBootTest 애너테이션은 전체 기능과 스프링 빈을 로딩하므로 다음 테스트 슬라이스 애너테이션과 함께 사용하면 안 된다.

- **@WebMvcTest**: 스프링 MVC 프레임워크의 기능을 테스트할 수 있다. @Controller, @ControllerAdvice를 스캔하고 Converter, Filter, WebMvcConfigurer 같은 MVC 기능도 제공한다. @Service, @Component, @Repository로 정의된 스프링 빈들은 스캔하지 않는다.

- **@DataJpaTest**: 데이터 영속성 프레임워크인 JPA 기능을 테스트할 수 있다. 그래서 @Repository 애너테이션을 대상으로 스캔한다. 또한 JPA 프레임워크에서 사용할 수 있는 EntityManager, TestEntityManager, DataSource 같은 기능을 제공한다. @Service, @Component, @Controller로 정의된 스프링 빈들은 스캔하지 않는다.

- **@JsonTest**: Json 직렬화(serialization), 역직렬화(deserialization)를 테스트할 수 있다. @JsonComponent, ObjectMapper 같은 기능을 테스트할 수 있고, @Service, @Component, @Controller, @Repository로 정의된 스프링 빈들은 스캔하지 않는다.

- **@RestClientTest**: HTTP 클라이언트의 동작을 테스트할 수 있는 기능을 제공한다. MockRestServiceServer와 Jackson 자동 설정 기능을 제공한다. @Service, @Component, @Controller, @Repository로 정의된 스프링 빈들은 스캔하지 않는다.

- **@DataMongoTest**: MongoDB를 테스트하기 위해 MongoTemplate, CrudRepository 같은 기능을 테스트할 수 있다. @Service, @Component, @Controller로 정의된 스프링 빈들은 스캔하지 않는다.

7.2.7절에서 @WebMvcTest 애너테이션을 사용하여 테스트하는 예제를 설명한다.

7.2.7 스프링 부트 웹 MVC 테스트 예제

이 절에서는 스프링 부트 애플리케이션의 웹 기능을 테스트하는 예제를 설명한다. HTTP 프로토콜을 사용하여 클라이언트가 요청을 보내고 서버가 어떤 응답을 하는지 테스트하는 방식이 아니라, 앞서 설명한 @WebMvcTest 애너테이션을 사용한다.

그러므로 서버와 클라이언트 사이의 네트워크 구간은 문제없다고 생각하고 서버 애플리케이션의 요청, 응답 기능이 정상적으로 동작하는지 확인할 것이다. 스프링 프레임워크에서 서버 기능을 제공하는 모듈이 WebMVC라서 이런 웹 테스트를 WebMVC 테스트라고도 한다. 이 책은 REST-API 애플리케이션을 만드는 방법만 설명하므로 서블릿이나 웹 서비스가 아닌 REST-API를 처리하는 @Controller 클래스를 테스트한다. REST-API 요청 조건에 따라 컨트롤러 클래스가 어떤 형식의 JSON 응답 메시지를 리턴하는지 주로 테스트한다. 예를 들어 응답 메시지의 Content-type 헤더 값을 검증하거나 JSON 메시지 값을 검증하는 테스트 케이스를 작성할 수 있다.

chapter07 예제에는 HotelController 클래스가 있으며 내부에는 POST 메서드를 사용하는 REST-API가 있다. 이 REST-API를 테스트하는 테스트 케이스 예제를 설명한다.

HotelController 클래스

```
package com.springtour.example.chapter07.controller;

@Slf4j
@Controller
public class HotelController {

    private HotelDisplayService hotelDisplayService; ····❶

    public HotelController(HotelDisplayService hotelDisplayService) {
        this.hotelDisplayService = hotelDisplayService;
    }

    @ResponseBody
    @RequestMapping(method=RequestMethod.POST, path="/hotels/fetch-by-name") ····❷
    public ResponseEntity<List<HotelResponse>>❹
      getHotelByName(@RequestBody HotelRequest hotelRequest) {
        List<HotelResponse> hotelResponses = hotelDisplayService.
getHotelsByName(hotelRequest);                    ❸
        return ResponseEntity.ok(hotelResponses);
    }
}
```

❶ HotelController 객체는 HotelDisplayService 객체를 주입받는다.

❷ POST 메서드를 사용하고 URI는 /hotels/fetch-by-name이다.

❸ POST 요청의 Content-type 헤더 값은 application/json이고, 바디는 JSON 형식의 데이터를 포함한다.

❹ getHotelByName() 메서드는 List<HotelResponse> 객체를 리턴하며, @ResponseBody 애너테이션이 JSON으로 변경한다. List 객체이므로 마셜링되면 JSON Array 형태로 변환된다.

spring-test 모듈은 WebMVC를 테스트할 수 있는 o.s.test.web.servlet.MockMvc 클래스를 제공한다. 이 목 객체는 HTTP 클라이언트처럼 서버의 API에 요청을 하고 그 응답을 받아 올 수 있는 기능을 제공한다. 즉, 실제로 HTTP 프로토콜을 사용하여 서버의 API를 호출하지 않고, 요청을 전송하고 응답을 받아 올 수 있는 기능을 목 객체로 제공하는 것이다.

MockMvc를 사용하여 테스트 케이스를 작성할 때 주로 함께 사용하는 클래스는 MockMvcRequest Builders, MockMvcResultMatchers, ResultActions다. MockMvcRequestBuilders는 MockMvc를 사용하여 HTTP 요청을 전달할 때 HTTP 요청을 목 객체로 만들 수 있는 기능을 제공한다. 그러므로 요청 메시지의 HTTP 헤더나 파라미터, HTTP 바디를 설정할 수 있는 메서드를 제공한다. MockMvcResultMatchers는 HTTP 응답 메시지를 검증할 수 있는 기능들을 제공하고, ResultActions는 서버에서 처리한 HTTP 응답 메시지의 각 속성에 접근할 수 있는 메서드를 제공한다.

그림 7-14는 MockMvc와 관련 클래스들의 역할을 그림으로 표현한 것이다. HTTP 클라이언트 서버 모델에서 데이터를 주고받는 모습과 각 클래스의 역할 HTTP 프로토콜을 비교해서 살펴보면 쉽게 이해할 수 있다.

❤ 그림 7-14 MockMvc와 주요 클래스: HTTP 클라이언트 서버 모델 비교

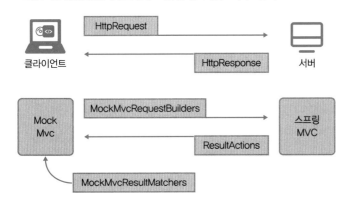

MockMvc 클래스에서 가장 중요한 역할을 하는 메서드는 perform()이다. 메서드의 선언부는 다음과 같다. perform() 메서드는 테스트 대상 REST-API에 HTTP 메시지를 요청하고, 실행 결과를 ResultActions에서 확인할 수 있다.

```
public ResultActions perform(RequestBuilder requestBuilder) throws Exception {
    // 생략
}
```

perform() 메서드는 인자로 RequestBuilder 인터페이스를 받는다. 테스트 HTTP 요청 객체, 즉 MockHttpServletRequest 객체를 만드는 기능을 제공한다. 그러므로 GET, POST, PUT, DELETE, HTTP 메서드, 메시지 바디, 헤더, URI, 파라미터 등을 설정할 수 있다. 다음 코드는 HTTP 메서드와 URI를 설정하여 perform() 메서드를 사용하는 예제다. 코드에서 사용된 post(), accept(), content(), header(), queryParam() 같은 스테틱 메서드는 MockMvcRequestBuilders 클래스에서 제공하는 것이다. 예제에서 스테틱 임포트 코드는 생략되어 있다. 이외에도 요청 메시지를 설정할 수 있는 여러 메서드가 있는데, 메서드 이름으로 쉽게 그 기능을 유추할 수 있다.

```
perform() 메서드

mockMvc.perform(post("/hotels/{id}", 11)          ── ❶
        .contentType(MediaType.APPLICATION_JSON)  ── ❷
        .accept(MediaType.APPLICATION_JSON)       ── ❸
        .content(jsonString)                       ── ❹
        .header("x-channel-name", "web")          ── ❺
);
mockMvc.perform(get("/hotels/{id}", 11)           ── ❻
        .queryParam("type", "5star")              ── ❼
);
mockMvc.perform(put("/hotels/{id}", 11));          ── ❽
mockMvc.perform(delete("/hotels/{id}", 11));       ── ❾
```

❶ HTTP POST 메서드를 사용하여 URI '/hotels/11'로 요청한다. 이때 {id}는 post() 메서드의 두 번째 인자인 11로 교체한다.

❷ 요청 메시지의 Content-type 헤더에 'application/json' 헤더 값을 설정한다.

❸ 요청 메시지의 Accept 헤더에 'application/json' 헤더 값을 설정한다.

❹ 요청 메시지의 바디에 문자열 값을 설정한다. 예제에서 사용된 content() 메서드 외에 오버로 딩된 content(byte[] content) 메서드도 제공한다. 그래서 파일을 업로드하는 테스트도 가능하다.

❺ 요청 메시지의 헤더 영역에 헤더와 헤더 값을 설정할 수 있다. x-channel-name 헤더에 web 값을 설정한다.

❻ HTTP GET 메서드를 사용하여 URI '/hotels/11'로 요청한다. post() 메서드와 마찬가지로 두 번째 인자 11이 {id}와 교체된다.

❼ URI에 쿼리 파라미터를 설정한다. 그러므로 URI와 합쳐 GET /hotels/11?type=5star가 된다.

❽ HTTP PUT 메서드를 사용하여 URI '/hotels/11'로 요청한다.

❾ HTTP DELETE 메서드를 사용하여 URI '/hotels/11'로 요청한다.

참고로 MockMvcRequestBuilders에서도 ❼ 영역에서 사용된 queryParam( )과 비슷한 param( ) 메서드를 제공한다. param( ) 메서드는 application/x-www-form-urlencoded 콘텐츠 타입의 요청 메시지 바디에 키-밸류 데이터를 설정하는 데 사용한다.

MockMvc의 perform( ) 메서드는 실행된 결과를 포함하고 있는 ResultActions를 리턴한다. ResultActions 클래스는 응답 데이터를 검증할 수 있는 andExpect( ) 메서드를 제공하는데, andExpect( ) ResultMatcher 객체를 인자로 받으며 메서드 체인 방식으로 계속 연결하여 사용할 수 있다. MockMvcResultMatchers에서 제공하는 스테틱 메서드들은 ResultMatcher 객체를 리턴하며, ResultActions의 andExpect( ) 메서드를 사용하여 테스트 결과를 검증할 수 있다. HTTP 응답 메시지를 검증해야 하므로 HTTP 응답 메시지의 상태 코드, 메시지 바디, 헤더 등을 검증할 수 있다. 주로 많이 사용하는 메서드는 다음 예제에서 확인한다. MockMvcRequestBuilders처럼 MockMvcResultMatchers의 스테틱 메서드도 이름으로 쉽게 그 기능을 유추할 수 있다.

HotelController 클래스의 REST-API 기능을 테스트하는 테스트 케이스를 작성해 보자. 예제는 두 개이며 검증 내용은 서로 비슷하다. 첫 번째 테스트 케이스 예제는 @SpringBootTest 애너테이션을 사용하고, 두 번째 테스트 케이스 예제는 테스트 슬라이스 애너테이션인 @WebMvcTest를 사용한다.

ApiControllerTest01 테스트 케이스

```
package com.springtour.example.chapter07.controller;

import static
org.springframework.test.web.servlet.request.MockMvcRequestBuilders.post;          ❶
import static org.springframework.test.web.servlet.result.MockMvcResultMatchers.*;

@AutoConfigureMockMvc     ❷
@SpringBootTest(webEnvironment=SpringBootTest.WebEnvironment.MOCK)     ❸
public class ApiControllerTest01 {

    @Autowired
    private MockMvc mockMvc;          ❹

    @Test
    public void testGetHotelById() throws Exception {
```

```
            HotelRequest hotelRequest = new HotelRequest("Ragged Point Inn");
            String jsonRequest = JsonUtil.objectMapper.writeValueAsString(hotelRequest);

            mockMvc.perform(post("/hotels/fetch-by-name")
                    .content(jsonRequest)                                    ──❺
                    .contentType(MediaType.APPLICATION_JSON))
                    .andExpect(status().isOk())  ····❻
                    .andExpect(content().contentType(MediaType.APPLICATION_JSON))  ····❼
                    .andExpect(jsonPath("$[0].hotelId", Matchers.is(1000)))
                    .andExpect(jsonPath("$[0].hotelName", Matchers.is("Ragged Point Inn")))  ····❽
                    .andDo(MockMvcResultHandlers.print(System.out));
        }

    }
```

❶ 스테틱 임포트 구문이다. 테스트 케이스의 가독성을 높이려고 MockMvcRequestBuilders와 MockMvcResultMatchers의 메서드를 임포트한다.

❷ MockMvcBuilders 클래스를 사용하여 MockMvc 객체를 생성할 수 있지만, 스프링 부트에서 제공하는 @AutoConfigureMockMvc를 정의하면 MockMvc 객체를 스프링 빈으로 주입받을 수 있다. @SpringBootTest 애너테이션을 사용하여 스프링 MVC 기능을 테스트할 때 같이 사용한다.

❸ WebEnvironment.MOCK 설정을 사용하여 @SpringBootTest 애너테이션을 정의한다. 실제 서블릿 컨테이너를 실행하지 않고 목 서블릿 컨테이너를 사용하여 테스트할 수 있다.

❹ @AutoConfigureMockMvc로 생성된 MockMvc 스프링 빈을 주입받는다.

❺ 테스트 대상 REST-API는 POST 메서드를 사용하며 URI는 '/hotels/fetch-by-name'이다. 그러므로 요청 메시지를 작성하려고 MockMvc의 content() 메서드를 사용한다. 예제의 content() 메서드는 요청 메시지 바디에 JSON 메시지인 jsonRequest를 추가한다. 그리고 contentType() 메서드를 사용하여 콘텐츠 타입을 JSON으로 설정한다. 이렇게 생성된 RequestBuilder와 함께 mockMvc.perform()을 실행하여 테스트를 진행한다.

❻ MockMvcResultMatchers의 status()는 응답 메시지의 상태 코드를 검증하기 위해 이를 검증할 수 있는 StatusResultMatchers를 리턴한다. StatusResultMatchers의 isOk() 메서드를 사용하며 응답 메지지가 200 OK인지 검증한다.

❼ MockMvcResultMatchers의 content() 메서드는 ContentResultMatchers를 리턴하고, 리턴된 ContentResultMatchers를 사용하면 응답 메시지를 검증할 수 있다. contentType() 메서드는 콘텐츠 타입을 검증하며, 예제 코드에서는 JSON 타입인지 검증한다.

❽ MockMvcResultMatchers의 jsonPath( ) 메서드는 JSON 메시지의 속성을 검증할 수 있는 JsonPathResultMatchers를 리턴한다. 이때 첫 번째 인자는 JSON path 표현식이며, 두 번째 인자는 기대하는 값을 검증할 수 있는 Matcher 객체다. JSON 배열의 첫 번째 엘리먼트에서는 hotelName이 검증 대상이다.

이 예제는 @SpringBootTest 애너테이션을 사용하여 테스트했다. 코드베이스의 모든 스프링 빈이 ApplicationContext에 로딩되고 의존성 주입된다. 또 HotelController와 HotelDisplayService 모두 스프링 빈으로 로딩되고, HotelDisplayService가 HotelController에 주입된다(뒤에서 설명할 @WebMvcTest와 동작 방식이 다르다). 그래서 MockMvc를 사용하여 REST-API를 테스트하면 HotelDisplayService의 실제 코드가 동작한다.

REST-API의 응답 메시지를 테스트할 때 가장 많이 사용하는 것은 jsonPath( ) 메서드다. JSON path 표현식을 사용하면 JSON 응답 메시지의 특정 속성 값을 쉽게 검증할 수 있다. 예제에서 사용된 표현식 $[0].hotelName의 각 요소가 의미하는 것은 다음과 같다.

- **$**: 조회할 최상위(ROOT) JSON 엘리먼트다. JSON path 표현식을 사용할 때 모든 표현식은 $로 시작해야 한다.
- **[(index)]**: JSON 배열의 인덱스 값과 같이 사용하며, 해당 위치에 있는 JSON 엘리먼트를 참조할 수 있다.
- **.⟨name⟩**: 엘리먼트의 자식을 참조한다.

표현식 $[0].hotelName은 JSON 배열 형태의 응답 메시지에서 첫 번째 JSON 엘리먼트의 hotelName 값을 참조한다.

이번에는 @WebMvcTest 애너테이션을 사용하여 만든 테스트 케이스를 설명한다. 검증할 REST-API와 검증 내용은 ApiControllerTest01 예제와 같으므로 따로 설명하지 않는다. @WebMvcTest 애너테이션을 사용할 때 어떤 점을 주의해야 하는지, 코드는 어떻게 바뀌어야 하는지 집중해서 확인해 보자.

ApiControllerTest02 테스트 케이스

```
package com.springtour.example.chapter07.controller;

@WebMvcTest(controllers=HotelController.class) ····❶
public class ApiControllerTest02 {
```

```
    @Autowired
    private MockMvc mockMvc;

    @MockBean                                          ┈┈┈❷
    private HotelDisplayService hotelDisplayService;   ┈┈

    @BeforeEach
    public void init() {
        given(hotelDisplayService.getHotelsByName(any()))
                .willAnswer(new Answer<List<HotelResponse>>() {
                    @Override
                    public List<HotelResponse> answer(InvocationOnMock invocation)
throws Throwable {                                                              ┈┈┈❸
                        HotelRequest hotelRequest = invocation.getArgument(0);
                        return List.of(new HotelResponse(1L, hotelRequest.
getHotelName(), "unknown", "213-820-3xxx"));
                    }
                });
    }

    @Test
    public void testGetHotelById() throws Exception {
// 생략
    }
}
```

❶ @WebMvcTest의 controllers 속성은 테스트 대상 컨트롤러 클래스를 설정할 수 있다. controller 속성을 사용하지 않으면 애플리케이션에 포함된 모든 컨트롤러 클래스를 스캔한다. 테스트 대상 REST-API는 HotelController에 포함되어 있으므로 예제에서는 HotelController.class를 설정했다.

❷ @MockBean 애너테이션을 사용하여 HotelDisplayService 목 객체를 생성한다.

❸ Mockito의 given()과 willAnswer()를 사용하여 적절한 값을 응답하도록 설정한다.

@WebMvcTest 애너테이션을 사용하면 @Controller, @ControllerAdvice 애너테이션이 정의된 스프링 빈만 로딩한다. HotelController가 의존하는 HotelDisplayService 클래스는 @Service 애너테이션으로 정의되어 있다. 그러므로 @Service 애너테이션으로 정의된 HotelDisplayService 클래스는 스캔 대상이 될 수 없다. @Component, @Repository 애너테이션으로 정의된 클래스들도 마찬가지다. 이대로 테스트를 실행하면 정상적으로 테스트가 실행되지 않는다. 주입할

HotelDisplayService 스프링 빈이 없으므로 NoSuchBeanDefinitionException 예외가 발생한다. 그러므로 ApiControllerTest02 예제처럼 스프링 스캔에 포함되지 않는 것들에는 목 객체를 별도로 생성해야 하며, 이를 위해 예제의 ❷ 영역처럼 @MockBean 애너테이션을 사용해야 한다.

@WebMvcTest 애너테이션의 가장 큰 장점은 빠르게 테스트할 수 있다는 것이다. 물론 스캔 대상이 줄어들어 빠르게 테스트하는 테스트 슬라이스 방식을 갖고 있으므로 예제처럼 추가적인 개발이 필요할 수 있다. 하지만 스프링 MVC 기능만 테스트한다면 @SpringBootTest처럼 모든 스프링 빈을 스캔하고 생성할 필요 없다. 마지막으로 @SpringBootTest 애너테이션과 다른 점은 @WebMvcTest는 @AutoConfigureMockMvc 애너테이션 없이도 MockMvc 객체를 생성한다.

7.2.8 JPA 테스트

스프링 프레임워크에서 제공하는 @Repository 애너테이션은 데이터베이스에 데이터를 생성 · 삭제 · 수정 · 조회하는 기능을 제공하는 클래스를 스프링 빈으로 정의할 때 사용한다. 이 내용은 JPA/Hibernate 프레임워크를 다루는 8장에서 설명한다. 이 절에서 설명할 내용은 @Repository 스프링 빈을 테스트하는 방법이다. 여기에서는 간단히 소개만 하고 테스트 코드는 8장에서 설명한다.

@WebMvcTest 애너테이션이 WebMvc 영역을 구분하여 빠르게 테스트하는 것처럼 데이터를 처리하는 영역을 구분하여 빠르게 테스트할 수 있는 방법이 있다. @DataJpaTest나 @DataMongoTest 애너테이션을 사용하면 된다. 이 책에서는 JPA/Hibernate를 사용하는 방법을 설명하므로 여기에서는 @DataJpaTest 애너테이션 사용법을 설명한다. @DataJpaTest는 JPA 기능을 테스트할 수 있는 설정 애너테이션이다. 그러므로 JPA와 관련된 기능만 로딩한다. @DataJpaTest 애너테이션은 @Repository만 스캔하므로 @Service, @Component, @Controller 애너테이션은 스캔하지 않는다.

@DataJpaTest를 사용하지 않고 @SpringBootTest 애너테이션을 사용하여 테스트 케이스를 작성한다면 테스트 케이스마다 @Transactional 애너테이션을 정의하자. @DataJpaTest는 소스 내부에 @Transactional 애너테이션을 포함하고 있어 별도로 정의하지 않아도 된다. 테스트 케이스에 @Transactional 애너테이션을 정의하면 테스트 종료 후 롤백된다. 그러므로 테스트 도중에 발생한 데이터 생성, 수정, 삭제 등 변경된 데이터들이 롤백되어 다시 초기화 상태가 된다. 하지만 SpringBootTest의 environment 속성을 WebEnvironment.RANDOM_PORT나 DEFINED_PORT로 설정하면 롤백되지 않는다. 이 설정 때문에 테스트 케이스를 실행하면 별도의 서블릿 컨테이너가 실행된다.

테스트 케이스를 실행하는 스레드와 테스트 케이스가 호출한 서블릿 컨테이너의 스레드가 서로 달라 서블릿 컨테이너의 트랜잭션을 테스트 케이스에서 롤백할 수 없기 때문이다.

현업에서 테스트 케이스를 유지 보수하는 일은 매우 어렵다. 테스트 케이스를 애플리케이션의 일부라고 생각하지 않는 사람이 많으며, 시간에 쫓기면 가장 먼저 포기하는 것이 테스트 케이스이기 때문이다. 하지만 테스트 케이스는 지속 가능한 애플리케이션을 만들 수 있는 가장 중요한 자산이자 최후의 보루다. 버그가 발생하거나 기능을 추가할 때마다 테스트 케이스를 작성한다면 애플리케이션을 서비스한 기간만큼 테스트 케이스도 많아질 것이다. 많아진 테스트 케이스는 애플리케이션의 대부분 기능을 테스트할 것이고, 버그에 대응한 테스트가 많아지면 별도의 노력 없이 자동으로 회귀 테스트가 된다. 이 정도로 구축되면 여러분의 애플리케이션은 언제든 리팩터링할 수 있으며, 같은 에러가 다시 발생하지 않는 신뢰성 있는 서비스가 될 것이다. 직접 REST-API를 호출해서 기능을 테스트하기보다 테스트 케이스를 사용하여 여러분이 개발한 기능을 테스트하는 습관을 만들자.

7.3 스프링 부트 자동 설정

프레임워크를 설정하는 작업은 프로젝트를 시작할 때마다 매번 반복해서 하는 일이었다. 특히 스프링 프레임워크가 제공하는 기능을 잘 알고 있는 개발자만 프레임워크를 설정했고, 이는 프로토타입을 만들고자 하는 주니어 개발자에게는 힘든 작업이었다. 또한 프레임워크를 설정하는 개발자 성향이나 개발 스타일에 따라 구성된 프로젝트의 설정 패턴과 방식이 다를 수도 있다. 이런 설정 작업들은 빠른 프로토타이핑의 커다란 장애물이 되었고, 스프링을 배우고자 하는 개발자에게도 큰 진입 장벽이 되었다.

마이크로서비스 아키텍처는 수많은 마이크로서비스 컴포넌트 프로젝트로 구성되어 있다. 컴포넌트 숫자만큼 마이크로서비스를 생성할 때마다 프레임워크 설정 작업을 반복해야 한다. 마이크로서비스마다 설정이 다르다면 동시에 여러 개의 컴포넌트를 개발하는 개발자에게는 설정을 파악하는 것도 피곤한 일이다.

스프링 부트는 자동 설정 기능이 있어 프레임워크에서 사용하는 기능들을 가장 보편적인 방법으로 미리 설정해서 사용자에게 제공한다. 예를 들어 spring-boot-starter-jpa 스타터는 자바의 ORM 표준 기술[7]인 JPA(Java Persistence API) 기능을 제공한다. 그러므로 RDB(Relational DataBase)와 애플리케이션은 쿼리를 실행하고 결과를 받아 올 수 있는 DataSource 설정이 필요하다. 이 DataSource 객체는 생성 시간과 리소스 사용량이 커서 애플리케이션 런타임 도중 생성하지 않고, 애플리케이션이 시작할 때 미리 생성하고 커넥션 풀에 보관한다. spring-boot-starter-jpa는 기본 커넥션 풀로 HikariCP를 사용하며, 내부에는 HikariCP를 사용할 수 있도록 자동 설정해서 제공한다. 물론 개발자가 HikariCP 대신 다른 커넥션 풀을 사용하도록 설정할 수도 있다.

스프링 프레임워크는 모듈을 구성하는 방법에 따라 수많은 형태로 조합할 수 있다. 하지만 실제로 개발자가 주로 사용하는 모듈의 조합은 그리 많지 않다. 큰 범주에서 보면 쓰는 기술이나 프로젝트의 형태를 몇 가지로 간추릴 수 있기 때문이다. 스프링 부트는 보편적으로 자주 사용하는 형태로 기술을 미리 설정하여 제공한다. 개발자는 설정하는 과정을 건너뛰고 이 기능을 사용하면 된다. 이를 스프링 부트의 자동 설정(auto configuration)이라고 한다. 자동 설정의 핵심은 @SpringBootApplicaion에 포함되어 있는 @EnableAutoConfiguration 애너테이션이다. 이어서 자동 설정 클래스를 로딩하는 원리와 코드를 같이 확인해 보자.

@EnableAutoConfiguration의 부분 코드

```
package org.springframework.boot.autoconfigure;

@Target(ElementType.TYPE)
@Retention(RetentionPolicy.RUNTIME)
@Documented
@Inherited
@AutoConfigurationPackage
@Import(AutoConfigurationImportSelector.class) ····❶
public @interface EnableAutoConfiguration {

    String ENABLED_OVERRIDE_PROPERTY = "spring.boot.enableautoconfiguration";

    Class<?>[] exclude() default {};

    String[] excludeName() default {};

}
```

---

7   RDB 테이블을 객체 지향 프로그래밍에서 사용할 수 있는 기술이다.

@EnableAutoConfiguration 애너테이션의 ❶ 영역을 보자. @Import 애너테이션을 사용하여 AutoConfigurationImportSelector 클래스를 임포트한다. AutoConfigurationImportSelector는 DeferredImportSelector를 구현한 클래스다. DeferredImportSelector는 @Configuration 자바 설정 클래스에 정의된 스프링 빈들이 생성되고 나서 실행된다. 우리가 중요하게 살펴볼 메서드는 AutoConfigurationImportSelector의 getCandidateConfigurations() 메서드다.

getCandidateConfigurations() 메서드

```
protected List<String> getCandidateConfigurations(AnnotationMetadata metadata,
AnnotationAttributes attributes) {
    List<String> configurations =
SpringFactoriesLoader.loadFactoryNames(getSpringFactoriesLoaderFactoryClass(),    ❶
        getBeanClassLoader());
    Assert.notEmpty(configurations, "No auto configuration classes found in META-INF/
spring.factories. If you " + "are using a custom packaging, make sure that file is
correct.");
    return configurations;
}
```

getCandidateConfigurations() 메서드는 List<String> 객체를 리턴한다. 이 리스트는 스프링 부트의 자동 설정 클래스의 이름을 포함한다. 그리고 AutoConfigurationImportSelector는 이 메서드를 사용하여 자동 설정 클래스를 로딩한다. 즉, 스프링 부트 애플리케이션은 이 메서드를 사용하여 자동 설정 클래스를 로딩하고 실행한다. ❶ 영역을 확인해 보자. Spring FactoriesLoader 클래스의 loadFactoryNames() 메서드를 사용해서 자동 설정 클래스의 이름을 리턴하고, loadFactoryNames()는 다시 loadSpringFactories() 메서드를 호출한다. 다음은 SpringFactoriesLoader 클래스의 loadSpringFactories() 메서드 일부분이다.

SpringFactoriesLoader 클래스의 loadSpringFactories() 메서드

```
public static final String FACTORIES_RESOURCE_LOCATION =     ❷
"META-INF/spring.factories";

private static Map<String, List<String>> loadSpringFactories(@Nullable ClassLoader
classLoader) {

    // 생략

    try {
```

```
            Enumeration<URL> urls = (classLoader != null ?
    classLoader.getResources(FACTORIES_RESOURCE_LOCATION) :                ─┐──❶
    ClassLoader.getSystemResources(FACTORIES_RESOURCE_LOCATION));          ─┘
            // 생략
            cache.put(classLoader, result);
            return result;
        }
        catch (IOException ex) {
            throw new IllegalArgumentException("Unable to load factories from location [" +
    FACTORIES_RESOURCE_LOCATION + "]", ex);
        }
    }
```

loadSpringFactories() 메서드 코드 중 ❶을 보면 ❷의 META-INF/spring.factories 파일을 읽어 자동 설정 클래스의 이름을 가져온다. 결국 핵심은 META-INF/spring.factories 파일에 있는 내용이 스프링 부트의 자동 설정 클래스 이름이 된다는 것이다. spring-boot-autoconfigure.jar 패키지에 포함된 META-INF/spring.factories 파일을 열면 키 이름이 org.springframework.boot.autoconfigure.EnableAutoConfiguration이고, 여기에 수많은 자동 설정 클래스가 설정되어 있다. 스프링 부트 애플리케이션이 실행되면 이 모든 자동 설정 클래스가 로딩되고, 자동 설정 클래스에 설정된 조건에 따라 실행된다.

spring.factories 파일 일부

```
# Auto Configure
org.springframework.boot.autoconfigure.EnableAutoConfiguration = \
org.springframework.boot.autoconfigure.admin.SpringApplicationAdminJmxAuto
Configuration,\
org.springframework.boot.autoconfigure.aop.AopAutoConfiguration,\
org.springframework.boot.autoconfigure.amqp.RabbitAutoConfiguration,\
org.springframework.boot.autoconfigure.batch.BatchAutoConfiguration,\
org.springframework.boot.autoconfigure.cache.CacheAutoConfiguration,\
org.springframework.boot.autoconfigure.cassandra.CassandraAutoConfiguration,\
# 생략
```

spring.factories 파일을 열어 보면 수많은 AutoConfiguration 클래스 이름이 설정되어 있다. 하지만 클래스 이름으로 어떤 기능을 자동 설정하는지 쉽게 유추할 수 있다. 필요한 기능이 있다면 우선 자동 설정 클래스를 분석하여 자동 설정 기능을 그대로 사용하면 된다.

spring.factories 파일에 설정된 AutoConfiguration 설정 클래스들이 모두 동작하는 것은 아니다. 즉, 자동 설정 클래스는 로딩은 되지만 내부에 설정된 조건에 따라 실행 여부가 결정된다. 내부 조건이 모두 충족되어야 자동 설정 클래스가 실행되며, 주로 다음 조건들이 설정되어 있다.

- 특정 JAR 라이브러리가 클래스 패스에 포함되면 자동 설정이 동작한다.
- 특정 스프링 빈이 있으면 자동 설정이 동작한다.
- 특정 스프링 빈이 없으면 자동 설정이 동작한다.
- 프로퍼티 파일에 특정 변수 값이 있으면 자동 설정이 동작한다.

다음은 조건을 설정할 수 있는 조건 애너테이션들로, Conditional이라는 머리말을 사용한다. 실제로 이보다 많은 조건 애너테이션이 있지만 많이 사용하는 것 위주로 간단하게 설명한다.

- **@ConditionalOnBean**: 스프링 빈 클래스 타입이나 이름을 설정할 수 있다. 설정된 클래스 타입이나 이름으로 된 스프링 빈이 ApplicationContext에 있으면 자동 설정을 실행한다. 예를 들어 @ConditionalOnBean(CacheAspectSupport.class)는 CacheAspectSupport.class 클래스 타입의 스프링 빈이 있으면 자동 설정된다.

- **@ConditionalOnMissingBean**: 스프링 빈 클래스 타입이나 이름을 설정할 수 있다. @ConditionalOnBean과 달리 ApplicationContext에 설정된 스프링 빈이 없는 경우 자동 설정된다. @ConditionalOnMissingBean(value=CacheManager.class, name="cacheResolver")는 cacheResolver 이름인 CacheManager.class 타입의 스프링 빈이 없으면 자동 설정된다.

- **@ConditionalOnClass**: 클래스 타입을 설정할 수 있다. 클래스 패스에 설정된 클래스가 있으면 자동 설정을 실행한다. @ConditionalOnClass(CacheManager.class)는 클래스 패스에 CacheManager 클래스가 있는 경우 자동 설정된다.

- **@ConditionalOnMissingClass**: 클래스 타입을 설정할 수 있다. @ConditionalOnClass와 반대로 클래스 패스에 설정된 클래스가 없어야 자동 설정된다.

- **@ConditionalOnProperty**: 프로퍼티 이름이나 값을 설정할 수 있다. 설정된 프로퍼티 정보와 일치하는 프로퍼티가 있으면 자동 설정된다. @ConditionalOnProperty(prefix="spring.data.jpa.repositories", name="enabled", havingValue="true")는 프로퍼티 이름이 spring.data.jpa.repositories.enabled고 값이 true인 프로퍼티를 확인하고, 해당 프로퍼티가 있다면 자동 설정된다.

- **@ConditionalOnWebApplication**: 웹 애플리케이션이면 자동 설정된다. 웹 애플리케이션의 타입도 애너테이션의 type 속성에 설정할 수 있다. @ConditionalOnWebApplication(type= ConditionalOnWebApplication.Type.REACTIVE) 리액티브 웹 애플리케이션이면 자동 설정된다.

자동 설정 클래스를 보면 @Conditional 애너테이션이 여러 개 설정되어 있다. 이때는 모든 조건을 충족해야 자동 설정이 실행된다. 라이브러리가 추가되어 있는지, application.properties에 프로퍼티 값이 있는지, 사용자가 생성한 스프링 빈이 있는지 검사하는 경우가 많다.

자동 설정 클래스의 조건을 반대로 하면 스프링 부트에서 제공하는 자동 설정을 사용하지 않고 여러분이 직접 설정할 수 있다. 자동 설정 클래스의 조건을 회피하면 된다. 예를 들어 @ConditionalOnMissingBean 애너테이션이 설정된 자동 설정 클래스를 회피하는 방법은 @ConditionalOnMissingBean 애너테이션의 조건에 맞는 스프링 빈을 추가하는 것이다. 스프링 빈이 ApplicationContext에 포함되면 @ConditionalOnMissingBean 애너테이션 조건이 false 처리되어 자동 설정이 동작하지 않는다.

8^장

데이터 영속성

이 장에서 다룰 핵심 내용

- ORM을 대표하는 JPA와 다른 영속 프레임워크의 장단점 비교
- 엔터티 클래스를 설정하여 테이블의 레코드와 매핑하는 방법
- Spring Data JPA에서 제공하는 리포지터리와 메서드 이름 전략으로 데 이터를 쉽게 사용하는 방법
- 관계형 데이터베이스의 트랜잭션과 EntityManager의 관계
- 트랜잭션 이벤트를 사용하여 애플리케이션 기능을 확장하는 방법

영속성(persistence)이란 애플리케이션이 생산한 데이터가 영구적으로 유지되는 성질을 의미한다. 애플리케이션이 처리한 데이터(객체)를 저장할 수 있는 매체는 다양하다. 애플리케이션의 내부 변수에 데이터를 선언하여 메모리에 저장할 수 있고, 애플리케이션 외부 저장소에도 저장할 수 있다. 메모리에 저장된 데이터는 애플리케이션이 종료되면 메모리에서 지워진다. 그래서 메모리를 휘발성 저장소라고 한다. 메모리에는 데이터를 영구적으로 저장할 수 없으므로 애플리케이션을 재시작하면 이전 프로세스에 처리하던 객체와 데이터를 복구할 수 없다.

영속성은 비휘발성 저장소에 데이터를 저장하는 것을 의미한다. 애플리케이션을 다시 시작해도 이전 상태의 데이터를 복구하여 계속 작업할 수 있다. 대표적인 비휘발성 저장소로는 관계형 데이터베이스(RDB)나 NoSQL이 있다. 특히 비휘발성 저장소 중에서도 관계형 데이터베이스에 애플리케이션에서 생성한 데이터나 객체를 저장하는 것을 '영속한다'고 표현한다. 이 장에서는 데이터 저장소로 MySQL을 사용하여 영속하는 방법을 설명한다.

애플리케이션이 데이터를 읽고 쓰는 작업은 예전부터 지금까지 매우 중요하다. 물론 데이터를 가공하고 다른 시스템으로 전달하는 작업도 중요하지만, 데이터를 읽고 쓰는 작업은 기본 작업이므로 어떤 서비스든 반드시 필요하다. 그래서 영속 작업을 쉽게 할 수 있는 여러 가지 영속성 프레임워크가 있으며, 스프링 프레임워크와 함께 사용할 수 있는 영속성 프레임워크도 여러 가지가 있다. 이 장에서는 Spring Data JPA와 JPA, Hibernate(하이버네이트)를 사용하여 데이터를 다루는 방법을 설명한다.

JPA는 'Java Persistence API'의 약어로 자바의 ORM 표준 스펙이다. Hibernate는 JPA 표준 스펙을 따르는 구현 프레임워크로, ORM 프레임워크 중 보편적으로 자주 사용된다. Spring Data JPA는 데이터를 저장 및 처리하는 Spring Data 프로젝트의 하위 프로젝트다. 이 프로젝트는 JPA 표준 구현 프레임워크를 쉽게 사용할 수 있는 기능들을 제공한다. JPA 표준을 한 단계 추상화하여 다른 스프링 모듈과 비슷한 방식으로 기능을 제공한다. 그래서 스프링 애플리케이션이 일관적 방법으로 데이터를 영속하는 방법을 제공한다. Spring Data JPA와 Hibernate가 제공하는 기능은 다르며, 이 장에서는 이를 구분해서 설명한다.

8.1 JPA

8.1.1 JPA 소개

JPA는 'Java Persistence API'의 약어다. JPA는 자바 애플리케이션이 데이터를 영속할 수 있는 기능을 제공하는 API다. 영속성을 지원하므로 데이터를 저장 · 조회 · 수정 · 삭제하는 기능을 제공한다. 단 ORM 방식으로 데이터를 영속하는 메커니즘이 있으며 자바 진영의 표준 ORM이다. 표준 스펙이라 실제 구현체를 제공하는 것이 아니며, 스펙에 따른 인터페이스들을 제공한다. JPA 표준을 구현한 대표적인 프레임워크는 Hibernate, EclipseLink, Apache OpenJPA 등이 있다. 이 중에서 Hibernate를 가장 대중적으로 사용한다. 그래서 JPA/Hibernate처럼 두 이름을 함께 표기하기도 한다. Hibernate는 2001년에 시작된 프로젝트로 꾸준히 기능을 업그레이드해 왔다. 그리고 JPA는 Hibernate에서 영감을 받아 2006년에 처음 표준으로 발표되었다. JPA와 Hibernate의 이런 특수한 관계 때문에 표준과 구현체를 동일하게 보는 경우도 많다.

모든 자바 애플리케이션은 관계형 데이터베이스에 데이터를 저장하기 위해 JDBC API를 사용한다. 개발자가 직접 JDBC API를 사용하지 않아도 영속성 프레임워크 내부에서 JDBC를 사용하여 데이터를 처리한다. JDBC는 'Java DataBase Connectivity'의 약어로, 자바의 데이터 접근 표준 API다. 애플리케이션이 여러 관계형 데이터베이스에 연결될 수 있도록 JDBC는 드라이버와 API 인터페이스를 분리하여 설계했다. 데이터베이스 종류에 따라 적합한 JDBC 드라이버를 제공하며, 개발자는 데이터베이스 종류에 상관없이 동일한 JDBC API를 사용하여 애플리케이션을 개발할 수 있다.

이때 애플리케이션을 데이터베이스와 연결(커넥션)하고 명령을 실행하며 그 결과를 받아 오는 일련의 모든 과정이 JDBC의 커넥션 객체(java.sql.Connection)에서 진행된다. 이 중 커넥션을 맺는 과정이 시스템 리소스상 비용과 시간이 많이 소요되므로 애플리케이션의 성능을 높이기 위해 커넥션 풀을 사용한다. 애플리케이션을 시작할 때 여러 개의 커넥션 객체를 만들어 커넥션 풀에 저장하고, 애플리케이션이 데이터베이스와 연결이 필요할 때마다 꺼내서 사용한다. 그림 8-1은 JDBC를 사용하여 애플리케이션이 어떻게 데이터베이스에서 데이터를 처리하는지 설명한다.

8

데이터 영속성

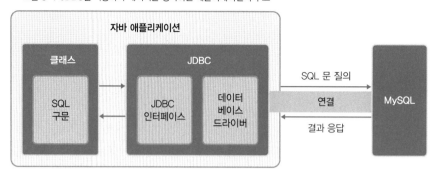

❤ 그림 8-1 JDBC를 사용하여 데이터를 영속하는 애플리케이션의 구조

그림 8-1을 보면 클래스에서 SQL 쿼리 구문을 만들고 JDBC에서 제공하는 API를 사용하여 데이터베이스에 실행하는 구조다. JDBC는 적합한 데이터베이스 드라이버를 사용하여 MySQL과 커넥션을 맺는다. 그리고 이 커넥션을 사용하여 SQL 쿼리 구문을 실행한다. 데이터베이스는 전달받은 SQL을 실행하고 결과를 커넥션을 통해 응답한다. 그 결과 또한 JDBC가 받아서 자바 애플리케이션으로 전달한다.

JDBC를 사용하여 데이터를 영속하는 애플리케이션은 여러 단점이 있을 수밖에 없다. 첫 번째, 이런 구조로 개발한 애플리케이션은 SQL 구문에 의존한다. 그림 8-1과 같이 자바 클래스에 SQL 구문을 포함할 수밖에 없으며, 클래스의 메서드만큼 수많은 SQL 구문이 자바 코드와 덕지덕지 붙어 있다. SQL 구문의 쿼리 변수에 자바 객체의 값을 변환하여 설정하거나, 쿼리 실행 결과를 자바 객체로 적절히 변환하는 코드가 애플리케이션의 대부분을 차지하게 된다. 결국 자바 애플리케이션은 SQL 구문과 서로 강하게 결합하는 형태를 띤다.

두 번째, 자바 애플리케이션은 특정 데이터베이스에 강하게 결합된다. 관계형 데이터베이스의 종류는 다양하며, 데이터베이스마다 사용할 수 있는 함수나 SQL 문법이 다르다. 그러므로 일반적으로 데이터베이스를 결정한 후 애플리케이션을 작성한다. 데이터베이스마다 SQL 문법이 다르기 때문이다.

이런 단점 때문에 JDBC를 사용한 애플리케이션은 다음 문제점이 발생한다.

- SQL을 실행하고 결과를 다시 자바 객체로 변환하는 비기능적 요구 사항과 관련된 코드가 많아진다.
- SQL과 혼합된 자바 클래스는 유지 보수하기 어렵다. 코드에 쿼리 구문이 섞여 알아보기 어렵고, 쿼리를 수정해야 하는 상황이라면 모든 클래스를 뒤져 알아내야 한다.

- 특정 관계형 데이터베이스에 의존적인 자바 애플리케이션은 유연한 업그레이드가 힘들다.
- SQL에 의존하다 보니 비즈니스 로직이 데이터베이스에 집중될 수 있다.

이런 문제점을 극복하고자 SQL과 자바 코드를 분리하는 영속성 프레임워크들이 등장하기 시작했다. 자바 객체를 영속하는 개념으로 구분하면 ORM과 SQL 매퍼 프레임워크로 나눌 수 있다. 여기에서는 이 중 ORM이 어떻게 동작하는지 간략하게 설명한다. 그림 8-2는 ORM이 내부적으로 어떻게 동작하여 데이터를 영속하는지 보여 준다.

❤ 그림 8-2 ORM 프레임워크를 사용하여 데이터를 영속하는 애플리케이션 구조

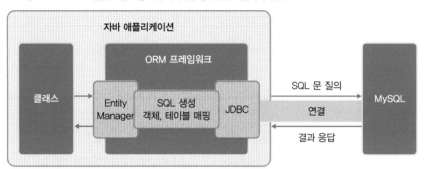

그림 8-1과 그림 8-2를 비교하면, 그림 8-2의 클래스는 더 이상 SQL 구문에 의존하지 않는다. ORM 프레임워크를 사용하는 자바 애플리케이션은 데이터를 영속하기 위해 SQL 구문을 직접 생성하지 않는다.[1] 그림 8-2를 보면, 클래스는 Hibernate 프레임워크에서 제공하는 EntityManager 같은 자바 클래스의 메서드를 사용하여 데이터를 영속한다. 더 이상 SQL 쿼리를 참조하지 않으며, ORM 프레임워크 내부에서 자바 엔터티 클래스와 테이블을 매핑한 정보를 참조하여 SQL 구문을 직접 생성하고 관리한다. SQL을 실행한 후에는 실행 결과를 다시 객체로 매핑하는 모든 작업을 ORM 프레임워크가 처리한다. 그래서 애플리케이션 내부에는 SQL 구문을 찾아볼 수 없다.

ORM은 'Object Relation Mapping'의 약어다. 자바 객체와 관계형 데이터베이스의 데이터를 서로 매핑하는 기능을 제공한다. 관계형 데이터베이스는 관계형 데이터 모델(relation data model)을 사용하여 데이터를 관리하는 구조로 되어 있다. 2차원 형태의 테이블에 데이터를 저장하며, 테이블은 가로 방향으로 여러 개의 칼럼으로 구성되어 있다. 다시 말하면 테이블 속성을 표현하려고 칼럼 단위로 관리한다. 테이블의 칼럼은 마치 클래스의 필드처럼 테이블 속성을 표현하는 용도로

---

1 물론 SQL을 직접 사용할 수 있는 방법은 제공하지만 추천하지는 않는다.

사용된다. 레코드(record)는 이런 칼럼이 모여 있는 한 줄(row)을 의미하는 데이터 단위다. 그래서 레코드들은 테이블이라는 데이터 집합에 저장되며 하나 이상의 레코드가 하나의 테이블에 저장된다. 또한 테이블 간에 관계를 맺을 수 있으며 일대다(1:N), 다대다(N:M) 관계로 설계할 수 있다. 이처럼 테이블 관계를 정의할 수 있어 관계형 데이터베이스라고 한다.

엔터티 클래스는 데이터베이스의 테이블 정보를 자바 클래스에 매핑한 것이다. 그래서 클래스 내부에 하나 이상의 필드를 포함하고 있다. 엔터티 클래스와 테이블 사이에 데이터를 매핑하기 위해 개발자는 엔터티 클래스에 매핑 애너테이션을 사용하여 매핑 정보를 설정하면 된다. ORM 프레임워크가 실행되면 이 정보를 로딩하고, 사용자 요청에 따라 데이터를 변환한다. 즉, 테이블의 레코드를 엔터티 객체로 변환하기도 하며, 그 반대도 변환해 준다.

그림 8-3은 JPA/Hibernate가 엔터티 클래스와 데이터베이스의 테이블을 매핑하는 모습이다. 클래스의 속성 값이 테이블의 필드와 변환되는 것을 확인할 수 있다.

▼ 그림 8-3 ORM 매핑

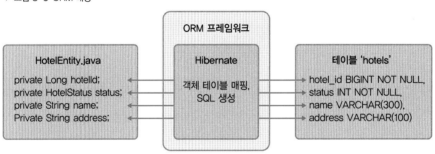

ORM 프레임워크를 사용하면 그림 8-1의 JDBC 프로그래밍과 달리 그림 8-2와 같이 SQL 구문을 클래스 코드에 더 이상 남길 필요가 없다. 즉, JDBC 프로그래밍의 단점을 극복할 수 있다.

ORM 프레임워크를 Spring Data JPA와 함께 사용하면 더 쉽게 SQL 구문을 생성할 수 있다. Spring Data JPA 프레임워크는 메서드 이름을 사용하여 자동으로 SQL 구문을 생성한다. 물론 프레임워크에서 제공하는 규칙에 맞게 메서드 이름을 작성해야 하는데, 이를 쿼리 메서드라고 한다. 쿼리 메서드를 사용하는 방법은 뒤에서 자세히 설명한다.

8.1.2 ORM과 SQL Mapper 비교

데이터를 영속할 때 스프링 애플리케이션에서 사용할 수 있는 영속성 프레임워크의 종류는 매우 많다. 그중 가장 많이 사용하는 것은 Hibernate, MyBatis, Spring JdbcTemplate 등이다. 이들 모두 스프링 부트 프레임워크와 쉽게 통합할 수 있으며, 관련된 자료와 레퍼런스도 많아 사용하기 쉽다. 이들은 설계 방식에 따라 ORM 프레임워크와 SQL Mapper 프레임워크로 분류할 수 있다. ORM 프레임워크의 대표적인 구현체는 Hibernate이며, SQL Mapper의 대표 구현체는 MyBatis다. 이번에는 두 프레임워크의 코드를 예제로 설명하고 각각 어떤 구조인지 비교해 본다. 참고로 여기에서 사용하는 ORM 예제는 Spring Data JPA와 Hibernate, JPA를 조합한 것이다.

코드 레벨에서 ORM과 SQL Mapper의 가장 큰 차이점은 코드베이스에 SQL 쿼리 구문의 존재 여부다. ORM 프레임워크는 개발자가 설정한 클래스와 테이블 사이의 매핑 정보를 참조하여 데이터베이스에 적합한 SQL 구문을 생성해서 데이터를 영속한다. 그러므로 개발자가 직접 SQL 쿼리 구문을 작성하는 일은 없다.

SQL Mapper 프레임워크는 개발자가 작성한 SQL 구문을 실행하고, 그 결과인 ResultSet을 다시 자바 클래스로 매핑하는 역할이다. 이름 그대로 SQL을 애플리케이션이 실행할 수 있도록 자바 클래스와 SQL을 매핑하는 역할을 한다. 그러므로 코드베이스에 SQL 구문을 포함해야 한다.

두 프레임워크 모두 SQL 구문이 자바 소스 코드 내부에 침투하지 않아 SQL 구문과 자바 소스 코드를 분리해서 사용할 수 있는 장점이 있다.[2] 하지만 SQL Mapper는 SQL 구문을 직접 사용한다. 이번에는 두 프레임워크의 성질을 비교하고 왜 ORM 프레임워크를 사용하는지 알아본다.

그림 8-4는 MyBatis의 코드 구조를 표현한 것이다. MyBatis는 SQL Mapper 프레임워크를 대표하는 영속성 프레임워크 중 하나다.

---

2 SQL Mapper는 XML 같은 별도의 파일에서 SQL 구문을 관리한다.

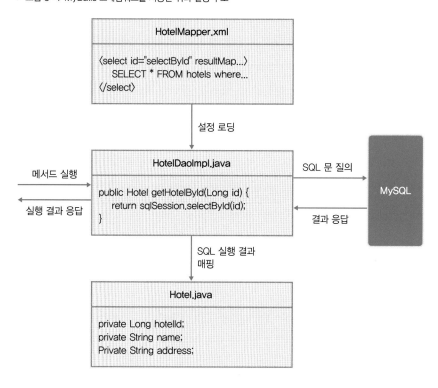

그림 8-4는 MyBatis를 사용하여 데이터베이스에서 쿼리를 실행하고 그 결과를 리턴하는 과정이다. 이 과정에서 개발자가 작성해야 할 부분은 크게 세 부분이다. 첫 번째는 SELECT 쿼리와 쿼리를 실행할 때 필요한 매핑 정보를 설정하는 HotelMapper.xml이다. XML 파일에는 쿼리에 필요한 쿼리 변수를 매핑하거나 실행 결과를 클래스에 매핑하는 설정을 포함한다.

두 번째는 쿼리 결과를 저장할 Hotel.java 클래스다. Hotel.java는 MySQL hotels 테이블의 SELECT 결과를 포함하는 클래스다. 쿼리가 여러 테이블을 조인하여 특정 필드들만 SELECT한다면 Hotel.java가 아닌 별도의 값 객체 클래스를 생성해야 한다. 즉, Hotel.java 클래스가 hotels 테이블을 대표하는 것은 아니다. 단순히 데이터베이스의 데이터를 저장하는 값 객체일 뿐이다.

마지막으로 HotelDaoImpl.java는 데이터베이스에 쿼리를 실행할 수 있는 메서드를 포함한다. 이런 클래스를 DAO(Data Access Object)라고 한다. 애플리케이션을 실행하면 MyBatis 프레임워크는 HotelMapper.xml의 설정을 로딩하고, SQL 구문을 실행할 수 있는 상태가 된다. MyBatis를 사용하는 경우 데이터베이스에서 데이터를 쿼리하려면 DAO 클래스의 메서드를 사용해야 한다.

다음은 앞서 설명한 MyBatis 프레임워크 예제 코드의 일부분이다. 예제에는 HotelMapper. xml, Hotel.java, HotelDaoImpl.java 코드가 포함되어 있다. 어떤 구조인지 간단히 확인해 보자.[3]

Mybatis 코드 일부

```
// HotelMapper.xml 파일 일부
<mapper namespace="com.springtour.hotel.dao.HotelMapper">
    <select id="selectById" resultMap="HotelResultMap" parameterType="Long">
        SELECT * FROM hotels WHERE hotel_id = #{id}
    </select>
    <resultMap>
        <result property="id" column="id"/>
        <result property="name" column="name"/>
        <result property="address" column="address"/>
    </resultMap>
</mapper>

// Hotel.java 클래스 일부
@Getter
@Setter
public class Hotel {
    private Long id;
    private String name;
    private String address;
}

// HotelDaoImpl 클래스 일부
@Repository
public class HotelDaoImpl implements HotelDao {
    private static final String namespace = "com.springtour.hotel.dao.HotelMapper";

    @Autowired
    private SqlSession sqlSession;

    @Override
    public Hotel getHotelById(Long id) throws Exception {
        return sqlSession.selectById(id);
    }
}
```

---

3   동작 방식을 비교하고자 코드 일부만 소개한다. 그러므로 별도의 설정 과정은 설명하지 않는다.

코드를 보면 SQL 구문을 포함한 HotelMapper.xml은 자바 코드 HotelDaoImpl.java와 완전히 분리되어 있어 JDBC를 직접 사용하는 것보다 편리하다. 하지만 SQL Mapper 프레임워크도 다음과 같은 여러 단점이 있다.

- **반복되는 코드와 SQL**: SQL을 직접 사용하므로 테이블이 많아지면 Hotel.java 같은 밸류 객체 클래스가 많이 필요하다. 또한 테이블이 많아지면 SELECT, DELETE, UPDATE, INSERT 기본 쿼리도 테이블 개수만큼 작성해야 한다. SELECT 구문이 복잡해지거나 조인 쿼리를 사용하면 Hotel.java 같은 값 객체 클래스들이 더 필요하게 된다. 이와 비례하여 Mapper.xml에 쿼리 결과와 값 객체 클래스의 속성을 매핑하는 구문이 추가된다. DAO 클래스의 메서드가 늘어나면 메서드 개수에 비례하여 SQL 코드양이 증가한다. 결국 반복되는 SQL 쿼리가 많아지고 그에 따라 전체적인 코드양도 증가한다.

- **관계형 데이터베이스에 의존하는 애플리케이션**: 관계형 데이터베이스마다 SQL 문법이 다르고, 사용할 수 있는 함수도 다르다. SQL Mapper 프레임워크는 개발자가 SQL 쿼리를 직접 작성해야 하는데, 데이터베이스에 적합한 SQL 구문을 사용해야 한다. 개발 도중 데이터베이스가 변경되면 Mapper.xml에 정의된 모든 SQL 구문을 확인하고 수정해야 한다. 그러므로 한번 개발된 애플리케이션의 데이터베이스는 변경하기 매우 어렵다.

- **애플리케이션을 유연하게 수정하기 힘듦**: 테이블의 필드 이름이 바뀌거나 추가되면 관련된 쿼리를 모두 확인해야 한다. 또한 데이터를 저장하는 클래스도 수정해야 한다. 즉, SQL 구문과 클래스가 서로 강하게 결합되어 있으므로 유연하게 프로그래밍하기 힘들다.

- **객체 구조와 관계형 데이터베이스의 테이블 구조가 다름**: 객체 지향 프로그래밍에서의 객체와 객체가 관계를 맺는 방식은 관계형 데이터베이스의 테이블들이 관계를 맺는 방식과는 다르다. 객체는 다른 객체를 포함하거나 상속하는 구조이지만, 테이블은 다른 테이블과 조인하는 방식으로 관계를 맺는다. 두 테이블의 값은 조합할 수 있지만 상속이나 포함하는 구조를 갖기는 쉽지 않다. 또한 다른 객체를 포함하는 객체 합성도 데이터베이스에서 표현하기 어렵다. 이를 보통 '패러다임의 불일치'라고 한다. 이처럼 객체와 레코드의 데이터 연관 구조가 다르므로 객체 지향 프로그래밍에 적합하지 않다.

- **SQL 중심의 코드 구조와 비즈니스 로직**: 쿼리를 직접 사용해야 하는 SQL Mapper 프레임워크 환경에서는 코드베이스에 SQL 구문이 반드시 포함된다. 그래서 코드베이스에는 쿼리 비중이 높다. 그러므로 자바 코드는 쿼리 구문을 실행하는 데 집중하게 되고, 비즈니스 로직이 데이터베이스에도 포함된다. 즉, 애플리케이션의 핵심 로직이 애플리케이션과 데이터베이스 양쪽에 분산될 수 있다. 결국 데이터베이스에 의존하는 애플리케이션은 서비스를 확장할 때 데이터베이스에 더 많은 부하나 장애가 집중되는 단일 장애 지점이 된다.

ORM 프레임워크의 코드 구조도 확인해 보자. 그림 8-5는 Hibernate와 Spring Data JPA를 함께 사용할 때 어떻게 쿼리를 실행하는지 보여 준다.

❤ 그림 8-5 JPA를 사용한 ORM 프레임워크의 실행 구조

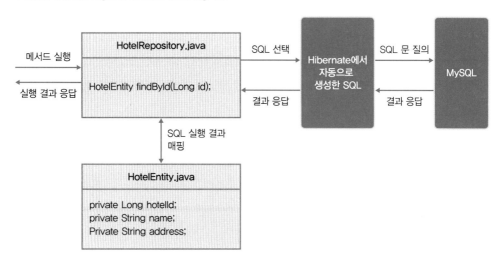

그림 8-5를 보면 개발자가 작성하는 코드는 두 가지다. 첫 번째는 HotelEntity.java 엔터티 클래스다. 엔터티 클래스는 테이블과 자바 클래스를 매핑하는 정보를 포함한다. JPA/Hibernate 프레임워크에서 제공하는 애너테이션을 사용하여 테이블의 정보와 필드 정보를 엔터티 클래스와 클래스 속성에 선언한다. 이 정보를 기반으로 HotelEntity 객체를 저장할 때는 객체의 속성 값이 테이블에 저장되고, 반대로 테이블에서 값을 조회하여 객체로 변환할 때는 테이블의 필드 값이 객체의 속성에 저장된다. 그러므로 엔터티 클래스를 테이블과 잘 매핑할 수 있도록 설계하는 것이 중요하다.

두 번째는 데이터에 접근할 수 있는 HotelRepository.java 인터페이스다. 클래스가 아니다. 인터페이스다. 이 인터페이스에 데이터를 조회하거나 삭제하거나 생성하는 메서드를 정의할 수 있다. 인터페이스이므로 실제 구현은 확인할 수 없다. 하지만 Spring Data JPA에서 제공하는 네이밍 전략(naming strategy)에 맞게 메서드 이름을 선언하면 쿼리가 자동 생성된다. 이를 쿼리 메서드라고 한다. 이 과정은 애플리케이션이 시작하는 단계에서 실행된다. 그래서 인터페이스에 정의된 메서드를 실행만 해도 데이터베이스에서 데이터를 영속할 수 있다.

SQL Mapper는 이런 역할을 하는 객체가 DAO이지만 JPA에서는 리포지터리라고 한다. 이는 도메인 주도 설계(domain driven development)의 리포지터리 패턴에서 착안한 것이다. 리포지터리 패턴은 데이터 저장소를 추상화한 중앙 집중 처리 방식 패턴을 의미한다. 데이터를 사용하는 클

래스 입장에서는 데이터 저장소가 어디이고 무엇인지 알 필요 없다. 클래스가 호출하는 데이터에만 집중하여 비즈니스 로직을 구현하면 된다. 추상화된 레이어이므로 데이터 저장소가 어떤 데이터베이스인지 알 수 없다. 심지어 NoSQL이나 파일이어도 상관없다. 그러므로 쿼리를 생성하는 부분도 영속성 프레임워크 분야이며, 개발자는 쿼리에 상관없이 객체 지향 프로그래밍을 할 수 있다.[4]

다음은 ORM 프레임워크인 Hibernate와 Spring Data JPA를 사용한 코드다. SQL Mapper와 비교하려는 것이므로 코드 일부분만 보여 준다. 다음 코드를 보면서 코드 구조와 SQL Mapper가 어떻게 다른지 주목해 보자.

```java
// HotelEntity.java 클래스 일부
@Getter
@Entity
@Table(name="hotels")
public class HotelEntity {
    @Id
    private Long id;
    private String name;
    private String address;
}

// HotelRepository.java 인터페이스 일부
public interface HotelRepository extends JpaRepository<HotelEntity, Long> {
    HotelEntity findById(Long id);
}
```

호텔 정보를 데이터베이스에서 가져오는 코드로 매우 간단하다. HotelEntity는 호텔 정보를 추상화한 엔터티 클래스이며, HotelRepository는 HotelEntity를 영속하는 데 필요한 메서드들을 제공하는 클래스다. 또한 데이터 저장소에서 데이터를 조회하거나 저장하고 삭제하는 메서드를 포함하고 있다. 앞서 예제로 설명한 SQL Mapper와 비교해 보자.

첫 번째 눈에 띄는 점은 코드베이스에 더 이상 SQL 구문을 찾아볼 수 없다는 것이다. 그림 8-5에서 볼 수 있듯이, Hibernate가 데이터베이스에 적합한 SQL 쿼리문을 생성하기 때문이다. 물론 개발자는 사용하고 있는 데이터베이스에 따라 Hibernate의 다이얼렉트(dialect) 설정을 해야 한다.

---

4 그렇다고 쿼리나 데이터베이스 지식이 없어도 된다고 생각하면 매우 큰 오산이다.

두 번째는 코드양이 적어진다는 것이다. SQL Mapper는 SELECT 쿼리 결과를 객체로 받아 오는 매핑 설정이 필요하다. 그리고 SQL 쿼리에 파라미터를 설정하는 것도 필요했다. 하지만 앞 예제에서는 HotelEntity.java에서 볼 수 있듯이 애너테이션을 사용하여 매핑 정보만 설정해 주면 된다. 나중에 자세히 설명하겠지만 Spring Data JPA는 HotelRepository 인터페이스의 메서드 이름을 사용하여 SQL을 생성한다. 결과적으로 데이터베이스에서 사용하는 테이블이나 메서드가 많아지면 SQL Mapper보다 Hibernate의 코드가 훨씬 간결하다.

8.1.3 JPA 장단점

마지막으로 JPA의 장점과 단점을 설명하고 그에 따른 몇 가지 특징을 설명한다. 먼저 JPA의 단점을 알아보자.

- **구현 난이도**: JPA를 사용하는 애플리케이션에는 SQL 쿼리를 직접 작성하지 않는다. 데이터베이스에는 자바 클래스를 실행할 수 없다. 이 둘 사이에 JPA가 중재자 역할을 한다. JPA를 사용하여 데이터를 다루는 것은 결국 데이터베이스에 쿼리를 실행하는 것을 의미한다. 그러므로 JPA의 내부 동작을 잘 알지 못하면 어떤 쿼리가 실행되는지 얼마나 많은 쿼리가 실행되는지 알 수 없다. 데이터베이스는 데이터가 많아지면 필연적으로 쿼리의 실행 속도가 느려진다. 즉, 서비스 사용량이 많아지면 데이터가 많아지고 데이터베이스의 응답 속도는 느려질 수 있다. 프로젝트 규모나 애플리케이션 기능이 복잡할수록 JPA 경험과 내부 구현 원리를 잘 파악하고 있어야 한다. 그래서 JPA는 다른 영속성 프레임워크에 비해 구현 난이도가 높다.

- **JPA 프레임워크에 대한 높은 이해도**: JPA는 객체와 관계형 데이터베이스를 매핑하는 프레임워크로 개발자는 Hibernate나 Spring Data JPA의 메서드를 사용하여 개발할 수 있다. 그러면 Hibernate 내부에서는 매핑 정보를 사용하여 쿼리를 생성한다. 한 단계 추상화된 레이어이므로 직접 쿼리를 작성하여 실행하는 것보다 성능상 단점이 있다. Hibernate에서는 성능 향상을 위한 여러 방법을 제공하고 있으며, 개발자는 이에 대한 이해가 필요하다.

- **JPA는 OLTP**(OnLine Transaction Processing)**에 적합**: 보통 API처럼 실시간 트랜잭션 처리를 OLTP라고 하며, 통계를 위한 쿼리 처리를 OLAP(OnLine Analytical Processing)라고 한다. 통계 쿼리는 원하는 데이터를 추출하기 위해 대량의 데이터를 사용한다. 그러므로 쿼리를 사용하여 세밀하게 튜닝하거나 복잡한 쿼리를 사용해야 한다. 이때는 SQL 쿼리를 직접 코딩할 수 있는 JPA보다 MyBatis 같은 SQL Mapper가 더 적합하다. 물론 Hibernate에서도 직

접 쿼리를 사용하여 데이터를 추출할 수 있으나 JPA의 목적에 적합하지 않은 방식이므로 추천하지 않는다.

이어서 JPA의 장점을 알아보자.

- **생산성**: 코드를 중복해서 선언하지 않아도 된다. 코드를 재활용할 수 있으며 select, update, delete, insert 같은 SQL 구문들을 반복적으로 작성하지 않아도 된다. 이것이 무엇보다도 가장 큰 장점이다.
- **데이터베이스에 독립적인 개발**: JPA를 사용하면 데이터베이스 종류와 상관없이 JPA의 API를 사용하여 개발할 수 있다. 즉, 하나의 코드베이스를 사용하여 여러 데이터베이스와 연동할 수 있다. Dev 환경에서는 H2 같은 메모리 데이터베이스를 사용할 수 있고, Production 환경에서는 MySQL 같은 데이터베이스를 사용할 수 있다.
- **객체 지향적인 프로그래밍**: 데이터를 처리하는 로직이 클래스로 추상화되어 있다. 그래서 데이터를 저장하거나 조회하는 일련의 작업이 테이블이 아닌 엔터티 클래스를 기준으로 진행된다. 엔터티 클래스는 테이블과 매핑되므로 객체 지향 프로그래밍으로 데이터를 처리할 수 있다. SQL보다 코드를 유지 보수하기 쉬우며 코드를 재활용할 수 있다. 그러면 개발자는 자연스럽게 비즈니스 로직에 집중할 수 있다.

8.2 MySQL 실행 환경 설정

이 책에서 제공하는 모든 예제는 MySQL 데이터베이스를 사용하여 설명한다. 예제는 MySQL로 실행해야 하며, 여기에서는 도커를 사용하여 MySQL을 실행하는 방법을 설명한다.

8.2.1 도커를 사용한 MySQL 실행 환경 설정

다음과 같이 도커 허브에서 MySQL 최신 버전의 도커 이미지를 로컬 호스트 머신에 내려받는다. 도커 컨테이너를 실행하고 MySQL에 접근할 수 있도록 설정한다. 이 장에서는 MySQL 도커 컨테이너와 데이터베이스를 설정하는 도커 명령어를 간단히 설명하고, 도커 이미지를 다루는 데 필요한 명령어는 부록에서 따로 설명하기로 한다.

```
$ docker pull mysql ----❶
                         ❷                            ❸
$ docker run -d -p 3306:3306 -e MYSQL_ROOT_PASSWORD=1q2w3e4r \
-v $HOME/DockerData/spring-tour-mysql:/var/lib/mysql \ ----❹
--name spring-tour-mysql mysql:latest \ ----❺
--character-set-server=utf8mb4 \ ----❻
--collation-server=utf8mb4_unicode_ci ----❼
6937def937d663f65df4ddf8bf2bab161cf401d6ca1b2f9a54fcb803384a4d6c


$ docker ps ----❽
CONTAINER ID    IMAGE        COMMAND             CREATED       STATUS
PORTS                         NAMES
6937def937d6    mysql:latest    "docker-entrypoint.s…"    8 seconds ago    Up 7 seconds
0.0.0.0:3306->3306/tcp, 33060/tcp    spring-tour-mysql


$ docker exec -it spring-tour-mysql bash ----❾
root@6937def937d6:/# mysql -u root -p
Enter password:
Welcome to the MySQL monitor.  Commands end with ; or \g.
Your MySQL connection id is 8
Server version: 8.0.25 MySQL Community Server - GPL


Copyright (c) 2000, 2021, Oracle and/or its affiliates.


Oracle is a registered trademark of Oracle Corporation and/or its
affiliates. Other names may be trademarks of their respective
owners.


Type 'help;' or '\h' for help. Type '\c' to clear the current input statement.


mysql>CREATE DATABASE tour; ----❿
Query OK, 1 row affected (0.00 sec)


mysql>use tour ----⓫
Database changed
```

❶ 도커 허브(https://hub.docker.com)에서 도커 이미지를 호스트 머신에 내려받는다. 이때 도커 이미지 이름은 mysql이며, 버전 정보를 명시하지 않으면 최신 버전의 이미지를 내려받는다.

❷ -p 옵션은 호스트 머신에 내려받은 mysql 도커 이미지를 컨테이너로 실행하는 옵션이다. 이때 도커 내부의 3306번 포트를 호스트 머신의 3306번 포트로 매핑하여 외부로 오픈한다. 여

러분의 컴퓨터에서 실행하는 애플리케이션은 127.0.0.1:3306으로 접속하면 mysql 도커 컨테이너에 접속할 수 있다.

❸ 환경 변수를 설정하는 -e 속성으로 도커 컨테이너에서 사용하는 root 계정의 패스워드를 설정할 수 있다. 이 패스워드는 도커 컨테이너의 MySQL 서버에 접속할 때 사용해야 하므로 잘 기억하자.

❹ 로컬 호스트 `$HOME/DockerData/spring-tour-mysql` 디렉터리를 도커 컨테이너의 /var/lib/mysql로 마운트한다. 도커 특성상 컨테이너가 종료될 때 데이터도 휘발되므로 로컬 호스트 머신의 디렉터리를 마운트해야 데이터가 휘발되지 않는다. 도커 컨테이너의 /var/lib/mysql 디렉터리는 mysql이 데이터 파일을 저장하는 경로다. 그러므로 도커 컨테이너가 재시작해도 호스트 머신의 디렉터리에 데이터 파일을 읽고 저장할 수 있어 데이터가 유지된다.

❺ 실행한 도커 컨테이너의 이름을 spring-tour-mysql로 설정한다.

❻ mysql 문자셋(charset)을 utf8mb4로 설정한다. utf8mb4는 utf8과 비슷하지만 4byte 크기의 문자셋이다. 이모지(emoji) 같은 특수 문자를 추가적으로 저장할 수 있다.

❼ mysql 문자셋의 정렬 방식을 utf8mb4_unicode_ci로 설정한다.

❽ 현재 로컬 호스트에서 실행 중인 도커 컨테이너를 조회하는 명령어다.

❾ 실행한 도커 컨테이너에 접속하는 명령어다. bash 셸을 사용하여 접속한다.

❿ MySQL에 tour 데이터베이스를 생성한다.

⓫ 생성한 tour 데이터베이스를 사용한다.

이 명령어들은 도커 이미지를 내려받고 최초로 도커를 실행할 때 사용하는 명령어들이다. 한 번 도커 컨테이너를 실행했다면 다음과 같이 도커 컨테이너의 상태를 변경할 수 있다.

도커 컨테이너를 멈추고 시작하는 명령어

```
$ docker start spring-tour-mysql ····❶
spring-tour-mysql
$ docker stop spring-tour-mysql ····❷
spring-tour-mysql
```

❶ spring-tour-mysql 이름의 도커 컨테이너를 실행한다.

❷ spring-tour-mysql 이름의 도커 컨테이너를 중지한다.

8.2.2 테이블 설계

호텔과 호텔 객실을 추상화한 클래스 HotelEntity.java와 HotelRoomEntity.java가 있다고 생각하자. 이 두 객체를 영속하는 테이블을 만들어 보자. 두 테이블은 앞서 MySQL에 만든 tour 데이터베이스에 생성한다. 호텔 정보를 포함하는 HotelEntity.java를 영속하는 테이블은 hotels고, 객실 정보를 포함하는 HotelRoomEntity.java를 영속하는 테이블은 hotel_rooms 테이블이다. 일반적으로 생각하면 호텔과 객실은 서로 관계를 맺고 있다. 객실이 없는 호텔은 없으며, 호텔이 없는 객실 또한 없다. 보통은 하나의 호텔에 여러 개의 객실이 있다. 엔터티 객체 관계를 보면, HotelEntity.java 클래스는 내부에 List<HotelRoomEntity>를 맴버 변수로 포함하는 구조다.

테이블 구조도 마찬가지다. Hotels와 hotel_rooms 테이블은 일대다 관계를 맺고 있으며, hotels 테이블의 기본 키(primary key)인 hotel_id를 hotel_rooms 테이블이 외래 키(foreign key)로 참조하는 형태를 띤다. hotel_rooms 테이블의 외래 키 필드 이름은 hotels_hotel_id다. 그림 8-6을 보면 테이블들의 연관 관계와 각 테이블의 필드 정보를 확인할 수 있다.

▼ 그림 8-6 호텔 객체와 호텔 방을 영속하는 hotels, hotel_rooms 테이블

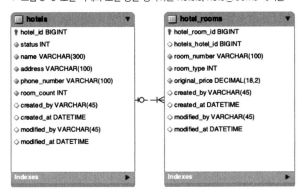

앞으로 그림 8-6의 테이블을 기준으로 만든 예제를 설명한다. 두 테이블 모두 공통으로 created_by, created_at, modified_by, modified_at 필드를 포함하고 있다. 이 네 개의 필드는 시스템 내부에서 레코드를 관리하는 목적으로 사용된다. 해당 레코드의 데이터를 누가(created_by) 언제(created_on) 생성했는지 기록하고, 누가(modified_by) 언제(modified_on) 수정했는지 기록한다. 그러므로 데이터를 생성할 때는 created_by, created_on 필드에 값을 넣어야 하고, 데이터를 수정할 때는 modified_by, modified_on 필드의 값을 수정해야 한다. 이 관리 속성들은 REST-API의 응답 메시지에 포함되지 않지만, 서비스를 운영할 때 DBA가 직접 쿼리로 해당 값을 참조할 수 있다. 테이블을 설계할 때 이 같은 관리 필드를 반드시 추가해야 하는 것은 아니지만, 여기에서는 나중에 JPA Entity 클래스를 설계하는 방법을 설명하려고 다루었다.

그림 8-6 테이블들의 필드 이름은 명시적으로 설계했으므로 각 필드가 의미하는 내용은 생략하고
몇몇 필드만 설명한다. hotels 테이블의 status 필드와 hotel_rooms 테이블의 room_type 필
드는 각 레코드의 상태와 타입을 저장하는 필드다. hotels.status 필드는 호텔 상태를 저장하며,
영업 중(1), 휴업 중(-1), 오픈 예정(0) 같은 값 중 각 상태에 맞는 Integer 값을 필드에 저장한다.
hotels_rooms.room_type 또한 마찬가지다. 객실 타입에 따라 기본 타입(0), 커넥티드 룸(1),
스위트 룸(100) 중 각 타입에 맞는 Integer 값을 저장한다.

테이블을 생성하는 DDL 쿼리는 chapter08의 /scheme/create_tables.sql에 포함되어 있다.
spring-tour-mysql 도커 인스턴스에 접속하여 tour 데이터베이스를 선택하고 create_tables.
sql의 DDL 쿼리를 실행하면 테이블을 생성할 수 있다. 그리고 다음과 같이 생성된 테이블을 확인
할 수 있다.

```
$ docker exec -it spring-tour-mysql bash
root@4f2ed7e89fab:/# mysql -u root -p
Enter password:
Welcome to the MySQL monitor.  Commands end with ; or \g.
Your MySQL connection id is 8
Server version: 8.0.26 MySQL Community Server - GPL

Copyright (c) 2000, 2021, Oracle and/or its affiliates.

Oracle is a registered trademark of Oracle Corporation and/or its
affiliates. Other names may be trademarks of their respective
owners.

Type 'help;' or '\h' for help. Type '\c' to clear the current input statement.

mysql> use tour
Database changed
mysql> show tables;
+----------------+
| Tables_in_tour |
+----------------+
| hotel_rooms    |
| hotels         |
+----------------+
2 rows in set (0.00 sec)
```

462

8.3 Spring Data JPA 기능과 설정

Spring Data JPA와 Hibernate를 사용하여 영속성 프레임워크를 설정한다. 다음 의존성 설정을 pom.xml에 입력하자. spring-boot-starter-data-jpa를 추가하면 영속성 프레임워크 의존성과 함께 자동 설정도 같이 추가된다. MySQL 데이터베이스를 사용하므로 mysql-connector-java 라이브러리와 버전을 사용하여 추가한다. mysql-connector-java 라이브러리는 MySQL 데이터베이스를 사용할 수 있는 JDBC 드라이버와 클래스들을 포함하고 있다. 데이터베이스와 관련된 라이브러리 버전은 별도로 관리하는 것이 좋다. pom.xml에 버전을 명시하지 않고 의존성을 추가하면, 스프링 부트 프레임워크에서 설정한 버전으로 의존성이 추가된다. 버전이 숨겨 있어 알기 쉽지 않을 뿐더러, 스프링 부트 프레임워크의 버전을 올리면 같이 변경될 가능성도 있다.

pom.xml에 의존성 설정

```
<dependencies>

<dependency>
    <groupId>org.springframework.boot</groupId>
    <artifactId>spring-boot-starter-data-jpa</artifactId>
</dependency>

<dependency>
    <groupId>mysql</groupId>
    <artifactId>mysql-connector-java</artifactId>
    <version>8.0.20</version>
</dependency>

</dependencies>
```

spring-boot-starter-data-jpa에는 다음과 같은 주요 라이브러리가 포함되어 있다.

- **spring-boot-starter-aop**: 스프링 AOP를 사용하는 스프링 부트 스타터
- **spring-boot-starter-jdbc**: JDBC를 사용하는 스프링 부트 스타터
- **hibernate-core**: JPA/Hibernate 프레임워크의 핵심 기능이 있는 라이브러리
- **spring-data-jpa**: JPA/Hibernate를 한 단계 더 추상화한 스프링 프레임워크 모듈

8.3.1 Spring Data JPA 기능

그림 8-7을 확인해 보자. 그림 8-7은 JPA/Hibernate만 사용하여 구성했을 때와 Spring Data JPA와 JPA/Hibernate를 같이 사용하여 구성했을 때를 비교한 것이다. 그림 8-7 윗부분은 JPA/Hibernate만 사용하여 구성한 것이고, 아랫부분은 Spring Data JPA와 JPA/Hibernate를 함께 사용하여 구성한 것이다.

❤ 그림 8-7 Spring Data JPA 구성과 JPA/Hibernate 구성 비교

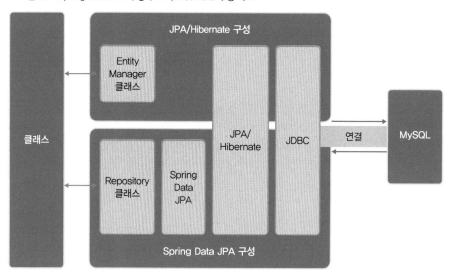

두 구성 모두 JPA/Hibernate와 JDBC를 포함한다. 하지만 데이터베이스의 데이터를 처리할 때 사용하는 클래스는 서로 다르다. JPA/Hibernate 구성은 Hibernate에서 제공하는 EntityManager 클래스의 메서드를 사용하여 데이터를 처리하는 반면, Spring Data JPA + JPA/Hibernate 구성은 추상화된 Repository 인터페이스를 사용하여 데이터를 처리한다.[5] Spring Data JPA + JPA/Hibernate 구성은 구현 클래스가 아닌 인터페이스만 호출해도 데이터를 처리할 수 있는 매우 특별한 구조다. 이는 Spring Data JPA에서 제공하는 쿼리 메서드 기능 때문이다. 또한 다양한 편의 기능도 제공한다. 그래서 일반적으로 스프링 애플리케이션에 JPA/Hibernate를 영속성 프레임워크로 사용하는 경우 Spring Data JPA를 함께 쓴다.

---

5 Spring Data JPA를 사용하더라도 EntityManager의 메서드를 실행하여 데이터를 처리할 수 있다.

Spring Data JPA는 JPA를 쉽게 사용할 수 있는 다양한 기능을 제공한다. 한 단계 추상화된 레이어뿐만 아니라 빠르게 애플리케이션을 개발할 수 있는 기능을 제공한다.

- **CRUD 기본 기능 제공**: Spring Data JPA 프레임워크는 CRUD 처리를 위한 공통 인터페이스인 JpaRepository와 구현 클래스인 SimpleJpaRepository를 제공한다. JpaRepository 인터페이스는 엔터티 객체를 처리할 수 있는 몇 가지 CRUD 관련 기본 메서드를 제공한다. 개발자는 JpaRepository를 상속하여 개별 Repository 인터페이스를 확장하면 된다. 확장된 인터페이스에는 JpaRepository의 기본 메서드가 상속되므로 매번 반복해서 기본 메서드를 구현할 필요가 없다(JpaRepository 사용법은 뒤에서 다시 설명한다).

- **쿼리 생성 기능 제공**: Spring Data JPA 프레임워크는 Repository 인터페이스에 선언된 메서드 이름으로 쿼리를 생성하는 기능을 제공한다. 프레임워크에서 만든 규칙에 따라 메서드를 만들어야 쿼리를 생성할 수 있으며, 애플리케이션이 시작할 때 메서드를 분석하여 생성한다. 간단한 쿼리는 직접 구현하지 않고 이 기능을 사용하여 쉽게 데이터를 처리할 수 있다.

- **감사 기능 제공**: 데이터를 생성하고 수정할 때 누가 언제 했는지 추적하는 기능을 감사(auditing)라고 한다. Spring Data JPA는 감사 기능을 쉽게 할 수 있는 애너테이션과 기능을 제공한다.

- **페이징과 정렬 같은 부가 기능 제공**: REST-API나 웹 애플리케이션은 데이터베이스에서 데이터를 조회할 때 페이징과 정렬 기능을 많이 사용한다. Spring Data JPA는 이런 기능을 위해 o.s.data.domain.Pageable 인터페이스와 o.s.data.jpa.repository.PagingAndSortingRepository 인터페이스를 제공한다. 특히 PagingAndSortingRepository는 JpaRepository의 부모 인터페이스이므로 JpaRepository를 사용하는 모든 커스텀 리포지터리 클래스들은 이런 부가 기능을 쉽게 사용할 수 있다.

8.3.2 Spring Data JPA 자동 설정과 필수 스프링 빈

우리가 사용한 spring-boot-starter-data-jpa는 JPA/Hibernate를 설정할 수 있는 자동 설정 기능을 제공한다. pom.xml에 spring-boot-starter-data-jpa 의존성만 추가하면 자동 설정된다. 그리고 데이터베이스 주소나 사용자 이름, 암호 같은 반드시 필요한 설정은 application.properties 파일에 설정한다. 이에 앞서 데이터베이스에서 데이터를 처리하는 데 반드시 필요한 컴포넌트들을 설명한다.

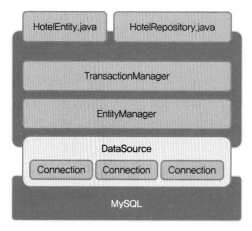

▼ 그림 8-8 JPA/Hibernate를 사용하는 데 필요한 컴포넌트

javax.sql.DataSource

그림 8-8에서 MySQL과 애플리케이션 사이에 위치한 javax.sql.DataSource 인터페이스는 javax.sql.Connection 객체를 만들어 내는 팩토리 클래스다. JDBC를 사용하여 SQL 구문을 실행하려면 데이터베이스와 애플리케이션을 연결하는 Connection 객체가 필요하다. javax.sql.DataSource 인터페이스는 커넥션 객체를 생성할 수 있는 메서드를 제공한다. 일반적으로 Connection 객체를 생성하려면 시스템 리소스와 긴 시간이 소요된다. 데이터베이스에 쿼리를 실행할 때마다 Connection 객체를 생성하면 비효율적이다. 그러므로 애플리케이션 성능을 높일 수 있게 Connection 객체를 미리 생성하고, 필요할 때는 유휴(idle) 상태인 Connection 객체를 할당받아 사용한다. 멀티 스레드 애플리케이션은 동시에 데이터베이스에 접속하므로 여러 개의 Connection 객체를 미리 생성하여 저장한다. 이런 커넥션 관리 메커니즘을 커넥션 풀(connection pool)이라고 한다.

DataSource는 Connection 객체를 제공하는 인터페이스이며 여러 구현체를 사용할 수 있다. 구현체에 따라 커넥션 풀 기능을 제공하는 것도 있다. DataSource의 getConnection() 메서드를 실행하면 Connection 객체를 리턴한다. 커넥션 풀 기능을 제공하는 DataSource 구현체라면 내부에 커넥션 풀을 생성하고 관리한다. 그리고 getConnection() 메서드를 호출하면 커넥션 풀에서 관리하는 Connection 객체를 리턴한다. DataSource를 사용하는 클래스 입장에서는 Connection 객체를 할당받고 사용을 마치면 다시 반환한다.

대부분의 DataSource 구현체는 커넥션 풀 방식을 제공하며, Spring Data JPA는 여러 커넥션 풀 구현체를 통합해서 사용할 수 있는 방법을 제공한다. 스프링 부트의 자동 설정을 사용하여 구성할 수 있는 DataSource로 Hikari, Tomcat pool, DBCP2에서 제공하는 구현체들이 있다. 스프링 부트 프레임워크에 별도 설정을 하지 않으면 Hikari DBCP가 기본으로 사용된다. DataSource 자동 설정 클래스는 o.s.boot.autoconfigure.jdbc 패키지에 있는 DataSourceAutoConfiguration이다. 자세한 설정을 확인하고 싶다면 참조하길 바란다.

EntityManager

그림 8-7에서 JPA/Hibernate 프레임워크만 사용하여 구성한 애플리케이션 구조를 확인해 보자. 그림 8-7에서 클래스는 EntityManager에서 제공하는 메서드를 사용하여 데이터를 영속하는 것을 확인할 수 있다. 즉, EntityManager는 엔터티 클래스를 영속할 수 있는 메서드들을 제공한다. 그래서 Hibernate에서 제공하는 클래스 중 가장 중요한 역할을 하는 클래스다(EntityManager가 제공하는 메서드와 엔터티 클래스를 관리하는 내용은 뒤에서 별도로 자세히 설명한다).

스프링 부트 프레임워크는 o.s.boot.autoconfigure.orm.jpa 패키지에 포함된 HibernateJpaAuto Configuration 자동 설정 클래스를 제공하며, 이 클래스는 애플리케이션에서 JPA/Hibernate 를 사용할 수 있도록 필요한 기능들을 자동 설정하는 기능을 한다. 그중 LocalContainerEntity ManagerFactoryBean이 EntityManager를 생성하고 설정한다. HibernateJpaAutoConfiguration을 확인하면 LocalContainerEntityManagerFactoryBean 클래스를 사용하여 EntityManager를 설정하는 것을 알 수 있다.

TransactionManager

데이터베이스에 데이터를 생성·수정·삭제하는 일을 할 때는 여러 개의 데이터를 동시에 처리하는 경우가 많다. 이때 데이터를 변경하는 쿼리는 여러 개일 수 있으며, 이들 쿼리는 하나의 작업으로 묶어 처리할 수 있다. 이를 데이터베이스에서는 트랜잭션(transaction)이라고 한다.

트랜잭션의 가장 큰 장점은 원자성(atomicity)과 일관성(consistency)을 보장한다는 것이다. 작업 단위로 데이터를 변경하거나 취소할 수 있어 작업 단위의 원자성을 확보할 수 있다. 그래서 트랜잭션으로 묶여 있는 여러 쿼리를 실행하는 도중에 에러가 발생하면 이미 실행한 쿼리들을 취소할 수 있다. 에러가 발생하지 않는다면 작업에 포함된 쿼리로 변경·생성된 데이터를 일괄 적용할 수 있다. 즉, 트랜잭션 작업 단위는 전부 실패 혹은 성공만 할 수 있으며, 일부 데이터만 변경할 수는 없다.

일관성은 트랜잭션이 성공하면 데이터는 항상 일관된 상태로 유지되는 것을 의미한다. 예를 들어 포인트를 사용하여 호텔을 예약하면 예약 전 포인트 잔액과 예약 후 포인트 잔액의 차이는 호텔 사용료만큼이다. 이외에도 독립성(isolation)과 지속성(durability) 등의 성질이 있다.

스프링 프레임워크에서는 트랜잭션을 처리하는 TransactionManager 인터페이스를 제공하고 있으며, 다양한 구현체를 정의해서 사용할 수 있다. 앞서 설명한 스프링의 3대 핵심 요소 중 서비스 추상화를 기억해 보자(그림 2-2). 여러 방식의 트랜잭션을 지원하지만 일관성 있는 기능을 제공할 수 있는 대표적인 예가 TransactionManager이며, JPA/Hibernate 프레임워크에서 제공하는 트랜잭션 구현체는 JpaTransactionManager다.

JpaTransactionManager의 일부 코드

```
package org.springframework.orm.jpa;

public JpaTransactionManager() {
    this.jpaPropertyMap = new HashMap();
    this.jpaDialect = new DefaultJpaDialect();
    this.setNestedTransactionAllowed(true);
}

public JpaTransactionManager(EntityManagerFactory emf) {
    this();
    this.entityManagerFactory = emf;
    this.afterPropertiesSet();
}

public void setEntityManagerFactory(@Nullable EntityManagerFactory emf) {
    this.entityManagerFactory = emf;
}
```

JpaTransactionManager의 생성자를 보면 EntityManagerFactory를 인자로 주입받거나 setEntityManagerFactory() 메서드를 사용하여 EntityManagerFactory를 주입받도록 되어 있다. 이처럼 EntityManager를 언제든 주입받을 수 있는 구조는 JPA/Hibernate에서 EntityManager가 트랜잭션과 긴밀하게 동작함을 의미한다. 또한 EntityManager는 트랜잭션 시작부터 종료까지 엔터티 객체를 관리한다. 트랜잭션 사이에 엔터티 객체가 변경되었는지 혹은 추가되었거나 삭제되었는지 관리한다. 그리고 트랜잭션을 종료할 때 변경된 데이터를 SQL 구문으로 실행한다. 이런 방식 때문에 트랜잭션과 EntityManager는 매우 긴밀하게 동작한다.

8.3.3 Spring Data JPA 설정

다음은 Spring Data JPA를 사용하는 기본 설정이다. application.properties에 다음 설정을 추가하자. Spring Data JPA를 사용하는 설정은 크게 둘로 나눌 수 있다. JPA/Hibernate 프레임워크를 설정하는 부분과 Hikari DataSource를 설정하는 부분이다. 먼저 JPA/Hibernate를 설정하는 부분을 설명한다.

JPA/Hibernate 프레임워크를 설정하는 application.properties 코드 일부

```
## JPA configuration
spring.jpa.show-sql = false
spring.jpa.properties.hibernate.format_sql = false       ──────❶
spring.jpa.properties.hibernate.dialect = org.hibernate.dialect.MySQL8Dialect ────❷
spring.jpa.hibernate.ddl-auto = none ────❸
```

❶ `spring.jpa.show-sql`, `spring.jpa.properties.hibernate.format_sql`: JPA/Hibernate가 생성한 쿼리를 로그로 남길 때 필요한 설정이다. spring.jpa.show-sql은 JPA/Hibernate에서 생성한 쿼리를 로그에 남길지 여부를 설정한다. true로 설정하면 로그가 생성된다. 로그에 출력되는 쿼리를 포매팅하고 싶다면 spring.jpa.properties.hibernate.format_sql 값을 true로 설정한다. 이때 JPA/Hibernate의 클래스에서 생성하는 로그 레벨은 INFO보다 낮다. 그러므로 로그를 생성하는 클래스와 로그 레벨은 별도로 설정하여 기존 애플리케이션의 로그 레벨 설정에 영향이 없도록 설정하면 좋다. 다음 코드를 참고하여 logback.xml 설정을 변경하자. Hibernate에서 생성한 쿼리를 로깅하는 데 필요한 패키지와 클래스다.

```
<logger name="org.hibernate.SQL" level="DEBUG"/>
<logger name="org.hibernate.type" level="TRACE"/>
<logger name="org.hibernate.type.descriptor.sql.BasicBinder" level="TRACE"/>
```

❷ `spring.jpa.properties.hibernate.dialect`: JPA/Hibernate 프레임워크가 사용할 데이터베이스에 따라 적절한 다이얼렉트(dialect)[6]를 설정한다. 데이터베이스마다 SQL 문법과 함수가 다르므로 Hibernate가 생성하는 SQL도 데이터베이스에 맞게 변경되어야 한다. Hibernate는 SQL을 생성하는 기능을 Dialect 클래스에 위임하고 이를 외부 설정으로 변경할 수 있도록 설계했다. 사용자는 이 설정값을 사용하여 Dialect 구현체를 설정할 수 있다. 이 책에서 사용하는 데이터베이스는 MySQL 8 버전이므로 Dialect 구현체는 org.hibernate.dialect.

---

6   방언이라고 표기하는 곳도 있지만 이 책에서는 다이얼렉트로 표기한다.

MySQL8Dialect를 사용하도록 설정했다. 참고로 Dialect 설정은 데이터베이스 제품뿐 아니라 버전까지 고려해서 설정해야 한다.

❸ **spring.jpa.hibernate.ddl-auto**: JPA/Hibernate는 데이터베이스를 초기화할 수 있는 기능을 제공한다. Hibernate가 @Entity 애너테이션이 선언된 엔터티 클래스를 스캔하여 설정을 확인하고 이를 바탕으로 DDL(Data Definition Language) 쿼리를 생성한다. 그리고 Hibernate는 생성한 DDL 쿼리를 사용하여 데이터베이스의 테이블을 생성하거나 수정할 수 있는 기능을 제공한다. 서비스 중인 애플리케이션이 데이터베이스의 스키마를 변경하는 것은 매우 위험한 일이므로 아무것도 하지 않는 none이 기본값이다.

다이얼렉트는 같은 데이터베이스라도 버전에 따라 다른 Dialect 구현 클래스를 설정해야 할 때도 있다. 다음 표를 참고한다. 적합하지 못한 Dialect 구현 클래스를 설정하면 데이터베이스에 실행할 수 없는 SQL을 생성하거나 성능에 문제가 발생한다. 데이터베이스를 변경하거나 실행 환경에 따라 다른 데이터베이스를 사용한다면 이 설정값 또한 정확하게 변경해야 한다. 많이 사용하는 데이터베이스별 다이얼렉트 구현 클래스는 표 8-1을 참고하자. org.hibernate.dialect 패키지를 참고하면 표 8-1보다 더 많은 다이얼렉트 구현체를 확인할 수 있다.

▼ 표 8-1 데이터베이스 버전에 따른 Dialect 구현 클래스

Dialect 클래스	데이터베이스 및 버전
org.hibernate.dialect.Oracle12cDialect	Oracle 데이터베이스 12c
org.hibernate.dialect.SQLServer2012Dialect	MS SQL 서버 2012
org.hibernate.dialect.MySQL8Dialect	MySQL 8
org.hibernate.dialect.H2Dialect	H2 메모리 데이터베이스
org.hibernate.dialect.CUBRIDDialect	큐브리드 데이터베이스

표 8-2는 spring.jpa.hibernate.ddl-auto에서 사용할 수 있는 설정값과 Hibernate의 동작 방식을 나열한 것이다. 애플리케이션 개발 전략에 따라 적절한 설정값을 사용하면 된다.

설정값	설명
none	DDL을 실행하지 않는다.
validate	엔터티 클래스의 설정과 데이터베이스의 스키마를 서로 비교한다. 다른 점이 있으면 예외를 발생하고 애플리케이션은 종료한다.
update	데이터베이스와 엔터티 클래스의 설정이 다르면 엔터티 클래스의 설정을 데이터베이스에 업데이트한다.
create	애플리케이션이 시작하면 기존에 생성된 테이블을 드롭(drop)하고 새로 테이블을 생성한다.
create-drop	create와 마찬가지로 애플리케이션이 시작하면 테이블을 드롭하고 새로 생성한다. 하지만 애플리케이션이 종료하면 생성한 테이블을 다시 드롭한다.

Production 환경에서는 none이나 validate 설정까지 사용하는 것이 좋다. update, create, create-drop 설정은 잘못되었을 때 그 피해 범위가 너무 크다. 또한 이런 실수를 방지하기 위해 애플리케이션에서 사용하는 계정을 새로 생성한 후 권한 설정을 하자. 애플리케이션이 사용하는 데이터베이스 계정에서 DDL 실행 권한을 제거하는 것도 좋다. DDL 실행 권한이 없다면 실수로 데이터베이스를 초기화하는 상황은 발생하지 않는다. Hibernate의 ddl-auto 설정은 테스트 케이스를 실행할 때 데이터베이스를 초기화하거나 개발 환경을 구축할 때 사용하면 좋다.

8.3.4 Hikari DataSource 설정

커넥션 풀의 핵심 기능은 Connection 객체의 재활용이다. 데이터베이스와 애플리케이션이 커넥션을 맺기 위해서는 TCP 프로토콜의 3-way-handshake 과정을 거쳐야 한다. 이 과정을 거쳐야 TCP 소켓이 생성되고, 데이터베이스와 애플리케이션이 데이터를 주고받을 수 있는 Connection 객체가 생성된다. 3-way-handshake 과정을 실행하면 두 서버 사이에 리소스와 처리 시간이 필요하다. 그러므로 애플리케이션이 데이터베이스에 쿼리를 실행할 때마다 Connection 객체를 매번 생성하고 폐기한다면 애플리케이션의 응답 속도는 느릴 것이며 서버 부하도 증가할 것이다. Connection 객체들을 미리 생성하고 필요할 때마다 미리 생성한 Connection을 사용한다면 3-way-handshake 과정을 생략한 채 쿼리를 실행할 수 있다. 그러면 애플리케이션 처리 속도도 향상되고 서버 부하도 줄일 수 있다. 그림 8-9는 커넥션 풀이 동작하는 원리를 설명한 것이다. 그림 8-9에서는 DataSource가 커넥션 풀 역할을 하며 애플리케이션이 DataSource에서 커넥션 객체를 빌려서 사용한다.

8

데이터 영속성

▼ 그림 8-9 커넥션 풀 동작 원리

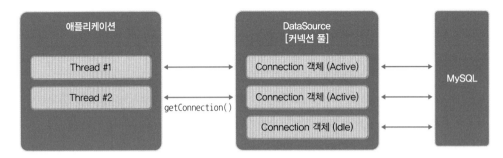

애플리케이션은 DataSource의 getConnection() 메서드를 호출하여 사용할 수 있는 Connection
객체를 빌려 온다. 커넥션 풀은 유휴 상태의 Connection 객체를 찾아 리턴한다. Connection 객체
를 할당받은 스레드는 쿼리를 실행하는데, 이때 할당받은 Connection 객체는 유휴 상태에서 활성
상태(active)가 된다. 쿼리 실행을 마친 스레드는 Connection 객체를 반환하며, 반환된 Connection
객체는 다시 유휴 상태가 된다.

유휴 상태의 Connection이 고갈되어 스레드에 할당할 수 없다면 해당 스레드는 Timeout 설정 시
간까지 기다린다. 유휴 상태의 Connection 객체가 없다면 애플리케이션은 Connection 객체를
받을 때까지 기다린다. 즉, 쿼리 실행 시간이 길어 유휴 Connection 객체가 없거나 커넥션 풀의
Connection 개수가 너무 작다면 애플리케이션이 Connection 객체를 할당받는 대기 시간은 길어
진다.

HikariDataSource를 설정할 때는 최대 몇 개의 Connection 객체를 생성할지, 유휴 상태의
Connection 객체는 언제까지 보관할지, 스레드는 Connection 객체를 받을 때까지 얼마나 기다릴
지 설정해야 한다. 물론 HikariDataSource를 설정할 수 있는 더 많은 옵션이 있지만, 다음 예제에
서 다루는 옵션만 설정해도 운영하는 데 충분할 것이다.

application.properties에서 Hikari DataSource를 설정하는 부분

```
## DataSource type configuration
spring.datasource.type = com.zaxxer.hikari.HikariDataSource ----❶

## Hikari DataSource Configuration
spring.datasource.hikari.jdbc-url =
jdbc:mysql://127.0.0.1:3306/tour?serverTimezone = UTC                ❷
spring.datasource.hikari.driver-class-name = com.mysql.cj.jdbc.Driver ----
spring.datasource.hikari.username = root      ----
spring.datasource.hikari.password = 1q2w3e4r                ❸
```

```
spring.datasource.hikari.connection-timeout = 5000 ····❹
spring.datasource.hikari.maximum-pool-size = 5 ····❺
spring.datasource.hikari.max-lifetime = 1800000 ····┐
                                                      ├····❻
spring.datasource.hikari.idle-timeout = 600000 ····┘
# spring.datasource.hikari.connection-test-query = select 1 ····❼
```

❶ 어떤 DataSource 구현체를 사용할지 명시적으로 설정한다. `javax.sql.DataSource` 인터페이스를 구현하는 구현 클래스의 경로를 설정하면 된다. 이 책에서는 Hikari DBCP를 사용하므로 Hikari 라이브러리에서 제공하는 `HikariDataSource` 클래스의 이름과 전체 경로를 설정한다.

❷ `spring.datasource.hikari.jdbc-url` 속성에는 DataSource가 Connection 객체를 생성할 때 연결할 데이터베이스의 URL과 드라이버 클래스 이름을 설정한다. 이때 URL 값은 JDBC URL 형식으로 입력한다. 예제의 `serverTimezone`처럼 JDBC URL에서 사용할 수 있는 파라미터와 같이 사용해도 된다. JDBC URL에서 `serverTimezone` 속성은 MySQL 서버의 시간대역을 설정하는 것으로 타임존 이름을 설정하면 된다. 기준시를 사용하려면 UTC 값을, 한국 시간 값을 사용하려면 Asia/Seoul을 입력한다. 연결할 데이터베이스는 로컬 호스트의 3306번 포트를 사용하고 있는 MySQL이다. 앞서 도커를 사용하여 실행한 MySQL의 포트를 참고한다.
`spring.datasource.hikari.driver-class-name` 속성에는 드라이버 클래스 이름을 설정한다. 우리는 MySQL을 사용할 것이므로 드라이버 클래스 또한 MySQL용 드라이버를 설정한다.

❸ `HikariDataSource`가 커넥션 객체를 생성할 때, 데이터베이스 인증 정보를 설정한다. 각각 MySQL 계정 이름과 암호 값을 입력한다. 예제에서 사용한 설정값은 도커에서 실행 중인 MySQL에 접속할 수 있는 계정이다.

❹ `HikariDataSource`에서 Connection 객체를 받아 오는 최대 대기 시간으로, 설정값 단위는 밀리초다. 스프링 트랜잭션 모듈이 이 시간 동안 Connection 객체를 받지 못하면 예외(SQLException)가 발생한다.

❺ `HikariDataSource`의 데이터베이스 커넥션 풀에서 관리할 수 있는 최대 커넥션 개수를 설정한다. 예제에서는 다섯 개까지 커넥션 객체를 관리할 수 있다.

❻ `max-lifetime`은 커넥션 풀에서 Connection 객체의 최대 유지 시간을 설정한다. 값은 초 값이며 이 시간을 초과하면 해당 Connection 객체는 재사용되지 않고 폐기된다. `idle-timeout`은 idle 상태로 유지될 수 있는 최대 시간을 설정한다. idle 상태로 이 시간을 초과하면 커넥션 객체는 폐기된다. 이 값 또한 초 값이다.

❼ DataSource에서 Connection 객체를 받아 올 때는 Connection 객체의 유효 여부를 판단하기 위해 테스트 쿼리를 실행할 수 있다. 이때 이 값이 설정되어 있으면 테스트 쿼리를 실행하고, 설정되어 있지 않으면 테스트 쿼리를 실행하지 않는다. 공식 문서에 따르면 이 설정은 HikariDataSource 성능에 영향을 미치므로 JDBC4를 사용하고 있다면 설정하지 않길 권고한다. chapter08에서 사용하고 있는 mysql-connector-java 라이브러리는 JDBC 4 버전이다. 그러므로 설정에 주석 처리가 되어 있다.

이제 JPA/Hibernate와 Spring Data JPA를 사용할 수 있다. 다음으로 엔터티 클래스를 설계하고 매핑 정보를 설정하는 방법을 설명한다.

8.4 엔터티 클래스 설계

엔터티 클래스는 관계형 데이터베이스의 테이블과 매핑할 수 있는 클래스다. 그러므로 엔터티 클래스를 설계할 때, 클래스의 필드 속성들은 테이블 칼럼 값을 저장할 수 있도록 적절한 데이터 타입과 매핑 정보를 함께 정의해야 한다. 엔터티 클래스는 테이블과 매핑하는 개념이고, 엔터티 객체 하나는 테이블의 레코드(행) 하나와 매핑할 수 있다. 엔터티 객체 리스트는 테이블의 레코드 여러 개와 매핑할 수 있다. 쿼리를 실행한 결과인 레코드를 엔터티 객체에 매핑하는 것은 JPA에서 처리한다. 그러므로 개발자는 엔터티 클래스를 잘 정의해야 JPA에서 제공하는 영속 방식으로 테이블의 데이터를 생성 · 삭제 · 수정 · 조회할 수 있다.

JPA에서는 엔터티 클래스를 정의하는 데 @Entity 애너테이션을 사용한다. 그리고 엔터티 클래스의 속성을 정의하는 여러 애너테이션을 같이 제공하고 있다.

8.4.1 엔터티 클래스와 @Entity 애너테이션

엔터티 클래스를 설계할 때 필요한 애너테이션 중 가장 중요한 것은 @Entity 애너테이션이다. @Entity는 엔터티 클래스를 정의하는 기본 애너테이션이다. 다음 목록에 엔터티 클래스를 설계하는 데 필요한 애너테이션을 소개한다.

- **@Entity**: 엔터티 클래스를 선언하려면 반드시 정의해야 하는 애너테이션이다. 애너테이션을 정의하는 것 외에도 엔터티 클래스를 만드는 몇 가지 규칙이 있는데, 이는 별도로 설명한다.

- **@Table**: 엔터티 클래스와 매핑할 테이블을 설정하는 데 사용한다. 애너테이션의 name 속성에는 매핑할 테이블 이름을 설정한다. scheme 속성에는 데이터베이스의 scheme 이름을, catalog 속성에는 catalog 이름을 입력한다. 테이블에 유니크 키(unique key)와 인덱스가 설정되어 있다면 @Table 애너테이션의 uniqueConstraint와 indexes 속성에 정의하면 된다. 두 속성 모두 하나 이상의 값을 설정할 수 있는 배열 값을 설정할 수 있으며, javax.persistence.UniqueConstraint와 javax.persistence.Index를 각각 정의하여 각 속성 값으로 설정하면 된다.

- **@Column**: 테이블의 필드를 엔터티 클래스의 속성과 매핑하는 데 사용한다. 그러므로 엔터티 클래스의 속성에 정의한다. @Column 애너테이션에서 제공하는 속성에는 name, unique, nullable 등이 있다. name 속성에는 테이블 필드 이름을, unique 속성에는 유니크 설정 여부에 따라 true/false를, nullable 속성에는 필드의 null 가능 여부에 따라 true/false를 설정한다. 이외에도 다양한 추가 속성을 제공한다.

- **@Transient**: 엔터티 클래스의 속성을 테이블의 필드와 매핑하지 않을 때 사용한다. 즉, 테이블 필드와 매칭하지 않을 엔터티 클래스 속성을 엔터티 클래스에 선언할 때 사용한다. 애너테이션의 속성으로 value가 있는데, 이는 동작 여부를 설정하는 값이다. 기본값이 true이므로 @Transient 애너테이션만 사용해도 클래스의 속성이 테이블의 필드와 매핑되지 않는다.

- **@Id**: 테이블의 기본 키를 엔터티 클래스의 속성으로 설정하는 데 사용한다. 데이터베이스의 기본 키로 레코드들을 구별하는 것처럼 엔터티 객체들을 구별하는 데 사용한다. 애너테이션의 속성 값이 없어 애너테이션만 정의하면 된다. 기본 키를 생성하는 방식을 설정하는 @GeneratedValue 애너테이션과 함께 사용하는데, 사용법은 별도로 설명한다.

- **@GeneratedValue**: 기본 키를 생성하는 방법을 설정할 수 있으며, strategy와 generator 속성이 있다. @GenerationValue를 사용하는 방법은 별도로 설명한다.

엔터티 클래스를 작성할 때는 몇 가지 조건이 반드시 필요하다. 다음은 엔터티 클래스가 될 수 있는 조건으로, 개발자는 반드시 다음 조건에 맞게 클래스를 작성해야 한다. 다음 조건들을 충족하지 못하면 JPA 프레임워크가 시작하면서 예외를 발생시킨다.

- 엔터티 클래스에는 @Entity 애너테이션을 반드시 정의해야 한다.
- 엔터티 클래스는 인자가 없는 기본 생성자가 반드시 필요하다. 그리고 기본 생성자는 public 혹은 protected 접근 제어자로 정의되어야 한다.

- 엔터티 클래스는 final 제어자를 사용하여 정의하면 안 된다. 또한 메서드나 엔터티 클래스 속성들은 final로 정의하면 안 된다.

- enum, interface, inner class는 엔터티 클래스가 될 수 없다.

- 엔터티 클래스의 속성은 private이나 protected 접근 제어자로 정의되어야 하며, 엔터티 클래스의 메서드를 사용해서 속성에 접근할 수 있다.

다음은 hotels 테이블과 매핑되는 HotelEntity 클래스의 소스 코드다. HotelEntity 클래스의 코드를 보고 애너테이션을 사용하는 방법을 알아보자.

HotelEntity 클래스

```
package com.springtour.example.chapter08.domain;

@Getter
@Entity                    ❶
@Table(name="hotels", indexes=@Index(name= ❷
"INDEX_NAME_STATUS", columnList="name asc, status asc"))
public class HotelEntity extends AbstractManageEntity {

    @Id
    @GeneratedValue(strategy=GenerationType.IDENTITY)      ❸
    @Column(name="hotel_id")
    private Long hotelId;

    @Column(name="status")
    private HotelStatus status;

    @Column
    private String name;        ❹

    @Column
    private String address;

    @Column(name="phone_number")
    private String phoneNumber;

    @Column(name="room_count")
    private Integer roomCount;

    public HotelEntity() {
        super();            ❺
    }
```

```
        public static HotelEntity of(String name, String address, String phoneNumber,
    Integer roomCount) {
            HotelEntity hotelEntity = new HotelEntity();

            hotelEntity.name = name;
            hotelEntity.status = HotelStatus.READY;
            hotelEntity.address = address;
            hotelEntity.phoneNumber = phoneNumber;
            hotelEntity.roomCount = roomCount;

            return hotelEntity;
        }
    }
```

❶ HotelEntity 엔터티 클래스는 hotels 테이블과 매핑한다. 그러므로 @Table의 name 속성에 테이블 이름 'hotels'를 설정한다.

❷ @Table의 indexes 속성에 hotels 테이블에 설정된 INDEX_NAME_STATUS 인덱스를 설정한다. 인덱스에 설정된 칼럼은 name, status이며 asc 순서로 인덱싱한다. 인덱스 정보는 @Index 애너테이션을 사용하여 설정하며, @Table의 indexes 속성에 인덱스 대상인 칼럼 정보와 정렬 정보를 조합하여 설정한다.

❸ hotels 테이블의 기본 키는 hotel_id이며, HotelEntity의 hotelId 속성에 매핑한다. 그러므로 hotelId 속성에 기본 키를 의미하는 @Id 애너테이션을 정의한다. hotels 테이블의 기본 키는 자동 증가(auto increment)로 설정되어 있으므로 @GeneratedValue(strategy=GenerationType.IDENTITY)로 설정한다.

❹ 테이블의 칼럼 이름과 엔터티의 속성 이름이 같다면 @Column 애너테이션의 name 속성 설정을 생략해도 된다. hotels 테이블의 name 필드 이름과 HotelEntity 클래스의 name 속성 이름이 같으므로 예제에서는 name 속성을 생략했다.

❺ 엔터티 클래스는 반드시 기본 생성자가 선언되어 있어야 한다. 엔터티 클래스의 생성자는 오버로딩할 수 있어 두 개 이상 선언할 수도 있다.

HotelEntity 예제에서 사용된 각 애너테이션의 속성 중에는 기능에 따라 반드시 정의해야 하는 것과 생략 가능한 것이 있다. 데이터베이스 스키마를 자동으로 생성하는 기능을 사용하면 속성을 정의할 때 주의가 필요하다. 스키마 생성 전략 설정 중에서 create나 create-drop을 사용하면 JPA 프레임워크는 엔터티 클래스의 애너테이션과 그 속성을 참조하여 DDL을 생성한다.

create 전략을 사용한다고 생각하자.[7] 그렇다면 @Table 애너테이션의 indexes나 unique Constraints는 반드시 정의하고 관리해야 한다. 그렇지 않으면 자동 생성 전략으로 생성된 테이블은 초기 설계 의도와 다르게 만들어진다. @Column 애너테이션도 다음 코드처럼 자세히 속성을 설정해야 한다. 다음 코드는 hotels 테이블의 name 칼럼을 맵핑한 HotelEntity 클래스의 name 속성이다. hotels 테이블의 name 칼럼은 not null 속성을 갖고 있고, varchar(300)으로 정의되어 있다. 그러므로 @Column의 nullable과 length 속성이 추가로 필요하다.

@Column 애너테이션

```
@Column(name="name", nullable=false, length=300)
private String name;
```

스키마 자동 설정을 사용하지 않는 전략이라면 스키마를 생성할 때 사용하는 속성들은 생략해도 좋다.

엔터티 클래스의 속성을 정의할 때는 한 가지 주의점이 있다. 자바에서 제공하는 기본 클래스인 String, Integer, Long 등은 자동으로 테이블의 필드에 변환되어 저장된다. 반대 경우도 마찬가지다. 하지만 사용자가 정의한 클래스 타입, 열거형, Date, Calendar 클래스 타입은 별도의 추가 설정이 필요하다. 앞으로 설명할 @Enumerated, @Temporal, AttributeConverter 사용 방법을 확인하길 바란다.

8.4.2 엔터티 클래스 기본 키 설정

기본 키는 테이블의 레코드 중 각각의 레코드를 구분하는 식별자를 의미한다. 즉, 기본 키는 테이블에서 고유한 값을 가리킨다. Spring Data JPA에서 데이터베이스의 기본 키를 엔터티 클래스의 속성으로 매핑할 때 @Id 애너테이션을 사용한다. 기본 키를 생성하는 방법은 크게 두 가지가 있다. 애플리케이션에서 고유한 값을 생성하여 직접 할당하는 방법과 데이터베이스에서 제공하는 자동 채번 기능을 사용하여 할당하는 방법이다. 애플리케이션에서 고유한 값을 생성하고 할당하는 경우는 @Id 애너테이션 외에 추가 설정이 필요 없다. 데이터베이스의 채번 기능을 사용하는 경우는 엔터티 클래스에 추가 애너테이션을 사용하여 정의해야 한다.

---

7   자동 설정 전략은 Production 환경에서 사용하기에 장점보다 단점이 더 많다. 그러므로 신중하게 결정하자.

먼저 데이터베이스에 기본 키 생성 전략을 결정해야 한다. 앞서 말했듯이, 채번 테이블을 사용하여 기본 키를 생성하거나 데이터베이스에서 제공하는 자동 채번 기능을 사용할 수 있다. 이때 자동 채번 기능은 데이터베이스 종류에 따라 다른 점을 기억하자. 채번 전략을 정했으면 엔터티 클래스의 기본 키 속성에 @Id와 @GeneratedValue 애너테이션을 같이 정의한다. 이때 결정한 기본 키 생성 전략은 @GeneratedValue 애너테이션을 사용하여 정의할 수 있다. @GeneratedValue 애너테이션을 사용하는 예제 코드는 다음과 같다.

기본 키를 엔터티 클래스에 매핑하는 코드 일부

```
@Id
@GeneratedValue(strategy=GenerationType.IDENTITY) ····❶
@Column(name="hotel_id")
private Long hotelId;
```

기본 키 생성 전략은 @GeneratedValue 애너테이션의 strategy 속성에 정의한다. 속성 값은 GenerationType 열거형 클래스의 상수 중 하나를 사용하면 된다. ❶은 데이터베이스에서 제공하는 자동 증가(auto increment) 기능을 쓰는 GenerationType.IDENTITY를 사용하는 전략이다. GenerationType 열거형 클래스에 정의된 기본 키 생성 전략은 다음과 같다.

GenerationType.TABLE

데이터베이스에 별도 키를 생성하는 전용 테이블을 만들고, 레코드를 생성할 때마다 채번 테이블에서 채번한 값을 기본 키로 사용한다. 로직으로 기본 키를 생성하는 방법이므로 데이터베이스에 독립적인 방법이다. 즉, 데이터베이스 종류를 가리지 않고 이 방법을 사용할 수 있다. 개발자가 직접 별도 쿼리를 사용하여 채번 테이블에 적절한 값을 업데이트한 후 그 값을 사용해도 된다. 하지만 Spring Data JPA에서 제공하는 GenerationType.TABLE을 사용하면 간단하게 처리할 수 있다. 먼저 채번 테이블은 다음과 같이 생성한다. 테이블 이름이나 칼럼 값들은 다음 예제를 참고한다.

```
CREATE TABLE TBL_SEQUENCES(
    SEQUENCE_NAME VARCHAR2(255) NOT NULL,
    SEQUENCE_VALUE BIGINT,
    PRIMARY KEY ( SEQUENCE_NAME )
)
```

TBL_SEQUENCES 채번 테이블은 공통 테이블이다. 기본 키가 필요한 모든 테이블은 TBL_SEQUENCES 테이블에서 중복되지 않는 기본 키를 생성한다. hotel_rooms 테이블에 기본 키 값을 TBL_SEQUENCES에서 채번한다면 다음 순서로 작업한다.

1. **초깃값 설정**: insert into TBL_SEQUENCES values ('hotel_rooms', 10000);

2. **채번 값 조회**: select SEQUENCE_VALUE from TBL_SEQUENCES where SEQUENCE_NAME = 'hotel_rooms';

3. **채번 값 증가**: update TBL_SEQUENCES set SEQUENCE_VALUE = SEQUENCE_VALUE + 100 where SEQUENCE_NAME = 'hotel_rooms';

1은 초기 설정값이며, 테이블마다 초기 기본 키 값을 설정한다. 예제에서는 hotel_rooms 테이블의 초깃값을 생성했으며 이때 초기 기본 키 값은 10000이다. hotel_rooms 테이블에 새로운 레코드를 생성할 때마다 2와 3 과정을 거치면서 기본 키 값을 채번한다. 3을 보면 기본 키의 증가 값은 100이다.

TBL_SEQUENCES 테이블을 사용하여 GenerationType.TABLE 전략을 사용하는 코드는 다음과 같다. 채번 테이블에서 값을 조회하고 업데이트하는 쿼리 대신 @TableGenerator 애너테이션을 사용하면 쉽다.

@TableGenerator 애너테이션 예제

```java
@Getter
@Entity
@Table(name="hotels")
public class HotelEntity extends AbstractManageEntity {
    @Id
    @GeneratedValue(strategy=GenerationType.TABLE, generator="sequenceGenerator")
    @TableGenerator(
            name="sequenceGenerator", ····❶
            table="TBL_SEQUENCES", ····❷
            pkColumnName="SEQUENCE_NAME", ····❸
            pkColumnValue="HOTEL_SEQUENCE", ····❹
            valueColumnName="SEQUENCE_VALUE", ····❺
            initialValue=10000, allocationSize=100) ····❻
    @Column(name="hotel_id")
    private Long hotelId;
    // 생략
}
```

❶ 테이블 제너레이터의 논리적 이름을 생성한다. 제너레이터의 이름이므로 테이블이나 엔터티 이름과는 상관없다. 생성한 이름은 엔터티 클래스 내에서 유효하다.

❷ 채번 테이블의 이름을 설정한다. TBL_SEQUENCES 테이블에서 채번한다.

❸ 채번 테이블의 기본 키 필드 이름을 설정한다. TBL_SEQUENCES 테이블의 기본 키는 SEQUENCE_NAME이다. 그러므로 pkColumnName 속성 값은 "SEQUENCE_NAME"이다.

❹ 채번 테이블의 기본 키에 저장할 키 값을 의미한다. 즉, HotelEntity를 새로 생성하면 hotelId 기본 키 값을 설정하기 위해 TBL_SEQUENCES 테이블에 hotels 테이블을 위한 초기 채번 레코드를 생성한다. 이때 TBL_SEQUENCES 테이블의 기본 키 필드인 SEQUENCES_NAME 필드에는 pkColumnValue 속성에 설정한 "HOTEL_SEQUENCE" 값이 저장된다. 또한 채번할 때도 pkColumnValue 속성에 설정한 값을 사용하여 쿼리한다.

❺ 채번 테이블의 채번 값을 조회 및 업데이트할 필드 이름을 설정한다. TBL_SEQUENCES 테이블의 SEQUENCES_VALUE 필드에 채번 값을 저장하므로 valueColumnName 속성 값에는 "SEQUENCES_VALUE"를 설정한다.

❻ 채번 값의 초깃값과 증가 값을 설정할 수 있다. initialValue에 설정된 10000은 초깃값이며, allocationSize 값이 100이므로 채번할 때마다 100씩 증가된다. 10000의 다음 값은 10100 이 되고 계속해서 100씩 증가한다.

GenerationType.SEQUENCE

데이터베이스에서 제공하는 시퀀스(sequence) 기능을 사용하여 기본 키 값을 설정한다. GenerationType.TABLE과 달리 시퀀스는 데이터베이스 기능에 의존적인 방법이다. 이 전략을 사용할 수 있는 데이터베이스는 Oracle, PostgreSQL, DB2 등이 있다. 데이터베이스에 시퀀스를 생성하려면 DDL 구문을 사용하여 정의한다. 시퀀스는 이름을 가질 수 있으며, 생성한 시퀀스 이름을 엔터티 클래스에 정의한다. 다음 코드는 Oracle에서 시퀀스를 사용하는 방법을 보여 준다. 데이터베이스에 설정한 시퀀스 이름을 어떻게 엔터티 클래스에 설정하는지 확인해 보자.

```
// 1부터 시작해서 1씩 증가하는 SEQUENCE 정의 DDL
CREATE SEQUENCE hotel_sequence MINVALUE 1 START WITH 1 INCREMENT BY 1 ····❶

// Entity 코드
@Entity
@Table(name="hotels")
public class HotelEntity extends AbstractManageEntity {
```

```
    @Id
@SequenceGenerator(name="hotel_generator", sequenceName="hotel_sequence") ····❷
    @GeneratedValue(strategy=GenerationType.SEQUENCE, generator="hotel_generator") ····❸
@Column(name="hotel_id")
    private Long hotelId;
    // 생략
}
```

❶ Oracle에서 시퀀스를 생성하는 DDL이다. 시퀀스 이름은 hotel_sequence이며, 시작 값은 1,
   증가 값도 1이다. MINVALUE는 최솟값이며, 시작 값보다 작거나 같아야 한다.

❷ @SequenceGenerator 애너테이션은 시퀀스를 설정하는 데 사용한다. name 속성에는 엔터티 클
   래스 내부에서 사용하는 논리적인 시퀀스 제너레이터 이름을 설정한다. 이 값은 ❸에서 사용
   된다. sequenceName 속성은 데이터베이스에서 생성한 시퀀스 이름을 설정한다. 예제의 hotel_
   sequence는 시퀀스 이름이다.

❸ @GeneratedValue 애너테이션 strategy 속성에는 GenerationType.SEQUENCE로 정의하고
   generator 속성에는 ❷에서 설정한 논리 시퀀스 제너레이터 이름인 hotel_generator를 설정
   한다.

GenerationType.IDENTITY

GenerationType.IDENTITY는 데이터베이스에서 제공하는 자동 증가 기능으로 기본 키 값을
설정한다. 이 역시 데이터베이스에 의존적인 방법이다. 자동 증가(auto increment)가 설정된 테이
블에 레코드를 저장하면 기본 키 값은 설정에 따라 증가하고 저장된다. 데이터베이스에 설정된 자
동 증가 기능을 JPA의 애너테이션으로 사용할 수 있다. 자동 증가 기능은 MySQL, PostgreSQL,
SQL Server, DB2, Derby, Sybase 등에서 사용할 수 있다. 다음 코드는 MySQL에서 자동 증가
기능을 사용하는 방법을 보여 준다.

GenerationType.IDENTITY 사용 예제

```
// DDL 구문 중 일부 중 AUTO_INCREMENT 속성 설정
CREATE TABLE IF NOT EXISTS `tour`.`hotels` (
  `hotel_id` BIGINT NOT NULL AUTO_INCREMENT, ····❶
// 생략
  PRIMARY KEY (`hotel_id`),
)

// Entity 코드
```

```
@Entity
@Table(name="hotels")
public class HotelEntity extends AbstractManageEntity {

    @Id
    @GeneratedValue(strategy=GenerationType.IDENTITY) ----❷
    @Column(name="hotel_id")
    private Long hotelId;
    // 생략
}
```

❶ hotels 테이블의 기본 키인 hotel_id에 AUTO_INCREMENT를 설정한다.

❷ 별도의 추가 설정 없이 GenerationType.IDENTITY 설정만으로도 동작한다.

GenerationType.AUTO

@GeneratedValue의 strategy 속성 기본값이다. 데이터베이스에 따라 적절한 키 생성 전략을 매핑한다. Oracle을 사용한다면 시퀀스(GenerationType.SEQUENCE) 방식으로 매핑한다. MySQL을 사용한다면 아이덴티티(GenerationType.IDENTITY) 방식으로 매핑한다. 데이터베이스 종류에 의존하지 않고 데이터베이스에서 제공하는 채번 기능을 사용하여 매핑할 때 사용하면 좋다.

GenerationType.AUTO 사용 예제

```
@Entity
@Table(name="hotels")
public class HotelEntity extends AbstractManageEntity {

    @Id
    @GeneratedValue(strategy=GenerationType.AUTO)
    @Column(name="hotel_id")
    private Long hotelId;
    // 생략
}
```

이렇게 엔터티 클래스의 기본 키에 @Id와 @GeneratedValue 애너테이션을 설정하면 엔터티 객체가 저장될 때 자동 채번한다. 즉, 개발자가 별도의 메서드를 호출하지 않아도 JPA 프레임워크가 채번하여 데이터베이스에 저장한다.

8.4.3 열거형과 @Enumerated

엔터티 클래스를 설계할 때 클래스 속성을 열거형으로 정의하면 클래스 의미를 보다 명확하게 디자인할 수 있다. 열거형으로 디자인된 속성은 데이터베이스에 어떤 데이터 타입으로 변환되어 저장될까? 정확하게 열거형을 위한 데이터베이스의 데이터 타입은 없다. 그래서 VARCHAR, CHAR 같은 문자열 데이터 타입이나 INT, BIGINT 같은 숫자형 데이터 타입으로 설정된 필드에 열거형을 변환하여 저장해야 한다.

JPA에서는 열거형을 쉽게 변환할 수 있는 @Enumerated 애너테이션을 제공한다. @Enumerated 애너테이션의 value 속성은 javax.persistence.EnumType 값을 설정할 수 있다. value 속성의 기본값은 EnumType.ORDINAL이다. EnumType 설정에 따라 열거형을 문자열로 변환할지 숫자로 변환할지 결정한다. 예제에서 좀 더 자세히 설명한다.

HotelEntity 클래스의 HotelStatus status 속성을 확인해 보자. HotelStatus는 chapter08에서 제공하는 열거형 클래스이며, 다음 예제처럼 총 세 개의 상수를 포함한다.

```
@Entity
@Table(name="hotels")
public class HotelEntity extends AbstractManageEntity {

    // 생략
    @Column(name="status")
@Enumerated(value=EnumType.STRING) ····❷
    private HotelStatus status; ····❶
    // 생략
}

public enum HotelStatus {
    OPEN, CLOSED, READY; ····❸
}
```

❶ HotelEntity의 status 속성은 HotelStatus 열거형 상수 타입을 갖고 있다.

❷ 열거형 속성 status를 변환하는 방식은 @Enumerated의 value 속성이 결정한다. 예제에서는 EnumType.STRING으로 설정했다.

❸ HotelStatus 열거형은 총 세 개의 상수를 포함한다.

우리가 선택할 수 있는 EnumType은 ORDINAL과 STRING이 있다. 예제에서 사용한 EnumType은 STRING이다. 이 경우 HotelStatus 속성을 변환할 때 HotelStatus 상수 이름을 사용한다. 즉,

HotelStatus.OPEN 상수 값이 HotelEntity의 status 속성 값으로 설정되었다면 hotels 테이블에 status 필드에 저장될 때 'OPEN' 문자열로 변환된다. 반대도 마찬가지다. 데이터베이스에 저장된 'OPEN' 문자열을 HotelStatus.OPEN 열거형으로 변환하여 엔터티 객체의 status 속성에 저장한다.

예제 코드에서 HotelStatus status 속성의 @Enumerated의 value 값을 EnumType.ORDINAL로 설정하면 숫자로 변환된다. EnumType.ORDINAL은 HotelStatus 열거형의 상수들 순서를 사용하여 변환한다. 예제 코드에서 HotelStatus의 OPEN은 1, CLOSED는 2, READY는 3으로 저장된다. 데이터베이스에 저장된 숫자 값은 순서를 사용하여 다시 HotelStatus 열거형 상수로 변환된다.

@Enumerated의 value 속성 기본값은 EnumType.ORDINAL이다. 기본값으로 열거형을 변환하는 경우에는 열거형 클래스의 상수들 순서가 매우 중요하다. 순서 값이 데이터베이스에 저장되기 때문이다. 시스템을 운영하다 보면 열거형 클래스에 상수를 추가하는 경우도 많고, 리팩터링을 하면서 상수를 수정하는 경우도 많다.

서비스 운영 도중 OPEN과 CLOSED 사이에 새로운 상수인 HOLD가 필요하다고 생각해 보자. HOLD를 추가하기 전에 OPEN은 1, CLOSED는 2로 영속된다. 서비스 도중 HOLD가 OPEN과 CLOSED 사이에 추가된다면 그때부터 OPEN은 1, HOLD는 2, CLOSED는 3으로 저장된다. 과거에 이미 테이블에 저장된 status 값 2는 엔터티 클래스로 변환될 때 HOLD로 변환된다. 하지만 과거에 저장되는 시점에서는 2 값이 CLOSED 열거형 상수였다. 즉, 열거형 클래스를 잘못 수정하면 개발자 의도와 상관없이 버그가 발생할 수 있다. 하지만 이런 리팩터링을 잘못되었다고 할 수 있을까?

EnumType.ORDINAL은 변화에 취약하므로 사용하지 않는 것이 좋다. @Enumerated 애너테이션을 사용한다면 EnumType.STRING으로 정의하는 것을 추천한다. 하지만 필자는 @Enumerated 애너테이션보다 뒤에서 설명할 AttributeConverter를 선호한다. AttributeConverter는 데이터를 변환하는 과정을 개발자가 직접 처리할 수 있어 명시적으로 프로그래밍할 수 있다.

8.4.4 Date 클래스와 @Temporal

시간과 관련된 자바 클래스는 java.util.Date, java.util.Calendar와 Java 8부터 제공되는 java.time 패키지에 포함된 시간 관련 클래스들이 있다. 이 중에서 엔터티 클래스의 속성으로 Date와 Calendar 클래스 타입을 이용한다면 @Temporal 애너테이션을 사용하여 데이터베이스 필드 값으로 변환할 수 있다. java.time 패키지에 포함된 시간 클래스들은 AttributeConverter를 사용해서 변환한다(변환 방법은 뒤에서 따로 설명한다). @Temporal 애너테이션으로 설정된 클래스의 속성은 데이터베이스 종류에 따라 timestamp나 datetime 데이터 타입으로 매핑된다. 이때 @Temporal 애너테이션의 value 속성에 TemporalType을 설정하면 데이터베이스에 저장되는 데이터 포맷을 정의할 수 있다.

@Temporal 애너테이션 예제

```
@Entity
@Table(name="reservations")
public class ReservationEntity {

    // 생략
    @Column(name="reserved_date")
    @Temporal(value=TemporalType.DATE) ····❶
    private Date reservedDate;
    // 생략
}
```

---

❶에서 TemporalType은 열거형이며, 세 개의 상수를 갖고 있다. 각 상수에 따라 다음 형식으로 영속된다.

- **TemporalType.DATE**: 'yyyy-MM-dd' 형태로 날짜만 저장된다. 예 2021-08-31
- **TemporalType.TIME**: 'HH:mm:ss' 형태로 시간만 저장된다. 예 22:33:11
- **TemporalType.TIMESTAMP**: 'yyyy-MM-dd HH:mm:ss' 형태로 시간과 날짜 모두 저장된다. 예 2021-08-31 22:33:11

8.4.5 엔터티 클래스 속성 변환과 AttributeConverter

앞서 설명한 @Temporal 애너테이션은 java.time.Date와 java.time.Calendar 클래스 타입 속성만 유효하다. 그리고 java.time 패키지에 포함된 LocalDateTime이나 ZonedDateTime 클래스는 같은 날짜 관련 클래스이지만 @Temporal 애너테이션이 아닌 다른 방법을 사용하여 변환할 수 있다. java.time 패키지에 포함된 날짜 클래스들은 자바 스펙 요구서(Java Specification Request) JSR-310으로 Java 8부터 추가되었다. JSR-310 스펙으로 추가된 자바 클래스들은 JPA에서 제공하는 속성 변환(AttributeConverter) 기능을 사용하여 변환한다. 참고로 AttributeConverter는 날짜 클래스를 포함하여 모든 클래스를 변환할 수 있다.

JPA는 속성 변환 기능을 위해 @Convert, @Converter 애너테이션과 AttributeConverter 인터페이스를 제공한다. 개발자는 AttributeConverter 인터페이스를 구현하여 엔터티 객체 속성을 어떻게 데이터베이스 값으로 변환할지 개발한다. 그리고 반대도 같이 구현한다. AttributeConverter 구현 클래스는 @Convert와 @Converter 애너테이션을 사용하여 JPA/Hibernate 프레임워크에 등록한다. 엔터티 객체를 데이터베이스에 저장하거나 조회할 때 JPA/Hibernate는 AttributeConverter 구현체를 사용하여 데이터를 변환한다.

Spring Data JPA는 JSR-310 날짜 클래스를 변환하는 기능을 기본으로 제공한다. Spring Data JPA 프레임워크에서 AttributeConverter 구현체와 설정을 제공하므로 Date나 Calendar와 다르게 별도의 애너테이션 정의 없이 변환할 수 있다. 다시 정리하면 사용자가 직접 만든 클래스 타입이나 열거형 타입도 AttributeConverter를 사용하면 변환 기능을 구현할 수 있다. 먼저 JSR-310 클래스들이 어떻게 구현되어 있는지 알아보고 @Enumerated 대신 어떻게 열거형 속성을 변환할 수 있는지 알아보자.

Spring Data JPA 프레임워크는 JSR-310 클래스들을 변환하기 위해 o.s.data.convert 패키지의 Jsr310JpaConverters 클래스를 제공한다. 클래스 내부에는 LocalDateTime을 변환하는 LocalDateTimeConverter나 LocalTime을 변환하는 LocalTimeConverter 같은 이너 클래스들이 정의되어 있다. 각각의 이너 클래스는 AttributeConverter 인터페이스를 구현하고 있으며, 이 구현체들이 데이터를 변환하는 역할을 한다.

Jsr310JpaConverters 클래스 코드 일부

```
package org.springframework.data.jpa.convert.threeten;

public class Jsr310JpaConverters {
    // 생략

    @Converter(
        autoApply = true
    )
    public static class LocalDateTimeConverter implements AttributeConverter<LocalDate
Time, Date> { ----❶
        public LocalDateTimeConverter() {
        }

        @Nullable
                              ❷
        public Date convertToDatabaseColumn(LocalDateTime date) {
            return date == null ? null : LocalDateTimeToDateConverter.INSTANCE.
```

```
convert(date);
        }

        @Nullable
                                    ❸
        public LocalDateTime convertToEntityAttribute(Date date) {
            return date == null ? null : DateToLocalDateTimeConverter.INSTANCE.
convert(date);
        }
    }
    // 생략
}
```

❶ AttributeConverter 인터페이스는 두 개의 제네릭 타입 인자를 받는다. 첫 번째 타입 인자는 엔터티 클래스의 속성 클래스 타입이며 두 번째 타입 인자는 테이블 필드의 데이터 타입을 의미한다. 물론 데이터베이스의 데이터 타입과 매칭할 수 있는 JDBC가 제공하는 클래스 타입을 선언해야 한다. 첫 번째 제네릭 타입 LocalDateTime은 엔터티의 속성 타입이며, 두 번째 제네릭 타입 Date는 데이터베이스 필드의 데이터 타입을 의미한다.

❷ 엔터티 클래스의 속성 값을 데이터베이스에 적합한 데이터로 변환할 때 프레임워크가 사용하는 메서드다. 메서드 인자는 LocalDateTime 클래스 타입이며, 리턴 타입은 Date다. 그러므로 LocalDateTime을 Date로 변환한다.

❸ 데이터베이스에 저장된 데이터를 엔터티 객체의 속성으로 변환할 때 사용하는 메서드다. 역시 메서드의 인자는 데이터베이스에 저장된 데이터 타입인 Date이며 리턴 타입은 LocalDateTime 이다. 그러므로 Date를 LocalDateTime으로 변환한다.

AttributeConverter의 추상 메서드를 구현할 때 null 검사에 반드시 주의해야 한다. Jsr310Jpa Converter 예제를 보면 convertToDatabaseColumn()이나 convertToEntityAttribute() 메서드 모두 null 검사를 하도록 되어 있다. 테이블의 필드도 null 값을 가질 수 있고 자바 클래스도 null 값을 가질 수 있으므로 null 검사하여 애플리케이션 실행 도중에 NullPointException을 회피하는 것이 좋다.

AttributeConverter 기능을 사용하면 앞서 설명한 @Enumerated 애너테이션 대신 열거형 클래스의 상수 값을 데이터베이스에 변환하여 저장할 수 있다. @Enumerated 애너테이션은 두 가지 방식(EnumType.ORDINAL, EnumType.STRING)으로만 데이터를 변환할 수 있다. 하지만 AttributeConverter는 개발자가 원하는 어떤 값이라도 변환할 수 있다. 즉, 시스템 운영 도중 열거형 상수의 위치나 이름을 바꾸는 리팩터링을 하면 기존에 저장된 데이터는 개발자 의도와 상관없이 다른 값으로 변환되거나 값이 변환될 수 없는 상황이 되기도 한다. 이런 경우를 방지하기 위해 열거형을 AttributeConverter를 사용하여 변환하는 방법도 고려해 보길 바란다.

다음은 chapter08 예제에서 제공하는 HotelStatus 열거형과 이를 변환하는 HotelStatus Converter 클래스의 코드다. HotelStatus 열거형에 속성을 설정하고, 데이터베이스의 값으로 변환할 때 설정한 열거형의 속성 값을 사용한다. HotelStatus 열거형에서는 어떻게 속성을 다루는지, HotelStatusConverter는 AttributeConverter를 어떻게 구현했는지 확인해 보자.

HotelStatus와 HotelStatusConverter 클래스

```java
package com.springtour.example.chapter08.domain;

public enum HotelStatus {

    OPEN(1), CLOSED(-1), READY(0); ----❶

    private static Map<Integer, HotelStatus> valueMap =
    Arrays.stream(HotelStatus.values())                                    ❷
            .collect(Collectors.toMap(HotelStatus::getValue, Function.identity()));

    private Integer value;

    HotelStatus(Integer value) {
        this.value = value;
    }

    public static HotelStatus fromValue(Integer value) {
        if (value == null)
            throw new IllegalArgumentException("value is null");           ❸

        return valueMap.get(value);
    }

    public Integer getValue() {
        return value;                                                       ❹
    }
}

package com.springtour.example.chapter08.domain.converter;

public class HotelStatusConverter implements AttributeConverter<HotelStatus, Integer> {
```

```
    @Override
    public Integer convertToDatabaseColumn(HotelStatus attribute) {
        if (Objects.isNull(attribute))
            return null;                                              ⑤

        return attribute.getValue();
    }

    @Override
    public HotelStatus convertToEntityAttribute(Integer dbData) {

        if (Objects.isNull(dbData))
            return null;                                              ⑥

        return HotelStatus.fromValue(dbData);
    }
}
```

---

❶ HotelStatus 열거형 클래스는 내부에 Integer value 속성을 갖고 있다. HotelStatus의 value
는 데이터베이스의 값으로 변환할 때 사용할 열거형의 속성이다. HotelStatus.OPEN 상수는
value 값이 1이므로 데이터베이스에 저장될 때 1이 저장된다. 반대로 데이터베이스에 저장된
값이 1이면 HotelStatus.OPEN으로 변환된다.

value 속성 값을 설정하기 위해 HotelStatus 생성자의 인자로 값을 받도록 개발했다. 생성자
를 사용하여 value 속성 값을 설정하므로 모든 상수는 초기화 과정에서 반드시 value 값을 입
력하게 된다. 이때 value 값은 중복되면 안 된다.

❷ Map의 키는 HotelStatus 열거형의 value 값으로 키와 매칭되는 밸류는 HotelStatus의 상수로
저장한다. 빠르게 변환하고자 static 구문으로 클래스가 로딩될 때 Map 객체를 미리 만들어
놓는다.

❸ 테이블에 저장된 value 값을 사용하여 열거형 상수로 변경할 때 사용할 스테틱 메서드다.
value와 매칭되는 열거형 상수를 valueMap에서 받아 와 리턴한다.

❹ 열거형 상수의 value 값을 리턴한다.

❺ 데이터베이스에서 쓸 데이터로 변환할 때는 AttributeConverter의 convertToDatabase
Column() 메서드를 사용한다. 그러므로 HotelStatus의 value 값을 리턴하는 getValue() 메서
드를 실행한다.

```
```

❻ 데이터베이스에 저장된 값을 HotelStatus 열거형으로 변환할 때는 AttributeConverter의 convertToEntityAttribute() 메서드를 사용한다. 그러므로 데이터베이스에 저장된 Integer dbData와 매칭되는 HotelStatus 상수를 리턴하는 fromValue() 메서드를 실행한다.

AttributeConverter 구현 클래스를 작성했으면 JPA/Hibernate 프레임워크에 구현한 컨버터 클래스를 등록해야 한다. JPA/Hibernate는 스프링 프레임워크의 서브 프로젝트가 아니므로 AttributeConverter를 스프링 빈으로 등록해도 애플리케이션에서 사용할 수 없다. 이때 구현 클래스를 등록하기 위해 JPA에서 제공하는 @Convert와 @Converter 애너테이션을 사용한다.

@Convert 애너테이션은 엔터티 클래스 속성에 직접 정의해서 사용하는 방식이다. 그러므로 적용 범위는 엔터티 클래스의 특정 속성에만 적용할 수 있다. 즉, HotelStatusConverter 구현체를 @Convert 애너테이션을 사용하여 설정하면 @Convert 애너테이션이 정의된 엔터티 클래스에서만 HotelStatus 열거형을 변환한다. 다른 엔터티 클래스의 HotelStatus 속성을 HotelStatusConverter를 사용하여 변환하려면 @Convert 애너테이션을 해당 엔터티 클래스에 정의해야 한다.

다음 코드를 참고하여 AttributeConverter 구현체와 @Convert 애너테이션 사용 방법을 알아보자.

```java
public class HotelEntity extends AbstractManageEntity {
// 중략

    @Column(name="status")
    @Convert(converter=HotelStatusConverter.class)
    private HotelStatus status;

// 중략
}
```

코드에서는 HotelEntity 클래스의 HotelStatus 속성을 변경하려고 @Convert 애너테이션을 정의했다. 그리고 @Convert 애너테이션의 converter 속성에 HotelStatusConverter 클래스를 설정한 것을 확인할 수 있다.

HotelStatus 열거형을 여러 엔터티 클래스에서 사용하고 있고, 사용된 모든 속성을 같은 방식으로 변환한다면 @Converter 애너테이션을 고려해 볼 수 있다. @Converter 애너테이션은 애플리케이션 내부에 있는 모든 엔터티 클래스 속성에 일괄적으로 적용할 수 있다. 즉, @Converter 애너테이션은 전체 설정이고, @Convert 애너테이션은 특정 엔터티 설정이다. 다시 말하면 컨버터 클래스의 적용 범위가 다르다.

Spring Data JPA는 LocalDateTime 같은 클래스를 변경하는 기본 설정과 기능을 제공한다. 그러므로 우리는 별도의 애너테이션이나 설정 없이 데이터를 변환할 수 있다. Spring Data JPA가 @Converter 애너테이션을 사용하여 LocalDateTime을 변환하는 컨버터 구현체를 설정했기 때문이다.

다음 Jsr310JpaConverter 코드에서 LocalDateTimeConverter 이너(inner) 클래스 선언부에 정의된 @Converter 애너테이션을 확인할 수 있다. @Converter 애너테이션을 정의하는 방법도 같이 확인할 수 있다.

@Converter 애너테이션 예제

```
package org.springframework.data.jpa.convert.threeten;

public class Jsr310JpaConverters {

    @Converter(autoApply=true) ····❶
    public static class LocalDateTimeConverter implements AttributeConverter<LocalDate
Time, Date> {
        }
        // 생략
    }
}
```

❶ 애플리케이션 전체에 글로벌 설정을 해야 하므로 @Converter 애너테이션의 autoApply 속성에 true 값을 설정해야 한다.

8.4.6 엔터티 클래스 상속과 @MappedSuperClass

엔터티 클래스도 자바 클래스이므로 다른 클래스처럼 상속을 할 수 있다. 단 데이터베이스의 테이블이 상속 관계를 맺기 어려운 만큼 엔터티 클래스도 객체 지향 프로그래밍의 상속과 똑같이 사용하기는 어렵다. 하지만 특정 상황에서는 엔터티 클래스도 상속 관계를 맺을 수 있다. 엔터티 클래스는 @Entity나 @MappedSuperClass로 정의된 클래스만 상속받을 수 있다. 이 절에서는 @MappedSuperClass를 사용하여 어떻게 상속하는지 설명한다. 다음 에피소드는 이 절에서 설명할 상속 예제를 위한 상황 설명이다.

엔터티 클래스가 부모 엔터티 클래스를 상속할 수 있는 상황은 에피소드처럼 여러 테이블에 공통된 필드들이 있는 경우다. 그래서 자식 엔터티 클래스는 부모 엔터티 클래스의 속성을 상속받아 중복 코드를 작성하지 않아도 되는 장점이 있다. 이때 부모 클래스는 직접 생성하면 안 되므로 반드시 추상 클래스로 설계해야 한다. 다음은 hotels 테이블의 created_by, created_on, modified_by, modified_on 필드를 별도 클래스로 분리하여 설계한 AbstractManageEntity 클래스다.

```
package com.springtour.example.chapter08.domain;

@Slf4j
@MappedSuperclass ┈┈①
@Getter
public abstract class AbstractManageEntity {
              ②
    @Column(name="created_on")
    private ZonedDateTime createdOn;

    @Column(name="created_by")
    private String createdBy;

    @Column(name="modified_on")
    private ZonedDateTime modifiedOn;

    @Column(name="modified_by")
```

```
    private String modifiedBy;

    public AbstractManageEntity() {
        this.createdOn = ZonedDateTime.now();          ┄┄┐
        this.createdBy = UserIdHolder.getUserId();     ┄┄┘  ❸
    }
}

@Getter
@Entity
@Table(name="hotels")
public class HotelEntity extends AbstractManageEntity {  ┄┄❹

    public HotelEntity() {  ┄┄┐
        super();            ┄┄┤ ❺
    }                       ┄┄┘
    // 생략

}
```

❶ 부모 엔터티 클래스 AbstractManageEntity에는 자식 엔터티 클래스가 상속할 수 있도록
@MappedSuperClass 애너테이션을 정의한다.

❷ AbstractManageEntity 클래스 단독으로 매핑되는 테이블이 없으므로 영속할 수 없다. 그러므
로 abstract 제어자를 사용하여 클래스가 단독으로 생성되는 상황을 막는다.

❸ 생성자에는 createdOn과 createdBy 속성에 엔터티 객체가 생성된 시간과 사용자 ID를 입력한
다. 즉, 테이블에 레코드를 insert할 때 생성한 사람과 생성한 시간을 입력한다.[8]

❹ 자식 클래스 HotelEntity는 AbstractManageEntity를 상속받는다. 그러므로 HotelEntity는
createdOn, createdBy, modifiedOn, modifiedBy 속성을 상속받을 필요가 없다.

❺ HotelEntity 생성자는 반드시 AbstractManageEntity의 생성자를 호출해야 한다.

@MappedSuperClass를 사용하여 엔터티 클래스를 상속하는 것은 매우 편리하다. 특히 중복 코드를
작성하지 않아도 되므로 생산성에 효과적인 방법이다. 하지만 부모 클래스를 설계할 때 부모 클래
스에 포함되는 속성들은 반드시 서로 관련 있어야 하며, 응집된 속성들만 포함해야 한다. 객체 지
향 프로그래밍의 캡슐화를 생각해 보자. 캡슐화가 잘된 클래스는 기능과 특징이 응집되어 있어 속

---

8 수정은 Spring Data JPA의 이벤트를 받아 처리하는 방법으로 추후 설명한다.

성을 감추고 메서드로 오픈할 수 있는 장점이 있다. 부모 엔터티 클래스를 설계할 때 테이블 구조에만 집중하다 보면 파편화가 발생할 수 있다.

8.5 리포지터리 개발과 JpaRepository

JPA/Hibernate와 Spring Data JPA를 사용하여 영속성 기능을 개발할 때, 개발자는 엔터티 클래스와 리포지토리 클래스를 생성하고 개발한다. 앞서 설명했던 엔터티 클래스는 테이블과 자바 객체를 매핑하는 목적으로 사용한다. 이 엔터티 객체를 사용하여 데이터베이스에 저장·조회·수정·삭제하는 기능을 제공하는 클래스가 리포지터리 클래스다. 리포지터리 클래스의 메서드를 구현하는 방법은 다음 세 가지로 정리할 수 있다.

1. Spring Data JPA에서 제공하는 JpaRepository 인터페이스와 쿼리 메서드 기능을 사용하여 구현한다.

2. JPA/Hibernate의 EntityManager의 메서드를 사용하여 구현한다.

3. Criteria, QueryDSL 같은 쿼리를 생성할 수 있는 '쿼리 도메인'에 특화된 언어를 사용하여 구현한다.

이 절에서는 JpaRepository를 사용하여 개발하는 방법과 Spring Data JPA의 쿼리 메서드 기능을 사용하는 방법을 설명한다. 먼저 일반적인 방법으로 리포지터리 클래스를 생성하는 방법을 설명한다.

첫째로 엔터티 클래스마다 엔터티 객체의 영속성 기능들을 제공하는 커스텀 리포지터리 인터페이스를 생성한다. 새로 생성한 리포지터리 인터페이스는 JpaRepository 인터페이스를 상속한다. 부모 인터페이스 JpaRepository에서 선언된 모든 기능을 커스텀 리포지터리 인터페이스에서 상속할 수 있다. JpaRepository에서 제공하는 기능과 원리를 설명하기 전에 DAO 클래스와 리포지터리 클래스가 개념적으로 어떻게 다른지 알아보자.

영속성 프레임워크에 따라 데이터를 영속하는 기능을 제공하는 클래스를 JPA/Hibernate에서는 Repository라고 하며, MyBatis에서는 DAO(Data Access Object)라고 한다. Repository는 도메인 주도 개발 방법론(DDD)에서 사용하는 패턴이다. 데이터 저장소를 캡슐화하여 데이터 저장소 종류에 상관없이 객체들을 검색·저장하는 기능을 제공한다. 그래서 Repository 클래스는 일관된 형태의 메서드들을 제공한다. JPA/Hibernate의 특징을 다시 기억해 보자. 이 프레임워크는 데이터베이스를 한 단계 추상화한 프레임워크다. 관계형 데이터베이스의 종류에 상관없이 일관된 개발 방법을 사용하여 데이터를 영속할 수 있다. 그러므로 JPA/Hibernate는 도메인 주도 개발 방법론의 Repository 사용 목적에 적합한 형태이며, 사용자는 패턴을 사용하여 데이터를 처리할 수 있다. 참고로 스프링 프레임워크는 도메인 주도 개발 방법론에 많은 영향을 받았다. 그래서 데이터를 처리하는 스프링 빈을 정의하는 애너테이션 이름도 @Repository다. MyBatis는 개발 단계에서 데이터베이스를 미리 선정하고 그 데이터베이스에 맞는 쿼리문을 작성한다. 직접 SQL 쿼리를 작성해야 하는 MyBatis는 데이터베이스에 깊이 의존하는 형태이므로 Repository라고 할 수 없다. Mapper.xml에 SQL 구문을 정의하고 이를 자바 클래스에서 호출하던 패턴을 기억해 보자. 자바 클래스는 데이터에 접근할 수 있는 객체이므로 Data Access Object, 즉 DAO 클래스라고 한다.

Spring Data JPA 프레임워크는 o.s.data.jpa.repository.JpaRepository 인터페이스와 이를 구현한 SimpleJpaRepository 구현체를 제공한다. SimpleJpaRepository 코드를 보면 @Repository 애너테이션이 정의되어 있다. 그러므로 스프링 애플리케이션에서 SimpleJpaRepository는 스프링 빈으로 로딩될 수 있다. SimpleJpaRepository 클래스 내부를 보면 JPA/Hibernate의 EntityManager 클래스를 사용하여 리포지터리 클래스의 CRUD 기능을 구현함을 알 수 있다. 참고로 EntityManager는 JPA/Hibernate에서 엔터티 객체를 영속하는 기능을 담당하는 핵심 기능이다.[9] 두 클래스의 관계는 SimpleJpaRepository가 EntityManager에 의존하는 형태다.

JpaRepository는 데이터를 저장하는 save(), 데이터를 조회하는 getOne() 같은 일반적인 메서드를 제공한다. 그래서 사용자가 만드는 Repository 인터페이스가 JpaRepository 인터페이스를 상속받으면 기본 CRUD 메서드들을 상속받을 수 있다. 사용자가 SimpleJpaRepository처럼 EntityManager를 사용하여 반복적으로 CRUD 메서드를 개발할 필요 없다. 엔터티 클래스마다 생성된 커스텀 Repository 인터페이스들은 상속받은 메서드를 제공하고 있으므로 메서드를 호출하는 클래스에서는 매우 일관된 형태의 메서드를 호출하게 된다.

개발자는 각 엔터티 클래스에 적합한 JpaRepository를 상속받는 Repository를 생성하고 스프링 빈으로 만들고자 @Repository 애너테이션을 정의한다. 다음은 HotelEntity 엔터티 객체를 영속하는 HotelRepository 인터페이스의 코드다. 앞으로 HotelRepository 인터페이스의 기능을 계속 확장하면서 예제를 설명할 것이다.

---

9   EntityManager는 뒤에서 자세히 설명한다.

```
package com.springtour.example.chapter08.repository;

@Repository ----①
public interface HotelRepository extends JpaRepository<HotelEntity, Long> { ----②

    List<HotelEntity> findByStatus(HotelStatus status);

}
```

① HotelRepository를 스프링 빈으로 등록하여 다른 스프링 빈 객체에 주입할 수 있도록 하자. 특히 @Service, @Component 클래스들은 @Repository 클래스를 주입받아 리포지터리 클래스의 메서드를 호출하는 코드가 필요하다.

② JpaRepository<T, ID>는 T와 ID 이렇게 두 개의 제네릭 타입을 받는다. 첫 번째 제네릭 타입 T는 영속할 대상인 엔터티 클래스의 타입이며, 두 번째 제네릭 타입 ID는 엔터티 클래스에 정의한 기본 키의 클래스 타입이다. HotelEntity에 정의된 기본 키의 클래스 타입은 Long이므로 JpaRepository<HotelEntity, Long>으로 선언한다.

JpaRepository 인터페이스는 각 역할별로 잘 분리된 인터페이스들을 상속한다. 그림 8-10은 JpaRepository 클래스의 상속 구조를 보여 준다.

▼ 그림 8-10 JpaRepository의 상속 구조

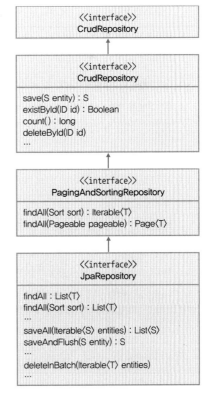

```
<<interface>>
CrudRepository

<<interface>>
CrudRepository
save(S entity) : S
existById(ID id) : Boolean
count( ) : long
deleteById(ID id)
...

<<interface>>
PagingAndSortingRepository
findAll(Sort sort) : Iterable<T>
findAll(Pageable pageable) : Page<T>

<<interface>>
JpaRepository
findAll : List<T>
findAll(Sort sort) : List<T>
...
saveAll(Iterable<S> entities) : List<S>
saveAndFlush(S entity) : S
...
deleteInBatch(Iterable<T> entities)
...
```

가장 최상위 부모 Repository 인터페이스는 마킹 클래스다. 즉, 이를 구현하는 클래스는 Repository라는 것을 표현하기 위함이다. 마킹 클래스이므로 내부에 정의된 메서드는 없다. CrudRepository는 엔터티 객체를 데이터 저장소에 저장(create), 조회(read), 수정(update), 삭제(delete)할 수 있는 기본 기능을 제공한다. 그림 8-10을 보면 save(), existById(), count(), deleteById() 같은 메서드를 확인할 수 있다. PagingAndSortingRepository는 페이징과 정렬 기능이 추가된 메서드를 제공한다. o.s.data.domain 패키지에 포함된 Sort는 쿼리의 정렬 기능을 추상화한 것이며, Pageable 클래스는 페이징 기능을 추상화한 것이다. findAll() 메서드가 오버로딩되어 있으며 각각 Sort와 Pageable 객체를 인자로 받는다. REST-API에서 페이징 기능을 제공한다면 Pageable과 Sort를 사용하는 것을 고려해 보자.[10] 마지막으로 JpaRepository 인터페이스에서는 기능이 확장된 추가 메서드들을 제공한다. 다음은 JpaRepository 인터페이스의 메서드 몇 가지를 설명한 것이다.

- **<S extends T> S save(S entity)**: 인자로 넘긴 엔터티 객체를 데이터베이스에 저장한다. 새로 생성한 엔터티 객체를 인자로 넘기면 테이블에 새로운 레코드를 생성한다. 데이터베이스에서 조회한 엔터티 객체의 속성들을 수정하고, 이를 인자로 넘기면 레코드 값을 업데이트한다.

- **<S extends T> Iterable<S> saveAll(Iterable<S> entities)**: 인자로 넘긴 엔터티 객체를 모두 저장한다.

- **boolean existById(ID id)**: 엔터티 객체의 기본 키 값을 인자로 전달하면, 이와 매핑되는 엔터티 객체가 저장소에 있는지 여부를 확인할 수 있다.

- **Optional<T> findById(ID id)**: 인자로 기본 키 값을 전달하고, 매핑되는 엔터티 객체를 저장소에서 찾아 응답한다. 데이터가 없으면 빈 값을 저장한 Optional 객체를 리턴한다. 이와 비슷한 기능을 하는 T getOne(ID id) 메서드는 데이터가 없으면 null을 리턴한다.

- **List<T> findAllById(Iterable<ID> ids)**: 기본 키 값들과 매핑되는 엔터티 객체들을 저장소에서 찾아 응답한다. 이때 엔터티 객체들이 없다면 리스트 크기가 0인 리스트 객체를 응답한다.

- **Page<T> findAll(Pageable pageable)**: 페이지 번호와 페이지 크기, 정렬 조건 같은 정보를 담고 있는 Pageable 객체를 인자로 받아 Pageable의 조건과 매칭되는 엔터티 객체들을 응답한다. 이때 응답하는 클래스는 엔터티 객체들을 포함할 수 있는 Page이며, 전체 페이지 개수나 전체 엔터티 객체 개수 같은 페이징 요청에 맞는 데이터를 포함한다.

---

10 5장에서 설명한 페이징과 소팅을 기억해 보자.

- **long count()**: 저장소에 저장된 전체 엔터티 객체의 개수를 응답한다.
- **void deleteById(ID id)**: 기본 키 값과 매칭되는 엔터티 객체를 저장소에서 삭제한다.
- **void deleteAll(Iterable<? extends T> entities)**: 데이터 저장소에서 조회한 엔터티들을 인자로 넘기면 엔터티들을 저장소에서 삭제한다.

8.6 Spring Data JPA의 쿼리 메서드 기능

Spring Data JPA는 JpaRepository와 SimpleJpaRepository에서 미리 구현된 기능을 제공하는 것외에 사용자가 필요한 쿼리를 직접 구현할 수 있는 쿼리 메서드(query methods) 기능을 제공한다. 이 기능을 사용하면 사용자 리포지터리 클래스는 JpaRepository에서 상속한 메서드 외의 메서드를 추가로 확장할 수 있다. 쿼리 메서드는 다음 세 가지 기능을 제공한다.

- 메서드 이름으로 쿼리 생성
- @Query 애너테이션을 사용한 쿼리 실행
- JPA Named Query 실행

이 절에서는 메서드 이름으로 쿼리를 생성하는 기능과 @Query 애너테이션을 사용한 쿼리 기능을 설명한다. JPA Named Query는 @Query 애너테이션을 사용한 방법과 큰 차이가 없다. 하지만 JPA Named Query는 SQL 쿼리를 엔터티 클래스에 정의하고, 이를 리포지터리에서 불러 실행한다. 이와 다르게 @Query 애너테이션은 리포지터리 클래스에만 SQL 쿼리를 정의해서 실행한다. 두 가지 모두 SQL 쿼리를 정의하여 사용하는 점은 같고 정의하는 클래스의 위치와 방법이 다를 뿐이다.

리포지터리 클래스는 데이터베이스에서 데이터를 처리하는 기능을 담당한다. 그러므로 SQL 쿼리가 엔터티 클래스에 정의해야 하는 JPA Named Query 방식은 로직이 엔터티 클래스와 리포지터리 클래스에 분산해서 저장된다. @Query 애너테이션을 사용한 방법이 코드 응집력 면에서 더 좋다.

8.6.1 메서드 이름으로 쿼리 생성

애플리케이션을 개발하다 보면 JpaRepository의 기본 메서드 말고도 다양한 조건을 사용하여 데이터를 조회하거나 삭제하는 기능이 필요하다. 이때 Spring Data JPA에서 제공하는 쿼리 메서드를 사용해 보자. Spring Data JPA는 메서드 이름으로 쿼리를 생성하는 기능을 제공한다. 이 기능을 일반적으로 쿼리 메서드라고 한다.[11]

쿼리 메서드는 Spring Data JPA 프레임워크에서 제공하는 메서드 이름 명명 방식을 따른다. 이름 명명 방식은 몇 가지 특정 키워드와 규칙을 지켜서 작성한다. Spring Data JPA는 메서드의 이름과 인자 등을 분석하여 규칙을 바탕으로 자동으로 쿼리를 생성한다. HotelEntity를 영속하고자 사용자가 JpaRepository를 상속받는 HotelRepository 인터페이스를 생성한다고 생각해 보자. 다음과 같이 HotelRepository에 추상 메서드를 선언하면 애플리케이션이 시작할 때 규칙에 맞는 쿼리가 생성된다.

메서드 이름으로 쿼리를 생성하는 예제

```
List<HotelEntity> findByStatus(HotelStatus status);
// SELECT * FROM hotels WHERE status = :status
```

예제 코드의 주석을 보자. 주석의 SQL 쿼리는 findByStatus() 메서드가 변환된 결과다. HotelEntity의 status 속성을 쿼리 조건으로 사용하여 조건에 적합한 HotelEntity 리스트를 리턴한다. findByStatus() 메서드를 SQL 쿼리 구문으로 변경하면 주석의 SELECT 구문으로 변환된다.

findByStatus() 메서드를 분석하면 'By' 키워드를 중심으로 두 개의 파트로 나눌 수 있다. 첫 번째 파트는 SQL 쿼리의 종류를 설정할 수 있는 키워드이며, 두 번째 파트는 쿼리의 WHERE 절을 생성할 수 있는 조건들의 조합이다. 쿼리 종류를 구분할 수 있는 메서드 이름은 다음과 같다. 참고로 다음 메서드 이름 패턴을 보면 JpaRepository의 추상 메서드 이름 패턴과 동일함을 알 수 있다.

- **findBy…**: SELECT 쿼리와 매핑할 수 있다. findBy로 시작하는 메서드의 리턴 타입은 엔터티 클래스, Optional 클래스, 리스트 클래스 형태가 될 수 있다.
- **deleteBy…**: DELETE 쿼리와 매핑할 수 있다. 리턴 타입은 void이다.
- **countBy…**: SELECT count(*) FROM 쿼리와 매핑할 수 있다. 리턴 타입은 long이다.
- **existBy…**: SELECT * FROM 쿼리와 매핑할 수 있지만, 데이터 유무를 확인하는 메서드이므로 boolean 리턴 타입으로 응답한다.

---

11 쿼리 메서드는 세 가지 기능을 포함하는 단어이지만, 일반적으로 메서드 이름으로 쿼리를 생성하는 기능을 가리킨다.

INSERT 쿼리와 매핑되는 save() 메서드는 By 키워드와 같이 사용할 수 없다. INSERT 쿼리에 where 절을 사용할 수 없기 때문이다. 저장하는 기능은 더 이상 확대할 필요 없으며, JpaRepository에서 제공하는 save(), saveAll() 메서드면 충분하다. UPDATE 쿼리와 매칭할 수 있는 메서드 이름은 없다. 데이터베이스에서 조회한 엔터티 객체를 수정하여 save(), saveAll() 메서드 인자로 넘기면 update 쿼리가 실행되어 저장된다. 그 이유는 EntityManager 클래스와 영속성을 설명할 때 확인할 수 있다.

By 키워드 뒤에는 조건들을 조합하여 메서드에 추가할 수 있다. findByStatus() 메서드를 보자. Status는 HotelEntity 엔터티 클래스의 HotelStatus status 속성을 의미한다. 엔터티 클래스의 속성 이름을 사용하여 쿼리의 WHERE 조건에 추가할 수 있다. 이와 같이 엔터티 클래스의 속성을 이용하여 조건 절에 사용하는 것을 속성 표현식(property expressions)이라고 한다. 속성 표현식은 엔터티 클래스에 정의된 속성 이름만 사용할 수 있으며, 테이블의 필드 이름은 사용하면 안 된다.

findByStatus는 HotelEntity의 status 속성과 일치하는 엔터티 클래스를 리턴한다. 그러므로 findByStatus() 메서드에는 HotelStatus status 인자가 있어야 정상 동작한다. 이 내용들을 종합하면, 개발자는 SELECT * FROM hotels WHERE status = ? 쿼리가 필요할 때 HotelEntity findByStatus(HotelStatus stats) 메서드를 HotelRepository 인터페이스에 정의해야 한다.

쿼리의 조건 절에 하나 이상의 조건을 조합하는 경우가 많다. 그러므로 Spring Data JPA 프레임워크에서는 여러 조건 절을 조합할 수 있는 키워드들도 제공한다. 다음 표는 메서드 이름에서 사용할 수 있는 특정 키워드들이다.

▼ 표 8-3 쿼리 메서드에서 조합할 수 있는 키워드

키워드	예제와 설명
And	findByStatusAndName(HotelStatus status, String name) : 조건절이 'where status = :status and name = :name'이다.
Or	findByStatusOrName(HotelStatus status, String name) : 조건절이 'where status = :status or name = :name'이다.
Is, Equals	findByStatus(HotelStatus status), findByStatusIs(HotelStatus status) findByStatusEquals(HotelStatus status) • 세 개의 쿼리 메서드 모두 변환된 쿼리가 서로 같다. Is와 Equals는 생략 가능하지만 의도를 명확하게 넣고 싶을 때 사용한다. • 생성된 조건절은 'where status = :status'다.
Between	findByCreatedAtBetween(ZonedDateTime beginAt, ZonedDateTime endAt) • By 키워드 다음의 CreatedAt 키워드는 HotelEntity의 createdAt 속성을 의미한다. CreatedAt + Between 키워드를 조합한 메서드 이름이다. • 조건절은 'where created_at between :beginAt and :endAt'이다.

◐ 계속

키워드	예제와 설명
LessThan	findByCreatedAtLessThan(ZonedDateTime createdAt) • LessThan은 비교 조건 키워드 중 하나이며, HotelEntity의 createdAt 속성이 인자로 받은 값보다 작은 조건을 의미한다. • 조건절은 'where created_at ﹤ :createdAt'이다.
LessThanEquals	findByCreatedAtLessThanEquals(ZonedDateTime createdAt) • LessThanEquals도 비교 조건 키워드 중 하나다. HotelEntity의 createdAt 속성이 인자로 받은 값보다 작거나 같은 조건을 의미한다. • 조건절은 'where created_at ﹤= :createdAt'이다.
GreaterThan	findByCreatedAtGreaterThan(ZonedDateTime createdAt) • GreaterThan은 비교 조건 키워드 중 하나다. HotelEntity의 createdAt 속성이 인자로 받은 값보다 큰 조건을 의미한다. • 조건절은 'where created_at ﹥ :createdAt'이다.
GreaterThanEquals	findByCreatedAtGreaterThanEquals(ZonedDateTime createdAt) • GreaterThanEquals는 비교 조건 키워드 중 하나다. HotelEntity의 createdAt 속성이 인자로 받은 값보다 크거나 같은 조건을 의미한다. • 조건절은 'where created_at ﹥= :createdAt'이다.
IsNull, Null	findByStatusIsNull() • 널 조건을 확인하는 키워드 중 하나다. • 조건절은 'where status is null'이다.
IsNotNull, NotNull	findByStatusIsNotNull() • 널 조건이 아님을 확인하는 키워드 중 하나다. • 조건절은 'where status not null'이다.
OrderBy	findByStatusOrderByName(HotelStatus status) • 쿼리의 오더링 조건을 설정하는 키워드다. OrderBy 키워드와 함께 엔터티의 속성 이름을 같이 붙이면 동작한다. OrderByName은 HotelEntity의 name 속성을 오름차순으로 정렬한다. 내림차순으로 정렬하고 싶으면 Desc 키워드를 사용한다. 즉, OrderByNameDesc로 설정한다. • 조건절은 'where status = :status order by name asc'다. findBystatusOrderByNameDesc(HotelStatus status) : 조건절은 'where status = :status order by name desc'다.
Not	findByStatusNot(HotelStatus status) : 조건절은 'where status ﹤﹥ :status'다.
In	findByStatusIn(Collection﹤HotelStatus﹥ statuses) : 조건절은 'where status in (? , ?, … ?)'이다.
NotIn	findByStatusNotIn(Collection﹤HotelStatus﹥ statuses) : 조건절은 'where status not in (? , ?, … ?)'이다.

표 8-3에서 설명한 키워드를 조합하면 다음과 같은 복잡한 쿼리도 쿼리 메서드로 생성 가능하다. 다음 예제는 HotelEntity의 status, createdAt, name 속성 조건을 조합하여 삭제하는 쿼리를 만든다. 예제 코드의 메서드가 SQL로 변환되면 주석 처리된 부분과 같은 쿼리가 된다.

```
void deleteByStatusInAndCreatedAtBetweenAndNameIsNull(HotelStatus status, ZonedDateTime
beginCreatedAt, ZonedDateTime endCreatedAt)

// DELETE FROM hotels WHERE status = :status AND created_at BETWEEN :beginCreatedAt and
:endCreatedAt AND name is null
```

쿼리 메서드를 사용하여 개발할 때 한 가지 주의할 점이 있다. 쿼리 메서드는 속성 표현식을 사용하므로 엔터티의 속성 이름이 변경되면 쿼리 메서드도 같이 수정해야 한다. 즉, HotelEntity의 status 속성 이름을 hotelStatus로 변경하면 findByStatus() 메서드도 findByHotelStatus()로 변경해야 한다. 변경하지 않고 애플리케이션을 실행하면 예외가 발생하고 애플리케이션은 실행되지 않는다.

이외에도 애플리케이션을 개발하다 보면 더 복잡한 쿼리를 작성해야 할 때가 있다. 이때는 @Query나 @NamedQuery 애너테이션을 사용하여 네이티브 쿼리를 작성할 수 있다. 혹은 JPQL, QueryDSL 같은 도메인 특화 언어(domain specific language)를 사용한다. 이 내용은 설명할 부분이 너무 많기에 이 책에서는 다루지 않는다.[12]

8.6.2 예제와 테스트 케이스

이번에는 앞서 생성한 리포지터리의 쿼리 메서드를 테스트한다. 먼저 @SpringBootTest 애너테이션을 사용한 테스트를 설명하고, 테스트 슬라이드 애너테이션인 @DataJpaTest를 사용한 테스트 케이스를 설명한다. @SpringBootTest 애너테이션은 모든 스프링 빈을 로딩하여 테스트하는 반면, @DataJpaTest 애너테이션은 JPA 관련 설정과 @Repository 애너테이션이 선언된 스프링 빈만 로딩하여 테스트한다. 그러므로 리포지터리 클래스를 테스트할 때 최적화된 테스트 환경을 구축하는 애너테이션이다.

@SpringBootTest 애너테이션을 사용한 테스트 케이스

@SpringBootTest 애너테이션을 사용한 테스트 케이스를 작성해 보자. 먼저 pom.xml을 열어 spring-boot-starter-test 스타터 의존성을 추가한다.

pom.xml에 spring-boot-starter-test 의존성 추가

```
<dependency>
    <groupId>org.springframework.boot</groupId>
    <artifactId>spring-boot-starter-test</artifactId>
    <scope>test</scope>
</dependency>
```

그리고 다음 명령어를 사용하여 앞서 실행했던 MySQL 도커를 실행하자.

spring-tour-mysql 컨테이너를 실행하는 도커 명령어

```
$ docker start spring-tour-mysql
```

다음 테스트 케이스를 확인해 보자. HotelRepositoryTest00.java는 HotelRepository의 findByStatus() 메서드의 기능을 테스트한다. 예제 코드는 chapter08 프로젝트에 포함되어 있다. 이 테스트 케이스는 테스트 환경을 위해 설정된 application-test.properties를 로딩하여 테스트한다. application-test.properties는 src 〉 test 〉 resources에 위치해 있다. application-test.properties를 보면 'jdbc:mysql://localhost:3306/tour' URI를 사용하여 데이터베이스에 접속하도록 설정되어 있다. 그래서 HotelRepositoryTest00.java는 실제로 로컬 호스트에 실행 중인 데이터베이스에 접속하여 데이터를 입력하고, findByStatus() 메서드를 사용하여 입력된 데이터가 조회되는지 검증하는 과정을 거친다.

HotelRepositoryTest00.java 예제

```
package com.springtour.example.chapter08.repository;

@SpringBootTest ----❶
@Transactional ----❷
@TestPropertySource(locations="classpath:application-test.properties") ----❸
class HotelRepositoryTest00 {

    private static HotelEntity testHotelEntity;
    @Autowired
    private HotelRepository hotelRepository; ----❹
```

```
    @BeforeEach
    public void init() {
        testHotelEntity = HotelEntity.of("The LINE LA", "3515 Wilshire Blvd,
Los Angeles, CA 90010", "+12133817411", 100);
    }

    @Test
    public void testFindByStatus() {
        // Given
        hotelRepository.save(testHotelEntity);

        // When
        HotelEntity hotelEntity =  hotelRepository.findByStatus(HotelStatus.READY)
                .stream()
                .filter(entity -> entity.getHotelId().equals(testHotelEntity.
getHotelId()))
                .findFirst()
                .get();

        // Then
        Assertions.assertNotNull(hotelEntity);
        Assertions.assertEquals(testHotelEntity.getAddress(), hotelEntity.getAddress());
        Assertions.assertEquals(testHotelEntity.getName(), hotelEntity.getName());
        Assertions.assertEquals(testHotelEntity.getPhoneNumber(), hotelEntity.
getPhoneNumber());
    }
}
```

5

6

7

❶ @SpringBootTest를 사용하여 모든 스프링 빈이 로딩되도록 한다.

❷ 7장에서 설명한 것처럼 테스트 케이스에 @Transactional 애너테이션을 선언하면 테스트가 끝
   난 후 해당 작업은 롤백한다. 그러므로 같은 테스트를 여러 번 진행해도 데이터베이스에는 데
   이터가 쌓이지 않아 일관성 있게 테스트 결과를 확인할 수 있다.

❸ application-test.properties 프로퍼티를 로딩한다. 테스트를 위한 프로퍼티 파일을 로딩하
   여 기존 application.properties와 별도로 설정하는 것이 좋다.

❹ 테스트 대상 클래스인 HotelRepository 스프링 빈을 주입받는다.

❺ @BeforeEach를 사용하여 테스트 케이스들을 실행할 때마다 초깃값을 설정한다. HotelEntity
   의 of() 스테틱 메서드로 생성한 testHotelEntity 객체의 status 속성 값은 HotelStatus.
   READY다.

❻ findByStatus() 메서드에 HotelStatus.READY 상수 값을 인자로 넘기면, 준비 상태인 HotelEntity 리스트 객체를 리턴한다. 이때 stream()과 filter(), findFirst() 스트림 메서드를 사용하여 testHotelEntity의 기본 키와 일치하는 HotelEntity 객체를 찾는다. 그리고 검증을 위해 hotelEntity 변수에 할당한다.

❼ ❻에서 일치하는 객체가 없다면 null이 hotelEntity 변수에 할당된다. 그래서 assertNotNull() 메서드와 assertEquals() 메서드를 사용하여 검증한다. hotelEntity hotelEntity와 testHotelEntity의 속성을 서로 비교하여 같은지 검증한다.

HotelRepositoryTest00.java의 testFindByStatus() 메서드를 실행해 보자. 다음과 같이 자동으로 생성된 SQL 구문을 로그에서 확인할 수 있다. 이처럼 Spring Data JPA에서 제공하는 쿼리 메서드가 실제로 쿼리를 만드는 것을 확인할 수 있다.

쿼리 메서드 findByStatus()가 변환된 SQL쿼리

```
select
        hotelentit0_.hotel_id as hotel_id1_0_,
        hotelentit0_.created_at as created_2_0_,
        hotelentit0_.created_by as created_3_0_,
        hotelentit0_.modified_at as modified4_0_,
        hotelentit0_.modified_by as modified5_0_,
        hotelentit0_.address as address6_0_,
        hotelentit0_.name as name7_0_,
        hotelentit0_.phone_number as phone_nu8_0_,
        hotelentit0_.room_count as room_cou9_0_,
        hotelentit0_.status as status10_0_
    from
        hotels hotelentit0_
    where
        hotelentit0_.status=?
```

@JpaDataTest 애너테이션을 사용한 테스트 케이스

테스트를 자동으로 실행하려면 일반적으로 젠킨스 같은 빌드 툴을 사용하여 CI/CD 환경에 테스트 단계를 추가한다. 또한 코드베이스를 빌드하기 전에 코드베이스에 포함된 모든 테스트를 실행한 후 100% 성공하면 JAR 파일을 빌드하는 시나리오가 일반적이다.

DEV, STAGE, PRODUCTION처럼 애플리케이션 실행 환경이 여럿 있다면 각각의 실행 환경에서 독립적인 데이터베이스가 필요하다. 동일한 데이터베이스를 사용하면 동시성 문제가 발생하여 테스트 결과가 항상 같을 수 없다. 예를 들어 각각 다른 환경의 테스트가 동시에 실행되어 같은 데이터베이스의 같은 레코드에서 데이터를 처리할 수 있기 때문이다. 이런 상황이라면 애플리케이션에서 동작하는 메모리 기반의 H2 데이터베이스를 사용하는 것도 좋다. 테스트 애플리케이션이 실행되면 H2 데이터베이스가 해당 애플리케이션과 같이 실행되어 테스트 애플리케이션마다 독립된 데이터베이스에 테스트할 수 있다. 즉, 테스트 인스턴스마다 독립된 테스트 케이스를 실행할 수 있는 장점이 생긴다. 그리고 메모리 기반의 데이터베이스이므로 테스트를 빠르게 진행할 수 있다.

이번에는 @SpringBootTest 대신 @JpaDataTest를 사용하여 테스트 케이스를 작성하는 방법을 설명한다. 보다 빠르고 쉬운 테스트를 위해 다음과 같이 이전과는 다른 새로운 테스트 전략을 사용할 것이다.

- 애플리케이션을 서비스하는 프로덕션 환경에서는 MySQL을 사용하고, 테스트 환경에서는 H2 메모리 데이터베이스를 사용하여 테스트를 진행한다.
- 애플리케이션을 실행하는 환경에서는 JPA/Hibernate의 DDL 자동 생성 기능을 사용하지 않지만, 테스트 환경에서는 자동으로 DDL을 생성하고 실행하는 기능을 사용하여 H2 데이터베이스에 테이블을 설정하도록 한다.

이런 테스트 전략은 @JpaDataTest 애너테이션과 매우 잘 어울린다. @JpaDataTest 애너테이션은 내부에 수많은 자동 설정 기능을 포함하고 있다. 그래서 pom.xml에 메모리 기반의 데이터베이스 의존성을 포함하면 자동으로 DataSource를 생성하여 기존 애플리케이션에서 생성한 DataSource를 재정의한다. @JpaDataTest와 함께 사용할 수 있는 메모리 데이터베이스는 H2, Derby, HSQL이다. 이들 의존성을 pom.xml에 추가한 후 @JpaDataTest 애너테이션이 설정된 테스트 케이스를 실행하기만 하면 자동으로 모두 설정된다. 이번 예제에서는 H2를 사용하는 방법을 설명한다. 다음은 pom.xml에 정의할 H2 의존성 설정이다.

pom.xml
```
<dependency>
    <groupId>com.h2database</groupId>
    <artifactId>h2</artifactId>
    <scope>test</scope>
</dependency>
```

새로운 데이터베이스 전략에 맞게 설정하려면 application-test-h2.properties 파일을 새로 생성해야 한다. 프로퍼티 파일을 로딩하려면 @TestPropertySource 애너테이션을 사용한다. application-test-h2.properties 파일의 전체 내용은 다음과 같다. @JpaDataTest는 데이터베이스에 대한 기능만 테스트하므로 별다른 설정은 필요 없다.

```
application-test-h2.properties
spring.main.web-application-type = none ····❹

## JPA configuration
spring.jpa.open-in-view = false
spring.jpa.show-sql = true
spring.jpa.properties.hibernate.format_sql = true          ┐
spring.jpa.properties.hibernate.generate_statistics = true ┼····❸
spring.jpa.properties.hibernate.dialect = org.hibernate.dialect.H2Dialect ····❶
spring.jpa.hibernate.ddl-auto = create ····❷
```

❶ H2 메모리 데이터베이스를 사용하므로 다이얼렉트를 H2Dialect로 설정한다.

❷ ddl-auto 속성에 create 값을 설정한다. 그러므로 테스트 케이스를 실행하면 @Entity가 설정된 엔터티 클래스를 로딩하여 DDL 구문을 자동 생성한다. 자동으로 생성된 DDL 구문을 사용하여 H2 데이터베이스에 테이블을 생성한다. 테스트 대상인 리포지터리 클래스는 새로 생성된 테이블에 데이터 생성, 읽기, 수정, 삭제 기능을 직접 실행하면서 테스트할 수 있다.

❸ 테스트 케이스를 실행할 때마다 어떤 쿼리가 생성되는지 확인할 수 있도록 설정한다.

❹ @DataJpaTest 애너테이션은 웹 관련 스프링 빈이나 컴포넌트들을 생성하지 않는다. 그러므로 none으로 설정한다.

테스트 케이스는 여러 번 실행해도 항상 같은 결과가 나와야 한다. 그러므로 앞서 실행한 테스트에 영향을 받지 않으려면 테스트 케이스를 실행한 후 데이터를 삭제해야 한다. @JpaDataTest는 @Transactional을 포함하고 있어 테스트를 실행한 후 자동으로 롤백된다.[13] 그러므로 테스트 케이스에 따로 롤백 코드를 프로그래밍하지 않아도 된다.

테스트 케이스 소스 코드는 chapter08의 HotelRepositoryTest01.java에서 볼 수 있다. HotelRepositoryTest00.java와 HotelRepositoryTest01.java는 테스트를 실행하는 코드 내용은 같지만 설정 부분이 다르다. 어떻게 다른지 다음 코드를 살펴보자.

---

13 테스트 케이스에 사용된 @Transactional이 자동으로 롤백하는 이유는 8.7절에서 다시 설명한다.

```
@DataJpaTest ····❶
@TestPropertySource(locations="classpath:application-test-h2.properties") ····❷
class HotelRepositoryTest01 {
    // 생략
}
```

❶ @DataJpaTest를 사용하여 @Repository 애너테이션이 정의된 스프링 빈과 JPA와 관련된 기능들만 로딩한다. 테스트 대상이 HotelRepository이므로 @DataJpaTest를 사용하여 테스트할 수 있다.

❷ @TestPropertySource()를 사용하여 application-test-h2.properties 속성을 로딩한다.

MySQL이 실행된 spring-tour-mysql 도커를 종료하고 HotelRepositoryTest01.java를 실행해 보자. MySQL이 없어도 테스트가 정상적으로 실행됨을 확인할 수 있다. 또한 코드의 수정 없이 몇 가지 설정만으로도 MySQL 대신 H2 데이터베이스로 변경하여 영속성 기능을 쉽게 테스트할 수 있었다. 이는 JPA/Hibernate가 데이터베이스에 의존적이지 않음을 확인할 수 있는 증거다.

8.6.3 @Query 애너테이션을 사용한 쿼리 사용

Spring Data JPA에서 제공하는 @Query 애너테이션을 사용하면 사용자가 원하는 쿼리를 작성해 서 실행할 수 있다. @Query 애너테이션은 JPQL과 SQL을 실행할 수 있다. JPQL은 JPA 표준에 정 의된 'Java Persistence Query Language'의 약어다. JPQL은 관계형 데이터베이스에 저장된 엔 티티 객체들을 다루는 쿼리를 만드는 데 사용한다. JPQL은 SQL 문법을 기반으로 개발되었으므 로 SQL 문법과 매우 흡사하다. 하지만 관계형 데이터베이스에서 직접 실행되지 않으므로 데이터 베이스에 독립적이다. 즉, JPA처럼 데이터베이스에 의존하지 않는 쿼리를 작성할 수 있는 장점이 있다.

JPA는 EntityManager 클래스의 createQuery() 메서드를 사용하여 실제 데이터베이스에 실행할 수 있는 쿼리를 만들 수 있다. 이 과정에서 다이얼렉트 설정에 따라 SQL 구문이 데이터베이스에 적합한 형태로 변경된다. JPQL에서 사용할 수 있는 구문은 SELECT, UPDATE, DELETE다.

다음 코드는 데이터베이스에 저장된 엔터티 객체를 처리하는 JPQL 예제다. SQL과 매우 흡사하 므로 JPQL 구문은 별도로 설명하지 않는다.

8

데이터 영속성

```
SELECT h FROM hotels AS h WHERE h.status = 1
DELETE FROM hotels AS h WHERE h.hotelId = 1024
UPDATE hotels AS h SET h.name = 'The new hotel' WHERE h.hotelId = 1
```

예제에서 나열한 JPQL 구문들은 hotels에 대한 내용이다. 이때 hotels는 데이터베이스의 테이블 이름이 아닌 엔터티 클래스 이름을 의미한다. JPQL은 데이터베이스에 저장된 '엔터티 객체'를 다루기 위한 것이다. 이런 이유로 INSERT 구문도 없으며, 'hotels'라는 이름의 엔터티 객체를 쿼리한다. 다음 코드처럼 엔터티 클래스를 정의하는 @Entity 애너테이션에 엔터티 클래스의 이름을 설정하자. @Entity 애너테이션의 name 속성을 사용한다.

```
@Entity(name="hotels")
// 생략
public class HotelEntity extends AbstractManageEntity {
    // 생략
}
```

@Query 애너테이션은 메서드에 선언할 수 있다. 그래서 @Query 애너테이션이 선언된 리포지터리의 메서드를 호출하면 @Query 애너테이션에 설정된 쿼리가 실행된다. @Query 애너테이션의 주요 속성은 다음과 같다.

- **Value**: 실행할 JPQL 또는 쿼리를 설정한다.
- **nativeQuery**: true/false 값을 설정하며 기본값은 false다. value에 설정된 쿼리가 실제 쿼리라면 true 값으로 설정한다.

다음 코드는 @Query 애너테이션과 JPQL을 사용하여 사용자가 직접 만든 쿼리를 실행하는 메서드 예제다. @Query 애너테이션을 어떻게 사용하는지, @Query 애너테이션에 정의된 JPQL의 파라미터를 어떻게 바인딩하는지 두 가지 방법을 사용하여 설명한다.

```
package com.springtour.example.chapter08.repository;

@Repository
public interface HotelRepository extends JpaRepository<HotelEntity, Long> {

    @Query("SELECT h FROM hotels AS h WHERE h.hotelId = ?1 AND h.status = 0") ----❶
    HotelEntity findReadyOne(Long hotelId);
                             ❷
```

```
    @Query("SELECT h FROM hotels AS h WHERE h.hotelId = :hotelId AND h.status =
:status") ····❸
    HotelEntity findOne(@Param("hotelId") Long hotelId, @Param("status") HotelStatus
status);                                                        ❹
}
```

❶ findReadyOne() 메서드에 실행할 쿼리를 설정하는 @Query 애너테이션이다. 설정된 JPQL은
   파라미터를 ?1처럼 선언할 수 있으며, findReadyOne() 메서드의 첫 번째 인자를 ?1 변수에 바
   인딩한다. findReadyOne() 메서드의 두 번째와 세 번째 인자를 바인딩받는 변수는 ?2, ?3처럼
   선언해서 사용한다. h.status = 0 구문처럼 상수 값을 JPQL에 사용해도 된다.

❷ findReadyOne() 메서드의 Long hotelId 인자는 @Query 애너테이션에 설정된 ?1 변수에 바인
   딩된다.

❸ findOne() 메서드에 실행할 쿼리를 설정하는 @Query 애너테이션이다. 예제에서 사용된 JPQL
   파라미터는 :hotelId, :status이며, 각각 findOne() 메서드에 설정된 @Param() 애너테이션
   으로 설정된 인자 값이 바인딩된다. :hotelId에는 @Param("hotelId") 인자가, :status에는
   @Param("status") 인자가 바인딩된다.

❹ @Param()은 ❸에서 바인딩되는 인자를 설정한다.

HotelRepository 예제 코드에서 ❹의 @Param 애너테이션들은 스프링 관례를 따르면 생략할 수 있
다. 인자 이름이 @Query에서 사용하는 파라미터 이름과 같으면 생략해도 스프링 프레임워크가 바
인딩할 수 있다. @Query 애너테이션을 사용하여 만든 메서드들은 HotelRepositoryTest02.java
에서 테스트한다. 예제는 chapter08 프로젝트에 포함되어 있다.

SPRING BOOT FOR MSA

8.7 트랜잭션과 @Transactional

관계형 데이터베이스에서 관계를 맺고 있는 여러 테이블에 데이터를 저장하거나 한 번에 여러 데
이터를 조작하려면 여러 개의 쿼리를 실행해야 한다. 이때 데이터 일관성을 유지하려면 관계형 데
이터베이스에서 제공하는 트랜잭션(transaction) 기능을 사용한다. 트랜잭션 작업 단위에 여러 쿼
리를 포함하여 하나의 작업처럼 여러 쿼리를 실행할 수 있다. 이 트랜잭션 작업의 결과는 전체 쿼

리 성공 혹은 전체 쿼리 실패뿐이다. 즉, 어떤 쿼리는 성공하고 어떤 쿼리는 실패하는 부분 성공은 없다. 애플리케이션에서 호텔 데이터와 객실 데이터가 있다고 생각해 보자. 두 데이터를 저장하는 작업을 트랜잭션으로 묶고 데이터를 동시에 생성하는 작업이 있다. 트랜잭션은 일관성을 보장하므로 호텔과 객실 모두 생성되거나 둘 다 실패한다.

관계형 데이터베이스는 트랜잭션 기능으로 항상 동일한 데이터를 유지하는 장점이 있다. 물론 이런 특징 때문에 NoSQL 제품들에 비해 확장성이 낮고 처리 속도가 느릴 수 있다. 하지만 데이터 일관성을 지원하므로 데이터를 정확하게 처리하려고 여전히 많이 사용한다.

8.7.1 @Transactional 애너테이션

스프링 프레임워크에서는 데이터베이스의 트랜잭션 기능을 사용할 수 있는 @Transactional 애너테이션을 제공한다. @Transactional 애너테이션은 JPA가 아닌 스프링 프레임워크에서 제공하는 기능이다. 트랜잭션은 영속성 프레임워크의 종류와 상관없는 관계형 데이터베이스의 기능이기 때문이다. JPA/Hibernate도 결국 SQL 쿼리로 데이터를 영속하므로 트랜잭션을 사용할 수 있다. @Transactional 애너테이션의 코드는 다음과 같다.

@Transactional 애너테이션 코드 일부

```
package org.springframework.transaction.annotation;

@Target({ElementType.TYPE, ElementType.METHOD}) ····➊
@Retention(RetentionPolicy.RUNTIME)
@Inherited
@Documented
public @interface Transactional {
    // 생략
}
```

➊을 보면 @Target 애너테이션 설정은 ElementType.TYPE, ElementType.METHOD다. @Transactional 애너테이션을 정의할 수 있는 부분은 클래스와 메서드 선언부다. 클래스에 선언하면 클래스에 포함된 모든 메서드에 @Transactional 기능이 적용되고, 메서드에 선언하면 해당 메서드에만 적용된다. 클래스에도 선언하고 메서드에도 별도의 @Transactional 애너테이션을 선언한다고 해 보자. 이 경우 해당 메서드는 자신에게 선언된 @Transactional 애너테이션의 영향을 받는다.

@Transactional 애너테이션은 스프링 AOP 기반으로 동작한다. 스프링 AOP에는 CGLIB Proxy 모드와 AspectJ 모드가 있다. @Transactional 애너테이션은 Proxy 모드가 기본 설정이므로 그림 8-11과 같이 프록시 객체가 생성되어 트랜잭션을 처리한다.

이와 관련하여 중요한 역할을 하는 클래스는 o.s.transaction.interceptor.Transaction Interceptor와 o.s.transaction.PlatformTransactionManager다. PlatformTransactionManager 는 트랜잭션을 시작하고 커밋하거나 롤백하는 메서드를 제공하는 클래스다. 개발자가 Platform TransactionManager 객체를 사용하여 직접 구현하면 @Transactional 애너테이션 없이 트랜잭션 을 구현할 수 있다. 하지만 트랜잭션 기능 또한 비기능적 요구 사항이므로 AOP로 처리하는 것이 편리하다.

@Transactional 애너테이션을 사용하면 스프링 프레임워크는 TransactionInterceptor 객체를 생성하고 AOP 프록시 객체로 전달한다. AOP 프록시 객체는 TransactionInterceptor 객체를 사용하여 트랜잭션 기능을 처리한다. 그림 8-11의 프록시 내부에 그림으로 표현된 의사 코드는 TransactionInterceptor가 트랜잭션을 어떻게 처리하는지 보여 준다.

❤ 그림 8-11 스프링 AOP 모드로 실행되는 트랜잭션 코드

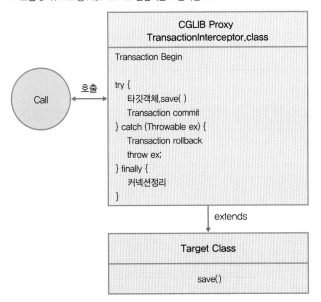

데이터베이스에서 트랜잭션은 트랜잭션 시작을 알리는 커맨드와 트랜잭션 종료를 알리는 커맨드 로 구분할 수 있다. 두 커맨드 사이에 실행하는 쿼리문들을 하나의 트랜잭션 작업 단위로 묶을 수 있다. MySQL을 기준으로 트랜잭션을 시작하는 커맨드는 'START TRANSACTION'이다. 트랜잭 션을 정상적으로 종료하여 변경한 데이터를 확정하는 커맨드는 'COMMIT'이며, 변경한 데이터를

취소하는 커맨드는 'ROLLBACK'이다. 두 커맨드 사이에 적절한 쿼리 구문을 실행하고 상황에 따라서 커밋하거나 롤백한다. 그림 8-11과 같이 @Transactionl 애너테이션을 선언하면 스프링 프레임워크는 트랜잭션 시작과 종료를 처리해 준다. 즉, 우리는 트랜잭션 코드 없이 데이터를 처리하는 Repository의 메서드만 호출한다.

@Transactional 애너테이션의 속성을 설정하여 스프링 프레임워크의 트랜잭션 동작을 설정할 수 있다. 그러므로 다음 @Transactional 애너테이션 코드를 먼저 살펴보고 속성을 설명한다.

@Transactional 애너테이션

```java
package org.springframework.transaction.annotation;

public @interface Transactional {

    @AliasFor("value")
    String transactionManager() default "";     ······❶

    Propagation propagation() default Propagation.REQUIRED;     ······❷

    Isolation isolation() default Isolation.DEFAULT;     ······❸

    int timeout() default TransactionDefinition.TIMEOUT_DEFAULT;     ······❹

    boolean readOnly() default false;     ······❺

    Class<? extends Throwable>[] rollbackFor() default {};     ┐
                                                              ├······❻
    String[] rollbackForClassName() default {};               ┘

    Class<? extends Throwable>[] noRollbackFor() default {};     ┐
                                                                 ├······❼
    String[] noRollbackForClassName() default {};                ┘
}
```

❶ 스프링 애플리케이션에 여러 개의 TransactionManager 설정이 있다면 사용할 Transaction Manager의 스프링 빈 이름을 설정한다. 스프링 애플리케이션에 TransactionManager가 하나만 있다면 생략해도 좋다.

❷ 스프링 애플리케이션 내에서 트랜잭션 전파 설정을 한다. @Transactional 애너테이션이 선언된 메서드가 @Transactional 애너테이션이 선언된 다른 메서드를 호출하면 트랜잭션 설

정이 중첩된다. 이때 호출된 메서드에서 트랜잭션을 어떻게 사용할지 결정하는 것을 전파 (propagation) 설정이라고 한다. 전파 설정은 중첩된 경우 말고도 트랜잭션이 없는 경우에도 어떻게 트랜잭션을 시작할지 설정하는 것도 포함한다. propagation 속성에 Propagation 열거형 상수를 설정한다. 기본값은 Propagation.REQUIRED다.

❸ 데이터베이스의 트랜잭션 격리 수준을 설정할 수 있는 속성이다. 기본값은 Isolation.DEFAULT 다. 여러 트랜잭션이 공통된 하나의 데이터를 동시에 조작할 때 어떻게 처리할지 설정할 수 있다.

❹ 데이터베이스의 트랜잭션에 대한 타임아웃 시간(초) 값을 설정한다. 설정된 시간보다 트랜잭션 작업 시간이 길어지면 예외가 발생한다. 기본값은 무제한이지만 데이터베이스에 타임아웃이 설정되어 있다면 그 값을 따른다.

❺ 스프링 프레임워크에서 제공하는 읽기 전용 설정이다. readOnly = true로 설정하면 읽기 전용 트랜잭션을 시작한다. 읽기 전용 설정을 하면 JPA/Hibernate의 EntityManager가 읽기 전용으로 설정되어 성능 향상을 노릴 수 있다. 트랜잭션 내 변경, 생성, 삭제 기능이 포함되면 readOnly = false로 설정해야 한다. 읽기 전용으로 설정된 트랜잭션 작업 내 UPDATE, INSERT, DELETE 쿼리가 포함되면 예외가 발생한다. 기본값은 false다.

❻ 스프링 프레임워크가 롤백 처리할 예외 클래스를 rollbackFor 속성에 정의할 수 있다. 대상 메서드를 실행할 때 발생할 수 있는 예외 클래스를 설정하면 해당 예외 클래스에 대해 롤백한다.

❼ 대상 메서드가 던질 수 있는 예외 클래스 중 설정된 예외 클래스에 대해서는 롤백에서 제외한다. 즉, RuntimeException을 상속받는 예외 중 롤백 대상에서 제외하고 싶은 경우 사용한다.

@Transactional 애너테이션은 Repository 클래스의 메서드에 선언하기보다 서비스 클래스의 메서드나 클래스에 선언하는 것이 일반적이다. 서비스 클래스에 개발된 메서드는 유즈 케이스(use-case)를 구현하거나 하나 이상의 여러 데이터를 처리하는 복합적인 기능을 제공한다. 예를 들어 HotelReserveService 클래스에는 '사용자가 hotelId가 2인 호텔을 가장 빠른 날짜에 하나 예약한다'는 유즈 케이스가 메서드로 구현되어 있다. 그래서 메서드 내부는 비즈니스 로직과 예약 정보를 남기는 여러 리포지터리 클래스의 메서드로 조합되어 있다. 결국 하나의 유즈 케이스를 처리하려고 여러 테이블에 데이터를 조작하는 쿼리들이 실행된다. 그래서 서비스 클래스의 메서드에 @Transactional 애너테이션을 설정하여 트랜잭션 단위로 데이터를 처리하기 적합하다.

애플리케이션에서 트랜잭션을 시작한 후 에러나 예외가 발생하면 그 뒤에 남은 데이터 처리 작업을 실행할 수 없으므로 롤백해야 한다. 스프링 프레임워크의 기본 설정으로 Unchecked Exception[14]이 발생하면 프레임워크는 진행 중이던 트랜잭션을 자동으로 롤백한다. 그러므로 @Transactional 애너테이션을 사용할 때마다 rollbackFor 속성을 설정하지 않아도 된다. 또한 @Transactional(rollbackFor=Throwable.class)처럼 설정하지 않아도 Unchecked Exception에 대해 트랜잭션을 롤백한다. 달리 말하면 트랜잭션 도중 발생한 Checked Exception은 스프링 프레임워크가 롤백하지 않는다. 그러므로 Checked Exception이 발생할 때 트랜잭션을 롤백해야 한다면 rollbackFor 속성에 예외 클래스를 명시적으로 선언해야 한다.

이런 스프링 프레임워크의 기본 롤백 메커니즘을 적극적으로 활용하는 것이 좋다. 애플리케이션에서 예외 클래스를 생성해야 한다면 RuntimeException을 상속받은 클래스로 설계하자. 아니면 메서드에서 예외를 생성해야 할 때 RuntimeException이나 그 하위 예외 클래스를 적극적으로 사용하는 것이 좋다. 특별한 경우가 아니라면 rollbackFor 속성을 사용하지 않는 것이 좋다. 매번 특정 예외에서 롤백하도록 설정하는 것은 실수를 유발할 수 있다. noRollbackForClassName 속성 또한 특별한 경우가 아니라면 설정하지 않는 것이 좋다. 규칙에서 벗어난 복잡한 애플리케이션은 유지 보수하기 어렵고 버그가 발생하기 쉽다.

8.7.2 @Transactional의 propagation 속성

객체 지향 프로그램에서 클래스의 메서드가 다른 클래스의 메서드를 호출하는 것은 매우 당연하고 자연스러운 일이다. 이때 호출하는 메서드와 호출되는 메서드 모두 @Transactional 애너테이션이 설정되어 있다면 트랜잭션은 어떻게 될까? 호출되는 메서드는 호출한 메서드의 트랜잭션에 포함될 수도 있고, 다른 새로운 트랜잭션을 실행할 수도 있다. 이런 동작은 트랜잭션 전파 설정에 따라 결정된다. 다양한 전파 속성 중 @Transactional 애너테이션의 propagation 속성을 어떻게 설정하느냐에 따라 트랜잭션이 어떻게 동작하는지 알아보자.

전파 속성을 설명하는 예제

```
public class HotelReservationService {
    @Transactional ····❶
    public Response reserveRoomByHotelId(Long hotelId) {
        // 생략
```

---

14 java.lang.RuntimeException 또는 이를 상속받는 자식 예외 클래스들이다.

```
        roomReserveService.reserveRoomById(roomId);
        // 생략
    }
}

public class RoomReserveService {
    @Transactional ····❷
    public Boolean reserveRoomById(Long roomId) {
        // 중략
    }
}
```

예제 코드를 보면, HotelReservationService의 reserveRoomByHotelId() 메서드는
RoomReserveService의 reserveRoomById() 메서드를 호출한다. 두 메서드 모두 @Transactional
애너테이션이 설정되어 있다. 편의상 reserveRoomByHotelId()의 트랜잭션을 1번 트랜잭션,
reserveRoomById()의 트랜잭션을 2번 트랜잭션이라고 하자. 사용자가 HotelReservationService
의 reserveRoomByHotelId()를 실행하면 ❶ 영역의 @Transactional 애너테이션 설정 때문에 1번
트랜잭션이 시작된다. 그리고 reserveRoomByHotelId() 메서드를 실행한다. 이때 ❷ 영역의 트랜
잭션 전파 속성 설정에 따라 2번 트랜잭션은 여러 가지 형태로 실행될 수 있다.

가장 일반적인 형태로 2번 트랜잭션은 1번 트랜잭션에 포함되어 쿼리를 실행할 수 있다. 혹
은 1번 트랜잭션과 별도의 새로운 2번 트랜잭션을 시작하여 쿼리를 실행할 수도 있다. 다음은
@Transactional 애너테이션의 propagation 속성에 설정할 수 있는 Propagation 열거형 상수들이
다. 각 상수들이 2번 트랜잭션에 설정되면 어떻게 동작하는지 살펴보자.

- **Propagation.REQUIRED**: 기본값이다. 현재 진행하는 트랜잭션이 있으면 이 트랜잭션에 포
  함하고, 진행하는 트랜잭션이 없으면 새로운 트랜잭션을 시작한 후 해당 메서드를 실
  행한다. 이 설정을 2번 트랜잭션에 설정하면 트랜잭션을 새로 생성하지 않고 이미 시
  작된 1번 트랜잭션에 포함되어 reserveRoomById() 메서드를 실행한다. 사용자가 직접
  RoomReserveService의 reserveRoomById()를 호출하면 현재 진행 중인 트랜잭션이 없다. 그
  러므로 새로운 트랜잭션을 시작하고 reserveRoomById() 메서드를 실행한다.

- **Propagation.REQUIRES_NEW**: 항상 새로운 트랜잭션을 시작한다. 즉, 1번 트랜잭션이 시작되
  었더라도 2번 트랜잭션을 새로 생성하여 실행한다. 이때 2번 트랜잭션을 시작하기 전에 1번
  트랜잭션은 보류한다. 2번 트랜잭션이 종료되면 보류된 1번 트랜잭션을 다시 재개한다.

- **Propagation.SUPPORT**: 현재 진행하는 트랜잭션이 있으면 트랜잭션에 포함하고, 없으면 트랜잭션을 만들지 않고 실행한다. 즉, RoomReserveService의 reserveRoomById() 메서드는 1번 트랜잭션에 포함되어 실행된다. 사용자가 직접 RoomReserveService의 reserveRoomById()를 실행하면 현재 진행 중인 트랜잭션은 없으므로 트랜잭션 없이 쿼리를 실행한다.

- **Propagation.NOT_SUPPORT**: 현재 진행하는 트랜잭션이 있으면 실행되고 있는 트랜잭션은 보류하고 트랜잭션 없이 해당 메서드를 실행한다. 그 후 보류된 트랜잭션을 다시 시작한다. 즉, RoomReserveService의 reserveRoomById() 메서드는 1번 트랜잭션을 보류한다. 그리고 메서드를 실행한 후 보류된 1번 트랜잭션을 재개한다. 사용자가 직접 RoomReserveService의 reserveRoomById()를 실행하더라도 1번 트랜잭션이 없으므로 트랜잭션 없이 쿼리를 실행한다. 결국 NOT_SUPPORT로 설정된 메서드는 무조건 트랜잭션 없이 쿼리를 실행한다.

- **Propagation.MANDATORY**: 현재 진행하는 트랜잭션이 있으면 트랜잭션에 포함하고, 진행하는 트랜잭션이 없으면 javax.persistence.TransactionRequiredException 예외를 발생한다. RoomReserveService의 reserveRoomById() 메서드는 1번 트랜잭션에 포함되어 실행된다. 사용자가 직접 RoomReserveService의 reserveRoomById()를 실행하면 1번 트랜잭션이 없으므로 TransactionRequiredException 예외가 발생한다. 그러므로 반드시 트랜잭션이 필요한 메서드에 선언하는 것이 좋다.

- **Propagation.NEVER**: 현재 진행하는 트랜잭션이 있으면 예외를 발생하고, 진행하는 트랜잭션이 없으면 트랜잭션이 없는 채로 메서드를 실행한다. RoomReserveService의 reserveRoomById() 메서드는 1번 트랜잭션이 시작되었으므로 실행하는 즉시 예외가 발생한다. 사용자가 직접 RoomReserveService의 reserveRoomById()를 실행하면 1번 트랜잭션이 없으므로 트랜잭션 없이 메서드가 실행된다.

- **Propagation.NESTED**: 현재 진행하는 트랜잭션이 있으면 중첩된 트랜잭션을 실행하고, 진행하는 트랜잭션이 없으면 새로 트랜잭션을 생성하여 실행한다.

특별한 경우를 제외하고는 @Transactional 애너테이션의 propagation 속성에는 기본값인 Propagation.REQUIRED를 사용한다. Propagation.REQUIRED로 설정된 메서드는 현재 진행 중인 트랜잭션의 여부와 상관없이 무조건 하나의 트랜잭션에 포함되어 실행된다. 결과적으로 Propagation.REQUIRED로 설정하면 트랜잭션을 반드시 실행한다. 그리고 @Transactional 애너테이션이 설정된 메서드가 다른 객체로 호출될 수 있으므로 반드시 트랜잭션 실행 설정을 하는 것이 좋다.

8.7.3 @Transactional 애너테이션의 isolation 속성

애플리케이션에서 트랜잭션을 시작할 때 트랜잭션 작업 단위의 격리 수준을 설정할 수 있다. @Transactional 애너테이션의 isolation 속성에 Isolation 열거형 상수 값을 설정한다.

먼저 트랜잭션 격리 수준을 알아보자. 멀티 스레드 환경에서 사용량이 많은 API 서버가 관계형 데이터베이스를 사용하여 데이터를 처리한다고 생각하자. 이런 상황에서는 여러 스레드가 공유 데이터에 동시에 접근하고 변경하는 일이 발생한다. 즉, 하나의 데이터(레코드)에 여러 스레드가 동시에 접근하여 SELECT, UPDATE, DELETE 같은 쿼리를 실행할 수 있다. 동시에 접근하는 스레드의 개수만큼 여러 트랜잭션이 겹치는 상황이 발생한다. 이때 트랜잭션들을 서로 분리하는 방법을 설정하여 데이터의 정합성을 유지할 수 있다. 이를 트랜잭션의 격리 수준이라고 하며, @Transactional 애너테이션의 isolation 속성으로 설정할 수 있다.

격리 수준은 네 단계가 있으며 이 단계를 거쳐 격리 수준의 높고 낮음을 설정할 수 있다. 격리 수준이 높으면 트랜잭션들은 서로 완전히 분리하고, 순서대로 처리하므로 같은 데이터에 동시에 접근할 수 없다. 반대로 격리 수준이 낮으면 같은 데이터에 동시에 접근할 수 있다.

다만 격리 수준이 낮으면 개발자가 작성한 코드와 다르게 데이터 값이 변할 수 있다. 앞서 말했듯이 격리 수준은 네 단계로 설정할 수 있는데 값에 따라 격리 수준에 차이가 있다. 또한 격리 수준마다 부작용이 발생할 수도 있다. 격리 수준이 낮으면 부작용이 많고 격리 수준이 높으면 부작용이 적지만, 그만큼 데이터베이스가 단위 시간당 처리할 수 있는 쿼리 수가 낮아진다. 반대로 격리 수준이 낮으면 처리할 수 있는 쿼리 수는 많아진다. 데이터를 관리하는 측면에서는 격리 수준이 높을수록 좋지만, 처리량 측면에서는 격리 수준이 낮을수록 좋다. 그래서 중간에 타협 지점을 찾아야 하고, 부작용을 감수하거나 최소화할 수 있는 데이터베이스 설계나 프로그래밍이 필요하다.

격리 수준은 데이터베이스 설정을 사용하여 데이터베이스 전체에 설정하는 방법과 애플리케이션의 트랜잭션 설정을 사용하여 매번 설정하는 방법이 있다.[15] 이 책에서는 @Transactional의 isolation 속성을 설정하는 방법을 설명하며, 데이터베이스에서 격리 수준을 설정하는 방법은 설명하지 않는다. 다음 표는 데이터베이스에서 사용할 수 있는 격리 수준을 나열한 것이다. 격리 수준의 높고 낮음과 격리 수준마다 발생할 수 있는 부작용도 함께 표기했다. 세 가지 부작용은 @Transactional 애너테이션의 isolation 설정값을 설명하면서 자세히 소개한다.

---

15 어떤 방법을 사용할지는 DBA와 상의해서 결정하는 것이 좋다.

격리 수준	격리 강도	Dirty Read	Non-Repeatable Read	Phantom Read
Read Uncommited	낮다.	O	O	O
Read Commited	중간	X	O	O
Repeatable Read	중간	X	X	O
Serializable	높다.	X	X	X

@Transactional 애너테이션의 isolation 속성에 Isolation 열거형 값을 설정하면 트랜잭션의 격리 수준을 설정할 수 있다. Isolation 열거형 상수 값들은 다음과 같다.

- **Isolation.DEFAULT**: @Transactional의 기본값이며, 데이터베이스에 설정된 격리 수준을 따라 동작한다.
- **Isolation.READ_UNCOMMITTED**: 커밋되지 않는 데이터를 읽을 수 있는 격리 수준이다.
- **Isolation.READ_COMMITTED**: 커밋된 데이터를 읽을 수 있는 격리 수준이다.
- **Isolation.REPEATABLE_READ**: 여러 트랜잭션이 동일한 데이터에 접근할 때 동일한 값을 보장하는 격리 수준이다. 단 다른 트랜잭션이 실행한 INSERT 쿼리에 대해서는 예외다.
- **Isolation.SERIALIZABLE**: 가장 높은 격리 수준으로, 가장 먼저 실행한 트랜잭션이 우선권을 갖고 다른 트랜잭션들에서 완전 격리하여 실행한다.

MySQL 데이터베이스의 기본 설정으로 설정된 격리 수준은 Repeatable Read다. 스프링 프레임워크에서 @Transactional(isolation=Isolation.DEFAULT)나 속성 설정 없이 @Transactional 애너테이션으로 트랜잭션을 설정하면 데이터베이스의 설정을 따라간다. 데이터베이스 설정값을 따를 것인지, 애플리케이션에서 별도의 격리 수준을 설정할지 전략을 수립하고 개발하면 좋다. 특히 동시성과 관련된 데이터 버그는 Isolation 설정과 관련 있으므로 설정값과 사용 전략을 미리 세우는 것이 좋다.

Read Uncommitted와 Dirty Read

그림 8-12는 두 개의 스레드가 Read Uncommitted 설정으로 트랜잭션을 시작하는 상황을 그림으로 표현한 것이다. 스레드 1과 스레드 2 모두 hotel_id가 10인 레코드의 name 필드를 'Hilton'으로 업데이트하는 쿼리를 실행한다. 단 두 작업이 동시에 실행되어 공유 데이터를 동시에 변경하는 시나리오다. 스레드의 작업 내용은 hotel_id = 10인 호텔 이름을 확인하고 이름이 'Hilton'과 같으면 바로 종료한다. 하지만 저장된 이름이 'Hilton'이 아니면 호텔 이름을 'Hilton'으로 변경하는 UPDATE 쿼리를 실행한다.

❤ 그림 8-12 Read Uncommitted로 설정된 트랜잭션에서 발생할 수 있는 Dirty Read

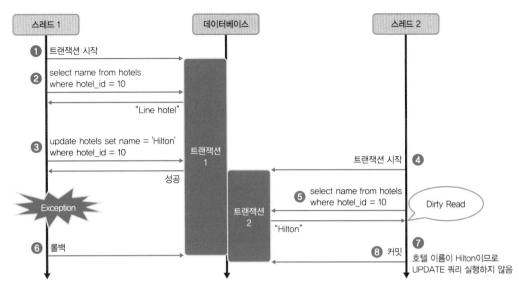

격리 수준이 Read Uncommitted인 트랜잭션은 다른 트랜잭션이 수정했지만 커밋하지 않은 데이터도 읽을 수 있다. 트랜잭션을 커밋하지 않아 최종 처리가 안 된 데이터를 읽을 수 있는 상황을 Dirty Read라고 한다. 그림 8-12의 시나리오 결과는 Dirty Read 때문에 두 스레드 모두 호텔 이름을 'Hilton'으로 변경하지 못했다. 시간 순서대로 이 상황을 나타내면 다음과 같다.

❶ [스레드 1] 트랜잭션을 시작한다.

❷ [스레드 1] hotels 테이블에서 hotel_id = 10인 레코드의 name 필드를 조회한다. 이때 name 필드의 값은 'Line hotel'이다.

❸ [스레드 1] hotel 테이블에서 hotel_id = 10인 레코드의 name 필드를 'Hilton'으로 변경하는 UPDATE 쿼리를 실행한다. UPDATE 쿼리가 성공적으로 실행되었으나 트랜잭션은 아직 커밋하지 않았다.

❹ [스레드 2] 트랜잭션을 시작한다. 이때 격리 수준은 Read Uncommitted다.

❺ [스레드 2] hotels 테이블에서 hotel_id = 10인 레코드의 name 필드를 조회한다. 조회한 호텔 이름은 'Hilton'이다. 격리 수준이 Read Uncommitted이므로 스레드 1에서 변경했지만 커밋하지 않은 데이터를 조회할 수 있다.

❻ [스레드 1] 다른 작업을 실행하는 도중 예외가 발생했다. 그래서 트랜잭션을 롤백한다. 결국 hotel_id = 10인 호텔 이름은 'Hilton'에서 다시 'Line Hotel'로 원복된다.

❼ [스레드 2] 데이터베이스에서 조회한 호텔 이름이 'Hilton'이므로 로직에 따라 UPDATE 쿼리는 실행하지 않는다.

❽ [스레드 2] 트랜잭션을 종료하고 스레드도 작업을 마친다.

그림 8-12의 처리 결과 스레드 1과 스레드 2 모두 데이터를 변경하지 못했다. 스레드 2가 Read Uncommitted 설정으로 트랜잭션을 시작했고, Dirty Read 현상으로 커밋되지 못한 데이터를 읽었기 때문이다. 결국 호텔 이름은 여전히 Line Hotel이며, 어떤 스레드도 정상적으로 데이터를 변경하지 못했다. 이런 상황이 자주 발생하지는 않을 것이다. 하지만 Dirty Read 상황을 방지하려면 트랜잭션을 Read Committed 이상으로 격리 수준을 올리면 된다.

Read Committed와 Non-Repeatable Read

그림 8-13은 두 개의 스레드가 Read Committed 설정으로 트랜잭션을 시작하는 상황을 표현한 것이다. 스레드 1은 앞서 설명한 그림 8-12의 스레드 1과 같은 작업을 한다. hotels 테이블에서 데이터를 조회하고 호텔 이름을 업데이트하는 작업이다. 이때 거의 동시에 실행된 스레드 2는 데이터를 두 번 쿼리하는 작업을 한다.

❤ 그림 8-13 Read Committed로 설정된 트랜잭션에서 발생할 수 있는 Non-Repeatable Read

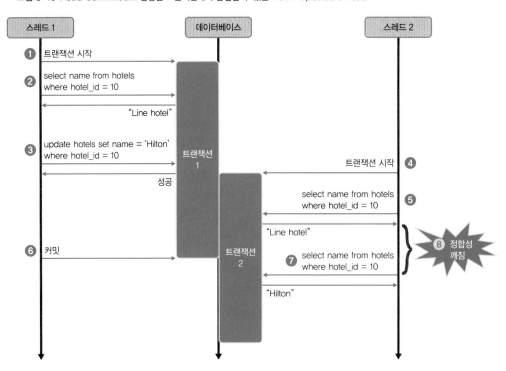

격리 수준이 Read Committed인 트랜잭션은 커밋된 데이터를 조회할 수 있는 격리 수준이다. Read Committed인 트랜잭션이 겹쳐 있는 경우 한 트랜잭션이 데이터를 변경하고 커밋하면 다른 트랜잭션이 커밋한 데이터를 읽을 수 있다. Read Uncommitted와 비교하면 커밋된 데이터만 조회하므로 더티 리드를 막을 수 있다. Read Committed는 더티 리드는 극복할 수 있지만, 한 트랜잭션 내에서 같은 데이터를 두 번 이상 조회해도 매번 다른 값이 조회될 수 있다. 이런 상황을 Non-Repeatable Read라고 한다. 그림 8-13을 보면 스레드 2가 한 트랜잭션에서 hotels 테이블의 같은 레코드를 두 번 SELECT한다. 하지만 첫 번째 쿼리 결과와 두 번째 쿼리 결과가 달라 정합성이 깨졌다. 이는 Non-Repeatable Read 때문이다. 시간 순서대로 이 상황을 나타내면 다음과 같다.

❶ [스레드 1] 트랜잭션을 시작한다.

❷ [스레드 1] hotels 테이블에서 hotel_id = 10인 레코드의 name 필드를 조회한다. 이때 name 필드의 값은 'Line hotel'이다.

❸ [스레드 1] hotels 테이블에서 hotel_id = 10인 레코드의 name 필드를 'Hilton'으로 변경하는 UPDATE 쿼리를 실행한다. UPDATE 쿼리가 성공적으로 실행된다.

❹ [스레드 2] 트랜잭션을 시작한다.

❺ [스레드 2] hotels 테이블에서 hotel_id = 10인 레코드의 name 필드를 조회한다. 이때 스레드 1은 아직 커밋하지 않은 상태이므로 'Line hotel' 값이 조회된다.

❻ [스레드 1] 커밋한다. 호텔 이름은 'Hilton'으로 최종 업데이트된다.

❼ [스레드 2] hotels 테이블에서 hotel_id = 10인 레코드의 name 필드를 다시 조회한다. 스레드 2 트랜잭션의 격리 수준은 Read Committed이므로 스레드 1이 커밋한 'Hilton' 값이 조회된다.

❽ 한 트랜잭션 내에서도 ❺의 결과 값과 ❼의 결과 값이 다르게 조회되므로 데이터 정합성이 깨진다.

한 트랜잭션 안에서 같은 데이터를 조회해도 다른 값을 조회하는 Non-Repeatable Read 현상은 Read Committed 혹은 그 이하인 Read Uncommitted 격리 수준에서 발생한다. Non-Repeatable Read는 MS-SQL Server, Oracle, PostgreSQL 등 많은 데이터베이스가 기본값으로 사용하는 격리 수준이다.

Repeatable Read와 Phantom Read

그림 8-14는 두 개의 스레드가 Repeatable Read 격리 수준으로 트랜잭션을 시작하는 상황을 표현한 것이다. 스레드 1은 hotels 테이블에서 종료 상태(status = 'closed')인 호텔 데이터들을 조회하고, 한 트랜잭션 안에서 이 쿼리를 두 번 실행한다. Read Committed 격리 수준보다 높은 Repeatable Read 격리 수준이므로 두 쿼리의 결과 값이 같을 것으로 생각할 수 있다. 하지만 스레드 2의 트랜잭션이 스레드 1의 트랜잭션에 중복되면 다른 현상이 발생할 수 있다. 스레드 2는 트랜잭션을 시작하여 hotel_id가 2고 종료 상태(status = 'closed')이며 이름이 'Hilton'인 데이터를 생성하는 INSERT 쿼리를 실행한다. 그리고 커밋을 하고 트랜잭션을 종료한다. 이때 어떤 현상이 발생할 수 있는지 알아보자.

❤ 그림 8-14 Repeatable Read로 설정된 트랜잭션에서 발생할 수 있는 Phantom Read

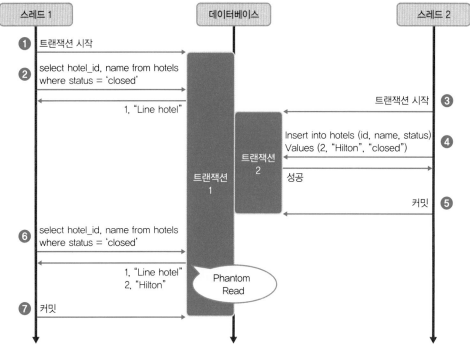

Repeatable Read 격리 수준은 트랜잭션 내에서 조회하는 데이터는 항상 같음을 보장한다. Read Committed 격리 수준에서 발생할 수 있는 Non-Repeatable Read 현상은 발생하지 않는다. 중첩된 트랜잭션이 있는 경우 한 트랜잭션이 조회하는 데이터는 다른 트랜잭션이 수정하거나 삭제할 수 없기 때문이다. 즉, Repeatable Read 격리 수준인 스레드 1이 조회하는 "Line hotel" 레코드는 스레드 2가 수정(UPDATE) 또는 삭제(DELETE)할 수 없다. 하지만 스레드 2가 데이터를 생성

(INSERT)하는 것은 Repeatable Read에서 막을 수 없다. Repeatable Read는 다른 트랜잭션의 수정이나 삭제만 막을 수 있기 때문이다.

Repeatable Read 격리 수준의 트랜잭션에는 그림 8-14와 같은 Phantom Read 현상이 발생할 수 있다. Phantom Read는 사용자 예상과 다르게 새로운 데이터가 나타나는 것을 의미한다. 그림 8-14를 보면 스레드 1이 실행한 두 번째 SELECT 쿼리의 결과에 새로운 'Hilton' 결과 값이 나오는 것을 확인할 수 있다.

Non-Repeatable Read 현상과 비교하면 Phantom Read는 새로운 데이터가 나타나는 현상이고, Non-Repeatable Read는 하나의 데이터가 변경되는 현상을 의미한다. 의도하지 않은 데이터가 조회되는 Phantom Read는 의도하지 않게 다른 데이터까지 수정하거나 삭제할 수 있는 상황이 발생할 수 있다. 다음은 시간 순서대로 발생한 상황이다. 시간 순서대로 나타낸 상황을 살펴보자.

❶ [스레드 1] 트랜잭션을 시작한다.

❷ [스레드 1] status = 'closed'인 호텔들의 hotel_id, name 필드 값들을 조회한다. 여러 개의 레코드를 조회할 수 있는 쿼리다. 이때 hotel_id = 1이고 이름이 "Line hotel"인 레코드 하나만 조회된다.

❸ [스레드 2] 트랜잭션을 시작한다.

❹ [스레드 2] hotel_id = 2, name = "Hilton", status ="closed" 데이터를 생성(INSERT)한다.

❺ [스레드 2] 커밋하고 트랜잭션을 종료한다.

❻ [스레드 1] status = 'closed'인 호텔들의 hotel_id, name 필드 값들을 다시 조회한다. 이때 hotel_id = 1, name = "Line hotel"과 hotel_id = 2, name = "Hilton"인 두 개의 데이터가 조회된다. 스레드 1 입장에서는 Repeatable Read 트랜잭션 안에서 새로운 데이터가 나타난 것이므로 Phantom Read 현상이라고 한다.

❼ [스레드 1] 트랜잭션을 커밋하고 종료한다.

Serializable

격리 수준 중에서 가장 높은 값이다. 여러 트랜잭션이 중복된 경우 가장 먼저 시작한 트랜잭션이 대상 테이블을 점유하고 다른 트랜잭션의 쿼리를 막는다. 즉, 다른 트랜잭션은 INSERT, UPDATE, DELETE 쿼리를 바로 실행할 수 없다. 미리 시작한 트랜잭션은 테이블에 락(lock)을 잡는다. 미리 시작한 트랜잭션이 끝나기 전까지, 즉 다른 트랜잭션들은 락이 풀리기 전까지 대기해야 한다. 그러므로 Dirty Read, Non-Repeatable Read, Phantom Read 같은 현상이 발생할 수 없다. Serializable은 트랜잭션에 가장 높은 등급의 고립성을 보장하지만, 다른 트랜잭션들이 무조건 대기해야 하므로 상대적으로 성능은 그만큼 떨어질 수밖에 없다.

8.7.4 트랜잭션 테스트 예제

@Transactional 애너테이션을 사용한 예제를 살펴보자. 예제에서 설명할 HotelService의 createHotel()은 호텔 정보를 데이터베이스에 생성하는 기능을 제공한다. 이때 @Transactional 애너테이션이 정의된 메서드 내부에서는 hotelRepository.save() 메서드를 사용하여 데이터를 저장한다.

HotelService의 createHotel( ) 메서드

```
package com.springtour.example.chapter08.service;

@Service
public class HotelService {

    // 생략

    @Transactional(readOnly=false, isolation=Isolation.SERIALIZABLE) ----❶
    public HotelCreateResponse createHotel(HotelCreateRequest createRequest) {
        HotelEntity hotelEntity = HotelEntity.of(
                createRequest.getName(),
                createRequest.getAddress(),
                createRequest.getPhoneNumber());
        // 중략

        hotelRepository.save(hotelEntity);
        return HotelCreateResponse.of(hotelEntity.getHotelId());  ----❷
    }
}
```

❶ 트랜잭션의 격리 수준을 SERIALIZABLE로 설정한다. createHotel() 메서드 내부에는 데이터를 생성하는 hotelRepository.save() 메서드가 있으므로 readOnly 속성을 false로 설정해야 한다.

❷ createHotel() 메서드 내부에는 HotelEntity 객체를 저장하고 HotelEntity의 기본 키 값을 응답으로 리턴한다.

HotelService의 createHotel() 메서드를 테스트하는 테스트 케이스는 HotelServiceTest의 testCreateHotel() 메서드다. @SpringBootTest를 사용했으므로 @Service 애너테이션이 정의된 HotelService와 @Repository 애너테이션이 정의된 HotelRepository 등 모든 스프링 빈을 ApplicationContext에 로딩한다. 이때 테스트에 적합한 환경을 구성하고자 application-test.properties를 로딩한다. application-test.properties의 JDBC 경로는 도커의 MySQL을 연결하도록 설정되어 있다. 그러므로 테스트를 하려면 MySQL 도커를 먼저 실행해야 한다.

HotelServiceTest 클래스의 testCreateHotel() 메서드

```
package com.springtour.example.chapter08.service;

@SpringBootTest
@Transactional ----❶
@TestPropertySource(locations="classpath:application-test.properties")
class HotelServiceTest {

    @Autowired
    private HotelService hotelService;

    @Autowired
    private HotelRepository hotelRepository;

    @Test
    public void testCreateHotel() {
        // Given
        HotelCreateRequest request = new HotelCreateRequest();  ----
        request.setName("test");
        request.setAddress("test address");                      ----❷
        request.setPhoneNumber("213-820-3642");
        request.setRoomCount(10);

        // When
        HotelCreateResponse response = hotelService.createHotel(request); ----❸
        HotelEntity hotelEntity = hotelRepository.findById(response.getHotelId()).
 orElse(null); ----❹

        // Then
```

```
            Assertions.assertNotNull(hotelEntity);
            Assertions.assertEquals(request.getName(), hotelEntity.getName());
❺          Assertions.assertEquals(request.getAddress(), hotelEntity.getAddress());
            Assertions.assertEquals(request.getPhoneNumber(), hotelEntity.getPhoneNumber());
            Assertions.assertEquals(request.getRoomCount(), hotelEntity.getRoomCount());
        }
    }
```

❶ HotelService의 createHotel()은 데이터베이스에 엔터티를 저장하는 로직을 포함하고 있으므로 테스트 케이스의 일관성 있는 결과를 위해 @Transactional 애너테이션을 정의한다.

❷ 테스트할 데이터를 사용하여 HotelCreateRequest 객체를 생성한다.

❸ 테스트 대상인 createHotel() 메서드를 실행한다. HotelCreateResponse에는 새로 생성된 엔터티의 기본 키를 포함하고 있다.

❹ 새로 생성된 엔터티의 기본 키를 사용하여 데이터베이스에 정상적으로 저장되어 있는지 확인한다.

❺ ❹에서 조회한 HotelEntity와 CreateHotelRequest 객체의 각 속성을 비교한다. 요청 값과 데이터베이스에 저장된 값이 같은지 검증하며, 모든 항목이 같다면 createHotel() 메서드는 정상적으로 기능을 실행한 것이다.

HotelServiceTest의 testCreateHotel() 테스트 케이스를 실행한 결과는 그림 8-15와 같다. 트랜잭션이 시작되었는지, 어떤 쿼리가 실행되었는지, 트랜잭션이 종료되었는지까지 확인할 수 있다.

❤ 그림 8-15 테스트 케이스 실행 결과

```
✔ Tests passed: 1 of 1 test – 183 ms
2021/10/19 23:40:59.340 [main] INFO  o.s.t.c.t.TransactionContext - Began transaction (1) for test context [DefaultTestContext@44040454
2021/10/19 23:40:59.453 [main] DEBUG org.hibernate.SQL -
    insert
    into
        hotels
        (created_at, created_by, modified_at, modified_by, address, name, phone_number, room_count, status)
    values
        (?, ?, ?, ?, ?, ?, ?, ?, ?)
Hibernate:
    insert
    into
        hotels
        (created_at, created_by, modified_at, modified_by, address, name, phone_number, room_count, status)
    values
        (?, ?, ?, ?, ?, ?, ?, ?, ?)
HotelEntity(hotelId=51, status=READY, name=test, address=test address, phoneNumber=213-820-3642, roomCount=10)
2021/10/19 23:40:59.507 [main] INFO  o.s.t.c.t.TransactionContext - Rolled back transaction for test: [DefaultTestContext@44040454 testC
```

테스트 케이스를 실행한 후 화면에 출력된 로그를 보면, 가장 먼저 TransactionContext 클래스에서 Begin Transaction을 실행한다. 즉, 트랜잭션이 시작된 것을 확인할 수 있다. HotelRepository.save() 메서드에서 실행하는 INSERT 쿼리가 실행된다. 마지막에는 트랜잭션이 롤백된다.

테스트 케이스에 정의된 @Transactional 애너테이션은 트랜잭션을 롤백한다. 그 이유는 Spring Test 모듈에서 제공하는 o.s.test.context.transaction.TransactionalTestExecutionListener 때문이다. 테스트 케이스에서 사용된 트랜잭션은 TransactionalTestExecutionListener가 관리한다. 그리고 기본 설정으로 테스트 케이스에서 사용된 모든 트랜잭션은 테스트가 종료되면 TransactionalTestExecutionListener가 롤백된다.

예제와 같은 방법으로 서비스 클래스의 메서드도 테스트할 수 있다.

8.7.5 @Transactional을 사용할 때 주의 사항

@Transactional 애너테이션은 스프링 AOP를 사용하여 동작한다. AOP 위빙이 되지 않은 채 대상 메서드가 실행되어도 우리는 알기 어렵다. 즉, 대상 메서드는 정상적으로 실행되었지만 어드바이스가 정상적으로 실행되지 않을 수 있다. 여기에서는 개발자가 쉽게 실수하는 두 가지 주의 사항과 사용할 때 유의점을 살펴본다.

- **public 접근 제어자로 선언된 메서드만 @Transactional 애너테이션이 동작한다**: final이나 private 접근 제어자로 선언된 메서드는 프록시 객체를 만들 수 없다. 그러므로 private 메서드에 @Transactional 애너테이션을 선언해도 트랜잭션이 정상 동작하지 않는다.
- **스프링 빈으로 주입된 객체의 메서드를 호출해야 한다**: 스프링 빈으로 주입된 객체의 메서드를 실행하면 ApplicationContext가 어드바이스를 런타임에 위빙할 수 있다. 즉, 하나의 스프링 빈에 있는 메서드들이 this 키워드를 사용하여 다른 메서드를 호출하면 어드바이스를 해당 메서드에 위빙할 수 없다. this 키워드를 사용했으므로 개입할 여지가 없기 때문이다. 그러므로 자기 주입 방식을 사용하여 스프링 빈을 주입해야 한다.
- **@Transactional의 설정 중 트랜잭션의 격리 수준을 설정하는 isolation 속성은 통일하면 좋다**: 격리 수준에 따라 Dirty Read나 Phantom Read 같은 여러 상황이 발생하여 API가 정상 동작하지 않을 수 있다. 격리 수준이 매번 다양하게, 자주 변경된다면 디버깅을 하여 문제점을 찾기 어려워진다. 물론 상황에 따라 트랜잭션의 격리 수준을 별도로 정의해서 사용해야 한다면 그렇게 사용하는 것이 좋다.

두 번째 주의 사항인 자기 주입 방식을 조금 더 살펴보자. 다음 코드는 this 키워드를 사용하여 @Transactional 애너테이션이 걸려 있는 내부 메서드를 호출하는 예제다. 호출되는 내부 메서드 는 앞서 설명한 적 있는 createHotel()이다. 이 코드에서 트랜잭션이 정상 동작할지 생각해 보자.

잘못된 방식으로 @Transactional 애너테이션이 정의된 메서드를 호출하는 예제

```
@Service …❶
public class HotelService {

    // 생략
    public List<HotelCreateResponse> createHotels(List<HotelCreateRequest>
createRequests) { …❷
        return createRequests
                .stream()
                .map(createRequest -> this.createHotel(createRequest)) …❹
                .collect(Collectors.toList());
    }

    @Transactional(readOnly=false, isolation=Isolation.SERIALIZABLE) …❸
    public HotelCreateResponse createHotel(HotelCreateRequest createRequest) {
        // 생략
    }
}
```

❶ @Service 애너테이션이 정의된 HotelService는 스프링 빈으로 로딩된다.

❷ createHotels() 메서드는 List<HotelCreateRequest> 리스트 객체를 인자로 받으며, 자바의 스트림 API를 사용하여 각 엘리먼트마다 this.createHotel() 메서드를 다시 호출한다.

❸ createHotel() 메서드는 @Transactional 애너테이션이 정의되어 있으며, public 접근 제어자 로 선언된 메서드이므로 정상적으로 트랜잭션이 동작할 것으로 예상한다.

❹ this 키워드를 사용하여 this.createHotel()을 호출하는 경우 this는 자신의 객체를 의미한 다. 그러므로 ApplicationContext가 개입하여 런타임에 트랜잭션 코드를 프록시하여 생성할 수 없다. 이 경우에는 createHotel() 메서드에 정의된 @Transactional 애너테이션이 정상 동 작하지 않는다.

결론부터 이야기하면 스프링 빈에서 this 키워드를 사용하는 경우 정상적으로 애너테이션이 동작 하지 않는다. 그러므로 this 키워드 대신 HotelService 스프링 빈을 주입받아 호출해야 한다. 여 기에서는 HotelService를 주입하는 두 가지 방법을 소개한다.

다음 코드처럼 스스로 주입하는 것을 자기 주입(self-injection)이라고 한다. 단 생성자 주입 방식으로는 자기 주입을 할 수 없다. 생성자 주입 방식을 사용하면 스프링 빈 객체를 생성하면서 자신의 객체를 주입해야 하므로 순환 참조(circular reference)의 덫에 걸리게 된다.

```
// @Autowired를 사용한 첫 번째 방법
@Autowired
private HotelService self;

// @PostConstruct를 사용한 두 번째 방법
@Autowired
private ApplicationContext applicationContext;

private HotelService self;

@PostConstruct
private void init() {
    self = applicationContext.getBean(HotelService.class);
}
```

이 방식을 사용하여 자기 주입을 마치면 문제되었던 createHotels() 메서드는 다음과 같이 수정할 수 있다.

```
@Service
public class HotelService {
    @Autowired
    private HotelService self;  ┈┈①

    public List<HotelCreateResponse> createHotels(List<HotelCreateRequest>
createRequests) {
        return createRequests
                .stream()
                .map(createRequest -> self.createHotel(createRequest))
                .collect(Collectors.toList());          ②
    }
}
```

① @Autowired 애너테이션을 사용하여 HotelService는 HotelService 스프링 빈을 self 변수에 주입할 수 있다.

❷ self 스프링 빈을 사용하여 createHotel() 메서드를 호출하므로 ApplicationContext가 런타임 시점에 트랜잭션 코드들을 주입할 수 있다. 그러므로 트랜잭션이 정상적으로 시작·종료될 수 있다.

8.8 EntityManager

앞서 우리는 엔터티 클래스를 만들고 Repository 클래스를 생성하여 엔터티 객체를 저장·조회·수정·삭제하는 메서드 만드는 방법을 설명했다. 그리고 각 엔터티 클래스별로 전용 Repository 인터페이스를 선언하고 JpaRepository 인터페이스를 상속하는 방법도 설명했다. Spring Data JPA 프레임워크에서 제공하는 JpaRepository 인터페이스를 상속만 해도 이미 만들어진 save(), findById(), delete() 같은 메서드들을 상속하여 사용할 수 있었다. Spring Data JPA 프레임워크는 JpaRepository에 정의된 메서드들을 내부에서 미리 구현했으며, 구현 클래스는 SimpleJpaRepository 클래스다. 이 SimpleJpaRepository 클래스는 Hibernate 프레임워크에서 제공하는 클래스와 메서드를 사용하여 CRUD 메서드들을 제공한다. 그러므로 우리는 그동안 Hibernate 프레임워크의 기능을 사용하고 있었던 것이다.

데이터베이스에서 데이터를 처리하는 CRUD 기능들은 Hibernate 프레임워크가 처리하고 있으며, 객체 지향 방법으로 프로그래밍할 수 있는 기능을 제공한다. 그래서 Hibernate의 기능을 모르면 개발자 의도와 상관없이 비효율적으로 데이터베이스를 사용할 수 있다. Hibernate의 내부 구조에 대한 이해 없이는 성능 튜닝이나 장애 대응에 어려움이 있을 수 있다.

Hibernate 프레임워크에서 가장 중요한 역할을 하는 것은 EntityManager 클래스다. EntityManager 클래스는 데이터를 처리하는 메서드와 영속성 컨텍스트 기능을 제공한다. 즉, 데이터베이스에서 엔터티 객체를 처리하는 기능을 제공한다. 먼저 SimpleJpaRepository 클래스의 소스 코드를 보고 EntityManager 클래스와 영속성 컨텍스트를 자세히 알아보자.

SimpleJpaRepository 클래스 코드 일부

```
package org.springframework.data.jpa.repository.support;

@Repository ····❶
@Transactional(readOnly=true)
```

```
public class SimpleJpaRepository<T, ID> implements JpaRepositoryImplementation<T, ID> {

    private final EntityManager em; ┄┄❷

    public SimpleJpaRepository(JpaEntityInformation<T, ?> entityInformation,
EntityManager entityManager) {

        Assert.notNull(entityInformation, "JpaEntityInformation must not be null!");
        Assert.notNull(entityManager, "EntityManager must not be null!");

        this.entityInformation = entityInformation;
        this.em = entityManager; ┄┄❸
        this.provider = PersistenceProvider.fromEntityManager(entityManager);
    }

    public void delete(T entity) {

        // 생략
        em.remove(em.contains(entity) ? entity : em.merge(entity)); ┄┄❹
    }

    public T getOne(ID id) {

        Assert.notNull(id, ID_MUST_NOT_BE_NULL);
        return em.getReference(getDomainClass(), id); ┄┄❺
    }
```

❶ @Repository 애너테이션을 사용하여 스프링 빈으로 정의한다. 그래서 ApplicationContext는 SimpleJpaRepository 스프링 빈을 주입할 수 있으며 사용자가 만든 Repository 인터페이스 가 기능을 상속받을 수 있다.

❷ SimpleJpaRepository 클래스 내부는 EntityManager 기능을 사용하고 있으므로 내부 속성으로 EntityManager em이 선언되어 있다.

❸ SimpleJpaRepository도 스프링 빈이므로 생성자 주입 방식을 사용하여 다른 스프링 빈 객체 를 인자로 받을 수 있다. 생성자의 인자로 EntityManager entityManager를 받고 있으며, 이를 EntityManager em 변수에 할당한다. 스프링 부트 프레임워크는 EntityManager를 스프링 빈으 로 자동 생성하는 기능을 제공하므로 ApplicationContext로 주입 가능하다. 생성자에 구현된 내용을 보면 entityManager 인자가 null이면 예외를 발생하고 SimpleJpaRepository 객체를 생성할 수 없다. 그러므로 entityManager는 필수 인자이며 SimpleJpaRepository가 강하게 의 존하는 객체다.

❹ 엔터티 객체를 삭제하는 JpaRepository의 delete() 메서드는 EntityManager 클래스에서 제공하는 여러 메서드를 사용하여 데이터를 삭제한다. EntityManager의 remove 메서드는 데이터를 삭제하는 기능을 제공한다.

❺ 엔터티 객체를 조회하는 JpaRepository의 getOne() 메서드는 EntityManager 클래스의 getReference() 메서드를 사용하여 데이터를 조회한다.

❷, ❸ 코드를 보면 SimpleJpaRepository는 EntityManager에 강하게 의존하는 관계임을 알 수 있다. Spring Data JPA 프레임워크는 JPA/Hibernate 프레임워크를 추상화한 계층으로, 실제로 엔터티 객체들을 영속하는 과정은 모두 JPA/Hibernate의 EntityManager 클래스의 메서드를 사용한다. 그래서 개발자가 JpaRepository에서 상속받은 save(), findOne() 같은 메서드를 사용해도 결국 EntityManager의 메서드를 호출한다.

스프링 부트 프레임워크는 EntityManager를 자동 설정한다. o.s.boot.autoconfigure.orm.jpa 패키지에 포함된 HibernateJpaAutoConfiguration과 JpaBaseConfiguration 클래스가 EntityManager를 설정한다. 설정된 EntityManager는 스프링 빈으로 관리된다. 그러므로 애플리케이션을 개발하면서 EntityManager 객체가 필요하면 SimpleJpaRepository 코드처럼 의존성 주입을 받으면 된다. 보통 스프링 빈처럼 @Autowired 애너테이션이나 생성자 주입, Setter 메서드 주입 방식을 이용하거나 다음 예제 코드처럼 @PersistenceContext 애너테이션을 사용해서 주입할 수 있다. @PersistenceContext 애너테이션은 EntityManager를 주입하는 기능만 제공한다. 과거 버전의 스프링 프레임워크에서 제공하는 기능이며, @Autowired처럼 EntityManager를 위한 의존성 주입 애너테이션이라고 생각하자.

@PersistenceContext 애너테이션을 사용한 EntityManager 주입

```
@PersistenceContext
private EntityManager entityManager;
```

8.8.1 EntityManager와 영속성 컨텍스트

앞서 설명한 SimpleJpaRepository의 소스 코드 중 delete() 메서드를 기억해 보자. 개발자가 데이터베이스에 엔터티 객체를 삭제하려고 JpaRepository의 delete() 메서드를 호출하면 SimpleJpaRepository 내부에서는 EntityManager 클래스의 remove() 메서드를 호출한다.

EntityManager가 SQL을 직접 사용하는 SQL Mapper 프레임워크를 사용하여 개발되었다고 하자. 그래서 EntityManager의 remove( ) 메서드가 호출되면 데이터베이스에 메서드와 매핑된 SQL 쿼리가 바로 실행된다. 즉, remove( ) 메서드의 호출과 SQL 쿼리의 실행이 동기화되어 처리된다. 하지만 JPA/Hibernate는 이와 다른 방식으로 동작한다. 엔터티 객체를 관리하고 있는 영속성 컨텍스트에서 해당 엔터티 객체가 제외된다. 그리고 특정 시점이 되면 엔터티 객체와 매핑되는 레코드를 삭제하는 DELETE 쿼리를 데이터베이스에 실행한다. EntityManager의 remove( ) 메서드를 호출하는 시점과 delete 쿼리가 실행되는 시점이 다를 수 있는데, 이는 영속성 컨텍스트의 여러 특징 중 하나인 지연 쓰기라고 한다.

영속성 컨텍스트(persistence context)는 영속하려는 엔터티 객체의 집합을 의미하며, 엔터티 객체의 생명주기(life cycle)를 관리하는 컨텍스트 객체다. 생명주기를 관리하면서 어떤 변경 사항이 있는지도 같이 관리한다. 스프링 프레임워크의 스프링 빈을 관리하는 ApplicationContext와 비슷한 개념이다.

영속성 컨텍스트는 엔터티 객체를 보관하고 상태를 관리하는 역할을 한다. 그리고 엔터티 객체의 상태에 따라 적절한 쿼리를 데이터베이스에 실행한다. EntityManager 클래스는 엔터티 객체를 영속성 컨텍스트로 조회하거나 저장하고 삭제하는 기능을 제공한다. JPA/Hibernate는 직접 쿼리를 실행하는 대신 영속성 컨텍스트를 사용하여 데이터베이스의 데이터를 처리한다. 그러므로 EntityManager 클래스가 JPA/Hibernate에서 가장 중요한 역할을 맡고 있다고 할 수 있다. 다음 목록은 EntityManager의 특징이다.

- 생명주기를 관리하는 영속성 컨텍스트에 엔터티 객체를 관리할 수 있는 메서드들을 제공한다. EntityManager가 제공하는 persist(), remove(), flush(), getReference() 같은 메서드를 사용하면 엔터티 객체를 영속성 컨텍스트에 저장·삭제·조회할 수 있다.
- EntityManager는 멀티 스레드에 안전하지 않으므로 스레드마다 하나씩 생성해야 한다. 그러므로 JPA/Hibernate 프레임워크는 EntityManagerFactory 클래스를 사용하여 스레드별로 EntityManager를 생성한다.
- EntityManager는 내부적으로 Connection 객체를 사용하여 데이터베이스에 쿼리를 실행한다.

영속성 컨텍스트는 엔터티 객체를 저장하고 관리하는 환경을 의미한다. 스프링 빈을 관리하는 ApplicationContext처럼 영속성 컨텍스트도 엔터티 객체를 관리한다. 영속성 프레임워크는 엔터티 객체를 다음 네 가지 상태로 정의한다. 그리고 엔터티 객체의 최종 상태에 따라 데이터베이스에 적절한 INSERT, UPDATE, SELECT, DELETE 쿼리를 실행한다. 영속성 컨텍스트는 데이터베이스와 애플리케이션 사이에 위치하고 있어 객체 지향 프로그래밍이 가능하도록 돕는다.

- **비영속 상태**(NEW): 엔터티 객체가 영속성 컨텍스트에 포함되지 않는 상태를 의미한다. 엔터티 클래스를 new 키워드로 생성한 객체는 비영속 상태다.

- **영속 상태**(MANAGED): 엔터티 객체가 영속성 컨텍스트에 포함되어 영속성 컨텍스트가 관리하는 상태를 의미한다.

- **준영속 상태**(DETACHED): 엔터티 객체가 영속성 컨텍스트에 포함되었다가 분리된 상태를 의미한다. 처음부터 영속성 컨텍스트에 포함되지 않는 비영속 상태와는 다르다. 준영속 상태의 객체는 언제든 다시 영속 상태로 돌아갈 수 있다.

- **삭제 상태**(REMOVED): 영속성 컨텍스트에서 삭제된 상태다.

모든 엔터티 객체는 네 가지 상태가 될 수 있지만, 다른 상태로 이동할 수 있는 상태에는 제약이 있다. 그림 8-16은 영속성 컨텍스트의 네 가지 상태와 상태 천이를 표현한 상태도다. 그림 8-16을 보면 비영속 상태의 엔터티 객체가 바로 삭제 상태로 갈 수 없고, 영속 상태로 이동한 후 삭제 상태로 이동할 수 있다. 각 상태로 이동하려면 EntityManager의 메서드를 사용한다. 그림 8-16에는 이동할 수 있는 방향과 이동시킬 수 있는 EntityManager의 메서드를 함께 표시했다. 즉, 그림 8-16의 persist(), remove() 같은 메서드들은 EntityManager에서 제공한다.

▼ 그림 8-16 영속성 컨텍스트의 엔터티 객체 상태도

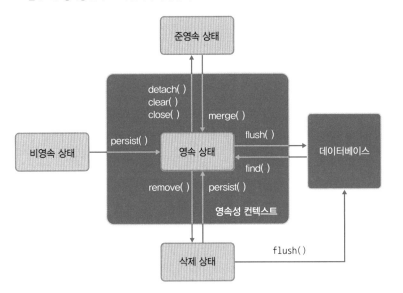

비영속 상태

애플리케이션에서 엔터티 객체를 생성하면 바로 비영속 상태가 된다. 엔터티 객체의 상태도에서 가장 초기 단계다. 비영속 상태는 EntityManager의 관리 범위에 포함되지 않는다. EntityManager 의 메서드로 생성한 엔터티 객체의 상태를 변경하지 않으면 영속성 컨텍스트가 관리할 수 없는 상태가 된다. 비영속 상태의 엔터티 객체는 데이터베이스에 저장되거나 조회될 수 없는 상태다. 반대로 이야기하면, 영속성 컨텍스트에 관리될 수 있는 상태를 의미한다. 영속성 컨텍스트에 관리된 상태에서만 데이터베이스에 저장·수정·삭제될 수 있다. 다음은 HotelEntity 객체를 생성하는 코드다. 단순히 new 키워드를 사용하여 엔터티 객체를 생성한다.

엔터티 객체를 생성하는 코드

```
HotelEntity hotelEntity = new HotelEntity()
```

비영속 상태가 될 수 있는 객체는 @Entity 애너테이션이 선언된 엔터티 클래스 타입만 가능하다. DTO나 Value 객체도 엔터티 객체와 마찬가지로 POJO 객체이지만, 이들은 엔터티 객체가 아니므로 영속성 컨텍스트가 관리할 수 없다. 그러므로 엔터티 객체만 비영속 상태가 될 수 있다.

영속 상태

영속 상태는 엔터티 객체가 영속성 컨텍스트에 포함되어 관리되는 상태를 의미한다. 그림 8-16 을 보면 엔터티 객체가 영속 상태로 될 수 있는 상황은 두 가지뿐이다. 첫 번째는 비영속 상태에서 영속 상태로 변경되는 것이다. new 키워드를 사용하여 비영속 상태가 된 엔터티 객체를 EntityManager 클래스의 persist() 메서드를 사용하여 영속 상태로 변경할 수 있다. 두 번째는 데이터베이스에 저장된 데이터를 조회하여 바로 영속 상태의 객체를 만드는 것이다. 데이터베이스에 데이터를 조회하고자 EntityManager의 find()나 getReference() 메서드를 사용한다. 이미 데이터베이스에 저장된 데이터를 조회하는 것이므로 바로 영속 상태가 된다. 다음 코드는 영속 상태의 엔터티 객체를 생성하려고 persist()와 find() 메서드를 사용한 예제다.

persist()와 find() 메서드를 사용한 예제

```
HotelEntity newHotelEntity = entityManager.persist(new HotelEntity);
HotelEntity savedHotelEntity = entityManager.find(HotelEntity.class, 101L);
```

그림 8-16을 보면 영속 상태의 객체는 준영속 상태, 삭제 상태 그리고 다시 데이터베이스에 저장될 수 있다. 영속 상태는 엔터티 객체의 다이어그램에서 가장 중요한 상태다. 앞서 설명한

JpaRepository의 save() 메서드가 어떻게 EntityManager를 사용하여 어떻게 데이터를 저장하는지 확인해 보자.

HotelService의 createHotel() 예제를 기억해 보자. 예제에서는 HotelEntity를 생성하고 HotelRepository 클래스의 save() 메서드를 호출해서 데이터를 데이터베이스에 저장했다. 내부에서는 어떻게 처리되는지 JpaRepository의 save() 메서드 구현 코드를 확인해 보자.

SimpleJpaRepository의 save() 메서드

```
@Transactional
@Override
public <S extends T> S save(S entity) {

    if (entityInformation.isNew(entity)) {
        em.persist(entity);
        return entity;
    } else {
        return em.merge(entity);
    }
}
```

구현된 코드를 분석해 보자. isNew() 메서드는 엔터티 객체의 신규 생성 여부를 확인할 수 있다. 신규 생성 여부에 따라 if-else 구문으로 로직을 구분한다. HotelService의 createHotel() 예제 HotelEntity 객체는 새로 생성한 것이므로 isNew() 메서드의 결과는 true다. 그러므로 em.persist(entity) 메서드가 실행된다.[16]

새로 생성된 객체는 비영속 상태이므로 데이터베이스에 저장하려면 가장 먼저 영속 상태로 변경해야 한다. 그림 8-16을 다시 확인해 보자. 영속 상태로 변경된 엔터티 객체만 데이터베이스에 저장될 수 있기 때문이다. HotelService의 createHotel() 예제를 다시 정리해 보자. new 키워드로 생성한 hotelEntity는 비영속 상태가 된다. 이때 HotelRepository의 save() 메서드를 호출하면 영속 상태로 변경된다. 이때부터 hotelEntity는 영속성 컨텍스트에 포함된다.

참고로 예제 코드처럼 entityInformation의 isNew() 메서드를 사용하면 신규 생성 여부를 확인할 수 있다. 이 정보를 기준으로 영속 상태의 엔터티 객체를 데이터베이스에 저장하거나 업데이트할 수 있다. 새로 생성된 객체는 데이터베이스에 INSERT 쿼리를 사용하여 저장한다. 데이터베이스에

---

16 isNew() 메서드의 결과가 false이면 데이터베이스에서 조회한 결과로 만들어진 엔터티 객체다. 이 엔터티 객체는 영속 상태나 준영속 상태일 수 있다. 그러므로 영속 상태로 확실히 만들어 주고자 em.merge(entity); 메서드를 실행한다.

서 조회한 객체에 변경 사항이 있으면 데이터베이스에 UPDATE 쿼리를 사용하여 변경된 정보를 업데이트한다.

그림 8-16을 보면 영속 상태의 객체를 데이터베이스에 적용하기 위해 EntityManager의 flush() 메서드를 실행한다. 영속성 컨텍스트의 모든 엔터티 객체는 데이터베이스에 영속된다. 객체 상황에 따라 적합한 INSERT나 UPDATE 쿼리가 실행된다. 이 flush() 메서드는 개발자가 직접 호출하면 그때 INSERT나 UPDATE 쿼리가 데이터베이스에 실행된다. 그러므로 리포지터리의 save() 메서드를 실행한 시점과 다른 시점에 쿼리문들이 실행된다.

명시적으로 flush() 메서드를 실행하지 않아도 JPA/Hibernate는 특정 시점에 flush() 메서드를 실행한다. 트랜잭션을 종료하기 직전, 즉 커밋 명령어를 실행하기 전에 flush() 메서드를 실행한다. 그러므로 정상적으로 비즈니스 로직이 실행되면 트랜잭션 종료 시점에 엔터티 객체가 데이터베이스에 영속된다.

지금까지 내용을 정리하면, HotelService의 createHotel() 예제에서 HotelRepository 클래스의 save()를 실행하면 엔터티가 어떤 상태로 변경되며 언제 데이터베이스에 저장되는지 EntityManager 레벨에서 이해할 수 있다.

준영속 상태

준영속 상태는 영속 상태의 엔터티 객체가 엔터티 컨텍스트의 관리 밖으로 빠진 상태를 의미한다. 영속성 컨텍스트는 더 이상 준영속 상태의 엔터티 객체를 관리하지 않는다. 그러므로 데이터베이스에 변경된 값이 저장되거나 생성되거나 삭제되지 않는다. 그림 8-16을 보면 준영속 상태에서는 데이터베이스로 상태가 변경될 수 없는 것을 확인할 수 있다.

영속 상태의 객체는 EntityManager의 detach(), clear(), close() 같은 메서드로 준영속 상태로 변경할 수 있다. 준영속 상태의 객체를 데이터베이스에 영속하려면 merge() 메서드를 사용하여 영속 상태로 변경해야 한다. 다음 코드는 데이터베이스에서 조회한 영속 상태의 hotelEntity 객체를 detach() 메서드를 사용하여 준영속 상태로 변경하는 예제다.

detach 메서드 예제

```
HotelEntity hotelEntity = entityManager.find(HotelEntity.class, 101L);
entityManager.detach(hotelEntity);
```

준영속 상태로 변경하는 EntityManager의 메서드는 다음과 같다.

- **public void detach(Object entity);**: 인자로 입력받는 entity 객체만 준영속 상태로 변경한다.
- **public void clear();**: 영속성 컨텍스트를 초기화한다. 그러므로 영속성 컨텍스트에서 관리하는 모든 엔터티 객체는 모두 준영속 상태로 변경된다. clear() 메서드를 실행하기 전에 영속 상태의 객체들이 변경되거나 새로 생성되어도 데이터베이스에는 적용할 수 없다.
- **public void close();**: 영속성 컨텍스트를 종료한다. clear()와 마찬가지로 관리되던 모든 엔터티 객체는 모두 준영속 상태로 변경된다. 컨텍스트가 종료되었으므로 더 이상 준영속 상태의 객체는 같은 영속성 컨텍스트에 영속 상태로 변경될 수 없다.

준영속 상태의 엔터티 객체를 영속 상태로 변경하려면 merge() 메서드를 사용한다. 다음 코드는 영속 상태의 hotelEntity 객체를 준영속 상태로 변경하고 다시 영속 상태로 변경하는 예제다.

merge 메서드 예제

```
HotelEntity hotelEntity = entityManager.find(HotelEntity.class, 101L);
entityManager.detach(hotelEntity);
entityManager.merge(hotelEntity);
```

삭제 상태

영속 상태의 엔터티 객체를 영속성 컨텍스트에서 삭제한 상태를 의미한다. 그림 8-16을 보면 삭제 상태는 오직 영속 상태의 엔터티 객체만 변경될 수 있다. 삭제 상태로 변경하고자 EntityManager의 remove() 메서드를 사용한다. 반대로 삭제 상태의 엔터티 객체는 persist() 메서드를 사용하여 다시 영속 상태로 변경할 수 있다.

삭제 상태는 데이터베이스에서 삭제 상태의 엔터티 객체와 매핑되는 레코드를 지울 때 사용한다. 영속 상태의 데이터를 데이터베이스에 적용하려면 flush() 메서드를 사용하듯이, 삭제 상태의 데이터를 데이터베이스에서 삭제할 때도 마찬가지로 flush() 메서드를 실행해야 한다. 결국 실제 데이터베이스에서 삭제되는 시점은 트랜잭션이 종료될 때 혹은 flush() 메서드를 실행할 때다. 다음 코드는 EntityManager의 remove() 메서드를 사용하는 예제다.

```
HotelEntity hotelEntity = entityManager.find(HotelEntity.class, 101L);
entityManager.remove(hotelEntity);
```

리포지터리 클래스에서는 delete() 메서드를 사용하면 SimpleJpaRepository의 delete() 메서드가 실행된다. SimpleJpaRepository의 코드는 다음과 같다. 그리고 어떻게 엔터티 객체를 삭제 상태로 변경하는지 확인해 보자.

SimpleJpaRepository의 delete() 메서드

```
public void delete(T entity) {

   Assert.notNull(entity, "Entity must not be null!");

   if (entityInformation.isNew(entity)) {            ----❶
      return;
   }

   Class<?> type = ProxyUtils.getUserClass(entity);

   T existing = (T) em.find(type, entityInformation.getId(entity));
   if (existing == null) {                           ----❷
      return;
   }

   em.remove(em.contains(entity) ? entity : em.merge(entity));  ----❸
}
```

❶ 삭제하려는 entity가 새로 생성된 엔터티 객체라면 데이터베이스에 파일이 존재하지 않는다. 그러므로 바로 delete() 메서드를 종료한다.

❷ find() 메서드를 사용하여 데이터베이스에서 entity와 매핑되는 existing 객체를 조회한다. 이때 데이터베이스에서 조회되지 않으면 삭제할 필요가 없으므로 메서드를 바로 종료한다.

❸ contains() 메서드를 사용하여 영속성 컨텍스트에서 entity 객체가 관리되고 있는지 확인한다. entity 객체가 컨텍스트에서 관리되지 않는다면 준영속 상태이므로 merge() 메서드를 사용하여 영속 상태로 만든다. 결국 어떤 상태이든 entity를 영속 상태로 만들고 EntityManager의 remove() 메서드를 실행하여 삭제 상태로 변경한다.

8.8.2 영속성 컨텍스트의 특징

영속성 컨텍스트의 특징을 정리해 보자. 앞서 엔터티 객체의 상태도와 상태를 같이 설명하면서 영속성 컨텍스트가 엔터티 객체를 어떻게 데이터베이스에 저장하는지 간단히 설명했다. 예를 들어 영속성 컨텍스트는 엔터티 객체들을 보관하며 상태를 관리한다. 데이터베이스에 저장된 엔터티 객체를 조회하면 SELECT 쿼리를 사용하여 영속 상태로 만든다. 비즈니스 로직을 모두 처리한 후 정상적으로 트랜잭션이 종료되면 영속 상태의 데이터를 EntityManager가 처리한다. 이때 JPA/Hibernate 프레임워크가 EntityManager의 flush( ) 메서드를 실행하면 데이터베이스에 엔터티 객체들을 상황에 맞게 처리한다. 새로 만들어진 엔터티 객체는 INSERT 쿼리를 사용하고, 데이터베이스에 저장된 엔터티 객체의 속성이 변경되었으면 UPDATE 쿼리를 사용하며, 삭제된 엔터티 객체는 DELETE 쿼리를 사용한다. flush( ) 메서드를 실행할 때 INSERT, UPDATE, DELETE 쿼리들이 데이터베이스에 실행된다. 이것이 영속성 컨텍스트의 변경 감지와 쓰기 지연 특성이다.

애플리케이션 영역에 포함된 영속성 컨텍스트는 비즈니스 로직과 데이터베이스 사이에 끼어 있는 모습을 하고 있다. 그림 8-17을 확인해 보자. 영속성 컨텍스트가 동작하는 방식을 그림으로 표현한 것이며, 데이터베이스와 애플리케이션 사이에 있음을 확인할 수 있다.

❤ 그림 8-17 영속성 컨텍스트의 위치

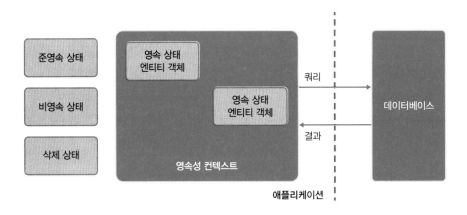

애플리케이션에서는 쿼리와 관련된 모든 일련의 작업은 영속성 컨텍스트가 담당한다. 이렇게 중간에 위치하여 데이터베이스와 관련된 작업을 대신 처리하는 구조는 패러다임의 불일치를 극복하는 구조다. 데이터베이스의 구조와 데이터 처리 방식이 객체 지향 프로그래밍의 패러다임과 불일치하므로 엔터티 객체를 관리하고, 최종적으로 상황에 맞는 쿼리를 데이터베이스에 실행한다.

쿼리를 직접 작성하는 SQL Mapper 프레임워크를 사용하는 환경에서는 데이터베이스에 실행하는 쿼리를 최적화하는 것을 중요하게 생각한다. 쿼리 수를 줄이고 최적화하며, 쿼리의 실행 속도를 빠르게 하고자 쿼리 튜닝도 해야 한다. 쿼리 숫자가 많으면 데이터베이스와 애플리케이션 사이에 I/O가 발생한다. 이때 네트워크 지연(network latency) 때문에 전반적인 성능 하락이 발생한다. 또한 쿼리를 실행하는 동안 쿼리를 실행하는 스레드는 블록킹 상태가 된다. 그래서 개발자들은 쿼리 실행 속도를 최적화하는 것에 집중하게 된다. 이런 이유로 애플리케이션은 쿼리 중심으로 로직이 변경되고, 비즈니스 로직이 프로그램과 데이터베이스로 분리되며, 클래스의 코드는 쿼리를 최적화하는 데 집중되어 더 이상 비즈니스 로직을 이해하기 어렵게 된다.

JPA/Hibernate 프레임워크를 도입해도 성능 이슈들은 항상 발생할 수 있다. 오히려 객체 지향 프로그래밍으로 개발하면 불필요한 쿼리의 숫자는 더 많아질 수 있다. JPA/Hibernate는 애플리케이션의 성능 향상을 위해 1차 캐시 개념을 사용하고 있다. 그림 8-17과 같이 영속성 컨텍스트가 1차 캐시 역할을 하면서 영속 상태의 객체를 빠르게 처리할 수 있도록 기능을 제공한다.

- **1차 캐시**: 애플리케이션 성능을 향상하려고 캐시를 지원한다. 애플리케이션의 메모리에 영속성 컨텍스트가 엔터티를 저장하므로 빠른 응답이 가능하다.
- **동일성 보장**: 영속성 컨텍스트는 식별자를 사용하여 엔터티 객체를 구분한다.
- **쓰기 지연**: INSERT나 DELETE 같은 동작을 매번 데이터베이스에 반영하지 않고, Entity Manager의 flush() 메서드가 실행될 때 한 번에 반영한다.
- **변경 감지(더티 체크)**: 영속 상태에 있는 엔터티 객체의 수정 여부를 관리하고, UPDATE 쿼리를 데이터베이스에 반영한다. 쓰기 지연 특성으로 UPDATE 쿼리도 한 번에 실행된다.
- **지연 로딩**: 연관 관계에 있는 엔터티 객체들은 지연 로딩 설정에 따라 참조될 때 로딩할 수 있다. 자세한 내용은 별도로 설명한다.[17]

1차 캐시

JPA/Hibernate 프레임워크의 영속성 컨텍스트는 1차 캐시 역할을 한다. 애플리케이션은 영속성 컨텍스트에서 데이터를 조회 · 삭제 · 수정하는 등의 작업을 하고, 영속성 컨텍스트는 데이터베이스에 동기화한다. 그리고 영속성 컨텍스트는 영속 상태의 엔터티 객체를 메모리에 관리한다. 즉, 영속 상태의 엔터티 객체는 캐시된 형태로 저장된다.

---

17 연관 관계 애너테이션의 fetch 속성에 따른다.

한 트랜잭션 안에서 같은 데이터를 여러 번 조회한다고 생각하자. 첫 번째 조회 때는 데이터베이스에 쿼리해서 영속성 컨텍스트에 저장한다. 하지만 두 번째 요청부터는 영속성 컨텍스트에서 보관하는 엔터티 객체를 응답한다. 이와 마찬가지로 같은 엔터티 객체를 여러 번 삭제하거나 수정해도 영속성 컨텍스트는 매번 쿼리를 실행하지 않는다. EntityManager의 flush() 메서드가 실행되면 변경 사항들을 종합하여 최종 결과만 데이터베이스에 동기화한다. 그래서 이를 1차 캐시라고 한다.

하지만 캐시라는 단어의 함정에 빠지면 안 된다. 일반적인 캐시 프레임워크는 공유 자원으로 사용 가능하며, 멀티 스레드 환경에서 사용할 수 있다. 영속성 컨텍스트는 멀티 스레드에 안전하지 않아 스레드마다 새로 생성된다. 각 스레드마다 생성되는 캐시처럼 동작하는 않는 구조다. 그래서 일반적인 캐시 프레임워크의 성능 향상을 기대해서는 안 된다. JPA/Hibernate의 1차 캐시는 하나의 스레드에서 같은 데이터를 여러 번 조회·수정·삭제하는 경우에만 유효하다. 멀티 스레드에서 같은 데이터를 조회하더라도 캐시처럼 동작할 수 없다.

다음 코드를 보고 어떻게 영속성 컨텍스트가 쿼리를 실행하는지 설명한다.

```
HotelEntity hotelEntity1 = hotelRepository.findById(101L);
HotelEntity hotelEntity2 = hotelRepository.findById(101L);
```

예제에서 hotelEntity1과 hotelEntity2 엔터티 객체는 hotelRepository의 findById() 메서드의 결과 값이다. 코드를 보면 101L 값으로 조회하므로 두 객체의 기본 키는 101L다. 그러므로 데이터베이스 관점에서는 같은 레코드의 값을 저장하는 객체이자 서로 같은 엔터티 객체다. 영속성 컨텍스트는 hotelEntity1 객체를 조회할 때는 데이터베이스에 SELECT 쿼리를 실행하지만, hotelEntity2 객체를 조회할 때는 hotelEntity1과 같은 객체를 응답한다. 이미 같은 레코드 값을 가진 영속 상태의 엔터티 객체를 관리하고 있으므로 다시 쿼리할 필요 없다.

동일성 보장

영속성 컨텍스트는 엔터티 객체들을 구분하고자 엔터티 객체의 @Id 값을 식별자로 사용한다. 이를 다르게 이야기하면, 영속성 컨텍스트의 모든 영속 상태 엔터티 객체들은 고유한 식별자를 갖고 있다. 같은 식별자로 영속성 컨텍스트에서 조회하면 같은 객체를 리턴하므로 동일성을 보장한다. HotelEntity 클래스는 @Id 애너테이션이 정의된 Long 타입의 hotelId가 식별자다. 그러므로 같은 hotelId 값을 사용하여 영속성 컨텍스트에서 조회하면 같은 엔터티 객체를 리턴하므로 자바 객체도 동일하다. equals()나 == 연산자를 사용하여 두 객체를 비교하면 항상 true 값을 리턴한다.

```
HotelEntity hotelEntity1 = hotelRepository.findById(101L);
HotelEntity hotelEntity2 = hotelRepository.findById(101L);

Assertions.assertTrue(hotelEntity1.equals(hotelEntity2));   // true
Assertions.assertTrue(hotelEntity1 == hotelEntity2);        // true
```

지연 쓰기와 변경 감지

영속성 컨텍스트는 영속 상태의 엔터티 객체의 변경 여부를 관리한다. 또한 엔터티 객체가 새로 생성되었는지도 확인할 수 있다. 그래서 엔터티 객체의 변경 여부와 신규 생성 여부를 확인하여 UPDATE와 INSERT 쿼리를 실행할 수 있다. 이는 영속성 컨텍스트의 변경 감지 기능 덕분이다. 또한 데이터베이스에 엔터티 객체를 동기화하는 과정은 EntityManager의 flush() 메서드가 호출되면 실행된다. JPA/Hibernate는 트랜잭션을 정상 종료할 때 EntityManager의 flush() 메서드를 실행하고 커밋 명령어를 실행한다. 그래서 코드에서 실행한 EntityManager의 persist() 메서드 시점과 실제 데이터베이스에 동기화되어 쿼리가 실행되는 시점이 다르다. 이렇게 실제 쿼리가 지연되어 실행되므로 지연 쓰기라고 한다. 마찬가지로 엔터티 객체를 수정했을 때도 지연되어 데이터베이스에 업데이트된다.

다음은 쓰기 지연과 변경 감지를 설명하는 예제 코드다. HotelEntity를 조회한 후 엔터티의 속성을 변경한다. 업데이트는 JpaRepository나 EntityManager에서 별도의 메서드를 제공하지 않는다. 명시적으로 업데이트를 하고 싶다면, 변경한 엔터티 객체를 SimpleJpaRepository의 save() 메서드로 저장한다. save() 메서드를 호출하지 않아도 영속성 컨텍스트가 엔터티 객체의 변경 여부를 관리하기 때문에 자동으로 업데이트한다. 결국 트랜잭션이 정상 종료되면 EntityManager의 flush() 메서드를 호출하고 변경 내용은 UPDATE 쿼리로 데이터베이스와 동기화된다. 예제를 보고 각 코드가 애플리케이션 내부에서 어떻게 동작하는지 확인해 보자.

```
@Transactional ┄┄❶
public void updateHotelName(Long hotelId, String hotelName) {
HotelEntity hotelEntity = hotelRepository.findById(hotelId); ┄┄❷
    if Objects.isNull(hotelEntity)
        return
    hotelEntity.updateHotelName(hotelName); ┄┄❸
} ┄┄❹
```

❶ @Transactional 애너테이션으로 트랜잭션이 시작된다. 그리고 영속성 컨텍스트도 생성된다.

❷ hotelId 변수와 식별자가 일치하는 hotelEntity를 데이터베이스에서 조회한다. 데이터베이스에 데이터가 없으면 hotelEntity 객체를 영속 상태로 관리한다. hotelId 변수와 일치하는 데이터가 없다면 hotelEntity 객체는 null이다.

❸ 호텔 이름을 바꾸는 updateHotelName() 메서드를 실행하면 영속성 컨텍스트는 변경 여부를 감지한다.

❹ @Transactional 애너테이션은 AOP 방식의 메커니즘으로 트랜잭션을 관리한다. 그러므로 메서드가 종료되는 시점에 트랜잭션을 커밋하고 종료한다. 이때 호텔 이름이 변경되었으므로 영속 상태의 호텔 엔터티는 UPDATE 쿼리를 실행하고 데이터베이스와 동기화된다.

마지막으로 영속성 컨텍스트의 주요 동작 방식을 다시 정리해 보겠다.

- EntityManager를 사용하여 영속성 컨텍스트의 엔터티 객체들을 관리할 수 있다.
- 영속성 컨텍스트는 멀티 스레드가 공유할 수 있는 공유 자원이 아니다. 그래서 스레드마다 별도의 영속성 컨텍스트가 생성된다.
- 영속성 컨텍스트는 트랜잭션과 함께 동작한다.
- 트랜잭션을 커밋하기 전 영속성 컨텍스트의 모든 엔터티 객체가 데이터베이스에 동기화되고 영속성 컨텍스트는 종료된다.

8.9 엔터티 연관 관계 설정

엔터티 클래스들은 그 데이터의 성격과 비즈니스 모델에 따라 서로 관계를 맺을 수 있다. 이를 JPA에서는 연관 관계(relationship)라고 한다. HotelEntity와 HotelRoomEntity 클래스의 연관 관계를 생각해 보자. 간단하게 생각하면 호텔은 한 개 이상의 객실을 반드시 포함하고 있다. 그래서 HotelEntity 클래스를 설계할 때 List<HotelRoomEntity> hotelRoomEntities를 클래스 속성으로 설계할 수 있다. 다음 코드는 HotelEntity 클래스의 일부로, 두 클래스가 어떻게 관계를 맺고 있는지 확인해 보자.

HotelEntity와 HotelRoomEntity의 상호 관계

```
public class HotelEntity {
    private List<HotelRoomEntity> hotelRoomEntities;
    // 생략
}
```

이 둘의 관계를 객실을 중심으로 바꾸어서 생각해 보자. 객실은 반드시 하나의 호텔에 포함되어야 한다. 그러므로 설계를 HotelRoomEntity 중심으로 바꾸어 본다. HotelRoomEntity 클래스의 속성으로 'HotelEntity hotelEntity'를 설계할 수 있다. 다음은 HotelRoomEntity 중심으로 설계한 코드다.

HotelRoomEntity와 HotelEntity의 상호 관계

```
public class HotelRoomEntity {
    private HotelEntity hotelEntity;
    // 생략
}
```

HotelEntity와 HotelRoomEntity처럼 객체가 다른 객체를 속성으로 포함하는 것은 객체 지향 설계에서는 매우 자연스러운 일이다. 속성으로 정의된 엔터티 객체를 참조하거나 수정하려면 이 기능을 처리하는 메서드를 제공해야 한다. 즉, setter 메서드를 사용하여 속성에 객체를 주입하거나 수정·조회·삭제하는 메서드를 클래스에 생성한다. 예를 들어 HotelRoomEntity가 HotelEntity의 속성으로 정의되어 있다면 HotelEntity 클래스에 addHotelRoomEntity(HotelRoomEntity hotelRoomEntity) 같은 메서드를 정의한다.

관계형 데이터베이스의 테이블들은 엔터티 클래스들과 다른 방식으로 관계를 맺는다. 테이블 사이에 외래 키(foreign key)를 사용하여 일대다 관계를 맺거나 다대다 관계를 저장하는 관계 테이블을 사용하여 서로 관계를 표현할 수 있다. 그래서 관계가 있는 여러 테이블을 조인하여 쿼리하는 방식으로 관계 있는 데이터들을 처리할 수 있다.

조인 쿼리로 처리가 안 되면 트랜잭션을 사용하여 여러 쿼리를 실행하는 경우도 있다. 즉, 객체 지향 프로그램과 데이터를 저장하는 데이터 저장소가 서로 다르게 동작하고 있는 현상이 발생한다. 이 또한 '객체 지향 프로그램과 데이터베이스 사이의 패러다임 불일치' 현상 중 하나다. 이 현상을 극복하기 위해 애플리케이션과 데이터베이스 중간에 있는 JPA/Hibernate 프레임워크를 사용한다. 프레임워크에서 제공하는 연관 관계 방법으로 엔터티 클래스들을 설계하고 객체 지향 방식으로 데이터를 처리하면, JPA/Hibernate 프레임워크가 조인 쿼리나 여러 쿼리를 사용하여 적합한 방법으로 처리한다.

8.9.1 연관 관계 설계

JPA/Hibernate는 엔터티 클래스 사이에 관계를 맺을 수 있는 애너테이션들을 제공한다. JPA 표준에서는 관계를 정의하는 @OneToMany, @ManyToOne, @ManyToMany, @OneToOne 애너테이션들을 제공한다. 외래 키와 다대다 관계 테이블을 지정할 수 있는 @JoinColumn, @JoinTable 애너테이션도 제공한다. 이 애너테이션을 사용하는 방법을 설명하기 전에 JPA에서 엔터티 클래스들이 연관 관계를 설계하는 방법을 알아보자. 먼저 설계할 때 주의해야 하는 항목들을 나열하고 고려할 점을 설명한다.[18]

- **엔터티 클래스의 관계 설정**: 일대다 관계인지 다대일 관계인지 다대다 관계인지 설계
- **엔터티 클래스 사이에 방향 설정**: 단방향(unidirectional relationship) 설계 또는 양방향(bidirectional relationship) 설계
- **연관 관계의 소유자 설정**: 어떤 클래스가 다른 클래스를 소유하고 있는지 설계

먼저 엔터티 클래스들의 관계를 설정해야 한다. 앞서 설명한 HotelEntity와 HotelRoomEntity를 사용하여 계속해서 설명한다. 애플리케이션을 HotelEntity나 HotelRoomEntity를 중심으로 설계할 수 있다. 혹은 두 방법 모두 사용하여 설계해도 된다. 연관 관계에서 중심이 되는 엔터티 클래스는 종속되는 엔터티 클래스를 포함한다. 연관 관계를 설정하는 기준은 비즈니스 모델과 이를 처리하는 로직이다. 호텔을 조회했을 때 모든 객실의 상태와 정보를 응답해야 한다면 HotelEntity를 중심으로 설계해야 한다. 그래서 HotelRoomEntity들이 HotelEntity에 속성으로 포함된다. 호텔 예약 정보를 응답할 때 호텔 객실과 호텔 정보를 같이 응답해야 한다면 HotelRoomEntity를 중심으로 설계해야 한다.

데이터베이스와 함께 연관 관계를 확인해 보자. 8.2절에서 설명한 테이블 hotels와 hotel_rooms는 일대다의 구조로 설계되었다. 테이블을 기준으로 본다면 HotelEntity 클래스를 중심으로 HotelRoomEntity를 포함하는 것이 자연스럽다. 하나의 호텔 레코드에 하나 이상의 호텔 객실 레코드들을 포함할 수 있기 때문이다. 그래서 HotelEntity가 중심인 경우 List<HotelRoomEntity> hotelRoomEntities 속성을 컬렉션의 형태로 포함한다. 하지만 일대다 테이블 구조라도 HotelRoomEntity를 중심으로 HotelEntity를 포함하는 구조로도 설계할 수 있다. 객실 하나는 반드시 하나의 호텔에 포함되어야 한다. 그러므로 HotelRoomEntity가 중심인 경우 HotelEntity

---

18 다음 항목들을 고려한 설계를 설명하므로 관계 설정 애너테이션이나 사용 방법은 뒤에서 자세히 설명한다. 지금은 용어나 개념만 이해해도 좋다.

hotelEntity처럼 단일 객체 속성을 포함한다. 엔터티 클래스의 관계 설정은 테이블의 연관 관계와 상관없이 원하는 엔터티 클래스를 중심으로 설계할 수 있다.

개념에 따라 엔터티 클래스 사이에 관계 설계를 완료했으며 이제 실제로 구현할 차례다. JPA/Hibernate는 연관 관계를 설정할 수 있는 애너테이션을 제공한다. 이를 연관 관계 애너테이션이라고 하며 @OneToMany, @ManyToOne, @ManyToMany, @OneToOne이 있다. 애너테이션 이름은 직관적이므로 어떤 관계로 엔터티 객체들이 연관 관계를 맺는지 알 수 있다. 연관 관계 애너테이션을 정의하고 나면 속성 객체를 참조하거나 수정하는 작업은 메서드로 실행할 수 있다.

연관 관계에 따라 부모 엔터티 객체는 자식 엔터티 객체를 속성으로 포함하는 구조를 갖는다. 부모 엔터티 객체를 영속성 컨텍스트에 영속 상태로 만들 때 자식 엔터티 객체까지 영속 상태로 만드는 것을 영속성의 전이(cascade)라고 한다. 다음과 같이 HotelEntity와 HotelRoomEntity가 서로 연관 관계를 맺고 있다고 생각해 보자. 이때 HotelEntity를 부모라고 하고 HotelRoomEntity를 자식이라고 한다.

HotelEntity와 HotelRoomEntity의 상호 관계

```
public class HotelEntity {
    // 생략
    private List<HotelRoomEntity> hotelRoomEntities;
    // 생략
}
```

영속성 전이 기능을 설정하고 다음 코드처럼 실행하면 어떤 일이 발생할지 간단하게 설명한다. 영속성 전이 기능의 설정값에 따른 전이 기능에 대한 자세한 내용은 뒤에서 다시 설명한다.

엔터티 객체를 저장하고 삭제하는 코드

```
hotelRepository.save(hotelEntity);    ····❶
hotelRepository.delete(hotelEntity);  ····❷
```

❶ 리포지터리의 save( ) 메서드를 실행하면 HotelEntity 객체가 hotels 테이블에 저장된다. 이때 자식 관계인 HotelRoomEntity 객체들도 hotel_rooms 테이블에 저장된다. 자식 엔터티 객체가 수정되면 테이블에 동기화된다.

❷ 리포지터리의 delete( ) 메서드를 실행하면 HotelEntity 객체가 hotels 테이블에서 삭제된다. 이때 자식 관계인 HotelRoomEntity 객체들도 hotel_rooms 테이블에서 삭제할 수 있다.

영속성 전이 설정을 사용하면 객체 지향 프로그래밍으로 데이터를 다룰 수 있다. SQL Mapper처럼 자식 엔터티 객체를 직접 생성하고 삭제할 필요가 없어진다. 단지 Java 애플리케이션에서 객체를 생성하고 수정하고 삭제하는 메서드를 호출하면 JPA/Hibernate가 관계 설정 애너테이션의 설정에 따라 자동으로 처리해 준다.

관계를 설정하면 엔터티 클래스 사이에 방향성도 고려해야 한다. 방향성이란 클래스 사이에 참조할 수 있는 방향을 의미한다. 엔터티 클래스 사이에 설정할 수 있는 방향은 크게 단방향 (unidirectional)과 양방향(bidirectional)이 있다. 단방향은 하나의 클래스에서 다른 클래스를 참조할 수 있는 것을 의미한다. 즉, 한쪽 방향으로만 참조할 수 있는 구조다. 양방향은 두 클래스가 서로를 참조할 수 있는 것을 의미한다. 다음 코드를 보면서 단방향 설계와 양방향 설계의 차이를 확인해 보자.

단반향 설계

```
@Entity @Table(name='hotels')
public class HotelEntity {
    // 생략
    private List<HotelRoomEntity> hotelRoomEntities;

    public List<HotelRoomEntity> getHotelRoomEntities() {
        return this.hotelRoomEntities;
    }
}

@Entity @Table(name='hotel_rooms')
public class HotelRoomEntity {
    // 생략
}
```

단방향으로 설계된 엔터티 클래스의 코드를 보자. HotelEntity 클래스는 내부에 List<HotelRoomEntity> 속성을 포함하고 있다. getHotelRoomEntities() 메서드를 호출하면 HotelEntity 객체에서 HotelRoomEntity 객체들을 참조할 수 있다. 그래서 HotelRoomEntity 객체를 생성·수정·삭제·조회할 수 있다. 반대로 HotelRoomEntity 클래스에는 HotelEntity 속성을 포함하지 않는다. HotelEntity에서 HotelRoomEntity로 한쪽 방향으로만 객체를 참조할 수 있다고 하여 단방향 설계라고 한다.

예제에서는 HotelEntity에서 HotelRoomEntity 객체를 속성으로 포함하도록 설계되었지만 그 반대로도 설계가 가능하다. 예를 들어 HotelRoomEntity가 HotelEntity를 속성으로 포함하는 것이다. 양방향 설계는 어떻게 하는지 확인해 보자. 다음은 양방향으로 설정된 예제 코드다.

```
@Entity @Table(name='hotels')
public class HotelEntity {
    // 생략
    private List<HotelRoomEntity> hotelRoomEntities;

    public List<HotelRoomEntity> getHotelRoomEntities() {
        return this.hotelRoomEntities;
    }
}

@Entity @Table(name='hotel_rooms') @Getter
public class HotelRoomEntity {
    // 생략
    private HotelEntity hotelEntity;

    public HotelEntity getHotelEntity() {
        return this.hotelEntity;
    }
}
```

8

데이터 영속성

HotelEntity와 HotelRoomEntity는 서로가 서로를 클래스 속성으로 포함하고 있다. HotelEntity 에서는 getHotelRoomEntities()를 호출하면 HotelRoomEntity 객체들을 참조할 수 있고, HotelRoomEntity에서는 getHotelEntity()를 호출하면 HotelEntity 객체를 참조할 수 있다. 이렇 게 서로가 서로를 참조할 수 있으므로 양방향 설계라고 한다.

엔터티들을 양방향으로 설계했다면 어떤 엔터티 클래스가 소유권을 갖고 있는지 소유 관계를 명 확하게 설정해야 한다. 단방향으로 설계했다면 연관 관계의 소유권이 명확하기 때문에 명시적으 로 설정할 필요가 없다. 앞서 살펴본 단방향 예제 코드에서는 HotelEntity가 HotelRoomEntity를 소유하고 있다. 즉, HotelEntity 클래스는 HotelRoomEntity를 속성으로 소유하며 HotelEntity의 메서드를 사용하여 HotelRoomEntity를 참조할 수 있다. 하지만 양방향 예제에서는 뫼비우스의 띠 처럼 어떤 클래스가 어떤 클래스를 소유했는지 알 수 없다. HotelEntity는 HotelRoomEntity를 속 성으로 소유하고 있고, HotelRoomEntity는 다시 HotelEntity를 속성으로 소유하고 있기 때문이 다. 그러므로 양방향 설정에서는 자신이 포함하고 있는 객체를 수정하거나 삭제하면 데이터가 꼬 일 수 있다. 소유권을 명시적으로 설정하여 한 방향으로 데이터를 수정, 삭제 또는 생성할 수 있도 록 해야 하며, 반대 방향으로는 데이터를 조회만 할 수 있도록 해야 한다. 양방향 설계에서 소유권 을 설정할 때는 연관 관계 애너테이션의 mappedBy 속성을 사용한다. 이를 사용하는 방법은 뒤에서 자세히 설명한다.

8.9.2 일대다 연관 관계 설정

@OneToMany 애너테이션은 일대다(1:N) 관계를 설정할 때 사용한다. 그래서 HotelEntity를 중심으로 HotelRoomEntity의 관계를 설정할 때 사용한다. HotelEntity와 HotelRoomEntity는 일대다 관계이며, 하나의 호텔 안에는 여러 객실이 포함되는 관계로 정리할 수 있다. 이 두 클래스가 단방향 관계로 설계되어 있다면 HotelEntity는 연관 관계의 주인이 된다. 그리고 HotelRoomEntity가 HotelEntity의 참조 객체가 된다. @OneToMany 애너테이션은 HotelEntity 클래스에 포함된 List<HotelRoomEntity> hotelRoomEntities 속성에 정의한다. 먼저 @OneToMany 코드를 살펴보자.

@OneToMany 애너테이션

```
@Target({METHOD, FIELD})
@Retention(RUNTIME)
public @interface OneToMany {

    Class targetEntity() default void.class; ----❶

    CascadeType[] cascade() default {}; ----❷

    FetchType fetch() default LAZY; ----❸

    String mappedBy() default ""; ----❹

    boolean orphanRemoval() default false; ----❺
}
```

---

❶ @OneToMany 대상의 클래스 타입을 지정한다. 개념적으로 Many에 해당하는 엔터티 클래스는 여러 개다. 참조 엔터티는 복수를 표현하기 위해 Collection이나 List 같은 타입으로 선언한다. 이때 Collection이나 List 클래스 타입에 제네릭으로 참조 엔터티의 클래스 타입을 선언하지 않으면 클래스 타입을 추론할 수 없다. targetEntity 속성에는 클래스 타입을 설정해야 한다. 하지만 List<HotelRoomEntity>처럼 제네릭 클래스 타입을 정의하면 추론할 수 있으므로 targetEntity 속성은 설정하지 않아도 된다.

❷ 대상 객체의 영속성 전이 방법을 설정한다. 영속성 전이 방법의 종류와 사용법은 따로 설명한다.

❸ 로딩 방법을 설정한다. 연관 관계의 주인을 데이터베이스에서 조회할 때 Many에 해당하는 객체를 어떻게 로딩할지 설정한다. 로딩 방법의 종류와 사용법은 따로 설명한다.

❹ 연관 관계가 있는 두 클래스 사이에 소유자를 설정한다. 양방향 관계로 설계한 경우 소유자를 지정하는 데 사용한다.

❺ 연관 관계가 끊어진 고아 객체를 삭제할 때 사용한다.

@OneToMany 애너테이션을 사용하여 HotelEntity와 HotelRoomEntity의 연관 관계를 설정한 예제 코드를 보자.

@OneToMany 애너테이션을 사용한 HotelEntity 코드

```
@Getter
@Entity
@Table(name='hotels', ...)
public class HotelEntity {
    // 생략
    @OneToMany ····❶
    @JoinColumn(name="hotels_hotel_id", referencedColumnName="hotel_id") ····❷
    private List<HotelRoomEntity> hotelRoomEntities;
}
```

❶ @OneToMany 애너테이션은 Many에 해당하는 클래스 속성에 설정한다. 예제 코드에서는 HotelEntity 클래스의 hotelRoomEntities 변수가 Many에 해당하므로 해당 변수에 설정했다.

❷ @JoinColumn 애너테이션은 두 엔터티 클래스의 연관 관계를 데이터베이스의 외래 키로 정리할 때 사용한다. Hotels와 hotel_rooms 테이블은 서로 외래 키로 일대다 관계를 맺고 있으므로 @JoinColumn 애너테이션을 사용하여 외래 키를 설정한다.

앞서 설명한 hotels, hotel_rooms 테이블의 필드 설정과 테이블의 관계를 다시 확인해 보자. 두 테이블은 일대다 관계로 설계되었으며, hotels 테이블의 기본 키인 hotel_id 칼럼 값을 hotel_rooms 테이블의 hotels_hotel_id 외래 키로 사용하도록 설계했다. hotel_rooms 테이블의 hotels_hotel_id 칼럼은 MySQL 기준으로 다음과 같이 설정되어 있다.

hotel_rooms 테이블의 DDL

```
CREATE TABLE IF NOT EXISTS `tour`.`hotel_rooms` (
  `hotel_room_id` BIGINT NOT NULL AUTO_INCREMENT,
  `hotels_hotel_id` BIGINT NULL, ····❶
  `room_number` VARCHAR(100) NOT NULL,
  `room_type` INT NOT NULL,
  `original_price` DECIMAL(18,2) NOT NULL,
```

```
  `created_by` VARCHAR(45) NULL,
  `created_at` DATETIME NULL,
  `modified_by` VARCHAR(45) NULL,
  `modified_at` DATETIME NULL,
  PRIMARY KEY (`hotel_room_id`),
  INDEX `fk_hotel_rooms_hotels_idx` (`hotels_hotel_id` ASC) VISIBLE,
  CONSTRAINT `fk_hotel_rooms_hotels`
    FOREIGN KEY (`hotels_hotel_id`)
    REFERENCES `tour`.`hotels` (`hotel_id`)      ❷
    ON DELETE NO ACTION
    ON UPDATE NO ACTION)
ENGINE = InnoDB;
```

❶ hotel_rooms 테이블의 hotels_hotel_id 칼럼은 일대다 설정을 위한 외래 키다.

❷ MySQL에서 외래 키를 설정하는 제약 조건 부분이다. 외래 키 대상은 hotels_hotel_id 칼럼이며, hotels 테이블의 hotel_id 필드를 참조한다.

@JoinColumn 애너테이션은 외래 키를 매핑하는 데 사용한다. 예제에서 사용한 hotels와 hotel_rooms 테이블은 외래 키로 연관 관계를 맺고 있다. JPA에서 이 외래 키를 사용하여 연관 관계를 맺을 때는 @JoinColumn 애너테이션을 사용해야 한다.

@JoinColumn 애너테이션의 코드 일부

```
package javax.persistence;

@Repeatable(JoinColumns.class)
@Target({METHOD, FIELD})
@Retention(RUNTIME)
public @interface JoinColumn {

    String name() default "";      ⋯❶

    String referencedColumnName() default "";      ⋯❷
}
```

❶ 연관 관계에서 참조 객체와 대응하는 테이블의 외래 키 필드 이름을 설정한다.

❷ 연관 관계에서 소유 객체와 대응하는 테이블의 외래 키 참조 필드 이름을 설정한다.

앞서 설명한 예제에서 사용한 @JoinColumn(name="hotels_hotel_id", referencedColumnName= "hotel_id") 코드를 생각해 보자. @JoinColumn의 name 속성에는 Many에 해당하는 객체와 대응하는 테이블의 외래 키 이름을 설정한다. Many에 해당하는 것은 HotelRoomEntity이며, hotel_ rooms 테이블과 대응한다. 그러므로 hotel_rooms 테이블의 hotels_hotel_id 필드 이름을 설정한다. @JoinColumn 애너테이션의 referencedColumnName 속성에는 외래 키가 참조하는 필드 이름을 설정한다. 그러므로 hotel_rooms 테이블의 hotels_hotel_id가 참조하는 hotels 테이블의 hotel_id 필드 이름을 설정한다.

외래 키가 하나인 경우 앞서 설명한 예제처럼 @JoinColumn 애너테이션 하나만 사용한다. 하지만 외래 키가 여러 개의 복합 필드 값을 사용한다면 다음과 같이 @JoinColumns와 @JoinColumn 애너테이션을 조합하여 사용한다.

@JoinColumns와 @JoinColumn 애너테이션 사용법

```
@Entity
public class HeadQuarter {
    @OneToMany
    @JoinColumns({
        @JoinColumn(name="head_quarter_id", referencedColumnName="id"),
        @JoinColumn(name="head_quarter_name", referencedColumnName="name")
    })
    private List<BranchOffice> branchOffices;
}
```

@OneToMany와 @JoinColumns 애너테이션이 설정된 HotelEntity는 다음과 같이 사용할 수 있다. 먼저 연관 관계의 부모 클래스인 HotelEntity를 영속 상태로 영속성 컨텍스트에 로딩한다. 그러면 HotelEntity 객체의 getHotelRoomEntities()를 사용하여 HotelRoomEntity 객체들을 참조할 수 있다. 즉, HotelRoomRepository 클래스를 사용하지 않고 HotelRoomEntity 객체를 참조할 수 있다. 저장소의 CRUD 기능을 제공하는 리포지터리 클래스에 의존하지 않고, 연관 관계에 있는 엔터티 클래스에 의존하는 프로그래밍을 할 수 있다.

연관 관계 예제

```
// 생략
HotelEntity hotelEntity = hotelRepository.findById(hotelId).orElseThrow(); ····❶
List<HotelRoomEntity> hotelRoomEntities = hotelEntity.getHotelRoomEntities(); ····❷
// 생략
```

❶ HotelRepository를 사용하여 HotelEntity 객체를 영속성 컨텍스트에 영속 상태로 로딩한다.

❷ HotelEntity와 HotelRoomEntity는 @OneToMany 애너테이션으로 연관 관계가 설정되어 있다. HotelEntity의 getHotelRoomEntities() 메서드를 실행하면 영속성 컨텍스트는 영속 상태의 HotelEntity와 관련된 HotelRoomEntity들을 데이터베이스에 조회하여 영속 상태로 로딩한다.

8.9.3 영속성 전이와 로딩, 고아 객체

이번에는 영속성 전이와 로딩 전략, 고아 객체를 삭제하는 방법을 설명한다. 각 기능들은 순서대로 앞서 설명한 @OneToMany 애너테이션의 cascade, fetch, orphanRemoval 속성 설정과 관련 있다.

영속성 전이는 연관 관계에서 부모 객체를 영속성 컨텍스트의 영속 상태로 만들 때 자식 엔터티 객체까지 영속 상태로 만드는 것을 의미한다. 엔터티 객체 상태 다이어그램을 기억해 보자. 영속 상태의 엔터티 객체는 삭제 상태로 변경할 수 있다. 트랜잭션이 정상 종료되면 JPA/Hibernate 프레임워크는 EntityManager의 flush() 메서드를 실행한다. 이때 삭제 상태의 엔터티 객체는 데이터베이스에 동기화되어 삭제된다. 이 엔터티 객체는 자식 엔터티 객체를 포함하고 있고, 영속성 전이 설정 ALL로 되어 있다고 생각하자.

자식 엔터티 객체도 부모 엔터티 객체처럼 부모 객체가 영속 상태가 될 때 자식 객체도 영속된다. 부모 엔터티 객체가 삭제 상태로 변경되면 자식 객체도 삭제 상태로 변경된다. 결국 부모 엔터티 객체가 생성·수정·삭제되면 자식 엔터티 객체도 부모 엔터티 객체를 따라 데이터베이스에 생성·수정·삭제된다. 이를 영속성 전이라고 한다. 영속성 전이는 연관 관계 애너테이션의 cascade 속성을 사용한다. 다음 코드에서 @OneToMany 애너테이션의 cascade 속성 설정을 확인해 보자.

속성 전이 설정

```
public class HotelEntity extends AbstractManageEntity {
    // 생략
    @OneToMany(cascade=CascadeType.ALL)
    private List<HotelRoomEntity> hotelRoomEntities;
    // 생략
}
```

이 코드는 @OneToMany 애너테이션의 cascade 속성을 설정하는 내용이다. cascade는 앞으로 설명할 @ManyToOne, @ManyToMany, @OneToOne 애너테이션 같은 연관 관계 애너테이션이 모두 제공하는 속성이다. cascade 속성에는 CascadeType 열거형 배열 값을 설정할 수 있다. 그래서 필요한 기능만 자식 엔터티 객체에 영속성 전이 기능을 사용할 수 있다. cascade 속성을 설정하지 않으면 영속성 전이 기능도 동작하지 않는다. CascadeType 열거형 상수 값과 그 의미는 다음과 같다.

- **ALL**: 모든 상황에서 자식 엔터티까지 영속성을 전이한다.
- **PERSIST**: 비영속 상태의 부모 엔터티를 영속 상태로 변경할 때 자식 엔터티까지 영속 상태로 변경한다. EntityManager의 pesist()에 대응된다.
- **MERGE**: 준영속 상태의 부모 엔터티를 영속 상태로 변경할 때 자식 엔터티까지 영속 상태로 변경한다. EntityManager의 merge()에 대응된다.
- **REMOVE**: 영속 상태의 부모 엔터티를 삭제 상태로 변경할 때 자식 엔터티까지 삭제 상태로 변경한다. EntityManager의 remove()에 대응된다.
- **REFRESH**: 부모 엔터티를 데이터베이스 값으로 다시 갱신할 때 자식 엔터티까지 갱신한다. EntityManager의 refresh()에 대응된다.
- **DETACH**: 영속 상태의 부모 엔터티를 준영속 상태로 변경할 때 자식 엔터티까지 준영속 상태로 변경한다. EntityManager의 detach()에 대응된다.

CascadeType의 PERSIST를 HotelEntity와 HotelRoomEntity 관계 설정에 사용한 @OneToMany 애너테이션에 적용해 보자. 다음 예제 코드에서 @OneToMany의 cascade 속성을 보자. CascadeType.PERSIST 값이 설정되었으므로 HotelEntity가 영속 상태로 변경되면 hotelRoomEntities도 영속 상태로 변경된다. 그리고 트랜잭션이 정상 종료되면 EntityManager의 flush() 메서드가 실행되고 데이터베이스에 동기화된다.

HotelEntity와 HotelRoomEntity에 설정한 CascadeType.PERSIST

```
package com.springtour.example.chapter08.domain;

public class HotelEntity extends AbstractManageEntity {
// 생략

    @OneToMany(cascade=CascadeType.PERSIST)
    private List<HotelRoomEntity> hotelRoomEntities;

// 생략
}
```

다음 코드는 chapter08에서 제공하는 HotelService 클래스의 createHotel() 메서드다. 호텔을 생성하는 요청인 HotelCreateRequest 객체를 인자로 받고 이를 사용하여 HotelEntity와 HotelRoom Entity를 생성한다.

```
package com.springtour.example.chapter08.service;

@Transactional(readOnly=false, isolation=Isolation.SERIALIZABLE)
public HotelCreateResponse createHotel(HotelCreateRequest createRequest) {
    HotelEntity hotelEntity = HotelEntity.of(
            createRequest.getName(),
            createRequest.getAddress(),                   ❶
            createRequest.getPhoneNumber());


    int roomCount = createRequest.getRoomCount();
    List<HotelRoomEntity> hotelRoomEntities = IntStream.range(0, roomCount)
            .mapToObj(i -> HotelRoomEntity.of("ROOM-" + i, HotelRoomType.DOUBLE,
BigDecimal.valueOf(100)))                                 ❷
            .collect(Collectors.toList());
    hotelEntity.addHotelRooms(hotelRoomEntities);

    hotelRepository.save(hotelEntity);   ❸
    return HotelCreateResponse.of(hotelEntity.getHotelId());
}
```

❶ HotelCreateRequest 인자를 사용하여 HotelEntity 객체를 생성한다. 생성된 HotelEntity는 비영속 상태다.

❷ HotelCreateRequest의 roomCount 개수만큼 HotelRoomEntity 객체를 생성한다. 생성된 HotelRoomEntity 리스트(hotelRoomEntities)는 HotelEntity의 addHotelRooms( ) 메서드를 사용하여 HotelEntity 객체에 포함한다. HotelRoomEntity 리스트 또한 비영속 상태다.

❸ HotelRepository의 save( )를 사용하여 HotelEntity 객체를 영속 상태로 변경한다. 코드에서는 명시적으로 HotelEntity 객체만 영속 상태로 변경한다. 하지만 CascadeType.PERSIST 설정 때문에 HotelRoomEntity 리스트 또한 영속 상태로 변경된다. 트랜잭션이 종료되면 HotelEntity 객체와 HotelRoomEntity 리스트 모두 데이터베이스에 저장된다. CascadeType.PERSIST 설정이 없다면 HotelRoomEntity 리스트는 데이터베이스에 저장되지 않는다.

HotelService 클래스의 createHotel( ) 메서드를 실행해 보자. 테스트 케이스를 작성하여 createHotel( ) 메서드가 예상대로 동작하는지 확인하는 코드는 다음과 같다. 테스트 케이스를 실행하기 전에 MySQL 도커를 실행하자.

```
package com.springtour.example.chapter08.service;
// 생략
@Test
public void testCreateHotel() {
    // Given
    HotelCreateRequest request = new HotelCreateRequest();
    request.setName("test");
    request.setAddress("test address");                      ❶
    request.setPhoneNumber("213-820-3642");
    request.setRoomCount(10);

    // When
    HotelCreateResponse response = hotelService.createHotel(request);  ❷
    HotelEntity hotelEntity = hotelRepository.findById(response.getHotelId()).
orElse(null);                                                ❸
    List<HotelRoomEntity> hotelRoomEntities = hotelRoomRepository.
findByHotelId(response.getHotelId());

    // Then
    Assertions.assertNotNull(hotelEntity);
    // 생략                                                   ❹
    Assertions.assertEquals(request.getRoomCount(), hotelRoomEntities.size());
}
```

❶ HotelService의 createHotel() 메서드를 테스트하는 HotelCreateRequest 객체를 생성한다. 객체 값들은 메서드를 실행하는 조건이 되며, 이 값들은 createHotel() 결과 값을 검증하는 데 사용한다.

❷ 생성한 HotelCreateRequest를 사용하여 createHotel() 메서드를 테스트한다.

❸ createHotel() 내부에서 생성한 HotelEntity와 HotelRoomEntities 객체가 정상적인지 확인하고자 Repository 메서드를 사용하여 조회한다.

❹ 조회한 HotelEntity와 HotelCreateRequest의 요청 값이 같은지 검증한다. HotelRoomEntities 의 크기가 HotelCreateRequest 객체의 getRoomCount() 값과 같은지 검증하고 테스트를 종료 한다.

데이터베이스 관점으로 보면 영속성 전이 기능은 레코드를 INSERT, UPDATE, DELETE하는 쿼리와 관련 있고, SELECT 쿼리는 연관 관계 애너테이션의 fetch 속성과 관련 있다. fetch 속성도 cascade

속성과 마찬가지로, 모든 연관 관계 애너테이션에서 사용할 수 있는 속성이다. fetch 속성은 연관 관계의 부모 엔터티 객체를 데이터베이스에서 조회할 때 연관 관계의 자식 엔터티 객체를 조회하는 방식을 설정할 수 있다. fetch 속성은 FetchType 열거형 상수 값을 설정한다.

@OneToMany 애너테이션의 fetch 속성의 기본값은 FetchType.LAZY다. 다른 연관 관계 애너테이션들은 각각 다른 기본값을 갖고 있으므로 주의하자. FetchType 상수 값에 따른 동작 방식을 확인해 보자.

- **FetchType.LAZY**: 지연 로딩 전략. HotelEntity의 getHotelRoomEntities() 메서드를 호출하는 시점에 HotelRoomEntity 객체들을 데이터베이스에서 로딩하여 영속 상태로 만든다. 즉, 부모 엔터티와 자식 엔터티를 데이터베이스에서 로딩하는 시점이 다르며, 코드에 따라 자식 엔터티는 로딩되지 않을 수 있다.

- **FetchType.EAGER**: 즉시 로딩 전략. HotelEntity 객체를 데이터베이스에서 로딩할 때 HotelRoomEntity 객체들을 데이터베이스에서 로딩하여 영속 상태로 관리한다. 그래서 부모 엔터티와 자식 엔터티를 데이터베이스에서 로딩하는 시점이 같다. 항상 두 엔터티가 데이터베이스에서 로딩된다.

@OneToMany 애너테이션의 기본 속성 값이 FetchType.LAZY인지 생각해 보자. 호텔과 객실의 관계는 일대다이며, 호텔에 따라 수십에서 수천 개의 객실을 포함할 수 있다. 그러므로 FetchType.EAGER라면 HotelEntity를 SELECT할 때마다 수많은 HotelRoomEntity를 SELECT해야 한다. 즉, 데이터베이스에 필요 없는 부하가 발생할 수 있다. 그래서 @OneToMany 애너테이션은 자식 엔터티 객체를 조회할 때 데이터베이스에서 쿼리하는 FetchType.LAZY 전략을 사용한다. 즉, FetchType.LAZY든 EAGER든 간에 데이터베이스에서 조회하지만 어떤 시점에 데이터를 조회하는지 결정할 수 있다.

@OneToMany 애너테이션의 orphanRemoval 속성을 확인해 보자. orphanRemoval은 고아 객체를 어떻게 처리할지 설정하는 속성이다. 고아 객체란 부모 엔터티 객체와 연관 관계가 끊어진 자식 엔터티 객체를 의미한다. orphanRemoval 속성에는 boolean 값을 설정할 수 있으며, @OneToMany 애너테이션의 기본값은 false다. orphanRemoval이 true인 경우 고아 객체를 자동으로 삭제한다. 연관 관계가 끊어진 자식 객체는 데이터베이스에 동기화될 때 삭제된다. orphanRemoval 속성은 @OneToMany와 @OneToOne 연관 관계 애너테이션에서만 제공한다. HotelEntity와 HotelRoomEntity가 @OneToMany 애너테이션 관계고, fetch = FetchType.EAGER, orphanRemoval = true라고 생각하고 다음 코드를 확인해 보자.

```
HotelEntity hotelEntity = hotelRepository.findById(hotelId); ····❶
hotelEntity.getHotelRoomEntities().remove(0); ····❷
```

❶ FetchType.EAGER 설정으로 HotelEntity와 HotelRoomEntity 객체 모두 로딩된다.

❷ 로딩된 HotelRoomEntity 객체 중 첫 번째 객체를 삭제한다. 첫 번째 HotelRoomEntity 객체는
HotelEntity 객체와 연관 관계가 끊어진다. EntityManager의 flush() 메서드가 실행되면 연관
관계가 끊어진 첫 번째 HotelRoomEntity 객체는 데이터베이스에서 삭제된다.

코드를 보면 HotelRoomEntity 객체를 삭제하는 데 HotelRoomRepository의 delete() 메서드를 사
용하지 않았다. 즉, 데이터 중심으로 개발하지 않아도 객체 중심으로 데이터를 삭제하면 데이터베
이스에서 삭제된다.

8.9.4 다대일 연관 관계 설정

@ManyToOne 애너테이션은 다대일 연관 관계를 설정할 때 사용한다. 다대일 연관 관계는 다
(Many)에 해당하는 엔터티가 일(One)에 해당하는 엔터티를 속성으로 포함하는 구조다. 그러므로
HotelRoomEntity가 HotelEntity를 속성으로 사용하는 설계를 할 때 사용한다. @ManyToOne 애너
테이션 코드는 다음과 같다. @ManyToOne 애너테이션의 속성 중 targetEntity, cascade, fetch는
@OneToMany 애너테이션의 기능과 같다. 여기에서는 새로운 속성인 optional과 @OneToMany 애너테
이션의 차이점을 설명한다.

```
@Target({METHOD, FIELD})
@Retention(RUNTIME)

public @interface ManyToOne {

    Class targetEntity() default void.class;

    CascadeType[] cascade() default {};

    FetchType fetch() default EAGER;
```

```
    boolean optional() default true; ----❶
  }
```

❶ optional은 @ManyToOne 애너테이션이 설정된 대상 엔터티 객체의 존재 여부를 설정한다.

@ManyToOne 애너테이션을 사용하는 예제는 다음과 같다. HotelRoomEntity는 HotelEntity와 다대
일 관계이므로 HotelRoomEntity의 HotelEntity 속성에 @ManyToOne 애너테이션을 선언한다.

```
@Entity
public class HotelRoomEntity {

    @ManyToOne
    private HotelEntity hotelEntity;

}
```

@ManyToOne 애너테이션 fetch 속성의 기본값은 FetchType.EAGER다. EntityManager의 fetch()
메서드를 사용하여 부모 엔터티 객체를 로딩하면 동시에 자식 엔터티 객체도 로딩된다.
HotelRoomEntity 객체를 데이터베이스에서 로딩할 때 동시에 HotelEntity 객체도 영속성 컨
텍스트에 영속 상태로 로딩한다. 다대일 관계이므로 자식 엔터티 객체는 null 또는 한 개다.
@OneToMany 애너테이션과 비교하면 데이터베이스에서 SELECT할 레코드의 개수는 최대 한 개이므
로 데이터베이스에 부하가 적다. 그러므로 @ManyToOne 애너테이션은 즉시 로딩 전략이 기본값이
된다.

@ManyToOne 애너테이션의 optional 속성의 기본값은 true다. true로 설정하면 자식 엔터티인
HotelEntity 속성은 null이 될 수 있다. 반대로 false로 설정하면 HotelEntity 속성은 null이
될 수 없다. 이 속성은 @JoinColumn 애너테이션의 nullable과 함께 데이터를 로딩하는 과정에서
SELECT 쿼리를 최적화하는 데 사용된다. JPA는 @ManyToOne 연관 관계 애너테이션에 있는 데이터
를 로딩할 때 쿼리를 최적화한다. 즉, HotelRoomEntity, HotelEntity를 로딩하려고 SELECT 쿼리
를 두 번 실행하는 것이 아니라, Join 쿼리를 사용하여 한 번에 쿼리한다. 하지만 @ManyToOne 애
너테이션의 optional 속성 혹은 @JoinColumn 애너테이션의 nullable 속성을 참조하여 알맞은 쿼
리를 실행한다. 다음 코드처럼 설정하면 Outer Join 쿼리를 사용하여 데이터베이스에서 데이터를
로딩한다.

```
@Entity
public class HotelRoomEntity extends AbstractManageEntity {

    @ManyToOne(optional=true)
    @JoinColumn(name="hotel_id", nullable=true)
    private HotelEntity hotelEntity;
}
```

이렇게 설정된 @ManyToOne 연관 관계 애너테이션의 부모 엔터티를 데이터베이스에서 로딩하면 다음 쿼리가 실행된다. HotelEntity 객체가 null일 수 있으므로 left outer join 쿼리를 실행한다. HotelEntity 유무와 상관없이 HotelRoomEntity를 로딩할 수 있다.

```
SELECT * FROM hotel_rooms rooms
LEFT OUTER JOIN hotels hotels
ON rooms.hotels_hotel_id = hotels.hotel_id;
```

@ManyToOne 애너테이션의 optional 속성이 false이거나 @JoinColumn 애너테이션의 nullable 속성이 false이면, HotelEntity는 HotelRoomEntity와 함께 반드시 필요한 객체다. 그러므로 JPA는 Inner Join을 사용하여 두 객체를 한 번에 로딩한다. 다음 쿼리를 참고하자.

```
SELECT * FROM hotel_rooms rooms
INNER JOIN hotels hotels
ON rooms.hotels_hotel_id = hotels.hotel_id;
```

8.9.5 양방향 관계 설정

양방향(bidirectional) 관계는 연관 관계를 맺은 엔터티 객체 모두 서로를 참조할 수 있는 설계를 의미한다. HotelEntity는 HotelRoomEntity를 @OneToMany 애너테이션 속성으로 포함하고, 다시 HotelRoomEntity는 HotelEntity를 @ManyToOne 애너테이션 속성으로 포함할 수 있다. 이처럼 서로가 서로를 참조할 수 있어 양방향 설계라고 한다.

양방향 관계에서는 어떤 엔터티 클래스가 소유권이 있는지 알 수 없다. 그러므로 영속성 전이 기능이나 영속성 컨텍스트가 정상적으로 자식 객체를 생성·수정·삭제할 수 없다. 누가 자식인지 알 수 없기 때문이다. 그러므로 양방향 관계를 설계할 때는 mappedBy 속성을 사용하여 누가 소유하고 있는지 명시해야 한다. 다음 코드는 HotelEntity와 HotelRoomEntity를 사용하여 양방향 설계를 한 예제다.

양방향 설계에서 mappedBy를 이용한 소유권 설정

```
public class HotelEntity {
    // 생략
    @OneToMany(mappedBy="hotelEntity") ····❶
    @JoinColumn(name="hotels_hotel_id", referencedColumnName="hotel_id")
    private List<HotelRoomEntity> hotelRoomEntities;
}

@Entity
public class HotelRoomEntity {
    // 생략
    @ManyToOne
    @JoinColumn(name="hotel_id", referencedColumnName="hotels_hotel_id")
    private HotelEntity hotelEntity;
}
```

❶ @OneToMany 애너테이션의 mappedBy 속성에 hotelEntity 값을 설정한다. 즉, hotelRoom Entities의 소유권은 hotelEntity에 있음을 설정한다.

이는 HotelEntity가 HotelRoomEntity를 소유하는 양방향 설계 코드다. HotelEntity.java 클래스의 코드를 보자. HotelEntity 클래스 내부에서 HotelRoomEntity 클래스와 관계를 설정하는 @OneToMany 애너테이션의 mappedBy 속성을 보자. 일대다 관계에서 다(Many)에 해당하는 HotelRoomEntity 객체들의 주인을 HotelEntity로 하려고 mappedBy = 'hotelEntity'로 설정했다.

양방향 관계에서 소유권은 일대다든 다대일이든 일(One)에 해당하는 객체가 갖는다. Hotels와 hotel_rooms 테이블의 관계를 생각해 보자. hotels 테이블의 hotel_id 값을 hotel_rooms 테이블의 hotels_hotel_id 외래 키가 참조한다. hotel_rooms 테이블의 레코드들이 hotels 테이블의 레코드에 매달려 있는 형상이다.

데이터를 생성하는 경우를 생각해 보자. hotels 테이블에 레코드를 먼저 생성해야 한다. hotel_rooms 테이블의 레코드가 이때 생성된 hotel_id 값을 참조할 수 있기 때문이다. 그래서 테이블의 구조상으로도 hotel_rooms는 hotels 테이블에 종속하고 있다. 양방향 관계에서도 HotelEntity 가 소유권을 갖는 것이 자연스럽다. @OneToMany 애너테이션에는 mappedBy 속성이 있으므로 소유 권을 명시할 수 있다. 하지만 @ManyToOne 애너테이션에는 mappedBy 속성이 없다. 다대일에서는 항 상 일(One)에 해당하는 객체가 소유권을 갖기 때문에 별도로 설정할 필요 없다.

양방향 설정에서 소유권을 설정하면 소유권을 갖고 있는 엔터티 객체만 데이터베이스의 외래 키 를 생성·수정·삭제할 수 있다. 즉, HotelEntity 객체만 HotelRoomEntity의 외래 키 값을 변경 할 수 있다. 그러므로 HotelRoomEntity 객체를 새로 생성하거나 주인이 없는 HotelRoomEntity 를 추가 또는 삭제하려면 HotelEntity에 메서드를 생성하자. 반대 방향인 HotelRoomEntity에서 는 외래 키를 생성·수정·삭제할 수 없고, 데이터를 로딩만 할 수 있다. 즉, HotelRoomEntity는 HotelEntity 객체를 로딩만 할 수 있다.

양방향 설계는 단방향 설계보다 복잡하다. 양방향으로 설계된 엔터티들을 프로그래밍할 때는 소 유권에 신경을 써서 개발해야 한다. 그렇지 않으면 EntityManager의 flush()가 실행될 때 우리가 생각하는 대로 데이터가 저장되지 않는다. 다음은 HotelEntity와 HotelRoomEntity를 생성하는 코 드다. 어떤 부분이 잘못되어 있는지 확인해 보자.

```
HotelRoomEntity hotelRoom1 = new HotelRoomEntity();
hotelRoomRepository.save(hotelRoom1);
HotelRoomEntity hotelRoom2 = new HotelRoomEntity();
hotelRoomRepository.save(hotelRoom2);

HotelEntity hotel = new HotelEntity();
hotel.getHotelRoomEntities().add(hotelRoom1);
hotel.getHotelRoomEntities().add(hotelRoom2);
hotelRepository.save(hotel);
```

앞선 코드는 hotelRoom1, hotelRoom2를 생성하고 hotel 객체를 생성한 후 hotel 객체에 추가한 다. 얼핏 보면 이 코드가 정상적으로 동작할 것이라고 생각할 수 있다. 하지만 실제로 실행하면 hotel_rooms 테이블의 외래 키인 hotels_hotel_id 값이 null로 저장된다. hotel 객체 입장에 서는 hotelRoom1, hotelRoom2는 add() 메서드를 사용하여 연관 관계가 설정되어 있다. 하지만 hotelRoom1과 hotelRoom2 객체 입장에서는 hotelEntity와 연관 관계가 없다. 별도로 설정하지 않 았기 때문이다.

이 문제를 해결하려면 hotelRoom1, hotelRoom2 객체에 hotel 객체를 설정한다. 다음 코드처럼 두 객체 모두 연관 객체를 설정한다. HotelEntity 클래스에 HotelRoomEntity 객체를 저장하는 addRoom() 메서드를 확인해 보자.

```java
public class HotelEntity {
    // 생략
    @OneToMany(mappedBy="hotelEntity")
    @JoinColumn(name="hotels_hotel_id", referencedColumnName="hotel_id")
    private List<HotelRoomEntity> hotelRoomEntities;

    public void addRoom(HotelRoomEntity hotelRoomEntity) { ┄❶
        hotelRoomEntity.setHotelEntity(this); ┄❷
        this.hotelRoomEntities.add(hotelRoomEntity); ┄❸
    }
}
```

❶ HotelRoomEntity를 HotelEntity 객체에 추가하는 기능을 제공한다.

❷ 양방향 설계이므로 HotelRoomEntity도 내부에 HotelEntity 속성을 포함하고 있다. 그래서 메서드 인자 hotelRoomEntity 객체의 setHotelEntity( ) 메서드를 사용하여 HotelEntity 객체를 설정해야 한다. this 키워드를 사용하여 주인 관계에 따라 정확한 hotelEntity 객체를 설정한다.

❸ hotelEntity가 설정된 hotelRoomEntity를 내부 속성 hotelRoomEntities 객체에 포함한다. 양방향으로 hotelEntity, hotelRoomEntity 모두 서로를 참조하도록 설정해야 한다.

addRoom( ) 메서드에는 hotelRoomEntity에 hotelEntity 객체를 설정하는 코드와 hotelEntity에 hotelRoomEntity 객체를 설정하는 코드가 모두 들어 있다. addRoom( ) 메서드를 사용하여 hotelRoomEntity 객체를 추가하면 hotel_rooms 테이블의 hotels_hotel_id 레코드에 정상적으로 외래 키 값이 설정된다.

8.9.6 다대다 연관 관계 설정

다대다 연관 관계를 설계할 때는 @ManyToMany 애너테이션을 사용한다. 애너테이션을 사용하는 방법을 설명하기 전에 예제로 사용할 테이블의 구조를 먼저 설명한다.

▼ 그림 8-18 예약과 결제 방법을 표현한 다대다 테이블 구조

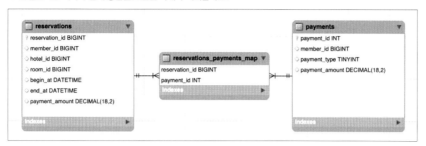

그림 8-18에는 예약을 의미하는 reservations와 결제 방법을 의미하는 payments 테이블이 있다. 이 두 테이블은 다대다 관계를 갖고 있으며, 이를 매핑하는 reservation_payments_map 테이블이 있다. 이는 매핑 테이블이며 각 테이블의 기본 키를 각각 reservation_id, payment_id 필드에 저장한다. reservations 테이블에는 예약 내역이 건마다 저장되고, payments 테이블에는 유저가 결제한 내역들이 저장되며, payment_type 필드에는 결제 방법이 저장된다. 결제는 카드와 적립된 포인트로 할 수 있다.

이 두 테이블이 어떻게 다대다 관계가 가능한지 확인해 보자. 사용자는 한 번에 한 개 이상의 예약을 할 수 있다. 또한 예약을 결제할 때 한 개 이상의 결제 방식을 사용할 수 있다. 예를 들어 사용자는 각기 다른 세 개의 호텔 객실을 예약하고, 그동안 쌓인 적립 포인트와 카드를 조합하여 한 번에 결제할 수 있다. 이때는 reservations 테이블에 세 개의 레코드가 생성되고, payments 테이블에는 두 개의 레코드가 생성된다. 그리고 reservations_payments_map 테이블에는 payments의 레코드 두 개와 reservations의 레코드 세 개를 매핑해야 하므로 레코드가 총 여섯 개 생성된다. 그러므로 이 두 테이블의 관계는 다대다 관계를 갖는다. 다음은 @ManyToMany 애너테이션의 코드다.

@ManyToMany 애너테이션

```java
package javax.persistence;

@Target({METHOD, FIELD})
@Retention(RUNTIME)
public @interface ManyToMany {

    Class targetEntity() default void.class;

    CascadeType[] cascade() default {};

    FetchType fetch() default LAZY;
```

```
        String mappedBy() default "";
}
```

@ManyToMany 애너테이션을 사용한 엔터티 예제를 살펴보자. 다음 코드는 엔터티 클래스가 다대다
관계이지만 단방향 설계로 작성된 것이다. ReservationEntity 엔터티가 PaymentEntity 엔터티를
속성으로 포함한다.

다대다 연관 관계 예제

```
@Entity
public class ReservationEntity {

    @Id
    @Column("reservation_id")
    private Long reservationId;
    // 생략

    @ManyToMany ····❶
    @JoinTable( ····❷
        name = "reservations_payments_map ", ····❸
joinColumns = @JoinColumn(name="reservation_id"), ····❹
        inverseJoinColumns = @JoinColumn(name="payment_id") ····❺
    )
    private List<PaymentEntity> paymentEntities = new ArrayList<>();
}

@Entity
public class PaymentEntity {
    @Id
    @Column("payment_id")
    private Long paymentId;
    // 생략
}
```

❶ 다대다 관계를 맺기 위해 @ManyToMany 애너테이션을 paymentEntities 속성에 설정한다.

❷ @JoinTable 애너테이션은 다대다 관계에서 두 테이블의 매핑 정보를 포함하는 매핑 테이블을
   설정하는 데 사용한다.

❸ @JoinTable 애너테이션의 name 속성에는 매핑 테이블 이름을 설정한다. 예제 코드에서는
   reservations_payments_map 테이블 이름으로 설정했다.

❹ 주인 엔터티 클래스와 매핑 테이블 사이에 조인할 칼럼 이름을 설정한다. 이때 칼럼 이름은 reservations_payments_map 테이블의 칼럼 이름으로 설정한다.

❺ 자식 엔터티 클래스와 매핑 테이블 사이에 조인할 칼럼 이름이다. 마찬가지로 reservations_payments_map 테이블의 칼럼 이름으로 설정한다.

그림 8-18과 같이 다대다 관계로 테이블을 설계할 때는 두 테이블의 관계를 저장하는 매핑 테이블이 필요하다. 그림 8-18에서는 reservations_payments_map 테이블이 reservations와 payments 테이블의 관계를 저장한다. 두 테이블의 기본 키를 저장하여 다대다 관계를 설정할 수 있다. @JoinTable 애너테이션을 사용하면 reservations_payments_map 테이블에 각 테이블의 기본 키를 저장할 수 있다. @JoinColumn 애너테이션처럼 관계를 정의하는 목적으로 사용하므로 reservations_payments_map 테이블과 매핑되는 엔터티 클래스를 생성할 필요 없다.

@JoinTable 애너테이션에 정의된 매핑 테이블은 두 테이블의 기본 키를 저장하는 외래 키로만 구성되어 있다. 그림 8-18을 보면 reservation_id와 payment_id 두 값만 저장하는 구조다. 애플리케이션의 기능을 확장할 때 매핑 테이블에는 부가 정보를 추가로 저장할 상황이 발생한다. 예를 들어 payments에 해당하는 부분 결제 금액 정보를 추가로 저장할 수 있다. 확장된 reservations_payments_map 테이블은 매핑 테이블의 역할을 넘어 비즈니스 로직에서 필요한 데이터를 포함한다. 이때부터 reservations_payments_map 테이블은 엔터티 클래스로 설계되어야 한다. 예를 들어 PartialPaymentEntity 엔터티 클래스를 reservations_payments_map 테이블에 매핑할 수 있다. 이 경우 ReservationEntity는 PartialPaymentEntity와 @ManyToOne 애너테이션을 사용하여 다대일 연관 관계를 맺도록 설계할 수 있다. 실무에서는 매핑 테이블을 확장할 수 있으므로 다대다 엔터티 연관 관계로 설계하는 경우가 드물다.

8.9.7 일대일 연관 관계 설정

@OneToOne 애너테이션은 일대일 엔터티 연관 관계를 설정할 때 사용한다. 테이블 모델링에서 일대일 연관 관계는 일대다 연관 관계와 같다. 테이블들이 일대다 관계를 맺으려고 외래 키를 사용하는 것처럼 일대일 관계도 마찬가지로 외래 키를 사용하여 테이블을 디자인한다. 엔터티 연관 관계도 @OneToMany 예제처럼 @JoinColumn 애너테이션을 사용한다. 다음은 @OneToOne 애너테이션의 코드다. @OneToOne의 속성은 @OneToMany 애너테이션과 같으며, 사용법도 같다.

```
package javax.persistence;

@Target({METHOD, FIELD})
@Retention(RUNTIME)

public @interface OneToOne {

    Class targetEntity() default void.class;

    CascadeType[] cascade() default {};

    FetchType fetch() default EAGER;

    boolean optional() default true;

    String mappedBy() default "";

    boolean orphanRemoval() default false;
}
```

HotelEntity와 ParkingLotEntity가 일대일 관계라면 다음과 같이 사용할 수 있다. ParkingLot
Entity와 매핑된 테이블은 hotels_hotel_id 칼럼을 외래 키로 사용한다. 그리고 HotelEntity와
매핑된 테이블의 기본 키는 hotel_id이며 hotels_hotel_id 칼럼이 이 값을 참조한다. 다음 예제에
서 @JoinColumn 애너테이션의 name, referencedColumnName 속성과 설정값을 보자.

@OneToOne과 @JoinColumn 애너테이션을 사용하는 방법

```
@Entity
public class HotelEntity {
    @OneToOne
    @JoinColumn(name="hotels_hotel_id", referencedColumnName="hotel_id")
    private ParkingLotEntity parkingLotEntity;
}
```

마지막으로 나개발의 에피소드를 하나 소개하며 연관 관계 설명을 마친다.

나개발은 엔터티 클래스들의 연관 관계를 설계하는 것이 쉽지 않았다. 어떤 클래스를 중심으로 연관 관계를 맺어야 할지 기준이 없었다. 그렇다고 테이블 구조에 따라 무조건 연관 관계를 맺기에는 엔터티들이 너무 복잡해졌으며, 양방향 설계가 많아지면서 애플리케이션을 개발할 때 신경 쓸 부분이 많아졌다. 나개발은 나선배에게 조언을 구했다. 나선배는 조심스럽게 자신의 생각을 이야기해 주었다.

"처음부터 너무 많은 엔터티 클래스의 관계를 맺으면 그에 비례해서 복잡도가 증가할 수 있어. 그러면 개발하기가 어렵겠지? 관계가 복잡하면 나중에 기능을 확장하거나 리팩터링할 때 너무 힘들 거야. 그래서 나는 간단하게 단방향으로 설정하고 비즈니스 로직에 따라 최소한으로 관계를 설정하려고 해. 기획서나 우리 애플리케이션의 변하지 않는 핵심 가치를 생각해 보면 최소한으로 관계를 설정할 수 있을 거야."

SPRING BOOT FOR MSA

8.10 엔터티 상태 이벤트 처리

JPA 표준에서는 엔터티 객체의 상태가 변경되면 상황에 맞는 이벤트를 발행한다. 그리고 이 이벤트를 수신하여 개발자가 새롭게 정의한 콜백 함수를 호출하는 기능을 제공한다. 이 일련의 과정은 자바 클래스와 애너테이션을 적용하여 구현할 수 있으며, JPA 프레임워크에서 제공하는 애너테이션들은 크게 두 가지로 분류할 수 있다. 첫 번째는 이벤트 종류에 따라 실행할 콜백 메서드를 정의하는 애너테이션이다. 두 번째는 이벤트가 발생하는 엔터티 클래스와 콜백 메서드를 포함하는 리스너 클래스를 매핑하는 애너테이션이다.

엔터티 상태 이벤트를 처리하려면 다음 과정이 필요하다.

- 이벤트를 수신하고 처리하는 리스너 클래스를 생성한다.
- 처리할 상태 변경 이벤트를 선택하고, 이벤트에 따른 애너테이션을 콜백 메서드에 선언한다. 이벤트가 발생하면 실행할 콜백 메서드들은 리스너 클래스에 정의한다.
- 이벤트 대상 엔터티와 리스너 클래스를 매핑한다. 대상 엔터티 객체의 상태가 바뀌어 이벤트가 발생하면 엔터티 클래스와 매핑된 리스너 클래스가 이벤트를 처리한다. 결국 리스너 클래스 내부에 정의된 적절한 콜백 메서드가 실행된다.

이벤트 종류와 이를 처리할 수 있는 애너테이션을 확인해 보자. JPA 영속성 컨텍스트는 엔터티 객체의 생명주기를 관리한다. 생명주기에 따라 엔터티 객체의 상태(state)를 정의할 수 있다. 앞서 설명한 그림 8-16의 상태도를 다시 확인해 보자. 엔터티 객체는 비영속 상태, 영속 상태, 준영속 상태, 삭제 상태가 될 수 있다. 이런 상태들은 영속성 컨텍스트의 동작과 관련 있다. 엔터티 객체를 로딩하거나 생성 · 수정 · 삭제하는 동작이 될 수 있다. 다음은 생명주기와 관련된 이벤트를 처리할 수 있는 애너테이션이다.

- **@PrePersist**: 엔터티 객체가 영속 상태가 되기 전 발생하는 이벤트를 처리한다. EntityManager의 persist() 메서드가 호출되기 직전에 발생한다.

- **@PostPersist**: 엔터티 객체가 영속 상태가 된 후 발생하는 이벤트를 처리한다. EntityManager의 persist() 메서드가 호출된 후 발생한다.

- **@PreRemove**: 영속 상태의 엔터티 객체가 삭제 상태가 되기 전 발생하는 이벤트를 처리한다. EntityManager의 remove() 메서드가 호출되기 직전에 발생한다.

- **@PostRemove**: 영속 상태의 엔터티 객체가 삭제 상태가 된 후 발생하는 이벤트를 처리한다. EntityManager의 remove() 메서드가 호출된 후 발생한다.

- **@PreUpdate**: 영속 상태의 엔터티 객체가 변경되어 영속성 컨텍스트가 데이터베이스에 동기화하기 전 발생하는 이벤트다. 즉, UPDATE 쿼리를 실행하기 전에 발생하는 이벤트를 처리한다.

- **@PostUpdate**: 영속 상태의 엔터티 객체가 변경되어 영속성 컨텍스트가 데이터베이스에 동기화된 후 발생하는 이벤트다. UPDATE 쿼리를 실행한 후 발생하는 이벤트를 처리한다.

- **@PostLoad**: 영속성 컨텍스트에 엔터티 객체가 로딩되면 발생하는 이벤트를 처리한다.

@EntityListeners 애너테이션은 이벤트를 발생하는 엔터티 클래스와 리스너 클래스를 매핑하는 기능을 제공한다. @EntityListeners는 엔터티 클래스에 선언하며, @EntityListeners의 value 속성에 리스너 클래스를 정의한다. @EntityListeners 애너테이션이 정의된 엔터티 객체의 상태가 변경되면 @EntityListeners의 속성 값에 정의된 리스너 클래스의 콜백 메서드가 동작한다. 다음 코드는 @EntityListeners 애너테이션이 선언된 HotelEntity 클래스의 코드다.

@EntityListeners 애너테이션의 사용 예제

```
@Entity(name="hotels")
@EntityListeners(HotelAuditListener.class) ····❶
public class HotelEntity extends AbstractManageEntity {

    @Id
    @Column(name="hotel_id")
    private Long hotelId;
```

```
    // 생략
  }
```

❶ @EntityListeners 애너테이션은 엔터티 클래스에 선언하며, 한 개 이상의 리스너 클래스를 엔터티에 매핑할 수 있다. 예제에서는 HotelAuditListener가 리스너 클래스다.

HotelAuditListener 클래스는 HotelEntity 엔터티 객체에서 발생하는 이벤트를 처리하는 콜백 메서드가 포함하는 리스너 클래스다. 코드를 확인해 보자.

HotelAuditListener 클래스

```
@Slf4j
public class HotelAuditListener {

    @PostPersist  ----❶
    public void logWhenCreated(HotelEntity hotelEntity) {  ----❷
        log.info("hotel created. id:{}", hotelEntity.getHotelId());
    }

    @PostUpdate  ----┐
    @PostRemove  ----┴--❸
    public void logWhenChanged(HotelEntity hotelEntity) {
        log.info("hotel changed. id:{}, name:{}", hotelEntity.getHotelId(), hotelEntity.
getName());
    }
}
```

❶ @PostPersist 애너테이션은 HotelEntity 객체가 생성된 후 발생하는 이벤트를 처리한다. 애너테이션이 정의된 logWhenCreated() 메서드를 콜백 메서드라고 하며, HotelEntity 객체가 생성되면 logWhenCreated() 메서드가 실행된다.

❷ 콜백 메서드의 인자에 이벤트를 발생한 대상 엔터티 객체를 인자로 주입받을 수 있다. 그리고 필요하다면 주입받은 인자를 콜백 메서드 내부에서 참조할 수 있다.

❸ 필요하다면 여러 애너테이션을 중복하여 정의할 수 있다. HotelEntity가 변경되거나 삭제되면 logWhenChanged() 콜백 메서드가 실행된다.

엔터티 객체의 상태 변경 이벤트를 처리하는 메커니즘은 JPA 프레임워크에서 제공하는 기능이다. 즉, 스프링 프레임워크가 아니므로 ApplicationContext가 리스너 클래스와 기능을 관리하지 않는다. 그러므로 엔터티 클래스와 매핑되는 HotelAuditListener 클래스는 스프링 빈으로 정의할 필요 없다.

8.11 트랜잭션 생명주기 동기화 작업

데이터베이스의 트랜잭션의 생명주기는 매우 간단하다. 트랜잭션 시작과 종료다. 코드의 성공 여부에 따라 트랜잭션은 종료할 때 commit 또는 rollback 명령을 실행한다. 스프링 프레임워크는 트랜잭션의 생명주기에 맞추어 콜백 메서드를 실행할 수 있는 메커니즘을 제공한다. 즉, 트랜잭션의 생명주기에 맞추어 개발자가 필요한 기능을 추가할 수 있다. o.s.transaction.support 패키지의 TransactionSynchronizationManager와 TransactionSynchronizationAdapter를 사용하면 트랜잭션 생명주기에 맞추어 실행할 수 있는 콜백 메서드를 추가할 수 있다.

스프링 프레임워크에서 트랜잭션 기능을 사용하는 보편적인 방법은 @Transactional 애너테이션을 사용하는 것이다. 트랜잭션 기능을 적용할 대상 메서드에 애너테이션을 선언하면 대상 메서드가 호출될 때 트랜잭션 기능도 같이 실행된다. @Transactional 애너테이션은 스프링 AOP를 사용하여 트랜잭션 기능을 실행한다. 애플리케이션이 실행되면 프록시 객체가 대상 메서드를 감싸서 어드바이스 코드와 함께 대상 메서드를 실행한다.[19] 그러므로 대상 메서드의 시작과 종료 시점에 트랜잭션 시작 코드와 종료 코드가 추가된다.

트랜잭션의 종료 시점에 특정 작업을 추가해야 할 때는 트랜잭션 대상 메서드 내부에 코드를 추가하여 개발하기가 어렵다. 대상 메서드 내부에서는 트랜잭션의 종료 시점을 정확하게 판단하기 어렵고, 트랜잭션의 처리 결과를 판단할 수 없기 때문이다. 트랜잭션의 종료 시점은 @Transactional 애너테이션의 propagation 속성과 메서드 호출 구조에 따라 달라진다. commit 혹은 rollback 여부도 트랜잭션 대상 메서드 내부에서는 알기 어렵다. 트랜잭션이 AOP로 구현되었기 때문이다. 대상 메서드 내부에 트랜잭션 종료 시점에 실행할 로직을 추가할 수 있다면 코드의 응집력을 높일 수 있다. 스프링 프레임워크에서 제공하는 TransactionSynchronizationManager와 TransactionSynchronizationAdapter를 사용하면 트랜잭션 대상 메서드 내부에서 트랜잭션 생명주기에 동기

---

19 7장 Spring AOP를 참고한다.

화하여 콜백 함수를 추가할 수 있다. 즉, 대상 메서드 내부에 트랜잭션의 종료 시점에 실행할 코드를 추가할 수 있다.

TransactionSynchronizationAdapter는 트랜잭션의 생명주기에 동기화하여 실행할 수 있는 메서드를 제공하는 추상 클래스다. 우리는 TransactionSynchronizationAdapter 추상 클래스를 상속받는 구현 클래스를 작성하고 필요한 추상 메서드들을 구현한다. 구현 클래스가 트랜잭션 매니저에 추가된 후 트랜잭션 생명주기에 동기화된 적절한 시점에 콜백 함수들이 실행된다. 다음은 TransactionSynchronizationAdapter 클래스의 코드다. TransactionSynchronizationAdapter는 TransactionSynchronization 인터페이스를 상속받으며, 트랜잭션과 관련된 메서드를 상속받는다. 이 중 트랜잭션의 생명주기와 관련된 콜백 메서드가 무엇인지 알아보고 실행 시점을 설명한다.

TransactionSynchronizationAdapter 코드

```
package org.springframework.transaction.support;

public abstract class TransactionSynchronizationAdapter implements
TransactionSynchronization, Ordered {

    // 생략
    @Override
    public void beforeCommit(boolean readOnly) {        ❶
    }

    @Override
    public void beforeCompletion() {          ❷
    }

    @Override
    public void afterCommit() {         ❸
    }

    @Override
    public void afterCompletion(int status) {          ❹
    }
}
```

❶ 트랜잭션의 종료 시점에서 commit 커맨드를 실행하기 전에 실행하는 콜백 메서드다.

❷ 트랜잭션의 종료 시점에서 commit이나 rollback 커맨드를 실행하기 전에 실행하는 콜백 메서드다.

❸ 트랜잭션의 종료 시점에서 commit 커맨드를 실행한 후 실행하는 콜백 메서드다.

❹ 트랜잭션의 종료 시점에서 commit이나 rollback 커맨드를 실행한 후 실행하는 콜백 메서드다.

beforeCommit()과 afterCommit()의 차이는 commit 커맨드 앞뒤에서 실행되는 시점이 다르다는 것이다. 하지만 이런 실행 시점 차이는 트랜잭션의 commit 여부를 보장하는 척도가 된다. 예를 들어 beforeCommit() 메서드는 트랜잭션 commit 직전에 실행하기 때문에 commit 명령어는 실패할 수 있다. 데이터베이스에 락이 걸려 정상적으로 commit을 실행할 수 없거나 네트워크에 문제가 발생하여 Connection 객체가 끊어져 commit을 실행할 수 없는 상황이 벌어질 수 있다. afterCommit() 메서드는 트랜잭션 commit 명령어 이후에 실행된다. 그러므로 commit 명령어가 정상적으로 실행됨을 보장한다. commit 명령어를 정상적으로 실행하지 못하면 예외가 발생하고 트랜잭션은 롤백된다. 즉, afterCommit() 메서드는 실행되지 않는다. 혹은 네트워크가 끊겨 롤백을 정상적으로 실행하지 못해도 afterCommit() 메서드는 실행되지 않는다. 적어도 afterCommit()은 commit 명령어가 성공한 후 실행되므로 commit 여부가 보장된다. 이는 beforeCompletion()이나 afterCompletion()도 마찬가지다.

afterCompletion() 메서드는 status 인자를 받는다. status 인자를 확인하면 콜백 메서드 내부에서 트랜잭션의 종료 상태를 확인할 수 있다. status 인자 값은 TransactionSynchronization 인터페이스에 정의되어 있다. 이 상수 값을 status 인자와 비교하면 트랜잭션의 커밋, 롤백, 상태 모름 여부를 확인할 수 있다. 다음은 status 상수 값들이다.

TransactionSynchronization 인터페이스에 정의된 status 상수 값들

```
int STATUS_COMMITTED = 0;

int STATUS_ROLLED_BACK = 1;

int STATUS_UNKNOWN = 2;
```

TransactionSynchronizationManager의 registerSynchronization() 메서드를 사용하면 TransactionSynchronizationAdapter 구현 클래스의 콜백 메서드를 현재 스레드에 등록할 수 있다. registerSynchronization() 메서드는 TransactionSynchronizationAdapter를 인자로 받는다. 다음 코드를 확인해 보자. 다음 코드는 TransactionSynchronizationAdapter 익명 클래스로 필요한 메서드만 구현한 예제다.

```
@Transactional(readOnly=false, isolation=Isolation.SERIALIZABLE)
public HotelCreateResponse createHotel(HotelCreateRequest createRequest) {

    // 생략
    hotelRepository.save(hotelEntity);

    TransactionSynchronizationManager.registerSynchronization(new
TransactionSynchronizationAdapter() {
        @Override        ❶
        public void afterCommit() {  ┄❷
            super.afterCommit();
            billingApiAdapter.registerHotelCode(hotelEntity.getHotelId());  ┄❸
        }
    });

    return HotelCreateResponse.of(hotelEntity.getHotelId());
}
```

❶ TransactionSynchronizationAdapter 익명 클래스를 생성하여 registerSynchronization( ) 메
서드의 인자로 넘긴다. createHotel( ) 메서드를 실행하는 스레드에 익명 클래스가 등록된다.

❷ 예제에서는 afterCommit( ) 메서드만 구현하여 등록한다.

❸ afterCommit( ) 내부에서 billingApiAdapter 스프링 빈의 registerHotelCode( ) 메서드를 실행
한다.

예제 코드는 다음 순서로 트랜잭션과 로직이 실행된다. 단 예외(exception)가 발생하지 않는다고
가정한다.

1. 트랜잭션 시작

2. createHotel( ) 메서드 시작

3. createHotel( ) 메서드 종료

4. 트랜잭션이 종료되면 commit 명령어 실행

5. billingApiAdapter의 registerHotelCode( ) 메서드 실행

MSA 환경에서 데이터를 처리하고 다른 서버와 협업하는 일은 매우 흔하다. 협업하는 방법은
REST-API 같은 API를 호출하거나 메시지 큐를 사용하여 메시지를 전달하는 등 여러 가지가 있

8

데이터 영속성

다. 이때 데이터를 처리하는 작업과 다른 서버와 협업하는 작업 모두를 100% 동기화하기는 쉽지 않다. 두 작업을 처리하는 도중에 예외가 발생할 수 있기 때문이다. 비즈니스 로직에 따라 두 작업의 우선순위를 결정하면 트랜잭션 동기화 기능을 사용하는 여부를 결정할 수 있다.

예제 코드에서 `BillingApiAdapter`의 `registerHotelCode()` 메서드가 중요한지, 아니면 `createHotel()` 메서드가 중요한지 결정해 보자. `BillingApiAdapter`가 중요하다면 `createHotel()` 메서드 안에서 호출된다. `BillingApiAdapter`의 메서드를 실행할 때 예외가 생긴다면 Runtime Exception을 발생하여 트랜잭션을 롤백할 수 있다. 정상 실행되었더라도 Billing API 서버의 응답 값에 따라 `createHotel()` 메서드를 종료할 수도 있다. `createHotel()`의 트랜잭션을 종료하는 과정에서 예외가 발생하더라도 `BillingApiAdapter`의 메서드는 트랜잭션 종료 전에 이미 실행 완료한 상태다. 그러므로 적어도 중요한 작업인 `BillingApiAdapter`의 실행은 보장할 수 있다.

`createHotel()`의 메서드가 중요하다면 `try-catch` 구문을 사용하여 `BillingApiAdapter`의 메서드를 예외 처리한다. 그러면 적어도 `BillingApiAdapter`의 예외나 응답 결과에 상관없이 `createHotel()` 메서드를 처리할 수 있다. 하지만 `createHotel()` 메서드가 정상 실행되고 `BillingApiAdapter`의 메서드를 실행해야 한다면 `TransactionSynchronizationAdapter`를 사용하여 트랜잭션 동기화 기능을 활용하는 것이 좋다. 물론 콜백 메서드에 추가한 `BillingApiAdapter`의 메서드가 실패할 수도 있다. 이때는 스프링 프레임워크에서 제공하는 `@Retryable` 애너테이션 기능을 사용하여 재시도하는 방법을 사용한다. 혹은 신뢰성이 높은 메시지 큐를 고려하는 것도 바람직하다.

8.11.1 스프링 부트 프레임워크의 OSIV 설정

JPA/Hibernate에서 영속성 컨텍스트의 생명주기를 트랜잭션 범위를 넘어 스프링 MVC의 View까지 확장하여 사용할 수 있는 기능을 제공한다. 이를 OSIV라고 한다. 영속성 컨텍스트 역할을 하는 JPA의 EntityManager를 Hibernate 프레임워크에서는 세션(Session)이라고 부른다. 그리고 Hibernate에서 제공하는 EntityManager 인터페이스의 구현체는 org.hibernate.internal.SessionImpl.java다. 그래서 Hibernate에서는 구현체 SessionImpl.java의 Session을 따서 OSIV(Open Session In View)라고 한다. JPA에서는 영속성 컨텍스트인 EntityManager의 이름을 따서 OEIV(Open EntityManager In View)라고 한다. 관례상 이 두 가지 이름을 통일해서 OSIV라고 한다.

스프링 부트 프레임워크에서는 기본 설정으로 OSIV가 활성화되어 있다. 그래서 명시적으로 설정하지 않으면 OSIV가 기본으로 동작한다. 다음은 스프링 부트에서 OSIV를 설정하는 프로퍼티와 설정값이다. 프로퍼티 설정을 application.properties에 포함한다. 설정값이 true이면 OSIV를 사용하고, false이면 OSIV를 사용하지 않는다.

---

application.properties에서 OSIV를 설정하는 프로퍼티 속성과 값

```
spring.jpa.open-in-view = false
```

지금까지 영속성 컨텍스트 생명주기는 트랜잭션과 함께한다고 설명했다. 트랜잭션이 시작하면 영속성 컨텍스트로 생성되고, 트랜잭션이 종료하면 같이 종료된다. 영속성 컨텍스트는 멀티 스레드에 안전(thread-safe)하지 않으므로 스레드마다 새로 생성된다. 새로 생성될 때 데이터베이스와 통신을 위한 Connection 객체를 커넥션 풀에서 하나 획득한다. 엔터티 객체를 처리하고 트랜잭션을 종료할 때 영속성 컨텍스트도 같이 종료한다. 이때 Connection 객체도 커넥션 풀에 반환한다. OSIV 기능을 사용하지 않도록 프레임워크를 설정했다면 이 절차대로 동작한다. 하지만 스프링 프레임워크는 기본 설정으로 OSIV를 사용한다.

먼저 OSIV를 사용할 때 영속성 컨텍스트의 생명주기와 동작 방식을 설명한다. 그리고 OSIV의 장단점을 설명한다. OSIV를 사용하지 않을 때의 내부 동작도 비교해서 설명한다. 그림 8-19는 OSIV가 설정되었을 때 영속성 컨텍스트의 생명주기다.

❤ 그림 8-19 OSIV가 설정되었을 때 영속성 컨텍스트의 생명주기

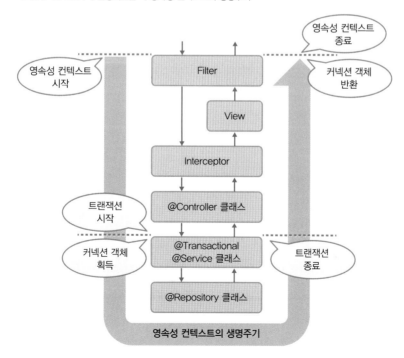

일반적인 웹 애플리케이션 구조에서 사용자 요청을 가장 먼저 처리하는 것은 스프링 MVC의 Filter와 Interceptor다. Controller 클래스, Service 클래스, Repository 클래스들이 상호 동작하면서 사용자 요청을 처리한다. 그림 8-19에서는 이들 세 클래스를 간단히 계층적 구조로 표현했다. 비즈니스 로직을 처리한 후 다시 역순으로 스프링 MVC의 필터를 통해 사용자에게 응답 메시지가 전달된다. 그림 8-19에서 영속성 컨텍스트의 생명주기를 확인해 보자. 필터에서 생성되어 다시 필터에서 종료된다. 일반적인 OSIV 설정에서 영속성 컨텍스트는 트랜잭션이 시작되는 서비스 클래스에서 생성되고 View에서 종료된다. 영속성 컨텍스트를 지원하는 필터나 인터셉터를 스프링 MVC 프레임워크에 설정하면 영속성 컨텍스트의 생명주기를 확장할 수 있다.

다음 필터와 인터셉터는 영속성 컨텍스트의 생명주기를 확장하는 구현체들이다. 그림 8-19는 OpenEntityManagerInViewFilter 필터가 설정된 상태를 가정하고 생명주기를 표현한 것이다.

- **필터**: o.s.orm.jpa.support.OpenEntityManagerInViewFilter
- **인터셉터**: o.s.orm.jpa.support.OpenEntityManagerInViewInterceptor

먼저 필터에서 영속성 컨텍스트를 생성한다. 트랜잭션이 시작되는 서비스 클래스에서는 이미 생성된 영속성 컨텍스트를 이용한다. 영속성 컨텍스트는 스레드마다 하나씩 생성되는 것을 기억하자. 비즈니스 로직을 실행하면서 엔터티 객체들을 관리한다. 서비스 클래스가 종료되면서 트랜잭션도 같이 종료한다. 이때 EntityManager의 flush() 메서드가 실행되어 영속성 컨텍스트의 엔터티 객체들은 데이터베이스에 동기화된다. 하지만 영속성 컨텍스트는 종료되지 않고 유지되므로 엔터티 객체들은 영속 상태로 유지될 수 있다. 그러므로 컨트롤러 클래스나 View에서도 영속성 컨텍스트를 사용하여 엔터티 객체를 조회할 수 있다. 또한 지연 로딩 기능을 사용하여 연관 관계에 있는 엔터티 객체를 조회하면 데이터베이스에 추가적으로 SELECT 쿼리를 실행할 수 있다. 트랜잭션은 종료되었지만 Connection 객체는 영속성 컨텍스트와 그 생명주기를 같이하므로 조회는 할 수 있다.

엔터티 객체는 연관 관계를 설정할 수 있다. 즉, HotelEntity와 HotelRoomEntity는 서로 일대다 연관 관계를 맺을 수 있어 HotelRoomEntity를 속성으로 포함할 수 있다. HotelEntity는 HotelRoomEntity 객체를 참조할 수 있도록 getHotelRoomEntities() 메서드를 제공해야 한다. 이때 지연 로딩 설정이 되어 있다면 HotelEntity를 조회할 때 HotelRoomEntity는 같이 조회하지 않는다. 필요할 때, 즉 getHotelRoomEntities() 메서드를 호출할 때 데이터베이스에 SELECT하여 영속 상태의 객체로 관리한다. 이런 기능을 지연 로딩이라고 한다. OSIV 모드에서는 지연 로딩을 컨트롤러 클래스나 View에서도 사용할 수 있다. 영속성 컨텍스트가 아직 종료되지 않았기 때문이다.

```
@GetMapping(...)
public List<HotelRoomResponse> getHotelRoomsByHotelId(Long hotelId) {
return hotelService.getHotelById(hotelId) ····❶
        .getHotelRoomEntities() ····❷
        .stream()
        .map(HotelRoomResponse::of)
        .collect(Collections.toList();
}
```

이 코드는 컨트롤러 클래스의 메서드라고 가정했다. ❶의 getHotelById() 메서드는 hotelId 와 일치하는 HotelEntity 객체를 응답한다고 생각하자. 그리고 getHotelById() 메서드에 @Transactional 애너테이션이 선언되어 메서드의 시작과 종료 시점에 트랜잭션이 시작하고 종료 된다.

❷의 getHotelRoomEntities() 메서드는 HotelEntity 엔터티 객체와 연관 관계인 HotelRoomEntity 객체들을 응답한다. 그리고 지연 로딩이 설정되어 있다. OSIV 모드에서 영속성 컨텍스트는 아직 유효하므로 getHotelRoomEntities()를 실행하면 HotelEntity 객체와 연관 있는 HotelRoomEntity 객체들을 데이터베이스에서 SELECT한다. 즉, 트랜잭션은 hotelService의 getHotelById() 메서드 에서만 유효하지만, OSIV 모드이므로 영속성 컨텍스트와 Connection 객체는 계속해서 유효하다. 그러므로 컨트롤러 클래스에서도 SELECT 쿼리를 실행할 수 있어 지연 로딩 기능이 가능하다.

OSIV는 지연 로딩 기능을 컨트롤러 클래스나 뷰에서도 사용할 수 있는 장점이 있다. 하지만 그림 8-19에서 Connection 객체의 반환과 영속성 컨텍스트의 종료 시점은 설정에 따라 Filter, Interceptor, View에서 결정된다.[20] 뷰가 사용자에게 응답을 하고 나서야 커넥션 객체가 반환된다.

OSIV를 사용할 때는 다음과 같은 단점이 있다.

- 영속성 컨텍스트의 생명주기가 길어지면서 Connection 객체를 점유하는 시간도 길어진다. 그러므로 OSIV 모드에서는 평상시보다 많은 Connection 객체를 생성하도록 커넥션 풀을 설 정해야 한다. 이는 결국 데이터베이스나 애플리케이션 서버 모두 리소스를 많이 소모한다.
- 트랜잭션 범위를 벗어난 컨트롤러 클래스나 뷰에서 엔터티 객체를 수정하면 Transaction RequiredException 예외가 발생하거나 수정된 값이 데이터베이스에 저장되지 않는다. 잘못 된 사용 방법으로 잠재적인 버그가 발생할 수 있다.

---

20 별도의 설정이 없으면 View까지다.

필자는 REST-API 애플리케이션에서는 OSIV를 사용하지 않는 것을 추천한다. OSIV를 사용하지 않으면 시스템의 리소스를 절약할 수 있다. 또한 영속성 컨텍스트의 생명주기와 커넥션 객체의 사용 범위, 트랜잭션의 시작과 종료 시점이 일치한다. 애플리케이션의 복잡성을 줄여 잠재적인 버그를 줄일 수 있다. 즉, 지연 로딩을 사용하더라도 서비스 클래스 내부에서 모든 엔터티 작업을 처리하고 컨트롤러 클래스는 사용자에게 응답하는 메시지에 집중해서 작업할 수 있다.

그림 8-20은 OSIV를 false로 설정했을 때 영속성 컨텍스트, 트랜잭션, Connection 객체의 상태를 그림으로 표현한 것이다. 그림 8-19와 비교하면 영속성 컨텍스트의 시작과 종료, Connection 객체의 획득과 반환, 트랜잭션의 시작과 종료가 일치하는 것을 확인할 수 있다.

❤ 그림 8-20 OSIV를 off로 설정할 때 영속성 컨텍스트의 생명주기

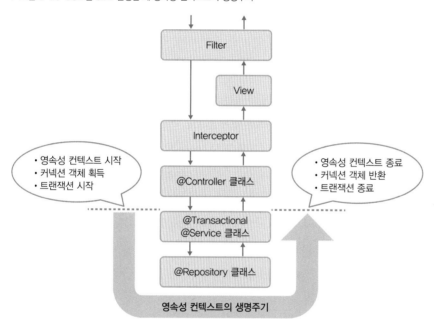

그림 8-19와 비교하여 애플리케이션에서 사용하는 Connection의 획득 반환 주기가 짧은 것을 확인할 수 있다. 그리고 엔터티 객체를 다루는 세 가지 필수 요소인 영속성 컨텍스트, 커넥션, 트랜잭션의 주기가 일치하여 간단하게 애플리케이션을 개발할 수 있다. OSIV를 사용할 수 없는 상태의 컨트롤러 클래스에서는 지연 로딩을 사용하면 안 된다. 그러므로 다음 여러 방법 중에서 필요한 내용을 골라 애플리케이션을 설계할 때 적용하는 것도 좋다.

- 의도적으로 컨트롤러 클래스에서는 다른 엔터티 객체를 참조하는 코드는 사용하지 않는다.
- 서비스 클래스의 메서드가 응답하는 엔터티 객체와 연관 관계에 있는 엔터티들은 즉시 로딩하여 응답한다.[21]
- 서비스 클래스의 메서드가 응답할 때는 엔터티 클래스 타입이 아닌 DTO나 Value 클래스 타입을 리턴한다. 그래서 컨트롤러 클래스에서 지연 로딩을 할 수 없는 구조로 만든다.

---

21 뒤에서 설명할 @ManyToOne 애너테이션은 즉시 로딩이 기본 설정이다.

9^장

애플리케이션 통합: REST-API

이 장에서 다룰 핵심 내용

- RestTemplate 클래스를 사용하여 REST-API를 호출하는 방법
- RestTemplate의 구조와 사용 방법
- RestTemplate을 사용하면서 발생할 수 있는 네트워크 예외 상황
- WebClient를 사용하여 REST-API를 호출하는 방법

MSA 환경에서는 기능에 따라 분리된 여러 컴포넌트가 있다. 컴포넌트 성격에 따라 적합한 데이터 저장소를 선택해야 하며 물리적, 논리적으로 분리되어 있어야 한다. 애플리케이션이 제공하는 서비스가 복잡하다면 하나 이상의 컴포넌트를 통합하여 서비스를 제공한다. 서비스가 확장되고 기능이 복잡해지면 컴포넌트 종류는 많아진다. 자연히 분산 저장된 데이터를 통합해야 할 상황이 반드시 발생한다.

모놀리식 아키텍처에서는 데이터 저장소가 하나이므로 조인 쿼리를 사용하거나 클래스들끼리 의존하면 된다. 하지만 MSA 아키텍처는 데이터 저장소가 여러 개이므로 이런 방법을 사용할 수 없다. 이때 데이터를 통합하려고 가장 많이 사용하는 방법은 원격 API 호출이다. API를 사용하여 다른 시스템의 데이터를 조회하거나 수정 · 생성 · 삭제할 수 있다. 아키텍처에 따라 REST-API, gRPC, XML-RPC, SOAP 같은 프로토콜을 사용할 수 있지만, 보편적으로 사용하는 것은 REST-API다. 쉽게 개발할 수 있으며, 기능을 확장하기 쉽기 때문이다. MSA 내부에서도 REST-API를 제공하는 컴포넌트를 서버, REST-API를 호출하는 컴포넌트를 클라이언트라고 한다. 이 장에서는 클라이언트가 서버의 REST-API를 호출하는 방법을 설명한다.

스프링 프레임워크에서는 REST-API를 쉽게 호출할 수 있는 클래스들을 제공한다. 대표 클래스는 RestTemplate과 WebClient다. RestTemplate 클래스는 스프링 3부터 제공되고 있으며, 블로킹 동기식 방식을 사용한 대표적인 REST-API 클라이언트다. 즉, 다른 서버에 REST-API를 호출하면 결과를 받을 때까지 스레드는 블로킹 상태로 바뀌고 대기한다. 그리고 결과를 받으면 다음 코드를 실행한다. WebClient는 스프링 5부터 제공되고 있으며, 대표적인 논블로킹 비동기 방식을 사용한 REST-API 클라이언트 클래스다. WebClient를 자세히 설명하려면 리액트 라이브러리를 사용하는 방법과 스프링 비동기 웹 프레임워크인 WebFlux에 대한 설명이 필요하다. 이 책에서는 비동기, 논블로킹을 다루지 않으므로 이를 따로 설명하지는 않겠지만, WebClient를 동기식으로 사용하는 방법을 간략하게 설명한다.

9.1 RestTemplate 클래스

o.s.web.client.RestTemplate 클래스는 다른 서버의 REST-API를 실행할 수 있는 메서드를 제공한다. 서버 클라이언트 모델에서 클라이언트 측에서 사용한다. 그러므로 다른 서버의 REST-API

를 호출할 수 있도록 URI를 설정하고, GET, POST 같은 HTTP 메서드를 사용할 수 있는 메서드를 제
공한다. 또한 요청 메시지의 헤더, 바디를 구성할 수 있는 클래스를 사용할 수 있으며, 응답 메시
지의 헤더, 상태 코드, 바디를 조회할 수 있는 클래스를 사용할 수 있다. 이 기능들을 자세히 설명
하기 전에 RestTemplate의 특징을 먼저 설명한다.

- 자바 객체를 HTTP 요청 메시지의 바디로 변환하고, HTTP 응답 메시지 바디를 자바 객체
  로 변환하는 기능을 제공한다. 이때 메시지의 콘텐츠 타입(Content-type)에 따라 적절한 컨
  버터를 찾아 동작한다. RestTemplate은 이 컨버터를 쉽게 확장할 수 있는 구조를 갖고 있다.
  JSON뿐만 아니라 XML 같은 메시지를 자바 객체로 쉽게 변환할 수 있다.

- RestTemplate은 HTTP 프로토콜을 직접 사용하여 서버의 REST-API를 호출하는 일
  련의 네트워크 작업을 추상화한 메서드들을 제공한다. 대표적으로 getForEntity(),
  postForEntity(), delete(), put() 메서드다. 이 메서드들은 HTTP 메서드 이름과 같으므로
  쉽게 사용할 수 있다. 또한 RestTemplate의 메서드를 사용하면 네트워크 작업을 위한 반복
  적인 코드를 생략할 수 있다.

- RestTemplate은 네트워킹 기능을 별도의 클래스에 위임하고 있다. 그래서 커넥션 관리나 메
  시지를 주고받는 저수준 네트워킹 작업은 구현체에 따라 다르게 동작한다. 개발자가 원하는
  구현체를 사용할 수 있으며, RestTemplate의 메서드는 이 구현체에 상관없이 일관된 기능을
  제공한다.

- RestTemplate은 인터셉터 기능을 제공하고 있어 REST-API를 실행할 때 인터셉터를 실행
  할 수 있다. 그러므로 메시지를 주고받을 때 기능을 확장할 수 있다.

- RestTemplate은 멀티 스레드 환경에 안전한(thread-safe) 클래스이므로 스프링 빈으로 객체
  를 생성하고 필요한 곳에 주입해서 사용해도 된다.

9.1.1 RestTemplate 구조

그림 9-1은 RestTemplate과 관련된 클래스들의 관계를 표현한 것이다. 개발자가 RestTemplate
의 메서드를 호출하면 내부에서는 각 클래스들이 유기적으로 동작하여 결과를 응답한다.
RestTemplate의 구조를 확인하고 각 클래스들이 어떤 역할을 하는지 확인해 보자.

❤ 그림 9-1 RestTemplate의 구조와 주요 클래스들

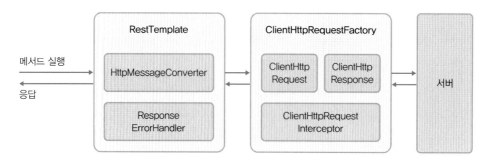

그림 9-1에서 가장 중요한 역할을 하는 클래스들은 HttpMessageConverter와 ClientHttp
RequestFactory다. HttpMessageConverter는 HTTP의 바디 메시지를 자바 객체로 변환하는 역할
을 하고, ClientHttpRequestFactory는 REST-API 서버와 커넥션을 맺고 요청 메시지를 전달하고
응답 메시지를 받아 올 때까지 일련의 네트워킹 과정을 처리한다. 그림 9-1에서 볼 수 있듯이 네
트워킹 과정은 ClientHttpRequestFactory에 위임되어 있음을 알 수 있다.

o.s.http.converter.HttpMessageConverter는 스프링 MVC 프레임워크에서 콘텐츠 타입에 따라
메시지를 변환하는 역할을 한다.[1] 그래서 서버에 요청하는 메시지와 응답받은 메시지를 자바 객
체로 변환할 때 HttpMessageConverter를 사용한다. 이때 Content-type 헤더에 정의된 값에 따라
적절한 HttpMessageConverter가 동작한다. RestTemplate의 기본 생성자 내부에는 기본 설정으로
HttpMessageConverter 객체들을 생성하고 내부 변수 messageConverters에 할당한다.

사용자가 필요한 HttpMessageConverter 객체들을 새로 구성하려면 setMessageConverters(List
〈HttpMessageConverter〈?〉〉 messageConverters)나 HttpMessageConverter 리스트를 인자로 받
는 생성자를 사용한다. 이 방법들은 RestTemplate의 messageConverters 내부 변수를 초기화하
므로 기본 설정으로 만들어진 HttpMessageConverter 리스트에 새로운 객체를 추가할 수 없다.
getMessageConverter() 메서드가 리턴하는 List〈HttpMessageConverter〉 객체를 참조하여 새로운
객체를 추가하면 된다.

RestTemplate은 ClientHttpRequestFactory 클래스에 HTTP 통신을 위임하고 있다.
ClientHttpRequestFactory 인터페이스는 HTTP 프로토콜을 사용하여 클라이언트 요청
과 서버 응답을 처리한다. 클라이언트 요청은 ClientHttpRequest 클래스로, 서버 응답은
ClientHttpResponse 클래스로 추상화되어 처리된다. ClientHttpRequest의 execute() 메서드를

---

1 앞서 @RestController와 @ResponseEntity 애너테이션에서 설명한 HttpMessageConverter와 같은 클래스다. RestTemplate도 같
   은 HttpMessageConverter를 사용한다.

실행하면 ClientHttpResponse 객체를 받을 수 있다. 이때 서버와 클라이언트 사이에 커넥션을 사용하여 요청 전송 및 응답 수신 과정이 진행된다. ClientHttpRequestFactory 인터페이스를 구현한 구현체는 다양하다. 구현체에 따라 커넥션을 생성하고 API를 호출하는 과정이 각각 다르게 진행된다. 스프링 부트 프레임워크에서 제공하는 구현체로 OkHttp3ClientHttpRequestFactory, Netty4ClientHttpRequestFactory, SimpleClientHttpRequestFactory 등이 있다. 각 구현체는 다음과 같은 특징이 있으며, RestTemplate을 설정할 때 사용자가 선택할 수 있다.

- **OkHttp3ClientHttpRequestFactory**: 안드로이드에서 많이 사용하는 OkHttp로 작성한 구현체다. 동기식/비동기식 프로그래밍이 모두 가능한 장점이 있다.
- **Netty4ClientHttpRequestFactory**: 비동기 논블로킹 프레임워크인 Netty를 사용하여 작성된 구현체다. 비동기 프로그래밍을 계획한다면 가장 먼저 고려하는 것이 좋다.
- **SimpleClientHttpRequestFactory**: 동기식으로 동작하며, JDK에서 제공하는 라이브러리를 사용하여 작성된 구현체다.

그림 9-1을 보면 ClientHttpRequestInterceptor 인터페이스가 HttpRequestFactory에 포함되어 있다. ClientHttpRequestInterceptor 인터페이스는 클라이언트 요청을 서버로 전송하기 전에 실행되는 intercept() 메서드를 제공한다. 이 인터셉터는 한 개 이상 추가할 수 있고, 인터셉터 순서에 따라 intercept() 메서드가 차례대로 실행된다.

RestTemplate은 o.s.web.client.ResponseErrorHandler 인터페이스를 사용하여 에러를 처리한다. 기본 설정으로 o.s.web.client.DefaultResponseErrorHandler 구현체를 사용한다. 하지만 ResponseErrorHandler 구현체를 설정할 수 있는 setErrorHandler() 메서드를 제공하고 있어 사용자 의도에 따라 에러 처리 기능을 교체할 수 있다.

ResponseErrorHandler 인터페이스는 두 가지 추상 메서드를 포함하고 있다. 서버 응답을 추상화한 ClientHttpResponse 객체를 사용하여 에러 여부를 판단하는 boolean hasError() 메서드와 에러를 처리하는 void handleError() 메서드가 정의되어 있다. DefaultResponseErrorHandler 구현체는 HTTP 상태 코드 세 자리 중 첫 번째 자리에 따라 예외를 던지도록 구현되어 있다. 다음을 확인해 보자. 참고로 DefaultResponseErrorHandler가 던지는 예외들은 RuntimeException 클래스를 상속받는다. 그러므로 RuntimeException을 기본 처리하는 스프링 프레임워크의 예외 전략을 사용할 수 있다.

- HTTP 상태 코드가 4XX이면 HttpClientErrorException 예외를 발생한다. 서버가 404 Not Found를 응답하면 잘못된 리소스에 대한 접근을 의미한다. 그러므로 클라이언트가 잘못된 URI 경로로 요청한 것이므로 HttpClientErrorException 예외를 던진다.

- HTTP 상태 코드가 5XX이면 HttpServerErrorException 예외를 발생한다. 5XX 에러는 서버에서 발생한 에러이므로 HttpServerErrorException을 던진다.
- 표준에 정의되지 않는 HTTP 상태 코드이면 UnknownHttpStatusCodeException 예외를 발생한다.

지금까지 내용을 정리하면 RestTemplate은 HttpMessageConverter, ClientHttpRequest Interceptor, ResponseErrorHandler를 사용하여 기능을 확장할 수 있다.

9.1.2 RestTemplate 스프링 빈 설정

RestTemplate 스프링 빈을 설정하는 방법과 각 설정값을 설명한다. 다음 예제 RestTemplate Config.java에서는 SimpleClientHttpRequestFactory와 RestTemplate 스프링 빈을 각각 설정한다.

RestTemplate 스프링 빈을 설정하는 RestTemplateConfig.java 클래스

```
package com.springtour.example.chapter09.config;

@Configuration
public class RestTemplateConfig {

    @Bean
    public ClientHttpRequestFactory clientHttpRequestFactory() {
        SimpleClientHttpRequestFactory factory = new SimpleClientHttpRequestFactory(); ----❶

        factory.setConnectTimeout(3000); ----❷
        factory.setReadTimeout(1000); ----❸
        factory.setBufferRequestBody(false); ----❹

        return factory;
    }

    @Bean
    public RestTemplate restTemplate(ClientHttpRequestFactory clientHttpRequestFactory) {

        RestTemplate restTemplate = new RestTemplate(clientHttpRequestFactory); ----❺
```

```
            restTemplate.getInterceptors().add(new IdentityHeaderInterceptor()); ⋯❻
            restTemplate.setErrorHandler(new DefaultResponseErrorHandler()); ⋯❼

            return restTemplate;
        }
    }
```

❶ RestTemplate의 ClientHttpRequestFactory 구현체로 SimpleClientHttpRequestFactory를 사용한다.

❷ 클라이언트와 서버 사이에 커넥션 객체를 생성하는 데 소요되는 최대 시간(밀리초)을 설정한다.

❸ 클라이언트가 서버에 데이터 처리를 요청하고 응답받기까지 소요되는 최대 시간(밀리초)을 설정한다.

❹ SimpleClientHttpRequestFactory는 요청 메시지의 바디를 버퍼링하는 기능을 제공한다. SimpleClientHttpRequestFactory의 기본 설정(true)은 요청 메시지의 바디를 버퍼링하므로 바디를 버퍼링하지 않으려면 setBufferRequestBody(false)로 설정한다.

❺ ClientHttpRequestFactory 인자를 받는 생성자를 사용하여 RestTemplate 객체를 생성한다. 코드에서는 앞서 설정한 ClientHttpRequestFactory 스프링 빈을 주입받아 RestTemplate 객체를 생성한다.

❻ RestTemplate 객체에 새로운 인터셉터 객체를 추가한다. getInterceptors()는 RestTemplate 객체에 설정된 인터셉터 리스트 객체를 리턴한다. 그러므로 리스트 객체의 add() 메서드를 사용하여 IdentityHeaderInterceptor 객체를 추가한다. IdentityHeaderInterceptor는 예제를 위해 새로 생성한 클래스다.

❼ RestTemplate 객체에 새로운 ResponseErrorHandler를 설정한다. 코드에서는 setError Handler() 메서드를 설명하려고 RestTemplate의 기본 에러 핸들러인 DefaultResponse ErrorHandler를 그대로 설정했다.

SimpleClientHttpRequestFactory를 설정할 때 가장 중요한 것은 Connection Timeout 값과 Read Timeout 값을 설정하는 것이다.[2] setConnectionTimeout() 메서드를 사용하면 Connection Timeout 값을 설정할 수 있다. 인자는 int 값이며 타임아웃 시간을 설정한다. 타임아웃 값은 0과

---

2   Timeout에 대한 설명은 다음 절에서 자세히 다룬다.

양수 값을 사용할 수 있다. 0은 Connection이 맺어질 때까지 무기한으로 대기한다. 밀리초 단위의 양수 값으로 설정할 수 있으며, Connection을 맺는 시간이 설정한 시간보다 더 걸리면 예외가 발생한다.

setReadTimeout() 메서드를 사용하면 Read Timeout 값을 설정할 수 있다. setReadTimeout() 인자 값 설정은 0과 양수 값을 사용할 수 있다. 0은 서버 응답을 읽을 때까지 무기한으로 기다린다. 역시 밀리초 단위의 양수 값으로 설정할 수 있다. 서버에서 응답 메시지를 받는 시간이 설정한 시간보다 오래 걸리면 예외가 발생한다.

SimpleClientHttpRequestFactory는 내부에 버퍼를 포함하고 있으며, 요청 메시지의 바디를 저장하는 목적으로 사용한다. setBufferRequestBody() 메서드로 버퍼링 기능을 설정할 수 있고, 기본 값은 true다. 서버에 파일이나 이미지 같은 용량이 큰 파일을 전송한다면 버퍼에 저장되므로 애플리케이션의 메모리에 문제가 발생할 수 있다. 그러므로 요청 메시지의 바디 크기가 크다면 반드시 setBufferRequestBody(false)를 사용하여 기능을 이용하지 않는 것이 좋다.

REST-API를 호출하고 응답받는 과정에 기능을 추가하려면 ClientHttpRequestInterceptor를 고려해 보자. 스프링 WebMVC의 인터셉터와 비슷한 역할로, ClientHttpRequestInterceptor 구현 클래스를 생성하고 RestTemplate 객체에 인터셉터 객체를 추가하면 된다. 예제 코드에서는 구현체를 추가하는 방식을 사용했으며, 새롭게 설정해야 한다면 setInterceptors() 메서드를 사용한다. 여러 개의 인터셉터를 설정할 수 있으며 이들은 체인 패턴 방식으로 구성되어 있다. 그래서 인터셉터들을 순차적으로 실행한 후 REST-API를 호출한다.

ClientHttpRequestInterceptor 코드

```
package org.springframework.http.client;

@FunctionalInterface
public interface ClientHttpRequestInterceptor {

    ClientHttpResponse intercept(HttpRequest request, byte[] body,
ClientHttpRequestExecution execution)
        throws IOException;
}
```

intercept() 메서드는 REST-API의 사용자 요청 메시지를 가로채고, 서버의 응답 메시지를 리턴하는 형태를 갖고 있다. 메서드 인자는 사용자의 요청 메시지를 추상화한 HttpRequest, 요청 메시지의 바디 데이터인 body, 인터페이스 체인에서 다음 인터페이스로 요청을 전달할 수 있는

ClientHttpRequestExecution이 있다. ClientHttpRequestExecution은 execute() 메서드를 제공한다. 이 메서드를 실행하면 체인의 다음 인터셉터를 실행할 수 있다. 인자들을 사용하면 사용자 요청 메시지나 바디 데이터를 수정 혹은 조회할 수 있다.

예제에서 사용한 IdentityHeaderInterceptor의 코드를 확인해 보자. IdentityHeaderInterceptor는 사용자 요청 메시지에 X-COMPONENT-ID 헤더가 없으면 헤더를 추가하는 기능을 제공한다. 즉, 모든 사용자 요청에 X-COMPONENT-ID 헤더를 추가하는 기능을 제공한다.

IdentityHeaderInterceptor 코드

```
package com.springtour.example.chapter09.server;

public class IdentityHeaderInterceptor implements ClientHttpRequestInterceptor {

    private static final String COMPONENT_HEADER_NAME = "X-COMPONENT-ID"; ----❶
    private static final String COMPONENT_HEADER_VALUE = "HOTEL-API";

    @Override
    public ClientHttpResponse intercept(HttpRequest request, byte[] body,
ClientHttpRequestExecution execution) throws IOException {

        request.getHeaders().addIfAbsent(COMPONENT_HEADER_NAME, COMPONENT_HEADER_
VALUE); ----❷
        return execution.execute(request, body); ----❸
    }
}
```

❶ 인터셉터에서 사용하는 HTTP 헤더 이름과 값을 상수로 정의해서 사용한다.

❷ RestTemplate을 호출하는 클래스에서 X-COMPONENT-ID 헤더를 설정하지 않았다면 기본값인 HOTEL-API 헤더 값을 넣는다.

❸ ClientHttpRequestExecution의 execute() 메서드를 실행하여 다음 인터셉터로 요청을 전달한다.

MSA 아키텍처에서는 사용자의 요청 하나에 여러 컴포넌트의 API들이 실행된다. 그래서 관리나 통계를 생성하고자 API를 호출하는 컴포넌트들의 이름을 access 로그에 남길 때도 있다. 이를 위해 아키텍처 설계 단계에서 사용자 정의 HTTP 헤더를 설정하고 컴포넌트마다 고유의 아이디 값을 입력하도록 한다. REST-API를 제공하는 컴포넌트 입장에서는 어떤 컴포넌트가 어떤 REST-API를 사용하는지 쉽게 알 수 있다. 예제에서는 X-COMPONENT-ID 헤더 이름을 사용했으며, HOTEL-API 헤더 값을 설정했다. 클라이언트가 요청 메시지에 헤더를 추가했으므로 서버는 access 로그 설정을 사용하여 로그를 남기면 된다. 이 방법을 사용하려면 몇 가지 전제 조건이 필요하다. 먼저 각 컴포넌트는 고유한 이름을 갖고 있어야 한다. REST-API를 호출하는 모든 컴포넌트는 반드시 고유한 이름을 HTTP 헤더에 포함해야 한다. 이 조건을 지키려면 Hotel 컴포넌트에서는 X-COMPONENT-ID 헤더를 반드시 설정하고 REST-API를 호출해야 한다. 그러므로 IdentityHeaderInterceptor는 개발자 실수를 보완하는 인터셉터라고 할 수 있다. 즉, RestTemplate의 메서드를 사용하여 애플리케이션을 만드는 개발자가 X-COMPONENT-ID 헤더를 누락하는 상황을 방지할 수 있다.

RestTemplate의 에러 처리는 ResponseErrorHandler 인터페이스를 구현한 구현 클래스에 위임한다. 기본 구현체는 DefaultResponseErrorHandler이며, 별도의 에러 핸들러로 변경할 때는 RestTemplate의 setErrorHandler() 메서드를 사용한다. 예제 코드에서는 setErrorHandler() 메서드의 사용법을 보여 주려고 DefaultResponseErrorHandler를 다시 설정한다.

ResponseErrorHandler 인터페이스의 코드는 다음과 같다. 에러는 서버의 응답 메시지를 추상화한 ClientHttpResponse를 사용하여 처리하면 된다. ClientHttpResponse 객체를 사용하면 응답 메시지의 상태 코드나 헤더, 메시지 바디를 확인할 수 있다.

ResponseErrorHandler 인터페이스

```
package org.springframework.web.client;

public interface ResponseErrorHandler {

    boolean hasError(ClientHttpResponse response) throws IOException; ····❶

    void handleError(ClientHttpResponse response) throws IOException;
                                                         ❷
    default void handleError(URI url, HttpMethod method, ClientHttpResponse response)
throws IOException {
        handleError(response);
    }
}
```

❶ 인자 ClientHttpResponse 객체를 사용하여 에러가 있는지 없는지 판단한다. 에러라고 판단하면 true를 리턴하도록 구현하자. true를 리턴하면 RestTemplate은 ❷의 handleError() 메서드를 실행하여 에러 처리를 위임한다.

❷ 에러가 있다면 IOException 예외를 던져도 되고, 인자 ClientHttpResponse 객체를 사용하여 에러를 처리해도 된다.

9.1.3 Connection Timeout과 Read Timeout 설정

MSA 환경에서 컴포넌트의 데이터를 다른 컴포넌트로 전파하거나 반대로 다른 컴포넌트가 데이터를 참조할 때는 네트워크 매체를 주로 사용한다. REST-API 시스템도 네트워크를 사용하지만 메시지 큐 같은 시스템 컴포넌트들도 네트워크를 사용한다. 모든 데이터 요청과 응답은 네트워크를 통해 각 컴포넌트들에 전달된다. 네트워크는 여러 시스템을 통합하는 데 가장 편리한 전달 매체(media)고 가장 중요한 역할을 한다. 하지만 네트워크는 신뢰성이 낮은 매체다. 언제 어디서든 장애가 발생하기 때문이다. 그 장애는 짧게는 수초에서 길게는 몇 시간까지 계속될 수 있으며 하루에도 몇 번씩 발생할 수 있다. 네트워크뿐만 아니라 다른 컴포넌트도 장애가 발생할 수 있다. 시스템에 과부하가 걸리거나 버그가 있어 정상적으로 요청을 처리하지 못할 수 있다. 이외에도 수많은 장애 상황이 발생할 수 있다.

이런 다양한 이유에서 REST-API 클라이언트는 서버에 커넥션을 맺거나 요청 후 응답을 기다리는 데 오랜 시간이 필요할 수 있다. 심지어는 커넥션을 맺지 못하거나 응답을 받지 못하는 상황도 발생한다. 장애 상황이 지속되면 서비스 사용자 요청은 더 많아질 수 있다.[3] 그러면 결국 REST-API 클라이언트도 리소스가 부족해지거나 과부하 상태가 될 수 있다. 이렇게 하나의 시스템 장애가 다른 시스템 장애로 번질 수 있다.

그러므로 MSA 환경에서 자신의 시스템을 보호하는 여러 가지 방법을 강구해 두어야 한다. 가장 간단한 방법으로는 Connection Timeout과 Read Timeout 값을 설정하는 것이다. 그림 9-2는 Hotel API 컴포넌트가 Billing API 컴포넌트의 REST-API를 호출할 때 상황을 표현한 것이다. 그림 9-2를 보면서 값을 언제 어떻게 설정하는 것이 좋은지 살펴보자.

---

3   서비스가 안 되면 많은 사람이 여러 번 클릭하기 때문이다.

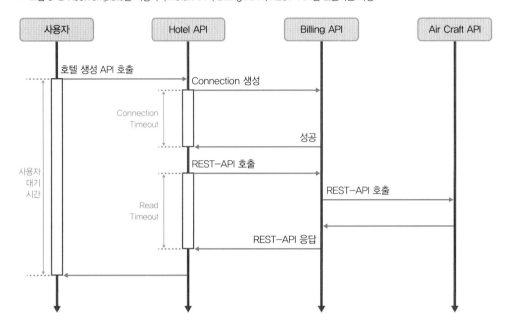
❤ 그림 9-2 RestTemplate을 사용하여 Hotel API가 Billing API의 REST-API를 호출하는 과정

그림 9-2는 사용자가 호텔을 생성할 때 필요한 시스템 컴포넌트들과 각 시스템의 API를 호출하는 순서를 그린 시퀀스 다이어그램이다. 다음 상황을 가정해 보자. 사용자가 호텔을 시스템에 등록하면 Hotel API와 Billing API 시스템에 각각 신규 데이터를 생성해야 한다. Hotel API가 먼저 사용자 요청을 받은 후 호텔 정보를 데이터베이스에 생성한다. 이후 Hotel API가 Billing API 시스템에 신규 호텔 코드를 등록하는 API를 호출한다. Billing API 시스템은 정산 처리도 담당하므로 모든 호텔에 대한 코드가 필요하며, 이 호텔 코드를 사용하여 정산 작업을 처리한다. 그러므로 Hotel API 시스템은 호텔을 신규 등록한 후 Billing API 시스템에도 호텔 코드를 새로 생성할 수 있도록 REST-API를 호출해야 한다. 그림 9-2의 시퀀스 다이어그램처럼 동작해야 하는 것이다.

그림 9-2에서 Connection Timeout은 Hotel API와 Billing API 사이에 커넥션을 맺는 시간을 의미한다. TCP 3-way-handshake가 Timeout 시간 내에 되지 않으면 예외가 발생한다. 이 예외는 클라이언트인 Hotel API에서 발생하는데 서버인 Billing API에서는 알 수 없다. 발생한 예외는 다음 로그와 같다. 예외 메시지를 보면 Connection Timeout 설정을 초과하여 Connection을 생성하지 못한 것을 알 수 있다. 이때 클라이언트는 REST-API를 요청할 수 없는 상태가 된다.

Connection Timeout이 생길 때 발생하는 예외 로그 일부

```
java.net.ConnectionException: Connection timed out: connect
```

Read Timeout은 그림 9-2에서 Hotel API가 Billing API의 REST-API를 요청하고 응답을 받을 때까지 시간을 의미한다. Read Timeout 시간 내에 응답을 받을 수 없다면 예외가 발생한다. Connection Timeout처럼 클라이언트인 Hotel API에서 발생한다. 역시 서버인 Billing API에서는 확인할 수 없다. 다음 로그를 참고하자.

Read Timeout이 생길 때 발생하는 예외 로그 중 메시지 부분

```
java.net.SocketTimeoutException: Read timed out
```

클라이언트가 REST-API를 호출하고 그 결과를 시간 내 받지 못했기 때문에 커넥션은 정상적으로 생성되었음을 의미한다. 그래서 Connection Timeout 현상과 Read Timeout 현상은 동시에 같은 스레드에서 발생할 수 없다. 일반적으로 Read Timeout은 서버가 과부하 상태이거나 특정 부분에 문제가 생겨 처리가 오래 걸리면 발생한다. 하지만 네트워크에 문제가 있어 발생할 수도 있다. 응답 메시지가 네트워크에서 유실되는 경우도 있다.

적절한 Connection Timeout과 Read Timeout 값을 찾는 것은 매우 어려운 일이다. 적절한 값에는 기준이 없기 때문이다. 이때는 서버 관점이 아닌 서비스 관점에서 생각해야 한다. 그림 9-2에서 사용자 요청 후 대기 시간은 다음과 같이 계산할 수 있다.

> **사용자의 대기 시간 = Hotel API의 요청 처리 시간**
> **+ Hotel API와 사용자 구간의 네트워크 지연 시간**
> **+ Billing API의 요청 처리 시간**
> **+ Billing API와 Hotel API 구간의 네트워크 지연 시간**

스프링 투어 서비스는 5초 이내에 요청을 처리하는 것이 목표라고 생각하자. 사용자가 요청한 Hotel API의 '호텔 생성 API'는 5초 이내에 응답해야 한다. 이때 Hotel API에서 Billing API를 호출하는 것을 제외한 호텔 데이터만 생성하는 시간이 1초라고 하자. 그리고 Billing API에서 빌링 코드를 생성하는 로직도 1초라고 생각하자.[4] Hotel API가 Billing API를 호출하는 RestTemplate의 Connection Timeout 값을 5초로 설정하면 어떻게 될까? 또한 Read Timeout 값도 5초로 설정하면 어떻게 될까? 커넥션을 맺는 데 4초 900밀리초가 걸리면 5초 이내에 응답을 받아야 하는 목표 응답 시간을 지킬 수 없다. 이는 Read Timeout 값도 마찬가지다. 그렇다면 어떻게 설정해야 할까?

---

4   평균 처리 시간은 성능 테스트 도구를 사용하면 확인할 수 있다.

두 컴포넌트의 처리 시간 합계는 2초이므로 커넥션을 맺고 데이터를 읽는 네트워크 소요 시간은 3초로 설정하면 된다. 하지만 Connection Timeout과 Read Timeout은 어떻게 분배하는 것이 좋을까? 나중에 서비스가 고도화되어 다른 컴포넌트들이 포함되면 개발자는 이를 다시 튜닝할 수 있을까? 안타깝게도 정답은 없다. 적절한 Timeout 값을 설정하고 스카우터나 핀 포인트 같은 APM 툴을 사용하여 모니터링을 하는 것이 중요하다. 그리고 예외 발생 빈도나 처리 속도를 모니터링하면서 값을 튜닝하는 방법이 좋다. 하지만 의미 없는 값으로 Timeout을 설정하면 서비스 목표 응답 시간을 맞출 수 없다.

클라이언트는 Connection Timeout과 Read Timeout 값을 설정하여 자신의 리소스를 보호해야 한다. 특히 Connection Timeout과 Read Timeout 값을 무기한을 뜻하는 0으로 설정하면 안 된다. 그림 9-2를 확인해 보자. Billing API가 데이터를 데이터베이스에 저장할 때 데드 락이 발생하여 쿼리 실행 시간이 30초 걸렸다고 하자. Billing API를 호출하는 Hotel API는 결과를 받을 때까지 30초를 기다려야 한다. 그동안 사용자는 계속해서 Hotel API를 호출한다. 결국 Hotel API 스프링 애플리케이션의 스레드는 고갈될 것이다. 이런 상황이 계속 지속되면 Hotel API에 의존하는 다른 시스템도 스레드가 고갈될 것이다. MSA 환경에서는 이렇게 연쇄적으로 장애가 전파된다. 이때 Connection Timeout 값이 있다면 장애가 전파되는 것을 막거나 최소한 장애를 지연시킬 수 있다.

Connection Timeout이나 Read Timeout 값이 발생하면 애플리케이션은 어떤 일을 할 수 있을까? 예외가 발생했을 때 사전에 정의된 다음 절차를 실행하면 된다. 이를 폴백(fallback) 처리라고 한다. 여기에서는 두 가지 폴백 처리를 설명한다. Hotel API 내부에서는 성공하고 Billing API를 호출할 때 예외가 발생했다고 생각해 보자. 첫 번째는 Hotel API 애플리케이션은 에러를 응답하고 웹이나 앱 클라이언트 화면에는 적당한 에러 메시지를 보여 준다. 그리고 Hotel API의 데이터베이스 트랜잭션은 롤백 처리한다. 두 번째는 Hotel API의 데이터베이스 트랜잭션은 commit 처리하고 별도의 마이크로 배치[5]를 사용하여 Billing API에 데이터를 동기화한다. 트랜잭션과 REST-API를 분리할 때는 다음과 같이 TransactionSynchronizationManager와 Transaction SynchronizationAdapter를 사용한다. 다음 코드는 8장에서 설명한 예제 코드다. afterCommit()을 구현하면 트랜잭션과 Billing API를 호출하는 부분을 완전히 분리할 수 있다.

---

5   비교적 짧은 시간에 소량의 데이터를 일괄 처리하는 것을 의미한다.

```
@Transactional(readOnly=false, isolation=Isolation.SERIALIZABLE)
public HotelCreateResponse createHotel(HotelCreateRequest createRequest) {

    // 생략
    hotelRepository.save(hotelEntity);

    TransactionSynchronizationManager.registerSynchronization(new
TransactionSynchronizationAdapter() {
        @Override
        public void afterCommit() {
            super.afterCommit();
            billingApiAdapter.registerHotelCode(hotelEntity.getHotelId());
        }
    });

    return HotelCreateResponse.of(hotelEntity.getHotelId());
}
```

앞의 예제 코드에서 billingApiAdapter.registerHotelCode( ) 메서드가 실패해도 걱정하지 말
자. 마이크로 배치를 사용하여 동기화하면 Billing API에는 호텔 코드가 결국에는 등록된다. 또는
billingApiAdapter.registerHotelCode( ) 메서드가 성공하고 마이크로 배치가 동기화되어도 걱정
하지 말자. Billing API는 호텔 코드를 중복 체크해서 데이터를 중복 생성하지 않을 것이다. 이 폴
백 처리는 데이터 성질이나 서비스 정책에 따라 생각해 볼 만하다. 즉, 궁극적으로 데이터 일관성
(eventual consistency)만 유지해도 되는 데이터라면 고려해 보자. 이외에도 여러 방법을 고민해 보자.[6]

9.1.4 RestTemplate 클래스

RestTemplate은 서버의 REST-API를 호출할 수 있는 메서드들을 제공한다. 수많은 메서드를 제
공하는데, 메서드를 메서드 이름으로 분류하면 크게 두 가지로 나눌 수 있다. 첫 번째는 POST, GET
같은 HTTP 메서드의 이름을 사용하여 해당 HTTP 메서드만 사용하는 메서드들이다. 두 번째는 HTTP
메서드를 인자로 넘겨 범용적으로 사용할 수 있는 exchange 메서드들이다. HTTP의 GET 메서드
를 사용하여 REST-API를 실행한다면 getForObject나 getForEntity 메서드를 사용한다. 다음은
RestTemplate의 메서드들이다.

---

6 마이크로 배치를 사용하는 방법은 뒤에서 설명할 @Scheduled 애너테이션을 사용하면 쉽게 구현할 수 있다.

- **getForObject**: HTTP GET 메서드를 사용한다. 서버의 응답 메시지 중 바디를 변환한 자바 객체를 리턴한다.

- **getForEntity**: HTTP GET 메서드를 사용한다. 서버의 응답 메시지를 변환한 ResponseEntity 객체를 리턴한다. ResponseEntity는 바디 메시지 클래스 타입을 위한 제네릭 타입을 입력받는다.

- **headForHeaders**: HTTP HEAD 메서드를 사용한다. 서버의 리소스에 대해 헤더 정보만 조회하는 데 사용한다. 서버의 응답 메시지는 바디가 없으며, HTTP 헤더 정보는 HttpHeaders 객체로 변환하여 리턴한다.

- **postForLocation**: HTTP POST 메서드를 사용한다. POST 메서드는 서버에 리소스를 생성하는 기능이므로 파일을 업로드하거나 데이터를 생성할 수 있다. 이때 서버는 생성된 리소스 위치를 Location 헤더로 응답한다. 이때 사용하는 메서드다. 응답 헤더 중에서 Location 헤더 값을 URI 객체로 변환하여 리턴한다.

- **postForObject**: HTTP POST 메서드를 사용한다. REST-API의 POST 메서드를 호출할 때 사용한다. 서버의 응답 메시지 중 바디를 자바 객체로 변환하여 리턴한다.

- **postForEntity**: HTTP POST 메서드를 사용한다. postForObject와 마찬가지로 REST-API의 POST 메서드를 호출할 때 사용하지만, 서버의 응답 메시지를 ResponseEntity 객체로 변환하여 리턴한다. ResponseEntity는 바디 메시지 클래스 타입을 위한 제네릭 타입을 입력받는다.

- **put**: HTTP PUT 메서드를 사용한다. REST-API의 PUT 메서드를 호출할 때 사용한다. put 메서드의 응답 타입은 void다.

- **patchForObject**: HTTP PATCH 메서드를 사용한다. 서버 리소스 일부분만 수정할 때 PATCH 메서드를 사용한다. 서버의 응답 메시지 중 바디를 자바 객체로 리턴한다.

- **Delete**: HTTP DELETE 메서드를 사용한다. REST-API의 DELETE 메서드를 호출할 때 사용한다. PUT 메서드의 응답 타입은 void다.

- **optionsForAllow**: HTTP OPTIONS 메서드를 사용한다. 서버의 특정 리소스에서 제공하는 HTTP 메서드를 조회할 때 사용한다. 이때 서버는 특정 리소스에서 사용할 수 있는 HTTP 메서드를 Allow 헤더를 사용하여 응답한다. 그러므로 optionsForAllow() 메서드는 Set<HttpMethod> 객체를 응답한다.

- **exchange**: 인자를 사용하여 HTTP 통신을 한다. 사용할 수 있는 HTTP 메서드의 종류에는 o.s.http.HttpMethod 열거형에 정의된 GET, HEAD, POST, PUT, PATCH, DELETE, OPTIONS, TRACE 가 있다. URI와 RequestEntity 등을 인자로 받으며, 이 값을 사용하여 서버에 요청한다. 서버의 응답 메시지를 ResponseEntity 객체로 변환하여 리턴한다.

RestTemplate 클래스는 서버에 요청하는 HTTP 요청 메시지로 o.s.http.HttpEntity를 사용하고, 서버가 응답하는 HTTP 요청 메시지로는 o.s.http.ResponseEntity를 사용한다. HttpEntity에는 요청 메시지에 필요한 HTTP 헤더와 바디 객체를 포함할 수 있다. 그래서 HttpEntity 객체에 적절한 헤더나 바디 값을 설정하고 RestTemplate의 getForObject(), postForEntity() 같은 메서드의 인자로 사용한다. ResponseEntity는 앞서 설명한 Spring WebMVC의 컨트롤러 클래스에서 사용한 ResponseEntity와 같은 클래스다. ResponseEntity는 HTTP 응답 메시지를 추상화한 클래스이므로 응답 메시지의 HTTP 헤더나 바디 정보를 메서드를 사용하여 참조할 수 있다. 예제 코드를 보고 RestTemplate을 어떻게 사용하는지 자세히 설명한다.

9.1.5 RestTemplate 예제

example09 예제 프로젝트에는 테스트를 위한 REST-API를 제공한다. RestTemplate 예제 코드는 테스트 REST-API를 호출하므로 API 스펙을 확인해 보자. API는 GET과 POST 두 가지를 제공하는데, 빌링 코드를 조회하고 생성하는 기능이다.

REST-API 스펙

```
1. 빌링 코드를 조회하는 API
- 요청 메시지
GET /billing-codes?codeName=HTTP/1.0
Accept: application/json

- 응답
{
    "success": true,
    "resultMessage": "success",
    "data": [                                      ────❶
        {"billingCode": "CODE-112123"},
        {"billingCode": "CODE-827125"}
    ]
}

2. 빌링 코드를 등록하는 API
- 요청 메시지
POST /billing-codes HTTP/1.0
Content-type : application/json
Accept: application/json

{
```

```
  "type" : 1,
  "hotelIds" : ["111", "112", "113"]
}


- 응답 메시지 바디
{
    "success": true,
    "resultMessage": "success",
    "data": {                          ❷
        "codes": [111, 112, 113]
    }
}
```

GET /billing-codes와 POST /billing-codes API의 응답 메시지 포맷을 확인해 보자. ❶은
GET /billing-codes의 응답 메시지고, ❷는 POST /billing-codes의 응답 메시지 포맷이다. 두
메시지는 JSON 메시지의 구조가 비슷하다. success, resultMessage, data 속성까지 구조가 동일
하며, 응답 메시지에 따라 data 속성의 JSON 객체가 다르다. REST-API를 설계할 때는 공통 메
시지 포맷을 사용하기도 한다. 그래서 이번 예제에서는 이런 공통 메시지 포맷을 어떻게 처리하는
지 함께 설명한다.

example09에서는 공통 구조의 데이터를 저장할 수 있는 ApiResponse.java 클래스를 생성한
다. 그래서 ApiResponse 내부에는 success, resultMessage, data 속성을 정의한다. 단 data 속성
은 REST-API마다 다를 수 있으므로 제네릭 타입을 사용한다. 다음 ApiResponse.java 코드를
확인해 보자.

ApiResponse 코드

```java
package com.springtour.example.chapter09.controller;

@Setter
@Getter
public class ApiResponse<T> {

    private boolean success;
    private String resultMessage;

    private T data;

    // 생략
}
```

ApiResponse 클래스를 각 API의 응답 메시지에 맞게 변환하면 다음과 같이 정의할 수 있다. 자세한 코드 내용은 예제 example09 모듈에서 com.springtour.example.chapter09.controller 패키지의 BillingCodeResponse와 CreateCodeResponse 클래스의 코드를 확인하길 바란다.

ApiResponse 클래스의 사용 방법

```
// GET /billing-codes의 경우
ApiResponse<List<BillingCodeResponse>>

// POST /billing-codes의 경우
ApiResponse<CreateCodeResponse>
```

계속해서 RestTemplate의 메서드를 사용하여 예제 REST-API를 호출하는 방법을 설명한다. RestTemplate 예제는 com.springtour.example.chapter09.adapter.BillingAdapter 클래스를 참고한다. BillingAdapter 클래스의 메서드를 호출하는 것은 com.springtour.example.chapter09.Chapter09WebApplication이다. 그러므로 Chapter09WebApplication을 실행하면 예제가 실행된다. Chapter09WebApplication을 실행하면 스프링 WebMVC가 실행되고, 예제 REST-API를 제공할 수 있는 상태가 된다. 그리고 BillingAdapter의 메서드를 실행하므로 REST-API를 실행하는 구조다.

Chapter09WebApplication

```
package com.springtour.example.chapter09;

@Slf4j
@SpringBootApplication
public class Chapter09WebApplication {

    public static void main(String[] args) {
        ConfigurableApplicationContext ctxt =
SpringApplication.run(Chapter09WebApplication.class, args);

        BillingAdapter billingAdapter = ctxt.getBean(BillingAdapter.class);

        List<BillingCodeResponse> responses =                     ❶
billingAdapter.getBillingCodes("CODE:1231231");
        log.info("1. Result : {}", responses);   ❷

        CreateCodeResponse createCodeResponse =
billingAdapter.create(List.of(1231231L));   ❸
        log.info("2. Result : {}", createCodeResponse);
```

```
        CreateCodeResponse codeResponse =
billingAdapter.createBillingCode(List.of(9000L, 8000L, 7000L));
        log.info("3. Result : {}", codeResponse);
    }
}
```

❶ BillingAdapter의 getBillingCodes() 메서드 내부는 GET /billing-codes API를
RestTemplate의 getForEntity()를 사용하여 실행하는 예제다. getBillingCodes() 메서드의
리턴 값을 로그로 남겨서 확인한다.

❷ BillingAdapter의 create() 메서드 내부는 POST /billing-codes API를 RestTemplate의
postForEntity()를 사용하여 실행한다. 역시 리턴 값을 로그로 확인한다.

❸ BillingAdapter의 create() 메서드 내부는 POST /billing-codes API를 RestTemplate의
exchange()를 사용하여 실행한다. 리턴 값을 로그로 확인한다.

GET 메서드 예제

BillingAdapter의 getBillingCodes() 메서드는 RestTemplate의 getForEntity()를 사용한 예
제다. 그래서 getBillingCodes() 메서드는 서버의 빌링 코드를 조회하는 API를 호출한다.
getBillingCodes() 메서드의 codeNameParam 인자는 GET /billing-codes의 codeName 파라미터
값으로 사용된다. 단 널이 아닌 경우에만 설정된다. getBillingCodes() 메서드가 리턴하는 클래
스 타입은 List<BillingCodeResponse>다. GET /billing-codes가 응답하는 JSON 메시지의 data
속성을 추상화한 것이다. REST-API 스펙을 확인하면 JSON 리스트 타입을 응답하는 것을 확인
할 수 있다. RestTemplate의 getForEntity() 메서드를 어떻게 사용하는지 다음 예제를 보고 확인
해 보자.

getBillingCodes() 메서드 예제

```
public List<BillingCodeResponse> getBillingCodes(String codeNameParam) {
    UriComponentsBuilder builder = UriComponentsBuilder.fromPath("/billing-codes")
            .scheme("http").host("127.0.0.1").port(8080); ┄┄❶

    if (Objects.nonNull(codeNameParam))
        builder.queryParam("codeName", codeNameParam);

    URI uri = builder.build(false).encode().toUri();
```

```
    ResponseEntity<ApiResponse> responseEntity = restTemplate.getForEntity(uri,
ApiResponse.class);                                                       ❷
    if (HttpStatus.OK != responseEntity.getStatusCode()) { ┈┈❸
        log.error("Error from Billing. status:{}, param:{}",
responseEntity.getStatusCode(), codeNameParam);
        throw new RuntimeException("Error from Billing. " + responseEntity.getStatusCode());
    }

    ApiResponse apiResponse = responseEntity.getBody(); ┈┈❹
    return (List<BillingCodeResponse>) apiResponse.getData(); ┈┈❺
}
```

❶ UriComponentBuilder 클래스는 빌더 패턴을 사용하여 URI 객체를 생성하는 기능을 제공한다. 예제에서는 UriComponentBuilder 객체를 생성하는 여러 스태틱 팩토리 메서드 중 fromPath() 를 사용했다. fromPath()의 인자에는 서버의 리소스 경로를 입력한다. 예제에서 사용한 '/billing-codes'가 서버 리소스 경로다. scheme() 메서드로 'http' 프로토콜을 설정하고, host() 메서드로 서버 주소를 설정하고, port() 메서드로 서버의 포트를 설정했다.

❷ RestTemplate의 getForEntity() 메서드 내부는 HTTP GET 메서드를 기본으로 사용한다. 그리고 인자로 받은 객체를 사용하여 서버에 HTTP 요청한다. 여러 형태의 인자를 받도록 오버로딩되어 있으며, 예제에서 사용한 getForEntity() 메서드는 두 개의 인자를 받는다. 첫 번째 인자는 URI이며, 두 번째 인자는 클래스 타입이다. URI에 정의된 REST-API 경로를 사용하여 서버에 요청한다. 두 번째 인자는 서버의 응답 메시지를 변환할 클래스 타입을 의미한다. 예제에서는 인자가 ApiResponse.class이므로 getForEntity() 메서드의 리턴 타입은 ResponseEntity<ApiResponse>가 된다.

❸ ResponseEntity의 getStatusCode() 메서드는 HTTP 응답 메시지의 상태 코드 값을 HttpStatus 열거형으로 변환하여 응답한다. 그러므로 응답 메시지의 상태 코드를 참조할 수 있어 성공 여부를 판단할 수 있다. 성공 여부는 서버의 REST-API 스펙에 따라 알맞게 구현하면 된다. 예제에서는 HttpStatus.OK, 즉 200 OK이면 성공이고 아니면 실패로 간주하여 예외를 던진다. 이외에도 HTTP 헤더 값을 조회할 수 있는 getHeaders(), 바디 값을 조회할 수 있는 getBody() 등을 사용할 수 있다.

❹ ResponseEntity의 getBody() 메서드는 HTTP 응답 메시지의 바디 값을 리턴한다. 단 getForEntity() 메서드의 인자로 사용된 클래스 타입으로 응답한다. 예제에서 인자 값으로 ApiResponse.class를 설정했으므로 ApiResponse 객체를 응답한다.

❺ 제네릭 타입이 설정되지 않은 ApiResponse 객체의 data 속성의 클래스 타입은 Object 다. 그러므로 이를 적절한 타입의 객체로 변경하려면 타입 캐스팅을 사용해야 한다. GET /billing-codes의 JSON 메시지를 변환하려면 ApiResponse<List<BillingCodeResponse>> 클래스 타입이 적절하다. 그러므로 예제에서는 apiResponse.getData()가 리턴하는 Object에 (List<BillingCodeResponse>) 캐스팅 구문을 사용하여 타입 캐스팅을 한다.

Chapter09WebApplication 클래스를 실행하여 결과를 확인해 보자. 다음과 같은 로그를 확인할 수 있다.

```
[ restartedMain] c.s.e.chapter09.Chapter09WebApplication  : 1. Result :
[{billingCode=CODE-112123}, {billingCode=CODE-827125}]
```

URI 객체는 UriComponentsBuilder 클래스를 사용하면 편리하게 생성할 수 있다. 물론 String 문자열을 조합하여 경로를 구성할 수도 있지만, UriComponentsBuilder를 사용하면 명확하게 URI 객체를 만들 수 있다. UriComponentsBuilder 객체를 생성하는 여러 스태틱 팩토리 메서드가 있지만, fromPath(), fromUriString(), fromHttpUrl()은 URI 템플릿 문자열을 사용하여 객체를 생성할 수 있다. 템플릿 문자열은 변수를 포함할 수 있으며 UriComponentsBuilder의 build() 혹은 buildAndExpand() 메서드를 사용하면 변수를 값으로 교체할 수 있다. 변수는 중괄호를 사용하여 설정하면 된다. 예를 들어 템플릿 문자열 "/hotel-names/{hotelName}"에서 {hotelName}은 변수에 해당한다. 그리고 build(); 메서드의 인자로 변수 값을 입력하면 {hotelName} 변수 값이 교체된다. 변수는 하나 이상 설정할 수 있으며, 쿼리 파라미터에도 변수를 사용할 수 있다. example09에서 제공하는 UriComponentsBuilderTest 테스트 케이스 예제를 확인해 보자. 예제를 실행하면 URI 객체를 생성하고 이를 검증한다.

```
package com.springtour.example.chapter09;

public class UriComponentsBuilderTest {

    @Test
    public void testBuild() {
        URI uri = UriComponentsBuilder
                .fromPath("/hotel-names/{hotelName}")        ❶
                .queryParam("type", "{type}")
                                                ❷
```

```
                     ❸
            .queryParam("isActive", "{isActive}")
            .scheme("https").host("127.0.0.1").port(18080)
            .build("LineHotel", "Hotel", "true"); ┈❹


    Assertions.assertEquals("https://127.0.0.1:18080/hotel-names/LineHotel?type=
Hotel&isActive=true", uri.toString()); ┈❺
    }
    // 생략
}
```

❶ 첫 번째 변수인 {hotelName}이다. fromPath() 메서드 인자에 포함되어 있다.

❷ 두 번째 변수인 {type}이다. 쿼리 파라미터를 설정하는 queryParam() 메서드에도 변수를 정의
할 수 있다. 'type'은 쿼리 파라미터 이름이며, '{type}'은 쿼리 파라미터 값이다.

❸ 세 번째 변수인 {isActive}다. queryParam() 메서드를 계속 사용하면 쿼리 파라미터를 추가할
수 있다.

❹ 인자를 받는 build() 메서드는 URI 객체를 만든다. 인자들은 변수 순서대로 변수에 입력
된다. 첫 번째 {hotelName}에는 LineHotel 값이, 두 번째 {type}에는 Hotel 값이, 세 번째
{isActive}에는 true 값이 입력된다.

❺ Assertions의 메서드를 사용하여 생성된 URI 값이 기대하는 값과 같은지 검증한다. 기대 값
을 보면 변수들이 잘 매핑된 것을 확인할 수 있다.

POST 메서드 예제

BillingAdapter의 create() 메서드는 RestTemplate의 postForEntity()를 사용한 예제다.
create() 메서드는 새로 등록한 호텔의 빌링 코드를 생성하는 Billing API 서버의 REST-API를
호출한다. create() 메서드가 리턴하는 클래스 타입은 CreateCodeResponse다. POST /billing-
codes가 응답하는 JSON 객체 중 data 속성 값을 저장하려고 설계한 클래스다. postForEntity는
앞서 설명한 getForEntity()와 사용 방법이 흡사하다. 하지만 POST 메서드 API를 호출하므로 요
청 메시지의 바디를 설정하는 코드가 추가로 필요하다.

BillingAdapter 클래스의 create() 메서드

```
public CreateCodeResponse create(List<Long> hotelIds) {

    URI uri = UriComponentsBuilder.fromPath("/billing-codes")
```

```
            .scheme("http").host("127.0.0.1").port(8080)
            .build(false).encode()
            .toUri();

    CreateCodeRequest request = new CreateCodeRequest(1, hotelIds); ····❶

    ResponseEntity<ApiResponse> responseEntity =
restTemplate.postForEntity(uri, request, ApiResponse.class); ····❷

    if (HttpStatus.OK != responseEntity.getStatusCode()) {
        log.error("Error from Billing. status:{}, hotelIds:{}",
responseEntity.getStatusCode(), hotelIds);
        throw new RuntimeException("Error from Billing. " + responseEntity.
getStatusCode());
    }

    ApiResponse apiResponse = responseEntity.getBody();
    Map<String, List<Long>> dataMap = (Map) apiResponse.getData(); ····❸
    return CreateCodeResponse.of(dataMap.get("codes")); ····❹
}
```

❶ POST /billing-codes API의 요청 메시지 바디를 추상화한 CreateCodeRequest 객체를 생성
한다.

❷ 생성한 CreateCodeRequest 객체는 postForEntity() 메서드의 body 인자로 입력한다.

❸ POST /billing-codes API의 JSON 메시지 중 data 속성 값을 Map으로 캐스팅한다. JSON
객체의 data 속성 값은 "codes": [111, 112, 113]이므로 Map의 키에는 'codes' 문자열이, Map
의 값에는 Long 타입의 리스트가 저장된다. 그러므로 데이터 타입은 Map<String, List<Long>>
이 된다.

❹ Map에서 'codes' 키와 매핑되는 List<Long> 값을 받아 CreateCodeResponse.of()의 인자로 전
달한다.

exchange와 ParameterizedTypeReference 메서드 예제

BillingAdapter의 createBillingCode() 메서드는 내부에서 RestTemplate의 exchange() 메서드
를 사용하는 예제다. 앞서 사용한 RestTemplate의 postForEntity(), getForEntity()와 비교하면
exchange() 메서드는 두 가지 특징이 있다. 첫 번째 특징은 HTTP 메서드를 자유롭게 선택할 수 있

다는 점이다. 두 번째 특징은 ParameterizedTypeReference를 사용할 수 있어 타입 캐스팅 없이 슈퍼 타입 토큰을 사용할 수 있다는 점이다. 즉, 클래스 타입에 안전한 코드를 작성할 수 있어 타입 캐스팅 과정이 필요 없다. 코드를 보고 앞서 설명한 예제와 비교해 본다.

exchange() 메서드를 사용한 예제

```
private static final
ParameterizedTypeReference<ApiResponse<CreateCodeResponse>> TYPE_REFERENCE;

❸ static {
    TYPE_REFERENCE = new ParameterizedTypeReference<>() {
    };
}

public CreateCodeResponse createBillingCode(List<Long> hotelIds) {
    URI uri = UriComponentsBuilder.fromPath("/billing-codes")
            .scheme("http").host("127.0.0.1").port(8080)
            .build(false).encode()
            .toUri();

    CreateCodeRequest request = new CreateCodeRequest(1, hotelIds);

    HttpHeaders headers = new HttpHeaders();
    headers.setContentType(MediaType.APPLICATION_JSON); ----❶
    HttpEntity<CreateCodeRequest> httpEntity = new HttpEntity<>(request, headers); ----❷

❹  ResponseEntity<ApiResponse<CreateCodeResponse>>
   responseEntity =
            restTemplate.exchange(uri, HttpMethod.POST, httpEntity, TYPE_REFERENCE);

    if (HttpStatus.OK != responseEntity.getStatusCode()) {
        log.error("Error from Billing. status:{}, hotelIds:{}", responseEntity.
getStatusCode(), hotelIds);
        throw new RuntimeException("Error from Billing. " + responseEntity.
getStatusCode());
    }

    return responseEntity.getBody().getData(); ----❺
}
```

❶ POST /billing-codes REST-API를 호출할 때, 요청 메시지의 바디가 JSON 메시지이므로 Content-type 헤더를 headers 객체에 추가한다.

9

애플리케이션 통합: REST-API

609

❷ HTTP 요청 메시지를 생성하려고 HttpEntity 객체를 만든다. 이때 ❶에서 생성한 headers 객체를 인자로 사용한다.

❸ ParameterizedTypeReference를 사용하여 ApiResponse<CreateCodeResponse>처럼 중첩된 클래스 타입에 대한 클래스 타입 정보를 정의할 수 있다.

❹ exchange()는 HTTP 통신에 사용할 HTTP 메서드를 HttpStatus 열거형 상수로 설정할 수 있다. HTTP 요청 메시지는 HttpEntity 객체를 사용한다. 마지막으로 execute() 메서드의 리턴 타입은 ParameterizedTypeReference를 사용하여 정의한다.

❺ 타입 캐스팅 없이 클래스 타입에 안전하게 CreateCodeResponse 객체를 리턴한다.

exchange()와 postForEntity()의 가장 큰 차이는 슈퍼 타입 토큰이라고 하는 Parameterized TypeReference의 인자 여부다. HTTP 응답 메시지를 클래스로 구조화할 때 제네릭 타입을 사용하여 클래스를 설계한다. 그래서 ApiResponse 클래스도 제네릭 타입을 받도록 설계되어 있으며, 제네릭으로 입력받은 클래스 타입은 ApiResponse 클래스의 data 속성 타입으로 사용된다.

postForEntity()와 exchange() 메서드를 비교해 보자. postForEntity() 메서드의 Class<T> 인자는 REST-API의 응답 메시지를 변환할 클래스 타입이다. Class<T> 인자는 중첩된 클래스 타입을 정의할 수 없다. 그래서 postForEntity(uri, request, ApiResponse.class)처럼 메서드를 실행해야 하며, ApiResponse의 제네릭 타입인 CreateCodeResponse 클래스 타입을 설정할 수 없다. 결국 타입 캐스팅을 사용하여 CreateCodeResponse 객체를 생성했다. 타입 캐스팅의 가장 큰 단점은 클래스 타입 안정성(type-safe)을 확보할 수 없는 것이다. 즉, 타입 캐스팅을 잘못해도 컴파일 에러는 발생하지 않지만, 런타임에서는 에러가 발생할 수 있다. 이런 단점을 극복하는 것이 슈퍼 타입 토큰이다. 슈퍼 타입 토큰은 중첩된 타입을 정의할 수 있는 장점이 있다. 스프링 프레임워크는 슈퍼 타입 토큰으로 ParameterizedTypeReference 클래스 구현체를 제공한다. 이 클래스의 사용 방법은 예제의 ❸을 참고한다. exchange() 메서드는 ParameterizedTypeReference를 인자로 받을 수 있다. 그러므로 postForEntity()처럼 타입 캐스팅을 사용하지 않아도 된다.

마지막으로 UriComponentsBuilder를 사용할 때 주의 사항을 살펴보자. 다음 에피소드는 URI 인코딩을 설명하고 있다. 이와 더불어 UriComponentsBuilder를 어떻게 사용해야 URI 인코딩을 적절히 사용할 수 있는지 설명한다.

HTTP 통신을 할 때 URL의 모든 문자열은 퍼센트 인코딩을 사용하여 서버에 요청한다. 인코딩 대상 문자열은 URL 경로나 쿼리 파라미터 모두 해당된다. 퍼센트 인코딩 방식은 알파벳이나 숫자, 예약어를 제외한 나머지 데이터를 옥텟(octet) 값으로 묶고 이를 다시 16진수로 바꾼다. 이때 %를 붙여 옥텟 값들을 구분한다고 해서 퍼센트 인코딩이라고 한다. 다음 예제를 확인해 보자. 다음 예제는 쿼리 파라미터를 퍼센트 인코딩한 전후 값을 비교한 것이다. type 쿼리 파라미터 값 hotel&flight가 어떻게 인코딩되었는지 확인해 보자.

```
GET /billing-codes?type=hotel&flight    // 인코딩 전
GET /billing-codes?type=hotel%26flight  // 인코딩 후
```

퍼센트 인코딩을 한 & 기호는 %26으로 변환되었다. type 파라미터 값이 한글이라면 UTF-8 같은 캐릭터셋으로 인코딩한 후 다시 퍼센트 인코딩을 해야 한다. 클라이언트는 URL을 인코딩하고 요청을 받은 서버에서는 디코딩을 해서 요청한 문자열 값으로 변환한다. 스프링 MVC 프레임워크를 사용하는 서버 애플리케이션에서는 자동으로 URL 값을 디코딩한다. 그래서 @PathVariable이나 @RequestParam 애너테이션을 사용하여 주입받은 변수들은 디코딩된다. 이렇게 우리는 별도의 디코딩 과정 없이 쉽게 사용할 수 있게 되었다.

자바는 URL을 인코딩하거나 디코딩하는 클래스를 제공한다. 바로 java.net 패키지의 URLDecoder와 URLEncoder다. 각 클래스의 encode(), decode() 메서드를 사용하면 문자열을 인코딩하고 디코딩할 수 있다.

URL 인코딩과 디코딩 관점으로 보면 UriComponentsBuilder의 build() 메서드는 버그를 생산할 수 있는 메서드를 제공한다. build() 메서드가 리턴하는 클래스 타입에 따라 다르게 동작하기 때문이다. 다음은 UriComponentsBuilder 클래스의 build() 메서드들이다. 결론부터 미리 말하면 URI를 리턴하는 build() 메서드는 내부에서 인코딩한다. 하지만 UriComponents를 리턴하는 build() 메서드는 내부에서 인코딩하지 않으므로 주의가 필요하다.

UriComponentsBuilder 클래스에서 제공하는 build() 메서드들

```
URI build(Object... uriVariables)
URI build(Map<String, ?> uriVariables)
UriComponents build()
```

나개발이 왜 인코딩에 실패했는지 다음 테스트 케이스 코드를 보면서 설명한다.[7] UriComponents를 리턴하는 build() 메서드를 사용하는 경우 어떻게 처리해야 하는지도 확인해 보자.

UriComponentsBuilderTest 클래스 예제

```
@Test
public void testBuild() {
    URI firstUri = UriComponentsBuilder.fromPath("/hotel-names/{hotelName}") ----❶
            .scheme("https").host("127.0.0.1").port(18080)
            .build("한국호텔"); ----❷

    Assertions.assertEquals("https://127.0.0.1:18080/hotel-names/%ED%95%9C%EA%B5%AD%ED%
98%B8%ED%85%94", firstUri.toString()); ----❸

    String variable = "한국호텔";                        ----❹
    String path = "/hotel-names/" + variable;
    URI secondUri = UriComponentsBuilder.fromPath(path)
            .scheme("https").host("127.0.0.1").port(18080)
            .build()  ----❺
            .toUri();

    Assertions.assertEquals("https://127.0.0.1:18080/hotel-names/한국호텔", secondUri.
toString()); ----❻

    URI thirdUri = UriComponentsBuilder.fromPath(path)
            .scheme("https").host("127.0.0.1").port(18080)
            .build(false).encode() ----❼
```

---

7   다음 코드는 example09 모듈에서 예제로 제공된다.

```
        .toUri();

    Assertions.assertEquals("https://127.0.0.1:18080/hotel-names/%ED%95%9C%EA%B5%AD%ED%
    98%B8%ED%85%94", thirdUri.toString()); ……❽
    }
```

❶ 템플릿 문자열 '/hotel-names/{hotelName}'과 함께 fromPath() 메서드를 사용하여 UriComponentsBuilder 객체를 생성한다.

❷ URI build(Object… objects) 메서드는 URI 경로에 포함된 템플릿 변수를 인자로 치환하고 인코딩한다.

❸ 그러므로 Assertions.assertEquals() 구문에서 예상하는 URI 경로 문자열은 퍼센트 인코딩 되어 있다.

❹ variable 변수와 '/hotel-names/' 문자열을 결합하여 path 변수를 생성한다. 템플릿의 변수 가 없음을 확인하자.

❺ 템플릿을 사용하지 않았으므로 UriComponents build() 메서드를 사용한다. 참고로 이 메서 드는 ❷와 달리 내부에서 인코딩하지 않는다. 여기에서 build() 메서드는 UriComponents 객 체를 리턴하므로 UriComponents의 toUri() 메서드를 호출해야 URI 객체로 변환할 수 있다. UriComponentsBuilder 클래스를 사용하면 빌더 패턴으로 코딩하므로 build() 메서드가 어떤 객체를 리턴하는지 확인하기 어려워 인코딩을 잊어버리기 쉽다.

❻ Assertions.assertEquals() 메서드의 예상 값을 보자. 문자열은 퍼센트 인코딩은 물론 UTF-8 문자셋 인코딩도 되지 않은 것을 확인할 수 있다. 이렇게 코딩하면 서버 측에서 에러가 발생 할 수 있다.

❼ UriComponentsBuilder 클래스는 UriComponents 객체를 리턴하는 build() 메서드들을 제공한 다. 그중 build(boolean encoded) 메서드는 개발자가 인자 값을 사용하여 인코딩 여부를 알려 줄 수 있다. UriComponentsBuilder를 사용하여 구성한 URI의 값들이 인코딩되어 있지 않다면 인자 값으로 false를 입력하고, URI의 값들이 인코딩되어 있다면 true를 입력한다. 예제에서 입력한 URI 값들은 인코딩되지 않았으므로 false로 설정했다. URI 값들이 인코딩되지 않았 으므로 encode() 메서드를 추가로 호출해야 한다.

❽ secondUri를 만드는 방식과 thridUri를 만드는 방식의 차이점을 확인해 보자. 코드 build(false).encode()는 인코딩을 강제로 시킨다. 그러므로 Assertions.assertEquals 메서 드의 예상 값처럼 인코딩된 것을 검증할 수 있다.

9.1.6 keep-alive와 Connection Pool 설정

지금까지 예제로 사용한 RestTemplate 스프링 빈은 SimpleClientHttpRequestFactory 구현체를 사용한 것이다. SimpleClientHttpRequestFactory는 HTTP 통신을 할 때마다 서버와 클라이언트에 새로운 커넥션을 맺는다. RestTemplate 클래스의 exchange()와 postForEntity()처럼 REST-API를 호출하는 메서드를 실행하면 SimpleClientHttpRequestFactory는 새로운 커넥션을 생성한다. 그리고 HTTP 통신이 끝나면 해당 커넥션은 종료된다. REST-API를 호출할 때마다 커넥션을 매번 생성하는 것은 시스템 리소스를 낭비하는 일이 된다.

8장에서는 데이터베이스와 통신하는 DB Connection 객체들을 관리하는 커넥션 풀을 소개했다. 커넥션 풀을 사용하면 3-way-handshake 과정을 최소한으로 줄일 수 있다. 서버와 클라이언트에 커넥션을 생성할 때는 반드시 3-way-handshake 과정이 필요하다. 하지만 한번 생성된 커넥션은 커넥션 풀에 포함되고 재사용되므로 재사용된 커넥션 객체를 사용하는 스레드는 3-way-handshake에 드는 시간을 아낄 수 있다. 게다가 서버와 클라이언트 모두 커넥션을 맺는 데 필요한 시스템 리소스를 줄일 수 있다.

RestTemplate 또한 SimpleClientHttpRequestFactory 대신 HttpComponentsClientHttpRequestFactory를 사용하면 커넥션 풀을 활용할 수 있다. HttpComponentsClientHttpRequestFactory는 아파치 httpcomponents 프로젝트의 httpclient 라이브러리를 사용하여 HTTP 통신을 하는 구현체다. 앞서 예제로 사용한 BillingAdapter 클래스는 RestTemplate 스프링 빈에 의존한다. 그러므로 커넥션 풀을 사용하려고 SimpleClientHttpRequestFactory 대신 HttpComponentsClientHttpRequestFactory로 교체해도 비즈니스 로직을 수정할 필요는 없다.

httpclient 라이브러리는 커넥션 풀을 관리할 수 있는 PoolingHttpClientConnectionManager 클래스를 제공한다. 이 클래스를 사용하여 어떻게 RestTemplate 스프링 빈을 생성할지 알아보자. 먼저 다음과 같이 httpclient 라이브러리 의존성을 설정하자. pom.xml에 다음 설정을 추가한다.

Apache httpClient 라이브러리 의존성 추가

```
<dependency>
    <groupId>org.apache.httpcomponents</groupId>
    <artifactId>httpclient</artifactId>
</dependency>
```

아파치 httpclient 라이브러리는 HTTP 통신을 할 수 있는 CloseableHttpClient 클래스와 이를 설정할 수 있는 클래스들을 제공한다. CloseableHttpClient를 설정하려면 RequestConfig 클래스

와 setDefaultRequestConfig() 메서드를 사용한다. RequestConfig는 HTTP 통신을 요청할 때 필요한 값을 설정하는 클래스로, 이 객체를 setDefaultRequestConfig() 인자로 넘긴다.

CloseableHttpClient는 PoolingHttpClientConnectionManager에 커넥션 관리를 위임한다. 클래스 이름에서 유추할 수 있듯이 커넥션을 관리하는 커넥션 풀 기능을 제공한다. 적절한 값으로 설정한 PoolingHttpClientConnectionManager 객체를 CloseableHttpClient의 setConnectionManager() 메서드 인자로 입력하면 CloseableHttpClient는 PoolingHttpClientConnectionManager에서 커넥션 객체를 받아 HTTP 통신을 한다. PoolingHttpClientConnectionManager와 RequestConfig를 설정하는 방법은 다음 PoolingRestTemplateConfig 예제 코드로 함께 설명한다.

PoolingRestTemplateConfig 예제

```java
package com.springtour.example.chapter09.config;

@Configuration
public class PoolingRestTemplateConfig {

    @Bean
    public PoolingHttpClientConnectionManager poolingHttpClientConnectionManager() {

        PoolingHttpClientConnectionManager manager =
new PoolingHttpClientConnectionManager();
        manager.setMaxTotal(100); ----❶
        manager.setDefaultMaxPerRoute(5); ----❷

        HttpHost httpHost = new HttpHost("10.192.10.111", 8080, "http"); ----❸
        manager.setMaxPerRoute(new HttpRoute(httpHost), 10);

        return manager;
    }

    @Bean
    public RequestConfig requestConfig() {
        return RequestConfig.custom()
                .setConnectionRequestTimeout(3000) ----❹
                .setConnectTimeout(3000) ----❺
                .setSocketTimeout(1000) ----❻
                .build();
    }

    @Bean
    public CloseableHttpClient httpClient() {
```

```
        return HttpClientBuilder.create()
                .setConnectionManager(poolingHttpClientConnectionManager())
                .setDefaultRequestConfig(requestConfig())                       ╌╌⦿
                .build();
    }


    @Bean
    public RestTemplate poolingRestTemplate() {
        HttpComponentsClientHttpRequestFactory requestFactory = new
HttpComponentsClientHttpRequestFactory();                                        ╌╌❽
        requestFactory.setHttpClient(httpClient());
        return new RestTemplate(requestFactory);
    }
}
```

❶ 커넥션 풀에서 관리할 수 있는 총 커넥션 개수를 설정한다. 예제는 100개를 설정했다.

❷ 커넥션 풀에서 루트마다 관리할 수 있는 총 커넥션 개수를 설정한다. 별도의 설정이 없다면 예제에서 설정한 다섯 개를 기본으로 사용한다.

❸ 커넥션 풀에서 특정 루트마다 관리할 수 있는 총 커넥션 개수를 설정한다. 이 설정은 defaultMaxPerRoute 설정을 덮어쓴다. 그래서 예제 http://10.192.10.111:8080과 최대 커넥션 개수는 열 개다.

❹ PoolingHttpClientConnectionManager에서 커넥션을 요청해서 받기까지 걸리는 Timeout 시간은 3000ms이다.

❺ 서버와 클라이언트 사이의 커넥션을 생성하는 Timeout 시간은 3000ms이다.

❻ HTTP 요청 메시지를 전달한 후 HTTP 응답 메시지를 받기까지 Timeout 시간은 1000ms이다.

❼ HttpClientBuilder를 사용하여 CloseableHttpClient 객체를 생성한다. 생성한 PoolingHttpClientConnectionManager 스프링 빈과 requestConfig 스프링 빈을 주입받아 CloseableHttpClient 스프링 빈을 생성한다.

❽ 커넥션 풀을 사용하는 CloseableHttpClient를 사용하고자 HttpComponentsClientHttpRequest Factory 객체를 생성한다. 그리고 이를 사용하여 RestTemplate 스프링 빈을 생성한다.

PoolingHttpClientConnectionManager의 커넥션 풀을 설정할 때는 maxTotal, defaultMaxPerRoute, maxPerRoute 설정값을 고려해야 한다. 속성을 설정하는 방법은 순서대로 ❶, ❷, ❸의 코드를 참고하면 된다. 그림 9-3에 이 속성들이 의미하는 것을 나타냈다.

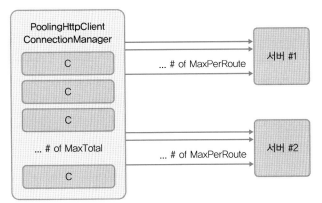

속성 중 `defaultMaxPerRoute`, `maxPerRoute`에서 루트(Route)가 의미하는 것은 IP 주소와 포트(port)의 조합이다. 같은 IP라도 포트가 다르면 루트가 다르다. 10.192.10.111:8080과 10.192.10.111:8090은 포트가 다르므로 서로 다른 루트다.

- `maxTotal`: 커넥션 풀이 관리할 수 있는 커넥션 개수의 최댓값이다. 100으로 설정하면 최대 100개의 커넥션을 관리할 수 있다.
- `defaultMaxPerRoute`: 루트당 할당할 수 있는 커넥션 개수의 기본 최댓값이다. 5로 설정하면 최대 다섯 개의 커넥션을 관리할 수 있다. 예를 들어 `maxTotal`이 100이라도 클라이언트가 연결하는 루트가 하나뿐이라면, 커넥션 풀의 최대 커넥션 개수는 다섯 개를 넘을 수 없다.
- `maxPerRoute`: 특정 루트에 커넥션 개수를 따로 설정하는 속성이다. `defaultMaxPerRoute`가 5이더라도 이 설정을 이용하여 별도로 설정할 수 있다. 예제 코드에서는 10.192.10.111:8080의 커넥션 개수를 10으로 설정했다.

`RestTemplate`의 커넥션 풀 설정을 사용하려면 다음을 주의해야 한다.

- 클라이언트는 REST-API를 호출할 때 HTTP 1.1의 keep-alive 기능을 사용해야 한다.
- 서버는 keep-alive 기능을 지원해야 한다.
- keep-alive를 사용할 때 서버는 graceful shutdown 기능을 지원해야 한다.

HTTP 1.0과 1.1 버전의 가장 큰 차이점은 커넥션 유지 기능이다. HTTP 1.1 버전에서는 이를 HTTP persistent connection 혹은 keep-alive라고 한다. HTTP 1.0 버전은 REST-API를 호출하려고 먼저 커넥션을 생성한다. 그리고 HTTP 요청을 하고 서버에서 HTTP 응답 메시지를 받는다. 사용한 커넥션은 종료한다. 이때 다음 요청을 하려면 다시 커넥션을 생성하는 과정이 필요하다. SimpleClientHttpRequestFactory가 동작하는 방식과 일치한다. HTTP 1.1은 keep-alive
를 지원하기 때문에 한 번 생성한 커넥션을 다시 사용할 수 있다. 그러므로 커넥션 종료 없이 다음
HTTP 요청을 같은 커넥션을 사용하여 전달한다. 그림 9-4를 확인해 보자.

▼ 그림 9-4 HTTP 1.0 close와 HTTP 1.1의 keep-alive 동작 차이

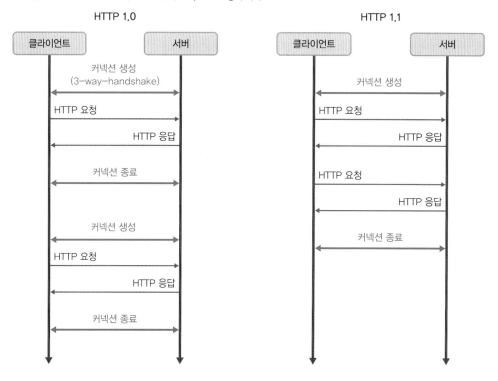

클라이언트와 서버는 keep-alive 기능을 Connection 헤더를 사용하여 설정한다. Connection 헤
더는 현재의 HTTP 통신이 완료되면 커넥션을 어떻게 처리할지 결정한다. Connection 헤더 값
은 keep-alive와 close가 있다. keep-alive 헤더 값은 커넥션을 계속 유지하고, close 헤더 값
은 커넥션을 종료한다. 그래서 HTTP 1.1 버전에서 keep-alive 기능을 쓰려면 다음과 같이
Connection 헤더를 사용해야 한다. keep-alive에서 중요한 몇 가지 헤더를 확인해 보자.

HTTP 요청 메시지 헤더와 응답 메시지 헤더

```
// HTTP 요청 메시지        ❶
GET /billing-codes HTTP/1.1
Connection: keep-alive ····❷
ACCEPT: application/json
// 생략
```

```
// HTTP 응답 메시지
```
❸ HTTP/1.1 200 OK
```
Date: Fri, 10 DEC 2021 23:59:49 GMT
Connection: keep-alive ┄┄❹
Keep-Alive: timeout=30, max=100 ┄┄❺
// 생략
```

❶ HTTP 요청 메시지에 반드시 HTTP 1.1 버전임을 명시해야 한다.

❷ Connection 헤더로 클라이언트가 keep-alive를 사용할 수 있음을 서버에 전달해야 한다.

❸ HTTP 응답 메시지도 HTTP 1.1 버전이므로 HTTP 1.1 프로토콜을 사용하여 응답함을 알 수 있다.

❹ Connection 헤더로 서버 또한 keep-alive를 사용할 수 있음을 알려 준다. 해당 커넥션을 종료해야 한다면 서버는 'Connection: close' 헤더를 응답한다.

❺ Keep-Alive 헤더는 서버가 커넥션의 타임아웃과 하나의 커넥션에서 사용할 수 있는 HTTP 요청 개수를 응답한다.

클라이언트는 HTTP 1.1 버전과 'Connection: keep-alive' 헤더를 포함하고 커넥션 풀로 커넥션을 유지하면서 사용할 수 있다. 하지만 서버에서 keep-alive 기능을 제공하지 못한다면 keep-alive를 사용할 수 없다. MSA 환경에서 컴포넌트와 컴포넌트 사이에 keep-alive를 사용하기로 약속되어 있다면, REST-API 서버 측에서는 다음과 같이 keep-alive 설정을 해야 한다. 다음 설정을 application.properties에 추가하면 된다. 다음 설정값을 참조하여 스프링 부트에 포함된 임베디드 톰캣이 몇 개의 keep-alive 커넥션을 관리할지 결정한다.

```
server.tomcat.max-keep-alive-requests = 100
```

스프링 부트에서 server.tomcat.max-keep-alive-requests의 기본값은 100개다. 즉, 100개의 keep-alive 커넥션만 관리할 수 있다. keep-alive를 사용하고 싶지 않다면 0 또는 1로 설정한다. 시스템 리소스가 허용하는 최대치까지 설정하고 싶다면 -1로 설정한다.

keep-alive를 지원하는 서버는 배포할 때 주의할 점이 있다. 온프레미스 환경에서는 L4 혹은 L7 같은 로드 밸런서를 사용하여 HA 환경을 구성하고, AWS 같은 클라우드 환경에서는 ELB 같은 로드 밸런서를 사용한다. 아니면 HAproxy 같은 소프트웨어 로드 밸런서를 사용하는 경우도 있다. 지금부터 로드 밸런서를 사용하는 환경에서 발생할 수 있는 상황을 설명한다. 그림 9-5를 확인해 보자.

❤ 그림 9-5 로드 밸런서의 상태 확인 방법

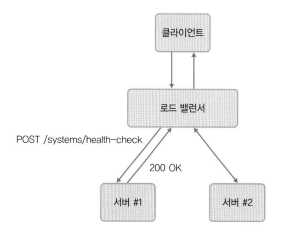

일반적인 로드 밸런서들은 클라이언트들과 서버 그룹 사이에 위치하여 클라이언트 요청을 서버에 전달하는 기능을 제공한다. 이때 클라이언트들 요청을 서버 그룹의 서버들에 분배하여 전달한다. 사용자 요청을 분배하는 여러 가지 알고리즘이 있지만, HTTP 프로토콜을 사용하는 환경에서는 라운드 로빈(round robin) 방식을 주로 많이 사용한다.[8] 클라이언트는 로드 밸런서에 설정된 가상의 IP와 포트에 커넥션을 연결한다. 그리고 HTTP 요청을 전달하고 응답을 받는다. 로드 밸런서의 IP는 가상의 서비스 IP이므로 VIP(Virtual IP)라고 한다. 클라이언트는 로드 밸런서 뒤에 있는 서버 그룹에 몇 개의 서버가 있는지 알 수 없다. 로드 밸런서가 사용자 요청을 받아 분배하기 때문이다.

로드 밸런서 뒤에 있는 서버 그룹에는 적어도 두 대 이상의 서버가 있어야 한다. 한 대의 서버에 장애가 발생하면 이를 감지하고 다른 서버로 사용자 요청을 전달할 수 있기 때문이다. 그래서 서버에 장애가 발생하더라도 다른 서버가 사용자 요청을 처리할 수 있으므로 클라이언트는 지속적으로 서비스를 사용할 수 있다. 이를 고가용성(High Availability, HA)이라고 한다. 장애에서 복구한 서버가 정상 상태로 돌아온다면 로드 밸런서는 다시 모든 서버에 사용자 요청을 분배한다. 서버에 새로운 애플리케이션을 배포할 때도 마찬가지다. 서버 그룹 내에 있는 서버 중에서 한 대씩 로드 밸런서에서 제외한 후 애플리케이션을 배포하고 다시 로드 밸런서에 추가하는 방식을 사용한다.

로드 밸런서는 서버 그룹의 서버 상태를 주기적으로 점검한다. 그래서 서버가 정상 상태인지 확인하고 정상 상태의 서버에만 사용자 요청을 전달한다. 이를 상태 확인 혹은 헬스 체크(health check)라고 한다. 상태를 확인하는 방법은 서버의 REST-API를 주기적으로 실행하고 예상 값과 같은지

---

8 라운드 로빈은 서버 그룹의 서버들에 공평하게 분배하는 방식이다.

비교한다. 예를 들어 상태 코드는 200 OK고 메시지는 {"message" : "success"}이면 정상 상태라고 판단한다. 이런 상태 확인 API는 공통 정책으로 스펙을 결정할 수 있다. 다음 에피소드를 읽어 보자.

서버 그룹에서 서버를 제외하지 않고 바로 애플리케이션을 배포하면 클라이언트에 다음 에러가 발생할 수 있다. 서버 애플리케이션이 종료하면서 클라이언트와 서버 사이에 있던 커넥션이 끊겨 서버 OS가 다음과 같이 connection reset을 클라이언트에 전달하기 때문이다. 서버 애플리케이션 로그에서는 예외 로그를 남길 수 없으며, 클라이언트에서만 확인할 수 있다.

```
java.net.SocketException: Connection reset
    at java.net.SocketInputStream.read(SocketInputStream.java:168)
    at java.io.BufferedInputStream.fill(BufferedInputStream.java:218)
    at java.io.BufferedInputStream.read(BufferedInputStream.java:235)
```

keep-alive를 사용하는 환경에서도 다음 순서로 서버를 배포하면 이와 같은 상황이 발생한다.

1. 클라이언트와 로드 밸런서 사이에 커넥션을 생성한다. 클라이언트는 keep-alive 옵션을 사용하여 커넥션 풀을 생성하기 때문에 persistent connection을 유지한다. 이때 클라이언트와 로드 밸런서 사이에 커넥션을 커넥션 #1이라고 하자.

2. 클라이언트가 요청한 메시지는 커넥션 #1로 로드 밸런서로 전달되고, 로드 밸런서는 서버 #1로 사용자 요청을 전달한다. 이때 로드 밸런서와 서버 사이의 커넥션을 커넥션 #2라고 하자.

3. 로드 밸런서는 세션 테이블(session table)을 사용하여 커넥션 #1과 커넥션 #2를 매핑한다.

4. 클라이언트와 서버 사이에 통신이 끝나도 로드 밸런서에 설정된 세션 타임아웃 값 동안 커넥션 #1과 커넥션 #2는 유지된다. 그래서 특정 시간 동안 커넥션 #1로 들어온 사용자 요청은 계속해서 커넥션 #2를 사용하여 서버 #1로 전달된다.

5. 서버 #1을 배포하려고 로드 밸런서의 서버 그룹에서 제외한다고 가정한다.

6. 이때 로드 밸런서의 세션 테이블에 저장된 커넥션 #1, 커넥션 #2 매핑 값을 삭제하지 않았다면 커넥션 #1로 들어오는 사용자 요청은 계속해서 커넥션 #2를 사용하여 서버 #1로 전달한다.

7. 서버 #1에 새로운 애플리케이션을 배포했으므로 기존 애플리케이션에 연결된 커넥션 #2는 더 이상 존재하지 않는다.

8. 클라이언트에는 네트워크 커넥션 에러가 발생한다.

이를 해결하려면 로드 밸런서의 세션 테이블을 정리하는 설정이 필요하다. 또는 로드 밸런서의 Session Timeout만큼 서버가 기다렸다가 종료하는 방법을 사용하면 된다. 즉, 서버 #1이 점검 모드로 변경하고, 로드 밸런서의 상태 확인 주기 시간 + Session Timeout만큼 기다린 후 서버를 종료하면 된다. 그러면 로드 밸런서의 세션 테이블도 갱신되고 더 이상 기존 Session이 유지되지 않으므로 배포로 발생한 에러를 피할 수 있다.

9.2 WebClient

SPRING BOOT FOR MSA

스프링 5 버전부터 RestTemplate 클래스에는 @Deprecated 애너테이션이 표기되어 있다. 이는 RestTemplate을 업그레이드하지 않고 언제든 제거할 수 있으니 주의하라는 의미다. 그래서 스프링 가이드 문서는 RestTemplate 대신 o.s.web.reactive.function.client 패키지의 WebClient 클래스를 사용하도록 권고한다. 이 책을 쓰는 시점에서도 WebClient를 쓰도록 가이드하고 있었으나, 일반적으로 스프링 MVC 프레임워크를 사용하는 애플리케이션에서는 RestTemplate을 많이 사용한다. WebMVC는 동기식 프레임워크이므로 RestTemplate을 많이 사용하고, WebClient는 비동기 프레임워크인 Spring WebFlux에서 사용한다.

WebClient 클래스는 비동기 논블로킹 프레임워크인 Spring WebFlux에 적합하다. WebClient를 사용하려면 reactive 라이브러리의 사용법을 익혀야 하는데, 비동기 논블로킹 프로그래밍에 적합한 Mono와 Flux를 리턴하는 구조이기 때문이다. 이 책은 동기식 프레임워크인 WebMVC 프레임워크를 다루므로 reactive 라이브러리는 설명하지 않고, WebMVC 프레임워크에서 WebClient를 설정하는 방법과 간단한 사용 방법을 알아본다.

WebClient를 사용하려면 스프링 WebFlux 스타터 의존성이 필요하다. WebClient 클래스가 WebFlux 프레임워크에 포함되어 있기도 하지만, 의존성 내부에는 reactive 라이브러리와 비동기 프레임워크인 netty가 포함되어 있기 때문이다. 이들 라이브러리는 WebClient를 사용하는 데 필요하다. 그러므로 다음과 같이 의존성을 pom.xml에 추가하자.

WebFlux 스타터 추가

```
<dependency>
    <groupId>org.springframework.boot</groupId>
    <artifactId>spring-boot-starter-webflux</artifactId>
</dependency>
```

WebClient 클래스는 객체를 생성할 수 있는 스테틱 팩토리 메서드를 제공한다. 다음 예제 코드에서 WebClient 객체를 생성하는 세 가지 방법을 확인할 수 있다.

WebClient 객체를 생성하는 방법

```
WebClient webClient1 = WebClient.create();
WebClient webClient2 = WebClient.create("http://127.0.0.1:8080");
WebClient webClient3 = WebClient.builder().build();
```

이 중에서 builder() 메서드는 WebClient.Builder 객체를 리턴한다. 이 Builder 객체를 사용하면 빌더 패턴 메서드로 WebClient를 깔끔하게 생성할 수 있다. example09에서 제공하는 WebClientConfig.java 코드는 다음과 같다. WebClientConfig.java는 WebClient 스프링 빈을 설정하는 자바 설정 클래스다. 예제에서는 WebClientBuilder를 사용하여 객체를 생성하는 방법을 설명한다.

```java
package com.springtour.example.chapter09.config;

@Slf4j
@Component
public class WebClientConfig {

    @Bean
    public WebClient webClient() {

        HttpClient httpClient = HttpClient.create()
                .tcpConfiguration(tcpClient -> tcpClient
                        .option(ChannelOption.CONNECT_TIMEOUT_MILLIS, 10000) ----❶
                        .doOnConnected(conn -> conn
                                                                ❷
                                .addHandlerLast(new ReadTimeoutHandler(10))
                                .addHandlerLast(new WriteTimeoutHandler(10))
                        )                                       ❸
                );

        ClientHttpConnector connector = new ReactorClientHttpConnector(httpClient.
wiretap(true)); ----❹

        return WebClient.builder()
                .baseUrl("http://localhost:3000") ----❺
                .clientConnector(connector) ----❻
                .defaultHeaders(httpHeaders -> {
                        httpHeaders.add(HttpHeaders.CONTENT_TYPE, MediaType.APPLICATION_
JSON_VALUE);
                        httpHeaders.add(HttpHeaders.ACCEPT, MediaType.APPLICATION_JSON_
VALUE);
                })
                .build();
    }
}
```
❼

❶ 커넥션을 생성하는 최대 시간을 밀리초 단위로 설정한다. 예제에서는 10000밀리초(10초)다.

❷ 읽기 최대 시간을 초 단위로 설정한다. 서버의 응답 메시지를 읽는 데 걸리는 최대 시간이 Read Timeout이다. 이 시간을 초과하면 ReadTimeoutException 예외가 발생한다.

❸ 쓰기 최대 시간을 초 단위로 설정한다. 서버에 데이터를 전송할 때 걸리는 최대 시간이 Write Timeout이다. 이 시간을 초과하면 WriteTimeoutException 예외가 발생한다.

❹ 생성한 httpClient 객체를 사용하여 ClientHttpConnector 객체를 만든다. httpClient 객체의 wiretap() 메서드를 사용하여 요청 메시지와 응답 메시지 전체를 로깅할 수 있다. 단 로그 설정 파일에 logging.level.reactor.netty.http.client = DEBUG 레벨로 설정해야 한다.

❺ REST-API 서버의 기본 URL을 설정한다.

❻ ❹에서 생성한 connector 객체를 설정한다.

❼ REST-API를 호출하면 기본 설정으로 사용할 HTTP 헤더를 설정한다. 예제에서는 Content-type과 Accept 헤더를 설정했다.

WebClient는 불변 객체(immutable)이므로 여러 스레드가 동시에 접근해도 안전하다. 불변 객체는 생성된 이후 상태가 변하지 않는 특성이 있다. 객체 내부의 속성 값이 변하지 않으므로 멀티 스레드가 동시에 불변 객체에 접근하더라도 멀티 스레드 환경에 안전하다. 그러므로 WebClient도 싱글턴 스프링 빈으로 정의하여 필요한 곳에 주입하여 사용하면 된다.

주입받은 WebClient 객체에 추가 설정이 필요하다면 WebClient의 mutate() 메서드를 고려해 보자. mutate()는 WebClient를 재설정할 수 있는 WebClient.Builder 객체를 리턴한다. WebClient.Builder 객체를 리턴하더라도 기존에 설정된 WebClient 설정값은 그대로 유지하는 특성이 있다. 기존 설정에 새로운 설정을 추가하거나 다시 설정할 수 있다. 다음 코드는 WebClient를 사용하여 Billing API의 REST-API를 호출하는 코드다. PoolingBillingAdapter 클래스의 createBillingCode() 같은 기능을 WebClient를 사용하여 구현한 예제다.

WebClientBillingAdapter 클래스 예제

```
package com.springtour.example.chapter09.adapter;

@Slf4j
@Component
public class WebClientBillingAdapter {

    private static final ParameterizedTypeReference<ApiResponse<CreateCodeResponse>>
TYPE_REFERENCE;

    private final WebClient webClient;
// 생략

    public CreateCodeResponse createBillingCode(List<Long> hotelIds) {

        URI uri = UriComponentsBuilder.fromPath("/billing-codes")
```

```
                        .scheme("http").host("127.0.0.1").port(8080)
                        .build(false).encode()
                        .toUri();
            CreateCodeRequest request = new CreateCodeRequest(1, hotelIds);

            return webClient.mutate()        ❶
                        .build()
                        .method(HttpMethod.POST).uri(uri)        ❷
                        .bodyValue(request)
                        .retrieve()        ❸
                        .onStatus(httpStatus -> HttpStatus.OK != httpStatus,
                                response -> Mono.error(new RuntimeException("Error from        ❹
    Billing." + response.statusCode().value())))
                        .bodyToMono(TYPE_REFERENCE)        ❺
                        .flux().toStream()        ❻
                        .findFirst()
                        .map(ApiResponse::getData)
                        .orElseThrow(() -> new RuntimeException("Empty response"));
        }
    }
```

❶ mutate() 메서드로 WebClient.Builder를 다시 사용할 수 있음을 보여 주는 코드다. 설정 후 build() 메서드를 호출하면 다시 WebClient 객체를 리턴받을 수 있다.

❷ method()를 사용하여 HTTP 메서드를 설정하고, uri()를 사용하여 URI를 설정할 수 있다. 기존에 WebClientConfig에서 설정한 baseUrl() 설정이 있더라도 덮어쓴다. bodyValue()는 HTTP 요청 메시지의 바디 부분을 설정한다.

❸ retrieve()를 실행하면 서버의 REST-API를 실행한다.

❹ onStatus()는 HTTP 상태 코드 숫자를 사용하여 에러를 처리할 수 있는 함수를 제공한다. 예제에서는 200 OK가 아니면 RuntimeException 예외를 던지도록 되어 있다.

❺ ParameterizedTypeReference 상수 TYPE_REFERENCE를 사용하여 바디를 Mono로 응답한다.

❻ 리턴받은 Mono를 Flux로 변환한 후 다시 Java 8의 Stream 객체로 변환한다. 스트림 객체에서 첫 번째 객체를 리턴하는 findFirst() 메서드를 사용하여 Optional<ApiResponse>로 변환한다.

예제에서는 onStatus() 메서드를 사용하여 200 OK HTTP 상태 코드만 성공으로 처리한다. onStatus() 메서드를 사용하지 않으면 WebClient의 기본 설정을 따른다. WebClient의 기본 설정은 HTTP 상태 코드가 4XX 이상이라면 모두 에러로 처리한다. 이때 WebClientResponseException 예외가 발생한다.

WebClient에서 HTTP 통신을 실행하는 메서드는 retrieve()와 exchange()가 있다. retrieve()는 예제에서 사용한 메서드로, HTTP 응답 메시지의 바디 부분을 바로 가져올 수 있다. 반면 exchange()는 HTTP 응답 메시지 전체를 가져오는 ClientResponse 객체를 참조할 수 있다. 그래서 HTTP 상태 코드, 헤더, 바디 부분을 모두 참조할 수 있는 장점이 있다. 일반적인 용도로 HTTP 통신을 해야 한다면 retrieve() 메서드를 사용하도록 WebClient의 Javadoc 문서에서 제안한다.

WebClient는 비동기 논블로킹 프레임워크에서 HTTP 통신을 하는 데 사용하는 클래스다. 이와 더불어 배압 기능을 제공하는 리액티브 스트림(reactive stream)을 사용할 수 있다. 간단하게 배압이 무엇인지 알아보자. 일반적인 서버-클라이언트 모델에서 서버가 응답하는 메시지에 한 개 이상의 객체가 리스트 형태로 있다고 생각해 보자. 클라이언트는 서버가 응답하는 객체 개수만큼 데이터를 처리한다. 배압은 클라이언트가 처리할 수 있는 객체 개수를 서버에 요청한다. 그리고 서버는 개수에 맞게 응답한다. 서버-클라이언트 모델과 달리 클라이언트가 처리량을 조절해서 배압(back pressure)이라고 한다. 리액티브 스트림의 핵심은 Mono와 Flux다. 이들을 사용하면 배압을 사용할 수 있기 때문이다. WebClient의 exchange()나 retrieve() 메서드를 실행하면 Mono나 Flux를 사용할 수 있다.

스프링 MVC 프레임워크는 Mono나 Flux를 사용하여 리액티브 스트림을 사용할 수 없다. 그러므로 일련의 과정을 거쳐 스프링 MVC에서 사용할 수 있는 객체로 변환해야 한다. 예제에서 사용한 bodyToMono()는 Mono를 리턴하고, 이를 다시 flux() 메서드를 사용하여 Flux로 변환한다. Flux는 toStream() 메서드를 제공하는데, 이는 Java 8의 Stream 객체를 변환한다. Stream 객체는 스프링 MVC에서 쓸 수 있으므로 이것으로 우리가 원하는 데이터를 추출하여 사용할 수 있다. 예제 코드의 ❻을 다시 확인해 보자.

10 ^장

레디스와
스프링 캐시

이 장에서 다룰 핵심 내용

• Spring Data Redis와 Lettuce 라이브러리로 스프링 애플리케이션에서
  레디스를 사용하는 방법
• 레디스의 특별한 기능
• 레디스와 스프링 프레임워크에서 제공하는 캐시 기능을 함께 사용하는
  방법

레디스(Redis)는 메모리 기반의 데이터 저장소다. 레디스는 키-밸류(key-value) 데이터 구조에 기반한 다양한 형태의 자료 구조를 제공하며, 데이터들을 저장할 수 있는 데이터 저장소다. 최신 버전의 레디스는 단순 데이터 저장소의 형태에서 벗어나서 여러 가지 기능을 제공한다. 예를 들어 PUB/SUB 형태의 기능을 제공하여 메시지를 전달할 수 있다. 그래서 레디스는 다양한 목적으로 사용할 수 있다. 레디스는 메모리에 데이터를 저장하기 때문에 디스크에 데이터를 저장하는 데이터 저장소보다 저장 공간에 제약이 있다. 주로 보조 데이터 저장소로 사용한다. 이를 극복하기 위해 레디스 클러스터 기능을 제공하고 있어 저장 공간을 확장할 수 있다. 또한 저장된 데이터를 영구적으로 디스크에 저장할 수 있는 백업 기능을 제공하므로 애플리케이션의 주 저장소로도 사용할 수 있다. 레디스는 메모리에 데이터를 저장하므로 빠른 처리 속도가 장점이다. 레디스 내부에서 명령어를 처리하는 부분은 싱글 스레드 아키텍처로 구현되어 있다. 멀티 스레드 아키텍처보다 구조가 간단하게 설계되어 여러 장점이 있다.

레디스와 커넥션을 생성하고 명령어를 실행하고 그 결과를 받는 자바 클라이언트 라이브러리는 다양하다. 이 중에서 많이 사용하는 것은 Jedis, Lettuce, Redisson 등이다. 이 책에서는 Spring-Data-Redis 프로젝트를 사용하여 스프링 애플리케이션을 만드는 방법을 설명한다. 그리고 레디스를 사용할 수 있는 여러 라이브러리 중 Lettuce를 소개하고, Lettuce를 사용한 몇 가지 예제를 설명하면서 레디스를 효과적으로 사용하는 방법도 알아본다.

애플리케이션을 개발하면서 쓰기 동작보다 읽기 동작이 많은 데이터가 있다면 캐시(Cache) 도입을 고민할 수 있다. 일반적으로 캐시는 메모리에 데이터를 미리 적재하고 이를 빠르게 읽어 응답하는 구조다. 그래서 읽기 동작이 많은 서비스에 캐시를 사용하면 서비스 응답 속도를 향상할 수 있으며, 시스템 리소스도 효율적으로 사용할 수 있다. 스프링 프레임워크는 다양한 저장소에 데이터를 캐시할 수 있는 기능을 제공한다. 또한 저장소에 독립적이고 추상화된 캐시 메커니즘을 제공한다. AOP 기반의 애너테이션을 제공하므로 간편하게 캐시 기능을 운영 중인 애플리케이션에 도입할 수 있다. 이 책에서는 여러 데이터 저장소 중 레디스로 캐시를 적용하는 방법을 설명한다.

10.1 레디스 소개 및 아키텍처

레디스 특징을 대표하기에 적합한 키워드는 '메모리'와 '싱글 스레드'다. 메모리에 데이터를 관리하므로 매우 빠른 속도로 데이터를 저장 및 조회할 수 있다. 하지만 메모리 특성상 저장된 데이터는 사라질(휘발성) 가능성이 있다. 이를 보완하고자 레디스는 관리하고 있는 데이터에 영속성을 제공한다. 즉, 메모리에 있는 데이터를 디스크에 백업하는 기능을 제공하며, RDB 방식이나 AOF 방식으로 백업할 수 있다. 이 두 가지 기능은 각각 사용해도 되지만, 함께 설정하여 상호 보완 기능으로 사용해도 된다.

RDB(Redis DataBase)는 메모리에 있는 데이터 전체에서 스냅샷을 작성하고 이를 디스크로 저장하는 방식이다. 스냅샷을 생성하는 기능이므로 데이터를 백업하거나 복원하기가 매우 간단하다. 즉, 특정 시간마다 여러 개의 스냅샷을 생성하고, 데이터를 복원해야 한다면 특정 시간의 스냅샷 파일 하나만 그대로 로딩하면 되기 때문이다. 하지만 스냅샷 이후에 변경된 데이터는 복구할 수 없다는 단점이 있다. 복구할 수 없는 데이터는 그대로 유실 상태가 된다.

AOF(Append Only File)는 레디스에 데이터가 변경되는 이벤트가 발생하면 이를 모두 로그에 저장하는 방식이다. 데이터를 생성 · 수정 · 삭제하는 이벤트들을 초 단위로 취합하여 로그 파일에 작성한다. 특정 데이터를 열 번 수정하면 수정 명령어 열 번이 AOF 파일에 모두 기록된다. 모든 데이터의 변경 기록들을 보관하고 있으므로 최신의 데이터 정보를 백업할 수 있다. 그러므로 레디스 서버를 복구할 때 RDB 방식에 비해 데이터 유실량이 적은 장점이 있다. 최악의 경우 초 단위 데이터들만 유실된다. AOF 방식의 단점은 로딩 속도와 파일 크기다. 데이터를 복구할 때 로그에 쌓인 변경 사항들을 다시 실행하므로 하나의 데이터에서 같은 명령어가 여러 번 실행될 수 있다. 그래서 스냅샷을 한 번에 로딩하는 RDB 방식보다 느리다. 같은 맥락으로 저장 기간에 비례하여 이벤트 로그가 누적된다. RDB 방식과 비교했을 때 로그 크기는 커진다.

레디스는 일반적으로 AOF와 RDB를 동시에 사용하여 데이터를 백업한다. 예를 들어 매일 ○○시마다 RDB를 생성하고, RDB 생성 이후에 변경되는 데이터는 AOF로 백업한다. RDB 데이터는 세 개의 파일을 유지하고, AOF 파일은 매일마다 다른 파일 이름으로 저장한다. 그리고 역시 3일치 데이터를 유지한다.

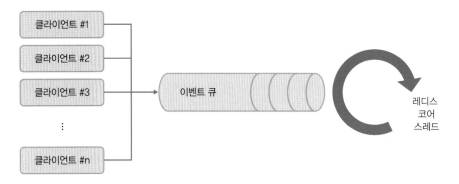

▼ 그림 10-1 레디스가 클라이언트 커맨드를 처리하는 방식인 이벤트 루프

그림 10-1을 보자. 레디스는 사용자들이 실행한 명령어들을 이벤트 루프(event loop) 방식으로 처리한다. 이벤트 루프 방식은 클라이언트가 실행한 명령어들을 이벤트 큐에 적재하고 싱글 스레드로 하나씩 처리한다. 메모리라는 속도가 매우 빠른 저장 매체를 사용하기 때문에 싱글 스레드로 데이터를 빠르게 처리할 수 있다. 또한 멀티 스레드 환경에서 발생할 수 있는 컨텍스트 스위칭(context switch)이 없으므로 효율적으로 시스템 리소스를 사용할 수 있는 장점이 있다.

멀티 스레드 환경에서 공유 자원에 동시에 여러 스레드가 접근한다면 데드 락(dead lock)이 발생할 수 있다. 하지만 레디스의 코어 스레드는 싱글 스레드로 구성되어 있어 데드 락 같은 현상이 발생하지 않는다. 싱글 스레드 특성을 이용하여 분산 락으로 레디스를 사용할 때도 있다. MSA 환경의 여러 컴포넌트는 공유 자원을 사용할 수 있으므로 경쟁 상태(race condition)가 될 수 있다. 이때 레디스를 사용하면 공유 자원의 점유 여부를 저장할 수 있다.[1]

싱글 스레드 코어의 단점도 있다. 레디스 명령어 중 전체 데이터를 스캔하는 명령어들이 있다. 이런 명령어의 처리 시간은 데이터 크기에 비례하므로 실행 시간이 길어질 수 있다. 싱글 스레드이므로 이 명령어를 처리하는 동안 다른 명령어를 처리할 수 없다. 그러므로 다른 명령어들이 이벤트 큐에 저장되어 기다리는 시간이 길어진다. 그만큼 응답 속도가 떨어지는 문제점이 발생하기도 한다.

레디스 서버를 구축할 때 단독 서버로 아키텍처를 구성하면 장애에 적절히 대응할 수 없다. 그래서 Production 환경에서는 기본적으로 한 대의 마스터(master)와 하나 이상의 레플리카(replica) 서버를 한 세트로 구성한다. 일반적으로 쓰기, 수정, 삭제 같은 작업은 마스터에서 실행된다. 마스터 노드 데이터를 레플리카 서버들에 복제하며 데이터를 동기화한다. 이런 작업을 리플리케이션(replication)이라고 한다. 한 세트에 포함된 레디스 서버들은 모두 같은 데이터를 저장한다.

---

1   분산 락은 뒤에서 다시 설명한다.

마스터 서버에 장애가 발생하면 레플리카 서버 중 한 대가 마스터 역할을 대신한다. 그래서 서비스 도중 레플리카가 마스터 역할을 맡아도 데이터 유실 없이 서비스할 수 있다. 이런 방식으로 시스템의 고가용성을 유지할 수 있다. 데이터가 중요하여 유실되면 안 되는 상황이라면 두 대 이상의 레플리카 서버를 하나의 세트에 추가할 수 있다. 레플리카 서버의 숫자는 데이터 중요도에 따라 결정하면 된다. 캐시 데이터처럼 유실되어도 상관없다면 레플리카 서버를 한 대만 유지해도 좋다. 유실된 캐시 데이터는 다시 캐시하면 그만이다. 하지만 레디스를 주 데이터 저장소로 사용하는 경우에는 두 대 이상 설정하는 것도 고려하자.

클라이언트들은 마스터 서버에만 데이터를 생성하고 수정 · 삭제하는 작업을 해야 한다. 변경된 데이터들이 레플리카 서버들에 복제되기 때문이다. 레플리카 서버에 데이터를 수정해도 마스터 서버에는 영향이 없다. 레디스를 사용하는 클라이언트 입장에서는 여러 서버 중 어떤 서버가 마스터인지 알아야 한다. 레디스는 서버 역할을 모니터링하고 상태를 관리하는 솔루션을 제공하는데, 바로 레디스 센티넬과 레디스 클러스터다. 이들은 마스터 서버를 항상 모니터링하고 있으며, 마스터 서버에 장애가 발생하면 다른 레플리카 서버를 마스터 서버로 선출하는 기능을 제공한다. 센티넬과 클러스터 아키텍처는 뒤에서 계속 설명한다. 지금까지 설명한 특징들 때문에 레디스를 다음 목적으로 사용할 수 있다.[2]

- **주 데이터 저장소**: AOF, RDB 백업 기능과 레디스 아키텍처를 사용하여 주 저장소로 데이터를 저장할 수 있다. 하지만 메모리 특성상 용량이 큰 데이터 저장소로는 적절하지 않다.

- **데이터 캐시**: 인메모리 데이터 저장소이므로 주 저장소의 데이터를 캐시하여 빠르게 데이터를 읽을 수 있다. 캐시된 데이터는 한곳에 저장되는 중앙 집중형 구조로 구성한다. 그래서 MSA 환경의 수평 확장되는 모든 애플리케이션이 레디스 한곳만 바라보므로 데이터 일관성을 유지할 수 있는 장점이 있다.

- **분산 락**(distributed lock): 분산 환경에서 여러 시스템이 동시에 데이터를 처리할 때는 특정 공유 자원의 사용 여부를 검증하여 데드 락을 방지할 필요가 있다. 이때 레디스를 분산 락으로 사용할 수 있다.

- **순위 계산**: 레디스에서 제공하는 명령어 중 ZRANGE, ZREVRANGE, ZRANGEBYSCORE, ZREVRANGEBYSCORE는 ZSet(Sorted Set) 자료 구조를 사용한다. 정렬 기능이 포함된 Set 자료 구조이므로 쉽고 빠르게 순위를 계산할 수 있다.

10 일반적으로 많이 사용하는 아키텍처로 설명한다. 여러분 아이디어에 따라 더 다양한 아키텍처를 구성할 수 있다.

2 일반적으로 많이 사용하는 아키텍처로 설명한다. 여러분 아이디어에 따라 더 다양한 아키텍처를 구성할 수 있다.

계속해서 레디스 센티넬과 클러스터 아키텍처를 간단히 설명한다. 여러분이 실제 Production 환경에서 사용할 레디스는 센티넬이나 클러스터 아키텍처일 것이므로 동작 원리를 알아 두면 개발 및 운영에 도움이 된다.

10.1.1 레디스 센티넬 아키텍처

레디스 센티넬(Redis Sentinel) 아키텍처는 레디스 센티넬, 레디스 마스터, 레디스 레플리카로 구성된다. 레디스 센티넬은 레디스 서버들(마스터, 레플리카)을 관리한다. 센티넬은 레디스 서버들의 상태를 주기적으로 모니터링한다. 그리고 마스터 서버가 서비스할 수 없는 상태가 되면 다른 레플리카를 마스터 서버로 변경한다. 마스터 서버가 한 대고 레플리카 서버가 두 대 이상으로 구성되어 있으면, 새로 승급된 마스터 서버부터 생성된 데이터를 복제하도록 나머지 레플리카 서버들의 설정을 변경한다. 이렇게 마스터 서버에 문제가 생겨 다른 레플리카가 마스터가 되는 것을 장애 복구(failover)라고 한다.

클라이언트는 마스터 서버에 명령어를 실행해야 한다. 클라이언트는 마스터와 레플리카 서버 중에서 마스터 서버와 커넥션을 맺어야 하므로 서버 정보를 확인해야 한다. 레디스 센티넬 구조에서 클라이언트는 레디스 센티넬 서버들에 마스터 서버를 질의하고 마스터 서버에 명령어를 실행한다. 마스터 서버가 죽어 새로운 마스터 서버가 선출되면 센티넬은 클라이언트에 새로운 마스터 서버의 정보를 리포트한다. 그러므로 스프링 애플리케이션에서 레디스 커넥션을 설정할 때 마스터 주소가 아니라 센티넬 서버들의 주소를 설정해야 한다. 그래야 센티넬이 지정한 마스터 레디스와 커넥션을 맺고 명령어를 실행한다.

▼ 그림 10-2 레디스 센티넬 아키텍처

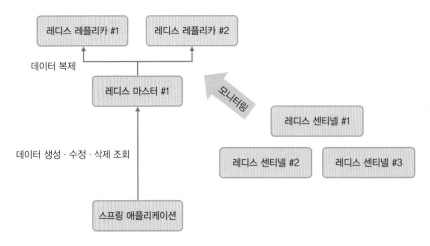

그림 10-2는 레디스 센티넬 세 대와 레디스 마스터 한 대, 레디스 레플리카 두 대로 구성된 아키텍처를 표현한 것이다. 레디스 센티넬도 단독 서버로 구성한다면 장애에 대응할 수 없다. 단독 서버로 구성한 센티넬에 장애가 발생하면 레디스 서버들을 모니터링할 수 없다. 레디스 센티넬 서버는 세 대 이상의 홀수로 구성하는 것이 좋은데, 그 이유는 다음과 같다. 센티넬 서버들은 모니터링 결과를 공유 저장소에 저장하지 않고 각 서버에 각각 저장한다. 센티넬 서버들과 마스터 서버 사이의 네트워크 상태나 센티넬 호스트 서버의 상태 같은 여러 변수에 따라 일부 센티넬 서버들은 마스터 서버 모니터링에 실패할 수 있다. 센티넬 서버가 마스터 서버 모니터링에 실패하면 센티넬 서버들은 동의 절차 작업을 실시한다. 일종의 다수결 투표 작업을 하고 다수 표를 얻은 결과를 사용하여 장애 복구 절차를 실행한다. 이런 다수결 투표 작업을 쿼럼(quorum)이라고 한다. 그림 10-2와 같이 센티넬이 세 대인 경우 쿼럼 값은 2로 설정한다. 두 대 이상의 센티넬 서버는 마스터 서버가 장애라고 판단하면 마스터 서버를 서비스에서 제외하고 장애 복구 절차를 실행한다. 네 대의 센티넬을 설치하고 쿼럼 값을 2로 설정하면 장애 판단을 할 수 없는 경우가 발생한다. 두 대는 장애라고 판단하고 나머지 두 대는 정상이라고 판단할 수 있기 때문이다. 이와 같은 쿼럼 과정 때문에 센티넬 서버 개수는 홀수를 유지하는 것이 좋다.

10.1.2 레디스 클러스터 아키텍처

레디스 3.0 버전 이후부터 레디스 클러스터(Redis cluster) 기능이 제공된다. 레디스 클러스터는 클러스터에 포함된 노드들이 서로 통신하면서 고가용성을 유지한다. 거기에 샤딩 기능까지 기본 기능으로 사용할 수 있다.

클러스터 내부에는 마스터 노드와 레플리카 노드를 설정하여 운영할 수 있다. 센티넬 구성처럼 마스터 노드와 레플리카 노드는 서로 짝을 이루어서 데이터를 복제한다. 클러스터를 구성하려면 세 개의 마스터 노드는 반드시 필요하다. 설정에 따라 레플리카 노드의 개수는 0개 혹은 그 이상으로 설정할 수 있지만, 고가용성을 위해 반드시 한 개 이상의 레플리카를 설정하는 것이 좋다.

센티넬 구조와 비교하면 모니터링을 위한 별도의 센티넬 서버를 구축할 필요가 없다. 클러스터 내부의 모든 노드는 모두 서로 연결되어 있는 메시(mesh) 구조로 되어 있으며, 가십 프로토콜(gossip protocol)을 사용하여 서로 모니터링을 한다. 그래서 마스터 노드에 장애가 발생하면 레플리카 노드가 마스터 노드로 대체된다.

클러스터에는 데이터를 마스터 노드들에 분배하는 샤딩 기능이 있다. 마스터 노드들은 균등하게 데이터를 분배하여 저장할 수 있지만, 특정 마스터 노드가 다른 마스터 노드보다 더 많은 데이터를 저장할 수도 있다. 이런 정보는 클러스터의 모든 노드가 공유하고 있으며, 클라이언트에도 공유된다. 그러므로 클라이언트는 별도의 샤딩 알고리즘을 구현할 필요 없이 레디스 클러스터의 알고리즘을 사용하면 된다.

레디스 클러스터의 샤딩 알고리즘은 해시 함수를 사용한 데이터 분배 방식을 이용한다. 해시 함수 값은 항상 0~16383 값을 리턴한다. 그래서 클라이언트는 데이터의 키 값을 해시 함수로 실행한 함수 값을 사용하여 어떤 마스터 노드에 저장할지 결정한다.

클러스터의 각 마스터 노드는 해시 결과 값 범위를 갖고 있다. 세 대의 서버가 데이터를 균등하게 분배하기로 결정했다면 해시 함수 값 0~5460은 1번 마스터 노드에, 5461~10922는 2번 마스터 노드에, 10923~16383은 3번 마스터 노드에 균등 분배한다. 클라이언트가 실행한 해시 함수의 결과 값이 2321이라면 0~5460을 저장하는 1번 마스터 노드에 저장한다. 마찬가지로 클라이언트가 데이터를 조회할 때도 해시 함수의 결과 값에 따라 데이터가 저장된 노드 위치를 알 수 있다.

클러스터에 노드를 추가하거나 제거한다면 레디스 클러스터 명령어를 사용하여 해시 함수 값 범위를 조정할 수 있다. 조정된 범위에 포함되는 레디스 데이터들은 자동으로 재분배되어 설정된 위치로 이동한다. 이를 리밸런싱(re-balancing) 혹은 리샤드(re-shard)라고 한다. 클라이언트는 리밸런싱 과정 중에 이동된 데이터 위치를 실시간으로 추적할 수 없다. 해시 결과 값이 5460인 데이터를 클라이언트가 읽으려고 할 때 이 해시 값에 해당하는 데이터들이 1번 노드에서 2번 노드로 재분배 중이라고 생각하자. 재분배 시간 동안 클라이언트는 여전히 1번 노드에 질의할 수 있고, 해당 데이터는 리밸런싱되어 2번 노드에 있을 수 있다. 클라이언트가 1번 노드에 질의하면 노드는 (error) MOVED 결과와 함께 데이터를 관리하고 있는 레디스 노드의 주소를 응답한다. 클라이언트는 이 정보를 사용하여 다시 해당 서버에 질의한다. 이 과정을 (error) Moved Redirection이라고 한다.

그림 10-3은 한 대의 마스터와 두 대의 레플리카를 하나의 세트로 구성한 클러스터 아키텍처다. 세 대의 마스터가 있으므로 총 세 대의 세트에 데이터가 샤딩된다. 그림 10-3에서 마스터 #1의 데이터는 레플리카 #1-1과 레플리카 #1-2에 복제된다.

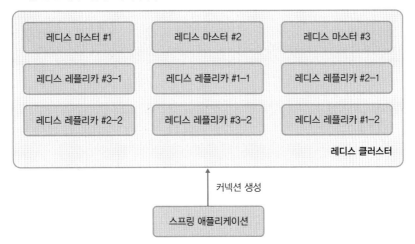

❤ 그림 10-3 레디스 클러스터 아키텍처

스프링 애플리케이션 클라이언트는 레디스 클러스터의 노드 중 하나라도 연결되면 클러스터의 전체 상태 정보를 확인할 수 있다. 클러스터 내부의 노드는 전체 노드 정보를 알 수 있기 때문이다. 클러스터에 한 번 접속한 클라이언트는 장애가 발생한 노드나 확장을 위해 추가한 노드 정보들도 모두 업데이트받는다. 그래서 Production 환경에서 운영 중 증설을 하더라도 스프링 애플리케이션의 설정을 변경할 필요 없다.

10.1.3 레디스 자료 구조

레디스는 다양한 형태의 자료 구조를 제공한다. 기본적으로 키-밸류 형태의 구조를 띠며, 밸류가 사용하는 자료 구조에 따라 여러 기능을 사용할 수 있다. 이를 다시 설명하면 어떤 형태의 자료 구조를 사용하더라도 키는 반드시 필요하다. 조회할 때도 키가 필요하며 데이터를 수정·삭제·생성할 때도 키를 사용한다. 그림 10-4를 확인해 보자. 그림 10-4는 레디스에서 사용할 수 있는 자료 구조들을 표현한 것이다. 어떤 자료 구조를 사용하더라도 키가 필요한 것을 알 수 있다. 이를 레디스 키라고 한다.

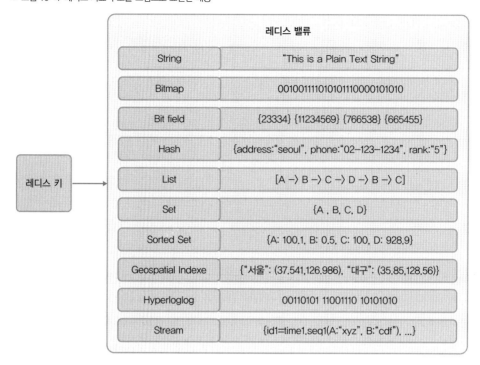

❤ 그림 10-4 레디스 자료 구조를 그림으로 표현한 내용

그림 10-4에서 사용할 수 있는 여러 자료 구조 중 문자열(string) 자료 구조를 확인해 보자. 이 자료 구조는 키와 문자열을 매핑할 수 있으며 사용자가 정의한 키 값을 사용하여 저장된 다른 문자열 데이터와 구분할 수 있다. 레디스 명령어와 키를 사용하여 문자열을 저장·조회·수정할 수 있다. 다음은 레디스 명령어 인터페이스(CLI)에서 문자열 데이터를 저장·조회하는 예제다. SET 명령어는 문자열을 새로 생성하거나 수정한다. 이때 SET 명령어의 EX 옵션을 사용하여 유효 기간을 설정할 수 있다. 예제에서 URLS:shilla 데이터의 유효 기간은 10000초다. 그리고 TTL 명령어는 키와 매핑된 자료 구조의 남은 유효 기간을 조회할 수 있다.

```
$ docker exec -it spring-tour-redis /bin/bash
root@9007df0da132:/data# redis-cli -h 127.0.0.1
127.0.0.1:6379> SET URLS:shilla "https://www.shillahotels.com/" EX 10000
OK
127.0.0.1:6379> GET "urls::shilla"
"https://www.shillahotels.com/"
127.0.0.1:6379> TTL "urls::shilla"
(integer) 9961
```

다음은 레디스에 사용할 수 있는 자료 구조를 설명한 것이다.

- **String**: 문자열 데이터를 저장·조회할 수 있는 기본 자료 구조다.

- **Hashe**: 해시 자료 구조다. 그림 10-4를 보면 해시 필드(field)와 해시 밸류(value)로 구성된다. 해시 데이터는 레디스 키와 매핑되어 있다. 그러므로 해시 밸류를 생성·조회하려면 레디스 키와 해시 필드를 동시에 사용해야 한다.

- **List**: 리스트 데이터다. 그림 10-4를 보면 리스트 아이템은 링크드 리스트 형태로 서로 연결되어 있다.

- **Set**: 리스트와 비슷한 집합 데이터이며, 리스트와 다른 점은 아이템의 중복을 허용하지 않는 자료 구조다.

- **Sorted Set**: Set과 비슷한 집합 데이터이지만, 정렬 기능을 제공한다. 그러므로 중복되지 않는 아이템을 저장할 수 있다. 이때 아이템은 스코어와 함께 저장할 수 있다. SortedSet은 스코어 값을 사용하여 정렬하고, 스코어 값이 중복되면 아이템 값을 사용하여 정렬한다.

- **BitMap**: 비트 연산을 사용할 수 있는 자료 구조다.

- **Hyperloglog**: Hyperloglogs는 집합의 아이템 개수를 추정할 수 있는 알고리즘 이름이자 이를 사용할 수 있는 레디스 자료 구조다. 이 알고리즘은 비트 패턴을 분석하여 비교적 정확한 추정 값을 계산할 수 있다. 예를 들어 특정 상품의 조회 수를 1만 239회라고 정확하게 계산할 때는 시스템 부하가 발생한다. 대신 추정 값을 계산하는 데 최적화되어 1만 회 같은 근사 값을 조회할 수 있다. 중복된 값을 제거할 수 있고, 저장 공간이 작으므로 카운트에 적합하다.

- **Geospatial Indexe**: 지점과 위도와 경도를 사용할 수 있는 자료 구조다. 위도와 경도를 계산하여 두 지점의 거리를 구할 수 있는 명령어를 제공한다.

- **Stream**: 레디스 5.0 버전부터 제공하는 기능으로, 이벤트성 로그를 처리할 수 있다. 일종의 메시지 서비스 기능이다. 스트림 키 이름과 값, 필드를 사용할 수 있는 자료 구조 형태를 띤다.

10.1.4 레디스 유효 기간

레디스에 저장되는 모든 데이터는 유효 기간을 설정할 수 있다. 유효 기간이 지난 데이터는 레디스가 해당 데이터를 메모리에서 삭제한다. 그러므로 사용자의 별도 개입 없이 메모리를 효율적으로 사용할 수 있다. 어떤 자료 구조를 사용하더라도 레디스 키에 설정하는 기능이다.

레디스는 다양한 방법으로 유효 기간을 설정할 수 있다. 첫 번째는 EXPIRE 명령어를 사용하여 이미 생성된 데이터에 유효 기간을 설정하는 것이다. 사용하려면 EXPIRE 명령어와 레디스 키를 인자로 입력한다. 두 번째는 데이터를 생성할 때 EX 옵션을 사용하여 생성과 동시에 유효 기간을 설정하는 것이다. 이 옵션은 자료 구조에 따라 지원하지 않는 경우도 있으니 확인해야 한다.

레디스에서 제공하는 자료 구조 중 해시를 사용하여 유효 기간을 설정하는 예제를 확인해 보자. 해시도 다른 자료 구조와 마찬가지로 레디스 키와 일대일로 매핑된다. 그러므로 해시 자료 구조에 유효 기간이 설정되며, 해시 필드에는 유효 기간을 설정할 수 없다. 레디스 키에 설정된 유효 기간이 지나면, 해시에 포함된 해시 필드와 해시 밸류 전체가 삭제된다. 다음 예제를 확인해 보자.

EXPIRE 예제

```
$ docker exec -it spring-tour-redis /bin/bash
root@9007df0da132:/data# redis-cli -h 127.0.0.1
127.0.0.1:6379> HSET "Hotel-Object:shilla" name shilla ----❶
(integer) 1
127.0.0.1:6379> HSET "Hotel-Object:shilla" url https://www.shillahotels.com ----❷
(integer) 1
127.0.0.1:6379> HGETALL "Hotel-Object:shilla" ----❸
1) "name"
2) "shilla"
3) "url"
4) "https://www.shillahotels.com"
127.0.0.1:6379> EXPIRE "Hotel-Object:shilla" 30 ----❹
(integer) 1
127.0.0.1:6379> TTL "Hotel-Object:shilla" ----❺
(integer) -2
127.0.0.1:6379> HGETALL "Hotel-Object:shilla" ----❻
(empty array)
```

❶ HSET은 해시에 해시 필드와 해시 밸류를 추가하는 명령어다. 레디스 키 값은 "Hotel-Objects:shilla", 해시 필드 이름은 "name", 해시 밸류는 "shilla"다.

❷ 새로 추가하는 해시 데이터의 레디스 키 값은 "Hotel-Objects:shilla", 필드 이름은 "url", 해시 값은 홈페이지 주소다.

❸ 해시 전체 값을 조회하는 HGETALL 명령어다. 해시에 해시 필드와 해시 밸류가 정상적으로 저장된 것을 확인할 수 있다. 저장한 name=shilla와 url=https://www.shillahotels.com을 확인할 수 있다.

❹ EXPIRE 명령어를 사용하여 레디스 데이터의 유효 기간을 30초로 설정한다.

❺ 레디스 데이터의 남은 유효 기간이 음수라면 유효 기간이 지난 데이터다. 예제는 EXPIRE 명령어를 실행하고 30초 후에 TTL 명령어를 실행한 결과다.

❻ HGETALL 명령어를 사용하여 데이터를 조회하면 해시 데이터가 없음을 알 수 있다.

레디스는 메모리에 데이터를 저장하므로 저장 공간이 한정적이다. 그래서 레디스에 데이터를 저장할 때는 데이터의 유효 기간을 설정하는 것을 권장한다. 유효 기간이 만료된 데이터는 레디스가 직접 정리한다. 유효 기간을 설정하는 방법은 EXPIRE 명령어를 사용하는 방법과 SET의 EX 옵션을 사용하는 방법이 있다.

유효 기간을 설정하지 않는다면 개발자가 직접 데이터를 삭제할 때까지 영원히 유지된다. 그러므로 애플리케이션에서 오래된 데이터를 마킹하고 직접 삭제하는 별도의 프로세스가 필요하다. 애플리케이션에서 오래된 데이터를 직접 삭제해야 한다면 다음 상황을 고려해야 한다.

- 레디스는 싱글 스레드로 사용자의 명령어를 처리한다. 짧은 시간에 레디스의 DEL 명령어를 사용하여 많은 데이터를 삭제한다면, 서비스에서 실행한 명령어들은 메시지 큐에서 대기하는 시간이 길어질 수 있다.
- 데이터를 삭제하기 위해 레디스 키를 스캔하는 명령어(SCAN, HSCAN 등)는 고민해 보고 사용하자. 실행 시간이 긴 명령어도 메시지 큐에 대기하고 있는 다른 명령어에 영향을 미친다.
- 삭제 기능을 포함한 애플리케이션이 장애 상황이거나 배포가 데이터를 삭제하지 못한다면 레디스 데이터 사용량은 점점 증가한다.

10.2 Spring Data Redis 사용

SPRING BOOT FOR MSA

스프링 부트 프로젝트에서는 spring-boot-starter-data-redis 스타터를 제공한다. 이 스타터에는 Spring Data Redis 프로젝트 라이브러리와 레디스를 연결하는 드라이버, 레디스를 사용하는 데 필요한 라이브러리를 모두 포함하고 있다. 사용할 수 있는 드라이버로 Jedis, Lettuce 라이브러리를 기본 포함하며, 이를 스프링 부트 프로젝트에서 쉽게 사용할 수 있는 클래스들도 제공한다. 먼저 다음과 같이 pom.xml에 spring-boot-starter-data-redis 의존성을 추가하자.

```
<dependency>
    <groupId>org.springframework.boot</groupId>
    <artifactId>spring-boot-starter-data-redis</artifactId>
</dependency>
```

스프링 애플리케이션에서 Spring Data Redis를 사용하여 레디스에 명령어를 실행할 수 있는 방법을 구분하면 크게 두 가지로 나눌 수 있다. o.s.data.redis.core의 RedisTemplate 클래스를 사용하는 방법과 Spring Data 프로젝트에서 제공하는 CrudRepository를 확장한 RedisRepository를 사용하는 방법이 있다. RedisRepository를 사용하는 방식도 내부에서는 RedisTemplate 스프링 빈에 의존한다. 이 두 가지 방법 중 어떤 방식을 사용할지 결정해야 하는데, 애플리케이션이 레디스를 어떤 목적의 데이터 저장소로 사용하는지 생각하면 된다. 레디스를 주 데이터 저장소로 사용한다면 RedisRepository 방식을 사용하는 것이 좋다. 하지만 이 책에서는 레디스를 데이터 저장소뿐만 아니라 다른 여러 가지 목적으로 활용하므로 RedisTemplate 클래스를 사용하는 방법을 설명한다.

10.2.1 RedisAutoConfiguration 자동 설정

스프링 부트의 spring-boot-autoconfigure 프로젝트에는 레디스를 사용할 수 있는 RedisTemplate 스프링 빈을 자동 설정하는 o.s.boot.autoconfigure.data.redis의 RedisAutoConfiguration 자동 설정 클래스를 제공한다.[3] 다음 코드는 RedisAutoConfiguration 클래스의 일부다. 이 자동 설정 클래스에서는 어떤 스프링 빈을 생성하는지 확인해 보자.

```
package org.springframework.boot.autoconfigure.data.redis;

@Configuration(proxyBeanMethods=false)
// 생략
public class RedisAutoConfiguration {

    // 생략
```

---

3   Reactive 프로그래밍을 위한 RedisReactiveAutoConfiguration 자동 설정 클래스도 제공하지만, 이 책에서는 다루지 않는다.

```
    @Bean
    @ConditionalOnMissingBean(
❶        name = {"redisTemplate"}
    )
    @ConditionalOnSingleCandidate(RedisConnectionFactory.class)
    public RedisTemplate<Object, Object>
  redisTemplate(RedisConnectionFactory redisConnectionFactory) {  ┄┄❷
        RedisTemplate<Object, Object> template = new RedisTemplate();
        template.setConnectionFactory(redisConnectionFactory);
        return template;
    }


    @Bean
❸   @ConditionalOnMissingBean
    @ConditionalOnSingleCandidate(RedisConnectionFactory.class)
    public StringRedisTemplate
  stringRedisTemplate(RedisConnectionFactory redisConnectionFactory) {  ┄┄❹
        return new StringRedisTemplate(redisConnectionFactory);
    }
}
```

10 설정된 @Conditional 애너테이션을 보자. BeanFactory에 redisTemplate 이름을 갖는 스프링 빈이 없고, RedisConnectionFactory 클래스 타입의 스프링 빈이 BeanFactory에 단독으로 존재 하는 후보자라면 스프링 빈을 생성한다.

❷ 자동 설정 클래스에서 생성하는 스프링 빈은 RedisTemplate 클래스 타입이고, 제네릭 타입을 사용하여 설정한 레디스 키와 밸류 타입은 둘 다 Object 클래스 타입이다.

❸ 설정된 @Conditional 애너테이션을 보자. BeanFactory에 StringRedisTemplate 클래스 타입의 스프링 빈이 없고 RedisConnectionFactory 클래스 타입의 스프링 빈이 BeanFactory에 단독으 로 존재하는 후보자라면 스프링 빈을 생성한다.

❹ 자동 설정 클래스에서 생성하는 스프링 빈은 StringRedisTemplate 클래스 타입이다. 이 스프 링 빈의 레디스 키와 밸류 타입은 둘 다 String 클래스 타입이다.

자동 설정 클래스에서는 RedisTemplate과 StringRedisTemplate 스프링 빈 모두 생성하려 고 한다. RedisTemplate과 StringRedisTemplate의 차이는 설정된 RedisSerializer 구현체다. RedisSerializer는 레디스 데이터인 키-밸류 데이터를 직렬화/역직렬화하는 기능을 담당한다. RedisTemplate은 o.s.data.redis.serializer 패키지의 JdkSerializationRedisSerializer를 사

10

레디스와 스프링 캐시

643

용한다. JDK의 기본 직렬화/역직렬화 방식을 사용하여 Object를 byte[]로 직렬화하고 byte[]를 Object로 역직렬화한다. StringRedisTemplate은 StringRedisSerializer를 사용하므로 문자열을 사용하여 직렬화/역직렬화한다. String을 byte[]로 직렬화하고 byte[]를 String으로 역직렬화한다.

RedisAutoConfiguration을 사용하려면 다음과 같이 application.properties에 설정한다. 설정은 크게 세 부분으로 나눌 수 있는데 한 대의 레디스만 연결하는 경우, 레디스 클러스터에 연결하는 경우, 센티넬에 연결하는 경우다.

```
application.properties
# 레디스 한 대
spring.redis.url = 127.0.0.1 ┄┐
spring.redis.port = 19999    ┄┘ ❶
spring.redis.timeout = 1s ┄┄ ❷
spring.redis.connect-timeout = 3s ┄┄ ❸

# 레디스 클러스터
spring.redis.cluster.nodes = 127.0.0.1:19999,127.0.0.1:19998,127.0.0.1:19997 ┄┄ ❹
spring.redis.cluster.max-redirects = 3 ┄┄ ❺

# 레디스 센티넬
spring.redis.sentinel.master = REDIS_MASTER_NAME ┄┄ ❻
spring.redis.sentinel.nodes = 127.0.0.1:19999,127.0.0.1:19998,127.0.0.1:19997 ┄┄ ❼
```

❶ 레디스 서버의 아이피 주소와 포트를 각각 입력한다.

❷ 레디스 서버에 명령어를 전달하고 결과를 받을 때까지 최대 시간을 설정한다.

❸ 레디스 서버와 클라이언트 사이에 커넥션을 생성할 때 걸리는 최대 시간을 설정한다.

❹ 레디스 클러스터의 노드 주소를 입력한다. 아이피 주소와 포트를 같이 입력하고, 주소를 구분하려고 콤마를 사용한다.

❺ 레디스 클러스터 데이터를 샤딩하고 있어 전체 데이터의 일부분만 각 노드에 저장한다. 이때 잘못된 노드에 데이터를 조회할 때 데이터를 저장한 노드로 리다이렉션하는 횟수를 설정한다.

❻ 레디스 센티넬이 모니터링할 레디스 서버 중 마스터 서버 이름을 설정한다.

❼ 레디스 센티넬들의 노드 주소를 입력한다. 아이피 주소와 포트를 같이 입력하고, 주소를 구분하려고 콤마를 사용한다.

이렇게 application.properties에 설정하면 다음과 같이 RedisTemplate과 StringRedisTemplate 스프링 빈을 주입받을 수 있다.

```
@Component
public class RedisAdapter {
    @Autowired
    private RedisTemplate redisTemplate;

    @Autowired
    private StringRedisTemplate stringRedisTemplate;
}
```

이 책에서 제공하고 설명하는 예제는 RedisAutoConfiguration을 사용하는 방법 대신 RedisTemplate 스프링 빈을 직접 설정하는 방식을 사용한다. RedisTemplate을 직접 설정하면 우리가 원하는 클래스 타입의 데이터를 직렬화/역직렬화할 수 있기 때문이다.

10.2.2 레디스 도커 설정

이 책에서 제공하는 예제들은 레디스 인스턴스에 커넥션을 연결하여 테스트할 수 있다. 그러므로 도커를 사용하여 레디스를 실행하는 방법을 간단히 설명한다. 다음 명령어를 사용하면 여러분 로컬 호스트에 도커를 설치할 수 있다.

레디스 설치 과정

```
$ docker pull redis ····❶
$ docker images
REPOSITORY              TAG       IMAGE ID        CREATED         SIZE
redis                   latest    7614ae9453d1    19 hours ago    113MB
$ docker run --name spring-tour-redis -p 6379:6379 redis ····❷
$ docker start spring-tour-redis ····❸
spring-tour-redis
$ docker exec -it spring-tour-redis /bin/bash
root@9007df0da132:/data# redis-cli -h 127.0.0.1❹
127.0.0.1:6379> SET hotel:billing-code:1 "123456789"
OK                                                      ❺
127.0.0.1:6379> GET hotel:billing-code:1
"123456789"
127.0.0.1:6379> KEYS *
1) "hotel:billing-code:1"
127.0.0.1:6379> quit
```

❶ 레디스 최신 버전 이미지를 로컬 호스트에 내려받는다.

❷ 컨테이너를 실행하며 이름은 'spring-tour-redis'다. 레디스 컨테이너의 6379번 포트와 로컬 호스트의 6379번 포트를 연결한다. 그러므로 애플리케이션에서 레디스를 연결할 때 6379번 포트를 사용하면 도커의 레디스와 연결할 수 있다.

❸ spring-tour-redis를 실행한다.

❹ 도커 내부에서 레디스 커맨드 모드로 접속하는 redis-cli 명령어를 사용하고 127.0.0.1 호스트에 접속한다.

❺ SET, GET 명령어를 사용하여 레디스가 정상 동작하는지 테스트한다. 이때 데이터 키는 'hotel:billing-code:1'이며 밸류는 "123456789"다.

레디스 설치 과정에서 사용한 SET, GET 명령어는 새로운 키-밸류를 저장하고 조회하는 기능을 제공한다. KEYS * 명령어는 레디스가 저장하는 키 중 '*' 패턴과 일치하는 키를 조회한다. 모든 패턴을 의미하는 '*'을 사용했으므로 레디스에 저장된 모든 키를 응답한다. 이외에도 레디스는 수많은 명령어를 제공한다. 상세한 명령어들 내용은 https://redis.io/commands/에서 확인할 수 있다.

10.3 Lettuce 라이브러리와 커넥션 설정

스프링 부트 애플리케이션은 Lettuce 라이브러리를 기본으로 사용한다. Lettuce는 내부에 Netty 프레임워크를 포함하고 있어 비동기 논블로킹으로 구현되어 있다. 그래서 스프링 애플리케이션과 레디스 사이에 커넥션 풀이 필요 없다. 하나의 커넥션을 맺고 사용하면 된다. 비동기 논블로킹이므로 스프링 부트 애플리케이션이 멀티 스레드를 사용하더라도 멀티 스레드에 안전한 프로그래밍을 할 수 있다. Lettuce 공식 문서에서도 하나의 커넥션을 만들고 만든 커넥션들을 공유해서 사용하는 방식으로 가이드하고 있다. 레디스의 트랜잭션 기능을 사용한다면 커넥션 풀을 설정해서 사용하는 것이 좋다.

10.3.1 RedisConnectionFactory 설정

RestTemplate은 레디스에 명령어를 실행하는 기능을 제공하는 클래스다. RestTemplate은 레디스와 애플리케이션 사이에 커넥션을 맺고 관리하는 기능을 o.s.data.redis.connection 패키지의 RedisConnectionFactory 구현체에 위임한다. RedisConnectionFactory 객체를 생성한 후 RedisTemplate의 setConnectionFactory() 메서드 인자로 설정하면 된다.

Spring Data Redis에서는 RedisConnectionFactory 인터페이스를 구현한 구현체로 Jedis ConnectionFactory와 LettuceConnectionFactory 클래스를 기본 제공한다. 애플리케이션에서 사용할 레디스 드라이버 라이브러리에 따라 구현체를 선택하면 된다. 이 책에서는 Lettuce 라이브러리를 사용하므로 LettuceConnectionFactory를 스프링 빈으로 설정하는 방법을 설명한다.

레디스 서버는 아키텍처에 따라 레디스 서버 단독 구성, 레디스 센티넬 구성, 레디스 클러스터 구성으로 구분할 수 있다. 사용하는 아키텍처에 따라 LettuceConnectionFactory 객체를 설정하면 된다. 스프링 프레임워크는 o.s.data.redis.connection 패키지의 RedisConfiguration 인터페이스를 제공한다. 레디스 설정 정보를 포함하는 인터페이스이며 아키텍처에 따른 구현체들을 제공한다. 적절한 구현체를 생성 및 설정한 후 LettuceConnectionFactory 생성자의 인자로 전달하면 된다. RedisConfiguration 인터페이스가 제공하는 구현 클래스는 다음과 같다.

- **RedisStandaloneConfiguration**: 단독으로 구성된 레디스 서버에 커넥션을 맺을 때 사용한다.
- **RedisStaticMasterReplicaConfiguration**: 레디스 마스터 레플리카 구조로 구성된 레디스 서버에 커넥션을 맺을 때 사용한다.
- **RedisSocketConfiguration**: 유닉스 도메인 소켓을 이용하여 애플리케이션과 같은 로컬 호스트에 설치된 레디스 서버에 커넥션을 맺을 때 사용한다. TCP 소켓을 사용하는 것보다 빠르며 메모리 사용량이 적은 장점이 있다.
- **RedisSentinelConfiguration**: 레디스 센티넬 구조로 구성된 레디스 센티넬 서버에 커넥션을 맺을 때 사용한다.
- **RedisClusterConfiguration**: 레디스 클러스터 구조로 구성된 레디스 서버에 커넥션을 맺을 때 사용한다.

여기에서는 RedisStandaloneConfiguration과 RedisSentinelConfiguration, RedisCluster Configuration을 사용하는 예제 코드를 살펴본다. 다음은 RedisStandaloneConfiguration을 사용하여 RedisConnectionFactory 스프링 빈을 생성하는 코드다. 다음 코드는 chapter10 예제 모듈에서 확인할 수 있다. 앞으로 사용하는 모든 예제는 다음 코드를 사용한다.

```java
package com.springtour.example.chapter10.config;

@Slf4j
@Configuration
public class CacheConfig {

    @Bean
    public RedisConnectionFactory cacheRedisConnectionFactory() {
        RedisStandaloneConfiguration configuration = new RedisStandaloneConfiguration
("127.0.0.1", 6379);                                                              ❶
        configuration.setDatabase(0);   ┄┄❷
        configuration.setUsername("username");  ┄┄
        configuration.setPassword("password");  ┄┄┄❸

        final SocketOptions socketOptions = SocketOptions.builder().
connectTimeout(Duration.ofSeconds(10)).build();  ┄┄❹
        final ClientOptions clientOptions = ClientOptions.builder().
socketOptions(socketOptions).build();


        LettuceClientConfiguration lettuceClientConfiguration =
LettuceClientConfiguration.builder()
                .clientOptions(clientOptions)
                .commandTimeout(Duration.ofSeconds(5))  ┄┄❺
                .shutdownTimeout(Duration.ZERO)  ┄┄❻
                .build();

        return new LettuceConnectionFactory(configuration, lettuceClientConfiguration);
    }
    // 생략
}
```

❶ 레디스 서버의 IP 주소와 포트를 설정한다. 6379번은 레디스의 기본 포트다. 앞으로 사용할 예제는 도커에 설치된 레디스이므로 이 주소와 포트를 계속 사용한다.

❷ 레디스의 데이터베이스 번호를 설정한다. 레디스 서버는 내부에서 16개의 데이터베이스를 구분해서 운영할 수 있으며, 0번부터 15번까지 데이터베이스를 갖는다. 개발 환경에서 장비를 효율적으로 사용하려고 데이터베이스를 구분하여 각 컴포넌트에 할당해서 운영할 수 있다.

❸ 레디스는 접속 보안을 위해 레디스에 접속할 수 있는 이름과 암호를 설정한다.

❹ 레디스와 클라이언트 사이에 커넥션을 생성할 때 소요되는 최대 시간을 설정할 수 있다. 예제에서는 10초로 설정했으며, 설정한 SocketOptions 객체는 ClientOptions 객체에 다시 랩핑한다. 랩핑한 ClientOptions는 LettuceClientConfigurationBuilder의 clientOptions() 메서드를 사용하여 설정할 수 있다.

❺ 레디스와 클라이언트 사이에 커넥션이 생성되면 레디스 명령어를 실행하고 응답받는 시간을 설정할 수 있다. 예제에서 클라이언트에 설정한 command timeout은 5초다.

❻ 레디스 클라이언트가 안전하게 종료하려고 애플리케이션이 종료될 때까지 기다리는 최대 시간이다.

다음은 레디스 센티넬 아키텍처를 이용하는 레디스 서버에 커넥션 설정을 할 수 있는 RedisSentinelConfiguration을 사용한 샘플 코드다.

RedisSentinelConfiguration을 사용한 레디스 센티넬 구성 설정

```
@Bean
public RedisConnectionFactory cacheRedisConnectionFactory() {
    RedisSentinelConfiguration configuration = new RedisSentinelConfiguration();
    configuration.setMaster("REDIS_MASTER_NAME"); ┄❶
    configuration.sentinel("127.0.0.1", 19999); ┄
    configuration.sentinel("127.0.0.1", 19998); ┄❷
    configuration.sentinel("127.0.0.1", 19997); ┄
    configuration.setPassword("password"); ┄❸

    return new LettuceConnectionFactory(configuration);
}
```

❶ 레디스 센티넬이 모니터링할 레디스 서버 중 마스터 서버 이름을 설정한다.

❷ sentinel() 메서드는 레디스 센티넬 서버를 추가하는 기능을 제공한다. IP 주소와 포트를 입력하면 된다. 예제에서는 세 대의 센티넬 서버들을 설정한다.

❸ 센티넬 암호를 설정한다.

마지막으로 레디스 클러스터 아키텍처를 사용하는 레디스 서버에 커넥션을 설정하는 예제다. RedisClusterConfiguration 클래스를 사용한 샘플 코드다.

```java
@Bean
public RedisConnectionFactory cacheRedisConnectionFactory() {
    RedisClusterConfiguration config = new RedisClusterConfiguration();
    config.setMaxRedirects(3);   ┄❶
    config.setClusterNodes(List.of(
            new RedisNode("127.0.0.1", 19999),
            new RedisNode("127.0.0.1", 19998),  ┄❷
            new RedisNode("127.0.0.1", 19997)
    ));

    return new LettuceConnectionFactory(config);
}
```

❶ maxRedirect 횟수를 설정한다. (error) Moved Redirection 처리 횟수를 설정한다. 예제에 설정된 값은 3회이므로 최대 3회 리다이렉션할 수 있다.

❷ 레디스 클러스터에 포함된 레디스 서버의 아이피 주소와 포트를 설정한다. 클러스터에 포함된 일부 노드 정보만 입력해도 클러스터의 모든 정보가 클라이언트에 동기화된다. 그러므로 일부만 입력해도 사용할 수 있다.

10.4 / 레디스 문자열 예제와 RedisSerializer 설정

SPRING BOOT FOR MSA

이 절에는 레디스 문자열 자료 구조를 사용하여 데이터를 레디스에 입력하고 조회하는 예제를 설명한다. RedisAutoConfiguration에서 제공하는 RedisTemplate 스프링 빈은 범용으로 쓸 수 있도록 레디스 키와 레디스 밸류의 클래스 타입으로 Object를 사용한다. 그러므로 RedisTemplate<Object, Object>처럼 키, 밸류에 Object 클래스로 제네릭이 설정되어 있다. 하지만 이번 예제에는 별도의 RedisTemplate 스프링 빈을 설정하여 특정 클래스를 레디스 키와 밸류의 클래스 타입으로 사용하는 방법을 설명한다. 이때 레디스와 애플리케이션 사이에 데이터를 변환하는 역할은 RedisSerializer가 담당한다.[4]

이 절에서는 레디스의 스트링 자료 구조를 사용하여 호텔 캐시 데이터를 레디스에 저장하는 예제를 설명한다. chapter10 모듈 예제에서는 HotelCacheKey 객체를 레디스 키로 사용하고, HotelCacheValue 객체를 레디스 밸류로 사용한다. 이들 객체를 레디스에 저장할 때, 다음 표와 같이 레디스에 저장할 문자열 자료 구조를 설계할 수 있다.

▼ 표 10-1 문자열 자료 구조를 사용하는 설계

자료 구조	설명	예시
키(key)	문자열 데이터를 구분할 수 있는 유니크 키	특정 호텔 정보를 캐시하는 데이터를 저장하므로 'HOTEL::{hotelId}'처럼 설계할 수 있다.
밸류(value)	문자열 자료 구조에 저장될 데이터	캐시를 위한 호텔 객체를 JSON 문자열로 변환하여 저장한다.

o.s.data.redis.core.ValueOperation<K, V> 인터페이스는 레디스의 문자열 자료 구조를 사용할 수 있는 기능을 제공한다. RedisTemplate의 opsForValue() 메서드를 사용하면 ValueOperations 객체를 획득할 수 있다. 이때 ValueOperations의 제네릭 클래스 타입은 RedisTemplate의 제네릭 설정을 따른다. 사용자가 RedisTemplate<HotelCacheKey, HotelCacheValue> 스프링 빈을 정의하면 opsForValue() 메서드가 리턴하는 클래스 타입은 ValueOperations<HotelCacheKey, HotelCacheValue>가 된다. 다음 코드를 참고해 보자.

```
ValueOperations<HotelCacheKey, HotelCacheValue> hotelCacheOperation =
hotelCacheRedisTemplate.opsForValue();
```

ValueOperations 클래스에서 제공하는 메서드 중 몇 개만 간단히 설명한다.

- **void set(K key, V value)**: key와 value를 저장한다.
- **void set(K key, V value, long timeout, TimeUnit unit)**: key와 value를 저장할 때 동시에 유효 기간을 설정한다. TimeUnit 값과 timeout 인자를 사용하여 유효 기간을 설정한다.
- **Boolean setIfAbsent(K key, V value)**: key와 매칭되는 데이터가 없으면 value를 저장한다. 메서드 실행에 성공하면 True를, 실패하면 False를 리턴한다.

---

4 RedisSerializer 사용법은 뒤에서 자세히 다룬다. 레디스와 애플리케이션의 변환 역할을 담당하는 것만 알아 두자.

- **Boolean setIfAbsent(K key, V value, long timeout, TimeUnit unit)**: setIfAbsent()와 기능이 같지만, 데이터를 저장할 때는 timeout과 Timeunit 값을 사용하여 유효 기간을 설정한다.

- **Boolean setIfPresent(K key, V value)**: setIfAbsent()와 반대로 key와 매칭되는 데이터가 있으면 데이터를 덮어쓴다. 메서드 실행에 성공하면 True를, 실패하면 False를 리턴한다.

- **Boolean setIfPresent(K key, V value, long timeout, TimeUnit unit)**: setIfPresent()와 기능이 같지만, 데이터를 저장할 때는 timeout과 Timeunit 값을 사용하여 유효 기간을 설정한다.

- **V getAndDelete(K key)**: key와 매칭되는 데이터를 조회하여 리턴하는 동시에 데이터를 삭제한다.

- **V getAndExpire(K key, long timeout, TimeUnit unit)**: key와 매칭되는 데이터를 조회하면서 데이터의 유효 기간을 설정한다.

- **V getAndSet(K key, V value)**: key와 매칭되는 이전 데이터를 조회하고 리턴한다. 그리고 인자로 받은 value를 새로 저장한다.

- **Long increment(K key)**: 저장된 문자열이 숫자라면 1을 증가한다.

- **Double increment(K key, double delta)**: delta 인자만큼 증가시킨다. Long 타입으로 리턴하는 메서드도 있다.

- **Long decrement(K key)**: 저장된 문자열이 숫자라면 1을 감소한다.

- **Long decrement(K key, long delta)**: delta 인자만큼 감소시킨다.

다음은 chapter10 모듈에서 제공하는 CacheConfig 자바 설정 클래스의 일부 코드다. CacheConfig 자바 설정 클래스는 RedisTemplate 스프링 빈을 설정한다. RedisTemplate 스프링 빈은 레디스 키로 HotelCacheKey 클래스를 사용하고, 데이터는 호텔 정보를 의미하는 HotelCacheValue 클래스를 사용하도록 설정한다. 이 RedisTemplate<HotelCacheKey, HotelCacheValue>는 HotelCacheKey, HotelCacheValue 두 클래스 타입 전용으로만 사용할 수 있다. 그러므로 이 두 클래스를 변환하는 전용 RedisSerializer를 설정할 수 있다. 예제에서는 HotelCacheKeySerializer와 HotelCacheValueSerializer 구현체를 사용한다. 다음 코드로 RedisSerializer 구현체를 RedisTemplate에 어떻게 설정하는지 설명한 후 두 RedisSerializer 구현체 코드를 살펴본다. 다음 예제 코드는 chapter10 모듈에 포함된 CacheConfig.java 클래스의 일부다.

```
package com.springtour.example.chapter10.config;

@Configuration
public class CacheConfig {

    @Bean
    public RedisConnectionFactory cacheRedisConnectionFactory() {
          // 생략
    }

    @Bean(name="hotelCacheRedisTemplate")
    public RedisTemplate<HotelCacheKey, HotelCacheValue> hotelCacheRedisTemplate() {
        RedisTemplate<HotelCacheKey, HotelCacheValue> hotelCacheRedisTemplate = new
RedisTemplate<>(); ----❶
        hotelCacheRedisTemplate.setConnectionFactory(cacheRedisConnectionFactory()); ----❷
        hotelCacheRedisTemplate.setKeySerializer(new HotelCacheKeySerializer());
        hotelCacheRedisTemplate.setValueSerializer(new HotelCacheValueSerializer()); ----❸
        return hotelCacheRedisTemplate;
    }

}
```

10

레디스와 스프링 캐시

❶ RedisTemplate은 제네릭 타입 K, V를 설정할 수 있다. 첫 번째 제네릭 타입은 레디스 키에 해당하며, 두 번째 제네릭 타입은 레디스 밸류에 해당한다. 그러므로 K 제네릭 타입에는 HotelCacheKey.class를, V 제네릭 타입에는 HotelCacheValue.class를 설정한다.

❷ 앞서 생성한 RedisConnectionFactory 스프링 빈을 setConnectionFactory() 메서드를 사용하여 RedisTemplate 객체에 설정한다.

❸ 키와 밸류 각각의 값을 직렬화/역직렬화하는 RedisSerializer 구현체를 setKeySerializer()와 setValueSerializer() 메서드를 사용하여 설정한다.

RedisTemplate에는 키와 밸류에 각각 별도의 RedisSerializer 구현체를 설정할 수 있다. 레디스 키를 변환하는 RedisSerializer와 레디스 밸류를 변환하는 RedisSerializer를 각각 설정한다. RedisSerializer 또한 제네릭 타입을 설정할 수 있다. 직렬화 과정을 거치면 자바 객체가 byte[] 로 변환되어 레디스에 저장되고, 역직렬화 과정을 거치면 레디스에 저장된 byte[]가 자바 객체로 변환된다.

다음 코드는 serialize(), deserialize() 추상 메서드가 선언되어 있는 RedisSerializer 인터페이스의 코드다. 코드를 보면 RedisTemplate은 직렬화 과정에는 RedisSerializer의 serialize() 메서드를 사용하고, 역직렬화 과정에는 RedisSerializer의 deserialize() 메서드를 사용하여 데이터를 변환하는 것을 알 수 있다.

RedisSerializer 인터페이스

```
public interface RedisSerializer<T> {

    byte[] serialize(@Nullable T t) throws SerializationException;

    T deserialize(@Nullable byte[] bytes) throws SerializationException;
}
```

기본 설정으로 생성된 RedisTemplate에 설정된 RedisSerializer 구현체는 JdkSerializationRedisSerializer 클래스다. 이 구현체는 자바 Object 객체를 byte[]로 직렬화하고, byte[] 데이터를 다시 Object 객체로 역직렬화하는 기능을 제공한다. Object 클래스 타입을 사용하므로 어떤 자바 객체라도 변환할 수 있다. 하지만 이 Serializer를 사용하면 애플리케이션 코드에서 적절한 클래스 타입으로 변환하는 타입 캐스팅이 필요하다. 즉, 타입 캐스팅 과정에서 잘못된 클래스 타입으로 변환하면 런타임 에러가 발생한다. 결국 클래스 타입에 안전하지(type-safe) 않은 프로그램이 된다.

RedisTemplate의 별도 Serializer를 사용하지 않고 기본 JdkSerializationRedisSerializer를 사용한다고 하자. 이 경우 직렬화/역직렬화의 대상 클래스인 HotelCacheKey와 HotelCacheValue 클래스에 java.io.Serializable 인터페이스를 반드시 상속(implements)해야 한다. JdkSerializationRedisSerializer는 자바의 직렬화 기능을 사용하기 때문이다.

필자는 기본 JdkSerializationRedisSerializer를 사용하는 것을 반대한다. JdkSerializationRedisSerializer로 직렬화된 데이터는 다음 결과처럼 인코딩된 문자열로 레디스에 저장되기 때문이다. 다음은 레디스에서 확인한 결과다. 이렇게 JDK 직렬화로 저장된 데이터는 레디스에서 커맨드 명령어를 사용하여 사용자가 직접 확인하기 어렵다. Production 환경에도 유연하게 대응하기 어렵다.

JdkSerializationRedisSerializer로 직렬화되어 레디스에 저장된 결과

127.0.0.1:6379> KEYS *
1) "\xac\xed\x00\x05sr\x00<com.springtour.example.chapter10.adapter.cache.
HotelCacheKey<y)\x11\x01u\x02\xaa\x02\x00\x01L\x00\ahotelIdt\x00\x10Ljava/lang/
Long;xpsr\x00\x0ejava.lang.Long;\x8b\xe4\x90\xcc\x8f#\xdf\x02\x00\x01J\x00\x05valuexr\
x00\x10java.lang.Number\x86\xac\x95\x1d\x0b\x94\xe0\x8b\x02\x00\x00xp\x00\x00\x00\x02T\
x0b\xe3\xff"
127.0.0.1:6379> GET "\xac\xed\x00\x05sr\x00<com.springtour.example.chapter10.adapter.
cache.HotelCacheKey<y)\x11\x01u\x02\xaa\x02\x00\x01L\x00\ahotelIdt\x00\x10Ljava/lang/
Long;xpsr\x00\x0ejava.lang.Long;\x8b\xe4\x90\xcc\x8f#\xdf\x02\x00\x01J\x00\x05valuexr\
x00\x10java.lang.Number\x86\xac\x95\x1d\x0b\x94\xe0\x8b\x02\x00\x00xp\x00\x00\x00\x02T\
x0b\xe3\xff"
"\xac\xed\x00\x05sr\x00>com.springtour.example.chapter10.adapter.cache.
HotelCacheValueL\xf4\xad\xe5\x11G\x02)\x02\x00\x02L\x00\aaddresst\x00\x12Ljava/lang/
String;L\x00\x04nameq\x00~\x00\x01xpt\x00\x02LAt\x00\x04Line"

가능하면 별도의 RedisSerializer 구현체를 사용하자. 다음에 나오는 HotelCacheKeySerializer
와 HotelCacheValueSerializer 코드를 확인해 보자. 레디스 키를 직렬화할 때 문자열로 저장하
도록 설계하는 것이 일반적이다. 그러므로 예제 클래스 HotelCacheKeySerializer가 레디스 데
이터 키로 사용할 HotelCacheKey 객체를 직렬화하면 문자열로 변환된다. 이때 변환된 문자열은
'HOTEL::' + hotelId 형태다. 직렬화된 문자열에는 콜론(::)을 사용하여 정보를 구분한다. 콜론
을 사용하는 것은 레디스 관례로, 키에 여러 정보를 포함할 때 각 정보를 콜론을 사용하여 의미를
구분하면 된다. 그래서 호텔 키의 머리말인 'HOTEL' 문자열과 호텔 아이디를 구분하려고 콜론을
사이에 사용한다.

레디스 자료 구조의 밸류로 저장되는 객체는 일반적으로 JSON 메시지로 변환한다. 밸류 객체에
는 하나 이상의 속성을 포함하고 이를 문자열로 변환하기에 JSON 메시지가 편리하고 가독성이
좋다. 그러므로 Production 환경에서 운영상 레디스에 접속하여 데이터를 조회할 때 쉽게 데이
터를 확인할 수 있다. JSON 외에 다른 적합한 메시지 포맷이 있다면 사용해도 좋다.

다음은 HotelCacheKeySerializer와 HotelCacheValueSerializer 구현체 코드다. HotelCacheKey와
HotelCacheValue 클래스의 코드는 생략한다.

HotelCacheKeySerializer와 HotelCacheValueSerializer 코드

```
package com.springtour.example.chapter10.adapter.cache;

public class HotelCacheKeySerializer implements RedisSerializer<HotelCacheKey> {
```

```java
    private final Charset UTF_8 = Charset.forName("UTF-8");

    @Override
    public byte[] serialize(HotelCacheKey hotelCacheKey) throws SerializationException {
        if (Objects.isNull(hotelCacheKey))
            throw new SerializationException("hotelCacheKey is null"); ┈┈❶

        return hotelCacheKey.toString().getBytes(UTF_8); ┈┈❷
    }

    @Override
    public HotelCacheKey deserialize(byte[] bytes) throws SerializationException {
        if (Objects.isNull(bytes))
            throw new SerializationException("bytes is null");

        return HotelCacheKey.fromString(new String(bytes, UTF_8)); ┈┈❸
    }
}


package com.springtour.example.chapter10.adapter.cache;

@Slf4j
public class HotelCacheValueSerializer implements RedisSerializer<HotelCacheValue> {

    // JSON Mapper
    public static final ObjectMapper MAPPER = new ObjectMapper(); ┈┈❹
    private final Charset UTF_8 = Charset.forName("UTF-8");

    @Override
    public byte[] serialize(HotelCacheValue hotelCacheValue) throws
SerializationException {
        if (Objects.isNull(hotelCacheValue))
            return null;

        try {
            String json = MAPPER.writeValueAsString(hotelCacheValue); ┈┈❺
            return json.getBytes(UTF_8);
        } catch (JsonProcessingException e) {
            throw new SerializationException("json serialize error", e);
        }
    }

    @Override
    public HotelCacheValue deserialize(byte[] bytes) throws SerializationException {
```

```
            if (Objects.isNull(bytes)) ┄┄┄┄┐
                return null;            └┄┄⑥


            try {
                return MAPPER.readValue(new String(bytes, UTF_8), HotelCacheValue.class); ┄┄⑦
            } catch (JsonProcessingException e) {
                throw new SerializationException("json deserialize error", e);
            }
        }
    }
}
```

① 레디스 데이터 중 키는 null이 될 수 없다. 그러므로 serialize() 메서드의 HotelCacheKey 인 자가 null 검사를 한다. 이때 null이면 예외를 던진다.

② HotelCacheKey가 직렬화되면 byte[]를 리턴해야 한다. 이때 Charset을 설정하여 byte[]로 변환하는 것이 좋다. 예제에서는 UTF-8을 사용했으며, 필요한 문자셋이 있다면 설정해서 사용한다.

③ 레디스의 키 데이터는 byte[]다. 그러므로 적절히 변환하여 HotelCacheKey 객체를 생성하여 리턴한다.

④ HotelCacheValue 객체를 직렬화한 메시지 포맷은 JSON 메시지다. JSON 메시지 변환에 사용할 ObjectMapper 객체를 생성한다. ObjectMapper는 생성 비용이 비싸고, 멀티 스레드 환경에 안전하므로 스테틱 변수로 생성하여 공유하는 형태로 사용한다.

⑤ MAPPER의 writeValueAsString() 메서드를 사용하여 HotelCacheValue 객체를 JSON 메시지 문자열로 변경한다.

⑥ 레디스의 밸류를 역직렬화할 때 null 검사를 한다면 주의하자. 레디스 키와 맞는 밸류가 레디스에 없는 경우도 있다. 그러므로 null인 경우 무조건 예외를 던지면 안 된다.

⑦ MAPPER의 readValue() 메서드를 사용하여 HotelCacheValue 객체로 변환한다.

지금까지 RedisTemplate 스프링 빈을 설정하는 코드를 설명했다. 이를 사용하여 데이터를 다루는 클래스를 확인해 보자. 예제 chapter10 모듈에서 제공하는 CacheAdapter 클래스를 확인해 보자. CacheAdapter는 RedisTemplate<HotelCacheKey, HotelCacheValue> hotelCacheRedisTemplate 스프링 빈을 주입받는다. 그래서 HotelCacheValue 객체를 레디스에 생성·조회·삭제하는 기능을 제공한다.

```
package com.springtour.example.chapter10.adapter.cache;

@Component
@Slf4j
public class CacheAdapter {

    private final RedisTemplate<HotelCacheKey, HotelCacheValue> hotelCacheRedisTemplate;
    private final ValueOperations<HotelCacheKey, HotelCacheValue> hotelCacheOperation;

    public CacheAdapter(RedisTemplate<HotelCacheKey, HotelCacheValue>
hotelCacheRedisTemplate) {
        this.hotelCacheRedisTemplate = hotelCacheRedisTemplate;
        this.hotelCacheOperation = hotelCacheRedisTemplate.opsForValue(); ····❶
    }

    public void put(HotelCacheKey key, HotelCacheValue value) {
        hotelCacheOperation.set(key, value, Duration.ofSeconds(24 * 60 * 60)); ····❷
    }
    // 생략
}
```

❶ CacheAdapter 클래스는 레디스의 키-밸류 자료 구조를 사용한다. 그러므로 RedisTemplate의 opsForValue() 메서드를 사용하여 ValueOperations 객체를 생성한다. ValueOperations 객체는 키-밸류 자료 구조를 사용할 수 있는 get(), set(), delete() 같은 메서드들을 제공한다. 이외에도 다양한 메서드를 제공한다.

❷ 레디스에 데이터를 저장할 때 유효 기간을 24시간으로 설정한다.

레디스는 저장한 데이터에서 유효 기간을 설정할 수 있다. 유효 기간 설정 없이 저장된 데이터는 영원히 저장된다. 하지만 EXPIRE 레디스 명령어나 유효 기간 옵션을 사용하면 유효 기간을 설정할 수 있다. 자바 코드에서는 CacheAdapter의 ❷처럼 set() 메서드의 세 번째 인자를 사용하여 유효 기간을 설정할 수 있다. 레디스는 유효 기간 뒤에 해당 데이터를 삭제한다.

레디스 데이터의 유효 기간을 설정하려고 RedisTemplate 클래스 expire() 메서드, ValueOperations의 getAndExpire()와 set() 명령어를 사용할 수 있다. 일반적인 목적으로 레디스 데이터를 사용한다면 별도의 expire() 메서드로 유효 기간을 설정하는 것보다 데이터를 생성하면서 한 번에 설정하는 set() 메서드를 사용하는 것을 추천한다. expire()는 set() 메서드가 함께 사용되어야 하므로 명령어를 두 번 실행해야 한다.

chapter10 모듈에는 CacheAdapter 스프링 빈을 테스트하는 CacheAdapterTest 클래스를 제공한다. 레디스 도커 컨테이너를 실행하고 테스트 케이스를 실행하면 된다. 다음은 CacheAdapterTest를 실행한 후 레디스 도커 컨테이너에 접속하여 실행 결과를 명령어로 확인한 것이다. 앞서 JdkSerializationRedisSerializer를 사용하여 저장한 결과를 조회한 것과 비교해 보자. 가독성이 좋아진 것을 알 수 있다.

```
127.0.0.1:6379> KEYS *
1) "HOTEL:1234567890"
127.0.0.1:6379> GET "HOTEL:1234567890"
"{\"name\":\"Line\",\"address\":\"LA\"}"
```

앞서 예제에서 설명한 hotelCacheRedisTemplate 스프링 빈은 키-밸류 타입의 String 자료 구조를 사용했다. 그래서 setKeySerializer()와 setValueSerializer() 메서드를 사용하여 RedisSerializer를 설정했다. Hashs 자료 구조를 사용한다면 다음 코드처럼 레디스 키, 해시 필드, 해시 밸류의 RedisSerializer 세 개를 설정해야 한다.

```
@Bean(name="hotelCacheRedisTemplate")
public RedisTemplate<HotelCacheKey, HotelCacheValue> hotelCacheRedisTemplate() {
    // 생략
    hotelCacheRedisTemplate.setKeySerializer(new HotelCacheKeySerializer());
    hotelCacheRedisTemplate.setHashKeySerializer(new StringRedisSerializer());
    hotelCacheRedisTemplate.setHashValueSerializer(new Jackson2JsonRedisSerializer
<HotelCacheValue>(HotelCacheValue.class));
    return hotelCacheRedisTemplate;
}
```

SPRING BOOT FOR MSA

10.5 레디스 분산 락 사용 예제

MSA 환경에서 컴포넌트들은 고가용성을 확보하고자 스케일아웃 방식을 주로 사용한다. 그래서 컴포넌트마다 적어도 두 대 이상의 인스턴스가 필요하다. 이때 여러 인스턴스가 동시에 공유 자원을 사용하는 일이 발생할 수 있다. 동시성 문제를 해결하지 않고 공유 자원을 작업하면 공유 자원의 무결성이 깨질 수 있다. 그러므로 개발자가 원하는 결과를 얻을 수 없다. MSA 환경에서는 분산 락을 사용하여 공유 자원의 원자성을 보장하도록 설계한다.

분산 락의 기본 개념은 원자성(atomic)을 제공하는 저장소를 사용하여 동시성 문제를 해결하는 것이다. 공유 자원에 작업하기 전에 저장소에 락을 생성하고 작업을 마치고 생성한 락을 제거한다. 락을 생성할 때 다른 인스턴스가 생성한 락이 있다면 공유 자원에 작업하지 않는다. 그러면 작업 시간 동안 다른 인스턴스들은 공유 자원에 접근할 수 없다. 결국 공유 자원에는 한 번에 한 인스턴스만 점유하여 처리할 수 있으므로 데이터가 무결성을 가질 수 있다. 이때 싱글 스레드 방식의 빠른 처리 속도를 제공하는 레디스가 락 저장소의 매우 적합한 대안이 될 수 있다.

이 절에서는 레디스로 분산 락을 사용하는 방법을 설명한다. 레디스 라이브러리 중 Redisson은 분산 락을 처리할 수 있는 메서드를 제공하지만, Lettuce는 분산 락을 만들 수 있는 별도의 기능을 제공하지 않는다. 여기에서는 분산 락을 어떻게 생성할지 예제로 설명하고, 데이터베이스 트랜잭션과 레디스 락을 사용하여 분산 락을 처리하는 방법을 설명한다.[5] 다음 에피소드를 확인해 보자.

에피소드 ☰   스프링 투어는 올해 여름 시즌을 맞이하여 호텔 이벤트를 하려고 한다. 여름 이벤트에는 총 다섯 개의 호텔이 참석한다. 이벤트 참여 방법은 정해진 시간에 호텔 이벤트 페이지에 접속하여 참여 버튼을 클릭하는 방식으로, 선착순으로 가장 먼저 클릭하는 사용자 1명에게 각 호텔 숙박권을 증정하는 이벤트다.

나개발은 데이터베이스의 이벤트 테이블(hotel_event)을 생성하고 이벤트 데이터를 관리하려고 한다. 이벤트 테이블은 event_hotel_id, winner_user_id 필드를 포함하고 있으며, event_hotel_id 필드에는 이벤트에 참석하는 호텔의 아이디를, winner_user_id는 이벤트에 가장 먼저 클릭한 사용자의 아이디를 저장한다. 그리고 서비스를 오픈하기 전에 이벤트에 참여하는 호텔 개수만큼 미리 다섯 개의 레코드를 생성한다. 단 초기 상태의 레코드는 winner_user_id 필드가 null이어야 한다. 아직 가장 먼저 클릭한 사용자가 없기 때문이다. 이벤트에 참가하는 API 로직은 다음과 같이 개발했다.

- hotel_event 테이블에 해당 호텔 아이디와 매칭되는 레코드를 SELECT한다.
- 레코드의 winner_user_id가 null이면 사용자의 user_id를 업데이트하는 쿼리를 실행한다. 그리고 API는 성공을 응답한다.
- 레코드의 winner_user_id가 null이 아니면 API는 실패 처리를 응답한다.

개발이 끝난 테이블과 API는 Stage 환경에 배포되어 QA를 받았으나 테스트를 통과하지 못했다. 사용자가 동시에 클릭했을 때 중복 당첨자가 발생한 것이다.

나개발은 나선배에게 도움을 요청했다. 나선배는 나개발에게 RDB 트랜잭션의 격리 수준(ISOLATION)을 다시 설명했다. 최고 상태의 격리 수준인 SERIALIZABLE이 아니면 동시성 문제가 발생하고 SERIALIZABLE로 설정하기에는 데이터베이스 부하에 문제가 생길 수 있다고 알려 주었다. 그리고 레디스를 사용하여 분산 락을 구현해 보는 것을 제안했다.

---

5   이 절은 레디스를 분산 락으로 사용할 수 있음을 알려 주기 위한 것이다.

이번 에피소드에서 공유 자원은 hotel_event 테이블의 레코드다. 공유 자원을 보호하고자 레디스의 키-밸류를 사용한 분산 락을 만들어 보자. 레디스에 공유 자원에 대한 문자열 자료 구조를 사용한다. 레디스 키에는 각 공유 자원을 구분할 수 있는 값을 설정한다. 레디스 밸류에는 락을 소유한 소유자 정보를 저장한다. 그러므로 에피소드 상황을 대입하면 이벤트 테이블(hotel_event)의 기본 키인 event_hotel_id를 사용하여 레디스 키를 설계한다. 레디스 밸류에는 사용자의 user_id를 입력한다. 다음 코드는 event_hotel_id를 사용하여 레디스의 키를 디자인한 LockKey.java다.

LockKey 클래스

```java
package com.springtour.example.chapter10.adapter.lock;

public class LockKey {

    private static final String PREFIX = "LOCK::";

    private Long eventHotelId;

    private LockKey(Long eventHotelId) {
        if (Objects.isNull(eventHotelId))
            throw new IllegalArgumentException("eventHotelId can't be null");
        this.eventHotelId = eventHotelId;
    }

    public static LockKey from(Long eventHotelId) {
        return new LockKey(eventHotelId);
    }

    @Override
    public String toString() {                                              ❶
        return new StringBuilder(PREFIX).append(eventHotelId).toString();
    }

    public static LockKey fromString(String key) {                          ❷
        String idToken = key.substring(0, PREFIX.length());
        Long eventHotelId = Long.valueOf(idToken);

        return LockKey.from(eventHotelId);
    }
}
```

❶ LockKey 객체를 레디스의 키로 저장할 때 직렬화 과정에서 사용할 메서드다. 'LOCK::' + eventHotelId 문자열 포맷으로 직렬화되어 저장된다.

❷ 레디스에 저장된 키를 LockKey 객체로 역직렬화할 때 사용할 메서드다.

다음은 레디스에 분산 락을 생성하고 조회할 수 있는 LockAdapter 클래스 코드다. LockAdapter 클래스가 의존하는 RedisTemplate의 제네릭 타입은 LockKey와 Long이다. 즉, 레디스 키는 LockKey고 레디스 값으로는 Long 타입을 사용한다. 또한 키-밸류 데이터를 사용할 예정이므로 RedisTemplate의 opsForValue() 메서드를 사용하여 ValueOperation 객체를 클래스 변수 lockOperation에 할당한다.

LockAdapter 클래스

```
package com.springtour.example.chapter10.adapter.lock;

@Component
@Slf4j
public class LockAdapter {

    private final RedisTemplate<LockKey, Long> lockRedisTemplate;
    private final ValueOperations<LockKey, Long> lockOperation;

    // 생략                       ❶
    public Boolean holdLock(Long hotelId, Long userId) {
        LockKey lockKey = LockKey.from(hotelId);
        return lockOperation.setIfAbsent(lockKey, userId, Duration.ofSeconds(10));
    }                                           ❷

                     ❸
    public Long checkLock(Long hotelId) {
        LockKey lockKey = LockKey.from(hotelId);
        return lockOperation.get(lockKey);
    }

                  ❹
    public void clearLock(Long hotelId) {
        lockRedisTemplate.delete(LockKey.from(hotelId));
    }
}
```

❶ 레디스에 락을 생성하는 메서드다. hotelId를 사용하여 LockKey 객체를 생성하고 레디스 키에 저장한다. 이때 레디스 밸류는 userId 값을 저장한다.

❷ setIfAbsent() 메서드는 레디스에 키와 매핑되는 값이 없을 때만 레디스 데이터를 생성한다. 데이터가 없기에 데이터를 생성하면 Boolean.TRUE를, 데이터를 생성하지 못하면 Boolean. FALSE를 리턴한다. 즉, Boolean.FALSE 값을 리턴하면 레디스에 이미 데이터가 있음을 의미한다. 분산 락이 이미 있으므로 공유 자원에 작업하지 않는다.

setIfAbsent() 메서드의 세 번째 Duration 인자는 레디스의 유효 기간을 설정하는 데 사용한다. 예제에서는 유효 기간을 10초로 설정했다.

❸ 레디스에 락이 있는지 확인하는 메서드다. get() 메서드를 사용하여 확인한다.

❹ 레디스에 락을 삭제하는 메서드다. delete() 메서드를 사용하여 확인한다.

LockAdapter와 @Transactional 애너테이션을 함께 사용하면 다음과 같이 코딩할 수 있다.[6]

EventService 샘플 코드

```
package com.springtour.example.chapter10.adapter.service;

@Slf4j
@Service
public class EventServcie {

    @Autowired
    private LockAdapter lockAdapter;

    @Transactional(timeout=10)    ····❶
    public Boolean attendEvent(Long hotelId, Long userId) {

        if (!lockAdapter.holdLock(hotelId, userId))    ····
            return Boolean.FALSE;                              ····❷

        EventHotelEntity eventHotelEntity = eventHotelRepository.findByHotelId(hotelId);
        if (eventHotelEntity.nonEmptyUser())    ····❸
            return Boolean.FALSE;

        eventHotelEntity.winner(userId);                            ····❹
        eventHotelRepository.save(eventHotelEntity);    ····
        return Boolean.TRUE;
    }
}
```

---

6 EventService의 샘플 코드는 말 그대로 샘플이므로 chapter10 모듈에서 제공하지 않는다.

❶ 데이터베이스 트랜잭션을 사용하려고 @Transactional 애너테이션을 선언한다. 이때 트랜잭션의 타임아웃은 10초다.

❷ 레디스에 분산 락이 있는지 없는지 확인한다. holdLock() 메서드가 false를 리턴하면 다른 인스턴스나 스레드로 락이 생성되었음을 의미한다. 그러므로 실패로 처리하려고 attendEvent() 메서드는 FALSE를 응답한다.

❸ 데이터베이스에서 hotelId와 일치하는 엔터티 객체를 조회한다. EventHotelEntity의 nonEmptyUser() 메서드는 엔터티 객체에 winnerUserId 속성(hotel_event 테이블의 winner_user_id 필드)의 null 여부를 확인한다. null이 아니면 다른 사용자가 이미 선착순 이벤트에 성공한 것이므로 FALSE를 리턴하고 API는 실패로 응답한다.

❹ 엔터티에 winnerUserId를 설정하는 winner() 메서드를 실행하고 데이터베이스에 저장한다.

샘플 코드에서 EventService 클래스의 attendEvent() 메서드를 사용하는 API를 여러 인스턴스에서 동시에 실행한다고 하자. attendEvent()의 구현이 정확한지 그림 10-5를 보면서 검증해 보자.

▼ 그림 10-5 분산 시스템에서 동시에 공유 자원을 점유할 때 레디스를 이용한 분산 락

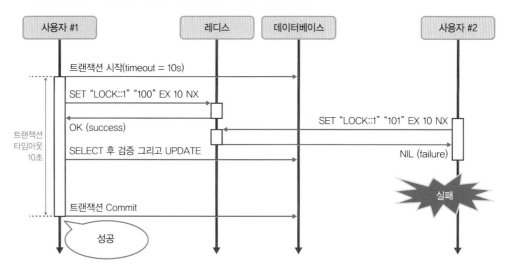

그림 10-5에서 사용자 #1에서 실행한 레디스 명령어에 주목하여 다음 코드의 주석으로 처리된 레디스 명령어를 확인해 보자. LockAdapter 클래스의 holdLock() 메서드에서 사용한 ValueOperation의 setIfAbsent() 메서드를 레디스 명령어로 변환한 것이다. 명령어 하나로 레디스에 데이터를 저장함과 동시에 유효 기간을 설정했다.

```
lockOperation.setIfAbsent(lockKey, userId, Duration.ofSeconds(10));
// SET "LOCK:1" "100" EX 10 NX
```

레디스 명령어 SET "LOCK:1" "100" EX 10 NX를 하나씩 분석해 보자. SET은 레디스에 데이터를 저장하는 명령어다. eventHotelId가 1이므로 생성된 레디스 키 값은 "LOCK::1"이다. 그림 10-5에서 사용자 #1의 userId는 100이므로 레디스 밸류 값으로 "100"이 저장된다. 그림 10-5에서 사용자 #2도 같은 공유 자원을 사용하므로 레디스 키 값은 "LOCK::1"이다. 이때 사용자 #2의 userId는 101이므로 레디스 밸류 값으로 "101"이 저장된다. EX 10 옵션은 레디스에 데이터를 저장할 때 유효 기간을 10초로 설정하는 기능이다. NX 옵션은 키와 매핑되는 데이터가 없을 때 SET 명령어를 실행한다. 키와 매핑되는 데이터가 있으면 SET 명령어를 실행하지 않고 실패 응답을 한다.

SET 명령어를 실행하면 레디스는 OK 또는 NIL을 응답한다. ValueOperation의 setIfAbsent() 메서드는 레디스가 OK를 응답하면 true를, NIL을 응답하면 false를 리턴한다. OK는 데이터가 없어 SET 명령어가 정상 실행된 상태고, NIL은 같은 키 값이 있어 SET 명령어가 실행되지 않은 상태다. 그러므로 명령어 결과로 락의 존재 유무를 확인하는 동시에 락을 생성할 수 있다.

분산 락을 확인하고자 GET 명령어를 실행하고 락의 유무를 확인한 후 SET 명령어를 실행하면 안 된다. 그림 10-6을 확인해 보자. 사용자 #1이 실행한 GET과 SET 명령어 사이에 다른 사용자 #2가 실행한 GET 명령어가 실행되면 사용자 #1과 사용자 #2 로직 모두 분산 락이 없다고 판단해 버린다 (실제로 이런 상황은 얼마든지 발생할 수 있다).

레디스에서도 트랜잭션 기능을 제공하는 명령어(MULTI)가 있기는 하지만 레디스의 전체 성능에 영향을 줄 수 있다. 그러므로 NX 옵션을 사용한 SET 명령어를 사용하여 한 번에 락을 확인하고 생성하는 것이 좋다.

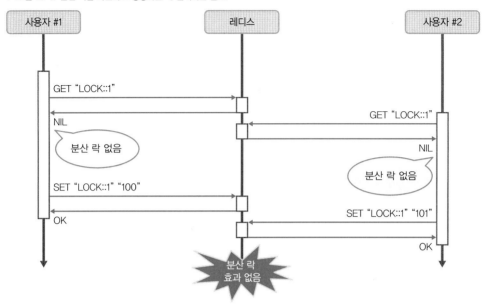
❤ 그림 10-6 분산 락을 확인하고 생성하는 데 실패하는 플로

LockAdapter 예제에서 사용한 분산 락은 데이터베이스의 트랜잭션 격리 수준을 보조하는 락의 개념이다. SERIALIZABLE 격리 수준을 사용하지 않는 한 데이터베이스만으로는 데이터 무결성을 보장할 수 없다. 그래서 데이터베이스 트랜잭션 시간 동안만 분산 락으로 보호하면 된다. 예제 코드에서 @Transactional(timeout=10)을 사용하여 트랜잭션 타임아웃 시간을 10초로 설정했다. 즉, 최대 10초 동안 발생할 수 있는 트랜잭션 시간 동안 분산 락이 동작하면 된다. 그래서 레디스에 설정된 분산 락의 유효 기간도 10초로 설정한다. 예제 코드에서 setIfAbsent() 메서드의 유효 기간 인자를 10초로 설정한 것을 기억해 보자. 최악의 경우 데이터베이스의 트랜잭션이 데드 락이 발생하여 10초 동안 락에 걸린다면 해당 트랜잭션은 10초 후 롤백된다. 데드 락 때문에 롤백된 데이터베이스의 winnerUserId 필드는 null이다. 하지만 트랜잭션 롤백과 관련 없는 레디스 분산 락에는 가장 먼저 락을 점유한 사용자의 userId가 저장되어 있을 것이다. 이런 상태도 괜찮다. 어차피 데이터베이스의 winnerUserId에는 우승자의 userId가 없으므로 가장 먼저 재시도한 사람의 userId가 기록될 것이다. 하지만 분산 락의 유효 기간은 10초이므로 그 사이에 시도한 사람들은 여전히 실패할 것이다. 10초 후 가장 먼저 API를 호출한 사람이 이벤트의 우승자가 된다.

chapter10 모듈에서는 LockAdapter 클래스를 테스트하는 LockAdapterTest 클래스를 제공한다. 도커 레디스를 실행하고 테스트 케이스를 실행해 보자. 두 개의 테스트 케이스를 제공한다. 이 중 LockAdapterTest의 testConcurrentAccess() 테스트 케이스는 3명의 사용자가 동시에 락을 생성하는 예제다. 최대한 동시에 LockAdapter의 holdLock() 메서드를 실행하려고 CyclicBarrier를 사용한다.

```
@Test
@DisplayName("3명이 동시에 락을 선점하지만 1명만 락을 잡는다.")
public void testConcurrentAccess() throws InterruptedException {

    final Long hotelId = 9999999L;
    lockAdapter.clearLock(hotelId);

    CyclicBarrier cyclicBarrier = new CyclicBarrier(3); ----❶
    new Thread(new Accessor(hotelId, firstUserId, cyclicBarrier)).start();
❷   new Thread(new Accessor(hotelId, secondUserId, cyclicBarrier)).start();
    new Thread(new Accessor(hotelId, thirdUserId, cyclicBarrier)).start();
    TimeUnit.SECONDS.sleep(1);

    Long holderId = lockAdapter.checkLock(hotelId);
    Assertions.assertTrue(List.of(firstUserId, secondUserId, thirdUserId).  ---❸
contains(holderId));

    lockAdapter.clearLock(hotelId);
}

class Accessor implements Runnable {

    private Long hotelId;
    private Long userId;
    private CyclicBarrier cyclicBarrier;

    public Accessor(Long hotelId, Long userId, CyclicBarrier cyclicBarrier) {
        this.hotelId = hotelId;
        this.userId = userId;
        this.cyclicBarrier = cyclicBarrier;
    }

    @Override
    public void run() {
        try {
            cyclicBarrier.await();
            lockAdapter.holdLock(hotelId, userId); ---❹
        } catch (Exception e) {
            throw new RuntimeException(e);
        }
    }
}
```

❶ CyclicBarrier의 인자를 3으로 설정한다. 각 스레드는 CyclicBarrier 공유 객체의 await() 메서드를 호출하고 세 번 호출되면 CyclicBarrier는 스레드를 실행한다.

❷ Runnable을 구현하는 Accessor를 사용하여 세 개의 스레드를 실행한다. 공유 자원인 hotelId와 사용자를 의미하는 firstUserId, secondUserId, thirdUserId를 각각 인자로 입력한다. 그리고 CyclicBarrier 기능을 공유하려고 인자로 넘긴다.

❸ 스레드를 실행하고 1초 후 락의 유무를 확인한다. 단 firstUserId, secondUserId, thirdUserId 중 하나가 레디스 밸류에 저장되어 있음을 검증한다.

❹ 인자로 받은 cyclicBarrier 객체를 사용하여 await() 메서드를 실행하고 lockAdapter. holdLock() 메서드를 실행한다. await() 메서드가 세 번 호출될 때까지 모든 스레드는 대기하고, 세 번 호출된 시점에 모든 스레드는 한 번에 lockAdapter.holdLock()을 호출한다.

10.6 레디스 Sorting 구현 예제

레디스의 자료 구조 중 Sorted Set(ZSet)은 Sorted Set 자료 구조처럼 중복된 값을 허용하지 않는다. Sorted Set에는 키와 밸류, 밸류와 연관된 스코어(score)를 저장할 수 있으며, 저장된 스코어를 기준으로 데이터를 정렬할 수 있다. 스코어를 기준으로 내림차순 또는 오름차순으로 정렬할 수 있으며, offset과 count를 사용하여 특정 순위에 있는 데이터를 부분 조회할 수 있다. 순위별로 특정 값을 조회하거나 비교하는 기능도 제공한다. 이 자료 구조를 이용하면 경매 기능을 쉽게 구현할 수 있다. 또는 실시간 인기 검색어나 게임의 사용자 랭킹 같은 기능에도 활용할 수 있다. 다음 에피소드를 보고 경매 기능을 구현한 예제를 확인해 보자.

에피소드 ≡   1차 호텔 이벤트를 성공적으로 마친 스프링 투어는 2차 호텔 이벤트를 서비스하려고 한다. 호텔 팀은 다음 달에 객실을 경매하는 이벤트를 추가하기로 했다. 경매에 붙일 객실을 특정 일자에 업로드하고 사용자들은 특정 기간 동안 입찰하는 방식이다. 호텔마다 경매에 붙일 세 개의 객실을 업로드하며, 사용자는 호텔 단위로 입찰한다. 가장 높은 금액 순으로 3명의 입찰자를 선정한 후 객실을 분배한다. 단 사용자는 실시간으로 현재 입찰 상황을 조회할 수 있으며, 상위 3명의 입찰 금액도 조회할 수 있다. 이것으로 사용자들은 실시간으로 순위를 알 수 있으며, 얼마를 입찰해야 당첨이 될지 가늠할 수 있다.

기획 문서를 본 나개발은 다시 고민에 빠졌다. 실시간으로 입찰 상황을 조회하는 API의 부하가 높을 것으로 예상하기 때문이다. 나개발은 데이터베이스의 부하를 줄이고 싶어 레디스를 다시 떠올렸다. 기존 문자열 데이터 구조로는 실시간 입찰 상황을 구현하기 어려워 보였다. 다시 레디스의 자료 구조를 찾던 중 Sorted Set 자료 구조를 공식 사이트에서 확인할 수 있었다. 그리고 Sorted Set을 사용하여 기능을 구현하기로 결정했다.

에피소드의 호텔 경매 이벤트를 구현하기 위해 다음과 같이 Sorted Set 자료 구조를 설계할 수 있다. 다음 표를 확인해 보자.

▼ 표 10-2 Sorted Set의 자료 구조를 경매 비즈니스 로직에 대입한 설계

자료 구조	설명	예시
키(key)	특정 Sorted Set 데이터 세트를 구분할 수 있는 키	특정 호텔의 입찰 정보를 저장하는 Sorted Set이다. 그러므로 호텔마다 Sorted Set이 필요하다. 레디스 키를 다음과 같이 설계한다. 예 HOTEL-BIDDING::{eventHotelId}
밸류(value)	Sorted Set 자료 구조에서 스코어와 매핑되는 값	특정 호텔의 경매에 참석한 스프링 투어 회원의 아이디 예 101
스코어(score)	Sorted Set 자료 구조에서 정렬에 사용할 수 있는 값	특정 회원이 입찰한 금액을 스코어에 저장 예 10,000

RedisTemplate에서 Sorted Set 자료 구조를 사용하려면 다음과 같이 ZSetOperations 객체를 사용한다. RedisTemplate 객체의 opsForZSet() 메서드는 ZSetOperations 객체를 리턴한다.

```
ZSetOperations<String, Long> zSetOperations = biddingRedisTemplate.opsForZSet();
```

ZSetOperations 클래스에서 제공하는 메서드 중 간단히 몇 개만 설명하고자 한다. ZSetOperations는 밸류 값과 스코어 값을 저장하기 위해 TypedTuple이라는 튜플 클래스를 사용한다. 이 클래스는 밸류의 클래스 타입을 지정할 수 있는 제네릭 타입을 설정할 수 있다. 이때 스코어의 클래스 타입은 double이다.

- **Boolean add(K key, V value, double score)**: 키와 매핑되는 Sorted Set에 밸류와 스코어를 함께 저장한다.

- **Boolean addIfAbsent(K key, V value, double score)**: 키와 매핑되는 Sorted Set에 저장된 밸류가 없다면 밸류와 스코어를 함께 저장한다.

- **Long remove(K key, Object... values)**: 키와 매핑되는 Sorted Set에 values 인자와 매핑되는 데이터들을 삭제한다.

- **Double incrementScore(K key, V value, double delta)**: 키와 매핑되는 Sorted Set에 밸류와 연관된 스코어를 delta만큼 증가시킨다.

- **Long rank(K key, Object o)**: 키와 매핑되는 Sorted Set에서 밸류의 순위, 즉 인덱스 값을 리턴한다.

- **Long reverseRank(K key, Object o)**: 키와 매핑되는 Sorted Set의 밸류 순위, 즉 인덱스 값을 리턴한다. 이때 인덱스 값은 역순이다.

- **Double score(K key, Object o)**: 키와 매핑되는 Sorted Set에서 밸류의 스코어를 조회한다.

- **Set〈TypedTuple〈V〉〉 rangeByScoreWithScores(K key, double min, double max)**: 키와 매핑되는 Sorted Set에서 스코어 최솟값(min), 최댓값(max) 사이에 있는 TypedTuple 객체셋을 리턴한다. 예를 들어 입찰 금액이 10,000과 20,000 사이에 있는 사용자 정보를 조회할 때 유용하다.

- **Set〈V〉 rangeByScore(K key, double min, double max)**: 키와 매핑되는 Sorted Set에서 스코어 최솟값(min), 최댓값(max) 사이에 있는 밸류셋을 리턴한다.

- **Set〈V〉 rangeByScore(K key, double min, double max, long offset, long count)**: 키와 매핑되는 Sorted Set에서 스코어 최솟값(min), 최댓값(max) 사이에 있는 밸류셋 중 특정 위치(offset)에서 특정 개수(count)만큼 밸류셋을 리턴한다.

- **Set〈V〉 reverseRangeByScore(K key, double min, double max, long offset, long count)**: 키와 매핑되는 Sorted Set에서 스코어 최솟값(min), 최댓값(max) 사이에 있는 밸류셋 중 특정 위치(offset)에서 특정 개수(count)만큼 밸류셋을 리턴한다. 단 스코어의 역순으로 정렬한 값을 리턴한다.

예제에서 경매를 어떻게 구현하는지 확인해 보자. 예제에는 BiddingConfig 자바 설정 클래스, BiddingAdapter, 이를 테스트할 수 있는 BiddingAdapterTest 클래스가 있다. BiddingConfig.java에서는 RedisTemplate〈String, Long〉 biddingRedisTemplate 스프링 빈을 정의한다. 키는 String 타입이고 밸류는 Long 타입이다. 경매에 참여한 사용자 아이디를 저장해야 하므로 Long 타입이 필요하다. 그리고 BiddingAdapter에서는 biddingRedisTemplate 스프링 빈을 주입받아 경매에 필요한 메서드들을 구현한다. BiddingConfig의 코드 설명은 생략하고 BiddingAdapter의 코드
를 확인해 보자.

BiddingAdapter 클래스

```java
package com.springtour.example.chapter10.adapter.rank;

@Component
@Slf4j
public class BiddingAdapter {

    private String PREFIX = "HOTEL-BIDDING:";
    private RedisTemplate<String, Long> biddingRedisTemplate;

    public BiddingAdapter(RedisTemplate<String, Long> biddingRedisTemplate) {
        this.biddingRedisTemplate = biddingRedisTemplate;
    }

    private String serializeKey(Long hotelId) {
        return new StringBuilder(PREFIX).append(hotelId).toString();    ❶
    }

    public Boolean createBidding(Long hotelId, Long userId, Double amount) {    ❷
        String key = this.serializeKey(hotelId);
        return biddingRedisTemplate.opsForZSet().add(key, userId, amount);
                                                                        ❸
    }

    public List<Long> getTopBidders(Long hotelId, Integer fetchCount) {    ❹
        String key = this.serializeKey(hotelId);
        return biddingRedisTemplate
                .opsForZSet()
                .reverseRangeByScore(key, 0D, Double.MAX_VALUE, 0, fetchCount)    ❺
                .stream()
                .collect(Collectors.toList());
    }

    public Double getBidAmount(Long hotelId, Long userId) {
        String key = this.serializeKey(hotelId);               ❻
        return biddingRedisTemplate.opsForZSet().score(key, userId);
    }

    public void clear(Long hotelId) {
        String key = this.serializeKey(hotelId);
```

```
        biddingRedisTemplate.delete(key);
    }
}
```

❶ 이벤트에 참가하는 호텔 아이디를 사용하여 Sorted Set의 키를 생성하는 함수다. 별도의
RedisSerializer 구현체를 생성하지 않고 이렇게 개발해도 된다.

❷ 경매에 참여할 호텔 아이디와 참여하는 사용자 아이디, 비딩 금액을 각각 인자로 받는 함수다.

❸ ZSetOperations의 add() 메서드를 사용하여 호텔 아이디를 포함한 키, 사용자 아이디에 밸류
와 비딩 금액을 스코어로 저장한다.

❹ 경매에 참여한 사용자들의 비딩 금액을 역순으로 정렬한 후 fetchCount만큼 참가자의 사용자
아이디를 리스트 객체로 리턴한다.

❺ 비딩 금액이 높은 순으로 정렬해야 하므로 스코어를 역순으로 조회하는 reverseRangeBy
Score() 메서드를 사용한다. 이때 스코어 범위를 인자로 설정할 수 있다. 두 번째 인자인 최솟
값 0D부터 세 번째 인자인 최댓값 Double.MAX_VALUE까지 설정한다. 네 번째 인자는 순서 인덱
스로 0부터 fetchCount 개수만큼 조회한다.

❻ 참여자가 입찰한 금액을 조회한다. 메서드 내부의 score() 메서드는 스코어 값을 조회한다.
그러므로 스코어에 저장한 입찰 금액을 리턴한다.

이어서 BiddingAdapter의 기능을 테스트하는 테스트 케이스 BiddingAdapterTest 클래스의 코드
를 확인해 보자. 내부에는 simulate() 테스트가 하나만 있으며, 총 5명의 사용자가 경매에 참여하
는 시나리오다.

BiddingAdapterTest 클래스

```
package com.springtour.example.chapter10.adapter.rank;

@SpringBootTest
class BiddingAdapterTest {

    private final Long firstUserId = 1L;
    private final Long secondUserId = 2L;
    private final Long thirdUserId = 3L;
    private final Long fourthUserId = 4L;
    private final Long fifthUserId = 5L;
    private final Long hotelId = 1000L;
```

```
        @Autowired
        private BiddingAdapter biddingAdapter;

        @Test
        public void simulate() {
            biddingAdapter.clear(hotelId);

            biddingAdapter.createBidding(hotelId, firstUserId, 100d);
            biddingAdapter.createBidding(hotelId, secondUserId, 110d);
            biddingAdapter.createBidding(hotelId, thirdUserId, 120d);      ----❶
            biddingAdapter.createBidding(hotelId, fourthUserId, 130d);
            biddingAdapter.createBidding(hotelId, fifthUserId, 140d);

            biddingAdapter.createBidding(hotelId, secondUserId, 150d);     ----❷
            biddingAdapter.createBidding(hotelId, firstUserId, 200d);

            List<Long> topBidders = biddingAdapter.getTopBidders(hotelId, 3);  ----❸

            Assertions.assertEquals(firstUserId, topBidders.get(0));
            Assertions.assertEquals(secondUserId, topBidders.get(1));      ----❹
            Assertions.assertEquals(fifthUserId, topBidders.get(2));

            Assertions.assertEquals(200d, biddingAdapter.getBidAmount(hotelId,
    firstUserId));
            Assertions.assertEquals(150d, biddingAdapter.getBidAmount(hotelId,  ----❺
    secondUserId));
            Assertions.assertEquals(140d, biddingAdapter.getBidAmount(hotelId,
    fifthUserId));
        }
    }
```

❶ 100d에서 140d까지 총 5명의 사용자가 각각 입찰한다. biddingAdapter.createBidding() 메서드는 Sorted Set 자료 구조에 데이터를 생성한다.

❷ 이 중 첫 번째와 두 번째 사용자는 재입찰한다. 첫 번째 사용자는 입찰 금액을 100d에서 200d로 재입찰하고, 두 번째 사용자는 110d에서 150d로 재입찰한다.

❸ 입찰자 중 입찰 금액 최상위 3명만 조회한다.

❹ 최상위 3명이 첫 번째 사용자(firstUserId), 두 번째 사용자(secondUserId), 다섯 번째 사용자(fifthUserId)인지 확인한다.

❺ 최상위 3명이 입찰한 금액이 정확한지 다시 확인한다.

시나리오를 보면 한 번 입찰한 사용자가 다시 재입찰하는 경우 스코어가 정상적으로 업데이트됨을 알 수 있다. firstUserId와 secondUserId 사용자가 두 번씩 createBidding() 메서드를 호출한 것을 확인해 보자. getTopBidders() 메서드를 활용하면 현재 경매에서 누가 이기고 있는지 알 수 있다. ZSetOperation을 적절히 잘 활용하면 순서가 필요한 비즈니스 로직을 빠르고 정확하게 그리고 쉽게 구현할 수 있다.

10.7 레디스 Pub-Sub 구현 예제

레디스는 Pub-Sub 기능을 제공한다. 이 절에서는 Spring-Data-Redis와 Lettuce 라이브러리를 사용하여 레디스 Pub-Sub를 구현하는 방법을 설명한다. 일반적으로 서버 사이에 이벤트 데이터를 전송·수신하는 일련의 과정을 메시징(messaging)이라고 한다. Pub-Sub 기능은 이런 메시징 기능 중 하나다.

Pub-Sub 메시징 기능에는 네 가지 요소가 필요하다. 서버 사이에 전달되는 데이터인 메시지, 메시지 데이터를 생산하는 게시자(publisher), 생산된 이벤트를 수신하는 구독자(subscriber), 이들 사이에서 메시지를 큐잉하고 구독자가 메시지를 수신할 수 있는 토픽(topic)이다. 이때 애플리케이션 서버들은 게시자와 구독자가 될 수 있으며, 구독자는 하나 이상 구성할 수 있다. 레디스는 게시자와 구독자들이 메시지를 주고받을 수 있는 토픽을 제공하며, 게시자와 구독자는 Lettuce 라이브러리를 사용하여 토픽과 커넥션을 맺고 메시지를 송수신할 수 있다. Pub-Sub의 가장 큰 특징은 토픽을 구독하고 있는 모든 구독자가 메시지를 수신할 수 있다는 점이다. 그림 10-7을 보자.

▼ 그림 10-7 레디스의 Pub-Sub 기능

레디스 Pub-Sub

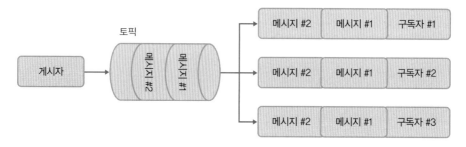

레디스 Pub-Sub이 어떻게 동작하는지 확인해 보자. 레디스는 하나 이상의 토픽을 설정할 수 있다. 이때 메시지 종류나 성질에 따라 여러 개의 토픽을 구성해도 좋다. 게시자는 적합한 토픽에 메시지를 게시하고, 토픽은 게시된 메시지를 FIFO 형태로 관리한다. 게시된 메시지는 토픽에 연결된 모든 구독자에게 전달된다. 그림 10-7을 보면 게시자가 순서대로 생산한 메시지 #1, 메시지 #2가 구독자 #1~#3 모두에게 전달된 것을 확인할 수 있다. 그리고 토픽을 수신하는 모든 구독자에게 메시지를 FIFO 방식으로 전달한다.

레디스가 제공하는 Pub-Sub은 Kafka나 RabbitMQ 같은 메시지 큐에 비해 비교적 간단하고 빠른 기능을 제공한다. 또한 이들과 다른 점은 구독자가 메시지 수신에 실패해도 레디스는 실패한 메시지를 재전달할 수 없다.

다음은 레디스 Pub-Sub 예제를 설명한다. 먼저 토픽과 토픽에서 사용할 메시지를 간단히 설명하고, 게시자에서 사용할 코드, 수신자에서 사용할 코드, Pub-Sub 모두를 테스트하는 테스트 케이스 코드를 설명한다.

10.7.1 토픽과 메시지 객체

레디스 Pub-Sub 예제에서 사용할 토픽 이름은 'dummyTopic'이다. 토픽 이름은 String 클래스 타입으로 정의해도 되지만, o.s.data.redis.listener의 ChannelTopic 클래스를 사용해도 된다. 예제에서는 다음 코드처럼 EventConfig.java 자바 설정 클래스에서 스프링 빈으로 정의했다.

EventConfig.java 일부

```
@Bean
public ChannelTopic eventTopic() {
    return new ChannelTopic("dummyTopic");
}
```

dummyTopic에 저장할 메시지는 JSON 메시지 포맷을 사용하는 문자열이다. 일반적으로 JSON 메시지 포맷을 흔히 사용한다. 메시지를 객체로 변환할 때 편리하고 쉽게 인식할 수 있기 때문이다. 게시자나 구독자 중 하나가 다른 언어를 사용하는 시스템이라도 쉽게 메시지를 주고받을 수 있다. 예제에서는 게시자와 구독자 모두 스프링 애플리케이션이므로 JSON 직렬화/역직렬화 기능을 제공하는 ObjectMapper가 필요하다. 예제에서 사용할 메시지를 설계한 클래스는 EventMessage.java이며, 다음 코드와 같다. EventMessage.java 속성은 timestamp와 message다. 이 중

timestamp 속성은 메시지가 생성된 시간을 의미하며, 게시자가 메시지를 생성할 때 시간과 같다. message 속성에는 전달할 메시지를 설정한다.

EventMessage 클래스

```
package com.springtour.example.chapter10.adapter.event;

@Getter
@ToString
public class EventMessage {

    private Long timestamp;
    private String message;

    public EventMessage(String message) {
        this.timestamp = System.currentTimeMillis();     ❶
        this.message = message;
    }

    @JsonCreator
    public EventMessage(@JsonProperty("timestamp") Long timestamp,
                        @JsonProperty("message") String message) {     ❷
        this.timestamp = timestamp;
        this.message = message;
    }
}
```

❶ 게시자가 메시지를 생성할 때 생성자 내부에서 timestamp 값을 설정한다.

❷ @JsonCreator와 @JsonProperty 애너테이션을 사용하여 JSON 메시지를 EventMessage 객체로 변환할 때 사용하는 생성자다. 그러므로 구독자 쪽에서 사용하는 생성자가 된다.

10.7.2 게시자 예제

게시자에서 사용하는 코드는 비교적 간단하며, 앞서 설명한 레디스 사용법과 크게 다르지 않다. 메시지를 게시할 때 RedisTemplate의 convertAndSend() 메서드를 사용한다. 그러므로 RedisTemplate 스프링 빈을 정의해야 한다. 이 RedisTemplate 스프링 빈 키와 밸류의 클래스 타입은 String으로 설정한다. JSON 문자열을 사용하여 메시지를 게시·구독하므로 밸류의 클래스 타입은 String이면 된다. 이때 자바 설정 클래스의 코드는 앞서 설명한 예제의 RedisConnectionFactory, RedisTemplate 스프링 빈과 거의 같아서 설명은 생략한다. RedisTemplate의 setValueSerializer() 메서드 부분만 확인해 보자.

EventConfig.java 코드 일부

```java
package com.springtour.example.chapter10.config;

@Configuration
public class EventConfig {

    // 생략
    @Bean
    public RedisTemplate<String, String> eventRedisTemplate() {
        RedisTemplate<String, String> redisTemplate = new RedisTemplate<>();
        redisTemplate.setConnectionFactory(eventRedisConnectionFactory());
        redisTemplate.setKeySerializer(new StringRedisSerializer());
        redisTemplate.setValueSerializer(new Jackson2JsonRedisSerializer<EventMessage>(
EventMessage.class)); ┄❶
        return redisTemplate;
    }

    @Bean
    public ChannelTopic eventTopic() {
        return new ChannelTopic("dummyTopic");
    }
}
```

❶ JSON 메시지 포맷을 사용하므로 Jackson2JsonRedisSerializer를 설정한다. 이때 JSON 메시지 객체는 EventMessage.class 클래스 타입을 사용하므로 Jackson2JsonRedisSerializer의 제네릭 타입과 생성자의 class 타입을 입력한다.

Jackson2JsonRedisSerializer는 스프링 프레임워크에서 제공하는 RedisSerializer의 구현체다. 객체를 JSON 메시지 포맷으로 변경하며, JSON 메시지를 객체로 변경하는 기능을 제공한다. 그러므로 JSON 메시지를 변환할 때 일반적으로 사용하면 된다.

RedisTemplate<String, String> eventRedisTemplate 스프링 빈을 사용하여 레디스 Pub-Sub에 메시지를 게시하는 코드를 살펴보자.

```
package com.springtour.example.chapter10.adapter.event;

@Slf4j
@Component
public class EventPublisher {

    private final RedisTemplate<String, String> eventRedisTemplate; ┄┄❶
    private final ChannelTopic eventTopic;

    // 생략
    public void sendMessage(EventMessage eventMessage) {
        eventRedisTemplate.convertAndSend(eventTopic.getTopic(), eventMessage); ┄┄❷
    }
}
```

❶ EventPublisher 스프링 빈은 eventRedisTemplate과 eventTopic 스프링 빈을 주입받는다.

❷ RedisTemplate의 convertAndSend() 메서드는 토픽 이름과 메시지를 인자로 받는다. 그래서 토픽에 메시지를 전달한다. convertAndSend() 메서드 내부에는 RestTemplate의 값을 변환하는 RedisSerializer valueSerializer로 메시지가 변환된다. 이 valueSerializer를 설정하려면 RedisTemplate의 setValueSerializer() 메서드를 사용한다.

10.7.3 구독자 예제

구독자는 레디스 서버의 토픽을 주기적으로 리슨(listen)하면서 새로운 메시지가 있는지 확인한다. Spring Data JPA는 이 과정을 쉽게 구현할 수 있는 클래스와 인터페이스를 제공한다. o.s.data.redis.listener 패키지의 RedisMessageListenerContainer 클래스와 o.s.data.redis.connection의 MessageListener 인터페이스를 사용해 보자. RedisMessageListenerContainer는 레디스에서 메시지를 수신하는 기능을 제공하며, 구독자에게 메시지를 전달하는 기능을 제공한다. 이때 MessageListener 인터페이스의 onMessage() 메서드를 호출하고, 인자 Message 객체를 주입한다. 그러므로 레디스에서 전달받은 Message 객체를 사용하여 구독자가 필요한 비즈니스 로직을 개발하면 된다.

```
package org.springframework.data.redis.connection;

@FunctionalInterface
public interface MessageListener {

    void onMessage(Message message, @Nullable byte[] pattern);
}
```

먼저 chapter10에서 제공하는 MessageListener 구현체인 EventListener.java 클래스의 코드를 확인해 보자. EventListener.java는 @Bean 애너테이션을 사용하여 자바 설정 클래스에서 스프링 빈으로 생성한다. 그러므로 @Component 애너테이션 같은 스프링 빈 애너테이션이 코드에 생략되어 있다.

```
package com.springtour.example.chapter10.adapter.event;

@Slf4j
public class EventListener implements MessageListener {

    private RedisTemplate<String, String> eventRedisTemplate;
    private RedisSerializer<EventMessage> valueSerializer;

    public EventListener(RedisTemplate<String, String> eventRedisTemplate) {
        this.eventRedisTemplate = eventRedisTemplate;
        this.valueSerializer = (RedisSerializer<EventMessage>) eventRedisTemplate.    ┈❶
getValueSerializer();
    }

    @Override
    public void onMessage(Message message, byte[] pattern) {

        EventMessage eventMessage = valueSerializer.deserialize(message.getBody());  ┈❷

        log.warn("Subscribe Channel : {}", new String(message.getChannel()));        ┈❸
        log.warn("Subscribe Message : {}", eventMessage.toString());
    }
}
```

❶ MessageListener에서 수신한 Message 객체는 byte[] 타입의 로우 데이터를 리턴한다. 그러므로 자바 객체로 변환하려면 RedisSerializer가 필요하다. 예제 코드에서는 eventRedisTemplate의 valueSerializer를 참조하여 RedisSerializer를 변수에 할당한다. 구독자 코드에서 적절한 RedisTemplate 스프링 빈이 없다면 Jackson2JsonRedisSerializer 객체를 직접 생성해도 상관없다.

❷ 레디스에서 구독한 메시지 객체인 Message의 getBody() 메서드는 게시자가 토픽에 게시한 메시지를 응답한다. 그러므로 valueSerializer의 deserialize() 메서드를 사용하면 EventMessage 객체로 변환할 수 있다.

❸ Message의 getChannel() 메서드를 사용하면 어떤 토픽에서 메시지를 구독했는지 확인할 수 있다. byte[] 타입을 리턴하므로 문자열로 변환하는 과정이 필요하다. 그러므로 new String()을 사용했다.

MessageListener 구현체를 개발했다면 RedisMessageListenerContainer에 MessageListener 스프링 빈을 추가하도록 설정하자. 그리고 RedisMessageListenerContainer가 레디스에서 정상적으로 메시지를 구독하면 EventListener 구현체가 받은 메시지를 로그에 남긴다.

EventConfig.java 자바 설정 클래스 일부

```java
package com.springtour.example.chapter10.config;

@Configuration
public class EventConfig {

    @Bean
    public RedisConnectionFactory eventRedisConnectionFactory() {
        // 생략
    }

    // 생략
    @Bean
    public ChannelTopic eventTopic() {
        return new ChannelTopic("dummyTopic");
    }

    @Bean
    public RedisMessageListenerContainer redisMessageListenerContainer() {
        RedisMessageListenerContainer container = new RedisMessageListenerContainer(); ┈┈❶
        container.setConnectionFactory(eventRedisConnectionFactory()); ┈┈❷
```

```
        container.addMessageListener(eventListener(), eventTopic());  ┈❸
        return container;
    }

    @Bean
    public MessageListener eventListener() {
        return new EventListener(eventRedisTemplate());
    }
}
```

❶ RedisMessageListenerContainer 객체를 생성한다.

❷ RedisMessageListenerContainer는 RedisTemplate과 마찬가지로 레디스와 연결하려고
RedisConnectionFactory 객체를 사용한다. 이때 setConnectionFactory() 메서드를 사용하면
된다.

❸ RedisMessageListenerContainer에 MessageListener 구현체를 등록한다. 이때
addMessageListener() 메서드는 MessageListener 객체와 ChannelTopic 객체를 인자로 받는
다. 등록된 MessageListener 객체는 ChannelTopic의 토픽에서 받은 메시지를 처리한다.

10.7.4 게시자와 구독자 테스트

앞서 게시자와 구독자에 필요한 코드를 각각 구분해서 설명했다. 하지만 예제 chapter10 모듈에
서는 게시자와 구독자의 코드가 같이 공존하고 있다. 일반적으로 게시자와 구독자 코드가 공존하
는 경우가 흔하지 않으므로 따로 설명했다. 하지만 예제 코드를 확인하고자 부득이하게 서로 공유
하는 코드가 있다. chapter10 모듈은 게시자, 구독자 코드를 한 번에 테스트하는 EventTest 테스
트 케이스 클래스를 제공한다.

테스트 케이스 코드는 다음 예제 코드를 확인해 보면 된다. EventPublisher.java에서 메시지를
토픽에 게시하면 도커에 설치된 레디스에 저장된다. 그리고 EventConfig.java에 스프링 빈으로
등록된 EventListener.java 스프링 빈은 게시한 메시지를 레디스에서 수신한다. EventListener는
구독한 메시지를 로그에 출력한다. 이때 EventPublisher와 EventListener는 비동기로 실행되므로
일반적인 테스트 케이스를 작성하면 기능을 확인할 수 없다. EventPublisher의 sendMessage() 메
서드를 실행하고 testPubSub()을 바로 종료하면 EventListener가 메시지를 수신하지도 못하고 테
스트가 종료된다. 그러므로 우리는 EventListener가 정상적으로 메시지를 수신하는지 확인할 수

없다. 테스트 케이스에서는 EventPublisher가 메시지를 게시한 후 3초를 기다리면 testPubSub()
메서드를 종료한다. 그 3초 사이에 EventListener가 메시지를 구독하고 로그에 남기는 것을 기대
할 수 있다.

EventTest 클래스

```
package com.springtour.example.chapter10.adapter.event;

@SpringBootTest
public class EventTest {

    @Autowired
    private EventPublisher eventPublisher;

    @Test
    public void testPubSub() throws InterruptedException {
        eventPublisher.sendMessage(new EventMessage("test"));
        TimeUnit.SECONDS.sleep(3);
    }
}
```

EventTest의 testPubSub() 메서드를 실행하면 다음 결과를 확인할 수 있다.

```
[enerContainer-2] c.s.e.c.adapter.event.EventListener      : Subscribe Channel :
dummyTopic
[enerContainer-2] c.s.e.c.adapter.event.EventListener      : Subscribe Message :
EventMessage(timestamp=1641646337125, message=test)
```

10.8 SPRING BOOT FOR MSA
스프링 프레임워크 캐시

스프링 프레임워크는 일부 데이터를 미리 메모리 저장소에 저장하고 저장된 데이터를 다시 읽어
사용하는 캐시(cache) 기능을 제공한다. 캐시 대상 데이터는 읽기 비율이 쓰기 비율에 비해 높은
경우 그 효과를 발휘할 수 있다. 일반적으로 디스크 저장소보다 메모리 저장소가 I/O 성능이 더

높다. 하지만 저장할 수 있는 메모리 저장소 크기는 디스크 저장소보다 작다. 사용 빈도가 높은 일부 데이터만 저장하고 I/O 성능이 뛰어난 메모리 저장소는 일반적인 캐시 저장소로 적합하다.

스프링 프레임워크의 캐시 기능은 AOP를 사용하여 구현되어 있다. 그래서 프레임워크에서 제공하는 캐시 애너테이션을 사용하면 쉽게 스프링 애플리케이션에 캐시를 구현할 수 있다. 스프링 프레임워크에서 캐시 데이터를 관리하는 기능은 별도의 캐시 프레임워크에 위임한다. 마치 자바의 인터페이스 기능은 스프링 프레임워크가 제공하고, 구현체 기능은 별도의 캐시 프레임워크에 위임하는 것에 비유할 수 있다. 주로 많이 사용하는 캐시 프레임워크는 EhCache, Caffeine, JCache 등이 있지만 이 책에서는 레디스를 사용한 캐시를 설명한다.

캐시 저장소를 구성하는 방식에 따라 두 가지로 구분하고 각 아키텍처를 설명한다. 첫 번째는 자바 애플리케이션에 끼워 넣는(embedded) 방식으로, 캐시 시스템을 구성한다. 이를 로컬 캐시라고 한다. EhCache, Caffeine, JCache 등이 있다. 두 번째는 애플리케이션 외부의 독립 메모리 저장소를 별도로 구축하여 모든 인스턴스가 네트워크를 사용하여 데이터를 캐시하는 방식이다. 이를 원격 캐시라고 한다. EhCache 서버를 구축하거나[7] 레디스 서버를 사용하는 방법이 있다. 두 방법을 그림으로 비교하면 그림 10-8과 같다.

▼ 그림 10-8 로컬 캐시 아키텍처와 원격 캐시 아키텍처의 비교

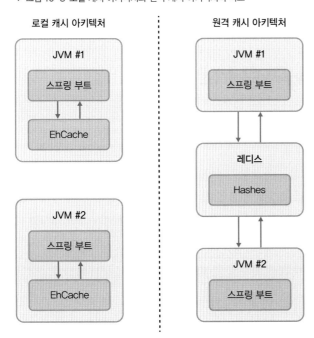

---

7 EhCache는 로컬 캐시와 원격 캐시 모두 사용 가능하다.

로컬 캐시 방식으로 아키텍처를 설계하면 애플리케이션은 각각의 캐시 시스템을 가지며, 일대일 방식으로 사용한다. 그러므로 이들 로컬 캐시들은 데이터를 서로 공유할 수 없다. 같은 이름의 데이터라도 각 서버마다 관리하고 있는 캐시 데이터는 다르다. 예를 들어 11시 30분에 '라인 호텔' 위치 LosAngeles가 A 서버에 캐시되었다. 11시 31분에 위치 정보가 Boston으로 데이터베이스에 변경되었다. 그리고 다시 11시 32분에 B 서버는 '라인 호텔' 위치를 Boston으로 캐시한다. A 서버와 B 서버는 L4에 로드 밸런싱되고 있으므로 A 서버에서 처리하는 '라인 호텔' 값은 LosAngeles고, B 서버에서 처리하는 '라인 호텔' 값은 Boston이다. 즉, 두 데이터가 다를 수 있다.

원격 캐시 아키텍처는 애플리케이션 외부에 독립적인 데이터 저장소를 사용한다. 그러므로 애플리케이션은 데이터를 캐시하거나 사용하면 I/O가 발생한다. 로컬 캐시 방식보다 I/O 시간만큼 서버 리소스와 시간이 더 소요된다. 게다가 네트워크를 사용하므로 외부 환경으로 캐시 성능이 영향을 받는다. 하지만 한곳에 데이터가 저장되므로 어떤 서버라도 모두 같은 데이터를 사용할 수 있다. 일관된 방식으로 데이터를 읽고 쓸 수 있는 장점이 있다.

캐시한 데이터 성격에 따라 두 아키텍처 중에서 적절한 방식을 선택하면 된다. 데이터 정합성이 매우 중요하다면 원격 캐시 아키텍처를 고려해야 한다. 이 책에서는 레디스를 사용하여 원격 캐시 저장소를 구성하는 방법을 설명한다.

10.8.1 Cache와 CacheManager 인터페이스

스프링 프레임워크에서는 캐시 기능을 추상화한 o.s.cache.Cache.java 인터페이스와 캐시를 관리하는 o.s.cache.CacheManager.java 인터페이스를 제공한다. 캐시 프레임워크에 따라 프레임워크에서 구현체를 제공하기도 한다.

스프링 애플리케이션에서 캐시는 데이터 성질에 따라 한 개 이상 관리할 수 있다. 예를 들어 호텔 정보를 관리하는 호텔 캐시, 호텔 위치 정보를 관리하는 호텔 주소 캐시처럼 여러 개의 캐시를 사용할 수 있다. 그러므로 애플리케이션에도 다음과 같이 여러 캐시 객체가 있을 수 있다.

```
Cache hotelCache;
Cache hotelAddressCache;
Cache hotelRankingCache;
```

▼ 그림 10-9 캐시

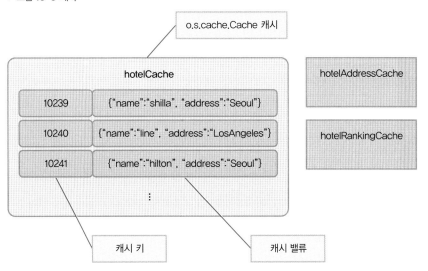

스프링 프레임워크에서 캐시는 캐시 키와 캐시 값으로 구성된다. 그래서 자바의 자료 구조 중 Map 과 형태가 비슷하다. Map의 내부에는 Key와 Value를 포함하는 Entry 객체가 있는데, Entry의 키를 캐시 키, Entry의 밸류 객체를 캐시 값으로 생각하면 된다. 그림 10-9를 보면 캐시와 캐시 키, 캐시 밸류의 관계를 이해할 수 있다. 다음은 Cache 인터페이스의 코드에서 제공하는 주요 추상 메서드다.

Cache 인터페이스

```
package org.springframework.cache;

public interface Cache {
    String getName(); ····❶

    <T> T get(Object key, @Nullable Class<T> type); ····❷

    void put(Object key, @Nullable Object value); ····❸

    void evict(Object key); ····❹

    void clear(); ····❺
    // 생략
```

❶ 캐시 이름을 리턴한다. Map 객체의 변수 이름과 같다고 생각하자.

❷ 캐시에서 Object key와 매핑된 객체를 리턴한다. 리턴되는 객체는 두 번째 인자인 Class<T> type으로 형변환된다.

❸ 캐시에 새로운 데이터를 입력한다. 첫 번째 인자인 key와 매핑되는 두 번째 인자인 value를 저장한다.

❹ 캐시에서 Object key와 매핑되는 데이터를 퇴출한다.

❺ 캐시 전체 데이터를 삭제한다. 그러므로 특정 데이터를 삭제하는 evict()와 다르다.

스프링 프레임워크에서는 캐시 데이터를 관리하는 기능을 추상화한 CacheManager 인터페이스와 기본 구현체들을 제공한다.

```
package org.springframework.cache;

public interface CacheManager {
    @Nullable
    Cache getCache(String name); ┄❶

    Collection<String> getCacheNames(); ┄❷
}
```

❶ 애플리케이션에서 관리하는 여러 캐시 중 name 인자와 매핑되는 Cache 객체를 리턴할 수 있다.

❷ 애플리케이션에서 사용할 수 있는 캐시 이름들을 Collection<String>으로 리턴한다.

애플리케이션에서 사용할 캐시를 조회하려면 CacheManager 구현체가 필요하다. 리턴받은 Cache 객체를 사용하면 캐시 데이터를 생성·조회·삭제할 수 있다. 캐시 데이터 저장소에 따라 CacheManager 구현체를 개발하면 된다. 스프링 프레임워크는 자주 사용하는 몇 가지 캐시 프레임워크로 개발된 CacheManager 구현체들을 제공한다. 다음 목록을 살펴보자.

- **ConcurrentMapCacheManager**: JRE에서 제공하는 ConcurrentHashMap을 캐시 저장소로 사용할 수 있는 구현체다.

- **EhCacheCacheManager**: EhCache 캐시 저장소를 사용할 수 있는 구현체다.

- **CaffeineCacheManager**: Caffeine 캐시 저장소를 사용할 수 있는 구현체다.

- **JCacheCacheManager**: JSR-107 표준을 따르는 JCache 캐시 저장소를 사용할 수 있는 구현체다.

- **RedisCacheManager**: 레디스를 캐시 저장소로 사용할 수 있는 구현체다.
- **CompositeCacheManager**: 한 개 이상의 CacheManager를 사용할 수 있는 CacheManager다. 한 개 이상의 캐시 저장소가 필요할 때 사용하는 구현체다. CompositeCacheManager는 다른 여러 CacheManager 구현체를 포함하는 구조다.

캐시 저장소는 메모리를 사용하므로 그 크기가 한정적이다. 항상 CacheManager 구현체를 설정하기 전에 구현체가 최대 데이터 개수와 데이터 유효 기간을 설정할 수 있는지 확인하자. 결론부터 먼저 이야기하면, EhCacheCacheManager와 CaffeineCacheManager 같은 구현체는 최대 데이터 개수와 유효 기간을 설정할 수 있다. 우리가 이 책에서 사용할 RedisCacheManager는 유효 기간을 설정할 수 있고, 최대 데이터 개수는 직접 구현해야 한다.

일반적으로 캐시마다 최대 데이터 개수를 설정할 수 있다. 최대 데이터 개수를 초과하면 캐시 프레임워크는 저장된 데이터 중 초과된 개수만큼 삭제한다. 이렇게 캐시에서 데이터를 삭제하는 과정을 퇴출(eviction)이라고 한다. 삭제 대상 데이터는 페이지 교체 알고리즘으로 결정된다. 페이지 교체 알고리즘에는 FIFO, LFU, LRU 등이 있다.

- **FIFO**: First In First Out의 약어로, 가장 먼저 캐시된 데이터를 먼저 삭제한다.
- **LFU**: Least Frequently Used의 약어로, 참조된 횟수가 가장 적은 데이터를 삭제한다. 즉, 사용 빈도가 적은 데이터를 삭제한다.
- **LRU**: Least Recently Used의 약어로, 참조된 시간이 가장 오랜 데이터를 삭제한다. 참조 시간이 오래된 데이터는 사용 빈도가 적으므로 삭제한다. 간단한 구조라 가장 많이 사용하는 알고리즘이다.

예를 들어 호텔 정보를 캐시하는 hotelCache에서 관리할 수 있는 최대 개수가 1000개라고 하자. 그리고 hotelCache의 페이지 교체 알고리즘은 LRU를 사용한다. hotelCache에 이미 1000개의 데이터가 저장된 상태에서 데이터 하나를 추가하면 가장 오랫동안 사용된 적이 없는 데이터가 삭제된다.

유효 기간을 설정할 수 있는 CacheManager도 있다. 설정한 유효 기간이 지난 데이터는 삭제되어 더 이상 사용할 수 없다. 유효 기간을 설정하면 오래된 데이터를 청소하는 별도의 데몬이나 스케줄 프로그램을 구현할 필요 없다. 그래서 캐시 데이터 저장소의 크기를 일정하게 유지할 수 있고, 오래된 데이터가 자동 퇴출되어 새로운 데이터가 다시 캐시될 수 있다. CaffeineCacheManager나 RedisCacheManager 같은 구현체는 유효 기간 기능을 제공한다. 그러므로 CacheManager 구현체를 설정할 때는 유효 기간과 최대 개수 기능이 설정되어 있는지 살펴보아야 한다. 다음은 CaffeineCacheManager 스프링 빈을 설정하는 자바 설정 클래스 코드다.

```
@Bean
public Caffeine caffeineConfig() {
    return Caffeine.newBuilder()
            .expireAfterWrite(60, TimeUnit.MINUTES) ····❶
            .maximumSize(1000);
}                                ❷


@Bean
public CacheManager cacheManager(Caffeine caffeine) {
    CaffeineCacheManager caffeineCacheManager = new CaffeineCacheManager();
    caffeineCacheManager.setCaffeine(caffeine); ····❸
    return caffeineCacheManager;
}
```

❶ 캐시 기능을 제공하는 Caffeine 객체를 설정하는 expireAfterWrite() 메서드는 캐시 데이터의 유효 기간을 설정할 수 있는 기능을 제공한다.

❷ Caffeine 객체가 관리할 수 있는 캐시 데이터의 최대 개수를 설정한다. 예제에서 관리할 수 있는 캐시 데이터의 최대 개수는 1000개다.

❸ Caffeine 스프링 빈을 사용하여 CaffeineCacheManager 스프링 빈을 생성한다.

다음은 chapter10 모듈에서 예제로 제공하는 RedisCacheManager 스프링 빈을 생성하는 코드다. RedisCacheManager를 설정한 BasicCacheConfig 자바 설정 클래스를 확인해 보자. RedisCacheManager는 유효 기간 기능만 기본 제공한다. 이 기능은 레디스의 EXPIRE 명령어를 사용한 것이므로 유효 기간이 지난 데이터는 레디스가 직접 정리한다. RedisCacheManager에 최대 개수를 설정해야 한다면 여러분이 직접 구현해야 한다.

다음 예제에서 cacheManager() 스프링 빈 설정은 크게 세 부분으로 나눌 수 있다. 모든 캐시에 공통 설정값을 저장하는 defaultConfig, 캐시마다 별도 설정을 할 수 있는 configurations, 실제 RedisCacheManager 객체를 설정하는 부분이다.

```
package com.springtour.example.chapter10.config;

@EnableCaching
@Configuration
public class BasicCacheConfig {
```

```
    @Bean
    public RedisConnectionFactory basicCacheRedisConnectionFactory() {
        // 생략
    }

    @Bean
    public CacheManager cacheManager() {

        RedisCacheConfiguration defaultConfig = RedisCacheConfiguration.
defaultCacheConfig() ····❶
                .entryTtl(Duration.ofHours(1)) ····❷
                .serializeKeysWith(RedisSerializationContext.SerializationPair.
fromSerializer(new StringRedisSerializer())) ····❸
                .serializeValuesWith(RedisSerializationContext.SerializationPair.
fromSerializer(new GenericJackson2JsonRedisSerializer())); ····❹

        Map<String, RedisCacheConfiguration> configurations = new HashMap<>();
        configurations.put("hotelCache", defaultConfig.entryTtl(Duration.
ofMinutes(30))); ····❺
        configurations.put("hotelAddressCache", defaultConfig.entryTtl(Duration.
ofDays(1))); ····❻

        return RedisCacheManager.RedisCacheManagerBuilder
                .fromConnectionFactory(basicCacheRedisConnectionFactory()) ····❼
                .cacheDefaults(defaultConfig) ····❽
                .withInitialCacheConfigurations(configurations) ····❾
                .build();
    }
}
```

❶ RedisCacheConfiguration은 캐시 데이터를 저장하는 RedisCache를 설정하는 기능을 제공한
다. defaultCacheConfig() 메서드는 기본값으로 설정된 RedisCacheConfiguration 객체를 응
답한다.

❷ entryTtl()은 캐시 데이터의 유효 기간을 설정한다. 예제에 설정된 값은 1시간이다.

❸ 캐시 데이터의 키를 직렬화할 때 StringRedisSerializer를 사용한다. 즉, 문자열로 변환하여
저장한다.

❹ 캐시 데이터의 값을 직렬화할 때는 GenericJackson2JsonRedisSerializer를 사용한다. JSON
메시지로 저장하는 것은 일반적인 방법 중 하나다.

❺ HashMap configuration 객체의 키는 캐시 이름을 저장하고, 밸류는 캐시를 설정할 수 있는 RedisCacheConfiguration을 저장한다(캐시 이름을 설정하는 방법은 뒤에서 캐시 애너테이션을 설정할 때 설명한다). hotelCache 캐시의 설정은 defaultConfig 설정과 같지만, entryTtl()을 사용하여 캐시 데이터의 유효 기간을 30분으로 변경한다. RedisCacheConfiguration은 불변 객체이므로 entryTtl()은 새로운 RedisCacheConfiguration 객체를 리턴한다. 그러므로 기존 defaultConfig 객체에는 영향이 없다.

❻ hotelAddressCache 캐시는 유효 기간을 하루로 변경하여 설정한다.

❼ RedisCacheManager가 사용할 RedisConnectionFactory 객체를 설정한다.

❽ cacheDefaults() 메서드는 RedisCacheConfiguration 인자를 사용하여 RedisCacheManager의 기본 캐시를 설정한다. 예제에서는 defaultConfig 객체를 인자로 전달하고 있다.

❾ withInitialCacheConfigurations()는 RedisCacheManager를 생성할 때 초깃값을 설정한다. 그러므로 RedisCacheManager 스프링 빈이 생성되면 hotelCache, hotelAddressCache 캐시 값이 설정된다.

RedisCacheManager 스프링 빈을 설정하는 예제를 설명했다. 이 스프링 빈의 이름은 'cacheManager'이며, 레디스 서버에 캐시 데이터를 저장한다. 계속해서 설명할 캐시 애너테이션을 사용하면 이 cacheManager 스프링 빈을 사용하여 간단하게 캐시 데이터를 저장하거나 읽을 수 있다.

10.8.2 캐시 애너테이션

스프링 프레임워크에서 제공하는 캐시 애너테이션들은 그 기능에 따라 두 종류로 나눌 수 있다. 애플리케이션에 캐시 기능을 켜는 애너테이션과 애플리케이션에서 캐시 데이터를 사용할 수 있도록 하는 애너테이션이다. @EnableCaching 애너테이션을 정의하면 애플리케이션에서 캐시 기능을 사용할 수 있다. 다음과 같이 자바 설정 클래스에 선언하며, 예제 chapter10 모듈은 다음과 같이 설정되어 있다.

BasicCachingConfig 자바 설정 클래스

```
package com.springtour.example.chapter10.config;

@EnableCaching
@Configuration
```

```
public class BasicCacheConfig {
        // 생략
}
```

계속해서 캐시 데이터를 사용할 수 있는 애너테이션을 설명한다. 캐시 애너테이션들은 메서드에 선언하면 캐시 데이터들을 저장·조회하거나 캐시에서 퇴출할 수 있다. 이들은 AOP로 구현되어 있으므로 스프링 빈에 정의된 메서드에 정의해야 정상적으로 동작한다. 또한 대상 메서드가 public 접근 제어자로 정의된 메서드만 AOP가 정상적으로 동작한다.

@Cacheable 애너테이션

@Cacheable 애너테이션은 캐시 저장소에 캐시 데이터를 저장하거나 조회하는 기능을 사용할 수 있다. @Cacheable 애너테이션은 다음 코드처럼 메서드에 정의한다. 애너테이션이 정의된 메서드를 실행하면 데이터 저장소에 캐시 데이터 유무를 확인한다. 캐시 데이터가 있다면 메서드를 실행하지 않고 바로 데이터를 리턴하고, 캐시 데이터가 없으면 메서드를 실행하고 메서드가 응답하는 객체를 캐시 저장소에 저장한다. 메서드를 실행하는 과정에서 예외가 발생하면 캐시 데이터는 저장하지 않는다.

```
@Cacheable(value="hotelCache") ----❶
public HotelResponse getHotelById(Long hotelId) {
        // 생략  ❸                     ❷
}
```

❶ @Cacheable 애너테이션의 value 속성에는 캐시 이름을 설정할 수 있다. 예제에서 설정된 'hotelCache'가 캐시 이름이며, 앞서 설정한 CacheManager의 hotelCache 캐시에 저장된다. 물론 hotelCache에 정의된 설정값에 따라 캐시 데이터를 관리한다. 앞서 hotelCache 캐시의 TTL 값은 30분이다. 미리 설정된 캐시가 없다면 CacheManager의 기본 설정에 따라 캐시를 생성하고 데이터를 저장한다.

❷ Long hotelId 메서드 인자의 toString() 메서드를 사용하여 캐시 키를 생성한다. 인자가 여러 개라면 모두 조합하여 캐시 키를 생성한다.

❸ 메서드의 리턴 객체를 사용하여 캐시 데이터를 생성한다.

앞서 설정한 CacheManager 스프링 빈에 설정된 StringRedisSerializer와 Jackson2JsonRedisSerializer로 캐시 키는 문자열로 변경되어 저장되고, 캐시 데이터는 JSON 형식으로 변경되어 저장된다. 레디스에서 캐시 데이터를 조회하는 경우 JSON 메시지가 다시 객체로 변경되어 사용할 수 있다. getHotelById() 메서드의 hotelId 인자를 사용하여 캐시 키를 생성하고, 메서드가 리턴하는 객체가 캐시 데이터가 된다. 그러므로 getHotelById() 메서드를 실행하는 클래스가 캐시를 생성하는 동시에 사용한다.

@Cacheable 애너테이션을 사용할 때는 메서드의 인자와 리턴 타입 변경에 유의해야 한다. 운영 중인 시스템의 인자를 추가한다면 캐시 키 값이 변경될 수 있다. 그러면 데이터 저장소에 저장된 데이터를 활용할 수 없는 상태가 된다. 메서드의 리턴 타입을 다른 클래스로 변경한다면, 데이터 저장소에 저장된 데이터가 언마셜링되는 과정 중 에러가 발생할 수 있다.

@Cacheable 애너테이션의 속성과 기능은 다음과 같다. 설명을 보고 @Cacheable 애너테이션 예제를 살펴보자.

- **value, cacheNames**: 캐시 데이터를 저장하는 캐시 이름을 설정할 수 있다.
- **key**: SpEL을 사용하여 캐시 키의 이름을 설정한다.
- **keyGenerator**: 캐시 키를 생성하는 KeyGenerator 스프링 빈을 설정한다.
- **cacheManager**: 캐시를 관리하는 CacheManager 스프링 빈 이름을 설정한다.
- **cacheResolver**: 캐시 데이터를 처리하는 리졸버를 설정한다.
- **condition**: SpEL로 캐시를 사용하는 조건을 설정할 수 있다. 설정된 SpEL이 true일 때만 캐시 데이터를 저장하거나 읽을 수 있다.
- **unless**: SpEL로 캐시를 사용하지 않는 조건을 설정할 수 있다. 설정된 SpEL이 true일 때만 캐시를 사용하지 않는다. condition 속성과 기능이 반대다.
- **sync**: 설정된 CacheManager가 멀티 스레드 환경에 안전(thread-safe)하게 동작하지 않는다면 동시에 같은 캐시 데이터를 생성하거나 수정할 때 데이터가 오염될 수 있다. 이를 막고자 프로그램 레벨에서 sync 설정을 하여 synchronized 키워드처럼 동기화 기능을 제공한다. 기본값은 false다.

다음 설정은 @Cacheable 애너테이션의 value, key, condition 속성을 사용한 예제다. 어떻게 캐시키가 저장되고, condition 속성으로 어떤 상황에서 @Cacheable 애너테이션을 동작하는지 확인해보자.

@Cacheable 애너테이션 예제

```
@Cacheable(
        value="hotelCache",
        key="#hotelName",
        condition="#hotelName > '' && #hotelAddress.length() > 10"
```

```
    )
    public HotelResponse getHotelNameAndAddress(String hotelName, String hotelAddress) {
        // 생략
    }
```

@Cacheable 애너테이션이 설정된 getHotelNameAndAddress() 메서드의 인자는 hotelName과 hotelAddress 두 개다. hotelName 인자만 사용하여 캐시 키를 설정해야 한다면 key 인자에 인자 이름을 설정한다. SpEL '#hotelName'에서 '#'은 객체를 의미하며, 'hotelName'은 인자 이름을 의미한다. hotelName 인자의 클래스 타입이 String이 아닌 HotelRequest처럼 getter 패턴으로 내부 속성에 접근할 수 있는 밸류 클래스일 때는 '#hotelRequest.hotelName'처럼 설정할 수 있다. 이는 hotelRequest 인자의 hotelName 속성을 참조하는 설정이다.

@Cacheable 애너테이션의 condition 속성을 확인해 보자. 두 개의 조건이 &&로 결합되어 있다. 첫 번째 #hotelName > ''은 hotelName 인자의 널 조건을 검사한다. 두 번째 #hotelAddress.length() > 10은 hotelAddress 인자의 길이 조건을 검사한다. 즉, hotelAddress 길이가 10을 초과할 때만 @Cacheable 애너테이션의 기능이 동작한다. 이 두 조건을 충족하면 @Cacheable 애너테이션의 기능이 동작한다. 예제 chapter10 모듈에서는 이 기능을 테스트하려고 HotelServiceTest 클래스를 제공한다. testGetHotelNameAndAddress() 테스트 케이스를 실행하면 어떻게 캐시가 저장될지 확인해 보자.

HotelServiceTest의 testGetHotelNameAndAddress()

```
package com.springtour.example.chapter10.service;

@SpringBootTest
class HotelServiceTest {

    @Test
    public void testGetHotelNameAndAddress() {
        hotelService.getHotelNameAndAddress("testHotelName", "testHotelAddress");
    }
}
```

testGetHotelNameAndAddress() 테스트 케이스를 보면, hotelName 인자에는 'testHotelName' 문자열이 저장된다. 그러므로 @Cacheable 애너테이션이 저장하는 캐시 이름 'hotelCache'와 인자 이름 'testHotelName'을 조합하여 저장한다. 다음은 레디스의 키와 값을 확인하는 결과다. 결과를 보면 hotelCache::testHotelName으로 저장된 것을 확인할 수 있다.

```
$ docker exec -it spring-tour-redis /bin/bash
root@9007df0da132:/data# redis-cli -h 127.0.0.1
127.0.0.1:6379> KEYS *
1) "hotelCache::testHotelName"
127.0.0.1:6379> GET "hotelCache::testHotelName"
"{\"hotelId\":234234,\"hotelName\":\"testHotelName\",\"hotelAddress\":
\"testHotelAddress\"}"
```

@Cacheable 애너테이션의 keyGenerator를 사용하여 캐시 키를 설정하는 예제를 확인해 보자. 스프링 프레임워크는 캐시 키 이름을 생성하는 기능을 확장할 수 있는 o.s.cache.interceptor의 KeyGenerator 인터페이스를 제공한다. 이 인터페이스 구현체를 생성하고 스프링 빈으로 설정한다. 그리고 이를 @Cacheable 애너테이션의 keyGenerator 속성에 스프링 빈 이름으로 설정하면 된다. 다음은 KeyGenerator 인터페이스 구현체인 HotelKeyGenerator 클래스의 코드다.

HotelKeyGenerator 클래스

```
package com.springtour.example.chapter10.service;

public class HotelKeyGenerator implements KeyGenerator {

    private final String PREFIX = "HOTEL::";

    @Override
    public Object generate(Object target, Method method, Object... params) {     ┈❶

        if (Objects.isNull(params))
            return "NULL";

        return Arrays.stream(params)
                .filter(param -> param instanceof HotelRequest)     ┈┐
                .findFirst()                                        ┈┘ ❷
                .map(obj -> HotelRequest.class.cast(obj))           ┈┐
                .map(hotelRequest -> PREFIX + hotelRequest.getHotelId())  ┈┘ ❸
                .orElse(SimpleKeyGenerator.generateKey(params).toString());     ┈❹
    }
}
```

❶ 캐시 키를 생성할 때 KeyGenerator 구현체가 설정되어 있으면 generate() 메서드를 사용하여 키를 생성한다. Object target은 애너테이션이 정의된 클래스 객체다. Method method는 애너테이션이 정의된 메서드이며, Object... params는 메서드의 인자들이다.

❷ 인자 중에서 HotelRequest 클래스 타입을 찾는다.

❸ HotelRequest 클래스 타입인 인자가 있으면 'HOTEL::' 문자열과 hotelRequest 객체의 hotelId 값을 결합하여 키를 생성한다.

❹ HotelRequest 클래스 타입인 인자가 없다면, 스프링 프레임워크에서 기본으로 사용하는 SimpleKeyGenerator로 캐시 키를 생성한다.

HotelKeyGenerator 구현체를 생성했다면 다음과 같이 자바 설정 클래스에 스프링 빈으로 정의하자.

BasicCacheConfig 자바 설정 클래스 일부 코드

```
package com.springtour.example.chapter10.config;

@EnableCaching
@Configuration
public class BasicCacheConfig {
    @Bean
    public HotelKeyGenerator hotelKeyGenerator() {
        return new HotelKeyGenerator();
    }
}
```

스프링 빈으로 정의된 HotelKeyGenerator를 사용하는 방법은 다음과 같다. @Cacheable 애너테이션의 keyGenerator 속성으로 스프링 빈 이름을 정의하면 된다.

@Cacheable 애너테이션 설정 예제

```
@Cacheable(value="hotelCache", keyGenerator="hotelKeyGenerator")
public HotelResponse getHotel(HotelRequest hotelRequest) {
    // 생략
}
```

---

hotelId 값을 123123으로 정의한 hotelRequest 객체를 사용하여 getHotel() 메서드를 실행하면 'hotelCache::HOTEL::123123'처럼 캐시 키가 생성된다.

@CachePut 애너테이션

@Cacheable 애너테이션은 캐시 키와 매핑되는 캐시 데이터의 유무에 따라 캐시 데이터를 저장하거나 캐시 데이터를 조회하는 두 가지 기능을 제공하는 애너테이션이고, @CachePut 애너테이션은 캐시를 생성하는 기능만 제공하는 애너테이션이다. 그러므로 캐시 데이터를 생성하고 갱신하는 목적으로 사용하면 된다. @CachePut 애너테이션도 메서드에 정의해서 사용한다. 해당 메서드가 정상적으로 실행되면 메서드가 리턴하는 객체를 캐시에 저장한다. 하지만 메서드를 실행하는 도중에 에러가 발생하면 캐시 데이터는 갱신하지 않는다. @CachePut 애너테이션의 속성은 다음과 같으며, @Cacheable 애너테이션 기능과 속성 이름은 같으므로 자세한 설명은 생략한다.

- `value`, `cacheNames`: 캐시 데이터를 저장하는 캐시 이름을 설정할 수 있다.
- `key`: SpEL을 사용하여 캐시 키의 이름을 설정한다.
- `keyGenerator`: 캐시 키를 생성하는 KeyGenerator 스프링 빈을 설정한다.
- `cacheManager`: 캐시를 관리하는 CacheManager 스프링 빈 이름을 설정한다.
- `cacheResolver`: 캐시 데이터를 처리하는 리졸버를 설정한다.
- `condition`: SpEL로 캐시를 사용하는 조건을 설정할 수 있다.
- `unless`: SpEL로 캐시를 사용하지 않는 조건을 설정할 수 있다.

@CacheEvict 애너테이션

캐시 데이터를 캐시에서 제거하는 목적으로 사용한다. 원본 데이터를 변경하거나 삭제하는 메서드에 @CacheEvict 애너테이션을 적용하면 된다. 원본 데이터가 변경되면 캐시에서 삭제하고 @Cacheable 애너테이션이 적용된 메서드가 실행되면 다시 변경된 데이터가 저장되기 때문이다. @CacheEvict 애너테이션의 속성은 다음과 같다. @Cacheable 애너테이션과 같은 속성들을 제공하며, 추가로 제공하는 속성은 allEntries와 beforeInvocation이다.

- `allEntries`: 기본값은 false다. true 값이면 해당 캐시에 포함된 모든 캐시 데이터를 삭제한다.
- `beforeInvocation`: 기본값은 false다. true 값이면 대상 메서드를 실행하기 전 캐시를 삭제하고, false 값이면 대상 메서드를 실행한 후 캐시를 삭제한다. false일 때 대상 메서드를 실행하는 과정에서 예외가 발생하면 캐시도 정상적으로 삭제되지 않는다.

@Caching 애너테이션

@Caching 애너테이션은 두 개 이상의 캐시 애너테이션을 조합하여 사용한다. 즉, 여러 개의
@Cacheable, @CachePut 또는 @CacheEvict 애너테이션을 정의할 수 있다. 다음은 @Caching 애너테
이션의 코드다.

```
package org.springframework.cache.annotation;

@Target({ElementType.TYPE, ElementType.METHOD})
@Retention(RetentionPolicy.RUNTIME)
@Inherited
@Documented
public @interface Caching {
    Cacheable[] cacheable() default {};

    CachePut[] put() default {};

    CacheEvict[] evict() default {};
}
```

다음은 cacheable 속성을 사용하여 여러 캐시 저장소에 데이터를 저장하는 코드다. cacheable
속성에 여러 개의 @Cacheable 애너테이션이 적용된 것을 확인할 수 있다. primaryHotelCache와
secondaryHotelCache 캐시에 데이터를 저장 및 읽을 수 있다. 주 저장소와 보조 저장소에 데이터
를 저장하는 데 사용한다. 마찬가지로 evict 속성을 사용하여 두 저장소 모두 데이터를 퇴출할 수
있다.

```
@Caching(cacheable = {
        @Cacheable(value="primaryHotelCache", keyGenerator="hotelKeyGenerator"),
        @Cacheable(value="secondaryHotelCache", keyGenerator="hotelKeyGenerator")
})
public HotelResponse getHotel(HotelRequest hotelRequest) {
    // 생략
}
```

11장

스프링 스케줄링 태스크

이 장에서 다룰 핵심 내용

• 스프링 프레임워크에서 제공하는 스케줄링 기능을 설정하는 방법

• 스케줄을 설정하여 태스크를 실행하는 방법

• 배치 서버를 구성하는 방법

서비스를 개발할 때 API 기능만으로 모든 기능을 개발할 수 없는 상황이 종종 발생한다. API는 사용자 요청을 받아 실행되는 특징이 있다. 애플리케이션 외부에서 이벤트가 발생하여 기능을 실행한다. API는 빠르게 기능을 실행하고 응답해야 한다. 그러므로 API는 크기가 큰 데이터를 처리하기에는 적합하지 않다. 서비스 성질에 따라서는 주기적으로 정해진 스케줄에 맞추어 데이터 크기가 큰 데이터를 사용자 요청 없이 처리해야 할 때도 있다. 다음 상황을 확인해 보자.

- **예약 정보 전파**: 매일 새벽 2시에 하루 동안의 호텔 예약 데이터를 읽어 가공한 후 각 호텔에 예약 정보를 이메일로 전달한다.
- **주간 판매 통계**: 매주 월요일 새벽 3시에 지난 주에 판매된 데이터를 가공하여 주간 통계를 작성한다.
- **썸네일 생성**: 매시간 새로 등록된 이미지 파일을 조회하여 썸네일 이미지로 변환한다.
- **웰컴 쿠폰 발송**: 10분 간격으로 새로 가입한 사용자의 이메일로 환영 쿠폰을 전달한다.

이런 작업들을 배치 프로세스(batch process)라고 한다. 배치 프로세스는 사용자 개입 없이 스케줄링 작업에 따라 여러 자료를 일괄적으로 처리하는 작업을 의미한다. 배치 프로세스 예제들을 보면 반복되는 특정 시간에 어떤 일을 처리하는 것을 알 수 있다. 배치 프로세스는 스케줄링과 트리거, 태스크로 구성된다. 태스크는 실행할 작업을 의미하고, '매일 새벽 2시', '매주 일요일 새벽 2시'처럼 특정 시간을 예약하는 것을 스케줄링이라고 하며, 스케줄에 맞추어 태스크를 실행하는 것을 트리거(trigger)라고 한다.

배치 프로세스는 API와 비교했을 때 처리하는 데이터양이 많다. '예약 정보 전파' 예제와 호텔을 예약하는 API를 비교해 보자. API는 한 사용자가 예약한 정보를 처리한다. 그러므로 API가 한 번에 처리하는 데이터양도 예약 정보의 하나다. 하지만 배치 프로세스는 하루 동안에 예약된 모든 호텔 정보를 조회하고, 이를 분류하고, 호텔별로 다시 재처리하는 작업이므로 API보다 데이터양이 더 많다.

배치 프로세스 중에서도 처리하는 데이터 크기가 비교적 작고, 처리 주기가 비교적 짧다면 이를 마이크로 배치라고 한다. 작은 배치를 여러 번 실행하여 원하는 데이터를 뽑을 수 있다. 예를 들어 '웰컴 쿠폰 발송' 기능은 10분 간격으로 10분 동안 가입한 사용자의 데이터를 처리하므로 마이크로 배치라고 할 수 있다.

스프링 프로젝트에서는 배치 프로세스를 위한 여러 가지 기능과 프레임워크를 제공한다. 스프링 배치 프레임워크는 다수의 데이터를 체계적으로 처리하는 기능을 제공하는데, 여기에서는 그중 마이크로 배치를 위한 방법에 집중한다. 특히 마이크로 배치를 실행할 수 있는 스케줄링 기능과 트리거를 설명한다.

11.1 스케줄링 설정

스프링 프레임워크는 스케줄링 기능을 쉽게 사용할 수 있는 두 개의 애너테이션을 제공한다. 첫 번째로 소개할 @EnableScheduling 애너테이션은 스프링 애플리케이션에서 스케줄링 기능을 사용할 수 있고, 두 번째 @Scheduled 애너테이션은 태스크의 실행 주기를 설정하고 태스크를 실행한다. 이 절에서는 스프링 애플리케이션에 스케줄링 기능을 설정하는 방법을 설명한다.

예제 example11 모듈에서 제공하는 SchedulingConfig.java 자바 설정 클래스의 코드를 먼저 확인해 보자. 자바 설정 클래스에 @EnableScheduling 애너테이션을 정의하면 스케줄링 기능을 사용할 수 있다. 다음 코드의 @Configuration과 @EnableScheduling 애너테이션처럼 사용한다.

SchedulingConfig.java

```java
package com.springtour.example.chapter11.config;

@EnableScheduling
@Configuration
public class SchedulingConfig implements ... {
    // 생략
}
```

스케줄링 태스크는 별도의 스레드에서 실행된다. 태스크는 스케줄링 기능에 미리 설정된 o.s.scheduling.TaskScheduler의 스레드에서 실행된다. 이 TaskScheduler는 @EnableScheduling 애너테이션이 애플리케이션을 설정하는 클래스 중 o.s.scheduling.config의 Scheduled TaskRegistrar로 설정된다. 다음 코드는 ScheduledTaskRegistrar의 scheduleTasks() 메서드 일부다.

ScheduledTaskRegistrar의 scheduleTasks() 메서드

```java
protected void scheduleTasks() {
    if (this.taskScheduler == null) {
        this.localExecutor = Executors.newSingleThreadScheduledExecutor();
        this.taskScheduler = new ConcurrentTaskScheduler(this.localExecutor);
    }
    // 생략
}
```

별도의 taskScheduler 설정이 없다면 Executors.newSingleThreadScheduledExecutor() 메서드를 사용하여 싱글 스레드 TaskScheduler를 생성한다. 그러므로 @EnableScheduling의 기본값으로 설정된 TaskScheduler는 스레드 개수가 한 개다. 두 개 이상의 태스크는 동시에 실행할 수 없다. 애플리케이션에서 두 개 이상의 태스크를 동시에 실행해야 한다면 별도의 TaskScheduler 스프링 빈을 생성하고 설정해야 한다. 이 책에서 사용하는 TaskScheduler의 구현체는 o.s.scheduling. concurrent.ThreadPoolTaskScheduler 클래스다. 이 구현체 내부에는 한 개 이상의 스레드를 포함하는 스레드 풀을 설정할 수 있다. 그러므로 필요한 만큼 스레드 풀을 설정하면 된다.

스프링 프레임워크에서 스케줄이 사용하는 TaskScheduler를 재설정하는 방법은 크게 두 가지다. 첫 번째는 스케줄링 기능을 확장할 수 있는 o.s.scheduling.annotation.SchedulingConfigurer 인터페이스를 사용하여 재설정하는 방법이고, 두 번째는 스프링 프레임워크 내부 관례에 따른 스프링 빈을 정의하는 방법이다.

11.1.1 SchedulingConfigurer를 사용한 TaskScheduler 설정

스프링 프레임워크에서는 스케줄링 기능을 확장하는 o.s.scheduling.annotation. SchedulingConfigurer 인터페이스를 제공한다. 이 인터페이스의 configureTasks() 메서드는 ScheduledTaskRegistrar를 인자로 받는다. ScheduledTaskRegistrar는 TaskScheduler를 설정하는 헬퍼 클래스다. 스프링 프레임워크가 스케줄링 기능을 활성화할 때 SchedulingConfigurer 에 설정된 TaskScheduler 객체를 확인하고, 설정된 TaskScheduler가 있다면 이를 사용하여 스케줄링 기능을 활성화한다. 그러므로 자바 설정 클래스는 SchedulingConfigurer 인터페이스를 구현하도록 설계하고, 인터페이스의 configureTask() 메서드를 구현한다. 이때 메서드의 인자 ScheduledTaskRegistrar 객체에 TaskScheduler 구현체를 설정하면 구현체의 스레드를 사용하여 스케줄링 태스크를 실행한다. 다음 코드는 example11 예제 모듈에서 제공하는 SchedulingConfig 자바 설정 클래스다. TaskScheduler를 확장하는 방법을 확인해 보자.

SchedulingConfig 자바 설정 클래스

```
@EnableScheduling
@Configuration
public class SchedulingConfig implements SchedulingConfigurer {
                                         ───────────────────
                                                  ❶

    @Override
    public void configureTasks(ScheduledTaskRegistrar taskRegistrar) {  ⋯❷
```

```
        ⌐··· ThreadPoolTaskScheduler taskScheduler = new ThreadPoolTaskScheduler();
        │    taskScheduler.setPoolSize(10);
   ❸ ···┤    taskScheduler.setThreadNamePrefix("TaskScheduler-");
        └··· taskScheduler.initialize();

             taskRegistrar.setTaskScheduler(taskScheduler);
        }
    }
```

❶ SchedulingConfig 자바 설정 클래스는 SchedulingConfigurer를 구현한다.

❷ SchedulingConfigurer의 configureTasks() 메서드 인자 ScheduledTaskRegistrar 객체에
TaskScheduler 구현체를 설정하자. 이때 ScheduledTaskRegistrar의 setTaskScheduler() 메서
드를 사용하면 된다.

❸ 두 개 이상의 태스크를 동시에 실행해야 하므로 ThreadPoolTaskScheduler 구현 클래스를 사
용한다. setPoolSize() 메서드는 ThreadPoolTaskScheduler의 스레드 개수를 설정한다. 이때
스레드 이름의 머리말을 설정하려면 setThreadNamePrefix() 메서드를 사용한다. 예제에서는
TaskScheduler-를 설정했다. 설정을 마치면 TaskScheduler의 initialize() 메서드를 사용하
여 객체를 초기화해야 한다.

11.1.2 ScheduledAnnotationBeanPostProcessor와 TaskScheduler 설정

@EnableScheduling 애너테이션은 @Configuration 애너테이션이 정의된 Scheduling
Configuration.class 자바 설정 클래스를 포함한다. 이 자바 설정 클래스는 o.s.scheduling.
annotation.ScheduledAnnotationBeanPostProcessor를 사용하여 스프링 프레임워크의 스케줄링
기능을 설정한다.

ScheduledAnnotationBeanPostProcessor
```
public class ScheduledAnnotationBeanPostProcessor implements ... {

    public static final String DEFAULT_TASK_SCHEDULER_BEAN_NAME = "taskScheduler";

    // 생략
}
```

DEFAULT_TASK_SCHEDULER_BEAN_NAME 상수는 ScheduledAnnotationBeanPostProcessor 클래스 내부에서 TaskScheduler 스프링 빈의 유무를 조회하는 resolveScheduleBean()에서 스프링 빈 이름으로 사용한다. 즉, 스프링 빈 이름이 'taskScheduler'고 클래스 타입이 TaskScheduler인 스프링 빈이 있으면 이를 사용한다.

그러므로 다음 코드처럼 TaskScheduler 스프링 빈을 정의하면 ScheduledAnnotationBeanPostProcessor가 초기화되면서 사용된다. 다음 코드에서 정의하는 스프링 빈의 타입은 TaskScheduler이며 스프링 빈 이름은 taskScheduler다.

```
package com.springtour.example.chapter11.config;

@EnableScheduling
@Configuration
public class SchedulingConfig {

    @Bean
    public TaskScheduler taskScheduler() {
        ThreadPoolTaskScheduler taskScheduler = new ThreadPoolTaskScheduler();
        taskScheduler.setPoolSize(10);
        taskScheduler.setThreadNamePrefix("TaskScheduler-Bean-");
        taskScheduler.initialize();
        return taskScheduler;
    }
}
```

11.2 스케줄링 태스크 정의

스프링 애플리케이션에 스케줄링 기능을 설정하는 방법을 설명했다. 이 절에서는 작업 주기를 설정하는 방법과 주기적으로 작업하는 태스크를 정의하는 방법을 설명한다. @Scheduled 애너테이션을 사용하면 된다. 먼저 예제 코드를 보고, 애너테이션에서 제공하는 상세 기능을 설명한다.

```
package com.springtour.example.chapter11.schedule;

@Slf4j
```

```
@Component
public class ScheduledTask {

    @Scheduled(fixedRate=1000L)  ----①
    public void triggerEvent() {
        log.info("Triggered Event");  ---②
    }
}
```

① @Scheduled 애너테이션의 fixedRate 속성을 설정하는 코드다. fixedRate는 설정된 간격으로 스케줄링 태스크를 실행한다. 예제에서는 1초(1000밀리초)를 설정했다. 그러므로 1초 간격으로 태스크가 실행된다.

② @Scheduled 애너테이션이 정의된 triggerEvent() 메서드는 스케줄링 태스크로 실행된다. 결국 1초 간격으로 계속해서 triggerEvent() 메서드가 실행된다.

@Scheduled 애너테이션을 사용하는 규칙은 다음과 같다.

- 스케줄 태스크를 정상적으로 실행하려면 스프링 빈의 메서드에 정의해야 한다.
- 정의된 메서드의 리턴 타입은 void이며, 인자를 정의하면 안 된다. 또한 해당 메서드의 접근 제어자는 public이어야 한다.

예제의 triggerEvent() 메서드는 간단한 로그를 출력한다. triggerEvent() 메서드 내용이 복잡해지면, 비즈니스 로직을 실행하는 클래스에 기능을 위임할 수 있다. 이때 ScheduledTask 클래스도 스프링 빈이므로 다른 스프링 빈을 주입받아 사용할 수 있다.

ScheduledTask.java 예제에서 사용한 @Scheduled 애너테이션은 fixedRate 속성을 사용하여 스케줄링한다. 이외에도 실행 주기를 설정하는 속성은 cron과 fixedDelay가 있다. 각 속성을 설명하고 속성에 따라 어떻게 스케줄링되는지, 태스크가 어떻게 동작하는지 설명한다.

> **@Scheduled 애너테이션**
>
> ```
> package org.springframework.scheduling.annotation;
>
> @Target({ElementType.METHOD, ElementType.ANNOTATION_TYPE})
> @Retention(RetentionPolicy.RUNTIME)
> @Documented
> @Repeatable(Schedules.class)
> public @interface Scheduled {
> ```

```
    String cron() default "";  ····❶

    long fixedDelay() default -1;          ┐
                                           ├····❷
    String fixedDelayString() default "";  ┘

    long fixedRate() default -1;           ┐
                                           ├····❸
    String fixedRateString() default "";   ┘

    long initialDelay() default -1;  ····❹

    TimeUnit timeUnit() default TimeUnit.MILLISECONDS;  ····❺

    String zone() default "";  ····❻
}
```

❶ 스케줄링 설정 속성으로, 크론 표현식(cron expression)을 사용하여 스케줄링을 설정한다.

❷ 스케줄링 설정 속성으로, fixedDelay에 설정된 시간만큼 태스크와 태스크 사이의 지연 시간을 설정할 수 있다. 실행한 태스크가 종료되면 설정된 시간만큼 쉬고 다음 태스크를 실행한다. long 값으로 설정할 때는 fixedDelay 속성을 사용하고, String 값으로 설정할 때는 fixedDelayString 속성을 사용한다.

❸ 스케줄링 설정 속성으로, fixedRate에 설정된 시간만큼 태스크와 태스크 사이의 실행 주기를 설정할 수 있다. 태스크를 실행하고 설정된 시간 후 다시 태스크를 실행한다. long 값으로 설정할 때는 fixedRate 속성을 사용하고, String 값으로 설정할 때는 fixedRateString 속성을 사용한다.

❹ 스케줄링 설정 속성으로, 스케줄링 기능이 초기화된 후 initialDelay에 설정된 시간만큼 쉬고 첫 태스크를 실행한다. 초기 지연 값이므로 두 번째 실행하는 태스크부터는 영향이 없다. fixedDelay와 fixedRate 속성을 조합하여 사용한다.

❺ @Scheduled에 설정된 기본 시간 단위는 밀리초로, 이를 변경할 때 사용하는 속성이다. TimeUnit에 설정된 상수를 사용하여 설정한다.

❻ 스케줄링할 수 있는 타임존 값을 설정한다. 설정하지 않으면 서버에 설정된 타임존 값을 사용한다. 한국의 타임존 값은 "Asia/Seoul"이며, 설정된 타임존 값은 java.util.TimeZone 클래스에 getTimeZone() 메서드를 사용하여 변경한다.

스케줄링 속성 중에서 cron, fixedDelay, fixedRate 속성을 좀 더 자세히 살펴보자.

11.2.1 cron 속성과 클론 표현식

cron 속성에 사용할 수 있는 클론 표현식은 그림 11-1과 같이 여섯 자리로 표현할 수 있다.

▼ 그림 11-1 크론 표현식의 자리 의미

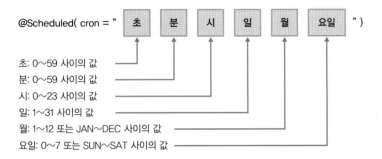

크론 표현식은 총 여섯 자리로 구성되어 있다. 왼쪽부터 첫 번째 자리는 초를 의미하고, 마지막 여섯 번째 자리는 요일을 의미한다. 기본적으로 각 자리에는 숫자를 사용하여 설정할 수 있으며, 자릿수에 따라 시간을 나타내는 문자열이나 크론 표현식 문자를 사용할 수 있다. 달을 의미하는 자리에는 1월부터 12월을 의미하는 숫자를 입력할 수 있으며, 숫자 대신 JAN부터 DEC까지 문자열을 입력해도 된다. 요일을 의미하는 자리에는 0부터 7까지 숫자를 입력할 수 있다. 이때 일요일은 0이나 7을 의미하며 차례대로 월요일은 1, 토요일은 6이다. 마찬가지로 SUN부터 SAT까지 문자열을 입력해도 된다.

이와 별개로 숫자를 대신하여 크론 표현식 문자를 설정할 수 있다. 사용할 수 있는 표현식 문자는 다음과 같다.

- *****: 모든 값
- **?**: 어떤 값이든 상관없음
- **,**: 배열 설정 **예** 0, 1, 2, 3
- **-**: 범위 설정 **예** 10-20(10에서 20 사이)
- **/**: 초깃값과 증분 값 설정 **예** 0/10(초깃값 0, 증분 값 10)
- **#**: 요일과 몇 번째를 설정 **예** 5#2(목요일#두 번째)

- **L**: 마지막을 의미

- **W**: 스케줄링된 날부터 가까운 평일 의미

자리마다 사용할 수 있는 표현식 문자는 다음과 같다.

- **초**: *, /, ,, -

- **분**: *, /, ,, -

- **시**: *, /, ,, -

- **일**: *, /, ,, -, ?, L, W

- **달**: *, /, ,, -

- **요일**: *, /, ,, -, ?, L, #

다음 몇 가지 크론 표현식 예제를 살펴보자.

- **@Scheduled(cron="* 0/10 * * * ?")**: 10분마다 태스크를 스케줄링하여 실행한다.

- **@Scheduled(cron="0 0 2 * * ?")**: 매일 새벽 2시 정각마다 태스크를 스케줄링하여 실행한다.

- **@Scheduled(cron="0 0 6 * * SUN")**: 매주 일요일 오전 6시 정각마다 태스크를 스케줄링하여 실행한다.

- **@Scheduled(cron="0 0 1,2,3 ? * MON")**: 매주 월요일 새벽 1시 00분, 2시 00분, 3시 00분에 태스크를 스케줄링하여 실행한다.

크론 표현식은 스프링 프레임워크 내부에서 o.s.scheduling.support의 CronExpression 클래스[1]의 parse() 메서드를 사용하여 파싱한다. 크론 표현식을 확인하고 싶다면 다음과 같은 테스트 케이스를 작성하여 확인하는 것을 추천한다.

크론 표현식을 확인하는 CronExpression 테스트 케이스

```
public class CronExpressionTest {

    @Test
    public void testParse() {
        CronExpression expression = CronExpression.parse("0/5 * * * * ?"); ----❶
```

---

1   스프링 5.3 버전부터 CronExpression 클래스를 사용한다.

```
        LocalDateTime nextScheduled = expression.next(LocalDateTime.of(2022, 1, 1, 0, 0,
0));
                                          ❷

        Assertions.assertEquals("2022-01-01T00:00:05", nextScheduled.toString()); ····❸
        Assertions.assertEquals("2022-01-01T00:00:10", expression.next(nextScheduled).
toString()); ····❹
    }
}
```

❶ CronExpression 클래스의 parse( ) 메서드는 크론 표현식을 파싱하여 CronExpression 객체를 생성한다.

❷ CronExpression의 next( ) 메서드는 인자로 받은 시간의 다음 스케줄링 시간을 응답한다.

❸ ❷에서 사용한 2022-01-01 00:00:00 인자의 다음 스케줄링 시간인 nextScheduled 값은 2022-01-01 00:00:05다.

❹ nextScheduled를 사용하여 다음 next( ) 메서드를 실행하면 2022-01-01 00:00:10이다.

스케줄링된 태스크들은 어떻게 실행되는지 그림 11-2에서 살펴보자.

▼ 그림 11-2 스케줄링 주기와 태스크 실행 시간에 따른 실행 횟수

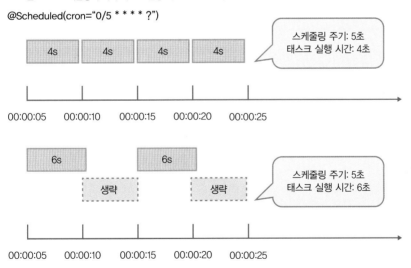

그림 11-2에 설정된 크론 표현식은 "0/5 * * * * ?"이므로 0초, 5초, 10~55초마다 태스크를 실행한다. 이 그림 11-2는 두 가지 상황을 가정하고 스케줄링된 태스크들이 어떻게 실행되는지 표현한 것이다. 첫 번째는 태스크 실행 시간과 스케줄링된 시간이 적절히 배분되어 태스크 사이에

중첩되지 않는 상황이다. 두 번째는 태스크 실행 시간이 길어져 스케줄링된 시간에 이전 태스크가 여전히 실행되고 있는 상황이다. 그래서 태스크들이 중첩되어 있다.

태스크 실행 시간이 스케줄링 주기보다 짧을 때는 매번 태스크가 실행된다. 그래서 5초마다 태스크가 실행되는 것을 확인할 수 있다. 태스크를 실행하는 시간이 스케줄링 시간을 초과한다면 다음 스케줄의 태스크를 실행하지 않는다. 즉, 중첩된 시간의 태스크는 실행하지 않는다. 00시 00분 00초에 실행한 태스크가 종료되는 데 16초가 걸렸다면, 00시 00분 05초, 00시 00분 10초, 00시 00분 15초의 태스크는 실행되지 않는다. 그리고 다음 00시 00분 20초에 스케줄링된 태스크가 실행된다.

태스크 실행 시간은 개발자 생각처럼 정해진 시간에 끝나지 않는다. 처음에는 개발자 생각대로 종료하지만, 우리는 항상 장애 상황이나 시스템에 문제가 있을 때를 대비해야 한다. 사용자 요청이 순간적으로 급증하거나 데이터베이스나 시스템에 평상시보다 큰 부하가 발생할 수 있다. 서비스 규모가 커지면 데이터 저장소의 데이터 크기가 커지므로 태스크 실행 시간도 점점 늘어날 수 있다. 이런 실행 시간과 같은 지표는 성능과 관련이 있으므로 모니터링을 해서 그 추이를 판단하는 것이 좋다. 하지만 태스크를 작성할 때 항상 다음과 같이 이전 상태에 영향을 받지 않도록 개발하는 것이 좋다. 단편적인 예제이지만 다음 내용을 읽어 보자.

- 신규 가입한 사용자에게 웰컴 쿠폰을 보내는 태스크를 작성한다.
- @Scheduled(cron="0 0/5 * * * ?") 애너테이션을 사용하여 5분 간격으로 태스크를 실행한다.
- User 테이블에는 created_at과 welcome_flag 필드를 포함하고 있다. created_at은 가입한 시간을 저장하고, welcome_flag는 웰컴 메일 송신 여부를 저장한다.

다음 코드는 장애에 취약한 코드와 장애에 견고한 코드를 동시에 보여 준다.

```
// 장애에 취약한 코드
LocalDateTime from = LocalDateTime.now().withSecond(0).minusMinutes(5);
LocalDateTime to = LocalDateTime.now().withSecond(0);
userRepository.findByCreatedAtBetween(from, to);

// 장애에 견고한 코드
LocalDateTime to = LocalDateTime.now().withSecond(0);
WelcomeFlag flag = WelcomeFlag.UNSENT;
Integer fetchCount = 1000;
userRepository.findByCreatedBeforeAndWelcomeFlagAndSize(to, flag, fetchCount);
```

장애에 취약한 코드는 지난 5분간 데이터만 조회하는 로직으로 개발되어 있다. 00:10:00에 실행해야 하는 태스크가 생략되었다고 가정하자. 00:05~00:10 사이에 가입한 사용자에게는 웰컴 메일을 전송하지 못한다. 그리고 다음 스케줄인 00:15:00에 실행하는 태스크는 00:10~00:15 사이에 가입한 사용자만 조회한 후 웰컴 메일을 전송한다. 결국 몇몇 사용자에게는 이메일을 전송하지 못하게 된다.

장애에 견고한 코드는 현재 시간보다 작고 WelcomeFlag가 UNSENT인 사용자들만 조회한다. 태스크 시스템에 장애가 10시간 동안 발생하고 그 사이에 가입한 사용자가 1만 명이라고 가정하자. fetchCount 인자가 없다면 findBy() 메서드는 한 번에 1만 명을 쿼리할 것이다. 1만 명의 데이터를 동시에 처리하면 다시 장애가 발생할 수 있다. 그러므로 5분 동안 처리할 수 있는 임의의 숫자를 넣어 적절히 처리하는 것이 중요하다.

11.2.2 fixedDelay 속성

fixedDelay 속성은 태스크와 태스크 사이의 시간 간격을 설정하는 데 사용한다. 태스크를 실행한 후 설정된 시간이 지나면 다른 태스크를 실행한다. 그림 11-3은 fixedDelay 속성에 5초를 설정하면 태스크들이 어떻게 스케줄링되는지 보여 준다.

▼ 그림 11-3 스케줄링 주기와 태스크 실행 시간에 따른 실행 횟수

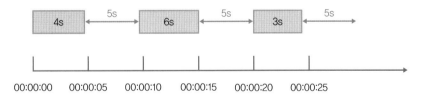

fixedDelay는 태스크와 태스크 사이의 간격을 설정하므로 cron 속성처럼 태스크가 중복되는 경우는 발생하지 않는다.

11.2.3 fixedRate 속성

fixedRate 속성은 설정된 시간 주기에 맞추어 태스크를 실행한다. 그림 11-4에 설정된 @Scheduled의 fixedRate는 5초다. 그러므로 5초 간격으로 태스크를 실행한다. 앞서 설명한 cron

예제 속성도 5초 간격으로 태스크를 실행한다. 하지만 두 설정의 차이점은 cron은 정해진 시각에 태스크를 실행하고, fixedRate는 애플리케이션이 시작한 후 5초 간격으로 태스크를 실행한다. fixedRate는 cron처럼 정해진 시각에 태스크를 실행할 수 없다.

▼ 그림 11-4 스케줄링 주기와 태스크 실행 시간에 따른 실행 횟수

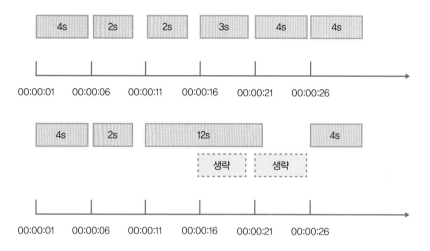

그림 11-4는 두 가지 경우의 태스크 실행 스케줄링을 표현한 것이다. 위쪽 그림은 00:00:01에 최초로 태스크가 실행되었고, 5초 간격으로 태스크들이 실행된다. 태스크들의 처리 시간은 2~4초 사이로 fixedRate 속성으로 설정된 5초보다 빨리 끝난다. 그래서 태스크들이 중첩되어 스케줄링되지 않는다. 아래쪽 그림은 태스크의 실행 시간이 스케줄링 주기보다 느린 경우를 표현한 것이다. 아래쪽 그림에서 세 번째 태스크의 실행 시간은 12초다. 이때는 그림과 같이 세 번째 태스크와 중복된 두 개의 태스크는 생략된다.

일반적인 상황에서는 태스크 실행 시간이 스케줄링 주기를 초과하지 않는다. 테스트하는 과정에서 개발자들이 실행 시간을 참고하여 스케줄링 주기를 설정하기 때문이다. 장애 상황이나 장애를 복구 중인 상황이라면 태스크 실행 시간이 예상보다 길어질 수 있다. 이런 상황에서는 작성한 코드대로 동작하지 않을 수 있다. 그러므로 시간에 의존적인 개발보다는 이전 상태 이후 변경되지 않는 것들을 배치 프로세싱하는 것이 중요하다.

11.3 배치 서버 아키텍처

이 절에서는 배치 프로세싱을 위해 서버를 구성하는 몇 가지 패턴을 설명한다. 일반적으로 배치 프로세스 대상 데이터의 크기가 매우 크거나 여러 가지 태스크를 복합적으로 결합하여 데이터를 가공할 때는 시스템 리소스가 많이 필요하다. 그러므로 반드시 배치 프로세싱을 위한 서버군을 구성하여 처리해야 한다. 태스크들이 복합적으로 결합해서 데이터를 가공할 때는 태스크 간 의존성이 있는 경우다. 즉, 앞선 태스크가 처리한 데이터를 재가공해서 새로운 데이터를 뽑아내는 태스크는 태스크 사이에 의존성이 있다고 한다. 이때는 일반 스프링 프레임워크를 사용하는 것보다 스프링 배치 프레임워크를 사용하는 것이 좋다. 스프링 배치 프레임워크는 배치 프로세싱에 적합한 애플리케이션 구조와 기능들을 제공한다.

이 책에서는 비교적 데이터 크기가 작은 마이크로 배치 프로세싱을 대상으로 한다. 이 경우 별도의 배치 서버군을 구성해서 배치 프로세싱을 서비스에서 격리해도 된다. 하지만 별도의 서버군을 구축하는 것이 오히려 시스템 낭비일 정도로 작은 배치 프로세스는 REST-API 서버군에서 실행해도 된다. 한 코드베이스에 API와 배치 프로세스가 모두 포함되어 있으므로 전체 비즈니스 로직을 파악하기에는 유리한 장점도 있다.

배치 서버를 독립적으로 구성하여 배치 프로세스를 실행하든 API 서버에서 실행하든 간에 장애에 대비하는 것이 필요하다. 고가용성을 위해서는 두 대 이상의 서버가 필요하다. 두 대 이상의 배치 서버를 구성할 때 주의할 점은 중복 실행이다. 즉, A 서버에서 실행한 태스크를 B 서버에서 동시에 실행하면 데이터가 중복 처리될 가능성이 있다. 또한 동시에 실행한 배치 프로세스는 공유 자원에 데드 락을 발생할 수 있다. 그래서 필자는 다음 방법을 주로 사용하여 데드 락을 회피한다.

- 모든 서버군의 서버는 NTPD를 사용하여 서버 시간을 동기화한다.
- 배치 프로세스의 스케줄링은 @Scheduled 애너테이션의 cron 속성을 사용하여 실행한다. 서버군에 포함된 모든 서버의 배치 프로세스는 모두 같은 시간에 실행된다.
- 중복 실행을 막고자 레디스의 분산 락을 사용하여 가장 먼저 실행된 배치 프로세스가 데이터를 처리하도록 한다.
- 장애에 견고한 코드를 작성하여 실행되지 못한 태스크는 자동으로 복구할 수 있도록 작성한다. 짧은 주기의 배치 프로세스가 아니라면 수동으로 복구할 수 있는 기능을 개발한다.

11.3.1 단독 배치 서버 구성

별도의 배치 서버군을 단독으로 구성한다면 그림 11-5와 같이 구성할 수 있다. 그림 11-5의 두 서버에는 같은 코드베이스에서 생성된 패키지 파일을 배포한다. 그리고 @Scheduled 애너테이션을 사용하여 태스크 스케줄링을 설정하고 실행한다. 이때 @Scheduled의 cron 속성을 사용하여 두 서버 모두 같은 시간, 같은 주기, 같은 태스크를 실행한다. 중복 실행을 막고자 레디스의 분산 락을 사용한다. 그림 11-5에서는 배치 서버 #1의 태스크가 먼저 분산 락을 점유한 것을 알 수 있다. 배치 서버 #1 장비나 네트워크에 문제가 발생하여 장애 상황이 되면 배치 서버 #2의 태스크가 실행되므로 고가용성을 확보할 수 있다.

▼ 그림 11-5 단독 배치 서버군 아키텍처

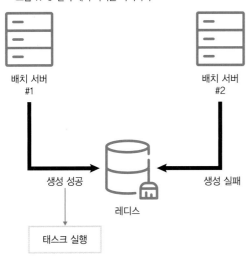

레디스 분산 락을 사용하려면 다음 코드를 참고하자. 이 로직에는 몇 가지 설계가 필요하다. 레디스에 분산 락을 생성할 때는 반드시 유효 기간을 설정해야 한다. 그래서 다음 코드에는 분산 락을 삭제하는 별도의 코드가 없다. 또한 유효 기간 시간은 충분히 길게 설정할 필요가 있다. 아무리 두 서버가 NTPD를 사용하여 시간을 보정해도 두 서버의 시간이 다를 수 있다. 그러므로 분산 락의 유효 기간이 짧으면 중복 실행 방지를 막을 수 없다. 어차피 분산 락은 유효 기간 때문에 자동 삭제되므로 넉넉하게 설정하자. 저장 공간이 넉넉하다면 1~2일로 설정해도 무방하다.[2] 마지막으로 매 주기마다 생성되는 분산 락의 키 값은 달라야 한다. 그렇지 않으면 다음 주기에 실행되는 태스크는 이전 주기의 태스크가 생성한 분산 락과 비교할 때 오판할 수 있다.

---

2 5분 주기로 설정한 태스크 분산 락의 유효 기간을 2일로 설정해도 최대 576개까지 저장된다.

```
@Scheduled(cron="0 0/5 * * * ?")
public void sendWelcomeEmail() {
    LocalDateTime localDateTime = LocalDateTime.now().withSecond(0).withNano(0); ⋯❶
    DateTimeFormatter fmt = DateTimeFormatter.ofPattern("yyyyMMddhhmmss");
    String lock = "LOCK::" + fmt.format(localDateTime); ⋯
                                                              ⋮⋯❷
    boolean isMine = redisAdapter.createLock(lock); ⋯

    if (!isMine) ⋯
        return; ⋯   ❸

    userServcie.sendWelcomEmailByTime(localDateTime);
}
```

❶ 분산 락에 사용할 시간 값이므로 초 값과 나노초 값을 초기화한다. 00:00:05에 실행 예정인 태스크는 시스템 상황에 따라 00:00:06 코드가 실행될 수 있다. 그러므로 초기화한다.

❷ 분산 락 키를 생성하고 레디스에 저장한다. 분산 락 키는 시간 기반 값이므로 다음 주기에 실행되는 태스크에서 생성한 키와 다르다. 이때 키와 같은 값이 레디스에 이미 있으면 false를 응답하고, 같은 값이 없으면 키를 생성하고 true를 응답한다.

❸ 같은 키가 이미 있으면 다른 태스크가 실행 중이므로 분산 락을 생성하는 데 실패한 태스크는 종료한다.

배치 서버에 배포될 스프링 부트 프레임워크에는 REST-API와 관련된 기능을 자동 설정으로 제공할 필요가 없다. 그러므로 스프링 부트의 설정을 사용하여 웹 서버 기능을 사용하지 않도록 설정한다. 다음은 배치 서버를 위해 application.properties에 spring.main.web-application-type 속성을 설정하는 예제다. 스프링 부트는 다음 속성 값을 사용하여 웹 애플리케이션을 설정한다. 설정할 수 있는 값은 NONE, SERVLET, REACTIVE다. 순서대로 웹 서버를 사용하지 않는 값, 서블릿 스타일의 웹 서버를 설정하는 값, 비동기 리액티브 스타일의 웹 서버를 설정하는 값이다. 웹 서버 기능을 사용하지 않을 때는 none을 설정하면 된다.

```
spring.main.web-application-type = none
```

11.3.2. 젠킨스와 REST-API 서버군 구성

젠킨스는 CI/CD 툴로 알려져 있지만, 스케줄링과 각종 명령어를 실행할 수 있다. 젠킨스를 이용하면 스프링 프레임워크의 @Scheduled 기능 없이 쉽게 배치 프로세싱을 구현할 수 있다. 그림 11-6을 확인해 보자.

▼ 그림 11-6 젠킨스와 REST-API 서버군을 사용한 배치 프로세싱

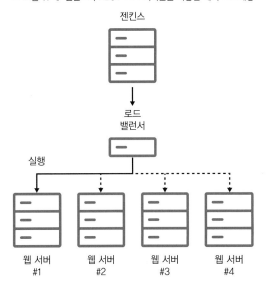

모든 웹 서버는 REST-API를 제공하고 해당 REST-API를 호출하면 특정 태스크를 실행한다. 젠킨스는 REST-API를 호출할 수 있는 기능을 제공하며, REST-API를 호출하는 스케줄을 설정할 수 있다. 이외에도 REST-API 실행 결과를 저장하고 조회할 수 있는 장점도 있다. 그러므로 젠킨스를 사용하면 @Scheduled 애너테이션 기능처럼 원하는 주기에 원하는 기능을 실행할 수 있다. 그림 11-6과 같이 젠킨스는 주기적으로 로드 밸런서에 REST-API를 호출하고 로드 밸런서로 네 개의 서버 중 하나의 서버가 해당 요청을 처리한다.

그림 11-6을 보면 REST-API를 제공하는 여러 서버가 로드 밸런서에 포함되어 있다. 그러므로 웹 서버 #1에 장애가 발생하면 다른 웹 서버들이 요청을 처리할 수 있다. 이처럼 로드 밸런서로 고가용성을 확보할 수 있으며, API 서버 외에 별도의 배치 서버를 구성하지 않아도 되는 장점이 있다. 또한 배치 서버를 위한 별도의 코드베이스를 구성하지 않고 하나의 코드베이스를 사용하여 API와 배치 기능을 개발할 수 있다.

하지만 스케줄링과 REST-API 실행을 하는 외부 시스템인 젠킨스 서버도 장애가 발생할 수 있다. 그러므로 두 대 이상의 젠킨스 서버를 구축하여 고가용성을 확보해야 한다. 전체 시스템 구성상 REST-API 서버 외에도 추가적인 젠킨스 서버군이 필요하다. 하지만 이 구성에는 분산 락을 생성할 필요 없으므로 레디스 서버가 없어도 되는 특징이 있다.

11.3.3 @Scheduled와 REST-API 서버군 구성

그림 11-7은 REST-API 서버에 @Scheduled 애너테이션을 사용하여 배치 프로세싱을 실행하는 구조다. 모든 웹 서버에 같은 주기와 같은 시간, 같은 태스크를 실행하므로 분산 락이 필요하다. 앞서 설명한 '단독 배치 서버'처럼 코드를 작성하면 된다. 단 REST-API 코드베이스에 배치 프로세싱 기능을 개발하여 배포하는 것이 다를 뿐이다. 이때는 별도의 젠킨스 서버나 배치 서버가 필요하지 않다. 하지만 배치 프로세싱의 작업 크기가 커지면 특정 REST-API 서버에 부하가 걸릴 수 있다. 그러므로 언제든지 별도의 배치 서버로 분리할 수 있도록 준비해야 한다.

❤ 그림 11-7 REST-API 서버군과 분산 락을 이용한 배치 프로세싱

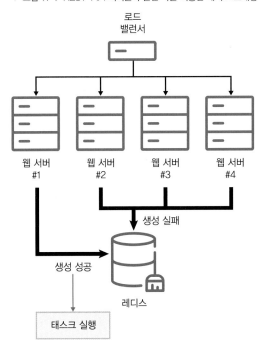

12^장

스프링 이벤트

이 장에서 다룰 핵심 내용

- 애플리케이션에서 필요한 이벤트 메시지를 사용자가 직접 정의하고 이를 스프링 이벤트를 이용하여 전파하는 방법
- 멀티 스레드 비동기 방식을 이용하여 이벤트 메시지를 구독하는 두 가지 방법
- 스프링 애플리케이션에서 미리 정의해서 제공하는 이벤트 메시지의 종류와 이를 구독하는 방법
- 트랜잭션이 종료하는 시점, 즉 커밋이나 롤백에 따라 구독한 이벤트를 실행하는 방법

스프링 프레임워크는 다양한 타입의 이벤트 메시지를 게시하고 구독할 수 있는 일련의 메커니즘을 제공한다. 이를 스프링 이벤트라고 한다. 스프링 이벤트는 스프링 프레임워크에서 제공하는 클래스와 애너테이션으로 사용할 수 있다.

스프링 이벤트와 가장 많이 혼동하는 것은 RabbitMQ, ActiveMQ 같은 외부 시스템 메시지 브로커(message broker)를 사용하는 이벤트 처리 아키텍처다. 스프링 이벤트처럼 메시지를 게시하고 구독할 수 있다. 하지만 메시지 브로커 아키텍처는 프로세스와 프로세스 또는 인스턴스와 인스턴스 사이에 이벤트 메시지를 게시하고 구독하는 목적으로 사용한다. 이때 메시지 브로커가 중간에서 이벤트 메시지를 전달하는 큐(queue) 역할을 한다. 그러므로 프로세스 사이에 서로 데이터를 주고받을 수 있다. 또한 메시지를 게시 · 구독하는 과정에서 신뢰성을 보장하므로 데이터 누락 없이 이벤트 메시지를 전파할 수 있다. MSA 환경에서는 한 컴포넌트에서 다른 여러 컴포넌트에 데이터를 전파하는 목적으로 사용하거나 메시지 큐에 메시지를 쌓아 두고 주기적으로 배치 프로세싱하는 데 주로 사용한다.

스프링 이벤트는 스프링 애플리케이션 내부에서 이벤트를 게시하고 구독하는 목적으로 사용한다. 이때 ApplicationContext는 메시지 큐처럼 이벤트 메시지를 전달하는 역할을 한다. 애플리케이션 내부에서 객체와 객체 사이에 이벤트 메시지를 전달할 수 있다. 이때 싱글 스레드뿐만 아니라 멀티 스레드로 이벤트를 구독하고 처리할 수 있다. 그러므로 메시지 큐 아키텍처와 스프링 이벤트는 사용하는 목적이 다르다.

이 장에서는 두 가지 방법을 사용하여 멀티 스레드로 이벤트를 처리하는 방법을 설명한다. 첫 번째는 이벤트 메시지를 전달하는 ApplicationEventMulticaster를 설정하는 방법이며, 두 번째는 스프링 프레임워크에서 제공하는 @Async 애너테이션을 사용하는 방법이다.

12.1 스프링 이벤트 장점

스프링 애플리케이션을 작성할 때 스프링 이벤트를 사용하면 다음 장점이 있다.

- 이벤트를 게시하는 클래스와 이벤트를 구독하는 클래스의 의존 관계를 분리할 수 있다.
- 이벤트를 게시 · 구독하는 두 클래스를 비동기로 처리할 수 있다.

- 게시된 하나의 이벤트 메시지를 여러 개의 구독 클래스가 수신할 수 있다.
- 스프링 이벤트를 이용하여 트랜잭션을 효율적으로 사용할 수 있다.

클래스 사이의 의존 관계를 어떻게 분리하는지 알아보기 전에 다음 에피소드를 읽어 보자.

> **에피소드** 스프링 투어는 가입자 숫자를 늘리는 이벤트를 개발하려고 한다. 신규 고객이 서비스에 가입하면 3만 원 가량의 포인트가 포함된 웰컴 쿠폰을 이메일로 발송하기로 결정했다. 기획자는 스프링 투어에 가입하는 즉시 이메일을 전송하는 방식을 제안했다. 또한 이 이벤트는 오픈 후 1개월 동안 유지하고, 가입자 증가 추세에 따라 다른 이벤트로 변경할 수 있다고 했다.
>
> 나개발은 현재 가입 프로세스 코드가 복잡해서 이벤트 관련 기능을 추가하는 것이 달갑지 않았다. 가입 이벤트가 언제 어떻게 변경되고 종료될지 정확히 결정되지 않아 가입 클래스에 다른 기능을 추가하는 것이 부담되었다. 이미 가입 클래스에는 수많은 코드가 스파게티처럼 꼬여 있었기 때문이다. 이때 나선배는 말했다.
>
> "스프링 이벤트를 사용하면 가입 기능과 쿠폰 발송 기능을 분리할 수 있어."

사용자를 가입하는 REST-API의 URI는 'POST /users'라고 하자. 일반적인 방식으로 개발한다면 REST-API는 사용자 정보를 생성하는 UserService 클래스의 createUser() 메서드를 호출한다. 그리고 createUser() 메서드 내부에서는 웰컴 쿠폰을 이메일로 발송하는 EventService 클래스의 sendEventEmail() 메서드를 호출한다.

UserService 클래스의 createUser() 메서드

```
@Service
public class UserService {

    @Autowired
    private EventService eventService;

    public Boolean createUser(String userName, String emailAddress) {
        // 사용자 생성 로직 생략
        eventService.sendEventMail(emailAddress);
        return Boolean.TRUE;
    }
}
```

UserService 클래스의 코드를 보면 @Autowired 애너테이션을 사용하여 EventService 스프링 빈을 주입받는다. 두 클래스는 느슨하게 결합되어 있지만 기능적 측면에서 복잡도는 증가한다. 사용자 가입 API에서 사용자를 생성하는 UserService 클래스는 주요 기능이며, 웰컴 쿠폰을 보내는 EventService는 부가 기능이다. 상황에 따라 웰컴 쿠폰 대신 포인트를 적립하는 이벤트로 대체하거나 심지어는 이벤트를 종료할 수 있다. 하지만 사용자를 생성하는 기능은 이벤트 기능에 따라 변경되지 않는다. 즉, 두 기능은 서로 관련이 없다. 서로 분리하여 결합도를 낮추는 것이 유지 보수에 유리하다. 스프링 이벤트를 이용하여 두 기능을 분리하는 예제는 12.2절부터 계속해서 설명한다.

스레드 풀을 스프링 이벤트에 적용하면 이벤트 처리 부분을 비동기로 동작할 수 있다. 즉, 사용자를 가입시키는 UserService의 createUser()를 실행하는 스레드와 쿠폰 이메일을 발송하는 EventService의 sendEventMail()을 실행하는 스레드를 분리할 수 있다. UserService의 createUser() 메서드가 종료되면 사용자에게 REST-API 응답을 하고, 애플리케이션 내부에서는 EventService의 sendEventMail() 메서드를 동시에 실행할 수 있다. 별도의 스레드에서 동작하는 시간만큼 사용자에게 빠르게 응답할 수 있다.

스프링 이벤트로 시스템 리소스를 효과적으로 사용할 수 있다. 특히 데이터베이스 트랜잭션으로는 트랜잭션을 효율적으로 사용할 수 있다. 예를 들어 UserService의 createUser() 메서드는 사용자 정보와 관련된 A · B · C 테이블에 트랜잭션과 함께 CRUD 쿼리를 사용한다고 하자. EventService의 sendEventMail() 메서드도 사용자와 이벤트에 관련된 C · D · E · F 테이블에 CRUD 쿼리를 사용한다고 가정한다. 이 두 기능을 하나의 트랜잭션에서 실행한다면 트랜잭션 시간이 길어진다. 시간이 길어지고 쿼리를 하는 데이터가 많아진다면 해당 리소스에 락을 유지하는 시간도 길어진다. 이런 쿼리가 동시에 실행된다면 그만큼 데드 락이 발생할 확률이 높아진다. 비즈니스 로직상 두 트랜잭션을 분리할 수 있다면 데이터베이스 리소스를 효율적으로 사용할 수 있을 것이다.

EventService의 sendEventMail() 메서드에 적용된 트랜잭션도 더욱 정교하게 사용할 수 있다. ApplicationContext는 트랜잭션 종료 시점을 여러 단계로 구분하고 정의된 단계에서 이벤트를 처리하는 기능을 제공한다. sendEventMail() 메서드 내부에 쿼리 관련 기능과 이메일을 전송하는 SMTP 연동 코드가 포함되어 있다고 생각하자. 그러면 SMTP의 API를 호출하는 시간까지 트랜잭션 처리 시간에 포함된다. 그 시간만큼 트랜잭션이 유지된다. 트랜잭션이 정상적으로 커밋된 후 SMTP의 API를 호출할 수 있다면 트랜잭션을 보다 효율적으로 관리할 수 있다.

12.2 사용자 정의 이벤트 처리

개발자가 직접 정의한 이벤트 메시지를 게시하고 구독하려면 다음 세 개의 클래스가 필요하다.

- **이벤트 메시지**(event message) **클래스**: 게시 클래스와 구독 클래스 사이에 공유할 데이터를 포함하는 클래스다. 이벤트 객체, 메시지 객체 등 여러 가지 이름으로 부른다.
- **게시 클래스**(publisher): 구독 클래스에 전달할 이벤트 메시지를 생산하고 게시하는 클래스 다. ApplicationContext에 이벤트 메시지를 전달하는 과정을 게시(publish)라고 한다.
- **구독 클래스**(listener): ApplicationContext에서 전달받은 이벤트 메시지를 구독하고 부가 기 능을 실행하는 클래스다. ApplicationContext에서 이벤트 메시지를 전달받는 과정을 구독 (listen)이라고 한다.

이 세 가지 클래스의 관계는 그림 12-1과 같다. 게시 클래스가 게시한 이벤트 메시지와 구독 클 래스가 구독하는 이벤트 메시지는 같은 객체다. 이 객체가 이벤트 메시지이며, 이 모든 과정은 ApplicationContext가 중계한다.

▼ 그림 12-1 구독 클래스, 게시 클래스, 이벤트 메시지의 관계

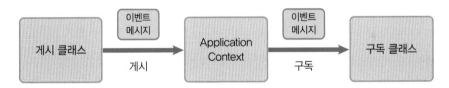

ApplicationContext에 이벤트를 게시하고 구독하는 메커니즘을 사용하려면 스프링 프레임워크에 서 제공하는 몇 가지 기능을 써야 한다.

- **o.s.context.ApplicationEvent**: 애플리케이션에서 사용할 이벤트 메시지 클래스는 ApplicationEvent 클래스를 상속받아야 한다.
- **o.s.context.ApplicationPublisher**: 스프링 프레임워크에서 기본으로 제공하는 스프링 빈 이며, 이벤트 메시지를 게시할 수 있는 publishEvent() 메서드를 제공한다. 이벤트 메시지 를 게시하려면 ApplicationPublisher 스프링 빈을 주입받아 publishEvent() 메서드를 실행 해야 하므로 게시 클래스에서 사용한다.

- **o.s.context.ApplicationListener**: 이벤트 메시지를 구독할 수 있는 onApplicationEvent()
  메서드를 제공하는 인터페이스로, 구독 클래스가 구현해야 하는 인터페이스다.

우리가 만들 게시 클래스에서는 ApplicationPublisher를 사용하여 이벤트 메시지 객체를 게시하고, 구독 클래스에서는 ApplicationListener를 구현하여 onApplicationEvent() 메서드를 개발해야 한다. 이때 ApplicationContext는 스프링 이벤트에서 이벤트 메시지 객체를 중계하는 역할을 한다. 그래서 ApplicationContext가 이벤트 메시지의 클래스 타입을 확인하고 적절한 구독 클래스의 onApplicationEvent() 메서드를 찾는다. 또 이벤트 메시지 객체를 인자로 넣어 실행한다. ApplicationContext가 이 과정을 처리하려면 게시 클래스와 구독 클래스 모두 스프링 빈으로 로딩되어야 한다.

이벤트 메시지를 처리하는 과정을 예제 코드로 확인해 보자. 다음 코드는 이벤트 메시지 클래스인 UserEvent.java이며, 사용자를 생성하거나 삭제할 때 게시할 목적으로 사용한다. UserEvent 클래스 내부에서 선언된 Type 열거형을 사용하여 구분한다. 이 절에서 설명하는 모든 코드는 example12 모듈에서 확인할 수 있다.

UserEvent 클래스

```java
package com.springtour.example.chapter12.event.user;

@Getter
public class UserEvent extends ApplicationEvent {
                                        ❶

    private Type type;
    private Long userId;
    private String emailAddress;

    private UserEvent(Object source, Type type, Long userId, String emailAddress) {
        super(source); ----❷
        this.type = type;
        this.userId = userId;
        this.emailAddress = emailAddress;
    }

    public static UserEvent created(Object source, Long userId, String emailAddress) {
❹       return new UserEvent(source, Type.CREATE, userId, emailAddress);
    }
```

```
      ┌─── public enum Type {
    ❸─┤          CREATE, DELETE
      └─── }
    }
```

❶ UserEvent는 사용자를 생성하거나 삭제할 때 게시하는 이벤트 메시지 클래스이므로 ApplicationEvent를 상속한다.

❷ 부모 클래스 ApplicationEvent 생성자의 Object source 인자는 이벤트를 게시하는 클래스의 객체를 의미한다. 예를 들어 UserService 클래스에서 UserEvent 객체를 생성하고 게시한다면 UserService 객체를 Object source 인자로 넘기면 된다. ApplicationEvent 객체에 할당된 Object source는 Object getSource() 메서드를 사용하면 참조할 수 있다.

❸ UserEvent의 타입을 의미하는 열거형이며 상수 값은 CREATE, DELETE가 있다. 사용자를 생성할 때 UserEvent 객체는 UserEvent.Type.CREATE 타입 속성이며, 사용자를 삭제할 때는 UserEvent.Type.DELETE 속성이 할당된다.

❹ UserEvent 클래스의 속성은 이벤트 타입인 UserEvent.Type, 사용자의 고유 아이디 값인 Long userId, 이메일 주소인 String emailAddress가 있다. 클래스의 정적 팩토리 메서드는 인자들을 받아 각각 적합한 속성에 할당하는 내부 생성자를 호출한다. 또한 created() 정적 팩토리 메서드는 사용자가 생성될 때 호출한다. 그래서 내부에서는 Type.CREATE 열거형 상수를 UserEvent 생성자의 인자로 전달한다.

구조적으로 게시 클래스와 구독 클래스는 ApplicationContext로 서로 분리되어 있다. 오직 이벤트 메시지 객체만 서로 주고받을 수 있다. 그러므로 이벤트 메시지 객체는 구독 클래스에서 필요한 정보를 포함하는 것이 좋다. UserEvent 이벤트 메시지 객체에 userId가 없다면 구독 클래스에서 필요한 사용자 정보를 데이터베이스에서도 조회할 수 없다.[1]

예제에서는 사용자 생성 이벤트이므로 사용자의 고유 값(userId)과 구독 클래스에서 필요한 사용자 이메일 주소(emailAddress)를 속성으로 포함한다. 이 정보를 사용하여 구독 클래스에서 필요한 기능을 실행할 수 있다. 다음은 UserEvent를 게시할 수 있는 UserEventPublisher 클래스의 코드다.

---

1 구독 클래스에서도 필요한 정보가 있다면 데이터베이스에 조회할 수 있도록 설계하면 된다. 구독 클래스에서 불필요한 쿼리를 줄이고 싶다면 게시 클래스에서 구독 클래스에 필요한 모든 정보를 전달한다.

```
package com.springtour.example.chapter12.event.user;

@Slf4j
@Component
public class UserEventPublisher {

    private final ApplicationEventPublisher applicationEventPublisher; ----❶

    public UserEventPublisher(ApplicationEventPublisher applicationEventPublisher) {
        this.applicationEventPublisher = applicationEventPublisher;
    }

    public void publishUserCreated(Long userId, String emailAddress) {
        UserEvent userEvent = UserEvent.created(this, userId, emailAddress); ----❷
        log.info("Publish user created event.");
        applicationEventPublisher.publishEvent(userEvent); ----❸
    }
}
```

❶ ApplicationContext에 이벤트를 게시하는 기능을 제공하는 ApplicationEventPublisher 스프링 빈을 주입받는다. 이 스프링 빈은 스프링 프레임워크에서 제공한다.

❷ 이벤트 메시지 UserEvent 객체를 생성한다.

❸ ApplicationEventPublisher의 publishEvent() 메서드를 사용하여 UserEvent 이벤트 메시지 객체를 게시한다.

예제에서는 UserEvent 이벤트 메시지를 게시하는 UserEventPublisher 클래스를 따로 설계한다. 그래서 이벤트가 발생하는 어떤 클래스라도 UserEventPublisher의 publishUserCreated() 메서드를 호출하면 된다. example12 예제에서는 UserService의 createUser() 메서드에서 publishUserCreated() 메서드를 실행한다. 사용자를 삭제하는 이벤트를 처리해야 한다면 publishUserDeleted() 같은 메서드를 개발하면 되므로 유연하게 대처할 수 있다. 그래서 UserEvent의 Type 속성은 UserEvent.Type.CREATE와 DELETED 상수가 될 수 있다. 다음은 UserEvent를 구독하여 이벤트를 처리할 수 있는 UserEventListener 클래스의 코드다.

```
package com.springtour.example.chapter12.event.user;

@Slf4j
@Component
public class UserEventListener implements ApplicationListener<UserEvent> {
                                          ─────────────────────────────
                                                        ❶

    private final EventService eventService; ┄┄❷

    public UserEventListener(EventService eventService) {
        this.eventService = eventService;
    }

    @Override
    public void onApplicationEvent(UserEvent event) {
        if (UserEvent.Type.CREATE == event.getType()) {
            log.info("Listen CREATE event. {}, {}", event.getUserId(), event.
getEmailAddress());                                                              ❸
            eventService.sendEventMail(event.getEmailAddress());
        } else if (UserEvent.Type.DELETE == event.getType()) {
            log.info("Listen DELETE event");
        } else {
            log.error("Unsupported event type. {}", event.getType());
        }
    }
}
```

❶ 이벤트를 구독하는 클래스는 ApplicationListener 인터페이스를 구현하여 개발한다. 이때 ApplicatonListener의 제네릭 클래스 타입은 구독할 이벤트의 클래스 타입을 의미한다. 그러므로 ApplicationListener<UserEvent>다.

❷ UserEvent 이벤트 객체의 타입에 따라 기능을 실행할 EventService 스프링 빈을 주입한다. UserEventListener는 UserEvent를 구독하는 기능만 담당하고, 실제 이벤트를 처리하는 기능은 별도의 클래스에 위임하는 구조이기 때문이다.

❸ UserEvent의 type이 UserEvent.Type.CREATE일 때 EventService의 sendEventMail() 메서드를 호출한다.

코드를 보면 UserService와 EventService는 서로 의존성이 없다. 그러므로 이벤트가 변경되더라도 UserService의 코드에는 변경 사항이 발생하지 않는다. UserService의 코드가 매우 복잡하다면 스프링 이벤트를 사용하여 복잡성을 줄일 수 있다. 이 예제를 테스트하려면 Chapter12SyncApplication.java의 main() 메서드를 실행하자. 실행 결과는 다음과 같다. 결과를 보고 스레드 관점에서 스프링 이벤트 예제의 코드가 어떤 스레드에서 실행되는지 생각해 보자.

실행 결과

```
[  restartedMain] c.s.e.chapter12.service.UserService: created user. Byungboo Kim,
test.com
[  restartedMain] c.s.e.c.event.user.UserEventPublisher : Publish user created event.
[  restartedMain] c.s.e.c.event.user.UserEventListener : Listen CREATE event. 1239876,
test.com
[  restartedMain] c.s.e.chapter12.service.EventService : Send Email attached welcome
coupons. test.com
[  restartedMain] c.s.e.chapter12.service.UserService : done create user
```

실행 결과를 보면 UserService, UserEventPublisher, UserEventListener, EventService 모두 하나의 스레드에서 실행되었으며, 스레드 이름이 restartedMain인 것을 확인할 수 있다. 각 클래스에서 남긴 로그를 역추적하면 그림 12-2와 같은 순서로 클래스의 메서드들이 실행되는 것을 확인할 수 있다.

▼ 그림 12-2 스레드 하나에서 실행된 클래스들

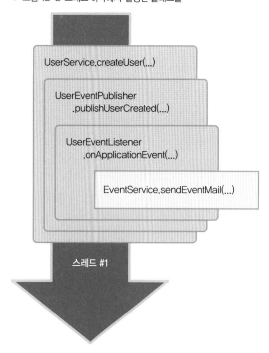

그림 12-2를 보면 클래스 네 개의 메서드들이 스택 구조로 실행된 것을 확인할 수 있다.
UserService -> UserEventPublisher -> UserEventListener -> EventService 순서대로 메서드
가 실행되고, 메서드의 종료는 역순으로 끝난다.

예제 코드를 보면 UserEvent, UserEventPublisher, UserEventListener는 UserService와
EventService의 관계를 느슨하게 만든다. 하지만 모든 클래스는 하나의 공통 스레드에서 실행된
다. UserService.createUser() 메서드에 @Transactional 애너테이션이 적용되어 트랜잭션이 실
행된다고 생각해 보자. 그림 12-2와 같이 모든 메서드가 종료되고 createUser() 메서드도 종료되
어야 해당 트랜잭션이 종료된다. 즉, 리소스에 낭비가 발생할 수 있는 상황이다. 이를 해결하기 위
해서는 다음 12.3절의 ApplicationEventMultiCaster를 설정하는 방법을 확인해 보자.

12.3 비동기 사용자 정의 이벤트 처리

ApplicationContext 내부에서는 이벤트를 게시하기 위해 ApplicationEventMulticaster를 사용
한다. 사용자가 ApplicationEventPublisher의 publishEvent()를 사용하여 이벤트 메시지를 게시
하면 ApplicationContext 내부에서는 ApplicationEventMulticaster로 이벤트 메시지를 게시한
다. 별도의 설정이 없다면 ApplicationEventMulticaster는 싱글 스레드로 동작한다. 이 절에서는
ApplicationEventMulticaster를 설정하여 멀티 스레드로 이벤트를 구독하는 방법을 설명한다.

다음은 AbstractApplicationContext 클래스다. 스프링 프레임워크가 어떻게 ApplicationEvent
Multicaster를 구성하는지 살펴보자.

AbstractApplicationContext 코드

```
public abstract class AbstractApplicationContext extends DefaultResourceLoader
implements ConfigurableApplicationContext {

    public static final String APPLICATION_EVENT_MULTICASTER_BEAN_NAME =
"applicationEventMulticaster";

    // 생략
```

```
    private ApplicationEventMulticaster applicationEventMulticaster;

}
```

AbstractApplicationContext는 ApplicationEventMulticaster를 클래스 속성으로 포함한다. 이 ApplicationEventMulticaster는 인터페이스이며 스프링 프레임워크에서는 SimpleApplication EventMulticaster 구현체를 제공한다. 기본값으로 설정된 ApplicationContext의 내부에서는 SimpleApplicationEventMulticaster 객체를 생성하여 사용한다. 이때 SimpleApplicationEvent Multicaster에 별도의 스레드 풀이 없다면 ApplicationEventPublisher의 publishEvent() 메서드 가 실행된 스레드에서 이벤트를 게시하고 그 이벤트를 구독한다. 그래서 12.2절 예제의 실행 결과 처럼 하나의 스레드에서 이벤트를 게시하고 구독한다.

AbstractApplicationContext의 내부 코드에서는 APPLICATION_EVENT_MULTICASTER_BEAN_NAME 상 수에 정의된 이름 'applicationEventMulticaster'를 사용하여 스프링 빈을 찾는다. 찾지 못하면 새로운 SimpleApplicationEventMulticaster를 생성하지만, 스프링 빈이 정의되어 있다면 해당 스프링 빈을 사용한다. 개발자가 직접 스레드 풀을 설정한 SimpleApplicationEventMulticaster 객체를 생성하고 스프링 빈 이름을 'applicationEventMulticaster'로 설정한다면 비동기로 이벤 트를 구독할 수 있다. 이 방식은 기존 게시 클래스와 구독 클래스의 수정 없이 비동기로 이벤트를 구독할 수 있다. 다음 예제 AsyncEventConfig 클래스에서 어떻게 스프링 빈을 생성하는지 확인해 보자.

AsyncEventConfig의 applicationEventMulticaster 스프링 빈 설정

```
package com.springtour.example.chapter12.config;

@Configuration
public class AsyncEventConfig {

    @Bean(name="applicationEventMulticaster") ····①
    public ApplicationEventMulticaster applicationEventMulticaster(TaskExecutor
asyncEventTaskExecutor) {
        SimpleApplicationEventMulticaster eventMulticaster = new SimpleApplicationEvent
Multicaster();
        eventMulticaster.setTaskExecutor(asyncEventTaskExecutor); ····③
        return eventMulticaster;
    }
```

```
···· @Bean
     public TaskExecutor asyncEventTaskExecutor() {
         ThreadPoolTaskExecutor asyncEventTaskExecutor = new ThreadPoolTaskExecutor();
❷ ··     asyncEventTaskExecutor.setMaxPoolSize(10);
         asyncEventTaskExecutor.setThreadNamePrefix("eventExecutor-");
         asyncEventTaskExecutor.afterPropertiesSet();
···      return asyncEventTaskExecutor;
     }
 }
```

❶ 반드시 AbstractApplicationContext에서 지정한 스프링 빈 이름으로 설정해야 한다.

❷ TaskExecutor 스프링 빈을 정의한다. ThreadPoolTaskExecutor 구현체를 사용하여 객체를 생성하고 풀에서 관리할 수 있는 최대 스레드의 개수는 열 개로 설정한다. 이때 스레드 풀에 포함된 스레드들의 이름은 머리말이 'eventExecutor-'로 시작한다. 마지막으로 afterPropertiesSet() 메서드를 실행하여 최종 설정한다.

❸ 주입받은 asyncEventTaskExecutor 스프링 빈을 eventMulticaster의 setTaskExecutor() 메서드를 사용하여 스레드 풀 설정에 사용한다.

예제를 실행하기 앞서 example12 모듈에는 ❶의 @Bean 애너테이션이 주석 처리되어 있다. 주석을 제거하고 Chapter12SyncApplication의 main() 메서드를 실행하자. 그러면 다음 결과 화면을 확인할 수 있다.

비동기로 설정된 ApplicationEventMulticaster에서 실행한 결과

```
[   restartedMain] c.s.e.chapter12.service.UserService        : created user. Byungboo
Kim, test.com
[   restartedMain] c.s.e.c.event.user.UserEventPublisher      : Publish user created
event.
[   restartedMain] c.s.e.chapter12.service.UserService        : done create user
[eventExecutor-1] c.s.e.c.e.s.ApplicationEventListener        : Application is Ready.
2022-02-19T11:39:56.819
[eventExecutor-1] c.s.e.c.event.user.UserEventListener        : Listen CREATE event.
1239876, test.com
[eventExecutor-1] c.s.e.chapter12.service.EventService        : Send Email attached
welcome coupons. test.com
```

코드를 변경하지 않고 ApplicationEventMulticaster를 설정한 것만으로도 비동기로 이벤트 메시지를 처리할 수 있다. 실행 결과 로그를 보면, UserService를 실행하는 스레드 'restartedMain'은 이벤트를 게시하는 UserEventPublisher의 publishUserCreated() 메서드까지 실행한다. 그리고 이벤트 메시지를 구독하는 UserEventListener와 이벤트를 처리하는 EventService의 sendEmail() 메서드는 'eventExecutor-1' 스레드에서 실행된다. 즉, 앞서 설정한 스레드 풀에서 실행된 것을 알 수 있다. 이를 그림으로 표현한 것이 그림 12-3이다. 그림 12-3과 같이 각기 다른 스레드에서 실행되고, 각 스레드의 종료 시점도 다르다.

▼ 그림 12-3 비동기로 설정된 ApplicationEventMulticaster에서 실행된 코드

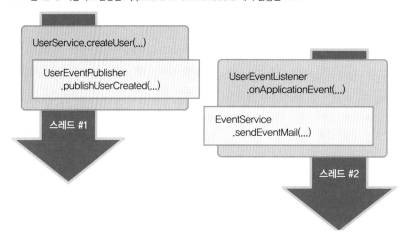

그림 12-3을 보면 스레드 #1에는 사용자를 생성하는 로직을 실행하고, 스레드 #2에는 이벤트 메일을 보내는 로직을 실행한다. 이렇게 서로 연관이 없는 로직을 코드상 분리하고 스레드도 분리할 수 있다. 그러므로 서로 연관 있는 작업만 실행할 수 있으므로 응집력 있는 애플리케이션을 만들 수 있다.

12.4 @Async 애너테이션을 사용한 비동기 이벤트 처리

스프링 프레임워크는 비동기 프로그래밍을 위한 @Async와 @EnableAsync 애너테이션을 제공한다. 이 기능은 스프링 AOP로 구현된 메커니즘이므로 사용자는 간단히 애너테이션을 선언하여 기능을 사용할 수 있다. 비동기로 실행하고 싶은 스프링 빈의 메서드에 @Async 애너테이션을 정의하면 해당 메서드는 비동기로 실행된다. 그리고 @EnableAsync 애너테이션을 자바 설정 클래스에 선언하면 비동기 기능을 활성화할 수 있다. @Async 애너테이션을 사용하려면 반드시 @EnableAsync 애너테이션을 정의해야 한다. 먼저 @Async 애너테이션을 사용하는 방법을 알아보자.

@Async 애너테이션을 사용하는 방법

```
@Service
public class EventService {

    @Async
    public void sendEventMail(String emailAddress) {
        // 생략
    }
}
```

예제 코드를 보면 @Async 애너테이션은 sendEventMail() 메서드에 선언되어 있다. 그러므로 sendEventMail() 메서드를 호출하면 sendEventMail()은 별도의 스레드에서 비동기로 실행된다.

@Async 애너테이션은 메서드 선언부와 클래스 선언부에 선언할 수 있다. 클래스에 @Async를 선언하면 해당 클래스의 모든 public 메서드는 비동기로 동작한다. 반면 메서드에 정의하면 해당 메서드만 비동기로 동작한다. @Async 애너테이션이 정상적으로 동작하려면 다음 조건들이 필요하다.

- @Async 대상은 스프링 빈으로 정의되어야 한다.
- public 메서드만 비동기로 동작한다.
- this 키워드가 아닌 자기 주입을 사용하여 자신의 메서드를 호출한다.

@EnableAsync 애너테이션은 애플리케이션에 비동기 실행 환경을 활성화하는 설정 애너테이션이다. 그러므로 자바 설정 클래스에 선언하면 된다. 비동기 실행 환경이 활성화된 상태에서 @Async가 정의된 메서드를 실행하면 매번 새로운 스레드를 생성하여 실행한다. 그러므로 서버의 리소스를 효율적으로 사용하려면 스레드 풀을 생성하여 함께 사용하는 것이 좋다. 스레드 풀은 java.util.concurrent의 Executor 인터페이스 구현체를 사용하면 된다. 앞서 ApplicationEventMulticaster에서 사용한 ThreadPoolTaskExecutor도 Executor의 구현체 중 하나다.

스프링 프레임워크는 비동기 실행 환경을 설정할 수 있는 o.s.scheduling.annotation 패키지의 AsyncConfigurer 인터페이스를 제공한다. AsyncConfigurer 인터페이스의 getAsyncExecutor() 메서드는 스프링 애플리케이션이 시작하면서 스레드 풀을 설정할 때 사용하는 콜백 메서드다. 그러므로 getAsyncExecutor() 메서드를 구현하면 @Async가 사용하는 스레드 풀을 설정할 수 있다. 스레드 풀을 설정하는 방법은 다음 코드를 확인하자.

```
package com.springtour.example.chapter12.config;

@Configuration
@EnableAsync ····❶
public class AsyncExecutionConfig implements AsyncConfigurer {
                                   ─────────────
                                         ❷
    @Override
    public Executor getAsyncExecutor() { ····❸
        return getExecutor();
    }

    private Executor getExecutor() {
        ThreadPoolTaskExecutor threadPoolTaskExecutor = new ThreadPoolTaskExecutor();
        threadPoolTaskExecutor.setCorePoolSize(10);
        threadPoolTaskExecutor.setMaxPoolSize(10);
        threadPoolTaskExecutor.setThreadNamePrefix("asyncExecutor-");
        return threadPoolTaskExecutor;
    }
}
```

❶ 애플리케이션에서 @Async 애너테이션을 사용하려고 @EnableAsync 애너테이션을 설정한다.

❷ @Async 애너테이션과 스레드 풀의 스레드를 사용하려면 AsyncExecutionConfig 자바 설정 클래스는 AsyncConfigurer 인터페이스를 구현한다.

❸ AsyncConfigurer 인터페이스의 getAsyncExecutor() 메서드는 프레임워크가 스레드 풀을 설정할 때 사용하는 콜백 메서드다.

❹ 기본 스레드 개수는 열 개, 최대 스레드 개수는 열 개, 스레드 이름은 'asyncExecutor-'로 시작하는 스레드 풀을 생성한다.

@Async 애너테이션 기능을 사용하면 ApplicationEventMulticaster에 스레드 풀을 설정하지 않아도 비동기 이벤트 프로그래밍을 할 수 있다. 그리고 원하는 로직만 비동기로 프로그래밍할 수 있다. ApplicationEventMulticaster에 스레드 풀을 설정하면 이벤트를 구독하는 모든 구독 클래스는 비동기로 실행된다. 하지만 @Async 애너테이션 기능을 사용하면 원하는 이벤트 구독 메서드만 선택적으로 비동기로 실행할 수 있다.

@Async 애너테이션이 정의된 메서드는 별도의 스레드에서 비동기로 실행된다. 그래서 이벤트를 구독하는 메서드, 예를 들어 UserEventListener의 onApplicationEvent() 메서드에 @Async 애너테이션을 적용하면 onApplicationEvent()와 그 메서드가 호출하는 EventService의 sendEventMail()까지 다른 스레드에서 실행된다. 다음은 example12에서 제공하는 Chapter12AsyncApplication을 실행한 결과다.[2] 실행 결과에서 코드가 실행한 스레드 이름이 변경되었는지 확인해 보자.

실행 결과

```
[  restartedMain] c.s.e.chapter12.service.HotelService    : created hotel. The Ritz-
Carlton, Marina del Rey, 4375 Admiralty Way, Marina Del Rey, CA 90292
[  restartedMain] c.s.e.c.event.hotel.HotelEventPublisher : Publish hotel created
event.
[  restartedMain] c.s.e.chapter12.service.HotelService    : done create hotel
[asyncExecutor-1] c.s.e.c.event.hotel.HotelEventListener  : handle HotelCreatedEvent :
HotelCreateEvent(hotelId=999111222, hotelAddress=4375 Admiralty Way, Marina Del Rey, CA
90292)
[asyncExecutor-1] c.s.e.c.service.PropagationService      : propagation of hotel event
[asyncExecutor-2] c.s.e.c.event.hotel.HotelEventListener  : handle resourceCreatedEvent
: HotelCreateEvent(hotelId=999111222, hotelAddress=4375 Admiralty Way, Marina Del Rey,
CA 90292)
[asyncExecutor-2] c.s.e.c.service.PropagationService      : propagation of resource
event
```

---

2 이 코드는 자세히 설명하지 않는다. 하지만 앞서 설명한 UserEventPublisher나 UserEventListener와 구조가 비슷하다.

실행 결과를 확인하면, HotelEventListener와 PropagationService의 메서드들은 각각 asyncExecutor-1과 asyncExecutor-2 스레드에서 실행되었다. 해당 스레드들은 앞서 설명한 AsyncExecutionConfig에서 설정한 스레드 풀에서 할당받은 것들이다. 이 프로그램을 실행한 스레드와 코드 구조는 그림 12-4에서 볼 수 있다.

❤ 그림 12-4 @Async 애너테이션을 활용한 비동기 처리 방법

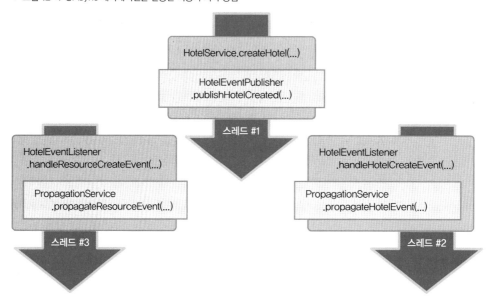

그림 12-4를 보면, HotelService의 createHotel() 메서드가 게시한 이벤트는 두 번 구독하는 것을 볼 수 있다. 각각 HotelEventListener의 handleHotelCreateEvent()와 handleResourceCreateEvent() 메서드다. 지금까지 예제는 게시 클래스가 게시한 이벤트 메시지를 하나의 구독 클래스가 처리하는 형태였다. 하지만 그림 12-4와 같이 여러 이벤트 리스너가 동작할 수 있다. HotelEventListener의 코드를 확인해 보자. 애너테이션을 사용하여 이벤트 메시지를 구독할 수 있으며, 이 역할을 하는 @EventListener 애너테이션 설명은 12.5절에서 계속한다.

각 메서드에는 @Async, @Order 애너테이션이 설정되어 있다. @Async 애너테이션 때문에 그림 12-4와 같이 별도의 스레드에서 비동기로 구독 클래스의 메서드가 실행된다. 또한 두 개 이상의 구독 메서드가 동작할 때 순서가 필요하다면 @Order 애너테이션을 사용한다. HotelEventListener는 비동기로 동작하므로 순서가 크게 중요하지 않다.

```
package com.springtour.example.chapter12.event.hotel;

@Component
public class HotelEventListener {

    @Async
    @Order(1)
    @EventListener(value=HotelCreateEvent.class)
    public void handleHotelCreateEvent(HotelCreateEvent hotelCreateEvent) {
        // 생략

    }

    @Async
    @Order(2)
    @EventListener(value=HotelCreateEvent.class)
    public void handleResourceCreateEvent(HotelCreateEvent hotelCreateEvent) {
        // 생략
    }
}
```

SPRING BOOT FOR MSA

12.5 @EventListener

앞서 설명한 구독 클래스인 UserEventListener는 이벤트를 구독하기 위해 ApplicationEventListener 인터페이스를 구현했다. 스프링 4.2 버전부터는 @EventListener 애너테이션을 사용할 수 있다. 이벤트를 구독하여 이벤트 메시지를 처리할 메서드에 @EventListener 애너테이션을 정의하자. ApplicationContext는 해당 메서드에 이벤트 메시지를 인자로 전달하고 메서드를 실행한다.

HotelEventListener 클래스의 handleHotelCreateEvent( ) 메서드

```
package com.springtour.example.chapter12.event.hotel;

@Component
public class HotelEventListener {
```

```
@Async
@Order(1)
@EventListener(value=HotelCreateEvent.class) ┄┄❶
public void handleHotelCreateEvent(HotelCreateEvent hotelCreateEvent) {
    log.info("handle HotelCreatedEvent : {}", hotelCreateEvent); ❷
    propagationService.propagateHotelEvent();

}

@Async
@Order(2)
@EventListener(value=HotelCreateEvent.class)
public void handleResourceCreateEvent(HotelCreateEvent hotelCreateEvent) {
    log.info("handle resourceCreatedEvent : {}", hotelCreateEvent);
    propagationService.propagateResourceEvent();
}
}
```

❶ @EventListener 애너테이션의 value 속성은 하나 이상의 클래스 타입을 설정할 수 있으며, 구독할 이벤트 메시지의 클래스 타입을 정의할 수 있다. 정의된 이벤트 메시지가 게시되면 @EventListener 애너테이션이 정의된 메서드가 이벤트를 구독하고 실행한다. 예제에서는 HotelCreateEvent.class 이벤트 메시지를 구독한다.

❷ 구독한 이벤트 객체를 메서드의 인자로 받을 수 있다. 예제처럼 인자로 이벤트 객체를 정의하면 ApplicationContext가 발행한 이벤트 객체를 주입한다. 그러므로 메서드 내부에서 참조할 수 있다.

이벤트 메시지가 게시되면 하나 이상의 구독 메서드를 실행할 수 있다. 이때 @EventListener 애너테이션을 사용하면 간편하게 여러 구독 메서드를 실행할 수 있다. HotelEventListener 예제 코드를 보면 두 개의 @EventListener 애너테이션이 정의되어 있다. 다시 말하면 이벤트 메시지는 한 번 발행되지만 두 번 이상 수신할 수 있다. 이런 상황에서는 멀티 스레드 환경에서 이벤트를 구독하는 것을 고려할 수 있다.

싱글 스레드에서 여러 구독 클래스를 실행해야 한다면 @Order 애너테이션을 같이 사용하여 실행 순서를 설정하는 것도 고려해 보자. @Order의 값이 낮은 순서대로 실행된다. 예제를 실행하면 handleHotelCreateEvent() 메서드가 먼저 실행되고, 그 뒤에 handleResourceCreateEvent() 메서드가 실행된다.

이벤트 메시지 객체는 불변(immutable) 클래스로 설계해야 한다. 즉, 한번 생성된 이벤트 메시지 객체의 속성은 변경할 수 없도록 해야 한다. 게시 클래스가 게시한 이벤트 메시지 객체는 ApplicationContext로 구독 클래스들에 전달된다. 즉, 게시하고 구독하는 이벤트 메시지 객체는 서로 같다. 그러므로 첫 번째 이벤트 구독 클래스와 두 번째 이벤트 구독 클래스도 서로 공유하는 데이터다. 첫 번째 이벤트 구독 클래스가 이벤트 객체의 데이터를 수정한다면, 두 번째 이벤트 구독자에도 영향이 있다. 그러므로 예상하지 못한 버그가 발생할 수 있다.

불변 클래스로 설계하는 방법은 매우 간단하다. 클래스의 속성을 private 접근 제어자로 선언하여 객체 외부에 공개하지 않고, 이 속성들을 수정할 수 있는 메서드도 제공하지 않는다. 그래서 hotelId 속성을 설정하는 setHotelId() 같은 메서드는 볼 수 없다. 다음은 HotelCreateEvent 클래스의 코드다. 정적 팩토리 메서드 외에 클래스의 속성에 값을 할당하는 코드는 찾아볼 수 없다. 오직 속성 값을 참조만 하는 메서드들뿐이다.[3]

HotelCreateEvent 클래스

```
package com.springtour.example.chapter12.event.hotel;

@Getter
@ToString
public class HotelCreateEvent {

    private Long hotelId;
    private String hotelAddress;

    private HotelCreateEvent(Long hotelId, String hotelAddress) {
        this.hotelId = hotelId;
        this.hotelAddress = hotelAddress;
    }

    public static HotelCreateEvent of(Long hotelId, String hotelAddress) {
        return new HotelCreateEvent(hotelId, hotelAddress);
    }
}
```

---

3 Lombok 라이브러리의 @Setter나 @Data를 남용하는 것은 코드에 구멍을 만들어 두는 행위나 마찬가지다.

12.6 스프링 애플리케이션 이벤트

앞서 설명한 내용들은 사용자가 기능과 기능 사이에 필요한 이벤트 메시지 클래스를 설계하여 게시하고 구독하는 내용을 설명했다. 스프링 프레임워크는 스프링 애플리케이션이 시작하여 실행 가능한 상태까지 발생할 수 있는 여러 이벤트를 미리 정의하고 이를 게시하는 기능을 제공한다. 다음은 스프링 프레임워크에서 제공하는 이벤트들이다.

- **ApplicationStartingEvent**: 애플리케이션이 시작하는 시점에 발생하는 이벤트다. 애플리케이션은 시작하는 이벤트이므로 스프링 빈 스캔 및 로딩 같은 작업도 시작하지 않은 상태다. 단 ApplicationContext의 리스너(listener)나 이니셜라이저(initializer)를 등록하는 과정은 실행된 상태다.

- **ApplicationEnvironmentPreparedEvent**: ApplicationContext에서 사용하는 환경 설정 객체인 Environment가 사용 준비된 시점에 발생하는 이벤트다. 하지만 ApplicationContext 객체가 생성되기 전에 발생한다.

- **ApplicationContextInitializedEvent**: ApplicationContext가 준비되고 Application ContextInitializers를 호출한 후 발생하는 이벤트다. 이때도 스프링 빈이 로딩되기 전이다.

- **ApplicationPreparedEvent**: 정의된 스프링 빈들이 이미 로딩되고 refresh되기 전에 발생하는 이벤트다.

- **ApplicationStartedEvent**: refresh된 후 발생하는 이벤트다. 하지만 애플리케이션과 커맨드 라인 러너가 호출되기 전에 발생한다.

- **AvailabilityChangeEvent**: 애플리케이션이 실행 준비됨을 의미하는 LivenessState. CORRECT 다음에 발생하는 이벤트다.

- **ApplicationReadyEvent**: 모든 애플리케이션과 커맨드 라인 러너가 실행된 후 발생하는 이벤트다.

- **AvailabilityChangeEvent**: 애플리케이션이 서비스 요청을 처리할 수 있음을 의미하는 ReadinessState.ACCEPTING_TRAFFIC 다음에 발생하는 이벤트다.

- **ApplicationFailedEvent**: 예외가 발생하여 애플리케이션이 정상으로 실행되지 못할 때 발생하는 이벤트다.

프레임워크에서 발생한 이벤트를 구독하는 구독 클래스를 작성할 때는 @EventListener 대신 ApplicationListener 인터페이스를 구현하는 방법을 권장한다. 이유는 다음 코드를 보고 설명한 다. 다음은 ApplicationEventListener가 ApplicationReadyEvent 이벤트 메시지를 구독하는 소스 다. 앞 예제에서 설명한 UserEventListener와 다른 점은 @Component 애너테이션이 빠져 스프링 빈 이 될 수 없다는 것이다. 그리고 ApplicationListener 인터페이스를 사용하여 구현된 점도 기억 하자.

ApplicationEventListener 클래스

```
package com.springtour.example.chapter12.event.server;

@Slf4j
public class ApplicationEventListener implements
ApplicationListener<ApplicationReadyEvent> {

    @Override
    public void onApplicationEvent(ApplicationReadyEvent event) {
        long timestamp = event.getTimestamp();
        LocalDateTime eventTime = LocalDateTime.ofInstant(Instant.
ofEpochMilli(timestamp), ZoneId.systemDefault());

        log.info("Application is Ready. {}", eventTime);
    }
}
```

스프링 애플리케이션이 기동하는 과정을 여러 단계로 구분하고 각 단계에서 발생할 수 있는 이벤 트들을 스프링 프레임워크는 정의하고 게시한다. 최종 단계에서는 ApplicationContext가 스프링 빈을 스캔하고 로딩하고 사용할 수 있다. 하지만 이전 단계에서는 스프링 빈을 스캔조차 하지 않 는 단계도 있다. ApplicationStartingEvent는 애플리케이션이 시작할 때 발생하는 이벤트로, 스 프링 빈을 스캔하지도 않은 상태다. 이때 이벤트 구독 클래스가 스프링 빈으로 정의되어 있고, @EventListener 애너테이션을 사용하여 이벤트를 구독한다면 정상적으로 이벤트를 구독할 수 없 다. 그러므로 스프링 프레임워크에서 게시하는 이벤트를 구독할 때는 다음 방식으로 개발하는 것 이 좋다.

- 구독 클래스는 ApplicationListener 인터페이스를 구현하고, onApplicationEvent() 추상 메서드를 구현한다.
- 구독 클래스 객체를 생성하고 SpringApplication의 addListener() 메서드를 사용하여 생성 한 객체를 직접 추가한다.

단계에 따라 스프링 빈을 스캔한 이벤트도 있다. 예를 들어 ApplicationReadyEvent는 스프링 빈과 @EventListener 애너테이션으로 정의된 구독 클래스가 이벤트를 구독할 수 있다. 하지만 각각의 이벤트가 어떤 단계에서 발생하는지 확인해야 한다. 이런 작업이 힘들거나 이벤트 게시 시점에 확신이 없다면 ApplicationListener 인터페이스를 구현하는 방법을 추천한다. ApplicationEventListener 예제는 다음과 같이 SpringApplication에 등록해야 한다.

```
package com.springtour.example.chapter12;

@SpringBootApplication
public class Chapter12SyncApplication {

    public static void main(String[] args) {
        SpringApplicationBuilder appBuilder = new SpringApplicationBuilder
(Chapter12SyncApplication.class); ┈❶
        SpringApplication application = appBuilder.build(); ┈❷
        application.addListeners(new ApplicationEventListener()); ┈❸
        ConfigurableApplicationContext ctxt = application.run(args);
                                                                ❹
// 생략
    }
}
```

❶ SpringApplication 객체와 ApplicationContext를 설정할 수 있는 메서드를 제공하는 SpringApplicationBuilder 클래스를 사용하여 appBuilder 객체를 생성한다.

❷ SpringApplicationBuilder build() 메서드를 호출하여 SpringApplication 객체를 생성한다.

❸ SpringApplication의 addListener() 메서드 인자는 하나 이상의 ApplicationListener 객체들을 받는다. ApplicationReadyEvent 이벤트 메시지를 구독하는 예제 Application EventListener 객체를 생성하고, addListener() 메서드 인자로 전달한다. 전달된 Application EventListener 객체는 ApplicationReadyEvent 이벤트를 구독할 수 있다.

❹ SpringApplication의 run() 메서드를 사용하여 스프링 부트 애플리케이션을 실행한다.

Chapter12SyncApplication을 실행하면 다음 로그를 확인할 수 있다.

```
[ restartedMain] c.s.e.c.e.s.ApplicationEventListener    : application started. 2022-
02-06T12:55:25.342
```

12.7 트랜잭션 시점에 구독한 이벤트 처리

스프링 프레임워크에서는 트랜잭션 종료 단계(phase)와 연계하여 이벤트를 구독하는 기능을 제공한다. 프레임워크에서 제공하는 @TransactionalEventListener 애너테이션을 구독 메서드에 정의하면 된다. @EventListener와 @TransactionalEventListener 애너테이션을 비교해 보자. 공통점은 두 애너테이션 모두 구독 메서드에 정의한다는 것이다. 다른 점은 @EventListener 애너테이션을 사용한 구독 메서드는 게시하는 즉시 바로 실행되고, @TransactionalEventListener 애너테이션을 사용한 구독 메서드는 게시한 시점이 아니라 트랜잭션이 종료되는 시점에 실행된다는 것이다.

트랜잭션 종료 단계는 열거형 클래스에 정의되어 있고 @TransactionalEventListener 애너테이션의 속성에 정의한다. o.s.transaction.event.TransactionPhase 열거형이다.

TransactionPhase 열거형 클래스

```
package org.springframework.transaction.event;

public enum TransactionPhase {

    BEFORE_COMMIT, ----❶

    AFTER_COMMIT, ----❷

    AFTER_ROLLBACK, ----❸

    AFTER_COMPLETION ----❹
}
```

❶ 트랜잭션을 커밋하기 직전에 이벤트를 처리한다.

❷ 트랜잭션을 커밋한 후 이벤트를 처리한다.

❸ 트랜잭션을 롤백한 후 이벤트를 처리한다.

❹ 트랜잭션을 롤백하거나 커밋한 후 이벤트를 처리한다.

다음은 @TransactionalEventListener 애너테이션의 코드다. @TransactionalEventListener는 @EventListener 애너테이션과 많은 기능을 공유하고 있다. 이를 참고하여 각 속성과 기본값을 확인하자.

```
package org.springframework.transaction.event;

@Target({ElementType.METHOD, ElementType.ANNOTATION_TYPE})
@Retention(RetentionPolicy.RUNTIME)
@Documented
@EventListener
public @interface TransactionalEventListener {

    TransactionPhase phase() default TransactionPhase.AFTER_COMMIT; ┄①

    boolean fallbackExecution() default false; ┄②

    @AliasFor(annotation=EventListener.class, attribute="classes") ┄┐
    Class<?>[] classes() default {};                               ┄┘③

    // 생략
}
```

① 어떤 트랜잭션 종료 단계에서 이벤트 구독 메서드를 실행할지 정의한다. 기본값은 AFTER_COMMIT이므로 커밋이 정상적으로 실행되면 구독 메서드가 실행된다. 롤백이나 다른 단계에서는 실행되지 않는다.

② 구독 메서드를 실행하는 단계에서 트랜잭션이 없다면 구독 메서드 실행 여부를 설정한다. 기본값이 false이므로 실행 중인 트랜잭션이 없으면 구독 메서드를 실행하지 않는다.

③ 구독할 특정 이벤트 메시지 클래스의 클래스 타입을 설정한다.

@TransactionalEventListener 애너테이션을 사용하는 방법은 다음 예제를 참고하자.

```
@Slf4j
@Component
public class HotelEventListener {

    @Order(1)                                    ①                              ②
    @TransactionalEventListener(classes=HotelCreateEvent.class, fallbackExecution=true)
    public void handleHotelCreateEvent(HotelCreateEvent hotelCreateEvent) {
        // 생략
```

```
    }

    @Order(2)
    @TransactionalEventListener(value=HotelCreateEvent.class)
    public void handleResourceCreateEvent(HotelCreateEvent hotelCreateEvent) {
        // 생략
    }
}
```

❶ classes 속성에 정의된 HotelCreateEvent 이벤트 메시지가 게시되면 HotelEventListener의
handleHotelCreateEvent() 메서드가 실행된다.

❷ fallbackExecution=true로 설정했으므로 handleHotelCreateEvent() 메서드를 실행할 때 트
랜잭션이 없어도 실행한다.

ApplicationEventMulticaster에 스레드 풀을 설정하지 않는다면 게시 클래스와 구독 클래
스 모두 같은 스레드에서 동작한다. 그러므로 게시 클래스의 트랜잭션에 포함하여 동작한다.
ApplicationEventMulticaster에 스레드 풀을 설정한다면 게시 클래스와 구독 클래스는 각각 다른
스레드에서 동작한다. 그러므로 구독 클래스는 게시 클래스에서 사용된 트랜잭션에는 포함될 수
없다. 이 경우 @TransactionalEventListener의 fallbackExecution 설정을 반드시 true로 설정해
야 한다. 그렇지 않으면 게시 클래스는 동작하지 않는다.

부록

A

예제 코드 사용법

A.1 / 예제 코드 실행하기

이 책에서 설명하는 모든 예제 코드는 https://github.com/gilbutITbook/080264에서 내려받을 수 있다. 이 주소로 접속하면 예제 코드를 브라우징할 수 있는 웹을 볼 수 있다. 그리고 오른쪽 위에 있는 **Code** > **Download Zip** 버튼을 눌러 직접 내려받거나 git 명령어나 source tree 같은 툴을 사용하여 코드베이스를 복제할 수 있다.

A.1.1 실행 환경 설정

예제를 실행하려면 먼저 다음 환경이 미리 설정되어야 한다. 많이 사용하는 IDE(Integrated Development Environment)(통합 개발 환경)로는 Spring STS(Spring Tool Suite)도 있지만, 이 책에서는 IntelliJ를 사용하여 설명한다. IntelliJ는 유료인 얼티밋(ultimate) 버전과 무료인 커뮤니티(community) 버전이 있다. 물론 얼티밋 버전은 커뮤니티 버전에 비해 개발자에게 편리한 기능을 추가적으로 제공한다. 하지만 예제 코드를 확인하고 실행하는 데는 커뮤니티 버전으로도 충분하다.

- JDK: 자바 11 이상
- Maven: 3.6 이상
- IDE: IntelliJ & Lombok Plugin
- GIT

다음 git 명령어를 사용하여 여러분이 원하는 디렉터리에 코드베이스를 내려받을 수 있다. 필자는 Source라는 폴더를 만들고, 해당 폴더로 이동해서 다음 명령어를 실행하여 코드베이스를 복제했다.

예제 코드베이스 복제

```
git clone https://github.com/gilbutITbook/080264.git
```

여러분도 이 과정을 거치면 git clone 명령어가 실행된 폴더(필자는 Source)에 080264라는 폴더가 생성되어 있을 것이다. 이 폴더에서 chapter01, chapter02 같은 폴더를 확인할 수 있다면 코드베이스 복제는 성공적으로 실행된 것이다.

IntelliJ는 다음 경로에서 내려받을 수 있으며, 얼티밋 버전과 커뮤니티 버전 중에서 적절한 프로그램을 내려받는다.

URL https://www.jetbrains.com/ko-kr/idea/

내려받은 IntelliJ를 설치하면 그림 A-1 화면을 볼 수 있다.

▼ 그림 A-1 최초 실행한 IntelliJ

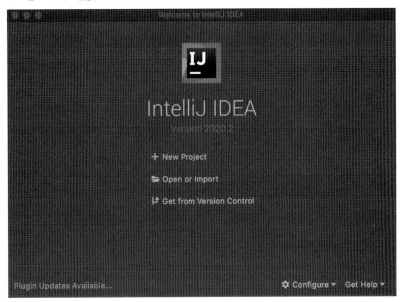

그림 A-1의 중간에 있는 **Open or Import**를 클릭하여 내려받은 폴더를 선택한다. 080264 폴더를 선택하면 내려받은 예제들이 IDE에 로딩된다.

이 책에서 다루는 모든 예제는 Lombok 애너테이션을 사용한다. 자바 라이브러리인 Lombok은 계속해서 반복되는 패턴들을 자동으로 생성하는 기능을 제공한다. 특정 멤버 변수에 값을 저장하는 setter 메서드나 값을 참조하는 getter 메서드를 직접 코딩할 필요 없이 @getter, @setter 애너테이션을 정의하면 자동으로 getter와 setter 메서드를 만들어 준다. 불필요한 반복적인 코드를 애너테이션으로 대체할 수 있어 코드의 가독성과 생산성을 늘려 준다. 대표적인 애너테이션은 다음과 같다.

- **@Slf4J**: Slf4J 라이브러리를 이용한 Logger log 객체를 생성한다.
- **@getter**: 멤버 변수의 값을 참조할 수 있는 getter 메서드를 생성한다.
- **@setter**: 멤버 변수에 값을 저장할 수 있는 setter 메서드를 생성한다.
- **@ToString**: toString() 메서드를 자동으로 생성한다.
- **@EqualsAndHashCode**: equals()와 hashcode() 메서드를 자동으로 생성한다. 값 객체를 위한 클래스에서 많이 사용한다.

IntelliJ에서 추가로 플러그인을 설치해야 Lombok 애너테이션이 정상 동작한다. 그러므로 다음 과정에 따라 Lombok 플러그인을 설치한다. **Preferences** > **Plugins 탭**(윈도에서는 **File** > **Settings** > **Plugins**)으로 이동한 후 검색창에 'Lombok'을 입력하면 그림 A-2와 같이 Lombok 플러그인을 찾을 수 있다.

▼ 그림 A-2 Lombok 플러그인 설치

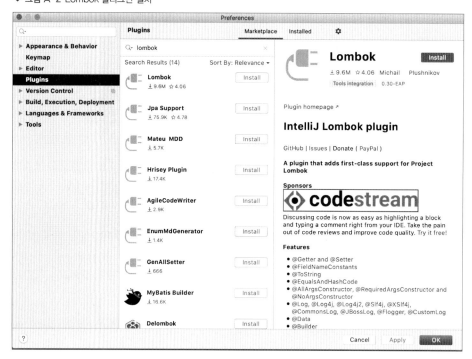

Lombok 플러그인을 설치하고 나면 플러그인이 동작할 수 있도록 설정해야 한다. **Preferences** > **Build, Execution, Deployment** > **Compiler** > **Annotation Processors**를 선택한다. 그리고 'Enable annotation processing' 항목에 체크하자. 그러면 Java 소스들이 성공적으로 컴파일되는 것을 볼 수 있다.

A.1.2 예제 코드의 구조 및 실행

예제는 메이븐의 멀티 모듈 기능을 이용하여 구성되어 있다. 그림 A-3은 예제가 있는 깃헙의 메인 화면이다. 여러 개의 서브 모듈이 각 장의 이름으로 생성되어 있다. 장마다 별도의 모듈로 분리되어 있어 각각 다른 장에 포함된 클래스끼리는 서로 사용할 수 없다. 그래서 장마다 간섭 없이 별도의 독립 애플리케이션으로 실행할 수 있다. 여러분이 2장에서 설명한 예제들을 확인하고 싶다면 chapter02 모듈에 포함된 코드를 참고하면 된다.

▼ 그림 A-3 장마다 독립된 모듈로 구성되어 있는 예제 프로젝트 구조

master ▾	1 branch	0 tags	Go to file / Add file ▾ / ⬇ Code ▾
byungboor initial		3564855 3 minutes ago	🕓 8 commits
.mvn/wrapper	first commit		2 months ago
chapter02	add chapter 02 examples		2 months ago
chapter03	chapter03		10 days ago
chapter04	chapter 3		6 minutes ago
chapter05	initial		3 minutes ago
chapter06	initial		3 minutes ago
chapter07	initial		3 minutes ago
chapter08	initial		3 minutes ago
chapter09	initial		3 minutes ago

모든 하위 모듈은 소스 구조가 모두 같다. 각 모듈은 공통으로 자바 클래스를 포함하는 src 〉 main 〉 java 폴더와 설정 파일 같은 리소스 파일들을 포함하는 src 〉 main 〉 resource 폴더 구조로 되어 있다. 모든 하위 모듈은 com.springtour.example.chapterXX가 최상위 패키지로 설정되어 있다. 그러므로 애플리케이션을 실행할 수 있는 메인 메서드가 포함된 실행 클래스는 최상위 패키지에 포함되어 있다. 일반적인 애플리케이션은 이 실행 클래스가 하나이지만 예제를 위해 장마다 하나 이상의 실행 클래스를 포함했다. 각 예제마다 실행할 클래스를 설명하고 있으므로 적절한 클래스를 실행하면 된다.[1] 그림 A-4는 2장의 예제 소스를 포함하는 chapter02 모듈의 구조를 보여 준다. chapter02에는 두 개의 실행 클래스 ApiApplication과 Chapter02Application이 있다. 참고로 resources 폴더에는 스프링 부트 애플리케이션을 설정할 수 있는 application.properties 파일이 있다.

---

[1] 스프링 애플리케이션을 실행할 수 있는 클래스에는 @SpringBootApplication 애너테이션이 선언되어 있다.

▼ 그림 A-4 chapter02 모듈의 패키지 소스 구조

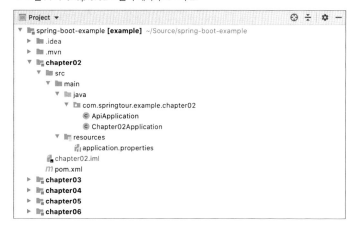

그림 A-5를 참고하면 실행 클래스를 실행할 수 있다. 실행할 클래스를 마우스 오른쪽 버튼으로 누르면 메뉴가 표시된다. 그림 A-5에서는 Run 'ApiApplication.main( )'이 실행 메뉴다.

▼ 그림 A-5 ApiApplication의 main 메서드를 실행할 수 있는 메뉴

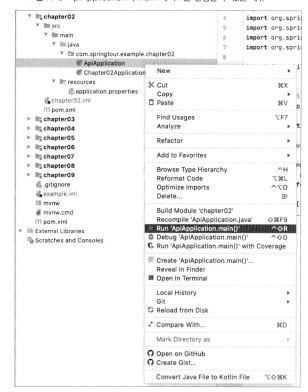

이 책에서 제공하는 예제는 상위 모듈 080264와 장별로 구분된 chapter02 같은 하위 모듈들로 구성되어 있다. 메이븐 멀티 모듈 구성에서 하위 모듈들은 상위 모듈의 pom.xml에 포함된 의존성 설정들을 상속받는다. 그래서 상위 모듈의 pom.xml에 의존성을 추가하거나 버전 정보를 수정하면 일괄적으로 하위 모듈의 의존성들도 업데이트된다. 상위 모듈의 pom.xml에 포함된 의존성 정보는 다음과 같다.

상위 모듈의 의존성 정보를 포함한 pom.xml

```
<project>
    <modelVersion>4.0.0</modelVersion>
    <packaging>pom</packaging>
    <modules>
        <module>chapter02</module>  ┈┐
        <module>chapter03</module>  ┈┘ ❶
        // 생략
    </modules>
    <parent>
        <groupId>org.springframework.boot</groupId>
        <artifactId>spring-boot-starter-parent</artifactId>  ❷
        <version>2.3.1.RELEASE</version>
        <relativePath/>
    </parent>
    <groupId>com.springtour</groupId>
    <artifactId>example</artifactId>
    <version>1.0.0</version>
    <name>example</name>

    <properties>
        <java.version>11</java.version>
    </properties>

    <dependencies>
        <dependency>
            <groupId>org.springframework.boot</groupId>
            <artifactId>spring-boot-starter-web</artifactId>  ┈❸
        </dependency>

        <dependency>
            <groupId>org.springframework.boot</groupId>
            <artifactId>spring-boot-devtools</artifactId>  ┈❹
            <scope>runtime</scope>
            <optional>true</optional>
```

```
        </dependency>
        <dependency>
            <groupId>org.springframework.boot</groupId>
            <artifactId>spring-boot-configuration-processor</artifactId> ┄❺
            <optional>true</optional>
        </dependency>
        <dependency>
            <groupId>org.projectlombok</groupId>
            <artifactId>lombok</artifactId> ┄❻
            <optional>true</optional>
        </dependency>
        // 생략
    </dependencies>
```

❶ 상위 모듈(080264)에 포함된 하위 모듈들(chapter02, chapter03)을 설정한다.

❷ 상위 모듈은 스프링 부트 의존성을 간단히 설정할 수 있는 spring-boot-starter-parent를 부모로 사용한다.

❸ 웹 애플리케이션을 쉽게 개발할 수 있도록 의존성들을 제공하는 spring-boot-starter-web을 사용한다.

❹ 스프링 애플리케이션을 개발할 때 유용한 기능들을 제공한다.

❺ 스프링 부트 애플리케이션의 자동 설정 기능을 사용하기 위해 속성을 설정해야 할 때가 많다. 이때 구성 속성(@ConfigurationProperties)을 분석하여 속성 이름을 자동 완성하는 기능을 제공한다.

❻ 일반적으로 반복적인 코드를 직접 코딩하는 대신 애너테이션을 설정하면 자동으로 코드를 생성해 주는 라이브러리다.

A.2 도커 이미지 생성하기

A.2.1 도커 설치

도커는 리눅스 기반의 컨테이너 기술이다. 그러므로 리눅스에서 설치 가능하지만, 윈도나 맥에서도 설치하여 도커 이미지를 컨테이너로 실행할 수 있다. 도커 웹 사이트(https://docs.docker.com/)에 접속하면 도커를 내려받을 수 있으며, 별도의 옵션 값을 설정하지 않아도 잘 실행된다. 설치가 끝나고 다음과 같이 docker version 명령어를 실행한다. 결과를 확인할 수 있으면 잘 설치된 것이다.

도커 버전 확인

```
$ docker version
Client: Docker Engine - Community
Cloud integration: 1.0.7
Version:          20.10.2
API version:      1.41
Go version:       go1.13.15
Git commit:       2291f61
Built:            Mon Dec 28 16:12:42 2020
OS/Arch:          darwin/amd64
Context:          default
Experimental:     true

Server: Docker Engine - Community
Engine:
 Version:          20.10.2
 API version:      1.41 (minimum version 1.12)
 Go version:       go1.13.15
 Git commit:       8891c58
 Built:            Mon Dec 28 16:15:28 2020
 OS/Arch:          linux/amd64
 Experimental:     false
containerd:
 Version:          1.4.3
 GitCommit:        269548fa27e0089a8b8278fc4fc781d7f65a939b
runc:
 Version:          1.0.0-rc92
```

```
GitCommit:        ff819c7e9184c13b7c2607fe6c30ae19403a7aff
docker-init:
Version:          0.19.0
GitCommit:        de40ad0
```

A.2.2 도커 이미지 관련 명령어들

도커 이미지를 관리할 수 있는 명령어들이다. 호스트 머신에 있는 이미지를 확인하고, 도커 이미지 저장소에 있는 이미지를 복사하고, 호스트 머신에 있는 이미지를 삭제하는 명령어들이다. 도커 이미지 저장소는 따로 설정하지 않으면 hub.docker.com이 이미지 저장소가 된다.

- **docker images**: 로컬 호스트 머신에 있는 도커 이미지 리스트들을 확인한다.
- **docker rmi [option] IMAGE [image ID]**: 로컬 호스트 머신에 있는 도커 이미지를 삭제한다. 삭제할 도커 이미지 ID를 인자로 입력하면 된다. 삭제하려는 이미지가 다른 이미지에 사용되고 있다면 삭제할 수 없다. 이때 옵션으로 -force를 입력하면 강제로 삭제할 수 있다.
- **docker pull [image name]:[tag name]**: 도커 이미지 저장소에서 이미지 이름, 태그와 매칭되는 도커 이미지를 로컬 호스트 머신으로 복사한다. 이때 태그 이름을 생략하면 최신을 뜻하는 latest 태그 이름으로 간주한다.

이 명령어들을 실행하면 다음과 같다. 실행 순서는 이미지 이름이 mysql인 이미지를 내려받고 로컬 호스트에 있는 이미지 리스트를 출력하는 예제다.

이미지 관련 커맨드 실행 결과

```
$ docker pull mysql
Using default tag: latest
latest: Pulling from library/mysql
69692152171a: Pull complete
// 생략
cd90f92aa9ef: Pull complete
Digest: sha256:d50098d7fcb25b1fcb24e2d3247cae3fc55815d64fec640dc395840f8fa80969
Status: Downloaded newer image for mysql:latest
docker.io/library/mysql:latest
$
$ docker pull mysql:8.0.16
8.0.16: Pulling from library/mysql
0a4690c5d889: Pull complete
```

```
// 생략
9524d219b6db: Pull complete
Digest: sha256:5d11283aee9b73509b737785e0ad79a2d9abf51f4abf3f221702a8add0e36bf2
Status: Downloaded newer image for mysql:8.0.16
docker.io/library/mysql:8.0.16
$
$ docker images
REPOSITORY    TAG       IMAGE ID       CREATED        SIZE
mysql         latest    c0cdc95609f1   12 hours ago   556MB
mysql         8.0.16    de764ad211de   22 months ago  443MB
```

A.2.3 도커 컨테이너 명령어들

로컬 호스트에 있는 도커 이미지를 사용하여 도커 컨테이너를 생성할 수 있다. 도커 컨테이너는 실행 상태 혹은 종료 상태가 될 수 있다. 도커 컨테이너를 실행하고 종료하거나 컨테이너를 제거하는 방법을 설명한다.

- **docker run [OPTIONS] IMAGE [COMMAND] [ARG...]**: 도커 이미지를 사용하여 컨테이너를 만드는 동시에 컨테이너를 실행한다.
- **docker ps [OPTIONS]**: 실행 중인 컨테이너 리스트를 출력한다. -a 옵션을 추가하면 종료 상태의 컨테이너 리스트까지 출력한다.
- **docker stop**: 실행 중인 컨테이너를 종료 상태로 만든다.
- **docker start**: 종료 상태인 컨테이너를 실행 상태로 만든다.
- **docker kill**: 컨테이너를 강제 종료한다.
- **docker rm**: 해당 컨테이너를 지운다.
- **docker exec -it bash**: 실행 중인 도커 컨테이너에 접속한다. 이때 사용하는 셸은 'bash'다.

도커 이미지를 사용하여 도커 컨테이너를 실행하는 명령어인 run은 가장 중요한 명령어이므로 옵션이 매우 많다. 다음은 docker run 명령어에서 사용하는 주요 옵션들이다.

- **-d**: 컨테이너를 백그라운드로 실행하며, 실행할 때 container Id를 출력한다.
- **-h**: 호스트 이름을 설정한다.
- **--name**: 컨테이너 이름을 설정한다.
- **--restart**: 컨테이너가 있으면 재시작한다.

부록 코드 사용법

- **-p**: 컨테이너 내부 포트와 외부 포트를 매핑하여 포트 포워딩을 한다.

- **-expose**: 컨테이너 포트만 개방한다.

- **-e**: 환경 변수를 설정한다.

- **-i**: 인터랙티브 모드로 컨테이너를 실행한다.

- **-rm**: 컨테이너를 종료한 후 자동으로 컨테이너를 삭제한다.

- **--env-file**: 환경 변수 파일을 설정한다.

다음 예제는 앞서 내려받은 mysql 이미지를 사용하여 도커 컨테이너를 실행한다. 그리고 도커 컨테이너 상태를 확인한다.

```
$ docker run -d -p 3306:3306 \            ❶
> -e MYSQL_ROOT_PASSWORD=1q2w3e4r \       ❷
> --name hotel-mysql mysql:8.0.16 \       ❸
> --character-set-server=utf8mb4\
> --collation-server=utf8mb4_unicode_ci
46762b7777fa44dcc974363e8409a783afcbd5b73cfede23a1193dceba5efd1f
$ docker ps
// 생략
$ docker exec -it hotel-mysql bash        ❹
root@46762b7777fa:/# mysql -u root -p
Enter password:
Welcome to the MySQL monitor.  Commands end with ; or \g.
Your MySQL connection id is 8
Server version: 8.0.16 MySQL Community Server - GPL

Copyright (c) 2000, 2019, Oracle and/or its affiliates. All rights reserved.

Oracle is a registered trademark of Oracle Corporation and/or its
affiliates. Other names may be trademarks of their respective
owners.

Type 'help;' or '\h' for help. Type '\c' to clear the current input statement.

mysql> quit
Bye
root@46762b7777fa:/# exit
exit
$ docker stop 46762b7777fa
46762b7777fa                              ❺
$ docker ps -a
```

```
// 생략
$ docker rm 46762b7777fa
46762b7777fa      ❻
```

❶ 도커 내부의 mysql이 사용하는 3306번 포트와 호스트 머신의 3306번 포트를 연결하여 오픈
한다. 그래서 외부의 인스턴스가 3306번 포트를 사용하여 도커 컨테이너의 mysql에 접속할
수 있다.

❷ 도커를 실행할 때는 환경 변수 MYSQL_ROOT_PASSWORD에 암호를 설정한다.

❸ 실행하는 도커 컨테이너 이름은 'hotel-mysql'이며, 사용하는 도커 이미지 이름과 태그는
'mysql:8.0.16'이다.

❹ 도커 컨테이너 이름인 'hotel-mysql'을 사용하여 도커 컨테이너 내부에 접속한다.

❺ 도커 컨테이너 아이디를 사용하여 도커 컨테이너 상태를 종료 상태로 만든다.

❻ 도커 컨테이너 아이디를 사용하여 도커 컨테이너를 삭제한다. 도커 컨테이너는 필요할 때만
삭제해도 좋다.

A.2.4 도커 이미지 저장소 관련 명령어들

도커 이미지는 도커 이미지 저장소에서 관리한다. 도커 컨테이너를 배포하기 위해 도커 이미지를
만들어 저장소에 등록하고, 이를 이용하여 호스트 서버에서 도커 컨테이너를 실행할 수 있다. 참
고로 도커 이미지를 내려받는 명령어(docker pull)는 앞서 도커 저장소에서 설명했다.

- **docker commit [container id] [username/imagename]**: 로컬 시스템에 수정된 컨테이너를
  사용하여 새로운 이미지를 생성한다. 첫 번째 container id 인자는 이미지를 생성할 대상
  컨테이너이며, username과 imagename 인자를 사용하여 이미지 저장소에 저장되는 위치와 이
  미지 이름을 지정할 수 있다.
- **docker login**: 이미지 저장소에 로그인할 수 있다. 기본 이미지 저장소는 도커 허브다.
- **docker push [username/imagename]**: 로컬 시스템에 생성된 도커 이미지를 도커 저장소로
  전달하는 명령어다.
- **docker build [path to docker file]**: 도커 파일(dockerfile)을 사용하여 이미지를 빌드한다.
  인자로 도커 파일 경로를 입력받는다.

다음은 실행 중인 컨테이너를 사용하여 도커 이미지를 만드는 예제다.

```
$ docker commit 6745a4544321 byungboor/local-hotel-mysql ····❶
sha256:35c108e3a992aa6c82080f882c7838c83040a6280b7ff01dd9bd103601b7c46c
$ docker images ····❷
REPOSITORY                      TAG       IMAGE ID       CREATED         SIZE
byungboor/local-hotel-mysql latest       35c108e3a992   26 seconds ago  443MB ····❸
mysql                           8.0.16    de764ad211de   22 months ago   443MB
```

❶ 로컬 호스트 머신에서 실행 중인 컨테이너 아이디(6745a4544321)를 사용하여 byungboor/
local-hotel-mysql이라는 이미지를 생성한다.

❷ docker images 명령어로 이미지가 잘 생성되었는지 확인한다.

❸ byungboor/local-hotel-mysql이라는 이미지가 잘 생성되었음을 확인할 수 있다.